생명의 강 시리즈 4

주여!
뉘시옵니까?

·내가 그인 줄 믿지
아니하면·

권 용명 목사

생명나무

책 제 목 : 주여! 뉘시옵니까?

지 은 이 : 권 용 명

발 행 인 : 정 중 택

출 판 사 : 도서출판 생명나무

발 행 일 : 2022년 9월 15일

표지디자인 : 정 예 슬

정 가 : 본서의 뒤표지에 있습니다.

주 소 : 서울 관악구 은천로 25길 27

전 화 : 02) 872-6193, 010-4414-6193

이메일 : acts238@hanmail.net

파본은 바꾸어드립니다.

머리말

　하나님께서 만유(萬有) 즉 시간과 공간인 하늘들(영적·물질적 공간)을 지으셨다. 하나님께서 하나님의 전지전능하심을 따라 수많은 천사들을 가장 뛰어난 존재로 지으셨다. 하나님께서 땅과 에덴동산을 지으시고, 사람을 창조하신 후 창조 일을 마치시고 쉬셨다. 주 하나님께서 사람을 잠깐만 천사보다 열등하게 살게 하셨고, 후에는 그들보다 월등한 존귀와 영광으로 관 씌우시길 예정하시고 지으셨다. 하나님께서 서늘할 때 에덴동산에 나타나셔서 아담과 교제하셨다.

　예수 그리스도께서 유대 땅에 오셨던 것은 역사적 확실한 사실이다. 그 메시야의 도래를 기다리던 제사장들과 율법사(서기관)들은 예수님을 영접하지 않고 오히려 앞장서 거절했다.
　예수께서 제자들에게 "사람들이 인자를 누구라 하느냐?"라고 질문을 하셨다(마 16:13). 제자들은 "어떤 사람들은 침례 요한이라고 하고 어떤 사람들은 엘리야라 하고 어떤 사람들은 예레미야나 선지자 중의 하나라고 하더이다."라고 대답했다(마 16:14). 유대인 중 많은 사람이 예수님을 구약의 여러 메시야(기름부음 받은 자)들과 같은 선지자 정도로 믿고 따랐다는 사실을 보여준다.
　예수께서 제자들에게 다시 "그러면 너희는 나를 누구라 하느냐?"라고 질문하셨다(마 16:15). 베드로가 "주(You)는 그 그리스도(메시야)시요 살아계신 하나님의 그 아들이십니다."라고 대답했다(마 16:16, 원문 참고). 예수님께서 바르게 대답한 베드로에게 복이 있다고 말씀하셨고, '네가 나를 주 하나님의 아들 그리스도로 알게 된 것은 혈육의 지혜가 아니라 하늘에 계신 내 아버지께서 가르쳐주셔서 아는 것이다'라고 말씀하셨다.
　주께서 '내가 이 반석 위에 내 교회를 세우리니 음부의 권세가 이기지 못하리라. 내가 네게 천국열쇠를 주리니 네가 땅에서 무엇이든지 매면 하늘에서도 매이고 땅에서 무엇이든지 풀면 하늘에서도 풀릴 것이다'라고 말씀하셨다. 하나님의 집인 교회를 베드로가 고백한 진리의 반석 위에 예수께서 친히 세우시되, 예수님의 교회로 세우신다는 말씀이다. 이 고백은 모든 신자에게 너무나도 중요한 믿음의 기초가 된다.

예수께서 그 그리스도(메시야)이심을 믿지 않는 기독교 신자는 없다. 그러나 어떤 이들은 예수님을 반신반인(半神半人)으로 믿거나 전능하신 주 하나님이 지으신 '능하신 신'(a god)이라고 믿는가 하면 한 하나님의 세 인격들 중에 제2위 인격이라고 믿는 이들도 많다. 유일한 하나님께서 아들의 역할을 하시는 것이 그 그리스도라고 믿는 신자들도 많이 있다. 수많은 목회자마저 베드로가 고백한 말씀의 참된 의미를 다르게 믿는 것이 문제라는 말이다.

'사람의 아들 그리스도'와 '하나님의 아들 그리스도'는 너무나 다른데 많은 신학자는 차이를 알지 못하고 성경과 다른 주장을 한다. 예수께서 '하나님의 아들인 그리스도'이심을 깨달으려면 하나님의 계시를 받아야 한다. 그 계시를 따라 깨달아야 온갖 혼란에서 벗어나 '하나님의 아들 그리스도(메시야)'가 어떤 분인지 정확히 믿고, 예수께서 놓으신 그 터 위에 무너지지 않을 교회(산 성전)의 지체로 연합될 수 있다.

이 책은 '유일하신 하나님과 그 그리스도'에 대한 진리를 설명하려고 기록되었다. 예수께서 누구이신지를 아는 진리는 성경에 기록된 수많은 진리 가운데 가장 고귀하고 중요한 진리이다. 여타 진리를 깨닫는 데도 하나님의 계시가 필요하지만, 이 진리를 깨닫기 위해서는 주 하나님의 계시가 더더구나 필요하다.

바리새파 신학은 예수 그리스도를 십자가에 못 박게 했다. 예수님의 사도들은 신학을 기록하지 않고 말씀을 기록했다. 교부신학도 많은 참된 성도들을 처절한 죽음 가운데로 몰아넣었다. 개혁신학은 너무나 심각한 교회 부패를 가져다주었다. 그러므로 이 책을 읽는 분들은 신학서보다 항상 성경에 유일한 권위를 두고 읽기를 권한다. 본서와 함께 생명의 강 시리즈 Ⅲ권(다른 이름이 없나니)을 읽으면 좋을 것이다.

하나님께서 성령으로 독자들의 귀와 눈을 열어주시기를 간구한다.

차   례

제1부 절대적이신 초월자, 지존 무상하신 하나님

제1부 절대적이신 초월자, 지존 무상하신 분

1. 참하나님의 신격(神格)과 참하나님을 믿는 종교(宗敎)

(1) 여러 종교(宗敎)와 여러 신(神)들

세계의 주요 종교 신도 수는 기독교-24억 명, 이슬람-18억 명, 힌두교-11억 명, 불교-5억 명, 중국 전통신앙-3억9천4백만 명, 부족신앙-3억 명, 아프리카 전통신앙-1억 명, 시크교-2천3백만 명, 정령숭배-1천5백만 명, 유대교-1천5백만 명, 바하이교-7백만 명 정도이고 세속주의자/무종교자/불가지론자/무신론자-12억 명이라고 한다.1)

이 통계를 따르면 세계 인구 7,786,000,000명 중 80%가량인 약 60억 명이 종교를 갖고 신(神)이라는 어떤 존재들을 믿고 있음을 알 수 있다. 이들이 종교와 신(신들)을 신뢰하는 정도는 각기 다르겠지만 나름대로 신앙의 바탕인 교리체계를 따르고 있다.

① 힌두교

'힌두교'라는 명칭은 주후 1200년경에 사용하기 시작했고, 창설자나 교리체계가 없다고들 평가한다. 주전 2000년경에 형성되어 범신론을 믿지만, 옆의 사진에서 보듯이 삼위(三位) 신들을 믿는다. 창조의 신(創造神)이라는 '브라만'은 인간의 형태로 온 존재이고, 유지의 신(維持神)인 '비슈뉴', 파괴의 신(破壞神)인 '쉬바'를 숭배한다. 힌두교는 이들을 삼위일체(Trimurti/뜨리무르띠)라고 부른다. 이 개념이 대중에게는 확립된 것이 아니지만, 이 세 신들은 그들이 믿는 수많은 신(神)들 가운데 특별한 신들이다. 힌두교 사람들은 예수, 석가, 크리슈나도 화신(化身; '아바타라')이라고 믿는데, 그들도 기독교 성육신(成肉身) 교리와 유사한 사상을 가졌음을 보여준다.

② 불교(佛敎)

불교의 가르침을 담은 책을 불경(佛經)이라 부르는데 범어 수트라 (Sutra)가 중국에 와서 불변의 진리를 뜻하는 경(經)으로 의역되었으며, 계경(契經)·정경(正經)·관경(貫經)으로도 번역된다.

기독교 이전에 생긴 인도의 불교에도 법신(法身)·보신(報身)·화신(化身)이라는 삼신(三神)사상이 있다. 불교에서는 삼존 불(三尊佛)이 기독교의 삼위일체와 같은 의미를 지니고 있으며, 사람들의 생명과 영성의 창조구조를 알리는 진리라고 가르친다.

법신이란 진리, 도(道), 진아(眞我), 신의 왕국, 신(神) 즉 창조주라는 말인데 영원불멸로, 태어난 적도 없고 소멸되지도 않으며 눈에 보이지도 않고 좋거나 나쁘지도 않으며 자비롭거나 사악하지도 않다고 한다.

화신은 법신에서 나오고, 이 역시 좋지도 나쁘지도 않고 태어나지도 소멸하지도 않는다고 한다. 번뇌와 기도를 통해 거대한 빛의 원천으로부터 나오는 빛(광선)이라 한다. 광선은 아래로 내려올수록 밀도가 커져 육신을 변형하게 되는데 이를 보신(報身)이라 한다. 진리를 얻은 사람은 이 세 차원의 몸을 이용할 수 있어야 한다고 가르친다. 이 셋은 하나로 통합되는데 부처의 세 차원의 몸이라고 가르친다.

③ 한국의 단군 신화와 고대 신들

옆 그림은 환인, 환웅과 단군을 묘사한 것이다. '삼위일체'라는 용어나 신앙개념, 사상이 한국의 증산도(甑山道)에도 있다. 증산도는 무극(無極), 태극(太極), 황극(皇極)이라는 삼극사상(三極思想)과 불교의 삼신불 사상, 기독교의 삼위일체 신앙과 같은 사상이라고 한다. 무극자리가 성부자리, 태극자리가 성자자리요, 황극자리가 성령자리라고 설명한다.

(2) 셋으로 하나인 신(神)을 믿는 종교

삼위일체신론을 믿되 예수 그리스도를 2위(성자)신으로 믿는 기독교(基督敎/그리스도교)로 구교(舊敎)와 신교(新敎)를 가리킨다. 구교는 로마의 바티칸에서 교황이 다스리는 '카톨릭교회'/Catholic Church/천주교와 1054년에 로마에서 분리, 콘스탄티노폴리스 총대주교의 관리하에 있는 '정교회'/Orthodox Church를 가리킨다. 구교는 의식 행위의 구원론을, 신교는 '믿음만'의 구원론을 가르친다.

신교는 1517년 마틴 루터의 종교개혁을 통해 로마카톨릭교에서 분리된 루터교(Lutheran Church)를 시작으로 1536년 영국의 헨리 8세가 로마카톨릭교의 감독권을 거부함으로써 세운 성공회(聖公會), 장 칼뱅(Jean Calvin 1509-1564)의 5대 교리를 따르는 개신/개혁교(改革敎/Reformed Church)인 장로교/Presbyterian, 1609년에 존 스마이스(John Smyth)에 의하여 시작된 침례교를 포함한다. 삼위일체 침례교는 구교개혁을 위해 피터 왈도(Peter Waldo)에 의해 1176년에 시작되었다. 로마카톨릭교의 권세가 절정을 이룬 때인 12세기에 평신도 피터 왈도의 개혁은 '왈도파 이단'이라는 정죄를 받고 대부분 처형됐으나, 루터는 카톨릭교 사제였고 정치적인 힘이 후원했고 카톨릭교의 쇠퇴기인 16세기라 많은 신도가 참여할 수 있었다. 1729년에 영국 성공회 목사 아들인 존 웨슬리가 세운 감리교, 19세기 말에 미국에서 감리교의 영향을 받고 세워진 성결교, 20세기에 성령 운동으로 등장한 오순절교가 신교에 포함된다. 2017년 세계선교통계표에 개신교 안에 47,000개의 교파가 있는 것으로 나타났다(한국선교연구원 정보네트워크). 한국의 개신교 교파 수는 374개였고, 그중 '장로회'라는 이름의 교파가 280곳을 넘었다.[2] 전에 한국의 개신교는 매우 크게 성장하여 1993년에 미국의 《크리스천 월드(Christian World)》가 발표한 자료를 보면, 세계 10대 대형교회 안에 한국교회가 1위와 2위 및 5개가 포함되었고, 20위 안에는 10개, 50위 안에는 23개가 포함되어 있었다.[3] 한국교회에 사도적인 진리로 회복이 일어난다면 전 세계에 크게 영향을 끼칠 것으로 보인다.

(3) 유일신(唯一神) 및 단일신(單一神)을 믿는 종교

① יהוה 엘로힘께서 모세를 통해 세우신 유대교

유대교는 인류 역사상 가장 오래된 종교로서, 아브라함과 노아와 아담의 신앙에 뿌리를 둔 종교이다. 아브람을 우상숭배의 땅인 갈대아 우르(바벨론)에서 불러내셔서 그분의 증인으로 세우신 유대인의 하나님은 유일하신 참엘로힘 יהוה라고 증언하셨다(창 15:7). 유대인(히브리인)들이 믿는 하나님은 유일신(唯一神)으로 '셋으로 하나인 신'(삼위일체신/三位一體神)이 아니라 '홀로 하나인 신'(단일신/單一神)이다. 하나님께서 아브라함과 후손들(선민)을 유일하신 참하나님의 증인으로 인정하셨다. 주전 1400년경에 그 하나님께서 모세에게 나타나셔서 자신을 יהוה로 알리셨고 유대인(히브리인)들을 애굽에서 구원하셨고, 시내산에서 친히 돌판에 기록하신 십계명과 오경(五經/토라/Torah)을 주셨다. 또한 선지자들을 통해 언약과 예언의 말씀을 주셨다. 아브라함의 후손들은 아브라함의 주 하나님 יהוה를 섬길 때 복을 받았고, יהוה 외에 다른 신을 섬길 때 יהוה 엘로힘의 징벌로 나라가 망하고 우상들을 믿는 나라에 포로로 잡혀갔다. 하나님께서 아브라함을 부르신 이후 이 땅의 모든 신론은 바벨론의 삼위신론 계열과 아브라함의 유일신론 계열로 구별된다.

② 예수님과 사도들이 세운 초대교회(初代敎會)

예수께서 오셔서 유대인들에게 사용하여 가르치셨다. 초대교회 때에 사도와 성도들이 믿었던 신론(神論)은 구약성경에 기록된 신론이다. יהוה 엘로힘의 선민인 아브라함과 그 후손들이 믿었던 יהוה 엘로힘만이 유일하신 참하나님이시라고 신약성경에 기록했다. 예수께서 아담을 지으시고 아브라함을 부르시고 모세와 선지자들을 보내신 יהוה 하나님께서 유일한 구원자이시고, 구원이 유대인으로부터 난다고 말씀하셨다(요 4:22).

③ 무함마드가 7세기(610년)에 세운 이슬람교

아브라함의 아들로 태어난 이스마엘이 아랍인의 조상이고, 그 후손인 무함마드가 만든 이슬람교도 단일신(單一神)을 믿는다. 물론 이슬람교도 유대교와 같이 구약성경을 경전으로 믿는다.

주후 570년에 아라비아의 메카에서 출생한 무함마드는 40세가 되었을 때(주후 610년)에 예언자와 이슬람교의 창시자라 불렸고, 정치인, 군사 지도자로도 세상에 알려졌다.

사우디아라비아의 국기에는 코란의 구절이자 이슬람의 다섯 기둥의 하나인 '샤하다'(인지, 증언)가 아랍어로 쓰여 있다. "알라 외에는 신이 없으며, 무함마드는 그의 사도이다."라는 문구이다. 그들은 '알라'를 절대 유일한 단일신, 천지 만물을 창조한 전능자, 지배자라 믿는다. '알라'가 유일하다는 것은 그 본질이 인간의 인지능력을 넘어서고 피조물과의 비교를 거부하는 초월자라는 뜻이다. 이슬람교는 예수를 알라가 보낸 선지자 중의 하나라고 주장한다. 알라가 무함마드를 최후 예언자로 보내어 인간이 지킬 규범과 신조를 계시하였다고 한다.

이슬람교의 유일신은 예수님과 사도들의 가르침을 따른 초대교회가 믿는 유일신이 아니다.

초대교회가 믿던 유일신과 구교와 개신교가 믿는 신은 다르다. 그것은 바로 '예수님의 신성'에 관한 인식 차이에서 비롯된다.

2. 모든 하늘에 계시는 '하나님'

(1) '하나님'(엘로힘/데오스)이라는 직함(職銜)의 의미

지금으로부터 3,400여 년 전에 יהוה 엘로힘께서 아담과 노아와 아브라함의 후손인 모세를 부르셔서 친히 천지만물과 아담과 하와를 지으신 역사, 그들의 범죄로 인해 벌어진 일, 아담으로부터 모세에 이르기까지 있었던 일들과 그분이 친히 장래에 이루실 일에 대해 말씀해주셨다. 주 יהוה께서 말씀해주신 가르침들을 히브리어로 기록한 '모세오경/토라'가 구약성경과 유대교의 근간이 되었고, יהוה 엘로힘께서 선지자들로 전하신 말씀이 기록되어 구약성경을 이루었다.

히브리어로 אלהים[elohim/엘로힘]이라고 기록된 יהוה의 직함을 한글 개역 성경은 '하나님'이라 번역했다.

<태초에 엘로힘(하나님)이 천지를 창조하시니라>(창 1:1)

히브리인 조상인 에벨도 히브리어를 썼을 것 같은데, '엘로힘'은 구약 성경에 2,600회 이상 나온다. 학자들 대다수는 '엘로힘'이 '엘로아'(אֱלוֹהַ 또는 אֱלוֹהַ)의 복수형이며, 힘, 능력, 강한 자를 뜻하는 אֵל[엘]에서 파생된 것으로 추론한다. '엘로힘'은 יהוה 엘로힘을 가리킬 때는 '능력·권능·위엄의 충만'을 나타내는 관용적인 복수형을 쓰지만, 분명 단수 의미이므로 그에 따른 동사도 단수를 쓴다.

'신(神/God)'이나 '최고의 신'(chief god)을 뜻하는 우가릿어는 일('il)이며 복수는 일름('ilm)이고, 일흠('ilhm)도 복수형으로 사용된다(참조, UT 19:163). 페니키아어로는 'l(엘 El)이며 복수는 'lm이다. 이 복수형도 때로 단수로 간주되었다.[4] 아람어(수리아)로는 '엘라흐'이고 복수형은 '엘라힌'이다. 아카디어로는 일루(ilu)이다.

하나님뿐만 아니라 '엘로힘'은 우상 신들(gods)과 천사(시 8:5), 재판장(출 21:6; 22:28; 31:6)에게도 단수 의미로 사용되었다.

하나님의 직함 '엘로힘'이 신약성경에는 당시의 공용어인 헬라어/그리스어 Θεός[데오스]로 번역, 기록되었다. '데오스'도 어원이 분명하지는 않으나 대부분 학자는 산스크리트어 div[디브] 즉 '빛나다'(to shine)에서 파생한 deva[데바]로서 '빛나는 하늘'(the shine heaven)과 동일한 것으로 보고 있다.

영어 성경들은 하나님의 직함 '엘로힘'을 God로 번역했는데 God의 어원도 분명하게 알려진 것이 없다. 이 엘로힘이 창조주 하나님(God)이 아닌 단수의 우상(신)을 가리킨다고 판단될 때는 god로 표기했고 복수의 '신들'이라는 의미로 쓰였을 때는 gods로 번역했다.

오직 한 분이시기에 '하나'님(the One; 한 님)이라고 불렀다는 주장도 있다. 이 주장은 유일신을 증거하는 데 약간 유익이 있겠지만 '하나님'이란 명칭은 성경이 한국에 전해지기 전부터 불렸고, '하늘에 계시는 분'이라는 의미의 명칭이라고 알려졌다. 국문학자들은 '하나님'이 '하늘'의 고어인 '하ᄂᆞᆯ'에서 파생되었고, 우리말 '날날이'(每日)를 '나날이'로, '버들나무'를 '버드나무'로 쓰듯이 '하ᄂᆞᆯ님'과 '하늘님'에서 'ㄹ' 받침이 탈락되고 '하나님'과 '하느님'이 된 것으로 보인다.

영국 선교사 존 로스가 이응찬을 만나 한글로 성경을 번역할 때 신명 (神名) 번역으로는 '하늘'과 '님'을 결합하여 '하느님' 또는 '하나님'으로 처음 사용하였다. 한자로는 주로 상제(上帝, 중국어 발음 '샹띠') 또는 신(神/센)으로 번역하였다. 로스는 "한국인에게 heaven은 '하늘'[hanal] 이고, Lord 혹은 prince는 '님'[nim]이다. hananim은 어느 곳에서든 위에서 다스리시는 분이고, 지상에서 가장 높은 분이라고 조선인들이 알고 있는 낱말이다."라고 기록한 것도 이를 증거한다. 평안도지방에서는 '오늘날'을 '오날날'로, '말씀'을 '말쌈'으로 발음한다. 애국가 가사에 '하느님이 보우하사'에서나 공동번역에서 '하느님'이라고 번역한 것도 그와 같은 의미이지 하늘 자체를 신격화한 것이 아니다.

한민족의 우월성을 자부하는 이들은 '하나님'을 '한 알님'이라고 풀고, '알'이란 말은 성경의 '엘'과 같은 의미와 발음을 가진 창조주를 가리킨다고 주장한다(알이랑⇒아리랑=엘과 함께: With El). 히브리어의 처음과 둘째 알파벳으로 된 단어 אב[압]이 우리말 '아비'(父), 히브리어 אם[엠]이 한글 '에미'(母)와 발음과 의미가 같은 것과 함께 관심을 끈다.

(2) 초월적인 참하늘에 계시는 하나님

만유를 창조하신 하나님은 '하늘에 계시는 분'이시므로 '하늘의 하나님'이라 부른다(창 24:7; 스 5:12; 6:9,10; 7:12,21,23; 느 1:4,5; 2:4,20; 욥 16:19; 시 2:4; 115:3; 단 2:18,19,28,44; 욘 1:9 …).

<하늘에 계신 주여 내가 눈을 들어 주께 향하나이다>(시 123:1)

신약성경도 하나님을 '하늘에 계시는 분'으로 동일하게 증거한다(마 5:16,34,45,48; 6:1,9; 7:11,21; 10:32,33; 12:50; 16:17; 18:10,14,19; 23:9; 막 11:25; 계 11:13; 16:11 …). 그런데, 성경에는 하늘에 계시는 그 하나님께서 강림하셨다고 묘사한 구절들이 많다(창 11:5,7; 18:21; 출 3:8; 19:11,18,20; 20:20,24; 34:5; 민 12:5; 삿 6:34; 느 9:13; 삼하 22:10; 시 18:9; 144:5; 사 31:4; 64:1,3; 미 1:3 …).

(3) 하늘과 하늘들의 하늘보다 크신 하나님

① 하늘과 하늘들의 하늘

하나님께서 지으신 만유 중에 '하늘들'이 있다. 구약성경에는 '하늘과 하늘들의 하늘'이라는 표현도 몇 차례나 나온다.

<하나님이 참으로 땅에 거하시리이까 하늘과 하늘들의 하늘이라도 주(you)를 용납(容納)지 못하겠거든 하물며 내가 건축한 이 전(殿)이 오리이까>(왕상 8:27)

천문학이 관측하고 추정할 수 있는 하늘은 하나밖에 없지만, 성경은 하늘이 하나만 있는 것이 아니라 그 하늘과 '하늘들의 하늘'도 있다고 증거한다(신 10:14; 대하 2:6; 6:18; 느 9:6). 바울 자신은 셋째하늘을 경험하였다고 증거했다(고후 12:2-4). 셋째하늘이 있으므로 첫째하늘과 둘째하늘도 있다는 사실을 알 수 있다. 그렇다면 첫째하늘과 둘째하늘과 셋째하늘은 각각 다른 영역임이 확실하다.

② 하나님께서 창조하신 '첫째하늘'

우주(집宇, 집宙)는 상상조차 어려울 정도로 광대하고 정교한 집이다. 하나님은 우주 곧 거대한 집을 지으신 건축자이시다(욥 38:4-7; 히 3:4). 하나님께서 하늘들을 지으셨고, יהוה 엘로힘은 모든 하늘보다 높으시고 광대하고 초월적인 절대자이시다. "태초에 하나님이 천(天/샤마임/하늘/heaven)지(地)를 창조하시니라"(창 1:1) 이 '하늘'이 가장 먼저 존재한 하늘은 아니지만, 사람의 관점에서 표현한 것이므로 첫째하늘이라 한다. 히브리어로 '하늘'을 뜻하는 שמים[샤마임]이 복수형이기에 어떤 번역은 이 구절에서 heavens로도 번역했다. 헬라어로 οὐρανός[우라노스]이고 영어로는 Universe나 Cosmos로 번역했고, 이 하늘에 대기권(공중)이나 궁창(穹蒼)이 포함된다(창 1:26; 마 6:26; 엡 2:2; 살전 4:17).

③ 하나님께서 창조하신 '둘째하늘'

שמים[샤마임]은 복수형이기에 때로는 실제로 복수인지 단수인지 구별해야 한다. 하나님께서 첫째하늘을 창조하실 때 곁에서 찬양했던 계명성/새벽별, '하나님의 아들들'이라는 천사들이 있었다(욥 38:4-7).

하나님께서 '샤마임'(첫째하늘)을 창조하시던 태초 이전에 천사들이 거하는 영계의 하늘이 먼저 지어져 있었다. 이 하늘을 '둘째하늘'이라고 부르지만 실제로는 첫째하늘보다 먼저 창조된 하늘이다. 대천사장은 주 하나님이 아담을 창조하신 후에 자신이 있는 하늘보다 더 높은 하늘에 오르려고 반역했다가 도리어 불못(감옥)에 던져질 사단 마귀가 되었다.[5] 전지 전능자의 피조물로는 가장 뛰어난 천사들이니 첫째하늘 아래 땅의 물질적 감옥에는 가둘 수가 없다. 그 악령들의 감옥은 둘째하늘(영계)에 있어야 한다(사 14:12,13; 겔 28:12-17).

④ 하나님이 거하시는 '셋째하늘' 즉 '참하늘'

하나님은 공간 즉 영적 물질적 하늘들을 지으시기 이전에도 여전히 '하늘에 계신 분'이시며, 피조된 하늘들을 초월하는 그 영역을 셋째하늘이라 부른다. 이는 '하늘(첫째)과 하늘들(첫째+둘째)의 하늘(셋째)'이라는 영역이다. 셋째하늘은 하늘들이 창조된 후에도 그 하늘들을 초월한다. 이는 시간·공간의 모든 제한을 초월하는 만유 위의 영역이며(마 6:10), '참하늘'이라고도 부른다(고후 12:2; 엡 4:10; 히 7:26; 8:5; 9:24).

3. 절대적 초월자, 지존(至尊) 무상(無上)하신 하나님

(1) 지존(至尊) 무상(無上)하신 하나님

어느 하늘에도 창조주이신 주 엘로힘 יהוה보다 더 높으신 이는 없다.

주 יהוה 엘로힘 한 분만이 가장 존엄하신 초월자이시고 지존무상하신 절대자이시다(삼상 15:29; 삼하 22:14; 시 18:13; 47:2,9; 77:10; 78:35; 82:6; 87:5; 91:1,9; 92:1,8; 107:11; 111:9; 사 33:5; 57:15).

<יהוה여 주는 온 땅 위에 <u>지존하시고</u> 모든 신 위에 초월하시니이다>
(시 97:9)

יהוה 엘로힘만이 그 누구와도 비교될 수 없을 만큼 절대적인 분이시고, 전지전능(全知全能)하시고, 유일(唯一)하신 하나님이시다.

주 엘로힘 יהוה와 비길 수 있는 이가 없다고 그분이 친히 증언하셨다 (사 40:18,25; 46:5). 지존무상하시고 변함이 없는 יהוה 엘로힘과 동등, 동일(同一)한 자가 영원히 없다고 יהוה 엘로힘께서 친히 선언하셨다.

(2) 시간(時間)과 공간(空間)보다 크신 하나님

하나님은 모든 하늘보다 광대하신 하나님이시기에 하나님께서 지으신 하늘들 안에 모든 곳과 하늘들 밖에도 항상 계시는 분이다. 하나님께서 시간 안에도 계시고 시간 밖에도 여전히 어느 때 어디에도 계시므로 주 하나님은 영원 후의 일도 현재(오늘)처럼 보시는, '알파와 오메가'이시다 (사 44:6). 하나님은 시간이 존재하기 이전부터 계시며 시간이 없어져도 여전히 변함없이 '계시는 분'이시다(출 3:14; 사 48:12).

하나님은 모세에게 '나는 아브라함과 이삭과 야곱의 엘로힘 יהוה'라고 증거하셨다(출 3:6,15). 예수께서 부활에 대해 사두개인들과 논쟁을 하실 때 יהוה 엘로힘께서 모세에게 증거하신 말씀을 인용하셨다(눅 20:37,38). יהוה께서는 '알파' 때부터 이미 그리스도 안에서 부활한 자들로 보시듯이 시공을 초월하실 뿐만 아니라 전재하시는 절대자이시다(히 4:3).

(3) 상상(想像)을 초월하시는 하나님

하나님은 인간의 상상도 초월하는 신묘·기이한 분이시다(욥 5:9; 9:10; 26:14; 37:5,23; 시 71:15; 139:6,14-18; 전 3:11; 렘 31:37). 그 누구도 하나님의 권세와 능력과 지혜와 지식이나 행하실 일(역사)을 측량할 수 없을 만큼 놀라운 분이시다(욥 11:7; 시 145:3; 롬 11:33). 하나님께서 영원한 계획을 알리시려고 사람에게 계시를 주셨다. 비록 사람이 하나님의 영원한 계획에 참여하기 위해 하나님을 알아야 하지만 그분에 대해 모든 것을 알아야 하는 것은 아니다. 바울은 그 누가 받은 것보다도 놀랍고 신령한 체험과 계시를 받은 사도였지만 자신도 어린아이와 같이 극히 작은 부분만을 알 뿐이라고 했다(고전 13:9-12).

하지만, 하나님이 어떤 분이신지 어떻게 그분을 섬겨야 할지, 어떻게 믿어야 구원을 받을지에 관한 것은 완전하게 알려주셨다(요일 2:20).

4. '처음부터 말씀하여 오신 하나님'

(1) 피조물들에게 절대적 신성(神性)을 나타내신 하나님

영원 태초(레쉬트/아르케)에 오직 하나(히-'에하드')이신, 절대적인 한 분(the absolute One)인 '에흐예', יהוה 엘로힘만 계셨다.

창세로부터 창조주의 보이지 않는 영원한 능력과 신성(神性)이 그분이 창조하신 만유 가운데 분명히 보여 알게 하셨으므로 하나님의 말씀을 못 들어서 신성(헬-θειότης[데이오테스])을 몰랐다고 핑계 댈 수 없다고 하셨다(롬 1:20-25). '데이오테스'를 한글로는 대부분이 신성(神性)으로 번역하였으며, 한글킹제임스역에는 신격(神格)으로 번역하였다. 영어성경들은 deity, divinity, divine nature, character로 번역하였다.

하나님을 알되 하나님께 영광을 돌리지 않고 감사치도 않으면, 생각이 허망해지고 미련한 마음으로 어두워져서 스스로는 지혜롭다고 착각한다. 오히려 어리석고 미련하게 되어, 썩어지지 아니하는 그 하나님의 영광을 부패할 사람의 형상이나 새(禽, 비둘기)나 송아지(짐승 獸)의 형상으로 바꾸는 것이 그 어리석음을 증명하는 것이다. 지혜가 있다고 자랑하는 신학자 중에 그 참하나님을 바로 깨달은 참된 지혜자가 없다.

만유 자체가 오직 한 분의 창조자, 만유의 아버지로 말미암았다는 분명한 사실을 증거한다. 아버지가 한 분이듯이 창조주도 오직 한 분이다. 하나님께서 천사들, 사람, 동물들을 하나의 머리를 가진 존재로 창조하셨고, 식물도 하나의 뿌리를 갖도록 창조하셨다. 이것은 만유의 머리/뿌리로서 오직 한 분의 창조주 하나님만 계신다는 증거이다.

한 분 하나님이 한 사람으로부터 인류를 번성케 하셨다. 그를 인류의 원조(元祖)/뿌리/아버지라 부른다. 하나님께서 한 남자를 한 남편으로 세우셨음도 역시 오직 한 분의 하나님이 계신다는 진리를 증거한다.

모든 피조물의 시작이 오직 하나에서 시작되었다는 사실은 오직 한 분의 하나님만이 계신다는 진리를 증거하는 것이며, 누구도 이를 부인할 수 없으며, 부정할 만한 그 어떤 증거도 없다.

(2) 사람들에게 자신을 계시로 나타내신 하나님

주 יהוה께서 자신을 계시해주시지 않으면 아무도 하나님을 알 수 없다 (사 45:15). 하나님은 자신을 친히 계시하셔서 사람들에게 그분과 그의 뜻을 알게 하신다(단 2:47). 하나님은 인생에게 자신을 히브리어로 '그' (אוה[후])라고 친히 알리셨다(사 41:4). אוה(후/그)는 단순한 3인칭 대명사가 아닌, 그분의 고유명사(HE)이다. 절대·지존·초월·유일한 그분이 친히 증언해 주신 그 말씀을 통해 그분의 신성/신격을 바로 깨닫는 사람만이 영생을 얻고, 영원히 참되게 예배드릴 수 있다.

יהוה 엘로힘께서 아담을 자기의 형상인 독생자의 모형으로 창조하셨다 (롬 5:14; 8:29; 고전 11:7; 히 1:3). 독생자의 모형인 아담은 하나님과 교제와 섬김을 통해 그분을 알고 자라갈 특혜를 받았다. יהוה 하나님은 아담과 하와가 양육받아 완전한 선을 아는, 독생자의 분량까지 자라기를 원하셨다(롬 8:29; 고전 14:20; 엡 4:13; 히 5:14). 아담과 그 후손들은 장성하여 하나님의 완전한 선하심에 이를 때 독생자와 같은 하나님 영광의 형상과 하나님의 후사로서 만유와 모든 천사까지 다스릴 자리에 앉도록 예정된 자들이다.

하와와 아담의 몸 전체에 입혀졌던 영광은 범죄로 인해 떠나고 대신 수치가 입혀졌다. 아담과 하와의 몸은 늙고 병들고 결국 흙으로 돌아갈, 죄인의 형상(몸)으로 변했다(창 5:3). 복된 하나님과의 교제가 두려움이 되자 그들은 그분을 피해 어두운 그늘에 숨었다. 주 יהוה께서 찾아오셔서 죄에 빠진 아담을 부르셨고, 하나님은 영원 전부터 정하신 그분의 뜻을 포기하지 않으시고, 그들을 죄에서 구하실 약속을 주셨다.

하나님의 충만한 본래 영광은 지극히 크므로, 그분의 영광을 죄인에게 그대로 나타내신다면 죄인들은 곧바로 죽을 수밖에 없다(창 32:30; 출 33:18-23; 삿 6:22,23; 13:21,22; 사 6:1-5).

하나님은 천사들이라도 바로 바라볼 수 없는 그분의 영광을 죄인들 앞에서 숨기셨고 임의로 나타내시지 않으셨다.

죄에 깊이 빠진 인생들은 하나님께서 보내신 홍수로 심판을 받았으나 노아의 가족 8명이 구원을 받았다. 그러나 얼마 후부터 노아의 후손들은 천사들과 사람들을 신격화하여 섬기는 우상숭배에 빠져들었다. 모두가 사람이 우상숭배에 떨어졌을 때 하나님께서 아브람을 부르셔서 약속과 계획을 알리시며, 순종하는 그를 선민의 조상으로 세우셨다. 하나님은 선민을 하나님의 능력과 신성을 증거하는 증인들로 삼으셨다. 우상들을 택한 자들은 이방인(異邦人)들이라 불렸고, 그들은 많은 신들을 만들어 자기의 자식들까지 불에 태워 바칠 정도로 숭배했지만, 실상은 하나님과 언약과 소망이 없이 버림받은 사생아들이 되었다(엡 2:12).

하나님이 천지 만물을 말씀으로 지으셨으며, 말씀의 능력으로 보존하시기에 '태초부터 말씀하여 오신 분'으로 알려지셨다. 참하나님만 어떤 존재도 없을 때부터 '계시는 분'이심을 알리셨다. 자기 백성을 인도하신 하나님의 손길은 아담으로부터 말라기, 침례 요한의 때까지로 이어졌다. הוהי께서 '들으라(히-עמש[쉐마])'라고 말씀하심으로 계속하여 알리셨다. 주 하나님은 선민 중에 깨어있는 자들을 수시로 불러 자기 백성에게 말씀하셨으며 증언하게 하셨다. 이들이 선견자(先見者), 선지자(先知者)이며(삼상 9:9), 그들은 그분의 말씀을 대언했고(사 43:12; 44:7,8; 46:10), 책에 기록하였다. 이것을 '하나님의 기록된 말씀'(성경)이라고 부른다. 그분이 주신 말씀과 계시 없이 사람의 지혜와 능력으로 그분을 살핀다면 마귀에게 항상 속게 된다.

철학과 사단의 신비체험에 치우쳤던 철인(哲人)들과 종교 창시자들은 스스로 우준함에 빠져 많은 신을 만들고 각각 이름을 붙여 숭배하였다. 아테네의 철학자들은 수많은 신을 만들어 섬겼으나 여전히 '알지 못하는 신'이 더 있겠다고 여겼기에 '알지 못하는 신의 위(位)'까지 만들었다(행 17:23-31). 그들은 나름대로 숙고와 체험으로 많은 신들을 섬겼지만 정작 반드시 알아야 할, 초월적 절대 지존자, 스스로 계시는 그 유일한 분에 대해서는 알지 못했다. 지금도 세상과 육신의 지혜를 따라서 많은 자들이 그런 우상을 섬기며, 참하나님을 떠나 무지 안에 갇혀있다.

아무것도 없는 때부터 계시는 분이 시간을 창조하시기 전에 아들을 낳으셨고 아버지가 되셨다. 하나님의 아들이 갖는 비유적 직함들 중에 아버지를 가장 잘 나타내실 '말씀'이 있다. 인간의 지혜와 노력만으로는 그분과 말씀(道)을 발견할 수 없기에 전도(傳道)의 미련한 것으로 깨달아 믿는 자들을 구원하기를 기뻐하신다(고전 1:20,21). 하나님은 천사들도 알지 못할 정도로 극히 기묘한 분이시다. 그러므로 그분이 친히 계시로 증언해 주신 말씀에 귀를 기울여야 그분을 바르게 알고, 언약대로 구원받을 수 있다(고전 2:7-12).

(3) 영원 전부터 거룩한 뜻을 예정하신 하나님

구약은 장차 이루실 신약에 대한 그림자와 모형이므로, 에덴동산(지상낙원)은 천상낙원의 모형이다(고후 12:2-4). 아담은 하나님의 아들로서 독생자이신 예수 그리스도(신랑)의 모형이고, 하와는 교회(신부)의 모형이다(롬 5:14; 고후 11:2,3; 엡 5:23,32).

침례 요한은 자신이 남다르게 출생했다는 사실을 알았다(눅 1:5-25).

그는 어머니 엘리사벳으로부터 예수님의 출생 비밀에 대해 들어 어느 정도 알고 있었다(눅 1:26-56). 그래서 예수님에 대해 특별한 존경심을 갖고 있었을 것이다(마 3:11-15). 예수님이 하나님의 아들 그리스도임을 확신하고 선포한 때는 하나님 아버지께서 보이신 증거인 예수 그리스도 위에 임한 비둘기 같은 형상을 본 후였다(요 1:33,34).

예루살렘에 선지자 시므온도 성령께서 알려주심으로써 하나님의 아들이신 그 그리스도를 알았다(눅 2:25-35). 또한 안나도 구속자인 아기를 보고 하나님의 아들로 증거했는데, 안나도 하나님께서 알려주신 계시를 받은 여선지자였기 때문이다(눅 2:36-39).

마태는 예수 그리스도의 이름을 '그가 자기 백성을 저희 죄에서 구원하실 자', '임마누엘'이라고 증언했다(마 1:21,23).

구약의 의인들이나 선지자들이 천국의 비밀에 대해 알지 못했는데, 그 이유는 하나님의 아들이 오셔서 실체인 하늘의 진리를 계시해주기까지 누구에게도 알리지 않은 비밀이었기 때문이다(마 13:17,35).

구원은 죄와 사망의 나라에서 의와 생명의 나라로, 흑암의 권세에서 영광의 권세로, 마귀의 종의 나라에서 하나님의 아들의 나라로, 세상에 속한 나라에서 셋째하늘에 속한 나라로 옮기는 것인데, 하나님의 아들을 바로 알아야 천국열쇠를 받는다(마 16:15-19). 유대인들은 예수 그리스도를 믿지 않고 거역했기에 다시 전 세계로 쫓겨났고, 마지막 때도 그 적그리스도를 그리스도(메시야)로 잘못 알고 영접할 것이다(요 4:43,44). 예수님을 먼저 영접해야 할 대제사장들과 율법사들이 앞장서서 대적한 것은 성경을 읽을 줄 몰랐기 때문이 아니라 영적인 눈과 귀가 가려졌기 때문이다(사 6:1-10; 53:1-12; 요 1:29; 12:37-45). 누구든지 하나님이 영원 전부터 예정하신 뜻을 깨닫고 영생을 얻으려면 주 예수 그리스도 안에서 말씀하신 진리를 듣고 볼 이목(耳目)이 열려야 한다.

하나님의 아들은 사람이신 그리스도 예수이시다(참고 마 11:25-27; 딤전 2:5). 독생자는 하나님 아버지께서 창세 전부터 예정하셨던 영광에 관해 그의 제자들에게 계시로 알리셨다(요 17:22,24). 그 그리스도께서 자신이 아버지와 하나가 되듯이 거듭난 아들들도 그처럼 하나가 되는 것이 하나님의 예정하신 뜻이라고 기도하셨다(요 17:11,12,21-23). 예수 그리스도께서 '아버지와 아들'(우리)이 하나가 된 것같이 '저희도 우리 안에서 우리와 같이 하나가 되게 해 주소서'라고 기도하신 내용은 영원 전부터 예정하신 주 하나님의 계획이 사람들의 상상을 초월함을 알게 한다. 사도 바울도 영원 전에 예정하신 아버지의 놀라운 비밀의 계시를 받아 깨닫고 가르쳤고, 신약성경의 절반을 기록했다.

<25 나의 복음과 예수 그리스도를 전파함은 영세 전부터 감취었다가 26 이제는 나타내신 바 되었으며 영원하신 하나님의 명을 좇아 선지자들의 글로 말미암아 모든 민족으로 믿어 순종케 하시려고 알게 하신 바 그 비밀의 계시를 좇아 된 것이니 이 복음으로 너희를 능히 견고케 하실 27 지혜로우신 하나님께 예수 그리스도로 말미암아 영광이 세세무궁토록 있을지어다 아멘>(롬 16장)

주 하나님께서 낳으신 아들은 보이지 않는 하나님을 나타내실 영원한 형상이시다. 거듭난 아들들도 맏아들과 같은 영광의 형상으로 삼으심이 아버지께서 영원 전부터 예정하신 비밀이다(롬 8:29). 주 하나님의 예정하심은 죄인을 단지 죄에서 구원하는 것이 절대로 아니다.

사도 바울은 고린도교회에게도 그와 같은 비밀을 전도했다.

<7 오직 비밀(秘密)한 가운데 있는 하나님의 지혜를 말하는 것이니 곧 감취었던 것인데 하나님이 우리의 영광을 위하사 만세(萬歲) 전(前)에 미리 정하신 것이라 … 9 기록된 바 하나님이 자기를 사랑하는 자들을 위하여 예비하신 모든 것은 눈으로 보지 못하고 귀로도 듣지 못하고 사람의 마음으로도 생각지 못하였다 함과 같으니라 10 오직 하나님이 성령으로 이것을 우리에게 보이셨으니 성령은 모든 것 곧 하나님의 깊은 것이라도 통달하시느니라>(고전 2장)

그분께서 아담의 '범죄와 죄에서 구원'을 예정하신 것이 전혀 아니다.

주 하나님이 만세 전부터 예정하신 계획은 그 누구도 보지도 듣지도 못함은 물론 상상조차 못 했던 것인데, 이때까지 비밀이었다.

<4 곧 창세 전에 그리스도 안에서 우리를 택하사 우리로 사랑 안에서 그 앞에 거룩하고 흠이 없게 하시려고 5 그 기쁘신 뜻대로 우리를 예정하사 예수 그리스도로 말미암아 자기의 아들들이 되게 하셨으니…9 그 뜻의 비밀을 우리에게 알리셨으니 곧 그 기쁘심을 따라 그리스도 안에서 때가 찬 경륜을 위하여 예정하신 것이니>(엡 1장)

하나님께서 창세 전부터 그리스도 예수 안에서 모든 이를 부르셔서 주 하나님의 아들들로 거듭나도록 예정하셨다. 아들들은 하나님 영광의 형상이 되고, 하늘과 땅의 만복(萬福)을 유업으로 받는다(엡 1:3).

<3 곧 계시로 내게 비밀을 알게 하신 것은 내가 이미 대강 기록함과 같으니 4 이것을 읽으면 그리스도의 비밀을 내가 깨달은 것을 너희가 알 수 있으리라 5 이제 그의 거룩한 사도들과 선지자들에게 성령으로 나타내신 것같이 다른 세대에서는 사람의 아들들에게 알게 하지 아니하셨으니 … 9 영원부터 만물을 창조하신 하나님 속에 감취었던 비밀의 경륜이 어떠한 것을 드러내게 하려 하심이라 10 이는 이제 교회로 말미암아 하늘에서 정사와 권세들에게 하나님의 각종 지혜를 알게 하려 하심이니 11 곧 영원부터 우리 주 그리스도 예수 안에서 예정하신 뜻대로 하신 것이라>(엡 3장)

하나님께서 만세 전부터 예정하신 이 놀라운 비밀을 깨달으려면 먼저 하나님의 아들 예수 그리스도를 깨달아야 한다. 그 비밀은 만세 전부터 감추어져 왔으나 말세에 독생자를 통해 계시하신 것이다.

<15 그는 보이지 아니하시는 하나님의 형상이요 <u>모든 창조물보다 먼저 나신 자</u>니 ⋯ 26 이 비밀은 만세와 만대로부터 옴으로 감취었던 것인데 이제는 그의 성도들에게 나타났고 27 하나님이 그들로 하여금 이 비밀의 영광이 이방인 가운데 어떻게 풍성한 것을 알게 하려 하심이라 <u>이 비밀은 너희 안에 계신 그리스도시니 곧 영광의 소망이니라</u>>(골 1장)

만세와 만대로부터 옴으로써 감추어졌던 이 비밀은 성령으로 거듭난 성도 안에 들어오신 그리스도이시다. 그리스도를 바로 알지 못하면 유일하신 하나님 아버지와 그리스도인 아들을 절대로 알 수 없을 뿐만 아니라 영생, 영광의 복음의 비밀도 깨달을 수 없다.

<2 이는 저희로 마음에 위안을 받고 사랑 안에서 연합하여 원만한 이해의 모든 부요에 이르러 하나님의 비밀(秘密)인 그리스도를 깨닫게 하려 함이라 3 그 안에는 지혜(智慧)와 지식(知識)의 모든 보화(寶貨)가 감취어 있느니라>(골 2장)

하나님의 아들 그리스도를 알고 그의 말씀을 듣고 깨달아야 하나님의 영원한 비밀을 깨닫고, 아버지와 하나가 될 수 있다는 말씀이다.

제2부 יהוה 엘로힘의 성함(聖銜)과 여러 직함(職銜)들

제2부 יהוה 엘로힘의 성함(聖銜)과 여러 직함(職銜)들

1. 그 엘로힘의 성함(聖銜)인 에흐예, יהוה

(1) 에흐예(I Am)/'(스스로) 계시는 분'

'엘로힘'이나 '엘로하', '엘'은 성함(聖銜)이 아니라 직함(職銜)들이다. 그러기에 우상들도 '엘로힘'이라는 직함으로 숭배받는다.

애굽에도 바벨론 못지않게 수많은 거짓 신들이 숭배를 받고 있었다. 아브라함에게 알리셨던 직함은 '엘샤다이'(전능의 하나님)이다. '엘로힘'(하나님)은 직함이기에 모세는 그분의 '성함'이 무엇인지 알려주시라고 말씀드렸다(출 3:13). 엘로힘께서 모세에게 계시하신 성함은 그 누구도 도용(盜用)할 수 없는 유일(唯一)한 성함이다.

<하나님(엘로힘)이 모세에게 이르시되 (אהיה אשר אהיה[에흐예 아쉐르 에흐예]; 나는 <u>스스로 있는 자</u>니라/I AM THAT I AM) 또 이르시되 너는 이스라엘 자손에게 이같이 이르기를 <u>스스로 있는 자</u>(אהיה/에흐예/I AM)가 나를 너희에게 보내셨다 하라>(출 3:14)

'אהיה[에흐예] 아쉐르 אהיה[에흐예]'라는 하나님의 대답에서 첫 단어와 마지막 단어는 동일한 형태이고, 가운데 단어 אשר[아쉐르]는 두 단어를 연결 지어주는 관계사이다. '에흐예'는 문법적으로 히브리어 동사 היה[하야]의 일인칭 단수 미완료형이므로 '~이다', '~ 있다', '~ 되다'(영어로는 be, become)라는 의미로 쓰여, '내가 (지금, 여기) 있다', '나는 ~이다.'라는 뜻으로 해석해 '나는 있는(계신/존재하는) 자이다', '나는 나다'(I am who I am)로 번역하고, 또 어떤 학자들은 '나는 될 자로 될 나일 것이다'(I will be who I will be)라고 해석한다.[6] 또 어떤 이는 יהוה를 '이다', '되다'(become)라는 '에흐예'의 축어(縮語) 형태로 본다.[7]

'에흐예'를 '있다'라는 의미로 번역한 성경들은 한글개역성경, 개역개정성경, 킹제임스 흠정역개정, 쉬운성경, 현대인의 성경이고, '이다'라는 의미로 번역한 성경들은 표준새번역성경, 현대어성경, 표준새번역 개정, 공동번역, 한글킹제임스, 바른성경 등이다.

이 성함은 '만유를 지으신 분이 누구입니까?', '구원자가 누구입니까?' 라고 하나님께 여쭙는다면 모세에게 '에흐예'(이다)라는 의미의 존함을 알리신 그분만이 '나다'라고 대답하실 수 있는 성함이다.

출애굽기 3장 14절은 헬라어로 70여 명의 유대 장로들이 번역했다는 칠십인역(LXX) 성경에는 ἐγώ εἰμί ὁ ὤν[에고 에이미 호 온](I Am who/that/what/which I AM)으로 번역했다. 이는 '에흐예'라는 성함의 뜻은 '나는 나다', '내가 있다', '장차 될 나다'로서 의미의 성함과 같은 직함이라 할 수 있다.[8]

(2) יהוה(He Is)/'(스스로) 계시는 그분'

<하나님이 또 모세에게 이르시되 너는 이스라엘 자손에게 이같이 이르기를 나를 너희에게 보내신 이는 너희 조상의 하나님 곧 <u>아브라함의 하나님, 이삭의 하나님, 야곱의 하나님 יהוה라 하라 이는 나의 영원한 이름이요 대대로 기억할 나의 표호니라</u>>(출 3:15)

출애굽기 3장 14절의 '에흐예'에 이어진 15절에 말씀하신 하나님의 성함 יהוה는 14절의 '에흐예'와 직결되는 것이 확실하다.

<다른 이가 그분을 삼인칭으로 말할 때 생긴다: 즉 야훼(yahweh): '그는 있다' He is.>[9]

하나님께서 모세와 말씀하실 때는 '에흐예'(I Am)로 말씀하셨고 백성들에게는 יהוה로 알리게 하셨다. 그 이후로는 하나님의 성함을 삼인칭인 יהוה로 나타내셨다는 말이다. 하야(haya)의 미완료 삼인칭 사역형(히필형)이 yahyeh('야훼' 또는 '야혜'이며, '하야'의 동의어 하와(hawa)의 미완료 삼인칭 사역형이 야흐웨/야훼(yahweh)라고도 설명한다. '에흐예'를 삼인칭 미완료 사역형인 יהוה로 나타내심은 하나님께서 모든 것들로부터 자신을 절대적으로 성별(聖別)하시기 위함이다. 이 יהוה라는 성함(聖銜)은 아담은 물론 아브라함에게도 알리지 않으셨다가 모세에게 처음 알리신 성함이라 말씀하셨다(출 6:3).

(3) 친히 선포하신 그 엘로힘의 성함(聖銜) יהוה

히브리어는 본래 모음자가 없이 자음자만 있는 언어이며 히브리어로 기록된 구약성경에서 하나님의 성함인 יהוה도 당연히 단지 네 개의 자음자로만 표기되어 있다. 해당 모음을 들은 후 기억하고 있다가 읽을 때 붙여서 읽는다. 하나님으로부터 יהוה의 모음들을 들은 모세나 선지자들이 그 들었던 대로 발음하여 구전(口傳)하였다.

하나님의 십계명의 제3계명에서 하나님의 성함을 망령되이 일컬으면 죄로 다스리겠다고 경고하셨다(출 20:7). 어느 때부터 히브리인들은 주 하나님의 그 성함을 직접 부르는 대신 히브리어로 '하 셈'('그 성함'이란 뜻)이나 אֲדֹנָי['aDoNaY/아도나이](주님)로 대체해 불렀다. 범죄로 나라가 망하고, 바벨론 포로에서 귀환한 후로는 더더욱 하나님을 두려워하여 그 성함 대신 '아도나이'로 부르는 것이 일반화되었다.

구약의 마지막 선지자로 활동한 말라기 이후에 하나님이 선지자들을 보내지 않으셨으므로 그 성함의 모음을 아는 이들이 없다. 여러 나라에 흩어져 살던 히브리인들은 당시의 공용어인 헬라어에 익숙했지만, 모국어인 히브리어를 잊어버렸다. 주전 200년경에 구약성경을 헬라어로 번역한 70인역은 그 성함의 모음들을 아는 이가 없었으므로 יהוה라는 성함을 '아도나이'로 대용해왔던 전통을 따라 모두 '퀴리오스'(LORD)로 대체하였다. 하나님의 성함 אהיה[에흐예/I Am]는 발음을 할 수 있으나 יהוה (He Is)라는 성함은 오늘날까지 히브리인들 중에서도 발음할 수 있는 사람이 없다. 주 엘로힘의 성함 יהוה를 발음하지 못하게 된 가장 큰 이유는 모음자가 없는 히브리어의 특성에 있다.

1세기 교회가 사용한 성경은 오직 구약성경이었다. 그들이 사용했던 70인역 성경은 יהוה를 다 '퀴리오스'로 대체한 성경이었고, 이 70인역을 인용하여 신약성경이 헬라어로 기록되었다.

9세기경 전통(마소라)을 지키는 유대인 학자들이 히브리어 모음기호를 만들어 성경과 문서에 삽입하였다. 그들 역시 יהוה에 무슨 모음을 넣어야 할지 몰랐으므로 יהוה를 '아도나이'로 부르는 전통을 따라 '아도나이'에 들어있는 세 모음(ָ/a, ֹ/o, ָ/a)을 빌려서 יהוה에 순서대로 삽입하였는데 이를 마소라 사본이라 부른다.

본래의 모음이 아닌 다른 모음들을 빌려서 임의로 만든 이름은 바른 성함이 될 수 없다. 조합된 이름으로 부르면 이 또한 제3계명을 범할 수 있으므로 이전의 전통대로 '아도나이'로 읽기로 규정했었다.

1518년에, 교왕 레오 10세(Pope Leo X)의 고해신부(confessor)였던 페트루스 갈라티누스(Petrus Galatinus)[10]가 <De arcanis catholicae veritatis>(카톨릭교 진리의 비밀에 관하여)라는 책에서 조합된 이름을 라틴어 발음으로 Iehoua[예후아]라고 처음으로 표기했다. 갈라티누스가 '예후아'라고 표기한 발음으로 유추한 근거는 마소라 사본에 편의상으로 붙여놓은 모음이다.[11] 이는 로마카톨릭교가 만든 삼위일체신 중 성부의 이름이라는 것이었다.

라틴어 Iehoua[예후아]를 번역한 것이 영어로 Jehovah이고, 한글로 '여호와'이다. 윌리암 틴데일(William Tyndale)이 히브리어에서 번역한 (1530년) 영어성경의 몇 개 구절들에 Iehouah[예호와]로 표기한 것이 개신교의 번역성경에 표기된 첫 사례이다(창 15:2; 출 6:3; 15:3; 17:16; 23:17; 33:19; 34:23; 신 3:24). JeHoVaH 즉 '여호와'는 불과 500여 년 전에 모음을 임의로 조합해 만든, 전혀 다른 이름이다.

'여호와'라는 이름이 한글개역성경에는 수천 번 등장하지만 1611년에 나온 흠정역(KJV)은 틴데일의 전례를 따라 단 네 구절에서 JEHOVAH로 표기하고 나머지는 마소라 학자들의 규칙대로 LORD, GOD로 대체했고 (출 6:3; 시 83:18; 사 12:2; 26:4), Jehovah와 결합된 이름이 3회 더 나타나며(창 22:14; 출 17:15; 삿 6:24), 그 외에는 지명이나 인명, 단어에서 축약형으로 표기했을 뿐인다.

신흠정역(1982년)에서는 이 모든 구절들에서도 Jehovah 대신 LORD로 대체하였다. 자유주의 신학자인 웨스트코트와 홀트의 강한 영향을 받은 영어개역성경(Revised Version, 1885년)은 마소라 학자들의 규정을 무시하고 다 Jehovah라고 표기했다. 미국표준역성경(America Standard Version, 1901년)도 Jehovah로 표기했으나 이를 개정한 표준개역성경 (Revised Standard Version, 1952년)은 모두 LORD로 고쳐 표기함으로써 조합한 이름의 문제점을 인정했다.

Jehovah/'여호와'라는 이름은 모세나 말라기는 물론 예수 그리스도나 사도들 또는 그 누구도 알지 못하던 이름이다.

영어로 번역한 성경 중에 Jehovah가 한 번도 나오지 않는 성경들이 많은 이유가 그것 때문이다. 1952년에 발행된 표준개역성경(Revised Standard Version/RSV)에는 Jehovah가 한 번도 나타나지 않는다. 이 성경은 흠정역(KJV 1611년)과 개역성경(Revised Version, 1885년)과 미국표준역성경(American Standard Version, 1901년)을 개역한 성경이기에 의미가 깊다. 신국제역(New International Version), 미국 신표준성경(New America Standard Bible), 신개역 표준역(New Revised Standard Version), 표준역(Standard Version), 홀먼크리스천 표준성경(Holman Christian Standard Bible), 기초성경(Basic Bible), 듀웨이림즈성경(Douay-Rheims Bible), 신생역성경(New Living Translation), 굳뉴스바이블(Good News Bible), 월드잉글리시바이블(World English Bible), 토마스 H. S. 바이블(Thomas H. Swearingen Bible), 오늘의 신국제역(Today's New International Version), 메시지바이블(The Message Bible) 등도 모든 구절에서 Lord나 LORD로 표기하였을 뿐 단 한 번도 Jehovah로 표기하지 않았다.

예수님도 יהוה라는 하나님의 성함의 모음을 알려주지 않으셨다. יהוה 대신 '아도나이'로 불렀던 것이 신약성경에 그대로 이어져 기록되었다는 사실을 간과하지 말아야 한다. 완전한 성함을 알아야 하는 중요성은 그 완전한 성함을 믿고 불러야 구원을 얻기 때문이다.

2. יהוה 엘로힘의 여러 직함들(이다/있다, I am ~, He Is ~)

(1) יהוה 엘로힘의 탁월한 직함들

하나님의 성함인 '에흐예' 또는 יהוה는 '있다'와 '이다' 및 '되다'라는 의미가 있는 성함임을 설명했다. 이번에는 여러 의미 중에 '~이다'라는 성함과 연관된 하나님의 직함들을 간략히 살펴보기로 한다.

① 전지전능자(全知全能者)이신 יהוה 엘로힘

하나님은 모든 것을 아시는 분 즉 전지(知)하신 분이시다. 그분은 모든 사람의 마음을 다 아시는 유일한 분이시다(요일 3:20).

<주는 계신 곳 하늘에서 들으시고 사유하시며 각 사람의 마음을 아시오니 그 모든 행위대로 행하사 갚으시옵소서 주만 홀로(for thou, even thou only) 인생의 마음을 다 아심이니이다>(왕상 8:39)

오직 한 분의 주 יהוה 엘로힘만 모든 것을 아시는 분이다. יהוה 엘로힘 외에 모든 사람의 마음을 다 아시는 다른 분이 있다고 주장하는 자는 거짓말하는 자이다. 그분은 아담 이후 그 모든 이들의 미래의 행적을 모태에서 그들의 형질이 이루어지기도 전에 다 아시고 하나님의 기념책에 기록하셨다. 그 יהוה만이 처음과 나중이시며, 모든 이의 마음을 감찰하시는 분이다(시 139:1-18).

יהוה 엘로힘은 전지(全知)하실 뿐만 아니라 전능(全能)하신 분이시다. 전능자는 다른 자의 모든 능력을 뺏거나 없앨 수도 있는 분이다. 절대 권세 능력자는 오직 한 분일 뿐 다른 전능자가 있을 수 없다. 전능자가 둘, 셋이나 있다는 교리는 당연한 모순이다.

노아 홍수 이후 새롭게 번성한 노아의 후손들은 다시 죄악에 빠졌다. 최악의 큰 죄는 하나님이 아닌 것들을 섬기는 우상숭배였다. 하나님께서 우상숭배하는 자들로부터 아브람을 불러내셔서 참하나님만을 섬기라고 선민의 조상으로 삼으셨다. 그때 하나님께서 아브라함에게 알리신 직함은 '엘샤다이'(전능하신 하나님)이다. 전능하신 יהוה만이 바벨론에서 시작된 모든 거짓 신들을 심판하실 유일한 참하나님이시다.

<아브람의 구십구 세 때에 יהוה께서 아브람에게 나타나서 그에게 이르시되 나는 전능한 하나님(엘샤다이)이라 너는 내 앞에서 행하여 완전하라>(창 17:1)

전능하신 יהוה께서 애굽의 모든 신을 벌하셨다(창 28:3; 35:11; 43:14; 48:3; 49:24,25; 출 6:3; 12:12; 수 22:22; 사 60:16; 습 3:17…).

<이제는 나 곧 내가 그인 줄 알라 나와 함께 하는 신이 없도다 내가 죽이기도 하며 살리기도 하며 상하게도 하며 낫게도 하나니 내 손에서 능히 건질 자 없도다>(신 32:39 참고 삼상 2:6)

② 창조자(창조주)이신 에흐예, יהוה 엘로힘

아무것도, 누구도 없을 때부터 יהוה만 스스로 계시는 분(에흐예/I Am 즉 יהוה)이시다. 태초에 그분이 홀로 모든 것을 창조하셨다(사 37:16). 그 יהוה 외의 모든 존재는 그분의 피조물이거나 그분이 낳으신 존재이다.

<네 구속자요 모태에서 너를 조성한 나 יהוה가 말하노라 나는 만물을 지은 יהוה라 나와 함께한 자 없이 홀로 하늘을 폈으며 땅을 베풀었고>(사 44:24)

<18 יהוה는 하늘을 창조하신 하나님이시며 땅도 조성하시고 견고케 하시되 헛되이 창조치 아니하시고 사람으로 거하게 지으신 자시니라 그 말씀에 나는 יהוה라 나 외에 다른 이가 없느니라 … 22 땅 끝의 모든 백성아 나를 앙망하라 그리하면 구원을 얻으리라 나는 하나님이라 다른 이가 없음이니라>(사 45장 참고 5-12절)

엘로힘 יהוה 외에 다른 하나님이 있다거나 창조주이신 יהוה 외에 다른 창조주가 있다고 믿는 자는 우상을 믿는 자이다.

<10 오직 יהוה는 참 하나님이시요 사시는 하나님이시요 영원한 왕이시라 그 진노하심에 땅이 진동하며 그 분노하심을 열방이 능히 당치 못하느니라 11 너희는 이같이 그들에게 이르기를 천지를 짓지 아니한 신들은 땅 위에서, 이 하늘 아래서 망하리라 하라>(렘 10장)

오직 יהוה 엘로힘만이 만유를 창조하신 유일한 '만유의 아버지'이시다.

<하나님도 하나이시니 곧 만유의 아버지시라 만유 위에 계시고 만유를 통일하시고 만유 가운데 계시도다>(엡 4:6)

③ 만군(萬軍)의 주(主)이신 יהוה 엘로힘

'만군의 יהוה' 또는 '만군의 하나님'이란 말이 270회 정도 나오는데 이 직함은 '존재하는 모든 것을 소유하고 다스리는 יהוה'라는 절대자로서의 직함이다(삼하 7:26; 사 37:16).

<יהוה 만군의 하나님이여 주(thee)와 같이 능한 자 누구리이까 יהוה여 주의 성실하심이 주를 둘렀나이다>(시 89:8)

<이스라엘의 왕인 יהוה, 이스라엘의 구속자인 만군(萬軍)의 יהוה가 말하노라 나는 처음이요 나는 마지막이라 나 외에 다른 신(神)이 없느니라>(사 44:6)

만군의 엘로힘 יהוה란 오직 한 분인 영적 남편의 직함이다(사 54:5,6).

'만군의 엘로힘 יהוה'라는 직함은 '천지의 주재', '만유의 주재(主宰)'와 동일한 의미를 가진 직함이다(창 14:19,22; 스 4:20; 시 22:28; 단 5:23; 8:11; 미 4:13; 눅 2:29; 10:21; 행 17:24 …).

<11 יהוה여 광대하심과 권능과 영광과 이김과 위엄이 다 주께 속하였사오니 천지에 있는 것이 다 주의 것이로소이다 יהוה여 주권(主權)도 주께 속하였사오니 주는 높으사 만유의 머리심이니이다 12 부와 귀가 주께로 말미암고 또 주는 만유의 주재(主宰)가 되사 손에 권세와 능력이 있사오니 모든 자를 크게 하심과 강하게 하심이 주의 손에 있나이다>(대상 29장)

엘로힘 יהוה 외에 다른 신/하나님이 있다는 주장은 한 몸에 머리가 둘, 셋이 있다고 주장하는 것과 같다.

바벨론 왕도 그 יהוה 엘로힘께서 '모든 왕의 주재'이심을 깨달았다.

<왕이 대답하여 다니엘에게 이르되 너희 하나님은 참으로 모든 신의 신(神)이시요 모든 왕(王)의 주재(主宰)시로다 네가 능히 이 은밀한 것을 나타내었으니 네 하나님은 또 은밀(隱密)한 것을 나타내시는 자시로다>(단 2:47)

신약성경에 하나님의 직함으로 '대주재'(헬-데스포테스)가 5회 나오고, 이 직함은 만유를 창조하신 분을 가리킨다(눅 2:29; 행 4:24; ; 벧후 2:1 계 6:10; 유 1:4). '천지의 주재'이신 아버지만 유일하신 하나님이시고 대주재이시다(마 11:25; 눅 10:21; 행 17:24; 엡 4:6). 만유의 아버지가 오직 한 분이시듯, 대주재도 오직 한 분이시다. 유일하신 주 엘로힘 יהוה께서 천지의 주재, 만유의 주재, 만유의 아버지이심을 믿어야 그분께서 친수로 기록하신 제1계명을 올바로 믿고 지키게 된다.

(2) יהוה 엘로힘의 비유적 명칭들

만유와 권세와 능력과 영광이 모두 한 분 엘로힘께 속했으므로 이런 속성에 따른 비유적 직함들도 가지셨는데 그중에 몇 가지를 살펴본다.

① 그 구원(예슈아/예샤)이신 יהוה 엘로힘

예수님과 사도들의 시대에 유일한 성경(구약)은 오직 יהוה 엘로힘만이 '구원'이시라고 증거한다(출 15:2; 시 27:1; 28:8; 96:2; 사 12:2,3).
<속히 나를 도우소서 주 나의 구원(히-'테슈아')이시여>(시 38:22)
<1 나의 영혼이 잠잠히 하나님만 바람이여 나의 구원(히-예슈아)이 그에게서 나는도다 2 오직 저만 나의 반석(盤石)이시요 나의 구원(예슈아)이시요 나의 산성(山城)이시니 내가 크게 요동치 아니하리로다 … 6 오직 저만 나의 반석이시요 나의 구원(예슈아)이시요 나의 산성이시니 내가 요동(搖動)치 아니하리로다 7 나의 구원(히-예샤)과 영광(榮光)이 하나님께 있음이여 내 힘의 반석과 피난처도 하나님께 있도다>(시 62장 참고 시 89:26)

옛언약은 구원(예슈아)이신 יהוה의 언약이고, 그 구원(예슈아)이 오셔서 우리의 완전한 구원이 되시겠다는 약속이다. 경건한 자들은 오직 구원(예슈아)이신 יהוה께서 자기 땅, 자기 백성에게 구원(예슈아)으로 오셔서, 임마누엘 하실 때를 기다렸다. 오직 그분만 '예슈아'(구원)이시기 때문에 그 '예슈아'의 날에 우리의 'יהוה+예슈아'가 되실 것이라 했다.

② 그 영원한 반석이신 יהוה 엘로힘

<요셉의 활이 도리어 견강(堅强)하며 그의 팔이 힘이 있으니 야곱의 전능자(全能者)의 손을 힘입음이라 그로부터 이스라엘의 반석(磐石)인 목자가 나도다>(창 49:24)

신 광야의 르비딤에 이르렀을 때 마실 물이 없었는데 주 엘로힘께서 호렙산 반석 위에 서셨고, 모세가 지팡이로 그 반석을 치라는 명령대로 순종하자 생수가 쏟아져 나왔다(출 17:1-6). 이는 영혼의 목자, 유일한 반석이신 יהוה께서 자기의 성령을 생수로 주실 것을 약속하신 것이다. 주 엘로힘은 택한 백성들의 영원한 반석이시고, 선민들은 그 반석 안에서 안전함을 얻었다(신 32:4,13,30,31,37; 삼하 22:2,32; 시 18:2,31,46; 19:14; 28:1; 42:9; 71:3; 73:26; 78:35; 94:22; 95:1; 144:1; 사 17:10; 26:4; 30:29; 합 1:12 …). 거대하고 영원한 반석에서 생수를 얻었으며, 광야에 대낮의 뜨거움과 한밤의 추위와 모래바람과 휘몰아치는 홍수와 맹수와 적들의 위협을 받을 때 안전하고 편안한 피난처가 된다.

이는 יהוה께서 자기 백성에게 오셔서 죄값을 내실 것과 성령의 생수를 부어주실 것의 그림자였다(마 16:18; 요 4:10,11; 7:37-39).

<יהוה와 같이 거룩하신 이가 없으시니 이는 주밖에 다른 이가 없고 우리 하나님 같은 반석도 없으심이니이다>(삼상 2:2)

<6 오직 저만 나의 반석(히-추르)이시요 나의 구원이시요 나의 산성이시니 내가 요동치 아니하리로다 7 나의 구원과 영광이 하나님께 있음이여 내 힘의 반석(히-추르)과 피난처도 하나님께 있도다>(시 62장, 참고 2절)

<너희는 두려워 말며 겁내지 말라 내가 예로부터 너희에게 들리지 아니하였느냐 고하지 아니하였느냐 너희는 나의 증인이라 나 외에 신(神)이 있겠느냐 과연 반석(히-추르)이 없나니 다른 신이 있음을 알지 못하노라>(사 44:8 참고 사 26:4)

오직 יהוה 엘로힘만이 대신 맞으실 반석이심을 증거하셨다. 백성들이 가데스에서 물을 얻지 못하자 다시 하나님을 원망했다(민 20:2-13). 주 하나님께서 모세에게 '반석에게 물을 내라'고 말하라(히-다바르/speak)고 하셨는데 화가 난 모세가 지팡이로 반석을 두 번 쳤다. 이전에 르비딤에서 반석을 쳐서 물을 내었고, 이번에는 말로써 내야 했는데 모세가 불순종한 것이었다. 이로 인하여 물은 나왔으나 '므리바(다툼)의 물'이라 불렀다. 반석이신 יהוה께서 오직 단번만 맞으셔야 하는데 모세가 반석을 또 친 것은 복음의 모형을 깨뜨린 것이다(고전 10:4). 모세는 이스라엘 백성들을 약속의 땅으로 인도해 들이지 못하였다.

יהוה 엘로힘만 영원한 반석이신데 여수룬이 살찌매 그 반석을 버렸다(신 32:4,15,18,31). 장차 그 엘로힘 יהוה께서 사단과 죄와 사망으로부터 피할 수 있는 반석으로 오실 것을 예고하신 것이다. 선민들은 그 반석의 초라한 외모를 보고 그 반석이신 엘로힘을 버렸으므로, 반석이 도리어 그들에게 거치는, 심판하는 반석이 되실 것을 예고하신 것이다.

<13 만군(萬軍)의 יהוה 그를 너희가 거룩하다 하고 그로 너희의 두려워하며 놀랄 자를 삼으라 14 그가 거룩한 피할 곳이 되시리라 그러나 이스라엘의 두 집에는 거치는 돌(히-에벤), 걸리는 반석(추르/磐石)이 되실 것이며 예루살렘 거민(居民)에게는 함정, 올무가 되시리니>(사 8장)

יהוה께서 피할 반석이 되셨지만, 믿지 않는 자에게는 깨뜨리고 부수는 반석이 되실 것이라는 예언도 성취되었다(롬 9:33; 벧전 2:8).

③ 그 참빛이신 יהוה 엘로힘

태초에 빛이 계셨고, 이 빛이 יהוה 엘로힘과 함께 계셨으니, 이 빛은 엘로힘이시다. 엘로힘의 영광이 하늘의 선민들에게 영생의 빛이다.

<19 다시는 낮에 해가 네 빛이 되지 아니하며 달도 네게 빛을 비취지 않을 것이요 오직 יהוה가 네게 영영한 빛(히-오르)이 되며 네 하나님이 네 영광이 되리니 20 다시는 네 해가 지지 아니하며 네 달이 물러가지 아니할 것은 יהוה가 네 영영한 빛(히-오르)이 되고 네 슬픔의 날이 마칠 것임이니라>(사 60장)

<7 오직 나는 יהוה를 우러러 보며 나를 구원하시는 하나님을 바라보나니 나의 하나님이 나를 들으시리로다 8 나의 대적이여 나로 인하여 기뻐하지 말지어다 나는 엎드러질지라도 일어날 것이요 어두운데 앉을지라도 יהוה께서 나의 빛(히-오르)이 되실 것임이로다>(미 7장)

그 빛이신 하나님께서 죄인의 생명의 빛이 되시려고 오셨다.

<우리가 저에게서 듣고 너희에게 전하는 소식이 이것이니 곧 하나님은 빛이시라 그에게는 어두움이 조금도 없으시니라>(요일 1:5)

④ 그 말씀이신 יהוה 엘로힘

하나님은 만유이시지만, 만유를 말씀으로 지으신 '말씀'(Word)이다.

<εν αρχη(In the beginning) ην ο λογος και ο λογος ην προς τον θεον και θεος(God) ην(was) ο(the) λογος(Word)(요 1:1)

하나님께서 시간을 만드시기 이전 태초부터 '로고스'(말씀)가 하나님과 함께(헬-프로스) 계셨다. 태초부터 생명(Life)이 하나님과 함께 계셨고 그 생명은 하나님이시라고 표현하는 것과 같은 표현이다.

태초부터 있는 생명의 말씀에 관하여는 성도들이 들은 바요 눈으로 본 바요 주목하고 그들 손으로 만진 바며, 이 영원한 생명을 성도들이 보았고 증거하여 모두에게 전했으니 이는 아버지와 함께 계시다가 모두에게 말씀인 하나님을 아들이 나타내셨다(요일 1:1,2). 하나님의 아들은 '생명과 말씀이신 아버지'를 나타낸 형상이다.

'이 말씀은 곧 하나님이시다'의 의미는 '하나님은 곧 이 말씀이시다'이 기도 하다. 하나님은 말씀이지만 יהוה 엘로힘 아버지는 말씀이 아니라고 한다면 모순이다. 주 하나님께서 돌판에 제1계명에 '나 יהוה 엘로힘 외에 다른 하나님이 없다'고 친히 기록해주셨다. 십계명은 모세오경보다 먼저 하나님께서 친히 기록하신 계명이다. 제1계명을 따라 요한복음을 기록했 으므로 해석도 제1계명을 따라야 한다. 영원태초부터 사랑이 계셨고 그 사랑이 하나님과 함께 계셨으니 그 사랑은 하나님이시다(요일 4:8,16).

(3) יהוה 엘로힘의 복합적인 직함들

히브리어로 '예호슈아'라는 이름은 'יהוה+호세아'라는 형태로 'יהוה께서 구원(예슈아)이심/되심'이라는 뜻이다. 이처럼 יהוה에 주 하나님의 품성을 더해 만든 복합적인 명칭이 하나님의 점진적인 은혜도 보여준다.

① יהוה-이레(יהוה의 나타나심; יהוה의 예비하심)
믿음의 조상 아브라함이 독생자 이삭 대신 양을 번제로 드렸던 곳을 'יהוה 이레'라 불렀다(창 22:14). 이 지명의 뜻을 'יהוה의 산에서 나타나심' 또는 'יהוה께서 준비하심'이라고 한다(난하주 참고).
'יהוה-이레'는 '나타나심'이라는 의미로서도 매우 중요한 교훈이 있다.
하나님은 공간을 지으시고 여전히 공간 안팎 충만하게 계시는 영이다. 그 하나님은 아무도 보지 못하였고 보이지 않는 분이시므로 그 누구도 볼 수 없는 분이시다(딤전 6:16). 그 주 하나님은 만유보다 먼저 자신의 형상인 아들을 낳으셨고, 하나님의 아들로서 그리스도(딤전 2:5)는 보이 지 않으시는 하나님의 형상이다(고후 4:4; 골 1:15; 히 1:3).
볼 수 없는 주 하나님을 보는 유일한 방법은 그분이 낳아 형상으로 삼으신 그 아들을 보는 것이다(요 14:9).
<크도다 경건의 비밀이여, 그렇지 않다 하는 이 없도다 <u>그는 육신으 로 나타난 바 되시고</u> 영으로 의롭다 하심을 입으시고 천사들에게 보 이시고 만국에서 전파되시고 세상에서 믿은 바 되시고 영광 가운데 서 올리우셨음이니라>(딤전 3:16)

יהוה께서 속죄를 위해 육체로 형상을 입으시고 세상에 나타나셨으며 재림하실 때는 영광의 광채인 본래 형상으로 나타나신다.
<복스러운 소망과 우리의 크신 하나님 구주 예수 그리스도의 영광이 나타나심을 기다리게 하셨으니>(딛 2:13)
 하나님은 아들이자 형상이신 그 그리스도를 통해 만유 앞에 영원히 자신을 나타내실 것이 'יהוה의 나타나심'의 계시이다.

 'יהוה께서 준비하심'이란 친히 대속 제물을 준비하셨다는 의미이다.
<그러므로 세상에 임하실 때에 가라사대 하나님이 제사와 예물을 원치 아니하시고 오직 나를 위하여 한 몸을 예비하셨도다>(히 10:5)
 하나님은 아담이 범죄하자 '세상 죄를 지고 갈 어린양'을 준비하셨다(요 1:29). 번제할 나뭇단을 지고 모리아산에 오르던 아브라함과 이삭의 모습은 예수께서 십자가를 지고 골고다를 오르는 모습의 그림자이다. '예수'라는 성함은 '몸(육체; 제물)을 예비하신 יהוה'이심을 보여준다(마 25:41; 막 10:40; 눅 2:31; 히 10:5; 벧전 1:5).
 도마는 예수께서 주 하나님과 어린양이 되셨음을 확인하고 고백했다(요 20:27,28). 본래 히브리어로 기록된 옛성함 יהוה는 상형문자로 '손'과 '창문'과 '대못'의 모양을 따라 만든 성함인데 '손을 보고 못을 보라'는 의미가 있다. 바울은 '예수는 יהוה의 제물'이심을 깨닫고 예수님을 '자기 피로 교회를 사신 그 하나님'이시라고 증언하며, 예수님을 위해 죽기를 각오하고, 이 진리를 지킬 것을 명했다(행 20:28; 21:13).

② **יהוה-닛시**(יהוה의 깃발; יהוה의 승리)
 이스라엘 백성들이 르비딤의 반석에서 신령한 물을 마신 후 곧바로 아말렉(עֲמָלֵק) 족속과 전쟁하였다. 이때 모세의 손이 들리면 이스라엘이 이기고 모세의 손이 내려오면 아말렉이 이겼다(출 17:8-16). 이 사실을 깨달은 아론과 훌이 모세를 돌 위에 앉히고 전쟁이 승리로 끝나기까지 모세가 팔을 들도록 붙들어줌으로써 이스라엘이 승리했다. 이때 모세가 하나님께 봉헌한 제단을 'יהוה-닛시'라고 명명했다(출 17:15). 그 명칭은 'יהוה는 나의 깃발(승리)'이라는 뜻이다. 'יהוה라는 이름으로 승리한다'는 뜻은 יהוה 성함을 불러야 죄를 이긴다는 증거이다(시 20:1-9).

'예수' 이름은 사단과 죄와 사망을 이기신 진정한 'יהוה-닛시'이다. 그 '예수'라는 성함은 상천하지에 있는 어느 이름보다 높아 모든 입이 주라 시인하며, 모든 무릎을 꿇게 한다. 예수께서 יהוה-이레이심을 믿고 모든 교회들에게 그 이름을 불러 죄와 사망을 이기라고 명령했다. 그 이김은 오직 예수(יהוה-닛시)라는 성함을 믿고 부름으로써 죄와 사망을 이긴 자에게 주어지는 구원의 상(償)이다(딤후 2:19; 히 11:6).

③ **יהוה-살롬**(יהוה의 평화; 평화인 יהוה)

하나님은 지극히 거룩하시고 영광스러운 분이시므로 죄인들이 그분의 영광과 임재 앞에 설 때 죽게 된다. 하나님께서 기드온에게 은혜를 베푸셔서 그를 죽지 않게 하셨을 때 그곳의 이름을 '하나님과 화평/평화'를 뜻하는 'יהוה-살롬'이라고 불렀다(삿 6:24).

죄인은 사단과 함께 영원토록 불못에 던져질 신분이다. 죄인이 지극히 거룩하신 주 하나님과 화평을 누리려면 'יהוה-이레'와 'יהוה-닛시'를 따라 יהוה 엘로힘과 연합되어야 한다. 하나님이 사람과 화평의 언약을 맺으신 이유가 바로 그것이다(민 25:12,13; 사 53:5; 말 2:5-8).

יהוה-살롬의 은혜는 하나님의 성육신하신 보혈로 말미암는다.

<26 내가 그들과 **화평의 언약**을 세워서 영원한 언약이 되게 하고 또 그들을 견고하고 번성케 하며 <u>내 성소를 그 가운데 세워서 영원히 이르게 하리니</u> 27 <u>내 처소가 그들의 가운데 있을 것이며 나는 그들의 하나님이 되고 그들은 내 백성이 되리라</u> 28 <u>내 성소가 영원토록 그들의 가운데 있으리니 열국이 나를 이스라엘을 거룩케 하는</u> יהוה인 줄 알리라 하셨다 하라>(겔 37장)

하나님께서 다윗의 후손의 몸을 입으시고 자기 피로 맺으실 언약을 따라 죄인들 사이에 화목제물이 되셨으며 예수 안에 들어가는 자에게 하나님과 샬롬할 수 있는 은혜를 주셨다. 하나님이 성함을 두시기 위해 지구상에서 택하신 오직 한 곳은 바로 예루살렘 성이다. '예루살렘'은 '평화의 예루(터전/기초)', '평화의 소유'라는 뜻이다. 'יהוה-살롬'을 위해 어린양 안에서 자기 형상의 모형인 죄인들의 모든 저주를 친히 떠안은 어린양을 하나님께서 죄와 사망을 이기고 부활케 하심으로써 어린양은 하나님의 성전의 '머릿돌' 즉 평화의 기초(예루살렘)가 되셨다.

또한 하나님의 어린양은 참된 영원한 화평(평화)의 언약의 중보자 즉 모퉁잇돌이 되셨다. 아브라함을 영접하러 나온 멜기세덱은 살롬(평화)과 의의 왕인 예수님의 현현(顯顯)이다(창 14:18-20; 시 110:4; 히 7:1-4). '멜기'는 '왕'이라는 뜻이고 '세덱'은 '의'(義)라는 뜻이다. 하나님 아버지와 하나가 되신 독생자께서 יהוה-살롬, 예루살렘 성에 평강(살롬)의 왕이 되셨다. 아들 안에서 호산나 찬양을 받으시며 입성하신 그 하나님께서 하늘의 신령한 예루살렘 성의 왕이시다(슥 9:9; 마 21:1-13,42). 예수님은 'יהוה-의(義)'(렘 23:5,6)로서 하늘의 의(義)의 왕 'יהוה-세덱'이시며, 멜기-살롬(평화의 왕)이신 יהוה이시다(사 9:6,7).

④ **יהוה-삼마**(יהוה 거기에 계심)

하나님께서 계시지 않는 곳/때는 없기에 성함을 '에흐예'(I Am/내가 있다)라고 알리셨다. '하나님께서 늘 계심'을 보이셨던 상징적인 처소는 예루살렘의 성전이다. 선민들은 하나님을 뵙기 위해 1년에 세 차례씩 성전이 있는 예루살렘으로 가지 않으면 언약에서 단절되었다(신 16:16). 성전은 יהוה의 성함을 두시기 위해 세우신 처소였다. 성전의 지성소에 들어가면 증거궤 위의 시은좌에 하나님께서 'יהוה-삼마'하셨다(출 25:22). 옛성전을 모형삼아 하나님께서 '임마누엘'이 되심은 יהוה께서 사람의 육체로 장막을 입으시고 사람들과 함께 거하시며, 사람 안에서 오시려고 자기 땅 자기 백성들 가운데 오셨다. 'יהוה-삼마'라는 직함은 '하나님의 임재'에서 더 나아가 '우리와 연합되심과 우리 안에 영원히 함께 계심'을 보여주는 직함이다.

부활한 몸/장막 안에 하나님께서 계셨으므로(요 1:14) 예수 그리스도 안과 거듭난 성도들 가운데 임재하셔서 'יהוה-삼마' 하신다(요 2:19-21; 14:23). 예수님의 성령을 모신 성도는 '삼마'하시는 יהוה 엘로힘의 처소가 된다(고전 3:16; 엡 2:21). 거듭난 후에 첫째부활에 참여한 모든 아들들 안에 יהוה 엘로힘께서 영원히 '삼마'하신다. 하나님은 신령한 예루살렘 성인 아들들 안에서 영원히 함께하실 것이다.

3. יהוה 엘로힘의 언약으로 이루어질 직함들(되다, become ~)

(1) 영원히 유일한 남편이 되신 יהוה 엘로힘

남자와 여자가 결혼하여 부부라는 관계를 맺는 것은 마음과 육체가 연합되는 것(一心同體)이다. 구원받은 성도는 한 새사람(몸)을 이루고 한 '남편'이신 하나님의 신부가 된다. יהוה 엘로힘만이 선민/성민의 유일한 남편이시다(사 54:5,6). 엘로힘 יהוה의 영이 부활한 성도의 영들과 영원히 하나로 연합될 것이다(사 62:1-5). 신부를 가리켜 'יהוה의 손의 아름다운 면류관', '엘로힘의 손의 왕관'이라고 부를 것이다. 이전에는 '버림받은 땅', '황무지'라 불렸으나 하나님과 결혼한 바 되면 '헵시바'(나의 기쁨은 그에게 있다)와 '뿔라'(결혼한 자)라고 불릴 것이다. 마치 신랑이 신부를 기뻐함 같이 엘로힘께서 신부된 교회를 기뻐하실 것이다. 그 결혼은 주 하나님의 아들/그리스도의 영으로 말미암는 것이다. 주 יהוה 엘로힘께서 교회로 인하여 기쁨을 이기지 못하시며 신부를 잠잠히 사랑하시며 즐거이 부르며 기뻐하실 것이다(습 3:16-20). 아담이 하와를 '내 살 중의 살이요, 내 뼈 중의 뼈'라고 기뻐했듯이 그의 신부는 남편인 יהוה 엘로힘의 영광과 찬송'이 될 것이다. 아담이 깊이 잠들었을 때 그의 갈비뼈로 하와를 만드셨듯이 하나님의 영원한 신부는 성육신하신 יהוה 엘로힘께서 옆구리를 찔리셨을 때 나온 것과 같다.

(2) 모든 영(靈)들의 아버지가 되신 יהוה 엘로힘

유일하신 יהוה 엘로힘만 만유를 지으신 아버지이시다(욥 31:15; 시 139:13-16). 물론 יהוה 엘로힘만 아담과 그 후손을 지으신 아버지이시다 (사 63:16; 64:8). יהוה 엘로힘만 모든 인생의 영(속사람)의 아버지이시며, 태어날 때부터 죽을 때까지의 보호자이시다(렘 3:4,19; 말 1:6; 4:6). <우리는 한 아버지를 가지지 아니하였느냐 한 하나님의 지으신 바 가 아니냐 어찌하여 우리 각 사람이 자기 형제에게 궤사를 행하여 우리 열조의 언약을 욕되게 하느냐>(말 2:10)

신약성경도 아버지가 한 분이듯 하나님도 오직 한 분이라 증거한다(요 8:41). 모든 유대인은 이를 제1계명으로 믿었고, 예수님께서도 그들의 믿음을 인정하셨고, 다른 아버지가 낳았으면 음란한 자식이다.

<그러나 <u>우리에게는 한 하나님 곧 아버지가 계시니 만물이 그에게 서 났고 우리도 그를 위하며</u> 또한 한 주 예수 그리스도께서 계시니 만물이 그로 말미암고 우리도 그로 말미암았느니라>(고전 8:6)

만유를 창조하신 한 분의 아버지만이 '유일한 하나님'이다.

<<u>하나님도 하나이시니 곧 만유의 아버지시라</u> 만유 위에 계시고 만 유를 통일하시고 만유 가운데 계시도다>(엡 4:6)

만일 יהוה 엘로힘 외에 두 신들도 함께 창조했다면 창조주가 셋이요 아버지도 셋이 된다. 육체의 아버지는 육체이지만, 모든 영의 아버지는 오직 한 분의 영(靈)이신 יהוה밖에 없다(히 12:9).

(3) 만유(萬有)의 주(主)님이 되신 יהוה 엘로힘

한글개역성경에서 '주'라는 직함은 왕, 상전, 남편, 형님 등을 일컫는 직함이므로 '주'라는 칭호만으로는 하나님을 가리키는지 사람을 가리키는지 구별하기 어려운데 영어로는 구별해 표기하였다. 주 하나님의 성함 יהוה를 lord나 Lord와 구별하기 위해 LORD로 표기했다. Lord는 하나님을 가리키며, lord는 천사나 왕, 주인, 남편, 형 등 피조물 중 큰 자를 가리키는 것이므로 구별해 표기하였다.

한글개역성경에는 '주 יהוה'라는 표기가 302번이나 등장하는데 에스겔서에서만 215번이나 등장한다. '나'를 강조하셔서 '나 주 יהוה'라고 표기한 문구도 139회나 나타난다. '주 만군의 יהוה'라는 표기도 여러 번 나타난다(사 1:24; 3:1,15; 10:16,23,24,33; 19:4; 22:5,12,14,15; 28:22; 렘 2:19; 46:10; 49:5; 50:25,31; 암 9:5). '주 하나님'이라는 표기는 신구약을 합하여 22번이나 나타난다. 오직 יהוה 엘로힘만 주님(Lord)라는 증거인데 יהוה 엘로힘만이 만유의 유일한 주님(아도나이)이시다(신 3:24). '엘로힘 יהוה는 엘로힘의 엘로힘이시며 주(아돈)의 주(아돈)이시며 크고 능하시며 두려우신 하나님(엘)'이시다(신 10:17).

한글개역성경은 히브리어 성경에 יהוה 엘로힘이 언급된 전후 구절에서 2인칭 단수인 '앗타'(당신)를 '주'라고 번역하였다(시 79:6). 한 분이신 하나님이 오직 한 분의 주님이시며 아버지이시라는 의미이다.

<주(You)는 우리 아버지시라 아브라함은 우리를 모르고 이스라엘은 우리를 인정치 아니할지라도 יהוה여 주(You)는 우리의 아버지시라 상고부터 주(you)의 이름을 우리의 구속자라 하셨거늘>(사 63:16)

'앗타(You)' 곧 יהוה의 성함으로 기도하지 않고 다른 이름으로 하면 주 하나님께서 무서운 진노를 부으신다고 경고하셨다.

<주(You)를 알지 못하는 열방과 주(You)의 이름으로 기도하지 아니 하는 족속들에게 주(You)의 분노를 부으소서 그들은 야곱을 씹어 삼켜 멸하고 그 거처를 황폐케 하였나이다>(렘 10:25)

구약성도들은 오직 יהוה만을 가리켜 '하나님' 또는 '주님'(Lord)이라고 불렀다. 히브리어 할렐루야에서 볼 수 있듯이 יהוה 엘로힘의 네 글자를 줄여서 יָהּ[야]라고 하는데 한글개역성경은 이를 '주'라고 번역했다.

<보라 하나님은 나의 구원(예슈아)이시라 내가 의뢰하고 두려움이 없으리니 주(יָהּ) יהוה(YHWH/LORD)는 나의 힘이시며 나의 노래시며 나의 구원(예슈아)이심이라>(사 12:2)

'יהוה께서 나의 구원(예슈아)이 되셨다'라는 의미의 성함이 '예호슈아'이다. 마치 יהוה+이레·닛시·살롬·삼마와 같은 구조이다. 주 יהוה께서 자기 땅 자기 백성들에게 오셨다(사 40:3). 주 יהוה 엘로힘께서 선한 목자로 오셔서 죄에 팔린 인류를 자기 피로 사셨다(사 40:10,11; 61:1-3). יהוה께서 오셔서 희년을 선포하셨다(사 9:6; 40:3; 눅 4:19). 오직 יהוה만 새 언약의 주 하나님, 만주의 주님, 남편인 주님, 구원의 주님, 구속의 주가 되시겠다고 끊임없이 강조하신 대로 새언약에서 성취하셨다.

<만군의 יהוה가 이르노라 보라 내가 내 사자(使者)를 보내리니 그가 내 앞에서 길을 예비할 것이요 또 너희의 구하는 바 주(主/아돈)가 홀연히 그 전(殿)에 임하리니 곧 너희의 사모하는 바 언약의 사자 (使者)가 임할 것이라>(말 3:1)

성도들이 '사모하는 주'요 '언약의 사자'가 성전에 임할 것이라는 말라기의 예언은 새언약의 예수께서 주님과 그리스도로 오셔서 성전을 청소하신 사건에서 정확하게 성취되었다(요 2:13-21; 마 21:3).

신약성경도 오직 한 분의 하나님 즉 아버지만이 만유의 주님이시라고 증거한다(막 12:29,32; 고전 15:28). 그 주님만이 유일한 하나님이시고, 만주의 주님이시며, 다른 주(Lord)나 다른 하나님이 없다고 증거한다.

<기약이 이르면 하나님이 그의 나타나심을 보이시리니 하나님은 복(福)되시고 홀로 한 분이신 능(能)하신 자이며 만왕(萬王)의 왕(王)이시며 <u>만주(萬主)의 주(主)시요</u>>(딤전 6:15)

'주님'이라는 직함은 다른 역할(사역)에 덧붙여 창조주, 구주, 구속주, 재림주, 심판주 등 복합적인 직함으로 널리 사용된다. 그분이 '권능의 주'(대상 29:11; 시 89:6; 단 2:20; 막 14:62; 눅 22:69; 롬 14:4)이시며, '생명의 주'(행 3:15)이시고, '영광의 주'(고전 2:8; 약 2:1), '평강의 주'(살후 3:16), '믿음의 주'(히 12:2)이시다. 그 유일하신 주님만을 '만주(萬主)의 주(主)님', '만유의 주님'이라고 부른다.

(4) 구원자(救援者), 구속자(救贖者)가 되신 יהוה 엘로힘

① 유일한 구원자이신 יהוה 엘로힘

성경은 יהוה 엘로힘만이 유일한 구원자요 구속자이시라고 증거한다.

'구원'의 의미는 어떤 위험이나 종살이에서 해방, 사단 마귀와 귀신의 억압에서 벗어남, 질병이나 죽음, 죄와 형벌로부터 해방, 심판과 형벌을 피하게 되는 등등 다양하다. יהוה께서 완전한 구원자가 되시려면 죄에서 구원하시는 분이 되셔야 했다(창 49:18). 애굽과 홍해에서 구원받은 자 중에 누구도 죄로부터 구원받지는 못했다. 다윗도 대적들과 사울의 위협에서 구원받은 것을 노래했지만 죄와 사망으로부터 구원받은 것은 아니었다(삼하 22:2,3). 다윗은 구원자를 '구원의 능력'을 '구원의 뿔'이라고 상징적으로 표현했고, 그 예언은 다윗의 후손으로 'יהוה-예슈아'가 오심으로써 정확히 성취되었다(눅 1:69).

하나님의 오른손과 거룩한 팔은 하나님의 의로우신 능력과 거룩하신 역사를 상징적으로 표현한 말이다(시 106:8). 하나님께서 오른손 또는 오른팔로 이스라엘을 전쟁과 모든 위험에서 구원하셨다(출 15:6,12; 시 17:7; 18:35; 20:6; 44:3; 60:5; 98:1…).

<우리 하나님 יהוה여 원컨대 이제 우리를 그 손에서 구원하옵소서(히
-야샤) 그리하시면 천하만국이 주(히-앗타, You) יהוה는 홀로(히-바
드, alone) 하나님이신 줄 알리이다 하니라>(왕하 19:19)

선민들에게 오직 주 יהוה 엘로힘 한 분밖에 다른 구원자는 없었다.

<11 나 곧 나는 יהוה라 나 외에 구원자(야샤)가 없느니라 12 내가
고하였으며 구원(야샤)하였으며 보였고 너희 중에 다른 신이 없었나
니 그러므로 너희는 나의 증인(證人)이요 나는 하나님이니라 יהוה의
말이니라>(사 43장)

하나님의 선민들에게 있어서 יהוה 외에 다른 하나님이 없듯이, 다른
구원자가 없는 것이 변함없는 진리이다.

<21 너희는 고하며 진술하고 또 피차 상의하여 보라 이 일을 이전
부터 보인 자가 누구냐 예로부터 고한 자가 누구냐 나 יהוה가 아니냐
나 외에 다른 신(엘로힘)이 없나니 나는 공의를 행하며 구원(야샤)을
베푸는 하나님(엘)이라 나 외에 다른 이가 없느니라 22 땅 끝의 모
든 백성아 나를 앙망하라 그리하면 구원(야샤)을 얻으리라 나는 하
나님(엘)이라 다른 이가 없음이니라>(사 45장)

이스라엘이 약속의 땅에 들어가 살고, 대적들로부터 구원을 받은 것은
장차 신약에서 주실 구원 즉 낮은 세상에서 가장 높은 하늘로 올라가
하나님의 아들로서 완전하게 영원히 사는 것의 모형이다. 구약에는 사단
마귀와 죄와 사망으로부터 완전한 구원은 없었다. 죄와 사망으로부터 구
원할 자는 오직 아브라함의 '엘솨다이'이신 엘로힘 יהוה 외에 다른 이가
없음을 제1계명이 확증한다(습 3:17).

스가랴는 יהוה께서 구원자로서 겸손하게 어린 나귀를 타시고 왕으로서
환영을 받으며 예루살렘에 입성하실 것이라고 예언했다.

<시온의 딸아 크게 기뻐할지어다 예루살렘의 딸아 즐거이 부를지어
다 보라 네 왕(王)이 네게 임하나니 그는 공의로우며 구원(야샤/救
援)을 베풀며 겸손(謙遜)하여서 나귀를 타나니 나귀의 작은 것 곧
나귀새끼니라>(슥 9:9, 참고 슥 14:9)

그날에 아이들도 '호산나'(이제 구하옵나니 우리를 구원해주소서)라고
찬양했고, 그를 구원자로 영접하였다(마 21:9; 막 11:9; 요 12:13).

② 혈육을 입으시고 구속자(救贖者)가 되신 יהוה 엘로힘

'구속자'라는 직함은 '팔린 가축·땅·사람을 값을 주고 다시 사서 돌려준 자' 다시 말해 '빚을 대신 갚고 되찾아준 자'라는 직함이다. 종으로 팔린 사람을 되사는 돈을 속전(贖錢)이라 한다. 죄값을 대신 내는 데에 '대(구)속하다, 속량하다, 구원하다'라는 뜻의 히브리어 동사 פָּדָה[파다]가 사용되었다(삼하 7:22-24; 대상 17:20-22). גָּאַל[가알]이라는 동사는 '기업 무를 친족이 되다, 되사다, 되찾다, 친족(親族)의 권리를 행사하다, 구속하다'라는 뜻으로 사용되었다. 동사인 '가알'과 명사 גְּאֻלָּה[게올라]는 종으로 팔려버린 곤궁한 친족을 구속할 때나 친족의 팔린 땅을 대신 사서 돌려주는 의무와 관련되어 있다. 이 의무를 수행하는 자를 '가알'의 분사형인 גֹּאֵל[고엘]로 부른다. 구속자(救贖者)는 부당하게 죽임을 당한 친족의 복수(復讐)를 하는 의무와 권리도 있었다(레 25:25).

<지렁이 같은 너 야곱아, 너희 이스라엘 사람들아 두려워 말라   나 יהוה가 말하노니 <u>내가 너를 도울 것이라 네 구속자(히-고엘)는 이스라엘의 거룩한 자니라</u>>(사 41:14)

야곱을 창조하신 יהוה, 이스라엘을 조성하신 יהוה께서 그들의 구속자가 되시고자 그들을 지명하여 부르시고 그분의 것으로 삼으셨다. '나 외에 다른 하나님, 다른 구원자가 없다'라고 친히 증언하신 יהוה께서 자신이 이스라엘의 '구속자'가 되실 것을 약속하셨다(사 43:1,10-15).

<이스라엘의 왕인 יהוה, 이스라엘의 구속자(히-고엘)인 만군의 יהוה가 말하노라 나는 처음이요 나는 마지막이라 <u>나 외에 다른 신이 없느니라</u>>(사 44:6)

선민들에게 יהוה 엘로힘 외에 다른 구속자가 절대로 없었다(사 47:4; 48:17; 49:7,26; 54:5,6; 59:20,21; 60:16; 렘 50:34).

구약성경에서 구속에 대한 멋진 기록이 룻기이다(룻 3:12). 모압으로 이주한 후 남편과 두 아들이 죽자 나오미는 끝까지 자신을 따르는 룻과 함께 베들레헴으로 돌아왔다. 친족인 보아스에게 룻의 남편의 땅을 무를 권한이 있다(룻 4:6). 구속자가 되려면 반드시 룻의 남편의 친족이 되고, 해당하는 만큼의 값을 내야만 가능하다. 보아스가 룻의 그 구속자(고엘, 기업 무를 자)이자 새남편까지 되어 주었다. 보아스는 룻에게서 오벳을 낳았고 오벳은 이새를 낳고 이새가 다윗을 낳았다.

영(靈)이신 하나님께서 자기 백성의 '고엘'(구속자)이 되시기 위해서는 반드시 혈육(血肉)인 사람들의 친족(親族)이 되셔야 한다(히 2:14-18). 이를 위해 하나님께서 사람의 육체를 입으심으로 죄인들과 같은 친족의 조건을 갖추셨다(요 1:14). יהוה 엘로힘께서 공의롭고 합법적인 구속자가 되시고, 육체의 피로 자기 백성들의 모든 죄에서 다시 사심으로 'יהוה-구속자'가 되신 것이다(마 1:21; 요 20:28; 행 20:28).

'가알'이라는 동사의 또 다른 의미는 '치욕을 당하다'이다. 십자가는 로마의 시민권이 있는 자라면 십자가형을 당하지 않을 정도의 최악의 형틀이다. יהוה께서 흠·점도 없이 순결하며 거룩하고 영광스럽고 의로운 하나님의 어린양의 육체를 입으시고 아담과 그 모든 후손이 저질렀던 모든 흉악한 죄들과 저주와 형벌의 치욕을 경험하셨다. יהוה 엘로힘께서 아들 안에서 친히 자기 백성들을 죄와 사망에서 구속하신 것이다(욥 19:25; 시 111:9; 요 20:27,28; 행 20:28). 만일 יהוה께서 육체를 입으신 구속자가 아니라고 한다면 당시 유대인들처럼 인자(人子) 안에서 오신 구속자, 구원자가 되신 יהוה를 거부하는 것이다.

(5) 만왕(萬王)의 왕(王/King)이 되신 יהוה 엘로힘

'이스라엘의 왕'(유대인의 왕)은 모든 정사와 권세의 머리이신 만군의 엘로힘 יהוה이시다. 영원히 통치하실 '평강(살롬)과 의(義)의 왕'이시다(사 32:1; 33:17). 왕(王)은 그 나라의 절대적인 통치자요 권력자이므로 왕국에서 같은 권능의 두 왕이 있을 수 없다. יהוה께서 영원토록 왕(王)이시라면 새언약 때도 다른 왕이 있을 수 없다. 오직 יהוה 엘로힘만이 선민의 왕/King이셨고, 동등한 권력을 가진 다른 왕(King)이 없다(삼상 8:7; 12:12; 시 5:2; 10:16; 20:9; 24:8; 29:10; 84:3; 사 24:23; 33:22; 43:15; 렘 10:10). 주 יהוה 엘로힘은 친히 선민들에게만, 잠깐만 왕이신 것이 아니라 영원무궁토록 모든 왕의 왕이시다(시 10:16; 45:17; 95:3; 145:1). 이사야도 환상 중에 왕이신 주(Lord) יהוה 엘로힘을 보았고 이는 신약에서 변함없이 강조되었다(사 6:1-5; 요 12:41).

<그때에 내가 말하되 화로다 나여 망하게 되었도다 나는 입술이 부정한 사람이요 입술이 부정한 백성 중에 거하면서 만군의 יהוה이신 왕(王)을 뵈었음이로다>(사 6:5)

그 왕 יהוה께서 사람의 육체를 입고 오실 것에 대해 예언하셨다.

<이는 한 아기가 우리에게 났고 한 아들을 우리에게 주신 바 되었는데 그 어깨에는 정사를 메었고 그 이름은 기묘자라, 모사라, 전능(全能)하신 하나님이라, 영존(永存)하시는 아버지라, 평강의 왕이라 할 것임이라>(사 9:6)

유일하고 영원한 왕 יהוה께서 자기 땅 자기 백성에게, 아들 안에서 오심으로써 약속이 정확히 이루어졌다(사 40:3-11).

<이스라엘의 왕인 יהוה 이스라엘의 구속자인 만군의 יהוה가 말하노라 나는 처음이요 나는 마지막이라 나 외에 다른 신(神)이 없느니라>(사 44:6)

이스라엘의 왕이신 יהוה 엘로힘은 죄에게 팔린 자기 백성을 세상 왕 사단과 죄, 사망으로부터 구원하시기 위해 오셨다. 그 왕께서 어린 나귀를 타시고 큰 왕도인 예루살렘에 입성하실 예언이 성취되었다.

<시온의 딸아 크게 기뻐할지어다 예루살렘의 딸아 즐거이 부를지어다 보라 네 왕이 네게 임하나니 그는 공의로우며 구원을 베풀며 겸손하여서 나귀를 타나니 나귀의 작은 것 곧 나귀새끼니라>(슥 9:9)

<9 יהוה께서 천하의 왕이 되시리니 그 날에는 יהוה께서 홀로 하나이실 것이요 그 이름이 홀로 하나이실 것이며 … 16 예루살렘을 치러 왔던 열국 중에 남은 자가 해마다 올라와서 그 왕 만군의 יהוה께 숭배하며 초막절을 지킬 것이라>(슥 14장)

한 분의 엘로힘만 영원토록 유일한 왕(King)이시다(딤전 1:17).

<기약이 이르면 하나님이 그의 나타나심을 보이시리니 하나님은 복되시고 홀로 한 분이신 능하신 자이며 만왕의 왕(the King of kings)이시며 만주의 주(Lord)시요>(딤전 6:15)

오직 יהוה 엘로힘만이 영원토록 유일한 왕(王/King)이시다.

(6) 선(善)한 목자(牧者)가 되신 יהוה 엘로힘

이스라엘이 인생의 마지막에 참으로 놀라운 예언을 하였다.

<요셉의 활이 도리어 견강하며 그의 팔이 힘이 있으니 야곱의 전능자의 손을 힘입음이라 <u>그로부터 이스라엘의 반석인 목자가 나도다</u>>(창 49:24)

다윗이 지은 목가적인 시편 23편은 참으로 아름답고, 영혼에게 많은 기쁨을 안겨주는 은혜로운 찬송시이다.

<1 יהוה는 나의 목자시니 내가 부족함이 없으리로다 2 그가 나를 푸른 초장에 누이시며 쉴 만한 물가으로 인도하시는도다>(시 23편)

장차 יהוה께서 새언약의 목자가 되셔서 잃어버린 자기 양들을 찾으실 것을 약속하셨다(시 28:9). יהוה께서 친히 선한 목자가 되셔서 죄와 사망의 이빨에서 자기 양을 완전하게 구원하시고 영원히 자기의 양들로 삼으셔야 했다(시 49:14). 엘로힘 יהוה께서 완전한 목자가 되시기 위해 다윗의 후손의 몸을 입으시고 오실 것을 약속하셨다.

<10 보라 주 יהוה께서 장차 강한 자로 임하실 것이요 친히 그 팔로 다스리실 것이라 보라 상급이 그에게 있고 보응이 그 앞에 있으며 11 그는 목자같이 양무리를 먹이시며 어린양을 그 팔로 모아 품에 안으시며 젖먹이는 암컷들을 온순히 인도하시리로다>(사 40장)

<15 나 주 יהוה가 말하노라 <u>내가 친히 내 양의 목자가 되어 그것들로 누워 있게 할지라</u> …23 내가 <u>한 목자</u>를 그들의 위에 세워 먹이게 하리니 그는 내 종 다윗이라 그가 그들을 먹이고 그들의 목자가 될찌라>(겔 34장)

엘로힘 יהוה께서 인자(人子) 안에서 완전히 선한 목자로 오셨고, 자기 피로 구속하신 그분의 양들과 영원히 함께하신다(행 20:28).

제3부 יהוה 엘로힘의 본질(本質)과 본성(本性)

제3부 יהוה 엘로힘의 본질(本質)과 본성(本性)

1. יהוה 엘로힘의 본질(本質; substance)

(1) 사람과 천사(天使)의 본질(本質)

① 사람의 본질(本質)은 영혼육(靈魂肉)임

'본질'이란 그 존재를 이루고 있는 요소(要素)를 의미한다. 하나님의 본질에 관한 이해를 돕기 위해 먼저 사람의 본질에 대해 살펴본다.

하나님께서 사람을 지으시고 그에게 생기(生氣; 생명의 기운; breath of life)를 불어넣으심으로써 사람은 생령(生靈)과 생혼(生魂)과 생육(生肉)을 가진 존재가 되었고, 죄로 영이 죽었고 생혼이라 표기했다(창 2:7; 고전 15:45). 사람의 본질(本質)을 영혼(靈魂)과 육체(肉體)로 구별하면 육체는 영혼의 질그릇/흙집에 비유된다(마 10:28; 눅 12:19-21; 약 2:26; 벧전 4:6). 사람의 영혼을 영(靈)과 혼(魂)으로 구별하기도 하고, 때로는 영과 육체로 구별하기도 한다(전 12:7; 고후 7:1).

<생물들의 혼(히-네페쉬/魂)과 인생들의 영(히-루아흐/靈)이 다 그의 손에 있느니라>(욥 12:10)

바울은 영(靈/프뉴마)과 혼(魂/프쉬케)과 육(肉/사르크스)이 정상적인 한 사람 안에 있는 본질(本質)들이라 기록했다.

<평강의 하나님이 친히 너희로 온전히 거룩하게 하시고 또 너희 온 영(靈/spirit)과 혼(魂/soul)과 몸(body)이 우리 주 예수 그리스도 강림하실 때에 흠 없게 보전되기를 원하노라>(살전 5:23)

<하나님의 말씀은 살았고 운동력이 있어 좌우에 날선 어떤 검보다도 예리하여 혼(soul)과 영(spirit)과 및 관절과 골수를 찔러 쪼개기까지 하며 또 마음의 생각과 뜻을 감찰하나니>(히 4:12)

사람의 '영'(靈)은 히브리어로는 רוח[루아흐], 헬라어로는 πνεύμα[프뉴마], 영어로는 spirit로 쓴다. 사람의 육체 안에 있던 영은 일정 형체를 가진 영체(靈體)로서 지정의를 가진 속사람이며, 구약시대에는 육체와 분리된 후에 음부로 갔다(눅 16:22-31).

사람의 생기는 영(靈)이기 때문에 사람의 세 가지 본질 중에서 가장 중요하여 범죄 이전에는 아담/사람을 생령(生靈)이라고 불렀다(창 2:7). 아담이나 모든 사람의 생명(생명의 기운)은 영(靈)에 있고 육체(肉體)나 혼(魂)에 있는 것이 아니다(눅 8:55; 요 6:63).

② 천사(天使)의 본질(本質)은 영(靈)임

하나님께서 물질계인 천지를 창조하시기 전에 영계(靈界)와 영(靈)인 천사들을 지으셨다고 친히 증언하셨다(욥 38:1-7). 전지전능하신 하나님께서 아시는 최고/최선의 존재, 지으실 수 있는 최상의 존재로 천사들을 지으셨다. 하나님은 영(靈)인 천사와 생령인 사람을 지으신, '모든 영의 아버지'이시다(히 12:9). 천사들의 본질은 육체나 혼이 없는 영(靈)이다(눅 24:39; 히 1:14). 모든 천사는 아담보다 영광과 능력이 뛰어난 존재이다. 천사는 영체를 가지고 영계에 존재하지만, 사람들이 사는 물질계에도 자주 나타났다. 하나님의 사자(使者)로 하늘로부터 보내심을 받은 천사들은 사람 앞에 사람, 생물, 불꽃 등의 일시적 모습으로 나타났다. 아브라함의 장막에 두 천사가 사람의 모습으로 주 하나님과 함께 나타났다(창 18:2; 19:10). 한 천사가 풀무불 가운데 나타나 능력으로 다니엘의 세 친구를 지켰고, 영광의 모습으로 나타났을 때 메대 바사의 최고 총리였던 다니엘도 기절할 정도였다(단 3:25; 10:8. 참고 눅 9:26; 행 12:7; 히 9:5). 영인 천사들도 지정의를 갖고 있어서 영이신 하나님이나 인간들과 대화할 수 있고, 하나님의 명을 받아 사람들을 돕거나 악인들을 심판하기도 한다. 천사들은 하나님께서 부리는 영(靈)으로서 성도들을 섬기고 보호하라고 보내심을 받는다(왕하 19:7; 시 104:4; 사 37:7; 마 18:10; 히 1:7,14). 하나님께서 모든 천사를 선하게 지으셨으나 탐욕으로 인하여 타락한 천사들이 많다. 대천사장이 타락하여 사탄(שׂטן; Satan/대적자), 마귀(διάβολος[디아볼로스]/Devil)가 되었다(유 1:9). '사탄·마귀'(뱀)가 하와와 아담을 속여 죄를 짓게 하고 하나님의 영원한 계획에서 벗어나게 했다. 대천사장은 아담의 범죄로 아담의 통치권을 가로채고 모든 죄인의 머리가 되었다(눅 4:5,6; 요 12:31; 고후 4:4; 엡 2:2). 가로챈 세상의 정사와 권세로 하나님의 백성을 대적하는 '악한 영들'은 타락한 천사들 자신이다(엡 6:12).

악인의 영이 다른 인격이 아닌 그 자신이고, 타락한 천사들의 악하고 더러운 영은 천사 자신이다. 본질은 선인이나 악인이나 같고, 선한 천사나 타락한 천사도 본질은 같다. 타락한 천사의 영(귀신)들은 한 사람 안에 여러 명이 들어갈 수도 있다(마 8:31; 막 5:9; 눅 6:30).

(2) יהוה 엘로힘의 본질(本質)은 영(靈)이심

사람이 쓰는 언어로 주 엘로힘 יהוה를 충분하게 설명할 수는 없지만, '하나님의 본질(本質)'이란 '하나님을 이루고 있는 무엇'을 의미한다.

하나님은 아무것도 없을 때부터 오직 그분 홀로 스스로 계시는 분이시다(출 3:14). 하나님은 사람의 영(靈)과 천사인 영(靈)을 지으신 아버지 즉 모든 영(靈, spirit)들을 지으신 영(靈, Spirit)이시다. יהוה 엘로힘의 본질(God's Nature)은 모든 피조된 영들과는 어떤 비교도 할 수 없는, 절대적으로 초월적이고 지존하신 영(靈)이다.

<하나님은 영(헬-프뉴마/靈/Spirit)이시니 예배하는 자가 신령과 진정(원문에 '진리')으로 예배할지니라>(요 4:24)

<주(Lord)는 영(헬-프뉴마/靈/Spirit)이시니 주의 영(헬-프뉴마/靈)이 계신 곳에는 자유함이 있느니라>(고후 3:17)

하나님을 영(靈)이라고 표현할 때 히브리어로 רוח[루아흐]이고, 헬라어로는 πνεύμα[프뉴마]이며, 영어로는 Spirit라는 단어를 쓴다. '루아흐'란 단어는 일반적으로 '바람', '공기', '호흡(숨)' 등의 뜻으로도 쓰인다. 그 단어는 대부분 여성형으로 쓰이지만, 가끔 남성형으로도 쓰인다. 잠언 18장 14절(한글개역에는 '심령')은 첫 번째 '루아흐'를 남성형, 두 번째 '루아흐'를 여성형으로 기록했다. 하나님의 '영(靈)'은 헬라어로 '프뉴마'를 쓰는데 중성(中性)인 '것'으로 표기했다(요 4:22), 헬라어로는 남녀의 구별없이 '프뉴마'(영)는 중성, '프쉬케'(혼)는 여성, '소마'(몸)는 중성으로 표기한다. 라틴어로 영(靈)은 Spiritus[스피리투스]인데 남성형으로 표기한다. '루아흐/프뉴마'가 언어에 따라 성(性)이 달라지는 사실은 '엘로힘/יהוה의 영(靈)'이 יהוה 엘로힘과 다른 인격이나 다른 신격이 아니라 주 엘로힘의 본질(本質)이라는 진리를 증거한다.

<28 그 후에 내가 내 신(神, 히-'루아흐')을 만민에게 부어 주리니 너희 자녀들이 장래 일을 말할 것이며 너희 늙은이는 꿈을 꾸며 너희 젊은이는 이상을 볼 것이며 29 그때에 내가 또 내 신(히-루아흐/神)으로 남종과 여종에게 부어 줄 것이며>(욜 2장)

한글개역성경은 히브리어 원문에 '루아흐'로 표기된 것을 영(靈)으로 번역하지 않고 신(神)으로도 여러 번 번역하였다(창 1:2; 6:3; 출 31:3; 35:31; 민 11:17,25,29; 24:2; 삿 3:10; 9:23; 11:29; 13:25; 14:6,19; 15:14; 삼상 10:6,10; 11:6; 16:13,14; 19:20,23; 삼하 23:2; 왕상 18:12; 왕하 2:16; 대하 15:1; 20:14; 24:20; 욥 33:4; 시 139:7; 잠 1:23; 사 30:1; 34:16; 40:13; 42:1; 44:3; 48:16; 61:1; 63:14; 겔 3:12,14,24; 11:5,24; 36:27; 37:1,14; 39:29; 미 2:7; 3:8; 학 2:5; 슥 4:6; 7:12…). '신'(神/God)이라는 명칭은 하나님의 신성(神性)보다는 신격(神格)을 나타내는 것이므로 '유일신'(唯一神)이라고 부른다. 하나님의 영(靈)을 하나님의 신(神)으로 번역한 것은 '영(靈)'이 하나님(神) 자신의 본질(本質)임을 보여주는 명백한 증거이다.

יהוה 하나님의 영(靈)을 모신다는 말씀은 유일하고 참신이신 יהוה께서 성도들을 거처(居處)로 삼고 내주(來住)하신다는 의미이다.

사람의 영(靈)이 자신(自身)이며, 천사의 영(靈)이 그 천사 자신이듯이, 하나님의 영(靈)은 그 '하나님 자신' 또는 그분의 본 존재(存在)이시다. 영(靈)이신 주 하나님(요 4:24; 고후 3:17)은 하늘과 하늘들의 하늘에도 충만하게 계신다(렘 23:23,24). 영계 및 물질적 공간의 안팎에 존재하는 영이신 하나님께 '영체'라는 말은 맞지 않는다. 무소부재하신 영인 하나님은 아무 형상도 없으시므로 '몸'을 뜻하는 신(身), 체(體), 본체(本體)라는 말은 적합하지 않다(신 4:10-28). '하나님의 영'이란 그 하나님/신(神) 자신일 뿐 다른 신격/인격이 아니란 것은 확실한 진리이다.

<사람의 사정을 사람의 속에 있는 영 외에는 누가 알리요 이와 같이 하나님의 사정도 하나님의 영 외에는 아무도 알지 못하느니라>(고전 2:11)

사람의 영이 그의 속사람이듯 하나님의 영은 그 하나님이시다.

(3) יהוה 엘로힘의 본질(本質)의 기이(奇異)한 특성(特性)

① 언제나 어디에나 전재(全在)하신 영(靈)이심

천사의 몸은 영체(靈體)이고, 사람의 몸(人體)은 일정한 공간을 차지한 영육체(靈肉體)이지만 '하나님의 영'(영이신 하나님)은 하늘과 하늘들의 하늘 안팎 어디에든 항상 '계시는 분'(에흐예)이시다.

<하나님이 참으로 땅에 거하시리이까 하늘과 하늘들의 하늘이라도 주를 용납(容納, contain)지 못하겠거든 하물며 내가 건축한 이 전(殿)이오리이까>(왕상 8:27)

'하늘들(첫째+둘째하늘)의 하늘'은 하나님께서 계신다고 표현하는 '셋째하늘'이며, '참하늘'이라 부르는데 יהוה께서 하늘들을 지으시기 전부터 있는 영역으로 만유를 초월한다. 제1계명을 기록해주신 엘로힘 יהוה께서 첫째하늘, 둘째하늘, 셋째하늘 어디든 언제든지 충만하신 분, 무소 부재하신 영(靈)이시다(욥 42:2; 렘 23:24).

하나님의 본질인 영은 계시지 않는 곳이 없으므로 그분의 상하좌우를 절대로 구별할 수 없다(시 139:7-12; 렘 23:23,24). 하늘들을 지으시기 이전부터 계시는 분은 오직 יהוה 엘로힘밖에 없으시며, 그분만이 만유의 창조자이시고, 유일, 전능하신 하나님이자 아버지이시다(엡 4:6).

② 아무도 아무 때도 볼 수 없는 영(靈)이심

하나님은 무소부재하신 영이시고 하늘과 하늘들의 하늘 그 어디든지 다 계시므로 어떤 형체(形體)나 본체(本體)도 없고, 보이지도 않으신다. 주 יהוה께서 친히 돌에 새겨 증언하신 제2계명에 그분의 어떤 형상이든 만들지 말라고 명하셨다. יהוה의 형상·본체라고 만든 것은 우상일 뿐이다(신 4:15). 하늘과 하늘들의 하늘보다 더 크신, 공간 밖과 셋째하늘에도 계시는 יהוה께서 피조물의 눈에 보이는 몸(신체/본체)을 가지고 계신다면 그들 눈에는 온통 하나님밖에는 아무것도 보이지 않을 것이다. 하나님은 보이는 모습으로 수시(隨時)로 동시(同時)에, 여러 곳에서 임시로 자신을 피조물에게 나타내셨으나 오직 한 분의 신격(神格)이시다.

<본래 하나님을 본 *사람*이 없으되(no one) 아버지 품속에 있는 독생하신 하나님이 나타내셨느니라>(요 1:18)

'사람이 없다'라고 번역된 헬라어 οὐδείς[우데이스]는 '우데'(그리고 아니, ~도 아니다, and not)와 '헤이스'(하나)라는 단어가 합쳐진 것으로 정확한 뜻은 본 '이(one)가 없다'라는 말이다. '사람'이란 번역은 사람에 제한되었기에 '천사'와 같은 영물들은 보았다고 주장할 수 있게 된다. 하나님은 본래 사람들이나 천사들도 볼 수 없는, 전재하고 보이지 않는 영(靈)이시므로 '아무도 본 자가 없다'고 증거한 것이다.

<만세의 왕 곧 썩지 아니하고 보이지 아니하고 홀로 하나이신 하나님께 존귀와 영광이 세세토록 있을지이다 아멘>(딤전 1:17)

하나님을 보았다거나 하나님이 나타나셨다는 언급은 임시적 형상으로 나타나신 것이므로 실제로 영의 형상/몸이 아니라는 말씀이다. 영(靈)인 그분이 육체를 입으심으로 비로소 천사들에게도 보이게 나타나신 것이 경건의 비밀이다(딤전 3:15,16).

<15 기약이 이르면 하나님이 그의 나타나심을 보이시리니 하나님은 복되시고 홀로 한 분이신 능하신 자이며 만왕의 왕이시며 만주의 주시요 16 오직 그에게만 죽지 아니함이 있고 가까이 가지 못할 빛에 거하시고 아무 **사람**도 보지 못하였고 또 볼 수 없는 자시니 그에게 존귀와 영원한 능력을 돌릴지어다 아멘>(딤전 6장)

사도 바울은 '아무 사람도(whom no man)' 하나님을 보지 못하였고 또한 '볼 수도 없는 분'이라고 증언했다. 바울은 구약에서 주 하나님을 보았다는 사례들과 스데반이 순교할 때(행 7:55,56), 다메섹 도상에서 친히 예수님을 만났던 사건(행 9:5)을 포함해 그 어느 때 그 누구도 ירהי의 영의 형체/본체를 본 것이 아니라는 말씀이다.

<어느 때나(at any time) 하나님을 본 *사람*이 없으되(헬-우데이스, no one) 만일 우리가 서로 사랑하면 하나님이 우리 안에 거하시고 그의 사랑이 우리 안에 온전히 이루느니라>(요일 4:12)

이 어느 때(at any time)는 신구약 성경에 기록된 모든 때와 시간이 창조된 태초로부터 모든 때를 가리킨다. 이는 시간이 시작된 태초부터 언급한 요한복음의 태초와 일치한다. 요한복음에서도 동일한 '우데이스'를 사용하여 '아무도'(no one)' 하나님을 본 이가 없다고 증언한다(요 1:18). 주 하나님은 천사나 사람에게 보이지 않고 볼 수 없는 영이시고, 그분 영의 형체나 본체는 없으시다.

볼 수 없는 분을 형상화하여 하나님이라 믿고 경배한다면 우상숭배를 하는 것이다. 요한은 '보지 못하는바 하나님'(God whom he has not seen)을 사랑한다고 하면서 보이는 형제를 사랑하지 않는 것은 거짓말이라고도 다시 강조하여 증언했다(요일 4:20).

영이라고 번역된 히브리어 '루아흐'나 헬라어 프뉴마는 '바람', '공기'라는 의미로도 사용되고, 사람의 육적인 눈으로는 바람, 공기를 볼 수는 없으나 그것이 있듯이 하나님께서 어디에나 계신다. 하나님은 언제든지 자신의 존재를 하늘에서나 땅에서 어떤 모습으로 나타내셨다. '말라크'의 모습으로(출 3:2,6; 4:5; 19:3; 행 7:30,35,38,53), 천사나 사람의 모습으로(창 18:2; 32:24-30), 때로는 불꽃이나 구름의 모습으로 자신을 나타내셨다(행 2:3). 그러나 그렇게 나타난 것들은 주 하나님의 '본래의 형상/형체/본체'가 아니므로 피조물들 중 그 누구도 하나님의 존재를 본 자가 없다고 말씀하신 것이다.

초월적 영(靈)이신 하나님께서 사람을 자기 형상으로 삼으실 말씀(로고스)을 태초부터 가지고 계셨다(요 1:1). 그 형상을 볼 때 주 하나님을 보는 것이므로 하나님 품속에 계시는 독생하신 아들이 나타내셨다(요 1:18; 6:46, KJV). 하나님께서 자기 형상인 아들을 통해 사람과 천사들에게도 비로소 그 존재를 나타내신 것이다(요 14:9; 딤전 3:16).

③ 영원토록 변함이 없는 영(靈)이심

יהוה 엘로힘은 절대적으로 완전하시고 거룩하신 분이시며, 본질적으로 어떤 변함도 없으신 분이시다.

<27 주는 여상(如常)하시고 주의 년대는 무궁하리이다>(시 102:27)

주 하나님은 변하지 않으시는 분이시다(한글 개역개정, 우리말성경, 공동번역, 공동번역개정, 카톨릭성경, 현대인의성경, 새번역성경, 쉬운말성경, 한글킹제임스역, 바른성경, 쉬운성경, 모든 영어번역성경들).

<…그는 변함도 없으시고 회전하는 그림자도 없으시니라>(약 1:17)

יהוה 엘로힘의 본질(영)과 본성, 권세와 능력과 영광 및 도덕적 성품, 본질적 특성도 영원토록 변함이 없다. יהוה 엘로힘의 신격과 신성은 영원토록 변함이 없고 완전하시다. 주 하나님은 독생자를 낳으시기 전이나 후에도 변함이 없으신 완전한 분이시다.

아브라함의 하나님, 예수 그리스도의 하나님, 열두 사도의 하나님, 초대교회의 하나님, 말세의 마지막을 사는 모든 성도의 하나님은 영원토록 변함없고 동일하신 그 하나님이시다. 제1계명에 '나 יהוה 외에 다른 신이 없느니라', '다른 신이 있음을 알지 못하노라'라고 친히 증언하셨고, 제2계명에는 '만든 어떤 것이든지 나의 형상이라 하지 말라'고 하셨다. יהוה 하나님은 거짓말을 하실 수 없는 분이시므로 처음과 마지막에도 같은 한 분이라는 말씀은 진리이다. 주 엘로힘 יהוה께서 다니엘을 통해 파사의 제왕에게도 '그는 사시는 하나님이시요 영원히 변치 않으실 분'이시라고 확실하게 증거하셨다(단 6:26-27).

2. יהוה 엘로힘의 본성(本性)

'하나님의 본성'이란 하나님께서 신격(神格)으로서 가지신 신성(神性)의 근본 성품(性品)을 가리키는 말이다. 그 주 하나님을 바로 깊이 알기 위해서 그분의 본성에 대해 바로 알고, 그분의 본질과 본성을 정확하게 이해할 때 어떤 혼란도 없이 참하나님을 알게 된다.

(1) 사람과 천사(天使)의 본성(本性)

① 사람의 본성(本性)
사람/아담은 하나님 형상의 모형(표상)으로 지음받았다(창 1:26,27; 롬 5:14; 8:29; 고전 11:7). 사람의 본성(本性)이란 지닌 성품을 가리킨다. 성선설(性善說)과 성악설(性惡說)은 영혼육이라는 동일한 본질을 가진 인간을 선인(善人)과 악인(惡人)으로 구별한다. 주 하나님은 모든 것을 선(善)하게 지으셨고, 사람의 본성도 하나님의 본성 또는 성품을 따라 지으셨기에 하나님 보시기에도 좋았다(선했다). 사람이 악하게 된 것은 범죄로 말미암아 죄의 종이 되었기 때문이다(엡 2:2-5).

② 천사의 본성(本性)

천사의 본성이란 천사의 성품을 의미한다. 하나님께서 모든 천사들도 선하게 지으셨다. 천사들 중에 일부는 범죄하였고 악한 천사가 되었다. 타락한 천사들은 구원자가 없기에 둘째사망에 들어갈 수밖에 없다. 하나님의 후사들을 섬기라고 보냄받은 영들은 선한 영들이다(히 1:14). 천사들은 영(靈)으로서 동일한 본질을 가졌지만 죄에게 사로잡힌 천사들의 본성은 악해졌다(왕상 22:22; 대하 18:22). 성경에서 악한 천사의 영을 가리켜 '악한 영/신, 악신/惡神'(삿 9:23; 삼상 16:14,15,16,23; 18:10; 19:9), '악령'/惡靈/evil spirit로 번역했다.

<יהוה의 신(히-루아흐/靈/Spirit/神)이 사울에게서 떠나고 יהוה의 부리신 악(히-라/나쁜, 악한) 신(히-루아흐/영/evil spirit/악한 영)이 그를 번뇌케 한지라>(삼상 16:14)

다른 성경들의 번역에서 '악한 영'(악령), '나쁜 영', '더러운 영'이나 '더러운 귀신(프뉴마)', '더러운 사귀(邪鬼)'는 타락한 천사들을 가리키는 것이 분명하다(참고 슥 13:2).

<회당에 더러운 귀신(δαιμονιον)들린 사람이 있어 크게 소리질러 가로되>(눅 4:33 참고 35절)

한글개역성경은 헬라어 δαιμονιον[다이모니온]을 귀신으로 번역했다. 영어로 흠정역은 'the spirit of an unclean devil'(더러운 마귀의 영), 영어표준개역은 'the spirit of an unclean demon'(더러운 마귀의 영)이라고 번역했다. 우리말성경은 '더러운 영', 새번역성경은 '악한 귀신의 영'으로 번역했다(막 1:23; 눅 7:21; 8:2; 눅 11:18-24; 행 19:12; 딤전 4:1; 계 16:13,14). '더러운 영'은 바로 마귀(devil) 또는 귀신(demon)과 다른 존재가 아니라 그 자신임을 보여준다. 악하거나 선한 성품에 따른 차이뿐, 같은 본질(영/靈)의 그 천사이다.

(2) יהוה 엘로힘의 본성(本性)은 거룩하심(성/聖)

하나님의 본성(本性)도 하나님의 신적(神的) 성품(性品)을 가리킨다. 이것은 하나님의 도덕적 윤리적(倫理的) 속성(屬性)이라 할 수 있다.

하나님의 본성에는 여러 가지가 있지만 그중 첫 번째는 거룩하심이다. '거룩'이라는 말의 뜻은 속된 것들로부터 구별되며 여타의 존재나 성질·성향·성품과 구별을 갖는데 절대적으로 높고 탁월하게 존귀함, 위대함, 완전함, 불변함, 영원함을 가졌다는 것이다. 하나님의 본성+본질은 '거룩하신 영'이신데 그 누구와도 비교될 수 없다(출 15:11).

<יהוה와 같이 거룩하신 이가 없으시니 이는 주밖에 다른 이가 없고 우리 하나님 같은 반석도 없으심이니이다>(삼상 2:2)

그래서 엘로힘 יהוה만을 '거룩한 한 분'(The Holy One)이라 부른다(사 1:4; 5:19; 6:3; 10:17; 29:23; 37:23; 41:14,16,20; 43:3,14,15; 47:4; 54:5; 55:5; 60:9,14; 렘 50:29; 겔 39:7). 그러므로 오직 יהוה 엘로힘만 절대적으로 '거룩(聖)하신 영(靈)'이심이 확실하다.

<주여 누가 주의 이름을 두려워하지 아니하며 영화롭게 하지 아니하오리이까 오직 주(主)만 거룩하시니이다 주의 의(義)로우신 일이 나타났으매 만국이 와서 주께 경배하리이다 하더라>(계 15:4)

하나님은 영(靈)이시며, 그분의 가장 뛰어난 본성이 거룩함(聖)이다.

더러운 영을 그 귀신, 악귀, 마귀 자신으로 여기는 것처럼, 하나님의 거룩한 영 곧 '성령'은 절대적으로 거룩하신 그 엘로힘 יהוה 자신이시다.

한글개역성경은 '하나님의 영'을 성신(聖神)이라고 번역했는데 '거룩한 하나님'이라는 의미(意味)이다(대상 12:18; 28:12; 시 51:11; 사 32:15; 63:10,11; 겔 43:5). 의로운 사람의 영은 그 의인 자신이며, 선한 천사의 영은 그 천사 자신이듯이, 주 하나님의 거룩한 영(聖靈/Holy Spirit)은 다른 신격(인격)이 아니라, '성령'이신 바로 יהוה 하나님이시다.

(3) '영/靈'을 '성령/聖靈/거룩한 영'으로도 번역함

한글개역성경에 성령(聖靈/Holy Spirit) 또는 성신(聖神/Holy Ghost)으로 번역된 히브리어는 '루아흐 카도쉬'이고, 헬라어는 '프뉴마 하기온'(πνεύμα ἅγιον)이다. 한글개역 구약성경에는 '성령'으로 번역된 예가 없고 '성신'으로 번역되었다(시 51:11; 사 63:10,11). 한글개역 신약성경에는 '성신'으로 번역된 예가 없고 '성령'으로 번역되었다.

헬라어 원문은 대문자로만 필사되어 오다가 후에 소문자 필사본이 등장했으므로 오늘날 인쇄본과 달리 본래 원문에 대소문자의 구별이 없고 후대에 번역자의 견해에 따라 대소문자가 결정되었다. 영어 성경에서 하나님의 영은 Spirit, 천사나 사람의 영은 spirit로 구별했다. 영어 성경은 원문에 '거룩'이라는 수식어가 없을 때는 holy를 붙이지 않았다. 반면 한글개역성경은 원문 성경에 '거룩'이란 말이 없이 단지 '영'으로 기록되었어도 '성신/성령'으로도 번역하였다(참고 대상 12:18; 28:12).

　<필경은 위에서부터 (성)신(루아흐/spirit. KJV)을 우리에게 부어 주시리니 광야가 아름다운 밭이 되며 아름다운 밭을 삼림으로 여기게 되리라>(사 32:15)

　<(성)신(루아흐/spirit. KJV)이 나를 들어 데리고 안뜰에 들어가시기로 내가 보니 יהוה의 영광이 전(殿)에 가득하더라>(겔 43:5)

　성경 기록자들이 같은 내용을 '영'이나 '성령'을 구별하지 않고 기록한 것도 하나님의 영/성신(聖神)이 그 주 하나님이시라는 증거이다.

　다윗이 '영'의 감동하심을 받았는데 기록자들이 그 영을 '성령'으로도 표기한 것도 하나님의 영과 성령이 같은 영이라는 증거이다.

　<가라사대 그러면 다윗이 (성)령(프뉴마티/Spirit)에 감동하여 어찌 그리스도를 주라 칭하여 말하되>(마 22:43)

　<다윗이 성령(프뉴마티 토 하기오/holy Spirit))에 감동하여 친히 말하되 주께서 내 주께 이르시되 내가 네 원수를 네 발 아래 둘 때까지 내 우편에 앉았으라 하셨도다 하였느니라>(막 12:36)

　예수 그리스도 위에 내리신 영(靈)은 성령 즉 주 하나님의 영이셨다.

　<예수께서 침례를 받으시고 곧 물에서 올라 오실쌔 하늘이 열리고 하나님의 (성)령(프뉴마/Spirit)이 비둘기 같이 내려 자기 위에 임하심을 보시더니>(마 3:16, 참고 막 1:10, 요 1:32,33)

　<성령(프뉴마 토 하기온/holy Spirit)이 형체로 비둘기같이 그의 위에 강림하시더니 하늘로서 소리가 나기를 너는 내 사랑하는 아들이라 내가 너를 기뻐하노라 하시니라>(눅 3:22)

　주 하나님만 절대적으로 거룩하신 영 즉 성령이심을 증거한다.

　<그때에 예수께서 (성)령(프뉴마토스/Spirit)에게 이끌리어 마귀에게 시험을 받으러 광야로 가사>(마 4:1 참고 막 1:12)

<예수께서 성령(프뉴마토스 하기우/holy Spirit)의 충만함을 입어 요
단강에서 돌아오사 광야에서 사십 일 동안 *(성)령(프뉴마/Spirit)*에게
이끌리시며>(눅 4:1)

'그 영'(the Spirit)을 가리켜 '하나님의 영'이라고 하든지 '성령'이라
하든지 동일한 본질의 '그 하나님'을 가리키는 것임은 명백하다.

예수 그리스도 안에는 하나님의 거룩한 영(성령)이 충만하게 계셨다.
인자인 예수님을 훼방하는 죄는 용서를 받지만, 인자 안에 계신 하나님
(성령/영이신 하나님)을 훼방하는 죄는 영원토록 용서받지 못한다.

<31 그러므로 내가 너희에게 이르노니 사람의 모든 죄와 훼방은 사
하심을 얻되 *(성)령(프뉴마/Spirit)*을 훼방하는 것은 사하심을 얻지
못하겠고 32 또 누구든지 말로 인자를 거역하면 사하심을 얻되 누
구든지 말로 성령(프뉴마토스 하기우)을 거역하면 이 세상과 오는
세상에도 사하심을 얻지 못하리라>(마 12장, 참고 눅 12:10)

성령(holy Spirit)으로 침례를 받는 것은 같은 한 분 하나님의 영(프뉴
마/Spirit)으로 침례를 받는 것임이 분명하다.

<나는 너희로 회개케 하기 위하여 물로 침례를 주거니와 내 뒤에
오시는 이는 나보다 능력이 많으시니 나는 그의 신을 들기도 감당치
못하겠노라 그는 성령(πνευματι αγιου/holy Spirit)과 불로 너희에
게 침례를 주실 것이요>(마 3:11. 참고 막 1:8, 눅 3:16)

<나도 그를 알지 못하였으나 나를 보내어 물로 침례를 주라 하신
그이가 나에게 말씀하시되 *(성)령(프뉴마/Spirit)*이 내려서 누구 위에
든지 머무는 것을 보거든 그가 곧 성령(聖靈/프뉴마티 하기오/holy
Spirit)으로 침례를 주는 이인 줄 알라 하셨기에>(요 1:33)

<요한은 물로 침례를 베풀었으나 너희는 몇 날이 못되어 성령(聖靈/
holy Spirit)으로 침례를 받으리라 하셨느니라(행 1:5)

<저희가 다 성령(holy Spirit)의 충만함을 받고 *(성)령(프뉴마)*이 말하
게 하심을 따라 다른 방언으로 말하기를 시작하니라>(행 2:4)

<우리가 유대인이나 헬라인이나 종이나 자유자나 다 한(헤이스/one)
*(성)령(프뉴마/Spirit)*으로 침례를 받아 한 몸이 되었고 또 다 한 (성)
령(프뉴마/Spirit)을 마시게 하셨느니라>(고전 12:13)

'하나님의 영'이나 '하나님의 성령'은 같은 영이심이 확실하다.

<5 예수께서 대답하시되 진실로 진실로 네게 이르노니 사람이 물과 (성)령(프뉴마/Spirit)으로 나지 아니하면 하나님 나라에 들어갈 수 없느니라 6 육으로 난 것은 육이요 (성)령(프뉴마/Spirit)으로 난 것은 영이니 … 8 바람(프뉴마)이 임의로 불매 네가 그 소리를 들어도 어디서 오며 어디로 가는지 알지 못하나니 (성)령(프뉴마/Spirit)으로 난 사람은 다 이러하니라>(요 3장, 참고 요 15:26; 16:13)

성도들 안에서 말씀하시는 '아버지의 영'이나 '성령'은 같은 분이다.
<말하는 이는 너희가 아니라 너희 속에서 말씀하시는 자 곧 너희 아버지의 (성)령(프뉴마/Spirit)이시니라>(마 10:20)
<사람들이 너희를 끌어다가 넘겨줄 때에 무슨 말을 할까 미리 염려치 말고 무엇이든지 그 시에 너희에게 주시는 그 말을 하라 말하는 이는 너희가 아니요 성령이시니라>(막 13:11, 참고 눅 12:12)

한글개역성경에서 '성령'으로 번역한 경우가 206회나 되는데 원문에는 '하기오스'가 없이 '프뉴마'로만 기록되었으나 '성령'으로 번역한 예가 112회나 된다. 바울서신(로마서~디도서)에는 '성령'이라는 단어가 76번 나오는데 '하기오스'가 있는 표기는 16회뿐이다(롬 5:5; 9:1; 14:17; 15:13,16; 고전 6:19; 12:3; 고후 6:6; 13:13; 엡 1:13; 4:30; 살전 1:5,6; 4:8; 딤후 1:14; 딛 3:5). '하나님의 영'이라고 언급한 것은 6번(롬 8:9,14; 고전 2:11; 7:40; 12:3; 고후 3:3) 나온다. '주의 영'이라고 언급한 것은 2번(고후 3:17,18) 나온다.

<7 증거(證據)하는 이는 (성)령(프뉴마)이시니 (성)령(프뉴마)은 진리(眞理)니라 8 증거하는 이가 셋이니 (성)령(프뉴마)과 물과 피라 또한 이 셋이 합(合)하여 하나이니라>(요일 5장)

증거하는 것이 셋이라 했는데, '물과 피'는 예수께서 물침례로 공생애를 시작하여 피흘림으로 완성하신 것을 증거한다. 또한 예수님의 죽음을 확인하려고 로마 군병이 예수님의 옆구리를 창으로 찔렀을 때 물과 피를 다 쏟으심으로 완전히 죽으셨음을 확증했다(요 19:34).

(성)'영'은 예수 그리스도께서 다시 사셨으며, 우리를 살리는 '영'을 부어주셨다는 증거이다(요 14:19; 롬 1:4; 8:9; 고전 15:45).

오직 한 분의 영(Spirit)이 계시며, 그 하나님을 '성령'이라고 부른다.

육에 속하여 당을 짓는 자는 하나님의 (성)영은 없는 자이며, 거룩한 믿음 위에 자기를 건축하는 자들은 그리스도의 영 혹은 자신의 거룩한 영(holy spirit)으로 기도하는 자이다(유 1:19,20, 참고 고전 14:15).

요한계시록에는 원문에 전부 '영'(프뉴마/Spirit)으로만 표기되었는데 한글개역성경은 13번 모두 '성령'으로 번역했다.

지금까지 설명을 마무리하자면 '하나님은 영(프뉴마)이시니'(요 4:24), '주는 영이시니'(고후 3:17)를 '하나님은 성령이시니', '주는 성령이시니'라고 번역하는 것도 정상적인 번역이고, 의미상으로나 교리상으로 아무 문제가 없다는 사실을 보여준다.

3. יהוה 엘로힘의 신격(神格)과 신성(神性)

(1) יהוה 엘로힘의 품격(品格)과 품성(品性)

인격(人格)이란 영과 혼과 육체의 몸을 가지고 있는 존재를 가리킨다. 사람의 영(靈)이 가지는 지정의(知情意)가 있고, 사람의 혼(魂)이 가지는 지정의가 따로 있다. 인격이 갖는 품성을 인성(人性)이라 부른다. 죄로 인해 인성(人性)은 늙음, 병듦, 피곤함, 죽음 등의 수많은 제한적 성질도 가졌다. 생령(生靈)의 지정의는 하나님을 비롯해 천사들과 소통·교제하려는 성질을 가졌지만, 혼은 탐욕으로 인해 범죄한 후에 육의 것을 따르는 성질을 가졌다. 거듭난 새사람의 영은 하나님과 더 가까이하려는 성질을 갖는데 이런 것들을 대개 사람의 영성(靈性)이라 부른다. 애완동물들도 혼(魂)의 지정의를 갖고 사람들과 소통하는 기능을 사용하고 있다. 혼과 피가 있는 동물이기에 율법에서는 사람 대신 임시 제물로 바쳤다.

천사도 인격적인 영물(靈物)이지만 결코 인격이 아니며 천사의 품성도 인격이 갖는 인성과는 분명히 다르다. 천사에게는 육체와 혼을 통하여 사람이 갖는 욕심이나 갈등은 없으나 악을 행할 수 없는 것은 아니다. 어떤 천사들은 그들이 인간보다 월등한 품격이나 품성을 가졌으면서도 하나님의 뜻을 거역하고 거슬러 형벌을 자취하였다.

하나님은 인격(人格)이 아니시고(민 23:19), 인격적인 품격(品格), 품성(品性)을 가진 신격(神格)이시다. 그분의 신격은 초월적이시며 전지전능하시며 절대적으로 거룩하시고, 의로우시고, 영원토록 완전무결하시고, 지존무상하시고, 어떤 변함도 없으시다. 완전한 지성(知性)과 자신을 다 주시기까지 사랑하는 감성(感性)을 가진 분이시다. 영원 전부터 스스로 계시는 분이신 יהוה 엘로힘은 만유를 지으시기 이전이나 아들을 낳으신 후에나 변함없이 영원토록 유일하신 하나님이시다(시 102:27; 약 1:17). 그분은 인성(人性)이 아닌 신성(神性)을 가지셨는데 절대적으로 거룩하신 영(靈)으로서 거짓이 없이 참되시며, 완전하게 선하시며 옳고 곧으시며 바르고, 진실하시며, 한없이 인자하시고, 측량할 수 없는 사랑과 부족함이 전혀 없는 복된 분이시다. 그 어떤 존재도 하나님의 신격과 신성에 비교될 수 없다. 주 하나님은 인격이 아닌 신격이심이 너무나도 명백한 진리인데 많은 사람이 교묘한 거짓말을 지어낸 교리를 따라 그분 신성 안에 각각 다른 '인격들'이 있다고 속고 있다.

'의인화(擬人化)'는 사람이 아닌 것을 사람에 빗대어 표현하는 것이고, 인격화(人格化)는 인간(인격)이 아닌 무엇을 감정과 의지가 있는 인간(인격)처럼 간주하는 것이다. 어떤 피조물을 신의 품격/자격, 신격을 가진 자로 받들거나 섬기는 것을 신격화(神格化/deification)라 하는데, 신의 성품(신성)을 가진 존재로 신성화(神聖化)하는 것은 죄악이다.

인류 역사에서 많은 사람이 인격을 신격화함으로 우상숭배에 빠졌다. 성경이 증거하는 첫 우상숭배는 인간 최초의 영걸(英傑)이었던 니므롯과 그의 아내와 아들을 신격화하여 숭배한 것이다. 불교도 사람인 부처를 신격화하여 숭배함으로써 하나님의 진노 아래 놓여 있다.

반면에 하나님을 인격화(人格化)하는 것도 동일한 범죄이다. 하나님은 인격적이기는 하지만 인격이 아닌 절대적 신격이시다. 한 하나님의 신격 안에 세 인격들이 있다고 믿고 숭배하는 것은 신격을 인격화함으로써 제1계명과 제2계명을 범하는 죄이다(롬 1:23). יהוה 엘로힘은 절대적으로 초월적인 신격으로서 그 본질만이 가진 신성(神性), 영성(靈性)이 있다. 그 יהוה 엘로힘은 세 인격들의 연합이 아닌, 홀로 하나이시고 유일하신 참하나님이시라고 제1계명으로 확증해주셨다.

그분은 동시에 하늘들에 각각 다른 여러 모습으로 나타나실 수 있고, 무수한 직함을 따라 동시에 다르게 역사하실 수 있는 전재성, 전능성을 가지셨다. 그분을 인격화하거나 그 신성을 왜곡하는 것은 주 하나님께서 돌판에 새겨주신 십계명을 범하는 죄에 해당된다.

(2) 홀로 지극히 선하시며 완전히 의롭고 참되신 분

① 지극히 선(善)하신 영(靈)
거룩한 영이신 하나님은 또한 지극히 선하신 영이다. 범죄가 있기 전의 선악(善惡)을 대비시킬 때의 선(善)이란 상대적으로 '보다 더 좋고 나은 것'을 의미하고, 악이란 '덜 좋거나 못한 것'을 의미한다. 그렇지만 참하나님은 '절대적인 선'이시며, יהוה만이 완전히 선하신 분이시다.
<예수께서 이르시되 네가 어찌하여 나를 선하다 일컫느냐 하나님 한 분 외에는 선한 이가 없느니라>(막 10:18, 참고 눅 18:19)
יהוה 엘로힘만이 절대적인 지선(至善)이시며, 그 하나님과 같이 선한 다른 영, 다른 신격은 없다. 피조물들은 그의 선하신 은혜를 입는다(느 9:20). 이 구절에서 '선(善)한 신(神)'이란 말에서 '신'은 원문에 '루아흐'이므로 공동번역은 '선한 영'이라고 번역했다. 악한 영 곧 악령(惡靈)이 더러운 귀신이듯이, 절대적인 '선영'(善靈)은 '성령'이신 יהוה 엘로힘 자신이실 뿐 יהוה 엘로힘과 다른 신격(神格)은 없다.

② 완전히 의(義)로우신 영(靈)
'의롭다'는 말은 옳다(반대는 '그르다'), 맞다(반대는 '틀리다'), 곧다(반대는 '굽다'), 바르다(반대는 '비뚤다')는 뜻인데, 주 하나님은 절대적으로 의롭고 완전히 정의로우시며 완전하게 공의로우신 영이시다(스 9:15; 욥 34:17; 시 7:8,11). 절대적 의로움은 주 엘로힘 יהוה께서 계시는 보좌와 다스리시는 통치의 기초이다(사 30:18).
<의(義)와 공의(公義)가 주의 보좌의 기초라 인자함과 진실함이 주를 앞서 행하나이다>(시 89:14)
그분이 아들을 낳으심으로 의로우신 아버지가 되셨다(요 17:25).

의로우신 יהוה 엘로힘이 불의한 자를 공의(公義)로 심판하신다(딤후 4:8). 거룩하시고, 완전히 의로운 영(靈)은 오직 יהוה 엘로힘뿐이다.

오직 한 분의 하나님만 계신 것같이(약 2:19), 의로운 재판장도 오직 한 분만 계실 뿐이며, 구약과 신약의 의의 말씀을 주신 יהוה 엘로힘 외에 다른 의로운 분이 없다는 말씀이 진리이다(약 4:12).

<5 내가 들으니 물을 차지한 천사가 가로되 전에도 계셨고 시방도 계신 거룩하신 이여 이렇게 심판하시니 의(義)로우시도다 … 7 또 내가 들으니 제단이 말하기를 그러하다 주 하나님 곧 전능하신 이시여 심판하시는 것이시고 의(義)로우시도다 하더라>(계 16장)

③ 영원히 참(眞)되신 영(靈)

하나님은 진실/참되시고 절대적으로 완전한 진리(참)이시다(시 89:14; 117:2; 사 65:16; 렘 10:10; 살전 1:9). 진리(히-'에메트')는 모든 것이 변해도 절대로 변함없는 참된 원리(原理)요 도리(道理)요 사리(事理)이다 (신 32:4; 시 31:5). 주 하나님은 완전히 참(眞)되고 유일하신 영이시며 그분께는 결코 거짓이 없다(딛 1:2).

<영생은 곧 유일하신 참(헬-알레니노스/true) 하나님과 그의 보내신 자 예수 그리스도를 아는 것이니이다>(요 17:3)

예수 그리스도께서 누구든지 영생을 얻으려면 참되시고 유일(唯一)하신 하나님을 알아야 한다. 참(진리)되신 하나님은 그분이 낳으신 아들이 없는 때에라도 홀로 참되시고 완전하신 하나님이시다.

<또 아는 것은 하나님의 아들이 이르러 우리에게 지각을 주사 우리로 참된 자(him who is true)를 알게 하신 것과 또한 우리가 참된 자(him who is true) 곧 그의 아들 예수 그리스도 안에 있는 것이니 그는 참(진리/true)하나님이시요 영생이시라>(요일 5:20)

참되고 유일하신 하나님을 모르는 자들이 아는 자들을 핍박하고 죽여 왔는데, יהוה 엘로힘은 의로운 심판자로 악인을 심판하신다(계 6:10).

하나님은 참(진리)되신 영(靈) 곧 진리의 영이다(요 14:17). 절대적으로 완전히 참된(진리의) 영은 오직 יהוה 엘로힘밖에 없다.

(3) יהוה 엘로힘께서 임재를 임시로 나타내심

하나님은 하늘들 안팎에 어디에나 계시는 광대하고 거룩한 영이시다. יהוה 엘로힘은 그 사자를 보내셔서 그분의 뜻을 전하시고, 일하신다.

① יהוה 엘로힘의 사자(使者)

한글개역성경에서 '사자(使者)'로 번역된 히브리어는 מַלְאָךְ[말라크]이다(창 16:9; 22:11 출 3:2; 14:19; 23:23; 민 22:22; 삿 2:1; 6:22; 13:16; 삼하 24:16,; 왕상 19:7; 왕하 19:35; 대상 21:12; 시 34:7; 91:11; 104:4; 사 37:36; 단 3:28; 학 1:13; 슥 3:1,5,6; 말 2:7; 3:1…).

한글개역성경에서 '말라크'는 '사자'로 번역된 구절보다 천사(天使)로 더 많이 번역되었다(창 19:15; 삼하 24:16; 왕상 13:18; 대상 21:20; 대하 32:21; 욥 33:23; 시 103:20; 단 6:22; 호 12:4; 슥 1:9 …).

'말라크'를 '사자'로 번역할지 '천사'로 번역할지 선택은 문맥에 달려 있다. 한글개역성경에서는 같은 사건에 기록된 '말라크'도 '천사'라고 번역하거나 '사자'로 번역했다(창 32:1; 호 12:4; 삼하 24:16; 왕상 19:5,7; 대상 21:12; 대하 32:21; 사 37:36; 슥 1:9; 3:1). 하나님께서 천사(天使)를 사자(使者)로 보내신 경우가 많았으나 하나님의 말라크는 하나님께서 세상에 보내신 사람을 가리키기도 한다(사 42:19; 학 1:13; 말 2:7; 3:1). 왕이나 사람이 보낸 자도 '말라크'인데, '보냄을 받은 자'라는 의미에서 흠정역에서는 messenger로 번역했다(창 50:16; 민 20:14; 21:21…). 이런 말라크는 당연히 '천사'로 번역하면 안 된다.

히브리어 '말라크'에 해당되는 헬라어는 ἄγγελος[앙겔로스]인데 주로 '천사'(angel)로 번역되었다(마 4:11; 13:39; 18:10; 24:31; 25:31; 28:2; 막 13:27; 눅 16:22; 요 5:4; 행 7:30; 고전 6:3; 갈 3:19; 살전 4:16; 살후 1:7; 딤전 3:16; 히 1:4; 2:2; 벧전 3:22; 벧후 2:4; 유 1:9; 계 3:5; 21:12…). 물론 '앙겔로스'도 '사자'(messenger)로도 번역되었다(마 1:20; 행 5:19; 계 1:20; 2:1; 3:1; 9:11; 22:16).

한글개역성경에서 같은 사건에서 앙겔로스를 천사나 사자로 번역한 사례들도 있다(눅 1:11,13; 2:9,10; 행 10:3,4,7; 12:7,9-11).

하나님의 앙겔로스도 대부분 천사이지만, 사람도 역시 '앙겔로스'라고 불린다(마 11:10; 막 1:2; 눅 7:27).

'말라크'나 '앙겔로스'를 번역할 때 성경적인 바른 지식이 없으면 잘못 번역할 수 있다. 천사인 말라크는 천사도 되고 사자도 되지만 사람인 말라크는 천사가 될 수 없고 오직 '사자'일 뿐이다. 예수께서 몸된 일곱 교회에게 보내신 '앙겔로스'를 '사자(使者)'가 아닌고 '천사'(angel)로 번역하면 천사가 교회를 다스리는 권위를 가졌다고 인정하게 된다. 천사는 하나님의 아들들을 섬기라고 보냄을 받은 일꾼들이지 교회를 다스리는 지도자가 아니므로 '천사'로 번역할 수 없다(고전 6:3; 히 1:14).

<예수 그리스도의 계시라 이는 하나님이 그에게 주사 반드시 속히 될 일을 그 종들에게 보이시려고 그 '앙겔로스'를 그 종 요한에게 보내어 지시하신 것이라>(계 1:1)

계시록 1장 1절은 계시록 22장 16절과 같이 사자로 번역해야 한다.

<나 예수는 교회들을 위하여 내 사자를 보내어 이것들을 너희에게 증거하게 하였노라 나는 다윗의 뿌리요 자손이니 곧 광명한 새벽 별 이라 하시더라>(계 22:16)

'하나님의 아들'이라는 신분에 대해 제대로 깨닫지 못한 이들이 가장 뛰어난 사도인 요한을 마치 천사 숭배자처럼 만들어버렸다.

<9 '앙겔로스'가 내게 말하기를 기록하라 어린양의 혼인잔치에 청함을 입은 자들이 복이 있도다 하고 또 내게 말하되 이것은 하나님의 참되신 말씀이라 하기로 10 내가 그 발 앞에 엎드려 경배하려 하니 그가 나더러 말하기를 나는 너와 및 예수의 증거를 받은 네 형제들과 같이 된 종이니 삼가 그리하지 말고 오직 하나님께 경배하라 예수의 증거는 대언의 영이라 하더라>(계 19장)

요한 사도에게 나타난 '앙겔로스'는 사람이지 천사가 아님은 복음을 안다면 누구나 알 수 있다. 사도 중에서 마지막까지 살아남아 가장 깊은 계시를 받아 가장 뛰어난 사도인 요한이 천사를 경배하려 했다는 말로 번역한 것은 '아들하나님'을 믿는 것만큼 잘못된 것이다. 새언약의 사자 (말라크/앙겔로스)인 그 그리스도 예수님과 같은 영광의 형상으로 부활한 형제를 본 요한이 하나님의 '사자'인 예수 그리스도와 구별할 수 없었기에 예수님인 줄로 여겨 경배하려 한 것이었다(말 3:1).

<8 이것들을 보고 들은 자는 나 요한이니 내가 듣고 볼 때에 이 일을 내게 보이던 '앙겔로스'의 발 앞에 경배하려고 엎드렸더니 9 저가 내게 말하기를 나는 너와 네 형제 선지자들과 또 이 책의 말을 지키는 자들과 함께 된 종이니 그리하지 말고 오직 하나님께 경배하라 하더라>(계 22장)

'앙겔로스'는 천사가 아니라 사람 곧 요한의 형제라는 사실은 이전 19장의 말씀과 같은데 또다시 '천사'라고 오역했다. 그 아들에 관한 기초지식이 있었다면 22장 16절에서처럼 '사자'라고 번역했을 것이다.

② 신인(神人) 동형(同形) 동심(同心)적인 표현

하나님은 인격이 아니지만, 인격적이신 분이다. 하나님은 본질적으로 영(靈)이시고 그 영은 첫째·둘째·셋째하늘 어디에나 동시(同時) 동소(同所) 및 다소(多所)에서 여러 가지 모습으로 시공을 초월하여 존재하심을 나타내신다. 어떤 형상도 없으신 יהוה(계시는 그분)이신데도 마치 사람의 모습을 묘사하듯이 하나님의 임재나 형상, 얼굴을 뵈었다고 기록되었다(창 32:30; 출 33:23; 민 6:25,26; 시 80:3; 단 9:17; 살후 1:9). 무소부재하신 하나님께 눈(시 94:9; 사 37:17 …), 또한 귀(왕하 19:16; 대하 6:40; 7:15; 느 1:6; 시 5:1; 28:1; 40:1; 94:9 …), 팔(신 4:34; 5:15; 7:19; 9:29; 11:2; 26:8 …), 손(창 49:24; 출 3:19,20; 6:1; 7:4,5; 9:3,15; 13:9,14; 15:17; 32:11; 33:22 …), 오른손(출 15:6,12; 신 33:2; 시 17:7; 18:35; 행 2:33; 5:31 …), 손가락(시 8:3 …), 발(출 24:10; 신 33:3 …), 콧김(출 15:8), 옷자락(사 6:1) 등의 형상, 신체와 지체를 가진 분으로 묘사되었다. 그뿐만 아니라 יהוה 엘로힘은 하늘과 하늘들의 하늘 안팎에 무소부재하신 영(靈)이신데도 '땅으로 내려오셨다'(창 11:5), '하늘로 올라가셨다'라고 묘사되었다(창 17:22; 18:33; 35:13; 시 47:5; 68:18 …). 하나님은 본성적으로 전지전능하시고 완전하셔서 부족함이 전혀 없으심에도 불구하고 '안식(쉼)'(창 2:2), '한탄과 근심하심'(창 6:6), '후회하심'(삼상 15:35), '기억하심' 등 사람처럼 묘사되었다. 이는 어떤 실제 형체나 상태가 아닌, 사람과 동심(同心)적인 비유이다. 주 하나님을 실제로 사람과 같은 형상/형체를 가진 분으로 여기거나 약하고 제한된 분으로 여기면 제1~2계명을 범하는 죄가 된다(롬 1:22,23).

구약시대에 무소 부재하시며, 보이지 아니하시며, 아무 형상도 없으신 영을 신인(神人) 동형, 동심으로 묘사한 이유는 사람에게 친밀한 교제와 쉬운 이해를 주시기 위함이다. 또한 하나님께서 사람을 자기의 영원한 형상으로 삼으실 것을 예정하셨고 장차 하나님이 사람과 온전히 하나가 되실 것이기 때문이다. 하나님 안에 아버지와 다른 인격들이 있어서 각기 각각 지정의를 가졌다거나 다르게 역사하신다고 오해하는 사람은 그 누구도 참하나님과 그리스도를 깨닫지 못할 것이다.

하나님은 '하나님의 날개'라는 표현처럼 생물(生物)에 비유되기도 하셨다(시 17:8; 36:7; 57:1; 61:4; 63:7; 91:4; 마 23:37).

③ 불꽃, 광채, 구름, 음성으로 임재를 나타내심

하나님께서 가장 뛰어난 피조물로 창조하신 천사들을 하나님의 뜻을 이루시기 위해 바람으로나 불꽃 모양으로 쓰신다(시 104:4; 히 1:7).

하나님께서는 자신의 임재와 능력을 천사와 상관없이 바람이나 불꽃, 연기, 구름으로 나타내실 때도 있다(창 15:17; 왕상 19:11).

<낮에는 구름기둥, 밤에는 불기둥이 백성(百姓) 앞에서 떠나지 아니하니라>(출 13:22, 참고 고전 10:2)

<산 위의 יהוה의 영광(榮光)이 이스라엘 자손의 눈에 맹렬한 불같이 보였고>(출 24:17)

신약에서도 하나님의 임재를 바람이나 불꽃이나 구름으로 나타내실 때가 있다(행 2:2-4; 히 12:29). 물론 하나님은 자신의 임재를 동시에 여러 곳에서 여러 가지 각각의 다른 모양으로 나타내신다. 그럴지라도 임재를 나타내신 그 형상이 하나님의 본래 형상/형체는 아니다. יהוה께서 각각 다른 모습, 다른 직함으로 다른 곳에서 나타나신 것도 다른 인격의 엘로힘이 아니라는 사실도 잊지 말아야 한다.

제4부 홀로 하나이신 יהוה 엘로힘

제4부 홀로 하나이신 יהוה 엘로힘

1. 아담과 아벨과 에녹과 노아의 יהוה 엘로힘

(1) 천지 만물과 아담을 창조하신 יהוה 엘로힘

יהוה께서 자신을 모세에게 אלהים[elohim/엘로힘](하나님)으로 알리셨다 (창 1:1). 히브리인 모세는 יהוה께서 히브리어로 말씀하시는 증언을 책에 기록하였다. יהוה 엘로힘께서 아담에게 '선악을 알게 하는 나무 실과는 먹지 말라' 하셨을 때 아담은 יהוה 엘로힘의 음성을 똑똑히 듣고 알았다. 하와도 יהוה 엘로힘과 정상적인 대화를 통해 질문을 듣고 대답한 것이지 상상이나 느낌으로 알고 대답한 것이 아니다. 모세도 יהוה 엘로힘과 대화 했고, 말씀을 생생하게 듣고 오경을 기록하였다는 말이다.

'엘로힘'의 단수형이라고 여겨지는 אלוה[엘로하]도 약 60회 기록되었다 (신 32:15; 느 9:17 …). 아람/수리아어인 אלה[엘라흐]도 구약성경에 90 여 회나 기록되었다(스 5:2; 단 2:18 …). '엘로하'의 단축형으로 보는 אל [엘]도 구약성경에 240여 회 기록되었다(창 17:1; 출 6:3 …).

모세오경을 기록하기 전 יהוה께서 돌판에 친히 기록해주신 영원불변의 지상명령인 제1계명에 '엘로힘'이 등장한다.

<1 엘로힘/God/하나님이 이 모든 말씀으로 일러 가라사대 2 나(I) 는 너를 애굽 땅 종 되었던 집에서 인도(引導)하여 낸 너의 엘로힘/ 하나님 יהוה로라 3 너는 나(me) 외에는 다른 엘로힘(God, gods)을 네게 있게 말지니라>(출 20장)

<6 나는 너를 애굽 땅에서 종 되었던 집에서 인도하여 낸 너희 하 나님(엘로힘) יהוה로라 7 나 외에는 위하는 신들(엘로힘)을 네게 있 게 말지니라>(신 5장)

אלהים[엘로힘]에 대한 가르침에서 가장 중요한 것은 오직 한 분의 주 엘로힘이신 יהוה만이 영원 전(아들을 낳기 전, 시간 창조 전)부터 유일한 '엘로힘'이시라는 것이다. '엘로힘'은 한 분이신 יהוה이시고, 그분(He)은 자신을 가리켜 '우리'가 아닌, '나'라고 분명하게 증언하셨다.

유대인들이 엘로힘 יהוה의 성함을 함부로 부르지 않기 위해 대용(代用)했던 히브리어 אֲדֹנָי[아도나이]는 '주님'이라는 뜻으로 단수인 אָדוֹן[아돈]의 복수형이다. '하늘'도 히브리어 단수인 שָׁמֶה[솨마]를 쓰지 않고 항상 복수형인 שָׁמַיִם[솨마임]으로 쓴다. 이것을 문맥과 학자의 견해에 따라 하늘/heaven, 하늘들/heavens로 번역했다(사 66:1). 주 하나님의 지혜를 의인화한 말씀에서 '지혜'도 복수명사로 나타내셨다(잠 1:20-33). 복수로 쓰이는 '엘로힘'이지만 때로는 단수임이 확실한 데도 복수명사를 쓰는 경우를 가리켜 관용적이라고 설명한다.

창조주께 '엘로힘'이란 명칭을 사용할 때 둘 이상의 인격을 의미하는 것이 전혀 아니었기에 학자들도 "그것은 거의 예외 없이 단수동사 술어와 결합하며, 한정사로 단수 형용사를 취한다. 그것을 예시하는 것으로, '엘로힘'이란 칭호는 창조기록에서 35회 나오는데 하나님이 말씀하시고 행하신 것을 나타내는 동사는 언제나 단수이다(창 1:1-2:4). 따라서 '엘로힘'은 위대함과 장엄, 충만함을 묘사하는 복수로 설명되어야 한다."라고 진술한다.[12] יהוה를 가리키는 엘로힘이 실제로 복수를 의도하는 것이 아닌데 이것은 명사 엘로힘이 항상 단수형 동사와 함께 그리고 단수의 형용사나 대명사와 함께 사용되었다는 사실에서도 알 수 있다.[13]

<엘로힘이란 말이 이스라엘의 하나님을 지칭하는 경우에는, 하나님의 온전하심과 전능하심을 의미하는 장엄 복수형 또는 강조 복수형으로 이해되었다. 비록 몇몇 학자들은 엘로힘이 복수형이기 때문에 창세기 1장 26절을 근거로 하여 다신론적인 배경에서 나온 단어라고 주장하지만, 성경은 명백하게 하나님이 유일신이심을 가르치고 있다. 엘로힘은 이스라엘 언약의 하나님이신 여호와와 서로 교체되어 가며 같은 의미로 사용되었다(예. 출 5:1; 삼상 5:7,8,10,11; 참조 출 15:2; 삿 5:3,5).>[14]

히브리 학자들과 기독교학자들도 복수형인 엘로힘이 '위엄과 권능과 충만을 의미하는 복수형'이라고 설명한다. '엘로힘'이라는 단어의 정확한 어근은 밝혀지지 않았으나 일반적으로는 힘, 능력을 뜻하는 אֵל[엘]에서 파생되었을 것으로 추측한다.

'엘로힘' 안에 다른 인격들이 없음은 יהוה만 참된 엘로힘이시고, יהוה 안에 다른 인격들이 없는 것과 같다. 하나님께서 제1계명에 친히 기록해 주신대로 יהוה 엘로힘은 '오직 하나'인 יהוה이시다(신 6:4).

야곱의 외삼촌 라반이 만든 우상(히-테라핌, 수호신, 창 31:19,34)을 엘로힘(신)이라 했는데(창 31:30,32), 한글개역성경과 개역개정성경, 현대인의 성경, 현대어성경, 쉬운말 성경, 쉬운성경은 '신'이라 번역했으며 우리말성경은 '드라빔'으로 음역했다. יהוה 엘로힘께서 모세가 형 아론에게 '엘로힘'같이 될 것이라고 말씀하신 예(출 4:16), 모세가 바로에게 '엘로힘'이 될 것이라고 하나님께서 말씀하신 예를 보아도 복수형태의 '엘로힘'을 하나님을 가리켜 사용할 때 단수의 뜻임이 확실하다.

<יהוה께서 모세에게 이르시되 볼지어다 내가 너로 바로에게 **엘로힘** (신)이 되게 하였은즉 네 형 아론은 네 대언자가 되리니>(출 7:1, 참고 요 10:34,35에 단수인 '신'으로 인용, 번역함)

모세가 יהוה와 동등한 엘로힘이 된다는 것도 아니고, 모세가 두셋의 인격을 가졌다는 의미는 더더욱 아니다. 신접한 영매(靈媒)는 사무엘의 모습을 보고 '엘로힘'이 올라오는 것을 보았다고 사울에게 말했다(삼상 28:13). 이스라엘 백성들이 만든 하나의 송아지(a calf)를 엘로힘이라고 불렀다(출 32:1,4,8,23,31). 에그론 사람들이 섬기는 바알세붑도 엘로힘 (한글개역 '신')으로 불렀다(왕하 1:2,6). 그 엘로힘인 바알세붑은 신약성경에 단수의 우상 '바알세불'로 기록되었다(마 10:25; 12:24). 우상들인 바알브릿(삿 8:33), 그모스(삿 11:24), 다곤(삿 16:23), 바알(왕상 18:27), 아남멜렉(왕하 17:31), 니스록(왕하 19:37)을 다 엘로힘이라고 불렀지만, 이러한 이방신들은 복수(複數)의 신격/인격이 아닌, 단수의 우상이다.

한글개역성경은 엘로힘을 단수인 '재판장'으로도 번역하였고(출 21:6; 22:8,9), 흠정역과 신국제역은 judges(재판장들)로 번역했다. 한글개역 성경은 엘로힘을 천사로 번역했고(시 8:5), 시편 8편 5절을 인용한 히브리서 2장 7절에서 헬라어 원문은 '앙겔로스'(단수)로 번역했다. 히브리어로 기록된 단어와 문구와 문장은 히브리인의 사고대로 번역해야 한다. 엘로힘 안에 '삼위(三位)'라는 동등한 신격들이 있다는 근거는 성경이나 히브리인들의 사고 어디에서도 찾을 수 없다.

히브리어 구약성경을 헬라어로 번역한 것이 '칠십인역'인데 창조주인 엘로힘을 항상 단수인 Θεός[데오스]로 번역하였다. 예수님과 초대교회가 사용한 성경이 יהוה 엘로힘을 단수로 번역한 성경이다.

신약성경도 엘로힘이 언급된 구약성경을 인용할 때 단수인 Θεός로 번역하였고 복수로 번역하지 않았다. 엘로힘의 단수형인 '엘로하'나 단축형인 '엘'도 신약성경에서 단수인 Θεός로 번역했다. '벧엘'이나 '임마누엘', '이스라엘'과 같이 '엘로힘'을 단수명사인 '엘로하'나 '엘'로 대체한 것도 יהוה 엘로힘 안에 오직 한 신격만이 있음을 증거한다. 영어성경들도 엘로힘을 단수인 God로 번역했으며, 한글로는 '하나님', 한자도 단수인 '신(神)'으로 번역했다는 사실이 이를 증거한다.

참고로, '엘로힘'은 하나님의 성도들을 부르는 데도 사용되었다.
<내가 말하기를 너희는 엘로힘이며 다 지존자의 아들들이라 하였으나>(시 82:6)
신약 성도는 모세가 '엘로힘'이 된 지위 이상의 지위를 갖는다. יהוה 엘로힘께서 신약 성도를 '엘로힘'이라 불러주신 것은 이교도들이 신격화한 엘로힘(신들)보다 더 위대한 존재로서 하나님의 후사임을 강조하신 것이다(출 7:1; 요 10:34,35). 엘로힘에게 יהוה께 경배하라고 명령한 것은 하나님의 아들들 곧 후사들 하나하나를 재판장이나 천사들보다 뛰어난 '신(god)'으로 대우하신다는 말씀이다(시 97:7; 138:1; 마 11:11). 제1계명은 사람들이 만든 신들을 신으로 인정치 않는다.
יהוה 엘로힘(God)께서는 친히 "오직 יהוה만이 경배받으실 엘로힘(God)이고 그 외에 다른 엘로힘(God, gods)을 없게 하라"고 명령하셨다. 주 엘로힘 יהוה는 천지를 창조하신 유일한 분이심을 친히 증언하셨다.
<이는 엿새 동안에 나 יהוה가 하늘과 땅과 바다와 그 가운데 모든 것을 만들고 제 칠 일에 쉬었음이라 그러므로 나 יהוה가 안식일을 복되게 하여 그날을 거룩하게 하였느니라>(출 20:11)
천지를 창조하신 그분이 천지간에 יהוה와 같은 엘로힘이 없다고 친히 증언하셨고, 그 누구도 יהוה 엘로힘의 증거를 바꿀 수가 없다.
<주 יהוה여 주께서 주의 크심과 주의 권능을 주의 종에게 나타내시기를 시작하였사오니 천지간에 무슨 신(엘)이 능히 주의 행하신 일 곧 주의 큰 능력으로 행하신 일같이 행할 수 있으리이까>(신 3:24)
그 엘로힘 앞에 다른 엘로힘(신, 신들)이 있다고 믿고 따르는 행위는 하와가 뱀의 말을 듣고 지은 죄보다 더 큰 죄이다.

태초에 천지 만물을 지으신 분은 유일하신 יהוה 엘로힘이시다(창 1:1). יהוה께서 지구를 창조하실 때 '엘로힘의 신은 수면에 운행하셨다'(창 1:2). 이 구절에서 한글개역성경에 '신'(神)으로 번역된 단어는 히브리어로 '루아흐' 곧 영(靈/Spirit)이다. 창조주 엘로힘(하나님)의 본질은 영이시며(요 4:24) 그 영은 지구(地球)라는 조그만 땅덩어리를 감싸셨을 뿐만 아니라(사 40:22) 모든 하늘에 충만하셨다. 엘로힘의 본질인 '루아흐'는 그분의 계획을 이루시기 위해 역사하신다. 'יהוה의 영(靈)'은 모든 공간을 창조하시기 전에도 '스스로 계시는 그분'이시다.

아담은 하와가 창조되기 전, 수많은 피조물의 이름을 지어주었다(창 2:19). 이는 엘로힘께서 아담을 지으신 때부터 곧바로 언어를 사용할 수 있었다는 증거이다. 만일 히브리어가 아담으로부터 사용된 언어라면, '엘로힘'은 인류 역사상 가장 먼저 불린 하나님의 직함이고, 동일신앙이 이어졌을 것이다. 우상숭배와 바벨탑은 엘로힘에 대하여 반역한 사건이므로 히브리어는 언어 혼란을 겪지 않게 하셨을 것이다. 아담이 오직 한 분 엘로힘이신 יהוה만을 믿고 섬겼음은 명백한 사실이다(창 2~4장). 아담과 하와가 장자를 낳고 יהוה로 말미암아 득남하였기에 가인이라 불렀고, 셋도 에노스도 יהוה 이름을 불렀다. 그들 모두가 믿었던 대상은 오직 יהוה 엘로힘 한 분밖에 계시지 않는다. 아담과 셋과 에노스가 불렀던 엘로힘은 제1계명에서 친히 '나 יהוה'라고 증거하신 그분이시다(창 4:25,26). 그들이 불렀던 성함이 나중에 모세에게 처음 알리신 יהוה는 아니지만, 이미 십계명을 받은 상태에서, 엘로힘께서 보여주시고 들려주시는 대로 창세기를 기록한 모세는 조상들이 믿었던 엘로힘은 다른 신이 아니라 יהוה 엘로힘밖에 없음을 의도적인 강조로 명시했다(참고 출 6:3). 창세기 5장에는 아담으로부터 노아에 이르기까지 후손들의 계보를 기록하였는데 그들 모두가 동일한 엘로힘 יהוה의 피조물임을 증거한다(창 5:1,2). 물론 모세는 아담, 에녹, 노아에 이르기까지 엘로힘 יהוה 한 분밖에 다른 이가 없다는 제1계명을 바꾸지 않았다. 그 누구도 엘로힘 יהוה께서 기록해서 증거궤에 넣게 하신 제1계명을 바꿀 수 없다.

(2) 우리의 형상을 따라 우리의 모양대로 우리가

<하나님(엘로힘)이 가라사대 우리의 형상을 따라 우리의 모양대로 우리가 사람을 만들고 그로 바다의 고기와 공중의 새와 육축과 온 땅과 땅에 기는 모든 것을 다스리게 하자 하시고>(창 1:26)

어떤 이들은 주 엘로힘 יהוה께서 아담을 창조하실 때 '우리'의 형상을 따라 '우리'의 모양대로라고 복수 대명사로 말씀하신 것을 엘로힘 안에 세 인격들이 있는 증거라고 주장한다. 엘로힘께서 제1계명을 기록하여 모세에게 주셨고, 이 구절을 모세가 기록한 것이라고 믿는다면, 그런 주장을 할 수 없고, 누구도 엘로힘의 제1계명을 바꿀 수도 없다. יהוה 외에 다른 인격(신격)들도 같이 창조했다면, 그 신격/인격들도 아담과 하와의 '아버지 하나님'(성부)으로 섬김을 받아야 한다(말 2:10).

27절은 하나님(엘로힘)께서 '자기'의 형상대로 지으셨다고 기록되었다. '우리'라는 이들 중에서 '자기'가 아닌 자는 엘로힘(하나님)이 아니라는 사실, 즉 창조주가 아니라는 분명한 증거이다.

엘로힘께서 물질계를 창조하시기 전에 영계를 창조하셨다(욥 38:4-7). 모든 천사가 스스로 계시는 분인 유일한 엘로힘께서 천지창조를 하신 것을 증거한다고 יהוה께서 욥에게 증언하셨다. 유대인들은 주 엘로힘께서 천지를 창조하실 때 옆에 있는 천사들에게 '우리'라고 말씀하신 것으로 생각한다. 한 분의 엘로힘이 천사들 앞에서 '우리'라고 표현하는 것은 문법상으로는 전혀 문제가 없다. יהוה 엘로힘께서 천사들에게 '우리'라고 말씀하신 사례들도 있고, '우리'라고 말씀하셨던 יהוה만 엘로힘이며, 다른 신(엘로힘, 엘로하, 엘)들과 대화를 하신 것은 아님이 분명한 사실이다 (창 3:22-24). 이 '우리'는 엘로힘 יהוה와 임의로 선악을 분별할 정도로 뛰어난 천사들이다. 바벨탑을 쌓는 현장에서도 '우리'라는 표현은 יהוה 엘로힘과 천사들인 '우리'이지 יהוה와 다른 신격/인격의 '우리'는 아니다 (창 11:7,8). יהוה께서 두 천사와 아브라함의 장막에 나타나셨다(창 18:1-4). 이사야가 보고 증거했던 환상에서 '우리'라고 말씀하신 그분은 오직 보좌에 앉으신 יהוה이셨다(사 6:1-8). יהוה 엘로힘 외에 다른 신격/인격들이 있어서 그들을 가리며 '우리'라는 설명은 어불성설이다.

엘로힘께서 하늘에서 그분을 섬기는 천사들과 회의를 하시는 환상을 보여 주기도 하셨다. 그때도 오직 한 분의 엘로힘 יהוה만이 회의를 주재하시는 분이셨기에 'יהוה의 회의'라고 불렀다(왕상 22:19-24; 렘 22:18,22).

'우리 ~하자.'(Let us ~.)는 표현은 국가의 한 왕들이나 그 신하들이 사용했던 어법이다. 히브리 원문에서 아닥사스다 왕은 "우리 앞에 보낸 상서를 내 앞에 분명하게 낭독되었다."라고 복수와 단수로 말했고, 한글 개역성경은 "너희의 올린 글을 '내' 앞에 낭독시키고"라고 번역했다(스 4:18). 그의 칙서에서 원어에는 '내 나라'라고 한 말을 한글개역성경은 '우리나라'로 번역했다(스 7:13). 원어에 왕이 '우리가 너희에게 이르노니'라고 복수로 말했는데, 한글개역성경은 '내가 너희에게 이르노니'라고 단수로 번역했다(스 7:24). 다니엘이 꿈을 해석하기 위해 느부갓네살 왕에게 나갈 때 '우리'로 말했고 영어번역 성경들은 We로 번역을 했으나 한글개역성경은 '내'라고 번역했으나(단 2:36) 난하주가 있는 성경에는 '우리'라고 표기했다. 이러한 표현법은 고대 중동 사회에서도 흔한 것이었다. 오늘날에도 여전히 사용되는 관용적 표현인데 한 사람의 연사가 대중에게 말할 때 '우리'로 말하는 것은 흔히 사용되는 방법임을 누구나 잘 알고 있다(예: Let's see.; Let us see.).

한국인 아내가 '우리 남편'이라고 말할 때 복수의 아내들을 의미하지 않는다. 몇 개 구절에서 표현된 '우리'라는 복수 대명사가 엘로힘 안에 인격들이 있는 증거라는 주장은 어떤 근거나 설득력도 없다.

(3) 노아와 그의 아들 셈의 יהוה 엘로힘

사람들의 생각하는 것과 행하는 것이 다 악에 치우쳤으나 노아에게 은혜를 입히시고 동행하셨던 분도 엘로힘이신 יהוה이셨다(창 6:3-9).

엘로힘 יהוה께서는 홍수로 세상을 심판하실 때 항상 '나'라는 단수로 말씀하시며 '내가 지었다'라고 말씀하셨다(창 6:5-7,13,17,18).

홍수로 심판을 마치신 후에도 그 엘로힘 יהוה께서는 '나'라는 단수를 사용해 창세기 1장 26,27절에 주셨던 말씀을 다시 주심으로써 아담의 엘로힘 יהוה께서 노아의 엘로힘 יהוה이심을 친히 증언해 주셨다.

노아의 아들 셈은 엘로힘의 장막에서 섬기는 제사장이 되었는데 그가 섬긴 엘로힘은 오직 יהוה이셨다(창 9:26,27).

함의 아들인 구스가 낳은 니므롯은 세상에 처음 영걸이었고 그는 'יהוה 앞에 특이한 사냥꾼'이 되었다(창 10:8,9). 니므롯(바구스)이 그의 아내와 더불어 자신들을 신격화하여 숭배를 받음으로써 엘로힘 יהוה를 대적하여 엘로힘의 양 떼(영혼)들을 노략질하는 사단의 종이 된 것이었다.[15] 인류 최초의 영걸(英傑, 히-깁보르)이라 불렸던 '니므롯'(님로드=님+마라드)의 이름은 '거역하는 자'라는 뜻이 있다(민 14:9). '앞에서', 앞에'로 번역된 히브리어는 '파님'(창 10:9)은 '얼굴', '면전'이라는 뜻으로, '굳은 얼굴'은 '거역하다'는 뜻으로 쓰인다(렘 5:3). 니므롯이 엘로힘을 향해 대항했다는 뜻이다. 니므롯, 세미라미스, 담무스가 신으로 자처해 숭배받았다.[16] 그들은 신격화한 자신들의 이름을 부르게 했다(창 11:4). 그들은 '셋이 하나가 된 신' 숭배의 원조가 되었다. 니므롯은 세상의 마귀 신 사단의 조종을 받아 엘로힘께서 지으실 하늘의 도성을 대적하여 인위적인 성과 대를 쌓고 엘로힘의 심판을 피하려 했다. 니므롯은 셈과 야벳의 후손들까지 정복하고, 그들을 강제로 우상숭배에 끌어들였다.

2. 아브라함과 이삭과 야곱의 יהוה 엘로힘

(1) 믿음의 조상 아브라함의 יהוה 엘로힘

알렉산더 히슬롭(Alexander Hislop)의 [The Two Babylons](두 개의 바빌론, 도서출판 안티오크)이라는 저서에도 세 인격을 숭배하는 범죄가 바벨론에서부터 시작된 것임을 보여준다.

엘로힘 יהוה께서 니므롯과 세미라미스와 담무스를 섬기는 바벨론에서 아브람을 불러내어 구속자를 낳을 선민의 조상, 믿는 자들의 조상으로 세우셨다(창 15:7). 아브라함 이전에도 아벨, 에녹, 노아, 셈과 같은 의인들이 있었다. 그런데도 의인 노아의 10세손인 아브라함을 '믿음의 조상'이라 부르는 데는 제1계명에 관한 중대한 문제가 연관되었다.

당시의 사람들이 엘로힘을 떠나 우상숭배에 떨어졌고, יהוה 엘로힘만이 참하나님이심을 믿고 증언할 יהוה의 증인으로 아브라함을 선택하셨으며, 이때부터 아브라함의 후손들은 יהוה 엘로힘의 선민(選民)과 יהוה의 증인이 되었다. יהוה 엘로힘 외에 다른 신들을 섬기는 자들은 하나님도, 약속도, 소망도 없는 이방인이 되었다(엡 2:12). 이방인들은 수많은 주와 신들을 만들어 섬겼지만 정작 참신이 없고 멸망만 있다(고전 8:4-6).

우상의 도성 바벨론 땅을 떠난 아브람은 יהוה를 위한 단을 쌓고 יהוה 엘로힘의 이름을 불렀다(창 12:7,8). 떡과 포도주를 준 멜기세덱과 모리아산의 수양은 장차 메시야와 어린양으로 오실 예수님의 현현과 모형이었다(창 14:18-23; 22:14-18). 아브라함이 믿었던 엘로힘은 천지의 주재이시요 '가장 높으신 하나님'(엘 엘룐)이셨다. יהוה라는 성함은 모세에게 처음으로 알려주신 성함이다. 아담 때부터 모세 이전까지 알리신 직함은 '엘로힘'이었고, 바벨론에서 불러내실 때는 '전능하신 하나님'(엘샤다이)으로 계시하셨다(창 17:1-22; 출 6:3). 400년간 애굽의 온갖 우상들에게 짓눌려 살던 자기 백성에게 엘로힘께서 비로소 '스스로 계시는 분', יהוה라는 성함을 알리셨다. 모세는 엘로힘이 계시하신 יהוה라는 성함을 반복하여 오경을 기록함으로써 참된 숭배자가 되도록 각인시켰다. 전능자란 바벨론의 모든 신은 헛것이요 우상이지만 아브라함을 불러내신 주 엘로힘 יהוה만 참하나님이며, 세상의 모든 신들을 죽이거나 없애기도 하시는 분이라는 선언이다. 아브라함의 믿음을 시험하신 분도 그 엘로힘 יהוה이셨다(창 22:1,2,8,9,16-18). 이삭은 엘로힘의 독생자가 인자(人子)가 되실 모형이다(히 11:17). 아브라함이 독생자를 바친 것은 엘로힘께서 그 독생자(獨生子/μονογενής[모노게네스]/only begotten son)를 십자가로 대신 죽게 하실 그림자다(창 22:2,16).

(2) 열조(列祖)와 맺은 언약(약속)의 יהוה 엘로힘

노아는 당대의 의인이었으며 완전한 자로서 יהוה 엘로힘과 동행하였다. 한글개역성경에서 '언약'(히-베리트)이라는 단어가 처음 나온 구절은 יהוה 엘로힘께서 노아와 맺은 언약이다(창 6:3,5,8,9,22).

언약을 맺은 분이 누구이신지 알아야 언약을 믿는 성도들이 섬겨야 할 대상이 누구이신지 분명하게 알 수 있다. '언약'이라고 번역된 히브리어는 '베리트'인데 '언약', '계약', '협정'이라는 뜻으로 사용된다.

<그러나 너와는 <u>내가 내</u> 언약을 세우리니 너는 네 아들들과 네 아내와 네 자부들과 함께 그 방주로 들어가고>(창 6:18)

엘로힘 יהוה께서 노아와 언약을 맺었고, 그분 외에 다른 어떤 신/엘로힘도 언약의 주가 아니었다(창 7:1,5,9,20,21). 언약을 지킨 노아가 승선한 후 방주의 문도 יהוה 엘로힘께서 친히 닫으셨다(창 7:16). 엘로힘 יהוה께서 아담에게 복을 주셨듯이 홍수 심판 후에 노아와 그의 후손들과 피조물들과 다시 언약을 맺고 복을 주셨다(창 9:12,16). 노아와 언약을 맺으신 분은 아담을 창조하시고 복주신 만유의 아버지 יהוה이시며, 그분이 노아와 그 아들들과도 언약을 맺으신 유일한 엘로힘이시다.

포로로 잡혀간 롯을 구출한 후, 멜기세덱을 통해 복을 주신 יהוה께서 그에게 언약의 씨를 주시겠다고 약속하시고, 아브람이 엘로힘과 약속을 믿자 이를 의(義)로 여기셨고(창 15:1-4), 그 주 יהוה께서 아브람과 쪼갠 제물로 언약(베리트)을 맺으셨다(창 15:1,2,4,6,7,8,9,13,18).

제물의 가운데를 쪼개어서 언약을 맺는 것을 '카라트 베리트'라고 하여 '언약(베리트)을 맺다(쪼개다)'라는 의미로 사용하였다(렘 34:18). יהוה 엘로힘께서 자신이 낳으신 아들 안에서 임마누엘 하시고, 제물된 인자의 육체를 쪼개어 새로운 생명의 언약을 맺으시겠다는 약속이다(마 27:51; 요 14:6; 히 10:20). יהוה 엘샤다이께서 아브라함과 모든 영적 후손들과 멜기세덱의 영원한 언약을 어린양의 육체(휘장)를 쪼개심으로 맺으셨다. 오직 יהוה께서 영원한 언약의 표로 할례를 받게 하셨으니 그들은 당연히 יהוה의 백성임에 틀림이 없다(창 17:1-21).

아담과 하와가 교회의 모형이듯이, 아브라함과 그 아내 사라, 하갈은 장차 엘로힘의 집에서 세우실 언약과 백성의 모형이다. 아브라함은 장차 은혜와 진리의 영원한 새언약 안에서 יהוה 엘로힘의 모형이었다. 한 남편 아브라함과 두 아내인 사라와 하갈은 동일한 남편인 주 יהוה 엘로힘께서 자기 백성에게 주신 두 언약(구약과 신약)과 두 종류의 아들을 얻으실 계획의 모형이다(갈 4:22-31). 아브라함에게 주신 יהוה 엘로힘의 언약은 그의 후손으로 인해 만민이 복을 받게 될 때까지 변치 않는다.

아브라함과 언약을 맺으신 יהוה 엘로힘의 약속은 이삭과 후손들에게 이어졌다(창 26:23,24). 이삭의 엘로힘도 아브라함과 언약을 맺으셨던 그 '엘로힘'/'엘로하'/'엘'이신 יהוה이시다. 사람 간에 맺은 언약도 당사자들이 아닌 다른 사람이 파기하거나 가로챌 수 없다. 약속도 맺지 않은, 이방인들이 엘로힘 יהוה께 약속을 지키라고 요구할 수 없다.

차자에게 장자의 축복을 했던 이삭은 야곱이 에서의 위협을 피하여 집을 떠날 때도 아브라함의 엘로힘, 이삭의 엘로힘의 이름으로 축복했다(창 28:3,4). 이삭이 아브라함의 엘로힘이신 엘샤다이 יהוה를 이제 야곱의 엘로힘이 되시도록 축복했고, יהוה 엘로힘께서도 그대로 인정해 주셨다(창 28:13,16). 야곱은 거기서 돌을 세워 기름을 붓고, 그곳을 'יהוה께서 계시는 집', 엘로힘의 집(벧엘)이라고 불렀다(창 28:17-22). 벧엘에 יהוה 엘로힘 외에 그 어떤 다른 신이 동거하지 못한다.

모세가 가죽에 기록한 오경은 주 יהוה 엘로힘께서 돌판에 기록해주신 제1계명을 벗어날 수 없으므로 벧엘의 엘로힘도 오직 יהוה뿐이시다.

야곱을 지키신 분은 יהוה(창 29:31,32,33,35; 30:24,27,30; 31:3,49)이신 엘로힘(창 30:2,6,17,18,20,22,23; 31:5,7,9,11,16,24,29,42)이시자, 전능하신 '엘'(창 31:13)이시고, 그 한 분 외에 다른 신이 없었다.

יהוה 엘로힘은 야곱과 맺으신 약속을 지키셔서 야곱을 죽이려고 왔던 에서의 군대를 도리어 야곱을 지키는 군대로 바꾸시기까지 신실하시고 전능하신 언약의 주님이셨다(창 32:6,9; 33:12).

<야곱이 또 가로되 <u>나의 조부 아브라함의 하나님(엘로힘), 나의 아버지 이삭의 하나님(엘로힘) יהוה여</u> 주께서 전에 내게 명(命)하시기를 네 고향, 네 족속에게로 돌아가라 내가 네게 은혜(恩惠)를 베풀리라 하셨나이다>(창 32:9)

야곱이 요셉의 아들들에게 아브라함과 이삭의 엘로힘의 이름을 불러 축복했다(창 48:15,16). 자기의 열두 아들에게 여전히 그가 한평생 언약 속에서 섬겨왔던 조상들의 엘로힘의 직함으로 축복했을 것은 당연하다(창 49:18). 성도는 신령한 제사장과 성전이 되는데 제1계명에 기록된 엘로힘 יהוה 외에 다른 엘로힘을 믿으면 우상숭배가 된다.

(3) 엘-벧엘/성전의 יהוה 엘로힘

엘로힘의 집을 '벧엘'이라 부르는데(창 12:8; 28:18,19) 그 벧엘에서
불렀던 엘로힘의 성함은 오직 יהוה였다(창 13:3,4). 야곱은 부친 이삭과
조부 아브라함의 엘로힘이 거하실 벧엘(엘로힘의 집)을 세웠는데 당연히
'יהוה 엘로힘의 집'이라는 의미이다. 아브라함과 이삭과 야곱의 엘로힘인
יהוה께서 친히 '엘의 집'(벧엘)을 세우시고 거기서 안식하고자 하신 것은
참된 벧엘의 그림자가 된다(시 132:13,14; 사 66:1; 행 7:49).

야곱은 외삼촌 라반의 집에서 자기 집을 일으킬 기반을 닦은 후(창
30:30) יהוה 엘로힘의 지시를 따라 '벧엘'로 올라갔다(창 31:3,13). 야곱
의 '엘'은 제1계명의 יהוה이셨고(창 31:49), 전능하신 하나님이셨다(창
31:5,7,9,11,16,24,29,42,50). 벧엘은 단 한 분의 엘로힘 יהוה의 성전/집
이기 때문에 יהוה 엘로힘의 성함만 두신 곳이다.

벧엘의 엘로힘은 야곱의 부친의 엘로힘 יהוה, 그의 조부의 엘로힘 יהוה,
그의 고조부 나홀의 엘로힘 יהוה, 셈과 노아와 에녹과 셋과 아담의 엘로
힘 יהוה이시다(창 31:53). יהוה 엘로힘께서 야곱에게 '벧엘로 올라가라'고
명하셨을 때 야곱의 가족들은 יהוה가 아닌 이방의 엘로힘(신들)을 버리고
벧엘로 올라갔다(창 35:1-4). 야곱이 벧엘에 이르러 그곳 이름을 '엘벧
엘'이라 불렀는데 처음에 벧엘에 나타나셨던 יהוה 엘로힘 외에 다른 엘로
힘은 모두 우상에 불과하다는 증거이다.

3. 선민(選民)인 이스라엘 민족의 יהוה 엘로힘

(1) '엘 이스라엘의 엘'이신 יהוה 엘로힘

① 이스라엘 민족의 열조(列祖)의 יהוה 엘로힘
사람의 모습으로 나타나신 엘로힘은 야곱을 이스라엘이라는 이름으로
바꾸어주셨다(창 32:28-31). 엘로힘께서 야곱의 이름을 이스라엘로 바꿔
주신 것은 יהוה이 유일하신 엘로힘·엘로하·엘이기 때문이다.

יהוה께서 '아브라함과 이삭과 야곱의 엘로힘'이라는 선언은 엘로힘이 유일하신 יהוה '엘 엘로헤 이스라엘'이심으로 증거되었으므로(창 33:20), 이스라엘의 엘로힘 יהוה 외에 다른 신은 우상이 확실하다.

이스라엘의 열두 아들과 권속들이 기근을 피하여 애굽으로 내려갔고, 기근 후 약속의 땅으로 올라가지 않고 머물다 애굽의 노예가 됨으로써 400년간 우상을 섬기게 되었다(수 24:14,23). 아브라함과 이삭과 야곱과 언약을 맺으셨던 엘로힘께서 아브라함의 후손들의 고통소리를 들으시고, 열조와 맺은 언약을 기억하셨다(출 2:23-25). 아브라함과 이삭과 야곱의 엘로힘께서 모세에게 나타나셔서 자기 백성을 애굽에서 구원하실 것을 알리셨다(출 3:6,15). 선민들과 더 깊은 관계로 맺으실 엘로힘의 성함을 יהוה라고 알려주셨다(출 3:14,15; 4:5).

<2 하나님이 모세에게 말씀하여 가라사대 나는 יהוה로라 3 내가 아 브라함과 이삭과 야곱에게 전능의 하나님(엘)으로 나타났으나 나의 이름을 יהוה로는 그들에게 알리지 아니하였고>(출 6장)

엘로힘께서 아브라함과 이삭과 야곱에게는 יהוה로 알리지 않고 '엘샤다 이'로 알리셨다고 친히 증거하셨다. '엘샤다이' 외에 모든 신은 가짜요 우상이라는 선언이었다. 창세기에도 יהוה라는 성함이 여러 번 나타나는 이유를 알아야 한다. 400년 동안 우상들을 섬겨온 이스라엘에게 스스로 계시는 יהוה 외에는 다른 신이나 다른 구원자가 없음을 יהוה께서 제1계명 을 강조하여 말씀하신 대로 기록한 것이다. 엘로힘께서 자신이 열조의 엘로힘 יהוה이심을 누누이 강조하셨다. 주 엘로힘 יהוה께서 아브라함에게 약속하신 대로 애굽에서 자기 백성을 건져내시며 애굽의 모든 신을 벌 하심으로 יהוה만이 엘샤다이이심을 증명하셨다.

<1 엘로힘이 이 모든 말씀으로 일러 가라사대 2 나는 너를 애굽 땅, 종 되었던 집에서 인도하여 낸 너의 하나님(엘로힘) יהוה로라 3 너는 나 외에는 다른 신들(엘로힘)을 네게 있게 말지니라>(출 20장)

엘로힘께서 천지를 창조하실 때에나 아담을 창조하실 때 함께 하는 다른 신이 없었다. יהוה 엘로힘께서 친히 돌판에 새긴 십계명을 주실 때 함께 하는 다른 신이 없었다. 42대(약 2000년)만이 아니라 천대까지라도 그분 외에 다른 신이 없다는 증언이다(출 20:6; 마 1:17).

② '스스로 계시는 분(יהוה)'만 엘로힘이심

애굽에서 자기 백성을 구원하신 엘로힘, '엘샤다이'만이 אהיה[에흐예], יהוה이시며, 다른 신이 없다(출 3:13-15; 4:31; 6:7). 엘로힘께서 모세를 바로에게 신(엘로힘)이 되게 하시고, 애굽의 모든 신들(엘로힘)을 심판하시며, 바로의 마음을 강퍅케 하심으로써 יהוה만이 참된 하나님이심을 온 천하에 선포하셨다(출 7:1,5,17; 8:22; 12:12).

<그가 가로되 내일이니라 모세가 가로되 왕의 말씀대로 하여 왕으로 우리 하나님 יהוה와 같은 이가 없는 줄을 알게 하리니>(출 8:12)

<내가 이번에는 모든 재앙을 네 마음과 네 신하와 네 백성에게 내려 너로 온 천하에 나와 같은 자가 없음을 알게 하리라>(출 9:14)

히브리인의 יהוה, '스스로 계시는 분'만이 참하나님이시며 그분과 동등하거나 같은 신이 없음을 모르는 자는 이방인보다 못한 자다.

엘로힘 יהוה께서 온 천하에 엘로힘 יהוה와 같은 신이 어디에도 없음을 확실하게 알게 하셨다(출 9:16; 10:2; 롬 9:17). יהוה 엘로힘은 아브라함의 조부 나홀의 엘로힘이시며(창 31:53), 나홀의 4대 조상 '하 에벨'의 엘로힘이시며(창 11:15), '하에벨'의 후손을 히브리인이라 부른다(헤버, 눅 3:35).[17] יהוה 엘로힘만이 에벨의 3대 조상인 셈의 주 하나님이시며, 노아, 에녹, 셋, 아담을 지으신 יהוה 엘로힘이시다. יהוה 엘로힘은 아브라함을 부르시기 이전부터 모든 의인이 섬겨온 유일하신 참하나님이시다. 그들 중 누구도 יהוה 엘로힘 외에 다른 엘로힘이 천지를 창조하셨다고 믿지 않았다. 스스로 계시는 그때부터 영원토록 다른 신격이 필요없는 완전한 엘로힘이시며, יהוה 엘로힘만 믿었던 의인들만 구원받았다.

엘로힘 יהוה께서 유월절을 정하시며, 애굽의 모든 신(엘로힘)에게 벌을 내리셨기에 'יהוה의 유월절'이라 부르게 하셨으며, 이를 영원한 규례라고 말씀하셨다(출 12:11,12,14,17,24,27,41,42,48). 영원한 유월절 규례에서 יהוה 엘로힘 외에 그 어떤 다른 신이 없다는 것은 불변의 진리이다. 그로 말미암아 구원을 얻었고, 다른 신들은 심판을 받을 것이다.

엘로힘께서 이스라엘을 뒤쫓던 애굽의 군대와 병거와 말들을 다 홍해 바다에 수장시킴으로써 엘로힘 יהוה/에흐예만이 전능자이심을 온 천하에 선포하셨다(출 14:4,18). 홍해에서 엘로힘 יהוה의 구원을 기적으로 얻은 이스라엘 백성들은 오직 엘로힘 יהוה만을 찬양했다.

<יהוה여 신(엘) 중에 주와 같은 자 누구니이까 주와 같이 거룩함에
영광스러우며 찬송할 만한 위엄이 있으며 기이(奇異)한 일을 행하는
자 누구니이까>(출 15:11)

  광야에서 수백만의 이스라엘 백성들이 양식이 없어 아사지경에 들어
가게 되었는데 엘로힘께서 하늘로서 만나를 내려서 먹이셨다. 6일 동안
매일 만나를 거두었고 7일째는 쉬게 하셨다(출 16:12). 'יהוה의 안식일'이
라는 명칭은 천지 만물을 6일 동안 창조하시고 제7일에 쉬신 분이 יהוה
엘로힘 한 분뿐이심을 매주(每週)마다 증거하신 특별한 날이다.

  엘로힘이 미디안 족속의 제사장이자 모세의 장인에게도 יהוה만이 온
세상의 어떤 신보다 크신 참하나님이심을 알게 하셨다.

<10 가로되 יהוה를 찬송(讚頌)하리로다 너희를 애굽 사람의 손에서와
바로의 손에서 건져내시고 백성을 애굽 사람의 손 밑에서 건지셨도
다 11 이제 내가 알았도다 יהוה는 모든 신(엘로힘)보다 크시므로 이
스라엘에게 교만히 행하는 그들을 이기셨도다 하고>(출 18장)

  아브라함의 후처가 낳은 아들인(창 25:1,2) 미디안의 제사장도 아는
유일하신 참하나님 יהוה를 모르는 자는 하나님도 없는 이방인이다.

  애굽의 모든 신을 심판하시고, 이스라엘을 큰 권능으로 구원하신 주 יהוה
엘로힘은 천하만국에게 알려진 유일하신 참하나님이시다.

③ יהוה만 엘로힘이심을 온 천하가 알도록 친히 선포하심

  성경과 하나님을 믿는 자라면 누구든지 주 엘로힘 יהוה께서 이스라엘
백성들과 언약을 맺으실 때 친히 증거의 돌판에 기록해주신 변함없는
십계명을 믿어야 한다(출 24:12; 31:18; 32:15-19).

  모세가 40일 동안 산에서 내려오지 않자 백성들은 아론에게 신(엘로
힘)을 만들라고 요구했다(출 32:1). 아론이 백성들에게서 금붙이를 받아
주조하고 조각하여 금 송아지(calf)를 만들었고, 그들은 그것을 애굽에서
자기들을 인도하여 낸 신(엘로힘)이라고 부르며 단을 쌓고, 번제와 화목
제를 바치고 숭배하고 먹고 마시며 춤추며 경배했다(출 32:2-6). 엘로힘
יהוה께서 이를 모세에게 알리시며, 진노로 그들을 진멸하고 대신 모세를
통해 큰 나라를 세우겠다고 말씀하셨다(출 32:7-10). 거짓 신을 아무리
뜨겁게 예배할지라도 그것은 참된 엘로힘이 아니다.

구원을 노래하며 춤추고 뛰며 기뻐 예배할지라도 주 יהוה가 아닌 다른 신을 예배하는 자는 민족이 멸망당할 만큼의 흉악한 범죄라는 사실을 확실하게 보여준 사건이다. 모세가 송아지를 불살라 가루로 만들어 물에 타서 백성들에게 마시게 하였다. 엘로힘 יהוה의 편에 서는 자들에게 우상 숭배를 한 자들을 칼로 치라 명하시자 레위 자손이 헌신하여 3천 명을 죽였다(출 32:20-29). 레위 지파는 시내산 앞에서 우상을 버리고 엘로힘 יהוה 편에 서고, 우상숭배에 참여한 동족을 척결한 일로 인해 יהוה 엘로힘을 섬기는 거룩한 제사장 지파가 되었다.

모세가 산에 다시 올라 사십주야를 엘로힘 יהוה 앞에 거할 때 엘로힘께서 친히 처음 것과 같이 다시 기록해주셨다. 모세가 두 번째 십계명 증거판을 받아서 내려와 증거궤 안에 넣어 보관하였다(출 34:1-29). יהוה 엘로힘께서 두 번씩이나 친히 돌판에 기록한 계명을 주신 일은 너무나 분명하고 엄중한 것이어서 모세가 신명기에서도 반복적으로 기록하였다(신 4:13; 5:22; 9:9,10,11,15,17; 10:1,3,4, 참고 왕상 8:9).

<13 יהוה께서 그 언약을 너희에게 반포하시고 너희로 지키라 명하셨으니 곧 십계명이며 두 돌판에 친히 쓰신 것이라 … 35 이것을 네게 나타내심은 יהוה는 엘로힘이시요 그 외에는 다른 신이 없음을 네게 알게 하려 하심이니라 … 39 그런즉 너는 오늘날 상천하지(上天下地)에 오직 יהוה는 엘로힘이시요 다른 신이 없는 줄을 알아 명심(銘心)하고 40 오늘 내가 네게 명하는 יהוה의 규례(規例)와 명령(命令)을 지키라 너와 네 후손이 복을 받아 네 엘로힘 יהוה께서 네게 주시는 땅에서 한없이 오래 살리라>(신 4장)

십계명을 두 번씩이나 친히 기록해주신 의도는 상천하지에 스스로 계시는 분(에흐예) יהוה 외에 다른 신들이 없음을 알아 명심하라는 것이다. יהוה 외에 다른 신이 있다고 목숨 걸고 믿어도 멸망할 뿐이다.

신명기 4장 35절과 39절을 다른 번역 성경들을 참고해 본다.

<35 야훼께서는 너희로 하여금 당신이 바로 하느님이요 다른 신은 없다는 사실을 알게 하시려고 이 일을 보여주신 것이다. … 39 그러니 너희는 분명히 알아라. 그리고 마음에 새겨두어라. 야훼 바로 그분이 위로 하늘에 계시고 아래로 땅 위에 계시는 하느님이시다! 그분밖에 다른 하느님은 없다.>(공동번역, 공동번역개정판)

<35 그러나 네게 이것을 보여 주신 것은 <u>여호와만이 참 하나님이시</u>고, <u>그분 외에 다른 신이 없음을 네게 알게 하시려는 것이다.</u> … 39 위로 하늘과 아래로 땅 위에서 여호와께서 하나님이시며 다른 이가 없음을 알고 마음에 새겨라.>(바른성경)

<35 이것을 네게 나타내심은 <u>여호와는 하나님이시요 그 외에는 다른</u> <u>신이 없음을 네게 알게 하려 하심이니라</u> … 39 그런즉 너는 오늘 위로 하늘에나 아래로 땅에 오직 여호와는 하나님이시요 다른 신이 없는 줄을 알아 명심하고>(개역개정판)

<35 여호와께서 이런 일을 행하신 것은 <u>그분만이 하나님이시며 그 외</u> <u>에는 그분과 같은 다른 신이 없음을 여러분이 알도록 하기 위해서입니</u> <u>다.</u> … 39 그러므로 오늘 여러분은 여호와께서 온 우주의 하나님이시며 그분과 같은 다른 신이 없음을 알고 이 사실을 명심하십시오.>(현대인의 성경)

<35 여호와께서 여러분에게 그 일들을 보여주신 것은 <u>여호와만이 하나님</u> <u>이요, 여호와 외에 다른 하나님은 없다는 것을 보여주시기 위함이오.</u> … 39 이제 여호와께서 하나님이심을 알고 믿으시오. 주님께서는 저 위의 하늘에 서도, 그리고 저 아래 땅에서도 하나님이시오. 다른 신은 없소.>(쉬운성경)

<35 그것을 너희에게 보여주신 것은 <u>주님께서 하느님이시고, 그분 말고</u> <u>는 다른 하느님이 없음을 너희가 알게 하시려는 것이다.</u> … 39 그러므로 너희는 오늘, 주님께서 위로는 하늘에서, 아래로는 땅에서 하느님이시며, <u>다른</u> <u>하느님이 없음을</u> 분명히 알고 너희 마음에 새겨 두어라.>(카톨릭성경)

<35 여호와께서 이 모든 일을 여러분에게 보여주신 목적이 무엇입니까? <u>그것은 그분만이 하나님이시고 그분밖에는 다른 아무 신도 없다는</u> <u>것을 여러분에게 가르치시는 데에 있습니다.</u> … 39 그러므로 위로 하늘과 아래로 땅에서 참 하나님은 여호와뿐이시며 더 이상 다른 신이 없다는 것을 여러분은 확실히 깨달아 알고 마음에 새기십시오.>(현대어성경)

<35 주께서 이 모든 일을 여러분에게 보여주신 목적이 무엇입니까? <u>그것은 그분만이 하나님이시고, 그분 외에는 다른 신이 없다는 것을 여</u> <u>러분에게 알려주시기 위함이었습니다.</u> … 39 그러므로 하늘에서나 땅에서나 참 하나님은 오직 주님뿐이시며 다른 신은 없다는 것을 여러분은 확실히 깨달아 마음에 깊이 새기십시오.>(쉬운말성경)

<35 그것을 네게 보여 주신 것은 <u>여호와만이 하나님이시며 그분 외에는 다른 이가 없음을 알게 하기 위해서였다.</u> … 39 이날 너희는 저 위 하늘과 저 아래 땅에서 여호와께서 하나님이심을 인정하고 마음에 새기도록 하라. <u>다른 신은 없다.</u>>(우리말성경)

<35 그러나 당신들에게 이것을 나타내셨으니, <u>그것은 주님이 곧 하나님이시고, 그분밖에는 다른 신이 없음을 알게 하시려는 것입니다</u> … 39 오늘 당신들은 마음에 새겨 분명히 알아 둘 것이 있으니, <u>주님은 위로는 하늘에서도 아래로는 땅에서도 참 하나님이시며, 그밖에 다른 신은 없다는 것입니다.</u>>(새번역성경)

<35 그것을 네게 나타내심은 <u>주 그분은 하나님이시요 그분 외에는 다른 이가 없음을 너로 알게 하려 하심이니라.</u> … 39 그러므로 너는 오늘날 이것을 알고 네 마음속에 숙고할지니, <u>주 그분은 위로 하늘에 계시며 아래로 땅 위에 계신 하나님이시며 다른 이는 없느니라.</u>>(한글킹제임스역)

<35 그것을 네게 보여주신 것은 <u>{주} 그분은 [하나님]이시요, 그분 외에 다른 신이 없음을 네가 알게 하려 하심이니라.</u> … 39 그런즉 이 날 너는 위로 하늘에서와 밑으로 땅에서 <u>{주} 그분은 [하나님]이시요, 다른 신이 없는 줄을 알고 그것을 마음속으로 깊이 생각하며</u>>(킹흠정역)

일부 성경에 '주'(주님)라고 번역한 이유는 יהוה라는 성함의 모음을 잊어버렸기 때문에 '아도나이'로 대용해 불렀던 전통과 히브리어 구약성경을 헬라어로 번역한 70인역이 '퀴리오스'로 표기하고, 신약성경도 '퀴리오스'로 표기, 영어 성경들이 LORD라고 표기한 예를 따랐기 때문이다. 따라서 동일하게 יהוה 엘로힘만을 증거하는 것이다.

신명기 4장 35절과 39절을 영어로 번역한 성경들도 모두 다 '그것을 네게 보여주신 것은 너로 יהוה께서 엘로힘이시고 그분 외에 다른 이가 없음을 알게 하려 하심이다'와 'יהוה 외에는 다른 이가 없음을 알고 네 마음에 새겨라'라고 번역했음을 확인할 수 있다.

<35 <u>It was shown to you so that you might know that Yahweh is God. There is no one else besides him</u>. … 39 Know therefore this day, and lay it to your heart, that <u>Yahweh he is God in heaven above and on the earth beneath; there is none else.</u>>(World English Bible)

많은 이들이 Yahweh가 יהוה의 가장 가까운 발음이라고 추정한다.

<35 You were shown these things so that you might know that the LORD is God; besides him there is no other. … 39 Acknowledge and take to heart this day that the LORD is God in heaven above and on the earth below. There is no other.>(New International Version)

그 성함에 들어갈 본래 모음을 모르기에 대신 LORD로 표기했다.

<35 Unto thee it was showed, that thou mightest know that Jehovah he is God; there is none else besides him. … 39 Know therefore this day, and lay it to thy heart, that Jehovah he is God in heaven above and upon the earth beneath; there is none else.>(American Standard Version)

여호와(Jehovah)는 יהוה에 '아도나이'의 모음인 a/ㅏ, o/ㅗ, a/ㅏ를 빌려 임의로 붙여 조합한 이름으로 로마카톨릭교의 수도승이 삼위신을 만들기 위해 1위신의 이름이라고, 1518년부터 등장시킨 것이다. 성경은 יהוה 외에 다른 3위신을 만들어 섬기는 것은 양심에 화인을 맞았기 때문이라고 증거하고 있다(딤전 4:1-3).

④ 엘, 이스라엘의 엘로힘 יהוה만 경배할 대상이심

이스라엘의 엘로힘은 '아브라함과 이삭과 야곱의 엘로힘'이신 יהוה뿐이셨다(창 50:24; 출 2:24; 3:6,16; 4:5). 그 엘로힘 יהוה께서 '이스라엘의 엘로힘'이 되셨으며, 이스라엘을 יהוה의 증인으로 삼으셨다. '이스라엘의 יהוה 엘로힘'이 완전한 하나님이 아니라고 하는 자는 사단 외에 아무도 없다. 선민이 믿었던 엘로힘 יהוה에 관한 믿음을 거짓 신앙이라고 증며ㅇ할 수 있는 신학자는 그 어느 시대에도 없었다.

삼위신을 믿는 학자들은 엘로힘이 선택하시고 세우신 יהוה의 증인들인 유대인들을 삼위일체신을 모르는 자들이라고 우매함을 따라 비난한다. 예로부터 이를 가리켜 적반하장(賊反荷杖)이라고 한다.

'이스라엘의 하나님'이 오직 하나인 יהוה 엘로힘이라는 증거는 수많은 구절에 기록되어 있다(민 16:9; 삼상 1:17; 삼하 23:3; 스 1:3; 6:22; 시 68:8,35; 사 29:23; 41:17; 45:15; 마 15:31 …).

또한 '이스라엘의 엘로힘 יהוה'라는 구절도 여러 번 기록되어 있음을 확인할 수 있다(출 32:27; 34:23; 수 7:13,19; 8:30; 10:40,42; 14:14; 24:23; 삿 5:3; 11:21; 21:3; 룻 2:12; 삼상 2:30; 14:41; 20:12; 23:11; 25:32,34; 삼하 7:26,27; 12:7; 왕상 1:48; 대상 16:36; 17:24; 29:10,18; 대하 30:6; 시 41:13; 59:5; 69:6; 106:48; 사 17:6; 21:10,17; 37:21; 45:3; 48:1; 52:12; 렘 7:3; 7:21; 9:15; 11:3; 13:11-12,16; 16:9; 19:3; 21:4; 24:5; 25:15,27; 27:4,21; 28:2,14; 29:4,8,21,25; 30:2; 31:23; 32:14,15,36; 33:4; 34:2; 35:13,17,18,19; 37:7; 38:17; 39:16; 42:9,15,18; 43:10; 44:2,7,11,25; 45:2; 46:25; 48:1; 50:18; 51:33; 습 2:9; 말 2:16; 눅 1:68).

'쉐마 이스라엘'로 주신 명령은 온 세상이 따라야 할 계명이다.
<4 이스라엘아 들으라 <u>우리 엘로힘 יהוה는 오직 하나인 יהוה시니</u> 5 너는 마음을 다하고 성품을 다하고 힘을 다하여 네 엘로힘 יהוה를 사랑하라 6 오늘날 내가 네게 명하는 이 말씀을 너는 마음에 새기고 7 네 자녀에게 부지런히 가르치며 집에 앉았을 때에든지 길에 행할 때에든지 누웠을 때에든지 일어날 때에든지 이 말씀을 강론할 것이며 8 너는 또 그것을 네 손목에 매어 기호를 삼으며 네 미간에 붙여 표를 삼고 9 또 네 집 문설주와 바깥문에 기록할지니라>(신 6장)
שמע[쉐마]라는 단어는 '들으라'(Hear)라는 말이다. 엘로힘께서는 자기 백성들에게 기록으로 주셨을 뿐만 아니라 선지자, 증인들을 통해 무수히 말씀하셨고, 그들이 증언하는 참하나님의 계명을 듣고, 청종(聽從)하라고 명령하셨다. 이스라엘 사람들은 이 명령을 지키기 위해 오직 한 분 יהוה만을 섬기라는 성구를 적은 테필린(Tefillin)을 손목과 이마에 줄로 단단히 묶고 יהוה께 기도하며, 메주자(Mezuzah/문설주)를 부착하여 출입할 때마다 손으로 만지고 입 맞추며 יהוה만 섬기기를 다짐한다.
신명기 6장 4절은 선민들에게 생명같이 중요한 구절인데 다른 성경은 어떻게 번역했는지 참고로 살펴본다.
<4 너, 이스라엘아 들어라. 우리의 하느님은 야훼시다. 야훼 한 분뿐이시다. 마음을 다 기울이고 정성을 다 바치고 힘을 다 쏟아 너의 하느님 야훼를 사랑하여라.>(공동번역, 공동번역개정)

<4 여러분, 잘 들으십시오. 우리 하나님 여호와는 단 한 분밖에 없는 여호와이십니다. 5 여러분은 마음을 다하고 정성을 다하고 힘을 다하여 여러분의 하나님 여호와를 사랑하십시오.>(현대인의 성경)

<4 오 이스라엘아, 들으라. 주 우리 하나님은 한 분 주시니 5 너는 네 마음을 다하고 네 혼을 다하고 네 힘을 다하여 주 너의 하나님을 사랑할지니라.>(한글킹제임스)

<4 이스라엘 백성들이여, 들으시오. 우리 하나님 여호와는 오직 한 분뿐이신 여호와이오. 5 여러분의 하나님 여호와를 마음과 뜻과 힘을 다하여 사랑하시오.>(쉬운성경)

<4 이스라엘 백성들이여, 주목해서 잘 들으십시오. 우리 하나님께서는 주님이시요, 주님은 오직 한 분뿐이십니다. 5 그러므로 온 마음과 온 영혼으로 하나님을 사랑하십시오.>(쉬운말성경)

이 구절들을 영어 성경들은 모두 한 분의 주 하나님이라 번역했다.

Hear, Israel: Yahweh is our God; Yahweh is one:(WEB)

Hear, O Israel: The LORD our God, the LORD is one.(NIV)

Hear, O Israel: Jehovah our God is one Jehovah:(ASV)

Listen, Israel! The LORD our God is the only true God!(CEV)

Listen, O Israel! The LORD is our God, the LORD alone.(NLT)

Listen, Israel: The LORD is our God. The LORD is the only God.(GOD'S WORD® Translation)

Israel, remember this! The LORD -and the LORD alone- is our God.(Good News Translation)

하나님께서 증거하시는 엘로힘은 LORD(יהוה) 뿐이시다. 그분은 2위나 3위로 연합된 신이 아니라 오직 한 분(에하드)인 엘로힘이시다.

⑤ 성막과 성전의 주님이신 יהוה만 엘로힘이심

엘로힘 יהוה께서 모세에게 광야교회를 인도하는 동안 장막을 세우라고 명령하셨다. יהוה의 임시처소였기에 장막(帳幕)'이라고 불렸고(출 25:9), 엘로힘과 백성이 만나는 곳이라 하여 회막(會幕)이라 불렸으며(출 33:7), 백성들이 거하는 장막들과 달리 성별된 것이기에 성막(聖幕)이라 불렸다(출 26:1). 장막/성막에는 오직 יהוה 엘로힘만 홀로 계셨다.

성막/장막을 '엘로힘의 처소(집)'라고 불렀고(수 9:23; 삿 18:31; 대상 6:48; 대하 1:3; 시 52:8; 55:14), 그곳에 다른 신이 없이 יהוה 엘로힘만 계시기에 'יהוה의 장막/성막'이라고 불렀다(레 17:4; 민 16:9; 17:13; 19:13; 31:30,47; 수 22:19,29; 왕상 2:28,29,30; 8:4; 대상 16:39; 21:29; 대하 1:5). 장막/성막에 'יהוה의 영광'이 충만했었고(출 40:34,35), 그 처소에 'יהוה의 구름'이 떠 있었고(출 40:38; 민 9:18; 17:13; 19:13; 31:30; 대상 9:23; 16:39; 시 132:5), 오직 יהוה만이 그 처소를 설계하셨고, 홀로 거주하신 유일한 참하나님이셨다(출 39:32; 40:19,21,29).

오직 한 분 יהוה의 언약을 담은 궤를 '법궤'(레 16:2), '엘로힘의 궤'(삼상 3:3; 4:11,17,18,19,21,22 …), '엘로힘의 언약궤'(삿 20:27; 삼상 4:4; 삼하 15:24; 대상 16:6; 계 11:19), 'יהוה의 언약궤'라고 부르는 것은 그 분만이 언약을 맺은 분이시기 때문이다. 엘로힘 יהוה께서 항상 '나의 계명'이라 하셨고 '우리의 계명'이라고는 한마디도 안 하셨다(레 22:31). 특히 레위기 26장은 어느 말씀보다 더 엄정하게 יהוה께서 '나'라고 말씀하시며(레 26:1-46), 오직 יהוה께서 '나'를 사랑하고 '내' 계명을 지키는 자에게 천대까지 은혜를 베푸신다고 약속하셨다(신 5:10; 7:9-10).

יהוה께서 친히 새기신 십계명 돌판을 오직 한 분 יהוה만 엘로힘이심을 증거하기에 '증거판'이라 불렀다(출 16:34; 25:16,21; 40:20).
<יהוה께서 시내 산 위에서 모세에게 이르시기를 마치신 때에 증거판(證據板) 둘을 모세에게 주시니 이는 돌판이요 하나님이 친히 쓰신 것이더라>(출 31:18)

증거판을 넣은 궤를 '증거궤'라 불렀다(출 25:16,22; 26:33,34; 27:21; 30:6,26,36; 31:7; 35:12; 39:35; 40:3,5,21; 레 16:13; 24:3; 민 3:31; 4:5; 17:4,10; 신 10:2,5; 수 4:16). 증거판(십계명 돌판)을 넣은 궤를 두신 곳이기에 세울 때부터 계시록 때까지 '증거막'이라고 불렀다(민 1:50,53; 9:15; 10:11; 17:7,8; 18:2; 행 7:44).
<성막 곧 증거막을 위하여 레위 사람의 쓴 재료의 물목은 제사장 아론의 아들 이다말이 모세의 명대로 계산하였으며>(출 38:21)
<또 이 일 후에 내가 보니 하늘에 증거(證據) 장막(帳幕)의 성전이 열리며>(계 15:5)
오직 יהוה 엘로힘만 참하나님이시라는 증거는 영원하다.

솔로몬의 성전 지성소에 십계명의 증거판(돌판)만 들어있는 '증거궤'를
안치하였다(왕상 8:9; 히 9:4).

십계명은 전지하신 엘로힘께서 친히 선포하시고 친수로 돌판에 새겨
증거해주신 최고의 계명이다. 십계명은 יהוה 엘로힘께서 직접 기록하신
것이라고 여러 번 강조하셨다(출 24:12; 31:18; 34:1,4; 신 4:13; 5:22;
9:9,10,11,15; 10:1,3,4). 한 분 하나님을 증거하는 증거막 안의 증거궤
와 증거판을 믿는다면, יהוה만 엘로힘이심을 믿어야 한다. 증거궤가 '엘
로힘 יהוה' 외에 다른 어떤 신들의 이름으로도 불린 적이 없다는 증거는
오직 엘로힘 יהוה 외에 다른 신이 없음의 영원한 확증이다.

증거막 안의 증거판을 담은 증거궤 위의 시은좌(은혜의 보좌, 속죄소.
출 25:18 난하주)는 오직 יהוה의 보좌(寶座)였다(민 7:89).

(2) '오직 יהוה 엘로힘만을 알라'고 명령하심

① 조상들이 알았던 엘로힘 יהוה만을 알라

아브람은 바벨론의 우상숭배에서 오직 한 분 יהוה 엘로힘의 부르심을
받고, 그분의 증인과 선민의 조상으로 세워졌다. '자기' 백성을 400년
애굽의 노예살이에서 건지실 때도 다른 신이 없었다는 증거물로 제1계
명을 주셨다. יהוה께서 직접 돌판에 기록해주신 제1계명은 모든 이들에게
선포되었고, '나 יהוה 외에 다른 신을 알지 말라'는 제1계명은 광야교회
에서나 약속의 땅에서도 영원토록 변함이 없다(출 20:2,3; 신 5:6,7). 주
엘로힘의 선민(選民), 증인(證人)으로 삼은 백성들이 변함없이 지켜야 할
명령은 '이스라엘아 들으라! 우리 엘로힘 יהוה는 오직 하나(에하드)인 יהוה
이시니 너는 마음을 다하고 성품을 다하고 힘을 다하여 네 엘로힘 יהוה
를 사랑하라.'라는 것이다(신 6:4,5).

선민들은 '우리 엘로힘은 오직 하나인 יהוה이시다'라는 계명을 마음에
새기고 아침에 일어날 때, 밥상이나 책상에 앉았을 때, 집을 나설 때,
길을 갈 때, 잠자리에 누울 때도 자녀에게 부지런히 강론하고 가르쳐야
했다(신 6:6-8). 경건한 유대인들은 지금도 이 명령을 순종한다.

다음 그림은 오늘날 유대인들이 사용하는 테필린과 메주자이다.

'기호'(히-오트)와 '표'(히-토타파)를 착용하라는 명령에 따른 것이 '테 필린'(tefillin)이다. 미간에 차는 네 칸짜리 갑은 '쉘 로쉬(머리)', 팔목에 차는 한 칸짜리 갑은 '쉘 야드(손)'라고 부른다. 히브리어 명사 '테필라' 는 '기도'라는 의미로 사용되었고(삼하 7:27; 사 56:7…), 예전에는 이 작은 상자(갑)를 온종일 차는 관습이 있었으나 후에는 기도할 때 착용하 게 되었으므로 '테필린'으로 불리게 되었다. 소가죽으로 된 네 칸의 작 은 상자를 '바이트', 테필린을 묶는 끈을 '르쭈아', 이마와 팔에 맬 수 있도록 뚫은 작은 구멍을 '마아바르타'라 부른다. '테필린'은 헬라어로 '보호하는 표식'이라는 의미인 '필라크테리온'(마 23:5)인데 한글개역 신 약성경에 '경문(經文)'으로 번역했다. 히브리어로 '메주자(mezuzah)'는 '문설주'라는 의미인데 하나님의 말씀을 기록한 양피지를 넣은 길쭉한 작은 상자이다(우측 그림). 테필린과 메주자는 '이것으로 네 손의 기호와 네 미간의 표를 삼으라'(출 13:9,16; 신 6:8; 11:18)는 명령에 순종하는 것인데 적어넣은 말씀 중에 가장 중요한 말씀은 신명기 6장 4절이다. 예수님 때에나 초대교회 때에는 구약성경만 있었고, 그때도 제1계명을 순종하는 자들은 테필린과 메주자를 사용했고, 경건한 유대인들은 2천여 년이 흐른 지금도 그대로 지키고 있고, 대대로 지킬 것이다.

② 엘로힘 יהוה 외에 다른 신들(엘로힘)을 알지 말라

선민의 열조의 엘로힘 יהוה께서 선민들에게 오직 한 분이신 יהוה만을 섬기고, 약속의 땅을 기업으로 주실 때 그 땅의 우상들과 우상숭배자를 모두 진멸하라고 명령하셨다.

<16 네 하나님 יהוה께서 네게 붙이신 <u>모든 민족을 네 눈이 긍휼(矜恤)히 보지 말고 진멸(殄滅)하고 그 신을 섬기지 말라</u> 그것이 네게 올무가 되리라 17 יהוה께서 너희에게 진노하사 하늘을 닫아 비를 내리지 아니하여 땅으로 소산을 내지 않게 하시므로 너희가 יהוה의 주신 아름다운 땅에서 속히 멸망할까 하노라>(신 11장)

선민들이 제1계명을 손목의 기호로, 미간의 표로 삼아 그 자녀들에게 부지런히 가르치며, 이스라엘의 엘로힘 יהוה만을 사랑하고 יהוה의 법도와 규례와 명령을 지키면 יהוה께서 주신 모든 복을 누릴 것이라고 또다시 약속하셨다(신 11:18-25). 오직 יהוה는 엘로힘이시고 그 외에 다른 신이 없음을 알라 명심하라고 명하셨으며, 그들이 아브람 때부터 알지 못했던 다른 신을 좇으면 저주를 받을 것이라고 경고하셨다.

<너희가 만일 내가 오늘날 너희에게 명하는 도에서 돌이켜 떠나 너희 엘로힘 יהוה의 명령을 듣지 아니하고 <u>본래 알지 못하던 다른 신들을 좇으면 저주를 받으리라</u>>(신 11:28)

그분의 명령은 이어진 신명기 13장에서 반복하여 기록되었다.

<1 너희 중에 선지자나 꿈꾸는 자가 일어나서 이적과 기사를 네게 보이고 2 네게 말하기를 네가 본래 알지 못하던 다른 엘로힘을 우리가 좇아 섬기자 하며 이적과 기사가 그 말대로 이룰지라도 3 너는 그 선지자나 꿈꾸는 자의 말을 청종하지 말라 이는 <u>너희 엘로힘 יהוה께서 너희가 마음을 다하고 성품을 다하여 너희 엘로힘 יהוה를 사랑하는 여부를 알려 하사 너희를 시험하심이니라</u> 4 너희는 너희 엘로힘 יהוה를 순종하며 그를 경외하며 그 명령을 지키며 그 목소리를 청종하며 그를 섬기며 그에게 부종하고 5 <u>그 선지자나 꿈꾸는 자는 죽이라</u> 이는 그가 너희로 너희를 애굽 땅에서 인도하여 내시며 종 되었던 집에서 속량(贖良)하여 취하신 너희 엘로힘 יהוה를 배반케 하려 하며 <u>너희 엘로힘 יהוה께서 네게 행하라 명하신 도에서 너를 꾀어 내려고 말하였음이라</u> 너는 이같이 하여 너희 중에서 악(惡)을 제할지니라>(신 13장)

환상, 계시, 이적, 기사, 말씀을 직접 받아 대언한다는 어떤 선지자도 יהוה 엘로힘 외에 다른 신을 섬기자고 하면 그를 죽이는 것이 제1계명을 올바로 순종하고 יהוה를 사랑하는 것이라고 천명하셨다.

동복형제나 자녀나 품의 아내나 생명을 같이하는 친구가 가만히 꾀어 선민의 조상들이 알지 못하는 다른 신을 섬기자고 하면 절대로 따르지 말고, 덮어 숨기지 말고, 애석히 여기지 말고, 주 יהוה 엘로힘만을 믿는 자가 그를 회중 앞에서 먼저 돌로 치고, 온 회중도 돌로 쳐서 죽이라고 יהוה 엘로힘이 명령하셨다(신 13:6-11). 이 명령은 사람이 바꿀 수 있는 전통이 아니라 יהוה의 명령이다. 누구든지 엘로힘 יהוה 안에 다른 3위가 있다고 믿어서는 절대로 안 된다. יהוה 외에 다른 위격들이 있다고 믿는 다면 그 누구든지 이 죽임을 면치 못한다.

약속의 땅에서 어느 성읍이 'יהוה 외에 알지 못하는 신', 'יהוה가 아닌 다른 신'을 섬기자고 하면 자세히 알아보고 사실로 드러나거든 성읍의 모든 자를 죽이고, 모든 것을 불로 태우라고 명령하셨다.

<12 네 엘로힘 יהוה께서 네게 주어 거하게 하시는 한 성읍에 대하여 네게 소문이 들리기를 13 너희 중 어떤 잡류가 일어나서 그 성읍 거민을 유혹하여 이르기를 <u>너희가 알지 못하던 다른 신들(엘로힘)을 우리가 가서 섬기자 한다</u> 하거든 14 너는 자세히 묻고 살펴보아서 이런 가증한 일이 참 사실로 너희 중에 있으면 15 너는 마땅히 <u>그 성읍 거민(居民)을 칼날로 죽이고 그 성읍과 그중에 거하는 모든 것과 그 생축을 칼날로 진멸하고</u> 16 또 그 속에서 빼앗아 얻은 물건을 다 거리에 모아 놓고 그 성읍과 그 탈취물 전부를 불살라 네 엘로힘 יהוה께 드릴지니 그 성읍은 영영히 무더기가 되어 다시는 건축됨이 없을 것이니라 17 너는 이 진멸할 물건을 조금도 네 손에 대지 말라 그리하면 יהוה께서 그 진노를 그치시고 너를 긍휼히 여기시고 자비를 더하사 너의 열조에게 맹세하심같이 네 수효를 번성케 하실 것이라 18 네가 만일 네 엘로힘 יהוה의 말씀을 듣고 오늘날 내가 네게 명하는 그 모든 명령을 지켜 네 엘로힘 יהוה의 목전에 정직을 행하면 이같이 되리라>(신 13장)

약속의 땅은 יהוה 엘로힘께서 아브라함의 후손들에게 영원한 기업으로 주신 땅이다(창 13:15). 이 경고는 예루살렘을 비롯해 베들레헴, 벧엘, 브엘세바, 나사렛, 사마리아, 여리고, 헤브론, 실로 등 모든 성읍을 포함한다. 이 경고는 오직 엘로힘 יהוה만을 믿지 않는 모든 기독교교파들이나 선교단체가 심판의 대상인 잡류(雜類)라는 사실을 보여준다.

<2 네 엘로힘 יהוה께서 네게 주시는 어느 성중에서든지 너의 가운데 혹시 어떤 남자나 여자가 네 엘로힘 יהוה의 목전에 악을 행하여 그 언약을 어기고 3 가서 다른 신들을 섬겨 그것에게 절하며 내가 명하지 아니한 일월성신에게 절한다 하자 4 혹이 그 일을 네게 고하므로 네가 듣거든 자세히 사실하여 볼지니 만일 그 일과 말이 확실하여 이스라엘 중에 이런 가증한 일을 행함이 있으면 5 너는 그 악을 행한 남자나 여자를 네 성문으로 끌어내고 돌로 그 남자나 여자를 쳐죽이되 6 죽일 자를 두 사람이나 세 사람의 증거로 죽일 것이요 한 사람의 증거로는 죽이지 말 것이며 7 이런 자를 죽임에는 증인이 먼저 그에게 손을 댄 후에 뭇 백성이 손을 댈지니라 너는 이와 같이 하여 너의 중에 악을 제할지니라>(신 17장)

선민들이 불러야 할 성함은 오직 יהוה뿐이었다. 엘로힘의 일과 말에 יהוה 이름이 아닌, 다른 이름을 부르는 자는 죽이라고 명하셨다(신 18:20). 그 땅은 우상숭배를 한 자들을 쫓아낸 땅이었고, 엘로힘 יהוה만 믿을 열조에게 주신 땅, 오직 יהוה 엘로힘만을 알고 섬기겠다는 백성들에게 주신 땅, 그 믿음의 자손 대대로 이어갈 기업이었다(신 19:8; 26:3,15). 주 יהוה의 증인인 선민들이 다른 신들을 섬기지 않고, 오직 유일한 יהוה 엘로힘만 섬길 때 전능하신 יהוה 엘로힘만이 주실 수 있는 넘치는 복을 받게 하실 복된 땅이었다(신 28:1-14). ㅇ

<내가 오늘날 너희에게 명(命)하는 그 말씀을 떠나 좌(左)로나 우(右)로나 치우치지 아니하고 다른 신(神)을 따라 섬기지 아니하면 이와 같으리라>(신 28:14)

참하나님 יהוה만을 섬기는 자들은 복을 받고, 복의 근원이 된다.

③ יהוה 엘로힘이 아닌, 다른 신을 섬기면 멸망 받을 것을 경고

참하나님은 오직 한 분 יהוה뿐이심을 알라고 제1계명에 יהוה께서 친히 기록해주셨다(신 4:35). 오직 한 분 엘로힘 יהוה 외에 다른 신이 없음을 알아서 명심(銘心)하라고 증언해 주신 것이다(신 4:39). 만일 그들의 열조가 알지 못하는 신들을 섬기면 약속의 땅에 들어갔어도 신속하게 당하고, 보지도 듣지도 못하는 우상들을 섬기고, 멸망의 저주 아래로 떨어질 것임을 יהוה 엘로힘께서 누누이 경고하셨다.

יהוה께서 친히 돌판에 기록해주신 제1계명을 버리고 다른 신을 따르는 자들은 거짓의 아비 마귀에게 미혹된 자들이라 했다(신 4:19).

<26 내가 오늘날 천지(天地)를 불러 증거를 삼노니 너희가 요단을 건너가서 얻는 땅에서 속히 망할 것이라 너희가 거기서 너희 날이 길지 못하고 전멸될 것이니라 27 יהוה께서 너희를 열국 중에 흩으실 것이요 יהוה께서 너희를 쫓아 보내실 그 열국 중에 너희의 남은 수가 많지 못할 것이며 28 너희는 거기서 사람의 손으로 만든 바 보지도 못하며 듣지도 못하며 먹지도 못하며 냄새도 맡지 못하는 목석의 신들을 섬기리라>(신 4장, 참고 13,21,35,39절)

יהוה의 증거판에 일점일획보다 천지가 없어지는 것이 더 쉬운 일이다. 다른 신을 믿는 자의 양심은 귀신과 미혹의 영으로 화인 맞았다.

<12 너는 조심하여 너를 애굽 땅 종 되었던 집에서 인도(引導)하여 내신 יהוה를 잊지 말고 13 네 엘로힘 יהוה를 경외하며 섬기며 그 이름으로 맹세할 것이니라 14 너희는 다른 신들(엘로힘) 곧 네 사면에 있는 백성의 신들(엘로힘)을 좇지 말라 너희 중에 계신 너희 엘로힘 יהוה는 질투하시는 하나님(엘)이신즉 너희 엘로힘 יהוה께서 네게 진노하사 너를 지면에서 멸절시키실까 두려워하노라>(신 6장)

선민들이 יהוה 엘로힘만 섬기고 그분의 언약을 지키는 그것이 그들의 복(福)이요 장수요 의로움이 될 것이라 약속하셨다(신 6:17-25).

יהוה 엘로힘께서 선민들에게 가나안 땅을 주신 이유는 우상숭배하는 가증한 죄에 깊이 빠진 원주민들을 쫓아내시고, 그 땅에 יהוה 엘로힘의 참된 증인들을 심기 위함이었다. 참된 엘로힘 יהוה만을 섬기려고 약속의 땅에 들어간 선민들은 우상들을 다 불사르고, 그들과 어떤 언약도 맺지 말고, 그 땅의 거민들을 진멸해야 했다. 선민들이 또다시 엘로힘 יהוה를 떠나 알지 못하는 다른 신을 숭배하는 가증한 죄에 빠져 멸망한 원주민보다 더 심한 저주로 멸망 당할까 두려워하라고 경고하셨다.

<4 그가 네 아들을 유혹하여 그로 יהוה를 떠나고 다른 신들(엘로힘)을 섬기게 하므로 יהוה께서 너희에게 진노하사 갑자기 너희를 멸하실 것임이니라 5 오직 너희가 그들에게 행할 것은 이러하니 그들의 단을 헐며 주상을 깨뜨리며 아세라 목상을 찍으며 조각한 우상들을 불사를 것이니라>(신 7장)

엘로힘 יהוה께서 아브라함의 후손을 선민으로 삼으신 이유는 그들이 오직 יהוה 엘로힘 한 분만을 섬기고 경외하며 다른 이방인들에게도 증거하여 그들도 복을 받게 하시기 위함이었다(신 7:6,7).

<9 그런즉 너는 알라 오직 네 하나님 יהוה는 엘로힘이시요 신실하신 하나님(엘)이시라 그를 사랑하고 그 계명을 지키는 자에게는 천 대까지 그 언약을 이행하시며 인애를 베푸시되 10 그를 미워하는 자에게는 당장에 보응하여 멸하시나니 יהוה는 자기를 미워하는 자에게 지체하지 아니하시고 당장에 그에게 보응하시느니라>(신 7장)

יהוה께서는 그 열조에게 맹세하신 언약과 경고를 반드시 이루셨다.

<네 엘로힘 יהוה께서 네게 붙이신 모든 민족을 네 눈이 긍휼히 보지 말고 진멸(殄滅)하고 그 신(神)을 섬기지 말라 그것이 네게 올무가 되리라>(신 7:16)

יהוה 외에 다른 신을 믿는 것은 죽음의 올가미를 쓰는 일이다. 다른 신들에게 붙어 있던 금붙이 조각마저 가증히 여기라고 명령하셨다.

<25 너는 그들의 조각한 신(엘로힘)상들을 불사르고 그것에 입힌 은이나 금을 탐내지 말며 취하지 말라 두렵건대 네가 그것으로 인하여 올무에 들까 하노니 이는 네 엘로힘 יהוה의 가증히 여기시는 것임이니라 26 너는 가증한 것을 네 집에 들이지 말라 너도 그와 같이 진멸당할 것이 될까 하노라 너는 그것을 극히 꺼리며 심히 미워하라 그것은 진멸당할 것임이니라>(신 7장)

참하나님 יהוה 외에 다른 신은 이름조차 부르지 말라고 명하셨다.

이 명령은 모세에게 명령하신 말씀에서 수없이 반복되고 있다.

<19 네가 만일 네 엘로힘 יהוה를 잊어버리고 다른 신들(엘로힘)을 좇아 그들을 섬기며 그들에게 절하면 내가 너희에게 증거(證據)하노니 너희가 정녕히 멸망할 것이라 20 יהוה께서 너희의 앞에서 멸망시키신 민족들같이 너희도 멸망하리니 이는 너희가 너희 엘로힘 יהוה의 소리를 청종치 아니함이니라>(신 8장)

이스라엘 백성이 선민이 되고 약속의 땅을 얻은 것은 그들의 의로움 때문이 아니며 그들의 마음의 정직함을 인함도 아니요, 그들의 열조인 아브라함과 이삭과 야곱이 엘로힘 יהוה만을 섬기겠다고 만유를 창조하신 유일하신 יהוה 엘로힘과 언약했기 때문이다(신 9:5,6,27,28).

엘로힘 יהוה께서 그들에게 가장 강하게 요구하시는 것은 오직 그 יהוה 엘로힘을 섬기라는 제1계명을 지키는 것이다(신 10:8-13). 오직 יהוה만이 신의 신(神)이시며 주의 주시요 크고 능하시며 두려우신 엘로힘이심을 믿고, 오직 그 엘로힘 יהוה의 이름으로 맹세하고 축복하면 한없는 복을 받게 하신다(신 10:17,20).

만일 그들이 엘로힘 יהוה만을 섬기지 않고 다른 신들을 따르면 그들도 멸망 당할 것이라고 반복 경고하셨다(신 11:16,17). 선민들은 십계명을 마음과 뜻에 두고 손목과 미간에 붙이고 자녀에게 부지런히 가르치며 집 문설주와 바깥문에 붙여야 했다(신 11:18-20). 엘로힘의 만복을 받은 선민들을 저주받게 하는 발람의 계교는 그들로 יהוה가 아닌 다른 신을 숭배케 하는 것이었고, 이는 모두에게 거울이 된다(민 31:16).

<너희가 만일 내가 오늘날 너희에게 명하는 도에서 돌이켜 떠나 너희 엘로힘 יהוה의 명령을 듣지 아니하고 본래 알지 못하던 다른 신들을 좇으면 저주를 받으리라>(신 11:28)

모세가 마주 보고 있는 그리심산과 에발산 사이에서 주 יהוה의 계명을 지키면 넘치는 복을 받을 것이며 יהוה 엘로힘을 떠나 다른 신을 섬기면 저주를 받고 쫓겨나고 멸망 당할 것이라고 선포했고, 이런 일이 반드시 이루어질 것을 두 산을 증거 삼아 선포했다(신 11:29). 엘로힘 יהוה께서 장차 선민들이 주 יהוה만 섬기지 않고 알지 못하는 다른 신을 섬길 것을 아셨으므로 그 땅의 모든 우상을 부수어 버리고 그 단들을 헐고 불사르라고 반복적으로 강조하여 명령하셨다(신 12:2,3).

<29 네 엘로힘 יהוה께서 네가 들어가서 쫓아낼 그 민족들을 네 앞에서 멸절(滅絶)하시고 너로 그 땅을 얻어 거기 거하게 하실 때에 30 너는 스스로 삼가서 네 앞에서 멸망한 그들의 자취를 밟아 올무에 들지 말라 또 그들의 신(엘로힘)을 탐구하여 이르기를 이 민족들은 그 신들(엘로힘)을 어떻게 위하였는고 나도 그와 같이 하겠다 하지 말라 31 네 엘로힘 יהוה께는 네가 그와 같이 행하지 못할 것이라 그들은 יהוה의 꺼리시며 가증히 여기시는 일을 그 신들(엘로힘)에게 행(行)하여 심지어 그 자녀를 불살라 그 신들(엘로힘)에게 드렸느니라 32 내가 너희에게 명하는 이 모든 말을 너희는 지켜 행하고 그것에 가감하지 말지니라>(신 12장)

선민들은 יהוה 엘로힘 외에 다른 신에 관하여 연구해도 안 된다. יהוה 아닌 다른 신인 삼위신을 마음과 힘과 목숨과 사랑하는 독자까지 바쳐 섬길지라도 이는 지극히 가증한 우상숭배가 된다. 곧바로 이어진 신명기 13장에는 יהוה가 아닌 다른 신을 섬기려고 할 때 그 누구든지 덮어두지 말고 돌로 쳐서 반드시 죽이라고 강력하게 경고하셨다.

יהוה 엘로힘이 아닌 다른 신, 그들의 열조가 알지 못하던 다른 신을 섬기면 יהוה께서 우상들을 섬기는 나라로 그들이 끌려가게 하시고 그곳 에서 그들이 알지 못하던 신들을 섬기게 하심으로 세상의 조롱과 비웃 음거리가 되게 하신다(신 28:36,37). 그들이 받는 저주들이 자손들에게 영원한 표적과 전조(前兆)가 되게 하신다(신 28:46). 잔인한 이방 족속이 침략하여 그들의 자녀, 소생의 육체를 먹게 하실 것이며, 반드시 멸망 당하게 하실 것을 경고하셨다(신 28:51-53).

<יהוה께서 너를 땅 이 끝에서 저 끝까지 만민 중에 흩으시리니 네가 그 곳에서 너와 네 열조의 알지 못하던 목석 우상을 섬길 것이라>
(신 28:64, 참고 36절)

하나님께서 오직 한 분의 יהוה만 섬길 것을 요구하셔서 그들이 맹세로 세운 언약은 성민, 선민의 모든 지파, 두령, 장로, 유사들 및 모든 이스 라엘 후손들뿐만 아니라 그들에게 속하여 나무를 패게 한 이방인들과 물긷는 종들 등 모든 자에게 세우신 것이다. 당시에 거기 있던 자들만을 위한 것이 아니라 거기 함께 있지 않더라도 יהוה 엘로힘의 언약을 누릴 다른 모든 자, 아브라함의 신령한 후손들(교회)에게도 세우신 것이라고 선언하셨다(신 29:10-17).

<14 내가 이 언약과 맹세를 너희에게만 세우는 것이 아니라 15 오 늘날 우리 엘로힘 יהוה 앞에서 우리와 함께 여기 선 자와 오늘날 우 리와 함께 여기 있지 아니한 자에게까지니>(신 29장)

장차 엘로힘 יהוה를 떠나 다른 신들을 섬기면 지독한 저주를 받는다는 맹세를 여전히 무시하는 자들이 있을 것도 경고하였다(신 29:27).

יהוה 엘로힘이 아닌 다른 신, 아브라함과 이삭과 야곱이 알지 못하던 신을 섬기면서도 심중에 스스로 위로하며 '평안하다, 영생 얻을 것이다' 라고 믿는 자들에게는 성경에 기록된 모든 저주를 더 하실 것들을 경고 하셨고, 이는 성경 마지막의 경고와 같다(계 22:18,19).

<18 너희 중에 남자나 여자나 가족이나 지파나 오늘날 그 마음이 우리 엘로힘 יהוה를 떠나서 그 모든 민족의 신들(엘로힘)에게 가서 섬길까 염려하며 독초와 쑥의 뿌리가 너희 중에 생겨서 19 이 저주의 말을 듣고도 심중에 위로하여 이르기를 내가 내 마음을 강퍅케 하여 젖은 것과 마른 것을 멸할지라도 평안하리라 할까 염려함이라 20 יהוה는 이런 자를 사하지 않으실 뿐 아니라 יהוה의 분노와 질투의 불로 그의 위에 붓게 하시며 또 이 책에 기록된 모든 저주로 그에게 더하실 것이라 יהוה께서 필경은 그의 이름을 천하에서 도말(塗抹)하시되 21 יהוה께서 곧 이스라엘 모든 지파 중에서 그를 구별하시고 이 율법 책에 기록된 언약(言約)의 모든 저주(詛呪)대로 그에게 화를 더하시리라>(신 29장)

그 진노의 저주가 얼마나 큰지 모든 이들이 놀랄 것이며, 그 저주의 연고가 무엇이냐고 묻는 자들에게 엘로힘께서는 יהוה 외에 다른 신들을 섬겼기 때문이라 대답할 것이라고 증언하셨다(신 29:22-24).

<25 그때에 사람이 대답하기를 그 무리가 자기의 조상(祖上)의 엘로힘 יהוה께서 그 조상을 애굽에서 인도하여 내실 때에 더불어 세우신 언약을 버리고 26 가서 자기들이 알지도 못하고 יהוה께서 그들에게 주시지도 아니한 다른 신들을 섬겨 그에게 절한 까닭이라 27 이러므로 יהוה께서 이 땅을 향하여 진노하사 이 책에 기록된 모든 저주대로 재앙을 내리시고 28 יהוה께서 또 진노와 분한과 크게 통한하심으로 그들을 이 땅에서 뽑아내사 다른 나라에 던져 보내심이 오늘날과 같다 하리라>(신 29장)

제1계명을 아는 사람이라면 전능자의 선민, 성민들이 엘로힘 יהוה를 버리고 다른 신을 섬겼기 때문이라고 대답할 것이라고 하셨다.

<17 그러나 네가 만일 마음을 돌이켜 듣지 아니하고 유혹을 받아서 다른 신들에게 절하고 그를 섬기면 18 내가 오늘날 너희에게 선언하노니 너희가 반드시 망할 것이라 너희가 요단을 건너가서 얻을 땅에서 너희의 날이 장구치 못할 것이니라>(신 30장)

왜 유대인들이 삼위일체신을 믿지 않느냐고 비난하는 자들은 사악한 자들이다. 유대교 정통 신자들은 왜 기독교는 성경과 십계명에 기록된 יהוה만을 섬기라는 계명을 지키지 않고 삼위신을 믿느냐고 책망한다.

יהוה께서 모세가 죽기 전 마지막으로 강조하신 명령도 같다.

<16 יהוה께서 모세에게 이르시되 너는 너의 열조와 함께 자려니와 이 백성은 들어가 거할 그 땅에서 일어나서 이방 신들(엘로힘)을 음란히 좇아 나를 버리며 내가 그들과 세운 언약을 어길 것이라 17 그때에 내가 그들에게 진노하여 그들을 버리며 내 얼굴을 숨겨 그들에게 보이지 않게 할 것인즉 그들이 삼킴을 당하여 허다한 재앙과 환난이 그들에게 임할 그때에 그들이 말하기를 이 재앙이 우리에게 임함은 우리 엘로힘이 우리 중에 계시지 않은 까닭이 아니뇨 할 것이라 18 그들이 돌이켜 다른 신(엘로힘)을 좇는 모든 악행을 인하여 내가 그 때에 반드시 내 얼굴을 숨기리라 … 20 내가 그들의 열조에게 맹세한 바 젖과 꿀이 흐르는 땅으로 그들을 인도하여 들인 후에 그들이 먹어 배부르고 살지면 돌이켜 다른 신들을 섬기며 나를 멸시하여 내 언약을 어기리니>(신 31장)

יהוה께서 그들이 '알지 못하는 다른 신'을 섬길 것을 아시고 '유일신 노래'를 지어 자자손손이 불러 증거로 삼게 하셨다(신 31:21-30).

<1 하늘이여 귀를 기울이라 내가 말하리라 땅은 내 입의 말을 들을지어다 … 5 그들이 יהוה를 향하여 악을 행하니 하나님의 자녀가 아니요 흠이 있는 사곡한 종류로다 6 우매무지한 백성아 יהוה께 이같이 보답하느냐 그는 너를 얻으신 너의 아버지가 아니시냐 너를 지으시고 세우셨도다 … 12 יהוה께서 홀로 그들을 인도하셨고 함께한 다른 신(엘)이 없었도다 … 15 그러한데 여수룬이 살지매 발로 찼도다 네가 살지고 부대하고 윤택하매 자기를 지으신 하나님(엘로하)을 버리며 자기를 구원하신 반석을 경홀히 여겼도다 16 그들이 다른 신으로 그의 질투를 일으키며 가증한 것으로 그의 진노를 격발하였도다 17 그들은 하나님(엘로하)께 제사하지 아니하고 마귀에게 하였으니 곧 그들의 알지 못하던 신(엘로힘), 근래에 일어난 새 신, 너희 열조의 두려워하지 않던 것들이로다 18 너를 낳은 반석은 네가 상관치 아니하고 너를 내신 하나님(엘)은 네가 잊었도다 … 39 이제는 나 곧 내가 그인 줄 알라 나와 함께 하는 신(엘로힘)이 없도다 내가 죽이기도 하며 살리기도 하며 상하게도 하며 낫게도 하나니 내 손에서 능(能)히 건질 자 없도다>(신 32장)

엘로힘께서 모세에게 지어 이스라엘 백성들 대대로 부르게 하신 유일 신가(唯一神歌)는 주 엘로힘 יהוה와 같은 엘·엘로하·엘로힘이 없다고 선포 하고 있고, 종말까지 모두가 계속 불러야 할 찬양이다(계 15:3).

(3) 약속의 땅 입성 때와 통일왕국 때도 יהוה만 계심

① 여호수아와 함께하신 엘로힘은 오직 יהוה이셨음

엘로힘 יהוה께서 바로의 교만함을 통해 애굽의 모든 신을 심판하시고, יהוה만 엘로힘이심을 온 천하에 알리셨고, 40년간 광야에서 한 분만을 증거하셨다. 여리고 성의 라합은 여호수아가 보낸 두 정탐꾼을 숨겨주며 주 יהוה만이 유일하신 참하나님이심을 믿음으로 고백했다.

<우리가 듣자 곧 마음이 녹았고 너희의 연고로 사람이 정신을 잃었 나니 너희 엘로힘 יהוה는 상천하지에 엘로힘이시니라>(수 2:11)

이스라엘 백성은 엘로힘 יהוה께서 그 땅을 자기들의 손에 붙이신 것을 확신하고, 그들을 인도하시는 יהוה의 증거궤를 따라 요단강의 마른 땅을 밟고 건넜다(수 3:3-17). 이스라엘 후손들은 열두 돌을 취하여 요단강과 길갈에 영원한 기념비들을 세웠다(수 4:5-9). 홍해의 마른 땅을 건너게 하신 יהוה 엘로힘께서 홀로 인도하셨고 다른 신이 없었는데, 그 יהוה께서 요단강도 마른 땅을 밟고 건너게 하셨다고 증언한다(신 32:12).

<23 너희 엘로힘 יהוה께서 요단 물을 너희 앞에 마르게 하사 너희로 건너게 하신 것이 너희 엘로힘 יהוה께서 우리 앞에 홍해를 말리시고 우리로 건너게 하심과 같았나니 24 이는 땅의 모든 백성으로 יהוה의 손이 능하심을 알게 하며 너희로 너희 엘로힘 יהוה를 영원토록 경외 하게 하려 하심이라 하라>(수 4장)

여호수아는 그곳에서 이스라엘의 행진에 앞서 함께 행하시는 יהוה의 군대장관으로 나타난 사자를 영접했다(수 5:13-15). 첫 번째로 정복한 여리고 성의 라합의 고백과 같이 오직 יהוה만 상천하지에 유일하신 참하 나님께서 전에는 다른 신을 섬겼으나 주 יהוה께로 돌아온 기생인 라헬도 내치지 않으심을 보이셨다. 그 가나안 땅뿐만이 아니라 천하만국은 오직 יהוה 엘로힘만이 홀로 창조하시고 다스리는 왕이시다.

만유를 회복하시는 그날에는 상천하지 어디에서든지 יהוה가 아닌 다른 신들을 모두 멸할 것을 보여주신 증거이다. 전쟁이 끝나고 기업 분배가 마무리되자 요단강 이쪽 편에 기업을 얻었던 르우벤, 갓, 므낫세 반(半) 지파들이 그들의 기업의 땅으로 돌아갔다(수 22:1-9). 요단강 이쪽에 기업을 얻은 자들이 그곳에 매우 거대한 단을 건축했다. 이 소식을 들은 요단강 건너편의 모든 지파가 들고 일어나 'יהוה 엘로힘을 떠난 가나안의 모든 족속을 멸하셨고, 우리가 발람의 계교에 빠져 우상숭배로 저주를 받았는데 너희가 어찌하여 다른 신에게 제사할 제단을 쌓아 다시 우리 민족의 멸망을 자취하게 하려느냐?'라고 분노하여 징벌하려고 했다(수 22:10-29). 그러나 우리도 알아야 할 진실은 그 거대한 단은 יהוה 아닌 다른 신을 섬기지 않는다는 증거물로 세운 것임이라는 표적이다.

<22 전능하신 자(엘, God of gods) 엘로힘 יהוה, 전능(全能)하신 자 (엘) 엘로힘 יהוה께서 아시나니 이스라엘도 장차 알리라 이 일이 만일 יהוה께 패역함이거나 범죄함이거든 주는 오늘날 우리를 구원치 마시옵소서 23 우리가 단을 쌓은 것이 돌이켜 יהוה를 좇지 아니하려 함이거나 혹시 그 위에 번제나 소제를 드리려 함이거나 혹시 화목제 물을 드리려 함이어든 יהוה는 친히 벌하시옵소서>(수 22장)

그 단은 강 건너편의 후손들이 강 이쪽 편의 후손들을 יהוה 엘로힘의 언약과 상관없는 자라고 배격하지 못하도록 증거로 세운 단이었다(수 22:27-34). 그들은 오직 יהוה 엘로힘만을 섬기는 믿음에서 끊어진 백성 이라는 오해를 받지 않기 위해 증거의 단을 세운 것이다.

오늘날도 그 누구든지 유일하신 참하나님을 섬기려면 יהוה 외에 다른 신에게 속한 자가 아니라고 증명하는 단을 마음에 쌓아야 한다. 그 단을 허는 자들은 절대로 하나님나라를 기업으로 얻지 못할 것이다.

엘로힘 יהוה께서 이스라엘의 열조에게 약속하시고 맹세하셨던 가나안 땅 입성이 여호수아의 때에 이루어졌다(수 1:6; 5:6,7; 21:43-45). 다시 여호수아는 그들에게 오직 יהוה 엘로힘만을 섬기라고 촉구한다.

<7 너희 중에 남아 있는 이 나라들 중에 가지 말라 그 신들(엘로힘) 의 이름을 부르지 말라 그것을 가리켜 맹세(盟誓)하지 말라 또 그것 을 섬겨서 그것에게 절하지 말라 8 오직 너희 엘로힘 יהוה를 친근히 하기를 오늘날까지 행한 것 같이 하라>(수 23장)

만일 남아 있는 이방인들과 언약을 맺으면 그것이 올무와 덫과 옆구리를 훑는 날카로운 채찍과 눈을 찌르는 가시가 되므로 선민들도 필경 땅에서 멸절될 것임을 정녕 알라고 경고하였다(수 23:12,13).

모세도 갔고, 여호수아도 떠날 것이지만, 엘로힘께서 약속하신 말씀은 하나도 이루어지지 않은 것이 없듯이, 만일 그들이 불순종한다면 심판에 관한 경고도 다 이루어질 것이며, 약속의 땅에서 멸절되기까지 징벌하실 것임을 강력히 경고하였다(수 23:14,15).

<만일 너희가 너희 엘로힘) יהוה께서 너희에게 명하신 언약을 범하고 가서 다른 신들(엘로힘)을 섬겨 그에게 절하면 יהוה의 진노(震怒)가 너희에게 미치리니 너희에게 주신 아름다운 땅에서 너희가 속히 망하리라>(수 23:16)

아브람의 아비 데라가 강 저편에서 יהוה가 아닌 신을 섬겼기에 거기서 יהוה만을 섬길 약속의 땅으로 아브라함을 인도하시고, 다른 신들을 섬기는 원주민들을 진멸하셨다(수 24:2). 주 יהוה만을 섬길 선민들은 그 땅에서 오직 엘로힘 יהוה만을 근실이 섬겨야 했다. 만일 그들이 다시 다른 신을 섬긴다면 이전 민족보다 무서운 심판을 받을 것이다.

<14 그러므로 이제는 יהוה를 경외하며 성실과 진정으로 그를 섬길 것이라 너희의 열조가 강 저편과 애굽에서 섬기던 신들(엘로힘)을 제하여 버리고 **יהוה만 섬기라** 15 만일 יהוה를 섬기는 것이 너희에게 좋지 않게 보이거든 너희 열조가 강 저편에서 섬기던 신(엘로힘)이든지 혹 너희의 거하는 땅 아모리 사람의 신이든지 너희 섬길 자를 오늘날 택하라 오직 나와 내 집은 יהוה를 섬기겠노라>(수 24장)

여호수아의 말에 이스라엘 백성들은 이구동성으로 열조에게 약속을 이루신 יהוה 엘로힘을 섬기겠다고 대답했다.

<יהוה께서 또 모든 백성 곧 이 땅에 거하던 아모리 사람을 우리 앞에서 쫓아내셨음이라 그러므로 우리도 יהוה를 섬기리니 그는 우리 엘로힘이심이니이다>(수 24:18)

여호수아는 יהוה 엘로힘을 섬기겠다는 결심은 잘하는 것이지만, יהוה 엘로힘은 질투하시는 전능자이신즉 יהוה가 아닌 다른 신도 함께 섬기는 죄를 절대 용서하지 않을 것이라고 경고했다. 이 범죄는 사마리아에서 일어났고, 후대에 교회 역사 속에서도 일어났다.

<19 여호수아가 백성에게 이르되 너희가 יהוה를 능히 섬기지 못할 것은 그는 거룩하신 엘로힘이시요 질투하는 하나님(엘)이시니 너희 허물과 죄를 사하지 아니하실 것임이라 20 만일 너희가 יהוה를 버리고 이방 신들(엘로힘)을 섬기면 너희에게 복을 내리신 후에라도 돌이켜 너희에게 화를 내리시고 너희를 멸하시리라>(수 24장)

이스라엘 백성들은 다시 다짐하여 יהוה 엘로힘만 섬기겠다고 대답했다. 여호수아는 그들 스스로 יהוה 엘로힘만을 섬기겠다는 말로 증인이 되었지만, 더욱 분명하게 못을 박게 하였다(수 24:21,22).

<23 여호수아가 가로되 그러면 이제 너희 중에 있는 이방 신들(엘로힘)을 제하여 버리고 너희 마음을 이스라엘의 엘로힘 יהוה께로 향하라 24 백성이 여호수아에게 말하되 우리 엘로힘 יהוה를 우리가 섬기고 그 목소리를 우리가 청종하리이다 한지라>(수 24장)

백성들은 יהוה만 섬기겠다고 대답했고, 거기서 새롭게 언약을 세우고 법도와 율례를 베풀었다. 그들이 그 땅에서 복을 받으며 장구히 살려면 반드시 יהוה만 온 마음으로 섬겨야 할 것은 변함없는 명령이다. 그들의 증언을 들었던 돌을 세워 증거로 삼았다(수 24:27). 그들은 여호수아와 하나님의 역사를 보았던 장로들이 살아있는 동안 언약대로 יהוה 엘로힘만을 섬겼다(수 24:31).

② 사무엘과 함께하신 엘로힘도 오직 יהוה이셨음

여호수아가 죽었고, יהוה 엘로힘을 의지하는 이들의 승리는 계속 이어졌다(삿 1:2,4,19,22,28). 얼마 후부터 그들은 원주민들을 다 쫓아내지 않았고, 다른 신들의 단을 남겨두는 불순종에 빠져들었다(삿 2:2). 결국 יהוה께서도 남겨진 원주민들을 쫓아내지 않으시겠다고 말씀하셨다.

<3 그러므로 내가 또 말하기를 내가 그들을 너희 앞에서 쫓아내지 아니하리니 그들이 너희 옆구리에 가시가 될 것이며 그들의 신들(엘로힘)이 너희에게 올무가 되리라 하였노라 … 7 백성이 여호수아의 사는 날 동안과 여호수아 뒤에 생존한 장로들 곧 יהוה께서 이스라엘을 위하여 행(行)하신 모든 큰일을 본 자의 사는 날 동안에 יהוה를 섬겼더라>(삿 2장)

이것은 엘로힘 יהוה께서 그렇게까지 강조하시고 경고하신 죄이다.

여호수아의 세대 사람들이 다 열조에게로 돌아갔고, 후세들은 יהוה와 그분이 행하신 역사를 알지 못했으며, יהוה의 목전에서 다른 신들을 섬김으로 יהוה 엘로힘의 진노를 격발하였다(삿 2:10-13). יהוה께서 선민들을 사방 대적들에게 붙이심으로 그 당하는 고통이 처절했다. 회개하고 יהוה께로 돌아오면 엘로힘 יהוה께서 자비를 베푸셔서 구원하셨고, 그 후에는 다시 יהוה가 아닌 다른 신에게로 돌아섰다(삿 2:14-19). 선민들이 제1계명을 버리자 남은 적들을 쫓아내시는 일을 하지 않으셨다(삿 2:20-23). 그들이 남은 족속들과 주변 나라로부터 짓밟히게 된 것은 יהוה 엘로힘이 아닌 다른 신을 숭배한 죄 때문이었다(삿 3:6,7).

미디안 족속으로부터 이스라엘을 구원한 사사 기드온과 함께하신 주 하나님도 오직 יהוה이셨다(삿 6:10,12,14,16,23-27,34; 7:2-9,20-22).

<나와 나를 좇는 자가 다 나팔을 불거든 너희도 그 진 사면에서 또한 나팔을 불며 이르기를 יהוה를 위하라, 기드온을 위하라 하라 하니라>(삿 7:18)

전쟁에서 이긴 후 백성들이 자기들을 다스려달라고 기드온에게 요구하자 그는 오직 יהוה께서 그들을 다스리실 왕이시라고 답했다.

<기드온이 그들에게 이르되 내가 너희를 다스리지 아니하겠고 나의 아들도 너희를 다스리지 아니할 것이요 יהוה께서 너희를 다스리시리라>(삿 8:23)

기드온이 죽은 후 이스라엘 백성들은 또다시 יהוה 엘로힘을 배반하고 다른 신들을 섬겼다(삿 8:34).

<13 너희가 나를 버리고 다른 신들을 섬기니 그러므로 내가 다시는 너희를 구원치 아니하리라 … 16 자기 가운데서 이방 신들을 제하여 버리고 יהוה를 섬기매 יהוה께서 이스라엘의 곤고를 인하여 마음에 근심하시니라>(삿 10장)

이스라엘이 יהוה가 아닌 다른 신을 숭배함으로써 곧 멸망이 다가오는 암흑기에 그들을 יהוה께로 돌이킬 선지자를 세우셨다. 엘로힘께서 오직 한 분의 주 엘로힘 יהוה만을 전심으로 섬길 사람을 일으키시려고 한나의 기도를 들으셨다(삼상 1:5,11,27). 한나가 아들을 낳은 후에 그 이름을 '하나님의 이름'만을 부른다는 뜻인 '사무엘'로 불렀고, '하나님은 오직 한 분 יהוה'이시라고 한나가 יהוה께 기도드렸다.

<יהוה와 같이 거룩하신 이가 없으시니 이는 주밖에 다른 이가 없고 우리 하나님(엘로힘) 같은 반석도 없으심이니이다>(삼상 2:2)

선지자 사무엘이 이스라엘 백성들의 마음을 יהוה 엘로힘께로 돌리려고 다른 신들을 버리고 오직 יהוה만 섬기라고 촉구했다.

<3 사무엘이 이스라엘 온 족속에게 일러 가로되 너희가 전심(全心)으로 יהוה께 돌아오려거든 이방 신들(엘로힘)과 아스다롯을 너희 중에서 제하고 너희 마음을 **יהוה께로 향하여 그만 섬기라** 너희를 블레셋 사람의 손에서 건져내시리라>(삼상 7:3)

미스바의 회개에 대해 아는 자는 יהוה 외에 다른 신들을 섬기는 우상숭배에서 오직 주 יהוה 엘로힘만 섬기는 참된 숭배로 돌아와야 한다고 회개시킨 증거임을 가장 먼저 깨달아야 한다.

<이에 이스라엘 자손이 바알들과 아스다롯을 제하고 **יהוה만 섬기니라**>(삼상 9:4)

사무엘이 이스라엘 백성들에게 'יהוה만을 섬기라'고 촉구한 그 말씀을 영어로 번역한 성경들은 모두 serve him(Him) only, serve only him, serve Him alone, obey him(Him) alone, worship only him이라고 번역했다. 그 결과 온 이스라엘 백성들은 'יהוה만 섬기니라'라고 했는데 영어로 번역한 성경들도 모두 served the LORD only, served only the LORD, worshiped only the LORD, served the LORD alone, only worshiped the LORD, began worshiping only the LORD, worshiped only the LORD, served Jehovah only, Jehovah alone이라고 번역하였다.

오직 יהוה 엘로힘 한 분만을 섬기고 다른 모든 신(신들)은 가증한 물건처럼 버려야 한다. יהוה 엘로힘께서 사무엘과 자기 백성들에게 오직 한 분의 하나님, 한 분의 왕(King) יהוה만 계심을 확신시키셨다.

<7 יהוה께서 사무엘에게 이르시되 백성이 네게 한 말을 다 들으라 그들이 너를 버림이 아니요 나를 버려 자기들의 왕이 되지 못하게 함이니라 8 내가 그들을 애굽에서 인도하여 낸 날부터 오늘날까지 그들이 모든 행사로 나를 버리고 다른 신들을 섬김같이 네게도 그리하는도다>(삼상 8:8)

יהוה 엘로힘은 홀로 영원토록 통치하실 유일하신 왕이시다.

여호수아의 승리는 엘로힘 יהוה를 왕으로 모시고 복종했기에 전승의 기록과 많은 것들의 풍요를 누리는 것이었고, 사사기의 실패는 엘로힘인 יהוה를 왕으로 섬기지 않았기 때문에 온갖 치욕과 지독한 환란과 죽음에 떨어진 것이었다(삿 17:6; 21:25).

③ 다윗이 전심으로 섬겼던 엘로힘도 오직 יהוה이셨음

사울이 יהוה의 말씀을 버리자 יהוה께서 그를 버리셨는데(삼상 15:26), 제1계명을 버린 자는 영원히 버림받을 것이다. 엘로힘 יהוה께서 그분의 마음에 합한 사람을 찾으셨는데 바로 다윗이었다(삼상 16:7,13). 그는 어린 목동이었을 때도 יהוה 엘로힘을 전심으로 신뢰하여, 하나님의 능력으로 곰과 사자를 쳐 죽이고 양들을 되찾았다(삼상 17:34-37). 골리앗과 싸울 때도 오직 만군의 엘로힘 יהוה의 성함으로 이겼고(삼상 17:45-50), 모든 적을 항상 오직 엘로힘 יהוה의 이름으로 싸워 무찔렀다(시 20편). 사울 왕이 다윗을 죽이려고 추격할 때도 다윗은 오직 יהוה 엘로힘만을 섬기는 믿음을 보여준다(삼상 26:19). 다윗은 자신의 생명이 절체절명의 위기에 처한 때에도 엘로힘 יהוה 외에 다른 신을 섬기는 것을 거절했다. 다윗이 예루살렘에 장막을 치고 יהוה 엘로힘의 증거궤를 모셔올 때 오직 한 분의 엘로힘 יהוה만을 섬기는 왕임을 보여주는데(삼하 6:21), 다윗은 엘로힘 יהוה의 증거궤를 장막에 모신 후 이렇게 노래했다.

<25 יהוה는 광대하시니 극진히 찬양할 것이요 <u>모든 신(엘로힘)보다 경외할 것임이여</u> 26 만방의 모든 신(엘로힘)은 헛것이요 יהוה께서는 하늘을 지으셨음이로다>(대상 16장 참고 시 96:3)

다윗은 엘로힘 יהוה의 이름을 둘 성전건축을 사모했으나(대상 22:5), 엘로힘 יהוה의 선한 뜻을 깨닫고 유일하신 יהוה 엘로힘을 찬양했다.

<יהוה 엘로힘(히-아도나이)이여 이러므로 주는 광대하시니 <u>이는 우리 귀로 들은 대로는 주와 같은 이가 없고 주 외에는 참 신(엘로힘)이 없음이니이다</u>>(삼하 7:22)

다윗의 엘로힘은 오직 יהוה 뿐이었다는 고백을 다른 번역도 증거한다.

<그러므로 주 하느님, 당신께서는 위대하시고 당신 같으신 분은 없습니다. 저희 귀로 들어 온 그대로, 당신 말고는 다른 하느님이 없습니다.>(카톨릭성경)

<주 여호와여, 주께서는 얼마나 위대하신지요. 주 같은 분이 없고 주 외에는 하나님이 없습니다.>(우리말 성경)

<야훼 나의 주님은 진정 위대하십니다. 우리는 일찍이 하느님과 같은 분이 또 있다는 말을 들어본 적이 없고, 다른 신이 있다는 말을 들어본 적도 없습니다.>(공동번역, 공동번역개정)

<그러므로, 오 주 하나님이여, 주께서는 위대하시오니, 이는 우리가 우리 귀로 들은 모든 것에 의하면 주와 같은 이가 없고 주 외에는 어떤 신도 없음이니이다.>(한글킹제임스)

<주 여호와여, 주는 정말 위대하십니다! 우리는 지금까지 주와 같은 신이 있다는 말을 들어 보지 못했고 주 외에 참 신이 있다는 말도 들어 보지 못했습니다.>(현대인의 성경)

<나의 주 여호와여! 저는 오직 주님의 위대하심을 찬양할 수밖에 없습니다. 주님과 같으신 분은 하나도 없습니다. 저희가 지금까지 들어온 모든 사실이 '주님밖에는 다른 신이 없다!'는 진리를 증명해 주고 있습니다.>(현대어성경)

<오 위대하신 주여, 우리가 우리 귀로 들어온 것처럼, 주와 같으신 분은 결코 존재하지 않습니다. 주님 외에 다른 하나님은 온 세상 어디에도 없습니다.>(쉬운말)

<여호와 하나님이시여, 이처럼 주께서는 위대하십니다. 주님과 같으신 분은 없습니다. 주님밖에는 다른 하나님이 없습니다. 우리는 이 모든 일을 우리 귀로 직접 들었습니다.>(쉬운성경)

<그러므로 주 여호와시여, 주님은 위대하시니 참으로 우리의 귀로 들었던 대로 주님과 같으신 분이 없고 주님 외에는 하나님이 없습니다.>(바른성경)

<그러므로, 오 {주} [하나님]이여, 주는 위대하시오니 우리가 우리 귀로 들은 모든 것대로 주와 같은 이가 없고 주 외에 [하나님]이 없나이다.>(킹흠정역)

<주 하나님, 주님은 위대하십니다. 우리의 귀로 다 들어 보았습니다만, 주님과 같은 분이 또 계시다는 말은 들어 본 적이 없고, 주님 밖에 또 다른 하나님이 있다는 말도 들어 본 적이 없습니다.>(새번역성경)

인자로서 예수님은 같은 믿음으로 아브라함과 다윗의 자손이다.

영어 성경들도 한결같이 יהוה 외에는 다른 엘로힘이 없다고 번역했다.

<Therefore you are great, Yahweh God. For there is none like you, neither is there any God besides you, according to all that we have heard with our ears.>(World English Bible)

<Therefore You have been great, YHWH God, for there is none like You, and there is no God except You, according to all that we have heard with our ears.>(Literal Standard Version)

<Wherefore thou art great, O LORD God: for there is none like thee, neither is there any God beside thee, according to all that we have heard with our ears.>(King James Bible)

<Therefore you are great, O LORD God: for there is none like you, neither is there any God besides you, according to all that we have heard with our ears.>(King James 2000 Bible)

<Why you are great, O LORD God: for there is none like you, neither is there any God beside you, according to all that we have heard with our ears.>(American King James Version)

<Therefore You are great, O Lord GOD. For there is none like You, nor is there any God besides You, according to all that we have heard with our ears.>(New King James Version)

모든 성경은 한결같이 יהוה 외에 다른 엘로힘이 없다고 증거한다.

이 말씀은 역대상 17장 20절에도 다음과 같이 기록되어 있다.

<יהוה여 우리 귀로 들은 대로는 주와 같은 이가 없고 주 외에는 참 신이 없나이다>(대상 17:20)

<야훼 같은 이가 계시다는 말을 들어본 적이 없습니다. 야훼밖에 또 다른 신이 있다는 말을 들어본 적도 없습니다.>(대상 17:20, 공동번역)

<여호와여, 주 같으신 분은 없습니다. 우리가 우리 귀로 들은 대로 주 말고는 참 신이 없습니다.>(우리말 성경)

<여호와여, 우리는 지금까지 주와 같은 신이 있다는 말을 들어 보지 못했고 주 외에 참 신이 있다는 말도 들어 보지 못했습니다.>(현대인의 성경)

<여호와여, 주님과 같으신 분은 어디에도 없습니다! 주님밖에 다른 신이 없다는 것은 우리가 이제까지 들은 모든 일에서 증명되었습니다.>(현대어성경)

<여호와시여, 저희 귀로 들은 대로 주님과 같은 분이 없고 주님 외에는 참 신이 없습니다.>(바른성경)

<오! 여호와시여, 우리가 귀로 들은 것처럼 주와 같으신 분은 어디에도 없습니다. 주밖에는 다른 참 신이 없습니다.>(쉬운성경)

다윗이 삼위신을 믿지 않고 알지도 못했다고 비난하는 자들은 없다.

역대상 17장 20절을 영어 성경들도 모두 동일하게 증거하고 있다.

<Yahweh, there is none like you, neither is there any God besides you, according to all that we have heard with our ears.>(World English Bible)

<O Jehovah, there is none like thee, neither is there any God besides thee, according to all that we have heard with our ears.>(American Standard Version)

<Jehovah, there is none like thee, neither is there any God beside thee, according to all that we have heard with our ears.>(Darby Bible Translation)

<"There is no one like you, LORD, and there is no God but you, as we have heard with our own ears.>(New International Version)

LORD는 יהוה를 대용(代用)하는 직함인데, 모든 성경이 한결같이 오직 한 분의 엘로힘 יהוה(LORD) 외에 참 신이 없다고 번역했다.

아브라함과 다윗의 신앙은 신약성경에도 그대로 이어졌다. 다윗은 주 엘로힘 יהוה의 도우심으로 주변의 대적들을 이긴 후에 동일한 믿음으로 오직 한 분 יהוה께 대한 믿음을 고백했다.

<יהוה 외에 누가 하나님(엘)이며 우리 하나님(엘로힘) 외에 누가 바위뇨>(삼하 22:32)

한 분의 יהוה 엘로힘만 믿는 이 구절에 관한 다른 번역을 살펴본다.

<여호와 외에 누가 하나님이겠습니까? 우리 하나님 외에 든든한 바위와 같은 이가 누구겠습니까?>(우리말 성경)

<하느님은 야훼뿐, 바위가 되실 이는 우리 하느님,>(공동번역)

<하느님은 야훼뿐, 바위가 되실 이는 우리 하느님,>(공동번역개정)

<여호와 외에 하나님이 어디 있으며 우리 하나님 외에 반석이 어디 있는가?>(현대인의 성경)

<(하나님의 도우심으로 승리한 일생) 여호와밖에는 다른 신이 없습니다. 우리의 하나님 여호와께서만 주께 피난하는 사람을 보호해 주시는 반석이십니다.>(현대어성경)

<참으로 여호와 외에 누가 하나님이며, 우리 하나님 외에 누가 반석입니까?>(바른성경)

<누가 하나님이신가? 여호와밖에 없으시다. 누가 바위인가? 우리 하나님뿐이시다.>(쉬운성경)

아브라함, 다윗은 확실히 오직 주 엘로힘 יהוה만을 믿고 섬겼다.

영어로 번역한 성경 중에서 יהוה를 LORD로 표기한 구절은 그 내용이 엘로힘 יהוה밖에 없다고 똑같게 번역했으므로 인용하지 않고 Jehovah나 Yahweh로 표기한 번역들만 인용해 본다.

<For who is God, besides Yahweh? Who is a rock, besides our God?>(World English Bible)

<For who is God, save Jehovah? And who is a rock, save our God?>(American Standard Version)

<For who is God save Jehovah? And who a Rock save our God?>(Young's Literal Translation)

다윗이 섬겼던 엘로힘은 오직 יהוה 엘로힘 한 분밖에 없었고, 그들의 열조의 엘로힘 יהוה 외에 다른 신들을 알지 못했다고 증거한다. 당연히, 아브라함과 다윗의 יהוה만을 믿지 않으면 우상숭배자가 된다.

다윗이 말년에 יהוה 엘로힘만이 만유의 머리 즉 유일하시고 절대적인 주권자이심을 고백하였다(대상 29:10-13).

다윗은 여러 면에서 예수 그리스도의 모형으로 인정되었다(사 9:7; 22:22; 55:3; 겔 30:9; 33:21; 34:23,24; 37:24,25; 호 3:5; 암 9:11; 행 2:29-34; 13:34-36; 15:16; 계 3:7). 다윗의 후손으로 예수께서 세상에 임하실 때 예수께서 믿고 선포할 엘로힘도 조상들의 יהוה일 뿐이다.

초대교회가 믿었던 성경은 오직 יהוה만을 증거한 이 구약성경뿐이다.

다윗은 יהוה 외에 다른 신의 이름도 부르지 않겠다고 노래했다.

<2 내가 יהוה께 아뢰되 주는 나의 주시오니 주밖에는 나의 복이 없다 하였나이다 … 4 다른 신(神)에게 예물을 드리는 자는 괴로움이 더할 것이라 나는 저희가 드리는 피의 전제를 드리지 아니하며 내 입술로 그 이름도 부르지 아니하리로다>(시 16편)

<31 יהוה 외에 누가 하나님(엘로하)이며 우리 하나님(엘로힘) 외에 누가 반석이뇨 … 49 יהוה여 이러므로 내가 열방 중에서 주께 감사하며 주의 이름을 찬송하리이다>(시 18편)

다윗은 오직 יהוה만을 '엘로힘'이요 '엘로하'라고 고백하고 믿었다.

<나의 영혼이 잠잠히 **엘로힘만** 바람이여 나의 구원이 그에게서 나는도다 2 **오직 저만** 나의 반석이시요 나의 구원이시요 나의 산성이시니 내가 크게 요동치 아니하리로다 … 5 나의 영혼아 잠잠히 **엘로힘만** 바라라 대저 나의 소망이 저로 좇아 나는도다 6 **오직 저만** 나의 반석이시요 나의 구원이시요 나의 산성이시니 내가 요동치 아니하리로다>(시 62편)

<8 주(아도나이)여 신들(엘로힘) 중에 주와 같은 자 없사오며 주의 행사와 같음도 없나이다 9 주(아도나이)여 주의 지으신 모든 열방이 와서 주의 앞에 경배하며 주의 이름에 영화를 돌리리이다 10 대저 주는 광대하사 기사를 행하시오니 **주만 엘로힘이시니이다**>(시 86편)

dddㅎGffff

아삽이나 모든 성도도 오직 יהוה만을 믿고 목숨 다해 사랑했다.

<하늘에서는 주 외에 누가 내게 있리요 땅에서는 주 밖에 나의 사모할 자 없나이다>(시 73:25, 아삽의 시)

<יהוה라 이름하신 주만 온 세계의 지존자로 알게 하소서>(시 83:18)

<6 대저 궁창에서 능히 יהוה와 비교할 자 누구며 권능 있는 자 중에 יהוה와 같은 자 누구리이까 7 하나님(엘)은 거룩한 자의 회중에서 심히 엄위하시오며 둘러 있는 모든 자 위에 더욱 두려워할 자시니이다 8 יהוה 만군의 엘로힘이여 주와 같이 능(能)한 자 누구리이까 יהוה여 주의 성실하심이 주를 둘렀나이다>(시 89편, 마스길의 시)

<יהוה여 주는 온 땅 위에 지존하시고 모든 신(엘로힘) 위에 초월하시니이다>(시 97:9, 기록자 미상)

<1 할렐루야, יהוה의 종들아 찬양하라 יהוה의 이름을 찬양하라 2 이 제부터 영원까지 יהוה의 이름을 찬송할지로다 3 해 돋는 데서부터 해 지는 데까지 יהוה의 이름이 찬양을 받으시리로다 4 יהוה는 모든 나라 위에 높으시며 그 영광은 하늘 위에 높으시도다 5 יהוה 우리 하나님과 같은 자 누구리요 …>(시 113편)

<1 יהוה께 감사하라 그는 선하시며 그 인자하심이 영원함이로다 2 모든 신(엘로힘)에 뛰어나신 하나님(엘로힘)께 감사하라 그 인자하심 이 영원함이로다 3 모든 주(아돈)에 뛰어나신 주께 감사하라 그 인 자하심이 영원함이로다 4 홀로 큰 기사를 행하시는 이에게 감사하 라 그 인자하심이 영원함이로다>(시 136편)

<호흡이 있는 자마다 יהוה를 찬양할지어다 할렐루야>(시 150:6)

구약의 의인들 모두가 יהוה 외에 다른 신의 이름을 부르지 않겠다고 했다. 참된 예배자, 진정한 찬양자는 יהוה 이름 외에 다른 이름을 부르지 않는다. 물론 오직 완전해진 영원한 새성함을 찬양할 뿐이다. 전지하신 엘로힘도 יהוה 외에 다른 신이 있다는 것을 알지 못한다고 하셨다.

솔로몬은 엘로힘 יהוה께 특별한 은혜와 사랑을 받았고 엘로힘 יהוה의 성함을 두실 יהוה의 성전을 건축하고 찬양을 드렸다.

<23 가로되 이스라엘 하나님(엘로힘) יהוה여 상천하지에 주와 같은 신(엘로힘)이 없나이다 주께서는 온 마음으로 주의 앞에서 행하는 종들에게 언약을 지키시고 은혜를 베푸시나이다 … 39 주는 계신 곳 하늘에서 들으시고 사유하시며 각 사람의 마음을 아시오니 그 모 든 행위대로 행하사 갚으시옵소서 주만 홀로 인생의 마음을 다 아심 이니이다>(왕상 8장)

솔로몬이 '상천하지에 יהוה와 같은 신(엘로힘)이 없나이다'라고 기도할 때 יהוה께서 응답하셨다. 다른 한글 성경도 '하늘이나 땅에나 יהוה와 같은 엘로힘은 없습니다.'라고 이 구절을 번역하였다.

<기도하였다. "이스라엘의 하느님 야훼여, 위로 하늘이나 아래로 땅 그 어디에도 당신과 같은 신은 없습니다. 주님 앞에서 한마음으로 살아 가는 종들에게 신실하시며 맺은 계약을 지켜주시는 분이십니다.>(공동번 역, 공동번역개정)

  <기도하였다. "여호와 이스라엘의 하나님이시여, 주님과 같은 신은 위로 하늘에나 아래로 땅에나 없습니다. 주께서는 언약을 지키시며, 온 마음으로 주님 앞에서 행하는 종들에게 인애를 베푸셨습니다.>(바른성경)

  <이렇게 말했습니다. "이스라엘의 하나님 여호와여, 하늘 위에도 땅 밑에도 주와 같은 신(神)은 없습니다. 주께서는 마음을 다해 주 앞에서 행하는 주의 종들에게 언약(言約)을 지키고 자비(慈悲)를 베푸시는 분입니다.>(우리말성경)

  <이렇게 기도하였다. '이스라엘의 하나님 여호와여, 천하에 주와 같은 신이 없습니다. 주는 온전한 마음으로 주께 순종하고 주의 뜻대로 살려고 하는 모든 사람들에게 주의 언약을 지키시고 사랑을 베푸시는 신이십니다.>(카톨릭성경)

  <이렇게 기도하였다. '이스라엘의 하나님 여호와여, 천하에 주와 같은 신이 없습니다. 주는 온전한 마음으로 주께 순종하고 주의 뜻대로 살려고 하는 모든 사람들에게 주의 언약을 지키시고 사랑을 베푸시는 신이십니다.>(현대인의 성경)

  <이렇게 기도하였다. '이스라엘의 하나님 여호와시여! 주님과 같으신 신은 하늘에도 없고 땅에도 없습니다. 온전한 마음으로 주님을 섬기는 이들에게는 주께서 누구에게나 계약을 지켜 주시고, 변함없는 사랑을 베풀어 주십니다.>(현대어성경)

  <그리고 이렇게 말했습니다. "이스라엘 하나님 여호와여, 주님 같으신 분은 어디에도 없습니다. 저 하늘에도 없고, 저 땅에도 없습니다. 주께서는 주님의 백성(百姓)을 사랑하셔서 그들과 언약(言約)을 맺어 주셨습니다. 그리고 참마음으로 주님을 따르는 사람들에게는 그 언약을 지켜 주셨습니다.>(쉬운성경)

  <"이스라엘의 하나님이시여, 주님과 같으신 하나님은 하늘에도 없고 땅에도 없습니다. 온전한 마음으로 주님을 섬기는 이들에게는 주께서 누구에게나 언약(言約)을 지켜 주시고, 변함없는 사랑을 베풀어 주십니다.>(쉬운말성경)

  "이스라엘 엘로힘 יהוה여 천지에 주와 같은 신(엘로힘)이 없나이다 주께서는 온 마음으로 주의 앞에서 행하는 주의 종들에게 언약을 지키시고 은혜를 베푸시나이다"(대하 6:14)

영어 성경들도 이 구절(왕상 8:23)의 밑줄 친 부분을 한결같이 '상천하지에 יהוה와 같은 분이 없다'라고 번역했다.

<Yahweh, the God of Israel, there is no God like you, in heaven above, or on earth beneath>(WEB), <LORD, the God of Israel, there is no God like you in heaven above or on earth below>(NIV), <LORD God of Israel, there is no God like you, in heaven above, or on earth beneath,>(KJB 2000), <LORD God of Israel, there is no God in heaven above or on earth below like You,>(NKJV), <LORD God of Israel, there is no God like you, in heaven above, or on earth beneath,>(AKJV), <LORD God of Israel, there is no God like thee, in heaven above, or on earth beneath,>(KJB).

(4) יהוה 외에 다른 신 숭배로 분열과 멸망 당함

① יהוה 외 다른 신 숭배로 선민의 나라가 둘로 찢어짐

엘로힘 יהוה께서 꿈에 솔로몬에게 나타나셔서 יהוה 외에 다른 엘로힘을 섬기면 반드시 멸망할 것이며, 엘로힘 יהוה의 이름을 두신 이 성전이라도 허물어 버리실 것을 경고하셨다.

<6 만일 너희나 너희 자손이 아주 돌이켜 나를 좇지 아니하며 내가 너희 앞에 둔 나의 계명과 법도를 지키지 아니하고 가서 다른 신을 섬겨 그것을 숭배하면 7 내가 이스라엘을 나의 준 땅에서 끊어 버릴 것이요 내 이름을 위하여 내가 거룩하게 구별한 이 전이라도 내 앞에서 던져 버리리니 이스라엘은 모든 민족 가운데 속담거리와 이야기거리가 될 것이며 8 이 전이 높을지라도 무릇 그리로 지나가는 자가 놀라며 비웃어 가로되 יהוה께서 무슨 까닭으로 이 땅과 이 전에 이같이 행하셨는고 하면 9 대답하기를 저희가 자기 열조를 애굽 땅에서 인도하여 내신 자기 하나님(엘로힘) יהוה를 버리고 다른 신에게 부종하여 그를 숭배하여 섬기므로 יהוה께서 이 모든 재앙을 저희에게 내리심이라 하리라 하셨더라>(왕상 9장)

솔로몬이 엘로힘 יהוה께서 경고에도 불구하고 아내로 삼은 이방 여인들의 꾐에 빠져 יהוה 외에 다른 신들을 섬겼다. 엘로힘 יהוה께서 솔로몬에게 진노하셨고, 다윗의 왕위를 영원히 견고케 해 주시겠다고 약속하셨던 나라를 쪼개어 10개 지파를 그 신복에게 주셨다(삼하 7:13-16; 왕상 2:45; 9:5; 11:4-5,9-11; 대상 17:12-14,23; 22:10; 28:7). 솔로몬이 יהוה 엘로힘 외에 다른 신(엘로힘, 엘로하, 엘)을 섬겼기 때문이라고 יהוה께서 명백하게 증언하셨다.

② 북왕국 왕 여로보암이 יהוה 외에 다른 신을 숭배함

솔로몬의 우상숭배로 인해 북왕국의 왕이 된 여로보암은 황금 송아지 숭배를 시작했다. 여로보암은 예루살렘에 יהוה 엘로힘을 숭배하러 가지 못하도록 벧엘과 단에 금송아지들을 만들어 세우고 엘로힘 יהוה로 속여 백성의 영혼을 노략질했다(왕상 12:28-30). יהוה가 아니면 우상일 뿐이며 우상을 아무리 יהוה라고 우겨도 우상일 뿐이다. 이전에 모세가 십계명을 받으러 산에 있을 때도 황금 송아지를 יהוה라고 불렀는데 3,000명이나 레위인들에게 죽임을 당했고, 레위지파는 제사장의 직분을 받았다.

엘로힘 יהוה께서 유다의 선지자를 보내어 단 곁에 서서 분향하고 있던 여로보암을 책망하시고 우상숭배를 떠나지 않으면 심판을 받을 것임을 경고하셨다(왕상 13:1-34). יהוה 엘로힘만 잘 섬겼던 다윗의 집에 아들이 태어나 우상을 섬긴 자들의 뼈를 제단 위에 불사를 것을 예언하였는데 요시야 왕 때 정확하게 성취되었다.

יהוה 엘로힘께서 유다에서 보내신 선지자에게 우상숭배자의 땅에서는 먹지도 말고 마시지도 말고 갔던 길로 되돌아오지도 말라고 명하셨다. 그 선지자는 여로보암 왕의 회유에 넘어가지 않고 돌아오는 중에 그곳 벧엘의 늙은 선지자가 '나도 그대와 같은 יהוה의 선지자인데 엘로힘께서 천사를 내게 보내서서 그대를 데려다가 먹고 마시게 한 후 보내라'라고 지시하셨다고 거짓말로 회유하자 그 선지자의 말을 그대로 따랐다. 세상 왕의 유혹은 이겼으나 거짓 선지자에게 속아 넘어갔다. 유다의 선지자가 후회하고 돌아가는 길에 사자가 나타나 나귀는 가만히 둔 채 선지자를 죽였고, 그 시체를 먹지도 않음으로써 엘로힘 יהוה의 말씀을 불순종한 데 대한 심판임을 명백하게 증거하셨다.

יהוה께서는 모든 말씀 특히 그중 가장 큰 제1계명을 절대로 번복하지 않으신다. 메대 바사의 왕이 어인을 찍어 내린 명령도 바꿀 수 없었다. 엘로힘은 더더구나 명령하시고 친히 돌판에 기록해주신 '나 יהוה 엘로힘 외에 다른 신을 섬기지 말라.'는 제1계명을 영원토록 절대로 바꾸실 수 없다. יהוה 엘로힘께서 이전에 선지자 발람을 나귀를 통해 꾸짖으셨고, 엘로힘의 말씀을 바꾸는 선지자들을 나귀보다 무가치하게 여기신다는 공의를 보이셨었다. 나귀보다 못한 발람도 선민을 저주하는 사술로 יהוה 외에 다른 신을 섬기게 할 것을 알려주고 떠났고 결국 죽임당했다.

יהוה 엘로힘 외에 다른 신을 섬기는 목회자나 신자들은 절대로 하나님 아버지 집으로 들어가지 못한다. 영원한 본향으로 돌아갈 성도들이 섬길 엘로힘은 오직 한 분의 아버지 יהוה밖에는 없다.

여로보암은 이 일 후에도 산당과 우상숭배에서 떠나지 않음으로써 그 집안이 지면에서 끊어져 처절하게 멸망 당했다(왕상 14:9-11).

③ יהוה의 선지자 엘리야와 850명의 우상숭배자들과의 싸움

יהוה께서 북왕국 이스라엘의 모든 왕을 심판하셨다(왕상 15:26,30,34; 16:2-4,7,11-13,19,26). 특히 아합은 이방 왕의 공주 이세벨을 아내로 맞이하여 최악의 우상숭배자가 되었다(왕상 16:30-33). יהוה 엘로힘께서 엘리야('יהוה만 엘로힘이시다')를 선지자로 세워 아합과 우상 숭배자들을 징벌하셨다(왕상 17:1). 아합과 이세벨은 바알과 아세라 선지자를 수백 명씩 양성했지만 יהוה의 선지자들은 철저히 색출하여 살해했다. 궁내대신 오바댜(히-오바드야: 'יהוה의 종')는 주 יהוה 엘로힘의 신실한 종이었고, 목숨을 걸고 יהוה의 종을 백 명이나 숨겨 보호하였다. 우상숭배로 3년 반 동안 우로가 그 땅에 내리지 않은 후, 엘리야는 850명의 우상숭배 선지자들을 갈멜산으로 모았고, 기도에 불로 응답하시는 분이 참하나님임을 인정하자고 제안했다(왕상 18:16-20). 백성들에게 둘 사이에서 주저하지 말고 누가 참하나님인지 택하라고 강하게 촉구했다.

<엘리야가 모든 백성에게 가까이 나아가 이르되 너희가 어느 때까지 두 사이에서 머뭇머뭇 하려느냐 יהוה가 만일 엘로힘이면 그를 좇고 바알이 만일 하나님이면 그를 좇을지니라 하니 백성이 한 말도 대답지 아니하는지라>(왕상 18:21)

엘리야의 사역을 안다면 주 יהוה 엘로힘 외에 다른 신은 버려야 한다. 엘리야가 무너진 이스라엘의 주 'יהוה 엘로힘'의 제단을 열두 아들에게 맺으신 언약을 따라 열두 돌을 취하여 수축하고, 엘로힘 יהוה의 이름으로 간절히 부르짖었다(왕상 18:30-39). 엘로힘 יהוה께서 불로 응답하심으로 유일하신 참하나님이심을 증명하셨다. 백성들은 참하나님이신 יהוה께로 돌아와 모든 거짓 선지자를 죽여버렸다. 주 엘로힘 יהוה 외에 다른 신을 믿는 자들은 다 이처럼 심판을 받을 것을 보여주신 사건이다.

엘리야는 자신의 사역을 엘리사('엘로힘이 구원이시다')에게 맡기려고 호렙산/시내산으로 찾아가 יהוה 엘로힘 앞에 섰다(왕상 19:9-18). 엘리야에게 나타나신 엘로힘은 호렙에서 모세에게 돌판에 친수로 제1계명을 새겨주셨던 바로 그 יהוה 엘로힘이셨다.

④ 엘리사의 엘로힘도 오직 יהוה 한 분밖에 없으심

엘리사('엘로힘이 구원이시다')가 엘리야의 개혁운동을 이어받았다(왕상 19:19-21). 엘리사가 아람(수리아)의 군대장관인 나아만의 문둥병을 깨끗이 치료해준 기적은 널리 알려진 사실이다(왕하 5:1-27). 이로 인해 나아만 역시 오직 יהוה 엘로힘만이 참하나님이심을 믿고, 그 믿음을 고백했다(왕하 5:1,11,16,17,18,20).

<15 나아만이 모든 종자와 함께 하나님의 사람에게로 도로 와서 그 앞에 서서 가로되 내가 이제 이스라엘 외에는 온 천하에 신이 없는 줄을 아나이다 청컨대 당신의 종에게서 예물을 받으소서 … 17 나아만이 가로되 그러면 청컨대 노새 두 바리에 실을 흙을 당신의 종에게 주소서 이제부터는 종이 번제든지 다른 제든지 다른 신에게는 드리지 아니하고 다만 יהוה께 드리겠나이다>(왕하 5:17)

모든 신자가 반드시 알아야 할 가장 중요한 사실은 나아만이 말씀에 온전히 순종해서 치료받았다는 사실 뿐만 아니라 오직 יהוה 엘로힘만을 경배하며 섬기라는 제1계명을 따른 믿음에 관해서다.

엘리사의 기름부음을 받아 이스라엘의 왕이 된 예후는 아합의 집안을 전멸시킴으로 엘로힘 יהוה께서 엘리야를 통해 다른 신을 섬기는 아합의 집안을 쓸어버리겠다고 분노하셨던 경고를 다 이루었다(왕하 10:10,17). 예후는 바알의 선지자들도 다 모아 진멸시켰다(왕하 10:28).

예후도 여로보암의 황금송아지 숭배에서는 떠나지 않았다. 엘로힘은 오직 יהוה뿐이시고, 두 주인을 겸하여 섬길 수 없다. יהוה 외의 모든 신은 아무리 יהוה라고 부르고 금식하며 믿고 섬길지라도 우상일 뿐이다.

⑤ 엘로힘 יהוה만을 섬긴 여호사밧 왕과 선지자 미가야

유다의 왕 여호사밧('יהוה의 심판')은 부친 아사를 따라 우상을 멸하고 יהוה 엘로힘만을 섬겼다(왕상 15:11-15,24; 대하 17:1-19). 여호사밧은 정략적인 목적으로 아들 여호람을 아합의 딸과 결혼시켰다(대하 18:1). 아합이 여호사밧의 방문을 받았을 때 함께 아람을 치자고 요청했다(왕상 22:1-39; 대하 18:1-34). 엘로힘의 뜻을 찾자는 여호사밧의 말에 아합이 자기를 돕는 선지자들 400명에게 엘로힘의 뜻을 물었는데, 아합 왕이 듣기 좋은 거짓말을 전했다. 여호사밧이 믿을 만한 선지자를 다시 찾자 오직 엘로힘 יהוה께서 주시는 말씀만 전하는 참선지자 미가야('누가 יהוה 와 같은가')가 왔다. 미가야는 주 엘로힘 יהוה께서 거짓 선지자들의 입에 거짓말을 주셨고, 아합을 꾀어 전장에서 죽게 하실 것이라고 예언했다. 분노하여 미가야를 옥에 가두고 전쟁터에 나간 아합가 예언대로 비참한 죽음을 맞이했다. 미가야가 섬겼던 엘로힘은 오직 יהוה 한 분밖에 없다. 지금도 יהוה 엘로힘은 거짓말을 따르는 자에게 유혹을 역사하게 하시고 결국 심판을 받게 버려두신다(살후 2:11-15).

얼마 후에 모압과 암몬과 마온 사람들이 함께 유다를 공격했다(대하 20:1-28). 여호사밧이 יהוה께로 낯을 향하고 간구하며 백성들에게 금식을 공포하자 모든 백성이 모여와서 יהוה께 간구하였다. 여호사밧은 백성들 앞에서 오직 יהוה 엘로힘께 부르짖어 간구했다(대하 20:6-12).

יהוה께서 기도를 들으시고 야하시엘에게 임하셔서 '이 전쟁은 너희에게 속한 것이 아니라 내게 속한 것이다'라고 알리셨다. 여호사밧과 온 백성들이 오직 יהוה 엘로힘만 바라보고, יהוה께 경배를 드렸다(대하 20:18). 여호사밧은 선지자의 말과 יהוה 엘로힘을 전적으로 신뢰하여 찬양단을 조직하여 거룩한 예복을 입히고 군대 앞에서 יהוה 엘로힘을 찬양케 했다. 찬양이 시작됨과 동시에 적진에서 자중지란이 일어나 서로 다 죽였고, 유다는 사흘 동안이나 군수 물품을 거두는 데 바빴다. יהוה를 찬양함으로 승리했기에 그 골짜기를 '브라가'(송축, 찬양)라 불렀다(대하 20:26).

할렐루야라는 말의 '야'는 יהוה의 축약형으로 'יהוה를 찬양(讚揚)하라'는
뜻이다. '야'나 '요'가 들어가는 이름들도 오직 제1계명의 엘로힘 יהוה만
영원토록 찬양받으실 유일한 엘로힘이심을 증거한다.

⑥ 요아스 왕이 엘로힘 יהוה 참하나님을 배반함

아하시야가 죽자 아달랴(아합과 이세벨의 딸)가 왕가의 씨를 진멸하고
대신 왕위에 올랐다(왕하 11:1-3). 아달랴가 다윗의 혈통을 진멸할 때
대제사장 여호야다와 그 아내 예호샤바(요람/여호람의 딸이자 아하시야
의 누이)가 막내 왕자 요아스를 가만히 숨겨 성전에서 6년 동안 보호,
양육했다. 이 요아스는 이스라엘 왕 여호아하스의 아들 요아스가 아니다
(왕하 13:10). 제7년째 해 대제사장 여호야다가 요아스를 왕위에 앉히고
아달랴를 제거했다(왕하 11:16,20). 여호야다는 요아스를 앞장세워 יהוה
엘로힘의 신앙회복을 위해 대대적인 개혁을 단행하였다(왕하 11:17-21;
12:16; 대상 24:1-14). 여호야다가 늙어서 죽자 요아스가 엘로힘 יהוה를
떠나 우상숭배에 빠졌는데, יהוה께서 스가랴를 통해 엘로힘 יהוה께로 돌아
오라 명하셨으나 듣지 않았다(대하 24:14-19).

<이에 하나님(엘로힘)의 신이 제사장 여호야다의 아들 스가랴를 감
동시키시매 저가 백성 앞에 높이 서서 저희에게 이르되 <u>יהוה께서 말
씀하시기를 너희가 어찌하여 יהוה의 명령을 거역하여 스스로 형통치
못하게 하느냐</u> 하셨나니 너희가 יהוה를 버린 고로 יהוה께서도 너희를
버리셨느니라 하나>(대하 24:20)

무리가 함께 꾀하고 왕의 명을 좇아 יהוה의 전 뜰 안에서 여호야다의
아들 스가랴를 돌로 쳐죽임으로 은혜를 원수로 갚았다. 스가랴가 'יהוה는
감찰하시고 신원하여 주옵소서'라고 기도하고 순교했다(대하 24:21,22).
요아스가 엘로힘 יהוה를 버렸으므로 아람이 적은 무리로 쳐들어왔는데도
패배했고, 모든 방백이 멸절되고, 다 노략질당했다. 전장에서 중상 입은
요아스를 신복이 침상에서 죽였다(왕하 12:17-21; 대하 24:23-25).

예수께서 아벨로부터 스가랴에 이르기까지 엘로힘을 올바로 섬기지
않는 자들이 바로 섬기는 자들을 죽였다고 증언하셨다(마 23:35). 히브
리어 구약성경에 처음과 끝에 기록된 יהוה 증인들의 모습이다.

⑦ 북 왕국이 יהוה 엘로힘 외 다른 신을 섬김으로 멸망 당함

북왕국 이스라엘이 주전 722년에 앗수르에 의해 멸망 당하였다(왕하 17:3-23). 대부분 신자는 북왕국이 멸망 당한 이유가 יהוה를 떠나 다른 신을 숭배한 죄 때문이라는 사실을 깨닫지 못했다.

사마리아에 이주해온 이방 사람들은 각기 자기 민족의 신들을 섬겼고, 이스라엘 백성들은 יהוה 엘로힘도 섬기고, 이방인들이 가지고 온 신들도 함께 섬겼다(왕하 17:26-40).

<34 저희가 오늘까지 이전 풍속대로 행하여 יהוה를 경외치 아니하며 또 יהוה께서 이스라엘이라 이름을 주신 야곱의 자손에게 명하신 율례와 법도와 율법과 계명을 준행치 아니하는도다 35 옛적에 יהוה께서 야곱의 자손에게 언약을 세우시고 저희에게 명하여 가라사대 너희는 다른 신을 경외하지 말며 그를 숭배하지 말며 그를 섬기지 말며 그에게 제사하지 말고 36 오직 큰 능력과 편 팔로 너희를 애굽에서 인도하여 낸 יהוה만 너희가 경외하여 그를 숭배하며 그에게 제사를 드릴 것이며 37 또 יהוה가 너희를 위하여 기록한 율례와 법도와 율법과 계명을 너희가 지켜 영원히 행하고 다른 신들을 경외치 말며 38 또 내가 너희와 세운 언약을 잊지 말며 다른 신들을 경외치 말고 39 오직 너희 엘로힘 יהוה를 경외하라 그가 너희를 모든 원수의 손에서 건져내리라 하셨으나 40 그러나 저희가 듣지 아니하고 오히려 이전 풍속대로 행하였느니라>(왕하 17장)

사마리아 종교는 주 יהוה 엘로힘을 섬길 뿐만 아니라 어디서 왔는지도 모르는 다른 신들도 섬겼는데 이 신앙은 예수 그리스도의 때까지 이어졌다(요 4:20-24). 지금도 로마카톨릭교와 그녀에게서 나온 딸들은 יהוה 엘로힘만 섬기는 것이 아니라 2위, 3위라는 바벨론 신들도 함께 섬기는 혼합종교의 유전을 이어가고 있다.

⑧ יהוה 엘로힘 외에 다른 신을 섬기면 음녀(淫女)가 됨

하나님께서 호세아에게 음란한 여인 고멜을 아내로 삼으라고 하셨다(호 1:2). 유일한 남편이신 יהוה 엘로힘께서 그들이 다른 신들을 섬기자 엘로힘의 마음을 호세아 선지자로 친히 느끼고 전달하게 하셨다. יהוה는 질투하시는 엘로힘이셔서 그 죄를 여러 대에 갚으신다.

고멜이 호세아의 아들이 아닌 다른 남자의 아들을 낳았다. 엘로힘께서 그 이름을 '이스르엘'이라 하셨다. 그의 이름을 부를 때마다 이스라엘 나라를 멸망시켜 다른 나라로 '흩어 버린다'라는 경고로 들렸다(호 1:4). 고멜이 또 다른 남자의 딸을 낳자 이름을 '로루하마'라 부르게 하셨고, 이스라엘에게 '긍휼을 베풀지 않겠다'라는 경고였다(호 1:6). 고멜이 또 다른 남자의 아들을 낳자 그 이름을 '로암미'라 부르셨는데 엘로힘께서 '사생아로 여겨 내어버리시겠다'라고 심판을 선포하신 것이다(호 1:9). 오직 יהוה 엘로힘만 그 백성의 영적 남편이시며, יהוה 엘로힘 외에 다른 신들을 함께 섬기면 음녀(淫女)가 되고, 온 세상으로 끌려가서 창녀처럼 우상숭배를 강요당해야 했다. 그러나 주 יהוה 엘로힘은 그들 중 믿음으로 남은 자들을 긍휼히 여기시고 은혜를 베푸셔서, 본토로 돌아오게 하시고, 정결케 하셔서 다시 아내로 맞으시겠다고 약속하셨다(호 2:14-23). 돌아온 그들이 섬길 남편도 당연히 오직 יהוה뿐이시다.

<19 내가 네게 장가들어 영원히 살되 의와 공변됨과 은총과 긍휼히 여김으로 네게 장가들며 20 진실함으로 네게 장가들리니 네가 יהוה 를 알리라>(호 2장)

호세아가 전남편일 뿐만 아니라 변함없는 남편이듯이, 구약의 엘로힘이나 신약의 엘로힘은 동일하신 한 분 יהוה이심을 증거한다. 장차 주 יהוה 엘로힘께서 자기 백성이 아닌 이방인들을 '암미'(내 백성이다)로, 긍휼을 얻지 못하던 그들을 '루하마'(긍휼을 얻을 자)라 하실 것이다. 이 약속은 엘로힘이 자기 피로 잃어버린 백성들을 사신 때에 이루어졌음을 바울과 베드로가 기록하였다(행 20:28; 롬 9:25,26; 벧전 2:10). 오직 한 분이신 יהוה께서 영원한 남편이 되셨음을 계시로 깨달아야 한다.

⑨ 미가 선지자가 יהוה만 엘로힘이시라고 선포함

히브리어 '미카예후'(미가야)의 축약형인 '미가'는 '누가 יהוה와 같은가'라는 뜻의 이름이다. יהוה 엘로힘과 동등하다고 비교할 자가 전혀 없는, 유일하신 엘로힘이심을 미가의 이름으로도 명백히 증거하셨다. 미가는 북이스라엘(사마리아)이 우상숭배라는 영적 음행으로 창기가 되었다고 책망하며 멸망 당할 것을 예언했다. 예루살렘 곧 남쪽 유다도 그 길에 빠졌기에 책망을 당하였다(미 3:1-12).

미가야는 이사야와 같은 예언을 했다(미 4:1-8 참고 사 2:1-4).

'말일'이란 예수께서 오셔서 은혜와 진리의 새언약을 선포하실 때를 가리킨다. 'יהוה의 전의 산'과 '엘 엘로헤 이스라엘'의 진리를 통해 יהוה만 참하나님이심을 온천하에 증거했다.

<5 만민이 각각 자기의 신의 이름을 빙자하여 행하되 오직 우리는 우리 하나님 יהוה의 이름을 빙자하여 영원히 행하리로다 … 7 그 저는 자로 남은 백성이 되게 하며 멀리 쫓겨났던 자로 강한 나라가 되게 하고 나 יהוה가 시온산에서 이제부터 영원까지 그들을 치리하리라 하셨나니>(미 4장)

이 예언은 교회 즉 신령한 성전을 세우실 때도 그 성전의 엘로힘은 오직 한 분, '엘 벧엘'이신 יהוה뿐이심을 증거하였다. 그때 베들레헴에서 태어나실 예수 그리스도에 관해 예언하였다(미 5:2). 그때 우상을 섬기는 자들을 יהוה 엘로힘께서 영원히 멸하실 것과 경배받으실 엘로힘은 오직 한 분 יהוה뿐이라고 증언하셨다(미 5:13-15).

<7 오직 나는 יהוה를 우러러보며 나를 구원(救援)하시는 엘로힘을 바라보나니 엘로힘이 나를 들으시리로다 … 18 주와 같은 신(엘)이 어디 있으리이까 주께서는 죄악을 사유(赦宥)하시며 그 기업의 남은 자의 허물을 넘기시며 인애를 기뻐하심으로 노를 항상 품지 아니하시나이다>(미 7장)

יהוה 엘로힘과 같은 분이 없음은 구약이나 신약에도 변함없다.

⑩ 히스기야가 엘로힘 יהוה만이 참 하나님이시라고 선포함

유다의 왕 히스기야('יהוה는 강하시다')는 יהוה 엘로힘만 섬겼던 경건한 왕이다(왕하 16:20; 18:1). 유다 나라가 매우 약할 때 앗수르의 산헤립이 침공해 오자 공물을 바쳤는데, 유다를 완전히 삼키려고 다시 쳐들어와서 יהוה 엘로힘을 심하게 모욕했다(왕하 18:13-37).

<15 그 앞에서 기도하여 가로되 그룹들 위에 계신 이스라엘의 엘로힘 יהוה여 주는 천하만국에 홀로 엘로힘이시라 주께서 천지를 조성하셨나이다 … 19 우리 엘로힘 יהוה여 원컨대 이제 우리를 그 손에서 구원(救援)하옵소서 그리하시면 천하만국이 주 יהוה는 홀로 엘로힘이신 줄 알리이다 하니라>(왕하 19장)

히스기야가 성전에 올라가 יהוה 앞에 기도드렸을 때 엘로힘 יהוה께서 히스기야의 기도를 들으셨고, 온 천하가 알게 하셨던 제1계명의 진리인 두 구절의 말씀에서 밑줄 친 부분을 다른 번역으로 살펴본다.

<15 만군의 야훼, 이스라엘의 하느님이여, 당신은 지상의 모든 왕국을 지배하시는 유일하신 하느님이십니다. … 19 땅 위의 모든 왕국들이, 야훼여, 당신만이 홀로 하느님이심을 알게 하여주십시오.>(공동번역, 개정)

<15 이스라엘의 하나님 여호와여 주는 천하만국에 홀로 하나님이시라 … 19 천하만국이 주 여호와가 홀로 하나님이신 줄 알리이다>(개역개정)

<15 이스라엘의 하나님 여호와여, 오직 주만이 세상 모든 나라의 하나님이십니다. … 19 주만이 여호와 하나님이심을 세상의 모든 나라들이 알게 해 주십시오.">(우리말성경)

<15 여호와 이스라엘의 하나님, 오직 주님만이 홀로 온 세상 왕국들의 하나님이십니다. … 19 여호와만이 홀로 하나님이심을 세상의 모든 왕국들이 알게 하소서.>(바른성경)

<15 이스라엘의 하나님 여호와여, 오직 주만이 땅 위 온 나라의 하나님이십니다. … 19 온 땅의 나라들이 주만이 오직 한 분이신 하나님이라는 것을 알게 될 것입니다.>(쉬운성경)

<15 이스라엘에 하나님 여호와여, 주께서만 온 세상 나라를 다스리는 하나님이십니다.… 19 온 세상 나라들이 주 여호와만 하나님이신 것을 알게 될 것입니다.>(현대인의 성경)

<15 이스라엘의 하나님 여호와여, 세상의 모든 나라를 다스리는 통치자는 오직 주님뿐이십니다. … 19 이제 참 하나님은 여호와밖에 없다는 것을 세상의 모든 나라들이 알 수 있도록 주님 이제 우리를 앗수르 왕의 손에서 건져내 주소서.>(현대어성경)

<15 주(註 원문에 יהוה) 이스라엘의 하느님, 세상의 모든 왕국 위에 당신 홀로 하느님이십니다.… 19 세상의 모든 왕국이, 주(註 원문에 יהוה)님, 당신 홀로 하느님이심을 알게 될 것입니다.>(카톨릭성경)

<15 주 이스라엘의 하나님, 주님(註 원문에 יהוה)만이 이 세상의 모든 나라를 다스리시는 오직 한 분뿐인 하나님이시며, … 19 세상(世上)의 모든 나라가, 오직 주(註 원문에 יהוה)님만이 홀로 주 하나님이심을 알게 하여 주십시오.>(새번역성경)

<15 이스라엘의 주(註 원문에 יהוה) 하나님이여, 주, 곧 주만이 홀로 땅의 모든 왕국들의 하나님이시며, … 19 땅의 모든 나라들로 주(註 원문에 יהוה), 곧 주만이 주 하나님이심을 알게 하소서.>(한글킹제임스)

<15 {주}(註 원문에 יהוה) 이스라엘의 [하나님]이여, 주 곧 주만 홀로 땅의 모든 왕국의 [하나님]이시니이다. … 19 땅의 모든 왕국이 주 곧 오직 주만 {주} [하나님]인 줄 알리이다.>(킹흠정역)

<15 이스라엘의 하나님 주여, 세상의 모든 나라들을 다스리는 통치자는 오직 주님뿐이십니다. … 19 세상의 모든 나라들로 오직 주 하나님만이 온 천하에 참된 신임을 알게 하소서.>(쉬운말성경)

주 יהוה 엘로힘께서 오직 그분만이 참하나님이심을 온 세상에게 알게 하셨다. 엘로힘 יהוה께서 한 천사를 보내어 당대 최강인 앗수르 제국의 큰 용사와 대장과 장관들 18만 5천 명을 하룻밤 사이에 멸하시자 왕이 시신들을 싣고 황급히 퇴각하여, 본국에서 우상에게 제사할 때 아들들이 아비 산헤립을 죽였다(왕하 19:35-37; 대하 32:21-23; 사 37:36-38).

열국은 선민의 엘로힘 יהוה만이 모든 신들의 신, 유일한 참신이심을 알았다. 그런데도 소경들은 사람의 이성으로는 알 수 없다는 삼위신을 섬기면서 참하나님을 믿는 자들을 비난한다.

히스기야의 아들 므낫세가 지독한 우상숭배로 인해 앗수르의 포로로 끌려갔다(대하 33:11-20). 환란을 당한 므낫세가 비로소 크게 겸비하여 יהוה 엘로힘께 기도드리자, 주 엘로힘께서 긍휼히 여기셔서 예루살렘으로 돌아와 왕위에 앉게 하셨는데 유다의 신앙이 일시 회복되었다.

<17 백성이 **그 엘로힘 יהוה께만** 제사를 드렸으나 오히려 산당에서 제사를 드렸더라>(대하 33장)

므낫세가 죽고 아들 아몬이 왕위에 올랐고 '그 열조의 엘로힘 יהוה'를 버리고 우상숭배에 깊이 빠졌다(왕하 21:21,22; 대하 33:20-25). 그의 신복들이 반역하여 그를 죽였다.

⑪ 이사야가 엘로힘 יהוה 외에 다른 신이 없다고 선포함

남 유다왕국이 우상숭배로 멸망 당하기 직전에 엘로힘 יהוה께서 계속 선지자들을 보내셔서 돌이키게 하셨으나 그들이 듣지 않았다.

'이사야'('יהוה의 구원')가 예수님에 관한 예언과 복음과 하나님나라에 관한 많은 예언을 아주 선명하게 선포하였다(마 1:23; 3:3; 4:14; 8:17; 12:17; 13:14; 15:7; 막 7:6; 눅 4:17; 요 12:38).

이사야는 유다가 계속 우상숭배를 한다면 머잖아 적에게 멸망 당할 것이기에 자신이 적에게 포로로 끌려가는 모습을 하고서 יהוה 엘로힘의 말씀을 전했는데(사 20:2-4), 사악한 우상숭배자 므낫세 왕에 의해 순교 당했다(참고 왕하 21:16; 히 11:37).

이사야서 1장부터 39장까지는 교회시대에 성취될 중요한 예언과 함께 주로 당대의 역사를 다루고 있고, 40장부터는 바벨론 포로시대에 일어날 일들과 새언약 시대에 일어날 일들을 예언하였다. יהוה께서 그들을 양육하셨으나 그들이 יהוה 엘로힘을 버리자 소도 임자를 알고 나귀도 주인의 구유를 아는데 יהוה의 자녀는 짐승만도 못하다고 책망하였다(사 1:2-4). 이 말씀의 시작은 모세가 יהוה 엘로힘 외에 다른 신이 없음을 가르치기 위해서 지은 유일신 노래의 첫 구절을 따온 것이다(신 32:1). 제1계명에 기록해주셨듯이 '애굽에서 구원하실 때 יהוה께서 홀로 그들을 인도하셨고 함께한 다른 신이 없었다.'(신 32:12). '이제는 나 곧 내가 그인 줄 알라 나와 함께 하는 신(엘로힘)이 없도다.'라고 선포하신 말씀이다(신 32:39). 이사야는 오직 יהוה께서 홀로 높임을 받으시기에 합당하신 유일하신 주 엘로힘(엘로하/엘)이시라고 선포한다(사 2:11,17; 12:1-6).

이사야와 경건한 백성들이 섬겼던 대상은 오직 יהוה밖에 없고, 영원히 신뢰할 엘로힘도 יהוה 한 분 외에 다른 신이 없다고 증거했다(사 26:4,8; 26:13). 이사야는 יהוה 엘로힘께서 오셔서 자기 백성을 저희 죄에서 구원하실 것임을 믿고 노래했다(사 35:1-10). 이사야와 히스기야가 함께 יהוה 엘로힘께 기도드린 내용을 그대로 기록하여 참하나님은 오직 한 분 יהוה 밖에 없음을 강조하였다.

<16 그룹 사이에 계신 이스라엘 엘로힘 만군의 יהוה여 주는 천하만 국의 유일하신 엘로힘이시라 주께서 천지를 조성하셨나이다 … 20 우리 엘로힘 יהוה여 이제 우리를 그의 손에서 구원하사 천하만국(天 下萬國)으로 주만 יהוה이신 줄을 알게 하옵소서>(사 37장)

이사야 40장부터는 유다의 우상숭배에 대해 더욱 강력하게 책망하며, 그 יהוה 엘로힘께서 구원자로 오실 것을 예언했다(사 40:1-11).

<10 보라 주 יהוה께서 장차 강한 자로 임하실 것이요 친히 그 팔로 다스리실 것이라 보라 상급이 그에게 있고 보응이 그 앞에 있으며 … 18 그런즉 너희가 <u>하나님(엘)을 누구와 같다 하겠으며 무슨 형상(形像)에 비기겠느냐</u>… 25 거룩하신 자가 가라사대 그런즉 <u>너희가 나를 누구에게 비기며 나로 그와 동등(同等)이 되게 하겠느냐 하시느니라</u>>(사 40장)

יהוה와 권세와 능력과 영광이 동등하다는 다른 신은 없다고 יהוה께서 친히 증거하셨다. 이는 엘로힘 יהוה께서 친수로 기록한 십계명의 제1,제2계명으로 선포하신 그대로이다. יהוה께서 말씀으로 천지를 창조하셨고, 천지는 없어지겠으나 יהוה의 제1계명은 영원토록 변하지 않는다.

<이 일을 누가 행하였느냐 누가 이루었느냐 누가 태초부터 만대를 명정하였느냐 <u>나 יהוה라 태초(太初)에도 나요 나중 있을 자에게도 내가 곧 그니라</u>>(사 41:4)

יהוה 엘로힘께서 선민을 יהוה의 증인으로 택하셨다고 친히 말씀하셨고, 그들은 유일한 참하나님은 오직 יהוה 한 분뿐이며 그분 외에 다른 신이 없다는 제1계명의 증인이었다(사 43:10).

<10 나 יהוה가 말하노라 너희는 나의 증인, 나의 종으로 택함을 입었나니 <u>이는 너희로 나를 알고 믿으며 내가 그인 줄 깨닫게 하려 함이라 나의 전에 지음을 받은 신이 없었느니라 나의 후에도 없으리라</u> 11 나 곧 나는 יהוה라 나 외에 구원자가 없느니라 12 내가 고하였으며 구원하였으며 보였고 <u>너희 중에 다른 신이 없었나니</u> 그러므로 너희는 나의 증인이요 나는 하나님(엘)이니라 יהוה의 말이니라 13 과연 태초부터 나는 그니 내 손에서 능히 건질 자가 없도다 내가 행하리니 누가 막으리요>(사 43장)

엘로힘 יהוה의 많은 증인 중에 יהוה 한 분 외에 다른 신이 있다고 증언한 자는 단 하나도 없고, 엘로힘 יהוה께서도 그들의 증언을 기뻐하셨다. יהוה께서 반복적으로 강조하는 '나는 יהוה 엘로힘이라 나 외에 다른 신이 있음을 알지 못한다'는 말씀은 너무나도 분명하고 엄중하다.

이사야는 유다 백성들이 오직 한 분의 참하나님 יהוה를 버리고 다른 신들을 섬기는 것을 보고 יהוה 아닌 신들 곧 우상을 조롱하며 비웃었다. 장차 יהוה께서 완전한 구원자(יהוה-구원)로 오실 것을 선포했다.

<6 이스라엘의 왕(王)인 יהוה, 이스라엘의 구속자인 만군의 יהוה가 말하노라 나는 처음이요 나는 마지막이라 나 외에 다른 신(엘로힘)이 없느니라 … 8 너희는 두려워 말며 겁내지 말라 내가 예로부터 너희에게 들리지 아니하였느냐 고하지 아니하였느냐 너희는 나의 증인(證人)이라 나 외에 신(엘로하)이 있겠느냐 과연 반석이 없나니 다른 신(神)이 있음을 알지 못하노라(사 44장)

전지하신 엘로힘도 다른 신이 있음을 알지 못하신다고 증언하셨다.

오직 제1계명에 친히 증거하신 대로 יהוה 엘로힘만 유일하신 참하나님이시며 또한 만유를 지으신 유일한 창조주이시다(사 44:24).

<5 나는 יהוה라 나 외에 다른 이가 없나니 나밖에 신(엘로힘)이 없느니라 너는 나를 알지 못하였을지라도 나는 네 띠를 동일 것이요 6 해 뜨는 곳에서든지 지는 곳에서든지 나 밖에 다른 이가 없는 줄을 무리로 알게 하리라 나는 יהוה라 다른 이가 없느니라>(사 45장)

오직 יהוה만 참 엘로힘이시며 그분은 '홀로 하나', '오직 하나'이시며 그분 외에 다른 신이 없음을 해 아래 사는 온 세상 모든 무리로 알게 하셨다. 애굽과 구스와 스바의 족속들도 '오직 한 분의 יהוה 엘로힘밖에 다른 이가 없다'라고 고백할 것이라고 선언하셨다(사 45:14).

<18 יהוה는 하늘을 창조하신 엘로힘이시며 땅도 조성하시고 견고케 하시되 헛되이 창조치 아니하시고 사람으로 거하게 지으신 자시니라 그 말씀에 나는 יהוה라 나 외에 다른 이가 없느니라 … 21 너희는 고하며 진술하고 또 피차 상의하여 보라 이 일을 이전부터 보인 자가 누구냐 예로부터 고한 자가 누구냐 나 יהוה가 아니냐 나 외에 다른 엘로힘이 없나니 나는 공의를 행하며 구원을 베푸는 하나님(엘)이라 나 외에 다른 이가 없느니라 22 땅 끝의 모든 백성아 나를 앙망하라 그리하면 구원을 얻으리라 나는 하나님(엘)이라 다른 이가 없음이니라 23 내가 나를 두고 맹세하기를 나의 입에서 의로운 말이 나갔은즉 돌아오지 아니하나니 내게 모든 무릎이 꿇겠고 모든 혀가 맹약하리라 하였노라>(사 45장)

만유의 아버지 יהוה 엘로힘 외에 다른 이가 없다는 엘로힘 יהוה께서 친히 기록하신 제1계명은 이때 절정을 이룬다. 그분과 같이 권세와 능력이 있는 신이 없음은 יהוה 엘로힘만 전능자이시기 때문이다.

<5 너희가 나를 누구에 비기며 누구와 짝하며 누구와 비교하여 서로 같다 하겠느냐 … 9 너희는 옛적 일을 기억하라 나는 하나님(엘)이라 나 외에 다른 이가 없느니라 나는 하나님(엘로힘)이라 나 같은 이가 없느니라>(사 46장)

יהוה만 엘로힘(엘)이시며, 누구와도 비교할 수 없는 분이시다. 그분과 동등한 신이 없고, 그분보다 조금 못한 신도 없으며, 그 한 분 외에 그 어떤 다른 참신이 없다고 증언하셨다(사 48:9-12).

<12 야곱아 나의 부른 이스라엘아 나를 들으라 나는 그니 나는 처음이요 또 마지막이라 13 과연 내 손이 땅의 기초를 정하였고 내 오른손이 하늘에 폈나니 내가 부르면 천지가 일제히 서느니라>(사 48장)

엘로힘께서 옛언약을 맺으실 때 알려주신 성함 יהוה 대신 '아도나이'(주님; LORD)라고 불렀다. 새언약을 맺으실 엘로힘 יהוה께서 완전한 새 성함을 알려주실 것을 약속하셨다.

<그러므로 내 백성은 내 이름을 알리라 그러므로 그 날에는 그들이 이 말을 하는 자가 나인 줄 알리라 곧 내니라>(사 52:6)

이사야 선지자는 성도들이 경외하고 앙망할 대상은 יהוה 엘로힘 외에 다른 신이 없다고 마무리하고 있다.

<주 외에는 자기를 앙망하는 자를 위하여 이런 일을 행한 신(엘로힘)을 예로부터 들은 자도 없고 귀로 깨달은 자도 없고 눈으로 본 자도 없었나이다>(사 64:4)

יהוה 엘로힘께서는 그들의 열조들이 알지 못하는 신, יהוה 아닌 다른 신들을 섬기면 멸망을 받을 것임을 남 유다마저 우상숭배에 빠져 망할 상황에서 반복해서 경고하셨다.

⑫ 예레미야가 יהוה 외에 다른 신을 섬기는 유다에게 멸망을 경고

예레미야('יהוה께서 세우신다')는 제사장의 아들이다. 요시야 왕 13년에 부르심을 받고 예루살렘의 멸망까지 약 40년간 사역했는데, 아무도 그의 말을 귀담아듣지 않았다. יהוה께서 끊임없이 경고하셨던 멸망이 코앞에 다가왔으므로 우상숭배에 깊이 빠진 백성들을 보고 눈물로 울부짖었다. 백성들은 도리어 그를 죽이려 했지만, 멸망을 앞에 둔 상황에서 외치지 않을 수 없었다(렘 4:19; 9:1,2; 20:9).

제4부 홀로 하나이신 יהוה 엘로힘

하나님께서 북방 모든 나라를 불러 심판하실 것을 경고하셨다.
<무리가 나를 버리고 다른 신들에게 분향하며 자기 손으로 만든 것에 절하였은즉 내가 나의 심판을 베풀어 그들의 모든 죄악을 징계하리라>(렘 1:16)
북 왕국에 이어 남 유다왕국도 우상숭배로 멸망의 길로 달려갔다.
<11 어느 나라가 그 신을 신 아닌 것과 바꾼 일이 있느냐 그러나 나의 백성은 그 영광을 무익한 것과 바꾸었도다 … 13 내 백성이 두 가지 악을 행하였나니 곧 생수의 근원되는 나를 버린 것과 스스로 웅덩이를 판 것인데 그것은 물을 저축지 못할 터진 웅덩이니라 … 17 네 하나님 יהוה가 너를 길로 인도할 때에 네가 나를 떠남으로 이를 자취함이 아니냐 … 28 네가 만든 네 신들이 어디 있느뇨 그들이 너의 환난을 당할 때에 구원할 수 있으면 일어날 것이니라 유다여 너의 신들이 너의 성읍 수와 같도다>(렘 2장)
יהוה께서 유다의 우상숭배가 북 왕국의 우상숭배보다 더 패역하다고 분노하셨다. 그들의 영적 음행은 본남편이 도저히 용납할 수 없을 만큼 사악한 정도라고 책망하셨다(렘 3:1-8). 세상의 남편들은 결코 받아들일 수 없지만, יהוה 엘로힘은 용서하시겠다고 달래셨다.
<13 너는 오직 네 죄를 자복하라 이는 네 하나님 יהוה를 배반하고 네 길로 달려 모든 푸른 나무 아래서 이방 신에게 절하고 내 목소리를 듣지 아니하였음이니라 יהוה의 말이니라 14 나 יהוה가 말하노라 배역한 자식들아 돌아오라 나는 너희 남편임이니라 … 20 그런데 이스라엘 족속아 마치 아내가 그 남편을 속이고 떠남같이 너희가 정녕히 나를 속였느니라 יהוה의 말이니라 21 … 그들이 그 길을 굽게 하며 자기 엘로힘 יהוה를 잊어버렸음이로다>(렘 3장)
아내로 비유된 북이스라엘이 남편이신 엘로힘 יהוה를 떠나 다른 신을 섬겼기에 이혼증서를 써주어 그들을 버렸다고 말씀하시면서 남유다는 이스라엘보다 더 깊이 우상숭배에 빠졌다고 분노하셨다. 더럽고 가증한 우상들을 모두 버리고 יהוה 엘로힘께 돌아오라고 호소하셨다(렘 4:1-2). 백성들은 주 엘로힘께 매를 맞아도 깨닫지 못하며, 엘로힘 יהוה의 호소를 듣지 않았다(렘 5:3-5). יהוה 엘로힘 외에 다른 2위, 3위 신을 믿는 모든 자도 이와 다를 바 없음을 깨달아야 한다.

<그들이 만일 이르기를 우리 엘로힘 יהוה께서 어찌하여 이 모든 일을 우리에게 행하셨느뇨 하거든 너는 그들에게 이르기를 너희가 יהוה를 버리고 너희 땅에서 이방 신들을 섬겼은즉 이와 같이 너희 것이 아닌 땅에서 이방인들을 섬기리라 하라>(렘 5:19)

선민들은 제사장으로부터 평민들까지, 작은 자로부터 큰 자들까지도 우상숭배와 온갖 가증한 일들을 행하면서도 수치를 몰랐다(렘 6:13-15). 옛적 길 곧 선한 길이 어디인지 알아보고 그리로 행하라 하셨으나 그 길로 행치 않겠다고 거역하였고, 파수꾼들이 경고의 나팔을 불어도 듣지 않으려고 귀를 틀어막았다(렘 16:16,17). 더구나 선민들은 우상숭배가 참된 예배라는 심각한 착각에 빠져있었다.

<9 너희가 도적질하며 살인하며 간음하며 거짓 맹세하며 바알에게 분향하며 너희의 알지 못하는 다른 신들(엘로힘)을 좇으면서 10 내 이름으로 일컬음을 받는 이 집에 들어와서 내 앞에 서서 말하기를 우리가 구원을 얻었나이다 하느냐 이는 이 모든 가증한 일을 행하려 함이로다 11 내 이름으로 일컬음을 받는 이 집이 너희 눈에는 도적(盜賊)의 굴혈로 보이느냐 보라 나 곧 내가 그것을 보았노라 יהוה의 말이니라>(렘 7장)

יהוה께서 선지자를 보내고, 부지런히 보내셨지만, 유대 백성들은 יהוה의 목소리에 전혀 귀를 기울이지 않았고, 그들의 열조보다 더 우상숭배와 죄에 빠졌다. יהוה께서 우상숭배에 빠진 유다의 왕들을 비롯한 모든 지도자의 뼈를 끄집어내어 그들이 경배하던 일월성신 앞에 분토(糞土)같이 버릴 것이라고 경고하셨다(렘 8:1-5). 우상숭배에서 떠나지 않으면, 온 세상으로 쫓겨나고, 그들에게 '사는 것보다 차라리 죽는 것이 낫겠다'고 할 정도로 고통을 당할 것이라고 경고하셨으나 듣지 않았다. 선지자들과 제사장들마저 제1계명도 모를 정도였으니 어떤 지혜도 없었다.

예레미야는 선민들이 우상숭배로 인하여 받게 될 주 엘로힘의 심판을 미리 보며 눈물을 밤낮으로 흘렸다(렘 9:1-14).

<15 그러므로 만군의 יהוה 이스라엘의 엘로힘 내가 말하노라 보라 내가 그들 곧 이 백성에게 쑥을 먹이며 독한 물을 마시우고 16 그들과 그들의 조상이 알지 못하던 열국 중에 그들을 헤치고 진멸되기 까지 그 뒤로 칼을 보내리라 하셨느니라>(렘 9장)

참하나님께서 택하시고 그분의 기업으로 삼아주신 선민(選民)이 יהוה 엘로힘을 헛것인 세상의 우상들과 바꾸었다.

<6 יהוה여 주와 같은 자 없나이다 주는 크시니 주의 이름이 그 권능으로 인하여 크시니이다 … 10 오직 יהוה는 참 엘로힘이시요 사시는 엘로힘이시요 영원한 왕이시라 그 진노하심에 땅이 진동하며 그 분노하심을 열방이 능히 당치 못하느니라 11 너희는 이같이 그들에게 이르기를 천지를 짓지 아니한 신들(아-엘라흐)은 땅 위에서, 이 하늘 아래서 망하리라 하라 … 25 주를 알지 못하는 열방과 주의 이름으로 기도하지 아니하는 족속들에게 주의 분노를 부으소서 그들은 야곱을 씹어 삼켜 멸하고 그 거처를 황폐케 하였나이다>(렘 10장)

יהוה와 같은 엘로힘은 영원히 없고, יהוה의 이름이 아닌 다른 신들의 이름을 부르는 모든 자에게 יהוה 엘로힘께서 진노를 부으실 것이다.

<9 יהוה께서 또 내게 이르시되 유다인과 예루살렘 거민 중에 반역이 있도다 10 그들이 내 말 듣기를 거절한 자기들의 선조의 죄악에 돌아가서 다른 신들을 좇아 섬겼은즉 이스라엘 집과 유다 집이 내가 그 열조와 맺은 언약을 파하였도다 … 13 유다야 네 신들이 네 성읍의 수효와 같도다 너희가 예루살렘 거리의 수효대로 그 수치되는 물건의 단 곧 바알에게 분향하는 단을 쌓았도다>(렘 11장)

유다는 그 열조들과 언약을 맺으신 יהוה 엘로힘을 배반하고 그 יהוה가 아닌 다른 신들을 성읍의 수만큼 많이 만들어 섬겼다. 엘로힘 יהוה께서 유다를 멸하시고, 그들을 뽑아 바벨론과 온 세상으로 팔려나가게 흩으실 것을 단언하셨다(렘 12:17). 엘로힘께서 예레미야에게 יהוה가 아닌 다른 신에게 금식하며 기도하고 희생제물들을 드리는 그들을 위해 기도하지 말라고 명하셨다(렘 14:11,12). 모세와 사무엘이 그분께 간구할지라도 그들을 심판하시기로 정한 יהוה 엘로힘의 뜻을 돌이킬 수 없다고 하셨다(렘 15:1-14). יהוה께서 염증이 나실 만큼, 참고 참다 더는 참을 수 없는 지경이 되었다고 말씀하셨다. יהוה를 믿는 예레미야는 언제나 혼자였고, 생명을 위협하는 핍박과 환란을 당했다. 자기 백성에게 버림받으신 יהוה 엘로힘의 마음이 예레미야의 마음이었다.

יהוה께서 예레미야에게 유다를 참혹하게 멸할 상황이라 아내를 취하지 말라고 명하셨다(렘 16:1-7).

장차 임할 극심한 형벌은 יהוה를 버린 우상숭배 때문이라 하셨다.

<11 너는 그들에게 대답하기를 יהוה께서 말씀하시되 너희 열조가 **나를 버리고 다른 신들을 좇아서 그들을 섬기며 그들에게 절하고 나를 버려 내 법을 지키지 아니하였음이라 12 너희가 너희 열조보다 더욱 악을 행하였도다 보라 너희가 각기 악한 마음의 강퍅함을 따라 행하고 나를 청종치 아니하였으므로 13 내가 너희를 이 땅에서 쫓아내어 너희와 너희 열조의 알지 못하던 땅에 이르게 할 것이라 너희가 거기서 주야로 다른 신들을 섬기리니** 이는 내가 너희에게 은혜를 베풀지 아니함이라 하셨다 하라>(렘 16장)

유다의 죄는 금강석 끝 철필로 그들의 마음판과 그들의 단 뿔에 새겨졌기에 지울 수 없다고 했다(렘 17:1). 만물보다 거짓되고 부패한 것이 우상숭배자들의 마음임을 יהוה께서 감찰하시고 아셨다(렘 17:9,10). 진흙이 토기장이 손에 있을 때 다시 새것으로 만들 수 있듯이, 엘로힘께서 자비와 긍휼히 여기실 때 돌아오라고 호소하셨건만 유다 백성들은 무시하고 파멸의 길로 끝까지 달음질했고, 온 세상으로부터 치욕을 당하게 되었다(렘 18:15,16). 엘로힘 יהוה께서 선민들이 자식들까지 우상들에게 번제로 바치던 골짜기에 매장지가 없을 만큼 선민들의 시체들로 채우게 될 것이라고 경고하셨다(렘 19:1-12).

<4 이는 그들이 나를 버리고 이곳을 불결케 하며 이곳에서 자기와 자기 열조와 유다 왕들의 알지 못하던 다른 신들(엘로힘)에게 분향하며 무죄한 자의 피로 이곳에 채웠음이며 … 13 예루살렘 집들과 유다 왕들의 집들 곧 그 집들이 그 집 위에서 하늘의 만상(萬象)에 분향(焚香)하고 다른 신들(엘로힘)에게 전제를 부음으로 더러워졌은즉 도벳 땅처럼 되리라 하셨다 하라>(렘 19장)

이웃 나라들이 어찌하여 그 영화롭던 도성이 이렇게까지 심하게 파멸되었는지 물을 때 '그들이 자기 주 엘로힘 יהוה를 버리고 다른 신들에게 절하고 섬긴 연고'라고 대답하리라고 말씀하셨다(렘 22:8,9). 주 יהוה의 말씀을 잘 안다고 자부하던 대제사장들과 제사장들, 서기관 율법사들은 백성 중 가장 부패한 마음을 가진 자들이었고 소경들이었으며, 자기들 심중에 생각나는 대로 거짓말을 엘로힘 יהוה의 이름으로 선포하는 거짓 선지자들이었다(렘 23:16-22).

예레미야의 때나 오늘날이나 간교한 마음으로 거짓을 전하는 선지자들은 엘로힘의 이름을 도용하였다(렘 23:25-31). 우상숭배에 빠져있는 자들은 백성들에게 יהוה 엘로힘의 성함을 잊어버리게 하였다. 그들은 יהוה 엘로힘의 말씀을 도적질하는 거짓 선지자들이다. 주 יהוה께서 보내시지 않았어도 몽사를 예언하며 거짓과 헛된 자만으로 יהוה 엘로힘의 백성을 미혹하는 거짓 선지자들을 יהוה 엘로힘께서 반드시 심판하실 것이라고 몇 번이고 강조하셨다(렘 23:32-40).

יהוה께서 우상숭배에 빠지지 않고 남은 자들에게는 은혜를 베푸셨다. <내가 יהוה인 줄 아는 마음을 그들에게 주어서 그들로 전심으로 내게 돌아오게 하리니 그들은 내 백성이 되겠고 나는 그들의 엘로힘이 되리라>(렘 24:7)

그 약속은 יהוה 엘로힘의 영을 부어주심으로 그들의 주 엘로힘 יהוה를 깨닫게 하신다는 약속이다(렘 23:5,6; 31:31-34). 그럴지라도 יהוה께서 부지런히 보내신 선지자들의 말을 그들은 듣지 않았다(렘 25:4,5).

<6 너희는 다른 신(神)을 좇아 섬기거나 숭배하지 말며 너희 손으로 만든 것을 인하여 나의 노를 격동치 말라 그리하면 내가 너희를 해치 아니하리라 하였으나 7 너희가 내 말을 듣지 아니하고 너희 손으로 만든 것으로 나의 노를 격동하여 스스로 해하였느니라 יהוה의 말이니라>(렘 25장)

엘로힘 יהוה께서 부지런히 보내신 선지자들의 말을 듣지 않고 거짓 선지자들의 말만 따르면 엘로힘의 성전도 완전히 파멸되고, 예루살렘성도 열방의 저주 거리가 되게 하시겠다고 반복 경고하셨다(렘 26:4-6). יהוה 엘로힘께서 그들을 바벨론으로 흩으실지라도 회개하면 יהוה 엘로힘께서 맞이하실 것이라고 또다시 약속하셨다(렘 30:1-24).

<33 나 יהוה가 말하노라 그러나 그 날 후에 내가 이스라엘 집에 세울 언약은 이러하니 곧 내가 나의 법을 그들의 속에 두며 그 마음에 기록하여 나는 그들의 엘로힘이 되고 그들은 내 백성이 될 것이라 34 그들이 다시는 각기 이웃과 형제를 가리켜 이르기를 너는 יהוה를 알라 하지 아니하리니 이는 작은 자로부터 큰 자까지 다 나를 앎이니라 내가 그들의 죄악을 사하고 다시는 그 죄를 기억(記憶)지 아니하리라 יהוה의 말이니라>(렘 31장)

주 יהוה께서 말세에 새언약을 맺으시고 자기 백성을 죄로부터 온전히 구원하실 것이라고 약속하셨다(렘 31:1-40). 옛언약을 세운 분이 오직 한 분 יהוה 엘로힘이시고 그러기에 영원한 새언약을 세운 남편도 같은 그 엘로힘 יהוה이시다. 새언약은 그들의 마음에 새기고 한마음과 한 도를 받아 영원토록 살게 하는 복을 주실 것이라 하셨다(렘 32:37-41).

이는 엘로힘의 아들 예수 그리스도를 통하여 주실 새언약 즉 은혜와 진리의 복음에 관한 약속이다. 구약을 맺으신 그 한 분 יהוה 엘로힘께서 마치 유언하시듯이 새언약도 맺으셨다는 말씀이다(히 9:16).

그래도 돌이키지 않는 선민은 모두 심판하지 않을 수 없다고 יהוה께서 단언하셨다. 그들은 엘로힘 יהוה의 말씀을 듣지 않고 다른 신, 그 열조가 알지 못하던 다른 신들의 말을 따랐기에 결국 멸망 당했다(렘 44:3-8). 엘로힘 יהוה 외에 다른 신들을 계속 섬긴다면 유다와 예루살렘에 모든 사람이 멸절되어 세상의 저주 거리가 된다고 멸망 직전까지 경고하셨다 (렘 44:11-14). יהוה 엘로힘께서 놀라운 능력과 사랑으로 그들을 구원해 엘로힘의 선민으로 삼으셨건만 그들은 패망한 나라와 민족의 우상들을 좇기에만 급급했다(렘 51:17-19).

이사야는 '나 יהוה 외에 다른 신이 없다'라고 끊임없이 선포한 선지자 이고, 예레미야는 'יהוה 아닌 다른 신을 섬기면 철저히 망할 것이다'라고 멸망 직전까지 선포했던 선지자이다.

⑬ 유대교 최고의 개혁자 요시야가 엘로힘 יהוה만을 섬기게 함

요시야가 8세에 왕위에 올라(왕하 21:24; 대하 33:25) 유대교 개혁을 대대적으로 단행했다(왕하 22:2). יהוה의 전을 수리하다가 율법책을 발견 하였는데, 여선지자 훌다에게 יהוה 엘로힘께 여쭈어보게 하였더니 유다 왕들이 저지른 죄, יהוה 엘로힘 외에 다른 신들 숭배로 인해 그 진노가 유다 위에 쌓였고, 피할 수 없는 멸망이 임박했다고 알려주었다.

<이는 이 백성이 나를 버리고 다른 신에게 분향하며 그 손의 모든 소위로 나의 노를 격발하였음이라 그러므로 나의 이곳을 향하여 발 한 진노가 꺼지지 아니하리라 하라 하셨느니라>(왕하 22:17)

우상숭배 척결을 이끈 요시야에게는 יהוה 엘로힘께서 은혜를 베푸셔서 진노를 내리시지 않고 평안히 열조의 묘실에 안장되게 하셨다.

<25 요시야와 같이 마음을 다하며 성품을 다하며 힘을 다하여 יהוה
를 향하여 모세의 모든 율법을 온전히 준행(遵行)한 임금은 요시야
전에도 없었고 후에도 그와 같은 자가 없었더라 26 그러나 יהוה께서
유다를 향하여 진노(震怒)하신 그 크게 타오르는 진노를 돌이키지
아니하셨으니 이는 므낫세가 יהוה를 격노(激怒)케 한 그 모든 격노를
인함이라>(왕하 23장)

요시야의 개혁도 이미 선대의 왕들이 저지른 우상숭배로 인한 엘로힘
יהוה의 쌓이고 쌓인 진노를 옮길 수가 없었다.

⑭ 유다도 יהוה 외에 다른 신 섬긴 우상숭배로 인해 멸망 당함

여호야김과 그의 아들 여호야긴의 때에 우상숭배가 더 만연해졌다.

바벨론 왕 느부갓네살이 침공하여 예루살렘을 함락시켰고, יהוה의 전의
모든 보물과 금기명과 왕궁의 보물을 다 뺏어감으로 יהוה의 말씀과 같이
되었다(왕하 25:1-6). 왕 앞에서 왕자들과 모든 신복들이 살해를 당하고,
시드기야 왕은 두 눈을 뽑히고 사슬로 묶여 바벨론으로 끌려가 감옥에
던져졌다(왕하 25:7; 대하 36:6; 렘 52:1-16). יהוה께서 은혜를 베푸셔서
유다의 왕 여호야긴이 바벨론에 사로잡혀간 지 37년에 석방, 우대하게
하셨다(왕하 25:27-30; 렘 52:31). 제1계명을 범한 죄야말로 그 어떤 죄
보다 흉악한 죄라는 것을 멸망 후에야 알게 되었다.

(5) 귀환 시대와 영적 포로기(암흑기)의 יהוה 엘로힘

① 다니엘은 오직 יהוה 엘로힘만 섬겼음

다니엘은 바벨론이 유다를 1차 침공했을 때 포로로 잡혀갔다(단 1:1).
다니엘은 엘로힘의 법도를 지켜 우상의 음식을 먹지 않았다. 다니엘은
바벨론이 망하고 메데 바사의 고레스가 일어난 때에도 건재했다(단
1:21). 다니엘은 바벨론의 왕 느부갓네살(주전 605-562년)의 꿈을 해석
해주고 제왕과 제국의 문무백관들 앞에 יהוה 엘로힘의 증인이 된 자이다.
느부갓네살이 다니엘의 해몽을 듣고 다니엘에게 엎드려 절하고, 예물과
향품을 다니엘에게 바쳤다(단 2:46-49).

신바벨론을 대제국으로 일으킨 느부갓네살 왕이 이 사건으로 인하여 엘로힘 יהוה께 대해 다음과 같이 고백했다.

<왕이 대답하여 다니엘에게 이르되 너희 하나님(아람어-엘라흐)은 참으로 <u>모든 신(엘로힘)의 신(아람어-엘라흐)이시요 모든 왕의 주재 시로다</u> 네가 능히 이 은밀한 것을 나타내었으니 네 하나님은 또 은 밀한 것을 나타내시는 자시로다>(단 2:47)

느부갓네살이 거대한 금신상을 만들어 바벨론의 두라 평지에 세우고 문무백관을 다 불러 모으고 음악을 울릴 때 그 신상 앞에 경배하라고 명했다. 만일 경배하지 않는 자는 풀무불에 던져넣겠다고 선언하였다. 이에 모든 신복이 그 금신상 앞에 경배했다(단 3:1-7). 다니엘로 인해 바벨론의 도백이 된 세 친구들은 거기에 모이지도 않았다. 갈대아인들의 시기에 찬 참소를 받고 왕 앞에 끌려온 세 사람은 왕의 호의와 회유를 단호하게 거절하며 담대하게 대답했다(단 3:8-17).

<그리 아니하실지라도 왕이여 <u>우리가 왕의 신들(아람어-엘라흐)을 섬기지도 아니하고 왕의 세우신 금 신상에게 절하지도 아니할 줄을 아옵소서</u>>(단 3:18)

느브갓네살과 그의 신을 모욕한 그들은 7배나 더 뜨겁게 한 풀무불에 던져졌다. יהוה께서 한 천사를 보내셔서 그들을 완벽하게 구원하셨다. 이 일로 크게 놀란 왕이 יהוה 엘로힘 앞에서 다음과 같이 증거했다.

<28 느부갓네살이 말하여 가로되 <u>사드락과 메삭과 아벳느고의 하나 님(아람어-엘라흐)을 찬송할지로다</u> 그가 그 사자를 보내사 자기를 의뢰하고 그 몸을 버려서 왕의 명을 거역하고 <u>그 하나님밖에는 다른 신을 섬기지 아니하며 그에게 절하지 아니한 종들을 구원하셨도다</u> 29 그러므로 내가 이제 조서를 내리노니 각 백성과 각 나라와 각 방언하는 자가 무릇 <u>사드락과 메삭과 아벳느고의 하나님께 설만히 말하거든 그 몸을 쪼개고 그 집으로 거름터를 삼을지니 이는 이같이 사람을 구원할 다른 신이 없음이니라</u> 하고 30 왕이 드디어 사드락 과 메삭과 아벳느고를 바벨론 도에서 더욱 높이니라>(단 3장)

느부갓네살은 다니엘의 해몽 때에 모든 신들 중에 최고라고 고백했고, 이번에는 יהוה 엘로힘 외에 다른 신이 없다고 선언했다. 다니엘을 아는 자라면 누구든지 오직 יהוה 엘로힘만을 섬겨야 함을 알아야 한다.

제1계명과 다니엘과 그 친구들이 경험한 주 엘로힘을 믿는 성도라면 누구든지 목숨을 걸고 יהוה께만 경배해야 한다. יהוה 안에 세 위가 있다는 신론은 발원지인 바벨론에서도 여지없이 부서진 거짓말이다.

느부갓네살은 제국을 세운 것이 자신의 능력으로 된 줄로 착각하고 자랑하다 짐승처럼 비참하게 되었다. 엘로힘 יהוה의 권능을 자신이 직접 특별히 체험한 후에 다시 יהוה를 온 천하에 증거했다.

<2 지극히 높으신 하나님(아람어-엘라흐)이 내게 행하신 이적과 기사를 내가 알게 하기를 즐겨하노라 3 크도다 그 이적이여, 능하도다 그 기사여, 그 나라는 영원한 나라요 그 권병(權柄)은 대대에 이르리로다 … 34 그 기한이 차매 나 느부갓네살이 하늘을 우러러 보았더니 내 총명이 다시 내게로 돌아온지라 이에 내가 지극히 높으신 자에게 감사하며 영생하시는 자를 찬양하고 존경하였노니 그 권세는 영원한 권세요 그 나라는 대대에 이르리로다 35 땅의 모든 거민을 없는 것 같이 여기시며 하늘의 군사에게든지 땅의 거민에게든지 그는 자기 뜻대로 행하시나니 누가 그의 손을 금하든지 혹시 이르기를 네가 무엇을 하느냐 할 자가 없도다>(단 4장)

느부갓네살 왕은 자기를 다스리는 분이 계시고, 그분이 다니엘이 믿는 엘로힘 יהוה이심을 알았고, 그분을 영원한 대왕으로 찬양했다.

<그러므로 지금 나 느부갓네살이 하늘의 왕을 찬양하며 칭송하며 존경하노니 그의 일이 다 진실하고 그의 행하심이 의로우시므로 무릇 교만하게 행하는 자를 그가 능히 낮추심이니라>(단 4:37)

바벨론의 마지막 왕은 벨사살인데, 엘로힘의 성전의 기명(器皿)들을 가져다 술을 마실 때 벽에 쓰인 글귀로 엘로힘의 진노가 나타났고, 이를 해석한 다니엘의 말대로 다리오에게 죽임을 당하였다(단 5:1-31). 이때 벨사살에게 전한 다니엘의 말이 다음과 같다.

<도리어 스스로 높여서 하늘의 주재를 거역하고 그 전 기명(器皿)을 왕의 앞으로 가져다가 왕과 귀인들과 왕후들과 빈궁들이 다 그것으로 술을 마시고 왕이 또 보지도 듣지도 알지도 못하는 금, 은, 동, 철과 목, 석으로 만든 신상들을 찬양하고 도리어 왕의 호흡을 주장하시고 왕의 모든 길을 작정하시는 하나님(아람어-엘라흐)께는 영광을 돌리지 아니한지라>(단 5:23)

벨사살은 술자리에서 엘로힘의 성전의 그릇으로 술을 마시는 사악한 죄를 저질렀다. 엘로힘의 저울에 달렸던 그는 그날 밤에 죽임을 당했다. 이 일로 모든 이들이 다니엘의 엘로힘 יהוה를 경외하게 되었다.

다리오가 다니엘의 대적들의 꾐에 빠져 30일간 어떤 신이나 사람에게 기도하는 자는 굶주린 사자들의 굴에 던져 넣기로 정하고 조서를 써서 어인을 찍고 메대 바사의 변개할 수 없는 규례대로 반포했다. 다니엘은 조서가 내린 사실과 적들이 감시하고 있는 상황을 알고도 방문을 열고 하루에 세 번씩 יהוה께 기도했다(단 6:10-15). 다리오가 자신이 사랑하고 신뢰하던 다니엘을 살리려고 백방으로 노력했으나 변개할 수 없는 메대 바사의 규례 때문에 다니엘을 사자 굴에 던지게 했다. 엘로힘 יהוה께서 다니엘을 안전하게 지킨 것을 보고 다리오가 선언했다.

<26 내가 이제 조서를 내리노라 내 나라 관할 아래 있는 사람들은 다 다니엘의 하나님(아람어-엘라흐) 앞에서 떨며 두려워할지니 그는 사시는 하나님이시요 영원히 변치 않으실 자시며 그 나라는 망하지 아니할 것이요 그 권세는 무궁할 것이며 27 그는 구원도 하시며 건져내기도 하시며 하늘에서든지 땅에서든지 이적과 기사를 행하시는 자로서 다니엘을 구원하여 사자의 입에서 벗어나게 하셨음이니라 하였더라>(단 6장)

다리오도 모든 자들이 섬겨야 할 유일하신 참하나님이 주 יהוה이심을 선포한 것이다. 이 사건과 함께 반드시 알아야 할 중요한 진리는 주 יהוה 엘로힘께서 다니엘의 기도를 통하여 다시 한번 그분만이 절대적인 주재이시라는 계명을 확인시키셨다는 것이다. 엘로힘 יהוה의 제1계명이 제국 모든 백성에게 또다시 선포되었음을 알아야 한다.

② 바사 왕 고레스도 엘로힘 יהוה만 참하나님이시라고 선포함

엘로힘 יהוה께서 자기의 종으로 삼으신 고레스에게 주 יהוה 엘로힘의 성전을 재건하라는 명령을 내리게 하셨다.

<바사 왕 고레스는 말하노니 하늘의 엘로힘 יהוה께서 세상 만국으로 내게 주셨고 나를 명하여 유다 예루살렘에 전을 건축하라 하셨나니 너희 중에 무릇 그 백성 된 자는 다 올라갈지어다 너희 하나님(엘로힘) יהוה께서 함께하시기를 원하노라 하였더라>(대하 36:23)

이 말씀은 에스라 1장 2,3절에도 동일하게 기록되어 있다. 이로 인해 유대의 총독으로 임명된 스룹바벨과 대제사장 여호수아(예슈아)의 지도 하에 성전지대가 놓였다(스 3:2,10-13). 그러나 공사는 주변에 거주하던 대적 사마리아인들이 고레스 때로부터 바사 왕 다리오가 즉위할 때까지 의사(議士)들에게 뇌물을 주어 방해하여 다리오(재위 주전 521-485년) 때까지 중단되었다(스 4:24). 성전재건 공사가 재개되고 완공 때까지 주 엘로힘 יהוה께서 온 천하의 유일한 하나님이심을 증거하셨다.

엘로힘께서 선지자 학개와 스가랴를 통해 성전재건 역사를 마치라고 촉구하셨고(스 5:1; 학 1:1,14; 2:23; 슥 1:1-7), 여전한 방해 속에서도 예루살렘과 유대의 거민들은 성전재건 공사를 재개하였다. 고레스 왕의 조서를 확인한 다리오는 곧바로 조서를 내려서 아무도 성전재건을 방해 하지 못하도록 하고, 또한 엘로힘의 성전을 건축할 때 쓰일 경비를 왕의 재산인 강서 편에서 거둔 세금 중에서 내어 건축자들에게 신속히 주어 역사를 지체치 않게 하라고 명하였다(스 6:6-8).

<11 내가 또 조서를 내리노니 무론 누구든지 이 명령을 변개하면 그 집에서 들보를 빼어 내고 저를 그 위에 매어 달게 하고 그 집은 이로 인하여 거름더미가 되게 하라 12 만일 열왕이나 백성이 이 조서를 변개하고 손을 들어 예루살렘 하나님(엘라흐)의 전을 헐찐대 그곳에 이름을 두신 하나님이 저희를 멸하시기를 원하노라 나 다리오가 조서를 내렸노니 신속히 행할지어다 하였더라>(스 6장)

주전 520년에 יהוה의 성전건축을 재개함으로써 516년에 완공되었다.

모르드개와 에스더를 통해 오직 한 분의 엘로힘 יהוה만을 섬기는 증인 들에게 역사하신 증거도 확실하다. 그들 모두 목숨을 걸고 오직 한 분인 엘로힘 יהוה만을 생명 다해 사랑하며 섬겼다(에 3:1-8).

③ 성전재건을 지도한 스가랴도 엘로힘 יהוה만 섬겼음

스가랴 선지자를 통해 오직 한 분의 주 엘로힘 יהוה만을 섬겨야 함과 동시에 יהוה께로 돌아오라고 자기 백성에게 호소하셨다(슥 1:3-4). יהוה 엘로힘께서는 반복적으로 '나는 만군의 יהוה'라고 선언을 하셨는데 이는 오직 יהוה만이 절대적이시고 전능하신 엘로힘이심을 증거한다.

한 성경 사전은 יהוה만이 만군의 주, 주재이심을 이렇게 설명한다.

<온 세상 만물을 친히 창조하시고 다스리시는(창 2:1; 사 45:12) 권능에 찬 하나님을 일컫는 말로서(시 84:8), 특히, 그 누구도 견줄 수 없는 초월한 힘과 권세를 지닌 분(시 89:8), 공의로 세상을 다스리시며 정의로운 심판을 행하시는 분(암 3:13-15), 작정하신 모든 것을 이루시는 분(사 10:23; 14:24, 27; 17:3)임을 강조할 때 사용되는 거룩한 하나님의 호칭이다. 어원적 측면에서는 '이스라엘 군대의 총사령관'(삼상 17:45; 사 31:4-5)이라는 뜻과 함께 '하늘 군대 곧 천군(天軍)의 총사령관'(창 28:12-13; 시 89:6-8; 호 12:4-5)이라는 의미를 함축하고 있다. 구약에 255회에 걸쳐 빈번하게 언급되는데, 특히 선지서에 자주 나타난다(삼상 1:3; 삼하 6:2; 왕상 18:15; 왕하 3:14; 대상 11:9; 사 1:9; 렘 6:9; 미 4:4; 나 2:13; 합 2:13; 습 2:9; 학 1:2; 말 1:4; 롬 9:25; 약 5:4).>[18]

엘로힘께서 장차 대제사장 여호수아(헬-예수스)를 일으키실 것을 예고하셨다(슥 3:1-10). 여호수아가 사람들의 모든 죄를 대신 짊어진 죄수복, 죄지은 것 같은 육체로 나타나실 것을 보여주셨다.

스룹바벨의 성전은 참된 성전 곧 회복된 교회에 관한 모형이다(슥 4:1-14; 6:9-15). 하나님 아버지께서 독생자의 몸을 참되고 영원하고 신령한 산성전의 보배로운 머릿돌·모퉁잇돌로 삼으시고, 아들 안에 영원히 거하신다(슥 6:12). 이전에 성전의 증거궤와 거룩한 기명들을 다 약탈당하고, 백성들은 죽거나 종으로 끌려간 것은 우상숭배와 악행 때문이었다(슥 7:4-14). 장차 신령하고 새로운 백성을 세우시고, 그들을 무너지지 않을 영원하고 거룩한 산성전으로 세우시겠다고 선언하셨다.

יהוה께서 새언약으로 신령한 백성을 택하시고 예루살렘의 왕으로 오실 것을 약속하셨다(슥 8:3,8). 예수님과 사도들은 오직 구약성경만 가지고 있었고, 이 말씀의 성취를 정확하게 증거하셨다.

<9 시온의 딸아 크게 기뻐할지어다 예루살렘의 딸아 즐거이 부를지어다 보라 네 왕이 네게 임하나니 그는 공의(公義)로우며 구원(救援)을 베풀며 겸손하여서 나귀를 타나니 나귀의 작은 것 곧 나귀새끼니라 … 16 이 날에 그들의 하나님(엘로힘) יהוה께서 그들을 자기 백성의 양 떼같이 구원(救援)하시리니 그들이 면류관의 보석같이 יהוה의 땅에 빛나리로다>(슥 9장)

천하만민이 יהוה의 새성함을 부르고 구원을 얻게 될 것이다(슥 10:12). 주 יהוה께서 고가(雇價) 은삼십에 팔리실 것도 예고하셨다(슥 11:12,13). 그 고가는 성소에 던져졌다가 토기장이의 밭을 사서 나그네의 묘지로 삼을 것도 예언하셨다. 그날에 죄와 더러움을 씻는 샘이 다윗의 족속과 예루살렘 거민들을 위해 열릴 것이며 יהוה가 아닌 모든 우상, 신들을 영원히 없앤다고 말씀하셨다(슥 13:1-6). 마지막 날에 יהוה 엘로힘의 발이 예루살렘 앞 곧 동편 감람산에 서실 것이라고 하셨다(슥 14:4). 또한 부활한 모든 자가 엘로힘 יהוה와 함께 강림할 것이라고 말씀하셨다(슥 14:5). 이 모든 말씀도 신약에도 יהוה만 하나님이심을 증거한다.

<4 그날에 그의 발이 예루살렘 앞 곧 동편 감람산에 서실 것이요 감람산은 그 한가운데가 동서로 갈라져 매우 큰 골짜기가 되어서 산 절반은 북으로, 절반은 남으로 옮기고 5 그 산골짜기는 아셀까지 미칠지라 너희가 그의 산골짜기로 도망하되 유다 왕 웃시야 때에 지진을 피하여 도망하던 것 같이 하리라 나의 하나님 יהוה께서 임하실 것이요 모든 거룩한 자가 주와 함께하리라>(슥 14장)

이는 아마겟돈 전쟁과 지상재림을 예고하신 말씀이다(계 19:11-21).

천년왕국 후에는 새하늘과 새땅이 도래할 것이며, 주 יהוה 엘로힘께서 영원토록 만왕의 왕으로서 다스리게 될 것임을 선포하셨다.

<9 יהוה께서 천하의 왕이 되시리니 그 날에는 יהוה께서 홀로 하나이실 것이요 그 이름이 홀로 하나이실 것이며 … 16 예루살렘을 치러 왔던 열국 중에 남은 자가 해마다 올라와서 그 왕 만군의 יהוה께 숭배하며 초막절을 지킬 것이라 17 천하만국 중에 그 왕 만군의 יהוה께 숭배하러 예루살렘에 올라오지 아니하는 자에게는 비를 내리지 아니하실 것인즉 18 만일 애굽 족속이 올라오지 아니할 때에는 창일함이 있지 아니하리니 יהוה께서 초막절을 지키러 올라오지 아니하는 열국 사람을 치시는 재앙을 그에게 내리실 것이라>(슥 14장)

יהוה 엘로힘은 영원토록 홀로 하나이시며, 만왕의 왕이요 만주의 주님이시고, 그분의 새성함이 영원할 것이다. 예수님의 지상재림을 기록한 계시록 19장과 앞의 16장~18장은 바벨론 곧 음녀와 그 딸들과 가증한 종교들에 대한 철저한 심판을 강력하게 경고된 말씀이다.

④ 요엘 선지자도 엘로힘 יהוה만 참하나님이심을 선포함

'요엘'은 'יהוה가 엘로힘이시다'라는 뜻의 이름이다. 주 엘로힘 יהוה께서 종말의 사건에 대해 예언하셨다(욜 2:1,2). 엘로힘 יהוה의 옛성함은 주전 200년쯤에 번역된 70인역과 신약성경에서도 '퀴리오스'로 대체되었다. 그래서 יהוה께서 초림하실 날을 'יהוה/주의 날'이라 했고 또한 재림하실 날도 'יהוה/주의 날'이라 번역했다.

<그런즉 내가 이스라엘 가운데 있어 너희 하나님(엘로힘) יהוה가 되고 다른 이가 없는 줄을 너희가 알 것이라 내 백성이 영영히 수치를 당치 아니하리로다>(욜 2:27)

새언약의 엘로힘이 되실 때 제1계명과 같이 주 יהוה께서만 엘로힘이 되시고, 다른 신(神)이 없는 것을 알리라고 하셨다. 또한, 모든 육체에게 엘로힘 יהוה의 영을 부어주실 것이라고 약속하며, 누구든지 יהוה의 이름을 부르는 자는 성령을 받을 것이라고 약속하셨다(욜 2:28-32).

신자들에게 יהוה께서 약속대로 성령을 부어주신 날이 오순절, 교회가 탄생한 날이다. 성령을 받은 그들은 어린 자로부터 큰 자에 이르기까지 새언약의 주 엘로힘이 누구이신 줄을 제1계명대로 알 것이고 다른 신이 없음도 확신할 것이라 하셨다(렘 31:34). יהוה는 영이시고, יהוה의 성령의 성함은 יהוה이며 다른 성함이 없다(슥 14:9; 행 4:12). 오직 יהוה/주께서 새성함으로 임마누엘 하실 것이라는 예언도 정확히 이루어졌다. 마지막 아마겟돈 전쟁에서 모든 열국을 심판하실 것과 엘로힘의 백성이 평안히 거할 때도 오직 יהוה/주만 엘로힘이심을 선언하셨다(욜 2:10-21; 3:17).

아브라함의 육적인 후손과 신령한 후손이란 오직 제1계명을 따라 יהוה 엘로힘만을 믿는 자들이고, יהוה 엘로힘 외에 다른 신을 섬기는 자를 주/יהוה께서 '버린 자'라 부른다.

⑤ 마지막 선지자 말라기도 엘로힘 יהוה만 참하나님이심을 선포함

말라기('나의 사자/使者')는 구약성경의 마지막으로 보내심을 받은 '말라크(사자)'이다. 선민들은 엘로힘 יהוה의 새성함을 외면할 것이나 오히려 이방인들은 그 성함을 믿고 경외함으로 신약의 참하나님으로 영접받으실 것이라고 예언했다(말 1:5-14). יהוה라는 옛성함은 주전 200년경부터 아무도 부를 수 없게 되었고 오직 새성함만 부를 뿐이다.

יהוה 엘로힘의 새성함이 모든 이방인, 새언약으로 새롭게 선민이 된 이방 교회 중에 영광을 얻으실 것이라고 거듭 말씀하셨다(말 1:11,14). 모든 무릎이 그 성함 앞에 꿇고, 주님이라고 시인할 것이기 때문이다. 남편과 아버지가 한 분인 것처럼 하나님도 오직 한 분이시다.

<우리는 한 아버지를 가지지 아니하였느냐 한 하나님의 지으신 바가 아니냐 ···>(말 2:10)

제1계명은 יהוה 엘로힘 외에 다른 신들을 섬기지 말라는 것이다. 제3계명은 그 지극히 영화로운 성함만을 경외함으로 부르고 다른 신들의 이름을 입 밖에도 내지 말라는 것이다. 4계명은 יהוה께서 6일 동안 천지와 만물을 지으시고 7일째 쉬셨으니 그분만이 만유를 창조하신 아버지이시며, 그분 외에 창조주가 없음을 알고 יהוה의 안식일을 거룩히 지키라는 명령이다. 십계명을 외워도 글자와 문장만 읽을 줄 알 뿐 제1계명을 제대로 알지 못하는 자들은 영생을 얻지 못한다.

יהוה 엘로힘께서 자신이 오실 길을 יהוה 엘로힘 앞에서 예비하도록 그 사자(말라크)를 보내시겠다고 예고하셨다.

<만군의 יהוה가 이르노라 보라 내가 내 사자(말라크)를 보내리니 그가 내 앞에서 길을 예비할 것이요 또 너희의 구하는 바 주(主, 히-아돈)가 홀연히 그 전(殿)에 임하리니 곧 너희의 사모하는 바 언약(言約/베리트)의 사자(말라크)가 임할 것이라>(말 3:1)

יהוה께서 오셔서 친히 임마누엘 하실 것을 약속하신 것이다. 오직 한 분의 참하나님이신 יהוה를 경외하는 자, יהוה의 새성함을 존중히 생각하고 새성함을 믿음으로 부르는 자는 죄에서 구원을 받고 성령을 받을 것을 약속하셨다(말 3:16). 주 יהוה께서 자기 앞에 길을 예비하러 침례 요한을 보내셨고(말 4:5,6), 회개로 닦은 길로 'יהוה의 구원(예슈아)'께서 독생자 안에서 오셨다. יהוה 엘로힘은 의의 태양(시 84:11), 생명의 빛, 영원한 영광이시며, 그분을 영접하는 자는 그 '빛의 아들'이 된다(말 4:2). 종이 아닌 아들이신 예수 그리스도는 새언약의 사자(使者)이시다.

제5부 예수께서 증거하신 יהוה 엘로힘과 그 그리스도

1. 구약의 한 분 엘로힘이 신약의 동일한 엘로힘이심

(1) 예수께서 증거한 유일하신 참하나님

① 예수님 당시에는 오직 구약성경만 있었음

예수님 당시에는 오직 한 분의 주 엘로힘 יהוה만을 섬기라고 강조한 구약성경만 있었다. 엘로힘 יהוה께서 친히 돌판에 기록해주신 제1계명은 창세기보다 먼저 오직 한 분의 주 엘로힘 יהוה 외에 다른 신(엘로힘)이 없다는 진리를 확실하게 증거한다.

동물의 피로 세우신 일시적인 구약은 어린양이 되실 예수님이 피를 흘리셔야 완성되어 폐하여지고, 비로소 신약이 시작된다. 그때도 구약을 맺으신 엘로힘 יהוה만이 그들의 하나님이셨고, 아브라함의 후손은 한 분 엘로힘 יהוה의 선민이었고, 주 יהוה 엘로힘의 증인이라고 엘로힘께서 친히 증거하셨다. 구약에서 수많은 의인들 중에서 아벨, 셋, 노아, 아브라함, 이삭, 모세, 여호수아, 사무엘, 다윗, 엘리야, 엘리사, 히스기야, 이사야, 요시야, 다니엘, 스가랴, 말라기는 물론 히브리서 11장에 기록된 믿음의 선진들 중 그 누구도 주 엘로힘 יהוה 외에 다른 신을 믿은 자가 없었다.

구약성경이 성취되었음을 기록한 신약성경이 구약성경과 제1계명에서 벗어난 다른 신을 기록했다면 당연히 거부되었을 것이다(요 5:39). 오직 구약성경만이 오랫동안 성경으로 인정되었다.

예수 그리스도께서도 오직 구약성경을 가지고 가르치셨으므로 엘로힘 יהוה 외에 다른 신이 없다고 가르치셨다. 이것은 대제사장들, 서기관들, 바리새인들 모두가 너무나 잘 아는 사실이다.

초대교회에서는 '신약성경'이라 부르지 않았고 4세기경부터 신약성경이라 불렀기에 신약성경에 기록된 '성경'도 구약성경을 가리킨다. 신약성경을 해설하려면 당연히 구약성경과 일치해야만 되고, יהוה께서 친히 돌판에 기록해주신 제1계명을 반드시 따라야 한다.

'하나님의 아들'(딤전 2:5)이신 예수께서 '사람의 아들'로서 마귀에게 시험받으셨다(마 4:3). 2위/성자하나님이 3위/성령하나님으로 충만 받고 마귀와 싸운 것이 아니며, 하나님은 시험을 받지 않으신다.

<예수께서 대답하여 가라사대 기록되었으되 사람이 떡으로만 살 것이 아니요 하나님의 입으로 나오는 모든 말씀으로 살 것이라 하였느니라 하시니>(마 4:4)

이 말씀은 바로 구약성경 신명기에 기록된 말씀이다(신 8:2,3). 말씀의 떡 안에는 반드시 신론(神論)에 연관된 말씀/떡도 포함되었다.

<11 내가 오늘날 네게 명하는 ההוה의 명령과 법도와 규례를 지키지 아니하고 네 하나님 ההוה를 잊어버리게 되지 않도록 삼갈지어다 … 19 네가 만일 네 하나님 ההוה를 잊어버리고 다른 신들을 좇아 그들을 섬기며 그들에게 절하면 내가 너희에게 증거하노니 너희가 정녕히 멸망할 것이라 20 ההוה께서 너희의 앞에서 멸망시키신 민족들같이 너희도 멸망하리니 이는 너희가 너희 하나님 ההוה의 소리를 청종치 아니함이니라>(신 8장)

약속의 땅에 들어간 후에 엘로힘 ההוה께서 그 땅의 우상들을 진멸해야 한다고 명령하신 말씀(떡)도 포함한다는 증언이다.

<4 그가 네 아들을 유혹하여 그로 ההוה를 떠나고 다른 신들을 섬기게 하므로 ההוה께서 너희에게 진노하사 갑자기 너희를 멸하실 것임이니라 … 16 네 하나님 ההוה께서 네게 붙이신 모든 민족을 네 눈이 긍휼히 보지 말고 진멸하고 그 신을 섬기지 말라 그것이 네게 올무가 되리라>(신 7장)

신명기 6장 4~9절에 기록된 말씀은 예수께서 말씀하신 '주 엘로힘의 입에서 나온 모든 말씀' 중에 가장 중요한 생명의 떡임이 확실하다.

<4 이스라엘아 들으라 우리 하나님 ההוה는 오직 하나인 ההוה시니 5 너는 마음을 다하고 성품을 다하고 힘을 다하여 네 하나님 ההוה를 사랑하라>(신 6장)

선민들은 이 제1계명을 외울 뿐만 아니라 전심으로 지켜야 했다(신 6:6-9). 테필린과 메주자에 넣는 가장 중요한 말씀이 바로 'ההוה는 한 분(에하드)'이라는 말씀이고 이것이 가장 중요한 떡이다. 'ההוה와 에하드'의 글자들이 가진 수치를 합치면 26+13으로 39가 된다.

구약성경이 39권이라는 사실이 매우 흥미롭고, 테필린을 팔에 맬 때 정통 유대인들은 가죽끈을 39번을 감는데, 그와 같이하는 이유는 'יהוה는 오직 한 분'이라는 제1계명을 강조하기 위함이다(요 5:39).

한글개역성경에 '신명기'의 히브리어 이름은 첫 부분에 기록된 대로 '엘레 하데바림'(이것은 그 말씀들이다)라 부르는데, 줄여서 '하데바림' (그 말씀들)이라 한다. 히브리어 '다바르'는 '말씀'이고, 이는 헬라어로 '로고스'이다. 주 יהוה 엘로힘은 '처음부터 말씀하여 오신 분', '말씀으로 만유를 창조하신 분'이다. '신명기'(申命記)를 어떤 이들은 神命記, 信明 記로 착각하는데, 신명기의 '신'자는 십이지신을 믿는 우상숭배자들은 '납/잔나비 申'으로 읽지만, 원래 '되풀이', '반복'이라는 뜻을 가졌다. 엘로힘의 명령을 반복해서 기록한다, 거듭 강조하여 말한다는 뜻이기에 神命記라 부른다. 우리말에 신신당부(申申當付)와 같은 의미이다. 이는 헬라어로 '듀테로노미온'인데 물론 '거듭된 율법'이란 뜻이고, 영어로는 Deuteronomy=deuter=deutero(또다시, 되풀이)+nomy=Norm(규범, 법) 으로서 '명령을 되풀이함'이라는 뜻이다. 따라서 신명기는 '反復(반복)된 命令記(명령기)'로 제1계명을 강조하고 또다시 강조한다.

선민들은 제1계명을 아침에 일어나 가르치고, 밥을 먹을 때 가르치고, 집을 나갈 때 가르치고, 길을 가며 가르치고, 집에 들어올 때 가르치고, 저녁에 잠들기 전에 가르쳐야 했다. 어려서부터 가르치고, 장성한 후에 가르치고, 태어나서 죽을 때까지 반복해서 가르쳐야 했다. 할아버지가 가르치고, 아버지가 가르치고 아들, 손자, 증손자가 대대손손 신신당부 하며 가르쳐야 했다. 제1계명은 영생의 떡 중에 이마와 손과 문설주에 붙여 때마다 먹어야 할 가장 중요한 생명의 떡/계명이다.

② 예수께서 증거하신 유일하신 참하나님

사단 마귀가 천하만국의 영광을 예수 그리스도께 다 보여주며 '나에게 경배하면 이 모든 것을 네게 주리라'라고 시험하였다(마 4:8). 하나님이 한 분이심을 귀신도 아는데, 아들이 '아들하나님'이라는 말은 어불성설 이고, 하나님과 사람의 아들로서 제1계명을 따라 마귀를 이기셨다.

<이에 예수께서 말씀하시되 사단아 물러가라 기록되었으되 **주 너의 하나님께 경배하고 다만 그를 섬기라** 하였느니라>(마 4:10)

이는 엘로힘 יהוה께서 십계명 돌판에 기록해주신 대로 오직 한 분의 엘로힘 יהוה만 섬기라고 대답하신 것이다. 제1계명대로 יהוה 엘로힘 외에 '성자하나님'+'성령하나님'이란 신은 성경에 절대로 없다.

'나는 너를 애굽 땅에서 인도하여 낸 너희 엘로힘 יהוה로라. 나 외에 다른 신들을 네게 있게 말지니라. 그것에게 절하지 말지니라. 나는 나를 사랑하는 자들에게 천대까지 은혜를 베푸느니라.'(신 5:6-10)라고 기록된 말씀에 가감하지 말아야 한다. 아브라함부터 그리스도까지 2천여 년을 42대라고 했으니(마 1:17) 지금도 순종해야 할 계명이다. '기록된 말씀' 중에서 절대로 가감하지 말아야 할 가장 중요한 말씀은 엘로힘 יהוה께서 친히 돌판에 기록해주시고 증거궤 안에 넣어 영원히 보존하도록 하셨고, 목숨 걸고 지키라고 신신당부하신 제1계명이다(신 4:2,13,24).

신명기 4장에서 엘로힘은 'יהוה는 엘로힘이시요 그 외에는 다른 신이 없음을 네게 알게 하려 하심이니라.' '그런즉 너는 오늘날 상천하지에 오직 יהוה는 엘로힘이시요 그분 외에 2위나 3위라는 다른 신(神)이 없는 줄을 알아 명심하라'고 신신당부하셨다(신 4:35,39). יהוה 안에 각 3위가 있다고 하거나 יהוה 외에 다른 인격들의 신이 있다고 주장하는 자들은 알아 명심하라는 יהוה의 계명/떡을 아직도 먹지 못한 자들이다.

구약성경에 기록된 예언의 말씀들이 이루어졌다고 사복음서에 여러 번 기록되었다(마 1:22; 2:15,18,23; 3:15; 4:14; 8:17; 12:21; 13:14,35; 21:4; 26:54,56; 27:9; 막 14:49; 눅 21:22; 22:37; 24:44; 요 12:38). 주 יהוה께서 '장차 3위가 되실 것'이란 예언은 전혀 없기에 오직 한 분의 יהוה 외에 다른 신론을 믿는 것은 마귀의 떡을 먹는 것이다.

<진실로 너희에게 이르노니 천지가 없어지기 전에는 율법의 일점일 획이라도 반드시 없어지지 아니하고 다 이루리라>(마 5:18)

오직 엘로힘 יהוה께서 죄인들의 구원자가 되시고, 홀로 경배와 찬양을 영원토록 받으신다는 말씀도 그대로 이루어진다. יהוה께서 유일, 완전한 구원자가 되실 것이라는 예언대로 정확히 이루어졌다.

'주 하나님께 경배하고 <u>오직 그분만을 섬기라.</u>'는 번역은 우리말성경, 한글킹제임스, 한글킹흠정역, 쉬운말성경, 쉬운성경 등에 있고 '그분만을 섬기라'는 번역은 공동번역, 공동번역개정, 카톨릭성경, 현대인의 성경, 현대어성경, 새번역성경 등에서 볼 수 있다.

특별히 주목할 것은 예수께서 마귀의 시험을 물리치신 방법으로 '기록
되었으되'(구약성경에)를 세 번이나 반복하셨다는 사실이다.

'오직 한 분의 יהוה 엘로힘만을 사랑하라'는 제1계명은 יהוה 엘로힘께서
친히 돌판에 기록된 증거판이라 여러 번 증거하셨고, 증거궤 안에 영원
히 보관하라고 하셨으며, 증거판, 증거궤를 안치한 성막을 증거막이라
하셨다. 제1계명은 모세오경과 선지자들의 글에 반복, 강조, 기록되었다.
제1계명은 약속의 땅에 들어가서 큰 돌을 세워 석회를 바르고, 그 위에
가장 먼저 기록한 말씀이다(신 27:1-10). 제1계명은 엘로힘의 증인들이
세운 비석과 단에도 기록된 계명이다. 무엇보다 사람들의 이마와 손과
마음과 문설주(메주자)에 기록된 말씀이다.

초대교회가 사용한 구약성경은 한 분 יהוה 엘로힘에 대한 제1계명 곧
יהוה께서 완전하고 유일한 엘로힘이심을 지금도 변함없이 증거하고 있다.
예수께서 가르치셨고, 사도들과 신약 선지자들이 성경에 기록했고, 또한
하늘의 주(יהוה)님의 책에도 기록된 영원한 계명이다(계 20:12).

시장했던 제자들이 안식일에 밀이삭을 잘라 먹었는데 이를 목격한 바
리새인들이 안식일을 범한다고 예수님의 제자들을 비난했다(마 12:1-8).
이에 예수께서 호세아서에 기록된 말씀을 인용해 말씀하셨다.

<나는 자비를 원하고 제사를 원치 아니하노라 하신 뜻을 너희가 알
았더면 무죄한 자를 죄로 정치 아니하였으리라>(마 12:7)

호세아가 고멜에게 호소했듯이, 영원한 남편이 되실 יהוה 엘로힘께로
돌아가자고 호소했는데, 호세아서 6장 6절에 기록된 그 말씀을 인용하신
것이다. 예수님께서 그 말씀을 인용하실 때 선민들에게나 초대교회에게
유일하신 남편인 יהוה 외에 다른 남편이나 다른 엘로힘이 없다고 증거한
것이다(호 2:19-23). 말씀을 믿는 백성들이 יהוה 엘로힘 외에 다른 신을
섬기면 음녀(淫女)로서 영원한 진노의 심판을 받게 된다고 경고하셨다.
따라서 음란한 마음의 밭을 기경하라고 권고하셨다(호 10:12). יהוה 외에
3위신들을 믿겠다고 고집하는 자는 제1계명을 떠난 우상숭배자들이요
영적 음녀로 반드시 불같은 질투의 진노를 받을 것이다(호 11:1-7).

<그러나 네가 애굽 땅에서 나옴으로부터 나는 네 하나님 יהוה라 나
밖에 네가 다른 신을 알지 말 것이라 나 외에는 구원자(救援者)가
없느니라>(호 13:4)

예수님은 당시의 유일한 성경인 구약성경에 기록된 말씀을 인용하여 오직 יהוה만을 구원자로 알아야 한다고 가르치셨다. 예수님께서 아담과 하와를 지으신 분은 홀로 한 분 엘로힘 יהוה라고 증언하셨다(마 19:4,5). 어떤 관원이 예수님께 와서 '제가 무슨 일을 하여야 영생을 얻으리까?' 라고 여쭈었다(마 19:16-19). 예수께서 '선한 분은 오직 한 분이시니라' 라고 대답하셨을 때 제1계명의 יהוה 엘로힘을 가리키는 말씀이 명백하다 (마 19:17; 대상 16:34; 대하 5:13; 7:3; 스 3:11; 시 23:6; 25:7,8; 100:5; 106:1; 107:1; 118:1; 119:68; 136:1; 143:10; 렘 33:10 …).

부활이 없다고 믿는 사두개인들이 '일곱 형제의 아내가 된 한 여인은 부활 때 누구의 아내가 되느냐?'라고 예수께 질문했다(마 22:23-33).

예수께서 그들에게 성경도 모르고, 하나님의 능력도 몰라 오해했다고 하시며 모세의 글을 인용해 대답하셨다.

<u>＜나는 아브라함의 하나님이요 이삭의 하나님이요 야곱의 하나님이로라</u> 하신 것을 읽어 보지 못하였느냐 하나님은 죽은 자의 하나님이 아니요 산 자의 하나님이시니라 하시니＞(마 22:32)

예수님께서 증거하신 엘로힘도 오직 יהוה 엘로힘뿐이다. יהוה께서 친히 '아브라함과 이삭과 야곱의 엘로힘, 스스로 계시는 분, יהוה 엘로힘'(출 3:4-15)만을 증거하셨다. 아브라함을 바벨론에서 불러내신 엘로힘, 사라에게 이삭이 태어나게 하신 엘로힘, 벧엘에서 야곱에게 나타나시고, 왕 앞에 증거하게 하신 주 엘로힘, 그 백성들을 애굽의 400년 종살이에서 구원해내신 엘로힘, 증거판을 친히 기록해주시며 선민들과 언약을 맺은 יהוה 엘로힘이시다(출 6:3; 왕상 18:36; 대상 29:18; 대하 30:6). 불변의 증거판과 증거궤, 증거막, 돌비석, 성전, 수많은 선지자를 통해 증거하고 거듭 경고하심으로 성경에 기록하게 하신 유일하신 יהוה이시다.

한 율법사가 예수님을 시험 차 '율법 중에 어느 계명이 큽니까?'라고 질문했을 때 예수께서 "네 마음을 다하고 목숨을 다하고 뜻을 다하여 주 너의 하나님을 사랑하라 하셨으니 이것이 크고 첫째 되는 계명이요" 라고 제1계명으로 대답하셨다(마 22:36-38). 성경의 모든 말씀을 다 지킨다고 자부해도 제1계명을 지키지 않는다면 가장 큰 범죄인 것이다. '하나님'을 '아버지'라 부르는 것은 아버지 יהוה 외에 다른 신(神)이 없기 때문이다(사 63:16; 64:8; 렘 3:4,19; 말 2:10; 마 23:9).

오직 엘로힘 יהוה만이 하나님이시며 아버지, 남편이라는 말씀이다.

예수께서 침상에 누운 중풍병자가 지붕을 뜯고 내려오는 것을 보시고 '소자야, 네 죄사함을 받았느니라'라고 말씀하셨을 때 이 말씀을 들은 서기관들이 속으로 분노하였다(막 2:5,6).

<이 사람이 어찌 이렇게 말하는가 참람하도다 <u>오직 하나님 한 분 외에는</u> 누가 능히 죄를 사하겠느냐>(막 2:7)

모든 사람의 마음을 다 아시는 예수님께서 그들의 속마음을 아시고, '나도 죄사함을 줄 권세가 있는 아들하나님이다'라고 말씀하지 않으셨다. 서기관들과 예수님은 '오직 יהוה만 선하시고, 유일하신 참하나님이시다'라는 제1계명을 똑같이 믿었다는 말이다.

한 부자가 예수님께 영생에 관해 질문을 드렸을 때 예수께서 '하나님 한 분 외에 선한 이가 없느니라'라고 말씀하셨다(막 10:17-20). 이 역시 제1계명대로 오직 יהוה만 주 하나님이심을 증거하신 것이다. 예수께서 '아브라함의 하나님, 이삭의 하나님, 야곱의 하나님이신 יהוה 엘로힘'만이 유일하신 하나님이심을 증거하셨다(막 12:26). 예수께서 어려운 질문에 관한 대답을 잘하시는 것을 알고 서기관 중 한 사람이 '모든 계명 중에 첫째가 무엇입니까?'라고 질문했다(막 12:28).

<29 예수께서 대답하시되 첫째는 이것이니 이스라엘아 들으라 주 (퀴리오스, 註 '아도나이'로 대체한 יהוה) 곧 우리 하나님은 유일한 주(יהוה)시라 30 네 마음을 다하고 목숨을 다하고 뜻을 다하고 힘을 다하여 주 너의 하나님을 사랑하라 하신 것이요>(막 12장)

예수님께서 서기관에게 테필린에 적어넣는 말씀인 신명기 6장 4절을 인용하셔서 '주/יהוה 우리 엘로힘은 유일한 주님이시다'라고 대답하셨다. 주 יהוה 엘로힘께서 기록하신 제1계명에 따른 정답이다.

<서기관이 가로되 선생님이여 옳소이다 <u>하나님은 한 분이시요 그 외에 다른 이가 없다</u> 하신 말씀이 참이니이다>(막 12:32)

구약의 정통학자인 율법사나 예수님께서 증거하신 제1계명은 다름이 없고 변함도 없기에 예수께서도 율법사의 대답을 칭찬하셨다(막 12:34).

한 율법사가 십계명 문제로 예수님을 시험한 사건은 누가복음에 약간 다른 각도에서 기록되었지만, 여전히 제1계명의 יהוה 엘로힘 외에 다른 신이 있다는 말씀은 전혀 없었다(눅 10:25-37).

<26 예수께서 이르시되 율법(律法)에 무엇이라 기록(記錄)되었으며 네가 어떻게 읽느냐 27 대답하여 가로되 네 마음을 다하며 목숨을 다하며 힘을 다하며 뜻을 다하여 주 너의 하나님을 사랑하고 또한 네 이웃을 네 몸과 같이 사랑하라 하였나이다 28 예수께서 이르시되 네 대답이 옳도다 이를 행(行)하라 그러면 살리라 하시니 29 이 사람이 자기를 옳게 보이려고 예수께 여짜오되 그러면 내 이웃이 누구오니이까>(눅 10장)

　예수님께서 모든 것을 다해서 엘로힘 הוהי만을 사랑하라고 말씀하셨다. 율법사와 논쟁을 피하려고 의도적으로 회피하시거나 숨기신 것도 전혀 아니었다. 누가복음도 아브라함과 모세와 선지자들이 믿었던 엘로힘을 증거하고 있다(눅 20:37-40). הוהי께서 삼위일체신이 아님은 명백하고, 엘로힘이 삼위일체라는 주장도 아무 설득력이 없다. 예수께서 대답하신, 신약에서도 믿고 섬겨야 할 엘로힘은 아브라함과 이삭과 야곱의 엘로힘 הוהי뿐이라는 계명이다(출 3:14,15). 엘로힘은 산 자들의 하나님이시기에 '아브라함의 엘로힘'은 알파와 오메가이시기에 아브라함과 모든 의인이 이미 부활한 것으로 보신다. 아브라함과 이삭과 야곱이 삼위신을 믿지 않았기에 모두 생명의 부활에 당연히 참여했다는 말씀이다. 엘로힘 הוהי 외에 다른 신을 믿으면 영생을 얻지 못한다는 경고와 상통한다. 그러한 경고는 예수님의 말씀을 들은 서기관도 익히 알고 있었던 계명이며, 주 엘로힘께서 직접 기록해주신 제1계명은 최고의 계명이다.

　요한복음은 제1계명을 강조하여 유일하신 엘로힘이심을 증거한다(요 5:39,44,45). '모세를 믿었더면 나를 믿었으리라'고 말씀하신 것은 모세오경에 어디에도 הוהי 엘로힘 외에 다른 신이 있다는 언급조차 없음을 나타낸다. 주 הוהי 엘로힘 외에 다른 신이 없다는 제1계명을 믿지 않는 자는 예수님께서 말씀하신 유일신도 믿지 않는다. 한글로 번역된 성경들 중에서 새번역, 공동번역, 공동번역개정 등은 '오직 한 분이신 하나님', 현대인의 성경은 '한 분밖에 계시지 않는 하나님'으로 번역했다. '유일'이라는 헬라어 원문은 μόνος[모노스]인데 '혼자', '홀로', '단지', '오직'이라는 의미로 사용된다. '엘로힘'을 단어는 번역한 헬라어는 Θεός[데오스]로서 단수 대명사로서 유일신론, 일신론(一神論)을 monotheism[모노데이즘]이라 부르고 영어로 God이지 Gods가 아니다.

영어 성경들은 Only God, God only, One God, God alone, one and only God, one who alone is God이라고 번역했다.

비록 예수님을 그리스도로 영접하지 않은 유대인들도 예수님 앞에서 오직 한 분의 하나님을 믿는다고 고백했다(요 8:41). 예수님께서 그들의 신관(神觀/Theism)이 잘못되었다고 책망하신 적이 없다.

<영생은 곧 <u>유일하신 참 하나님</u>과 그의 보내신 자 예수 그리스도를 아는 것이니이다>(요 17:3)

예수님의 기도에서 '유일하신 참하나님'은 예수 그리스도께서 아버지라고 부른 주 יהוה만을 가리키는 것이다. 한글로 번역된 다른 성경들은 '오직 한 분이신 참 하나님'(우리말성경, 새번역성경) '오직 한 분이신 하느님'(공동번역, 공동번역개정), '홀로 참 하느님'(카톨릭성경), '한 분밖에 없는 참된 하나님이신 아버지'(현대인의성경, 현대어성경), '유일하시고 참 하나님'(한글킹제임스역), '유일한 참 하나님'(바른성경), '오직 한 분이신 참 하나님 아버지'(쉬운 말 성경), '한 분이신 참 하나님'(쉬운 성경)으로 번역했고, 이는 구약성경에서 사용한 동일한 '하나님'이다.

영어로 번역한 성경들은 모두가 the only true God로 번역했고 Aramaic Bible in Plain English만 alone are The God of Truth로 번역하였는데 이 모든 번역은 제1계명과 동일하다.

'하나님의 아들'이란 하나님께서 '낳으신 사람'인데, 인격을 의미할 뿐, '아들하나님'이라는 의미가 전혀 없다(요 20:31; 딤전 2:5).

(2) 사복음서가 증거하는 유일하신 참하나님

① 마태복음이 증거하는 유일하신 참하나님 יהוה

<아브라함과 다윗의 자손 예수 그리스도의 세계라>(마 1:1)

유대인 중에 조상의 부르심에 관한 내력을 모르는 자는 아무도 없다(창 17:1-23). 제사장 지파인 마태/레위는 오직 한 분의 엘로힘 יהוה께서 바벨(삼위)론에서 아브람을 불러 택하시고 믿음의 조상으로 삼으셨음을 누구보다도 잘 알았다. 마태는 땅에 기업이 없는 제사장 직분이 로마에 의해 좌우되는 그 상황에서 제사장 기업을 잃고 세리로 살았다.

오직 יהוה께서 아브라함의 유일한 엘로힘이 되셨고, 그의 자손 다윗과 예수 그리스도도 그 יהוה 엘로힘만을 섬겼기에 이렇게 기록했다.

마태/레위는 당시 유일한 성경이었던 구약성경에 기록된, 다윗이 'יהוה 엘로힘(아도나이)이여 이러므로 주는 광대하시니 이는 우리 귀로 들은 대로는 주와 같은 이가 없고 주 외에는 참신(엘로힘)이 없음이니이다.'라고 고백하고 노래했던 말씀을 잘 알았다(삼하 7:22, 참고 대상 17:20, 시 62:2,6; 86:8-10). 마태는 아브라함과 다윗의 후손들이 יהוה 엘로힘을 어떻게 섬겼는지를 잘 알고 있었다. 족보에 언급한 왕 중에 누가 참하나님을 섬겼고 누가 우상을 섬겼는지 잘 알았다. 마태복음은 유대인들을 대상으로 기록됐고, 당시 유일한 성경에서 히스기야가 '이스라엘 엘로힘 יהוה께서, 주님은 천하만국의 홀로 엘로힘이시니. 천하만국이 주 יהוה는 홀로 엘로힘이신 줄 알리이다'라고 선언했던 사실과 망국의 설움을 다시 뼈저리게 겪던 마태는 잘 알고 있었다(왕하 19:15,19). 마태도 복음서를 기록할 때 제1계명을 가장 중요시 한 사도이다. 주 예수님과 초대교회가 읽었던 유일한 성경은 앗수르의 정복으로부터 로마시대에 이르기까지 나라를 잃은 선민들의 처절한 고통을 상기시키고 그들이 섬겨야 했던 참하나님이 누구이신지를 강조하고 있었다. 성경은 제1계명에서 떠나간 자들이 열국으로 끌려가 죽어간 이유를 증거하는 거울이다.

마태는 헤롯의 유아살해 사건을 가리켜 제사장의 후예인 예레미야의 예언이 이루어졌다고 기록했다(마 2:17,18; 렘 31:15). יהוה께서 새성함인 '예수'로 새언약을 세우신다는 예언도 이루어졌음을 기록했다(마 1:21; 렘 31:31-34). 예레미야 때의 죄악은 우상숭배였고 예레미야는 유대인들이 יהוה 외에 다른 신을 섬기는 것을 보며 끝내 바벨론에 의해 멸망 당하게 될 것을 피를 토하는 심정으로 경고했다. 마태는 성전의 파멸을 뼈저리게 느낀 제사장 지파의 후손이기에 우상숭배의 저주를 누구보다 잘 알았고, יהוה 외에 다른 신을 결단코 섬길 수 없는 사도였다.

마태는 이사야가 예언했던 말씀도 정확하게 성취됐다고 증거했다(마 4:14-16). 이사야서 9장 1~2절에 기록된 말씀을 인용한 것인데 곧바로 이어진 9장 6절의 예언은 매우 중요하기에 반드시 깊이 상고해야 한다. 미디안의 침략으로 큰 고난을 겪던 기드온의 때도 יהוה 외에 다른 신을 섬긴 것이 재앙의 뿌리였다(삿 6:24).

마태복음 5~7장에서는 예수께서 선포하신 새언약의 교훈을 기록했다. 예수님은 율법을 폐하러 오신 것이 아니라 도리어 완전케 하시려고 오셨다고 증거하셨다(마 5:17-18). 주 엘로힘께서 친히 돌판에 기록하신 제1계명과 구약성경에서 가장 강조한 한 분 엘로힘에 관한 진리는 신약성경에서도 전혀 변하지 않았다. 기독교의 가장 악한 거짓 선지자는 주 엘로힘께서 친히 돌판에 기록해주신 제1계명을 바꾸는 자이다. 마태복음 28장 19절의 기록이 제1계명을 벗어난 내용이라면 절대로 신약성경이 될 수 없고, 해석 역시 제1계명에서 절대로 벗어날 수 없다.

② 마가복음이 증거하는 유일하신 참엘로힘 יהוה

마가도 오직 한 분의 주 엘로힘 יהוה만을 복음서에 기록했다.

<2 선지자 이사야의 글에 보라 <u>내가 내 사자를 네 앞에 보내노니</u> 저가 <u>네 길을 예비하리라</u> 3 광야에 외치는 자의 소리가 있어 가로되 너희는 <u>주(히-יהוה/헬-퀴리오스)의 길을 예비하라 그의 첩경을 평탄케 하라</u> 기록된 것과 같이>(막 1장)

마가는 말라기 3장 1절과 이사야 40장 3절 말씀을 인용 해석하였다. יהוה께서 침례 요한을 신약의 사자인 그리스도 아들 앞에 보내셨다. 마가복음은 יהוה를 '퀴리오스'(주)로 대체했다. 주/יהוה께서 그리스도 안에서 침례 요한이 닦은 길로 오심으로써 침례 요한은 '주 יהוה와 그리스도'의 앞길을 동시에 예비하는 가장 큰 선지자가 되었다고 증거했다.

그리스도 예수께서도 절대적으로 선하신 분, 참되신 엘로힘은 오직 한 분 יהוה뿐이시라고 증거하셨다(막 10:18).

<29 예수께서 대답하시되 <u>첫째는 이것이니 이스라엘아 들으라 주 곧 우리 하나님은 유일한 주시라</u> 30 네 마음을 다하고 목숨을 다하고 뜻을 다하고 힘을 다하여 주 너의 하나님을 사랑하라 하신 것이요… 32 서기관이 가로되 선생님이여 옳소이다 <u>하나님은 한 분이시요 그 외에 다른 이가 없다 하신 말씀이 참이니이다</u>>(막 12장)

이 말씀은 신신당부한 제1계명인 신명기 6장 4절을 인용하신 것이다. 마가가 יהוה 외에 2위, 3위 하나님도 있다고 기록했다면 신명기 13장에 기록된 명령대로 곧바로 돌에 맞아 죽었을 것이다.

③ 누가복음이 증거하는 유일하신 참엘로힘 יהוה

침례 요한의 아버지는 제사장이었고(눅 1:5) 주 엘로힘 앞에서 יהוה의 모든 계명과 규례에 흠 없는 의인(義人)이었다(눅 1:6).

누구든지 엘로힘의 계명과 규례에 흠없이 행했다면 역시 제1계명을 따라 오직 한 분의 엘로힘 יהוה만을 믿었다는 증거이다. 아론의 후손으로 제사장이라는 신분이었으니 더더구나 그렇다. 그의 삶이 하나님께 헌신되었기에 하나님께서 그를 특별히 선택하셔서 노년에 여자가 낳은 자 중에 가장 큰 자라고 예수님으로부터 인정을 받은 요한을 낳는 기적의 복과 영광을 얻게 하셨다(눅 1:7-17; 7:28; 마 11:11). 침례 요한을 자기 백성을 주/יהוה 곧 저희 엘로힘께로 돌아오게 할 사자라고 기록하여(눅 1:16), 말라기의 또 다른 예언도 성취되었음을 증거했다(말 4:5,6). '주 곧 저희 하나님'은 '우리 엘로힘 יהוה'이라는 신명기 6장 4절에 증거된 제1계명의 엘로힘 יהוה만을 가리킨다. 이는 마태복음과 마가복음에 기록된 예수님의 말씀과도 동일하다(마 22:37; 막 12:29).

침례 요한은 죽었던 엘리야가 다시 살아서 온 자가 아니다. 그런데도 엘리야라고 한 이유는 그의 이름이 'יהוה만이 엘로힘'이라는 제1계명을 증거하며, 구약의 모든 선지자를 대표하는 선지자이기 때문이다. 침례 요한은 יהוה 앞에서 이스라엘 백성들을 오직 한 분의 יהוה 즉 아버지께로 돌아오게 하는 회개로 길을 예비케 한 선지자였다. 요한의 부친으로서 의로움에 흠이 없는 제사장인 사가랴도 그가 섬긴 하나님을 '주/יהוה 곧 이스라엘의 엘로힘'이라고 동일하게 증거했다(눅 1:67-79).

예루살렘에 사는 시므온은 의롭고 경건하여 '주의 그리스도'를 보기 전에는 죽지 아니하리라는 성령의 지시를 받은 선지자였다(눅 2:25-35). 시므온이 아기 예수를 보았을 때 그가 그리스도로 오신 분임을 알았고, '천지의 주재이신, 오직 한 분의 주/יהוה 엘로힘'을 찬양했다.

누가복음 3장에는 마태복음 1장의 족보와는 달리 마리아로부터 시작되는 족보가 기록되었는데(눅 3:23-38), 아담의 이상은 주 엘로힘이라고 증거한다. 아담으로부터 그의 모든 후손을 지으신 아버지/뿌리도 한 분 하나님이신 יהוה이심을 증거하는 말씀이다(말 2:10).

아담으로부터 요셉에 이르기까지, יהוה 엘로힘 외에 다른 신이 있다는 계시를 받거나 환상을 본 자는 단 한 명도 없다.

하나님의 아들인 예수 그리스도 안에 성령이 충만했고 40일을 금식한 후에 마귀의 시험을 받으셨다(눅 4:1). 예수께서 마귀가 자신에게 경배하라는 시험을 받으셨을 때 '기록하기를 주 너의 하나님께 경배하고 다만 (오직) 그를 섬기라 하였느니라'라고 대답하셨다(눅 4:8). 역시 예수께서 제1계명 그대로 오직 한 분의 주 יהוה만을 증거하셨음을 기록했다.

아합이 우상들을 대대적으로 섬기게 하며 יהוה의 선지자들과 종들을 모두 진멸하려 했던 때에 기근에서 구원받았던 사렙다 과부 이야기와 선민들이 יהוה를 떠나 다른 신을 좇는 우상숭배에 빠져 엘로힘 יהוה께서 노하셨을 때 יהוה께서 엘리사를 통해 오히려 이스라엘을 침공했던 앗수르의 장군 나아만에게 은혜를 베푸셨던 이야기를 예수께서 말씀하셨다(눅 4:25-27). 이때 '내가 이제 이스라엘 외에는 온 천하에 신이 없는 줄을 아나이다. 이제부터는 종이 번제나 다른 제사를 다른 신들에게는 드리지 아니하고 다만 יהוה께 드리겠나이다'(왕하 5:15-17)라고 고백했던 나아만의 '오직 יהוה 엘로힘'의 신앙을 함께 증거하신 것이다.

어떤 귀인이 왕위를 받아 오려고 먼 나라로 갈 때 그 종들에게 각각 므나를 나누어주며 왕위를 받아서 돌아올 때까지 그것으로 장사하라고 명하고 떠났다(눅 19:11-27). 귀인이 다시 돌아올 때 그의 왕 됨을 거절하는 자들을 처형할 것이라고 했다. 이 비유는 스가랴 선지자가 예언한 말씀이 이루어질 것을 보여준다(슥 14:3-5).

<9 יהוה께서 천하의 왕이 되시리니 그날에는 יהוה께서 홀로 하나이실 것이요 그 이름이 홀로 하나이실 것이며 … 16 예루살렘을 치러 왔던 열국 중에 남은 자가 해마다 올라와서 그 왕 만군의 יהוה께 숭배하며 초막절을 지킬 것이라>(슥 14장)

스가랴는 יהוה께서 나귀 새끼를 타시고 예루살렘에 입성하실 초림을 예언했다(슥 9:9; 요 12:13). 역시 יהוה께서 아들 안에서 초림하신다는 이 예언이 성취되었음을 이어서 기록한 것이다.

<34 대답하되 주께서 쓰시겠다 하고 35 그것을 예수께로 끌고 와서 자기들의 겉옷을 나귀새끼 위에 걸쳐 놓고 예수를 태우니 36 가실 때에 저희가 자기의 겉옷을 길에 펴더라>(눅 19장)

예수께서 스가랴의 예언을 모르고 말씀하신 것이 아님은 물론 자신의 안에서 오신 분이 '유대인의 왕' יהוה이심을 증거하신 것이다.

부활은 예수님의 재림 때 일어날 최고의 사건인데 이때도 역시 같은 한 분 엘로힘이시라고 가르치셨다. '하나님은 아브라함의 엘로힘, 이삭의 엘로힘, 야곱의 엘로힘'이라고 구약성경에 기록된 대로 가르치셨다는 말이다(눅 20:37-40). יהוה 엘로힘께는 모든 자들이 살았다는 말씀은 יהוה 엘로힘이 다른 신격을 더할 필요가 전혀 없이 완전하시고 영원히 변함없는 유일하신 엘로힘이심을 증거한다.

④ 요한복음이 증거하는 유일하신 참하나님 יהוה

예수님께서 성전에 들어가셨을 때 성전 안에서 매매행위가 일어나고 있었기에 '내 아버지의 집을 장사하는 곳으로 만들지 말라'라고 꾸짖고 성전을 정결케 하셨다(요 2:14-17). 이에 제자들이 '주의 전을 사모하는 열심이 나를 삼키리라'라고 예언된 말씀을 기억했다(시 69:6,9; 말 3:1). 만군의 יהוה의 성전에 계신 유일하신 하나님은 변치 않으심을 증거했다. 예수께 '네가 이런 일을 행하는데 우리에게 무슨 표적을 보이겠느냐?'고 유대인들이 대들었을 때 '너희가 이 성전을 헐라 내가 사흘 만에 일으키리라'(요 2:19-21)라고 대답하셨다. '이 성전'은 '헤롯이 증축한 성전'에 빗댄 자기 육체였고, 새로 세우실 영원한 성전은 부활하실 자기의 몸이었다. 성막/장막/성전은 옛것이 새것으로 변했지만, 그 안에 계시는 엘로힘은 변함이 없었다. 이는 시편 118편에 기록된 예언과 직접 연관이 있는데 여전히 동일한 신론을 보여준다(시 118:20-26). יהוה께서 낳으신 아들의 몸을 새성전으로 삼으시고 그 안에 영원히 거주하신다. 'יהוה 주 엘로힘께서 자기 사자(침례 요한)를 보내실 것, יהוה께서 성전에 홀연히 임하실 것, 선민들이 사모하는 언약의 사자가 임할 것을 말라기가 예언했다(말 3:1,2). 한 분의 주 엘로힘 יהוה께서 사자인 아들의 육체를 장막성전으로 삼고 자기 땅 자기 백성 가운데 오셨다는 말씀이다(요 1:14).

유대인들이 '우리 아버지는 한 분뿐이니 곧 엘로힘이시다'라고 예수께 대답했다(요 8:41-44). '우리는 음란한 데서 나지 않았다'라고 그들이 한 말은 영적인 남편은 한 분 יהוה 엘로힘뿐이라는 고백이다. 유일한 남편이 오직 한 분의 아버지며, 유일하신 엘로힘이시다(신 32:6; 사 63:16,17; 사 64:8; 말 2:10). 호세아가 옳듯이, 선민의 남편, 아버지는 오직 한 분 יהוה이시라는 제1계명에 2~3위 신을 더하지 않으셨음이 옳다.

יהוה 엘로힘이 아버지라는 진리는 구약성경에서 가장 중요한 진리인데 예수님 당시의 유대인들도 변함없이 믿었다. 'יהוה 우리 엘로힘은 오직 하나(유일하신 יהוה)'이시고, 그분께서 낳으신 아들은 사람으로서 유일한 중보자라는 진리를 증거하셨을 뿐이다(요 17:3; 딤전 2:5).

(3) 사도행전이 증거하는 유일하신 참하나님

사도행전은 누가가 두 번째로 기록한 글이며, 각하로 불리던 고위관리 데오빌로에게 보낸 글이다(눅 1:3; 행 1:1).

오순절에 10여 일 동안 간절히 기도하던 제자들이 성령을 받자, 열두 사도는 수천 명의 유대인에게 주/יהוה 엘로힘/아버지께서 주신 약속이 성취되었음을 요엘서 2장을 인용해 증거했다(욜 2:27-32; 행 2:16-18). 성령은 יהוה 엘로힘의 영이라 증거하셨고, יהוה 엘로힘은 영이시고, יהוה만 완전히 거룩하신 분이시다. יהוה 엘로힘의 영이 성령이시므로 옛언약의 성령의 성함이 יהוה이심이 확실하다. 육체 안에 있는 사람의 영이 다른 사람이 아니듯이, 하나님의 성령이 다른 하나님이라는 주장은 거짓말에 불과하다. 요엘은 엘로힘의 백성들이 성령침례를 받을 때 그들 안에서 일어날 가장 중요한 증거에 대해 명시했다.

<그런즉 내가 이스라엘 가운데 있어 너희 하나님 יהוה가 되고 다른 이가 없는 줄을 너희가 알 것이라 내 백성이 영영히 수치를 당치 아니하리로다>(욜 2:27)

오직 יהוה 엘로힘만이 유일하신 참하나님이시고 그분 외에 다른 신이 없다는 증거는 성령께서 증언하신 것이다(행 1:8). 성령침례를 받은 사도 베드로는 교회가 믿게 된 하나님은 아브라함과 이삭과 야곱의 엘로힘이라고 유대인들에게 증언했다(행 3:13). 예수께서 이전에 사두개인들에게 증언하신 말씀과 같다(눅 20:37,38). 모든 사도가 믿고 전했던 엘로힘은 천지 만물을 창조하신 한 분의 יהוה 엘로힘 아버지이시며, 아담, 노아, 아브라함과 다윗의 엘로힘이시다. 모든 사도는 구약성경에 기록된 모든 약속을 이루신 분이 그들의 조상의 엘로힘 יהוה이시며 신약에서도 같은 주 엘로힘 יהוה이시라고 선포했다(행 5:30).

엘로힘께서 스데반을 전도자로 쓰셔서 온갖 기적들을 행하고 말씀을 증거하게 하셨는데, 스데반도 자기 민족의 역사를 진술하며 참하나님은 아브라함과 이삭과 야곱의 엘로힘, 모세의 엘로힘이시라고 증거했다(행 7:2-53). 사도행전 어디에도 신약의 교회가 יהוה 외에 다른 신도 믿어야 한다고 언급된 곳이 없다. 스데반은 신약에서 동일한 יהוה 엘로힘의 증인 (헬-'마르튀스', 영-Martyrs/순교자)이 되었다.

사도 바울과 동역자들이 비시디아 안디옥에 이르러 안식일에 회당에 들어가 율법과 선지자의 글을 읽고 그 말씀들이 성취되었음을 증거했다 (행 13:13-43). 바울과 바나바가 전한 말씀에도 엘로힘 יהוה 외에 다른 신/하나님이 있다는 언급은 전혀 없다. 엘로힘에 관해서 제1계명과 같이 오직 '조상들의 엘로힘'을 증거하고 있을 뿐이다(행 13:17,32,36).

유대에서 내려온 어떤 제자들이 이방인들이 구원을 받으려면 모세의 율법대로 할례를 받아야 한다고 주장하였다(행 15:1). 바울과 바나바가 그들과 격렬하게 논쟁했는데, 이때도 유대인들이 믿었던 신론과 이방인 교회가 믿는 신론이 다르다는 어떤 언급이 없었다.

이방인들이 '주'께 돌아왔을 때(행 15:3) '주'는 당시 유일한 구약성경 에서 퀴리오스/יהוה 엘로힘을 가리킨다. '마음을 아시는 엘로힘'(행 15:8) 이란 '홀로 마음을 아시는 יהוה'를 가리킨다(왕상 8:39). 영생은 유일하신 참하나님과 그리스도를 믿어야 하는데, 이방인의 구원받을 말씀에 관해 확증한 가장 권위있는 이 최초의 회의는 아모스서를 인용함으로 결론을 맺었다(암 9:11,12; 행 15:14-18). 예루살렘총회에서 모든 사도와 장로 들과 교회와 성령께서 오직 한 분의 엘로힘 יהוה께서 부르신, 그 이름을 위한 백성임을 확실하게 증거함으로써 신론에 어떤 변화도 없음을 확실 하게 증거하고 있다. 사도 바울은 이 결론으로 얻은 서신을 가지고 1차 선교여행 때 세운 교회들을 든든히 세웠다. 사도 바울은 2차 선교여행 중에 아덴에 이르러 '알지 못하는 신에게'라고 새긴 단을 보았고(행 17:23), 그들에게 유일하신 참하나님에 관해 구약성경의 말씀을 전했다 (행 17:24-29). 아덴(아테네)인들은 많은 신들을 만들어 섬겼으나 정작 그들이 반드시 알아야 할 참신에 대해서는 알지 못했다. 바울이 아담과 하와, 노아, 아브라함, 모세, 예수 그리스도께서 섬기는 참하나님에 대해 알렸지만, 3위신을 알렸다는 암시조차 전혀 없음을 알아야 한다.

바울이 아테네인들에게 알려준 반드시 알아야 할 신(神)은 제1계명에 친히 증거하신 יהוה 엘로힘이시지 다른 신이 아니었다. 주 יהוה 엘로힘의 증인으로 택하신 선민(選民)들은 יהוה 외에 그들의 조상이 알지 못했던 다른 신을 알지 말아야 했다(신 13:2,6,13; 32:17). יהוה 외에 모든 신은 반역의 도성 바벨론에서 나온 우상일 뿐이다.

사도 바울이 3차 선교여행을 마친 후 예루살렘으로 돌아왔을 때 유대인들로부터 위협을 당했는데 로마군대의 천부장이 군대를 보내어 그를 보호했다. 바울은 천부장과 유대인들 앞에서 자신의 믿음을 밝혔다(행 22:3). 그는 아나니아라는 경건한 유대인으로부터 '조상들의 엘로힘께서 너를 택하셨고, 그분의 말씀을 모든 사람 앞에 전할 증인으로 삼으셨다' 라는 말씀을 들었다고 간증했다(행 22:14). 이때도 사도 바울은 역시 그 조상들의 엘로힘 יהוה 외에 다른 신을 전하지 않았다.

대제사장 아나니아와 장로들과 변사 더둘로가 벨릭스 총독에게 그를 고소했을 때도 제1계명에서 벗어난 이단 혐의는 전혀 없었다.

<그러나 이것을 당신께 고백하리이다 나는 저희가 이단이라 하는 도를 좇아 조상의 하나님을 섬기고 율법과 및 선지자들의 글에 기록 된 것을 다 믿으며>(행 24:14)

아그립바 왕과 그의 딸 버니게가 총독 베스도를 문안하러 왔을 때(행 25:13-27), 그들 앞에서 바울이 간증하고 전한 내용 중에 자신이 한 분 엘로힘 יהוה 외에 다른 신을 섬긴다고 고백했거나, 그런 일로 유대인들이 고소한 사실이 전혀 없음을 보여준다.

사도 바울이 로마에 도착하여 유대인들 앞에서 자신이 믿고 전하는 말씀을 가르칠 때도 한 엘로힘 יהוה 외에 다른 신을 믿으라고 전했다는 흔적이 전혀 없을 뿐만 아니라, 그럴 가능성도 전혀 없었다(행 28:17). 사도 바울은 그 누구보다도 율법을 잘 아는 자였을 뿐만 아니라 율법의 의로는 흠이 없는 자였다(빌 3:6). 그는 예수 그리스도를 만나 영접한 후 자신이 믿는 엘로힘에 대해 달라진 게 전혀 없다고 친히 공공연하게 증언했다. 그의 목숨을 빼앗으려는 여러 번의 재판을 받는 자리에서도 이에 대한 혐의가 전혀 없었다고 사도행전이 결론 짓는다.

(4) 서신서가 증거하는 유일하신 참하나님

사도 바울은 로마에 있는 교회 즉 이방으로서 구원받은 성도들에게도 선민이 믿는 동일한 엘로힘만을 증거하였다.

<29 하나님은 홀로 유대인의 하나님뿐이시뇨 또 이방인의 하나님은 아니시뇨 진실로 이방인의 하나님도 되시느니라 30 할례자도 믿음으로 말미암아 또는 무할례자도 믿음으로 말미암아 의(義)롭다 하실 하나님은 한 분이시니라 31 그런즉 우리가 믿음으로 말미암아 율법(律法)을 폐(閉)하느뇨 그럴 수 없느니라 도리어 율법(律法)을 굳게 세우느니라>(롬 3장)

선민의 유일한 엘로힘께서 독생자를 온 세상의 구주로 보내심으로써 열방의 모든 성도에게 동일한 하나님이 되셨다. 예수께서 율법을 굳게 세우셨으나 제1계명에 다른 신을 더하시지 않았다. 로마는 4세기에 어용 기독교가 일어날 도시로서 고대 바벨론의 후신(後身)이라 일컬어졌다. 사도 바울은 아브라함을 유대인들과 구원받은 이방인들의 믿음의 조상 이라고 강조한다(롬 4:1-25). 이는 로마교회도 아브라함이 믿었던 יהוה 엘로힘만을 믿는 성도들이라는 확실한 증거이다. 니므롯·세미라미스·담무스라는 세 신들이 숭배받는 바벨론을 떠나 오직 한 분의 יהוה 엘로힘만 섬기도록 아브람을 불러내셨다. 바울이 로마서 8장 36절에서 "우리가 종일 주를 위하여 죽임을 당케 되며 도살할 양같이 여김을 받았나이다 함과 같으니라"라고 기록한 말씀은 당시에 유일한 성경인 구약성경의 시편 44편의 말씀이며, 이 구절의 '주'는 당연히 יהוה 엘로힘을 가리키는 것임을 정직한 자들은 부인하지 않는다.

<20 우리가 우리 하나님의 이름을 잊어버렸거나 우리 손을 이방 신 에게 향하여 폈더면 21 하나님이 이를 더듬어 내지 아니하셨으리이 까 대저 주는 마음의 비밀을 아시나이다 22 우리가 종일 주를 위하 여 죽임을 당케 되며 도살할 양같이 여김을 받았나이다>(시 44편)

사도 바울은 아브라함과 이삭과 야곱의 엘로힘을 증거하며, 이들로 엘로힘과 복음의 모형과 그림자를 보여주셨다고 설명한다(롬 9:7-13). 그 엘로힘이 모세에게 나타나셔서 제1계명을 돌판에 친히 기록해주신 יהוה 엘로힘이심을 사도 바울이 다시 증거한다(롬 9:17).

그 엘로힘 יהוה께서 진노의 그릇이자 영적 음란한 자식인 이방인에게 까지 긍휼을 보이셨다(롬 9:20-24). 아담을 흙으로 지으시고 후손들을 땅의 깊은 은밀한 곳에서 신묘막측하게 지으신 יהוה만이 토기장이시라고 당시의 유일한 성경을 인용하여, 성경을 잘 아는 사도 바울이 증거한다 (시 139:13-18; 사 29:16; 사 45:9; 64:8; 렘 18:6).

우상숭배가 가득한 로마에 있는 יהוה의 교회에게 보낸 편지를 유심히 살펴볼수록 사도 바울이 한 분의 주 엘로힘 יהוה만을 강하게 증거했음을 확실하게 알 수 있다.

<25 호세아 글에도 이르기를 내가 내 백성 아닌 자를 내 백성이라, 사랑치 아니한 자를 사랑한 자라 부르리라 26 너희는 내 백성이 아 니라 한 그 곳에서 저희가 살아 계신 하나님의 아들이라 부름을 얻 으리라 함과 같으니라>(롬 9장)

바울이 호세아서를 언급하는 이유는 יהוה 엘로힘만이 유대인이나 교회 (암미/루하마)의 유일한 새남편이 되셨음을 증거한 것이다. 이사야서를 인용(사 10:22,23)하여 오직 한 분 주 יהוה 엘로힘만을 믿는 믿음에 남아 있는 자만 구원을 받는다고 증거했다(롬 9:27,28). 선민들이 열국으로 흩어지고 멸망 당하는 이유는 오직 한 분의 주 יהוה 엘로힘을 떠나 다른 신을 섬겼기 때문임을 상기시킨다. 만일 주/יהוה께서 씨를 남겨두지 않으 셨다면 저희가 소돔과 고모라와 같이 되었을 것이고, 교회 안에 들어온 선민은 하나도 없었을 것이다(롬 9:29). 이사야는 주 יהוה께서 모세에게 '유일신론가'를 지어 대대로 부르게 하신 노래를 인용하여 יהוה께서 자기 땅 자기 백성 중에 임마누엘 하셨으나 이를 깨닫지 못한 선민들이 소나 나귀보다 못한 우매한 백성이라 질타했었다(사 1:2-9). 사도 바울은 그 말씀을 인용하여 יהוה 엘로힘께서 독생자 안에서 침례 요한이 닦은 길을 따라 찾아오셨다고 증언했다(사 40:3). 그러나 그를 만홀히 여기고 모두 떠났으며, 만일 יהוה께서 은혜로 남기지 아니하셨다면 모두 멸망 당했을 것이라고 증언한 것이다(롬 9:33; 사 8:13-15). 오직 יהוה 엘로힘만이 영 원한 반석이심을 상기시킨 것이다(사 25:4; 44:8). 신구약에서 선민이라 할지라도 오직 한 분의 반석, 유일한 남편이신 יהוה 외에 다른 신을 믿는 자는 엘로힘의 백성이 아니며(로암미) 그분의 긍휼하심을 입을 수 없다 (로루하마)고 못박은 것이다.

<12 유대인이나 헬라인이나 차별이 없음이라 한 <u>주께서 모든 사람</u>
<u>의 주가 되사</u> 저를 부르는 모든 사람에게 부요하시도다 13 누구든
지 <u>주의 이름</u>을 부르는 자는 구원을 얻으리라>(롬 10장)

이 구절에서 '주'는 구약성경에서 יהוה를 헬라어 '퀴리오스'로 대체한
것이다. 제1계명을 따라서 한 주께서 모든 이방인 교회들에게도 동일한
주님이라고 증거했다. יהוה 엘로힘께서 자기 백성을 다시 돌아오게 하실
때도 동일한 그 엘로힘이시다(롬 11:1). 호세아가 말한 대로 오직 יהוה만
선민들의 남편, 하나님이시다(호 2:19-20; 13:4).

<기록되었으되 주께서 가라사대 내가 살았노니 모든 무릎이 내게
꿇을 것이요 모든 혀가 하나님께 자백하리라 하였느니라>(롬 14:11)

위 말씀은 "나 외에 다른 신이 없나니 나는 공의를 행하며 구원을 베
푸는 엘로힘이라. 나 외에 다른 이가 없느니라. 땅끝의 모든 백성아 나
를 앙망하라. 그리하면 구원을 얻으리라. 나는 엘로힘이라 다른 이가 없
음이니라. 내가 나를 두고 맹세하기를 나의 입에서 의로운 말이 나갔은
즉 돌아오지 아니하나니 내게 모든 무릎이 꿇겠고 모든 혀가 맹약하리
라 하였노라"(사 45:21-23)라고 기록된 말씀을 인용한 것이다.

'내가 열방 중에서 주의 이름을 찬송하고 그 이름에 소망을 두리다'
(롬 15:9-12)라는 말씀은 적들을 다 파한 후에 승리를 주신 יהוה 엘로힘
을 찬양한 다윗의 시편과 이사야의 예언을 인용했다(시 18:46-50; 사
11:1). '너희 열방은 주의 백성과 함께 즐거워하라'라는 말씀은 성경을
잘 아는 바울이 신명기를 인용한 것이다(신 32:43). 특히 '유일신가'에
들어있는 이 말씀은 'יהוה께서 홀로 인도하셨고, 다른 신이 없다'(12절),
'이제는 나 곧 내가 그인 줄 알라. 나와 함께 하는 신이 없다'(39절)라고
노래로 가르치며 증거한 말씀을 인용한 것이다.

사도 바울은 고린도전서에서 '영원 전부터 예정하신 비밀을 엘로힘이
성령으로 알리셨는데 엘로힘의 영은 하나님 자신이므로 엘로힘의 깊은
것까지 통달한다'고 증거했다(고전 2:10-12). 사람의 영이 자신이듯이,
엘로힘은 그 거룩한 영(프뉴마)이시다. 예수님은 구원이 유대인으로부터
나온다고 하시며 사마리아인들은 '알지 못하는 것'을 예배하나 유대인은
'아는 것(영)'을 예배한다고 하셨다(요 4:22-24).

　이방인에게는 여러 주와 여러 신이 있으나 참교회에게는 '오직 한 분, 주 엘로힘만 계신다'라고 전했다(고전 8:4-6). '한 엘로힘 곧 아버지'만 계신다는 증언은 구약성경의 모든 말씀 특히 말라기 2장 10절의 증언과 일치한다. 바울은 홍해를 건넌 사건을 통해 스스로 계시는 יהוה만 상천하지에 홀로 주 엘로힘이심을 증거했다(출 15:11; 20:2,3; 고전 10:2). יהוה 엘로힘께서 '나는 너희를 애굽에서 인도하여 낸 너희 엘로힘 יהוה로라 나 외에 다른 신을 섬기지 말라'라고 기록하신 증거판을 주시고 증거궤에 넣게 하셨다. 가장 큰 계명인 제1계명은 교회의 초등학생도 외우는 말씀이다. 신학자들, 목회자들이 יהוה 엘로힘 외에 2위와 3위도 있다고 주장함은 무지를 자인하는 게 아니라면 거짓말하는 것이다. 바울은 출애굽한 선민들이 황금송아지를 만들어 숭배하면서 יהוה를 예배한다고 좋아했던 범죄를 지적했다(고전 10:7; 출 31:1-6). 사람이 만든 삼위신을 아무리 유일신이라 확신해도 참믿음이 될 수 없다는 말이다. 바울은 선민들이 아무도 저주할 수 없는 저주를 자취하게 된 발람의 계교가 יהוה 엘로힘 외에 다른 신의 제물을 먹고 여자들과 관계한 것임을 상기시키고 있다(고전 10:8,9; 민 25:1-18). 바울은 당시의 유일한 성경인 구약성경을 누구보다 잘 알았다. 당시 광야교회의 여정은 교회의 그림자였고(행 7:38), 그때의 체험들은 교회에게 거울과 경계(警戒)라고 가르쳤으므로 제1계명은 동일하고 무엇보다 중요하다(고전 10:6,11).

　יהוה 엘로힘만이 절대적으로 거룩하신 영이므로 '성령'은 엘로힘 יהוה의 영이시고, יהוה와 다른 신격의 영이 있을 수 없다(고전 12:4-11). 같은 한 영으로 침례를 받아 한 몸이 되었다(고전 12:13). 구약 성전은 יהוה의 임시처소로서 יהוה라는 옛성함을 두셨고, 신약 성전은 새성함을 두셨을 뿐 제1계명의 엘로힘은 변함이 없다(고후 6:16-18). יהוה만이 영원토록 변함없이 주님과 아버지와 엘로힘이시라고 증거하고 있다.

　사도 바울은 갈라디아서에서도 동일한 엘로힘만을 증거한다.
<그 중보자는 한 편만 위한 자가 아니나 하나님은 한 분이시니라>
(갈 3:20, 개역개정)
　옛언약을 맺으신 יהוה 엘로힘이 오직 한 분이시듯이 그 언약을 완전한 새언약을 맺으신 분도 같은 한 분 엘로힘이시다.

영어 성경들은 이 구절을 'God is One', 'only one God', 'God is only One', 'God, who is one', 'God is but one'이라고 신명기 6장 4절 및 제1계명과 동일하게 번역했다.

바울은 성령이 가르쳐주신 계시의 복음을 깨닫고, 아브라함을 엘로힘 즉 남편과 아버지로 비유하고, 아브라함의 아내 사라와 하갈을 각각 두 언약에 비유했고, 여종인 하갈에게서 난 이스마엘을 율법으로 맺은 구약 성도, 본처인 사라에게서 태어난 이삭을 은혜와 진리의 복음으로 거듭난 신약 성도에 비유했다.

<22 기록된 바 아브라함이 두 아들이 있으니 하나는 계집종에게서, 하나는 자유(自由)하는 여자에게서 났다 하였으나 23 계집종에게서 는 육체를 따라 났고 자유하는 여자에게서는 약속(約束)으로 말미암 았느니라 24 이것은 비유니 이 여자들은 두 언약(言約)이라 하나는 시내 산으로부터 종을 낳은 자니 곧 하가라 25 이 하가는 아라비아 에 있는 시내 산으로 지금 있는 예루살렘과 같은 데니 저가 그 자녀 들로 더불어 종노릇 하고 26 오직 위에 있는 예루살렘은 자유자니 곧 우리 어머니라>(갈 4장)

사도 바울이 계시로 깨달은 비밀은 하갈의 남편이나 사라의 남편이 같은 아브라함이고, 이스마엘의 아버지나 이삭의 아버지도 하나이듯이, 구약의 남편이나 하나님은 오직 한 분 יהוה이시고 신약의 남편이나 하나님도 오직 같은 한 분 יהוה이라는 진리이다. 그 한 분의 엘로힘 יהוה 외에 2위나 3위신을 믿는 교회는 한 남편 יהוה 외에 우상을 따르는 음녀(淫女)이며, 한 분 יהוה 외에 다른 엘로힘을 믿는 각 신자는 사생아요 참아들이 아닌 '로암미', '로루하마'라는 증거이다.

사도 바울은 에베소서를 기록할 때도 오직 한 분의 주 엘로힘 יהוה를 변함없이 증거하고 있다. 엘로힘의 성전이라 비유된 그리스도의 몸 안에 영(헬-프뉴마/Spirit)이 하나라 증거했다(엡 4:4, 요 4:24; 고후 3:17). 주님과 엘로힘도 하나이시니 곧 만유의 아버지라 했다(막 12:29; 엡 4:5,6). 그 하나님/아버지는 만유 안에 계시고 또한 모든 공간 밖에도 계시는 완전하시고, 영원하시고 불변하신 영(Spirit)이다. '주 하나님의 영'은 '만유의 아버지'요 '만유의 주님'이시다(고전 15:28; 요 4:24).

사도 바울이 기록한 어떤 서신서에서도 יהוה 엘로힘 외에 다른 신격, 다른 인격, 위(位)가 존재한다는 증거는 전혀 없다. 아담 이후 지난 4천 년 동안 구약의 의인들은 오직 한 분의 완전한 참하나님을 믿었다. 이후 교회 시대 2천 년 동안에 모든 민족이 믿어야 할 하나님도 같고 완전한 그 יהוה 엘로힘 한 분 외에 다른 신이 없다.

<만세의 왕 곧 썩지 아니하고 보이지 아니하고 홀로 하나이신 하나님께 존귀와 영광이 세세토록 있어지이다 아멘>(딤전 1:17)

'만세(萬歲)'라는 말은 모든 세대를 가리키며 사실상 영원을 뜻한다. '홀로'로 번역된 헬라어는 μόνος[모노스]인데 '유일하신 하나님'(요 5:44; 17:3)이라는 번역이 보여주듯이 '오직 하나', '홀로 하나'라는 의미이다. 엘로힘은 '셋으로' 하나가 아닌 '오직 하나'이신 יהוה이시다(신 6:4).

다른 번역을 참고하자면 '홀로 하나'(개역개정), '오직 한 분뿐'(우리말성경, 공동번역, 공동번역개정), '한 분뿐'(카톨릭성경), '홀로'(한글킹제임스, 킹흠정역), '유일한'(현대어성경), '오직 한 분'(현대인의성경, 새번역성경, 쉬운성경, 쉬운말성경)으로 번역했다. 영어성경들은 주로 'only'로 번역했고 'alone'으로도 번역했다.

<하나님은 한(에이스) 분이시요 또 하나님과 사람 사이에 중보도 한(에이스)분이시니 곧 사람이신 그리스도 예수라>(딤전 2:5)

엘로힘이 '한(헬라어로 εἱς) 분'이시라는 말씀은 사람인 그리스도께서 '한(εἱς) 분'이신 것처럼, 똑같이 한 분이라는 의미이다. 모든 성경이 '한(하나)/one) 분(뿐)인 엘로힘'이라고 번역했으며, 이전에 언급한 '홀로 하나'라는 의미와 같은 것임이 분명하다(딤전 1:17). 이 시기의 유일한 성경(구약)이 증거하는 신론이 진리라는 말씀이다. '홀로 하나'라는 같은 표현은 이 서신의 마지막에도 기록되었다.

<15 기약이 이르면 하나님이 그의 나타나심을 보이시리니 하나님은 복되시고 홀로 한 분이신 능하신 자이며 만왕의 왕이시며 만주의 주시요 16 오직 그에게만 죽지 아니함이 있고 가까이 가지 못할 빛에 거하시고 아무 사람도 보지 못하였고 또 볼 수 없는 자시니 그에게 존귀와 영원한 능력을 돌릴지어다 아멘>(딤전 6장)

엘로힘은 '홀로 하나이신 분'이시고 '만왕의 왕 만주의 주' יהוה이시다. 다른 성경들에서도 이 구절이 1장 17절과 똑같이 번역되었다.

엘로힘은 아무 사람도 보지 못하였고 또한 볼 수 없는 영이시다. 전에 주 엘로힘을 보았다는 진술들은 본래 엘로힘의 영의 형체나 형상을 본 것이 아니라 임시로 나타나신 모습을 보았다는 말이다.

야고보는 예수님의 혈육의 동생으로서 사도들이 활동하고 있던 교회 초기 때부터 예루살렘교회의 최고 권위자가 되었고(행 12:17; 15:13; 21:18; 고전 15:18; 갈 1:19; 2:9,12), 야고보서를 기록한 사도였다. 그 야고보가 초대교회의 진리의 터, 하나님의 신령한 성전의 기초를 튼튼히 다질 때도 엘로힘은 오직 한 분뿐이라고 했다. 율법에 대해 언급할 때 제1계명을 따라 구약성경의 증거대로 기록했을 뿐 신격에 가감하거나 바꾼 것이 전혀 없다(약 2:10,11).
<네가 하나님은 한(에이스) 분이신 줄을 믿느냐 잘하는도다 귀신들 도 믿고 떠느니라>(약 2:19)
제1계명에 대한 진리는 엘로힘께서 지으신 때부터 타락한 천사(귀신) 들도 수천 년 동안 믿고 떠는 변함없는 진리이다.
<입법자와 재판자는 오직 하나이시니 능히 구원하기도 하시며 멸하 기도 하시느니라 너는 누구관대 이웃을 판단하느냐>(약 4:12)
야고보도 모세의 율법과 그리스도의 자유케 하는 온전한 율법을 세운 분은 오직 한(에이스) 분의 엘로힘 יהוה이시라고 증거한다. 새언약의 그 주 엘로힘이 '만군의 주/יהוה'이심을 증거했다(약 5:4). 한글개역성경에는 '만군의 יהוה/주'라는 표현이 수백 번이나 나타난다.

사도 베드로가 증거한 진리의 복음은 이사야의 말씀을 그대로 인용한 것이다(벧전 1:22-25; 사 40:6-8). 이사야 40장 이후부터는 '오직 יהוה 엘로힘 외에 다른 하나님·남편·구원자·주·왕·반석이 없다'라고 제1계명을 강조한 말씀이 반복된다. 베드로는 예수님의 부활한 몸이 완전히 새롭고 영원한 성전의 머릿돌과 모퉁잇돌이 되셨으며, 영원한 피난처와 반석이 되신다고 증거했다(벧전 2:6-8). 시편 118편 22,23절의 말씀과 이사야 8 장 13-15절, 28장 16절의 말씀을 그대로 인용한 베드로는 제1계명에서 벗어난 신론을 가르친 적이 전혀 없이, 영원히 완전하며 홀로 하나이신 יהוה 엘로힘만 섬기는 사도였다.

예수님의 동복형제요 야고보의 형제인 유다 선지자는 처음부터 전파된 진리를 위해 힘써 싸우라고 권고한다(유 1:3,4).

<곧 <u>우리 구주 홀로 하나이신 하나님</u>께 우리 주 예수 그리스도로 말미암아 영광과 위엄과 권력과 권세가 만고 전부터 이제와 세세에 있을지어다 아멘>(유 1:25)

'홀로 하나'라는 말은 역시 '모노스'인데 이미 앞에서 여러 번 설명한 바와 같이 '혼자', '홀로',' 단지'라는 의미로 쓰이고 '한 분의 하나님', '홀로 하나'이시나 '셋으로 하나'가 아님을 증거한다.

모든 서신서의 증거들도 동일한 주 엘로힘 יהוה만을 증거하고 있다.

(5) 계시록이 증거하는 유일하신 참하나님

진리는 영원 전(아들 낳기 전)부터 스스로 계시는 엘로힘께서 아들을 낳으사 아버지가 되시고, 아버지와 아들이 하나가 되시고, 아들 안에서 사도들에게 계시로 알려주신 아버지의 말씀이다(요 12:50; 계 1:1). 아들 안에 계신 아버지께서 아들에게 주셨고, 아들인 그리스도는 주 엘로힘의 사자와 형상이요, 그 그리스도께서 사자를 요한에게 보내셨다.

<주 하나님이 가라사대 나는 알파와 오메가라 이제도 있고 전에도 있었고 장차 올 자요 전능한 자라 하시더라>(계 1:8)

'주 엘로힘'이 '알파'와 '오메가'라고 하셨는데 이는 그 당시의 유일한 성경에서 따온, יהוה 엘로힘을 가리키는 칭호이다(사 41:4).

<이스라엘의 왕인 יהוה, 이스라엘의 구속자인 만군의 יהוה가 말하노라 나는 처음이요 나는 마지막이라 나 외에 다른 신(神)이 없느니라> (사 44:6)

<야곱아 나의 부른 이스라엘아 나를 들으라 나는 그니 나는 처음이요 또 마지막이라>(사 48:12)

영원태초부터 영원 종말까지 '처음과 마지막'은 오직 '스스로 계시는 분', 시간과 공간을 창조하신 유일한 분, 홀로 하나이신 엘로힘, 주 יהוה 외에 다른 이가 없다. יהוה는 알파[1,2,3]와 오메가[1,2,3]가 없이 홀로 하나이신 오메가와 알파이신 엘로힘이시다.

오직 한 분의 ㅠㅠㅠ만이 '이제도 계시고 전에도 계셨고 영원토록 계실 같은 분'이시다. 그분만이 '거룩, 거룩, 거룩하신 분'이시며, 다시 '오실 분'이시요, '전능하신 엘로힘'이시며, 홀로 '만유의 아버지'이시다(계 1:4; 4:8,11). 모세의 노래인 신명기 32장은 영원토록 오직 한 분의 ㅠㅠㅠ만이 경배를 받으실 거룩한 영(靈)이시라고 노래한다(계 15:3,4). '스스로 계신 분'인 ㅠㅠㅠ께서 친히 돌판에 기록해주신 제1계명은 영원 종말까지 어떤 변화도 전혀 없음을 예수님께서 증거하신 것이다.

2. ㅠㅠㅠ께서 옛언약을 이루시고자 '그 메시야'를 보내셨음

(1) 예수께서 증거하신 참된 '그 메시야'

① 히브리어 '마쉬아흐'를 '기름부음 받은 자'로 번역함

히브리어로 חשׁמ[마샤흐]는 '기름을 붓다'(바르다), '칠하다'라는 의미로 쓰인다(출 29:29; 40:15). '메시야'로 번역된 히브리어는 '마샤흐'에서 나온 명사로 חישׁמ[마쉬아흐]인데 한글개역성경은 음역하지 않고, 모두 뜻을 따라 '기름부음 받은 자'라고 번역했다(레 4:3,5,16; 6:22; 삼상 2:10; 12:3,5; 16:6; 24:6; 26:11,16,23; 삼하 1:14,16; 19:21; 삼하 23:1; 대하 6:42; 시 18:50; 20:6; 28:8; 84:9; 89:38,51; 105:15; 132:10,17; 애 4:20; 사 45:1; 합 3:13). 예컨대, 아브라함이나 야곱을 기름부음 받은 자라는 칭호인 '메시야' 즉 선지자라고 불렀다(대상 16:22; 시 105:15). 하나님께서 사무엘을 '마쉬아흐'로 세우시겠다고 예고하셨다(삼상 2:35). 다윗은 사울 왕의 손을 피해 도망을 다니면서 사울을 죽일 절호의 기회들이 왔을 때 기름부음 받은 '마쉬아흐'(왕)이기에 해치지 않겠다고 했다(삼상 24:10; 26:9). 다윗은 'ㅠㅠㅠ께서 왕에게 큰 구원을 주시며 마쉬아흐(기름부음받은 사람)에게 인자를 베푸심이 영원하다'라고 ㅠㅠㅠ 엘로힘께 찬양드렸다(삼하 22:51). 하나님의 아들인 '마쉬아흐'도 '기름부음 받은 자'로 번역했는데(시 2:2), 사람인 '그리스도'란 말이지 '아들하나님'이란 의미가 전혀 아니다.

<2 세상의 군왕들이 나서며 관원들이 서로 꾀하여 יהוה와 그 <u>마쉬아</u>
<u>흐(기름받은 자)</u>를 대적하며 3 우리가 그 맨 것을 끊고 그 결박을
벗어 버리자 하도다>(시 2편)

구약성경에 יהוה로 표기된 성함은 70인역과 신약성경에 '퀴리오스'로
표기 인용되었다. 구약의 메시야는 기름부음 받은 사람, 머리에 기름을
부어 특별히 세운 세 종류의 직분들을 가리키는 칭호이다.

다니엘의 예언에서도 '메시아'를 '기름부음 받은 자'로 번역했다.

<25 그러므로 너는 깨달아 알지니라 예루살렘을 중건하라는 영이
날 때부터 <u>마쉬아흐(기름 부음을 받은 자)</u> 곧 왕이 일어나기까지 일
곱 이레와 육십 이 이레가 지날 것이요 그때 곤란한 동안에 성이 중
건되어 거리와 해자가 이룰 것이며 26 육십이 이레 후에 <u>마쉬아흐</u>
가 끊어져 없어질 것이며 장차 한 왕의 백성이 와서 그 성읍과 성소
를 훼파하려니와 그의 종말은 홍수에 엄몰됨 같을 것이며 또 끝까지
전쟁이 있으리니 황폐할 것이 작정되었느니라>(단 9장)

사무엘상 2장 10절을 영어 성경은 대부분 'his anointed'로 번역했고
GOD'S WORD® Translation, Smith's Literal Translation은 'his
Messiah'로 음역했으며, Douay-Rheims Bible, Brenton Septuagint
Translation, Catholic Public Domain Version은 'his Christ'로 번역
하여 원문에 기록된 '마쉬아흐'의 의미를 살렸다.

시편 2편 2절을 GOD'S WORD® Translation, Young's Literal
Translation, Peshitta Holy Bible Translated, Literal Standard
Version, Smith's Literal Translation은 'His Messiah'로 음역했다.
Amplified Bible은 'the Messiah'나 'the Christ'로 번역했다. Brenton
Septuagint Translation, Douay-Rheims Bible, A Faithful Version,
Geneva Bible of 1587, Catholic Public Domain Version은 'his
Christ'로 음/번역하여 원문의 칭호를 표기했다.

시편 20편 6절을 Smith's Literal Translation는 'his Messiah'로
음역했다. Catholic Public Domain Version, Brenton Septuagint
Translation은 'his Christ'로 번역했다. 시편 28편 8절을 Smith's
Literal Translation, GOD'S WORD® Translation은 'Messiah'로,
Catholic Public Domain Version은 'Christ'로 번역했다.

시편 84편 9절을 Smith's Literal Translation은 'Messiah'로 음역했고 Douay-Rheims Bible, Catholic Public Domain Version은 'Christ'로 번역했다. 다니엘 9장 25과 26절을 Berean Study Bible, New American Standard Bible, NASB 1995, NASB 1977, Amplified Bible, Holman Christian Standard Bible, King James Bible, New King James Version, King James 2000 Bible, American King James Version, A Faithful Version, Darby Bible Translation, Webster's Bible Translation, Geneva Bible of 1587, Bishops' Bible of 1568, Literal Standard Version, Young's Literal Translation, Smith's Literal Translation, Lamsa Bible, Peshitta Holy Bible Translated, Literal Standard Version은 'Messiah'로 음역했고, Coverdale Bible of 1535, Douay-Rheims Bible, Catholic Public Domain Version, Brenton Septuagint Translation는 'Christ'로 번역하여 마쉬아흐'로 기록된 원문을 나타내준다.

한글개역 신구약 성경에서 '메시야'라는 단어는 신약성경에 세 번만 음역(音譯) 되었는데, 다 '사람'을 가리킨다(요 1:41a,b; 4:25).

② 구약의 많은 메시야들은 유일한 '그 메시야'의 모형들임

'마쉬아흐'는 '사람 중에 기름 부음 받은 자' 즉 사람을 가리키는 칭호이지 천사나 하나님을 가리키는 칭호가 아니다. 선지자와 제사장과 왕을 세울 때 기름을 부어 세우기에 이들을 모두 '마쉬아흐'라 부른다.

구약의 많은 메시야들은 새언약의 중보자와 마쉬아흐(기름 부음받은 자)로 오실 엘로힘의 아들(딤전 2:5)인 '그 메시야'를 나타내는 부분적인 모형의 역할을 했다. 구약의 중보자였던 모세는 신약의 메시야가 되실 예수님을 제사장이나 왕으로 예언하지 않고 형제 중에 하나인 '선지자'라고 예언했다.

<내가 그들의 형제 중에 너와 같은 선지자 하나를 그들을 위하여 일으키고 내 말을 그 입에 두리니 내가 그에게 명하는 것을 그가 무리에게 다 고하리라>(신 18:18)

모세는 하늘에 있는 것(실체)의 모형을 전한 선지자였던 반면(히 8:5), 예수 그리스도는 그 실체를 보여주신 선지자이시다(요 1:17).

히브리어 '마쉬아흐'를 헬라어 Μεσσίας[메시아스]로 음역하기도 하고 Χριστός[크리스토스]라고 번역했다. 크리스토스는 '기름 붓다'라는 뜻의 헬라어 동사 Χρίω[크리오]에서 왔다. 히브리어와 헬라어로 마쉬아흐/크리스토스는 영어로 Messiah/Christ, 한글로 메시야/그리스도로 음역하는데 '기름부음 받은 자'라는 뜻은 같다. Χριστός를 음을 따른 한자로 '터 기(基), 이로울 리(利), 이것 사(斯), 감독할 독(督)'을 써서 基理斯督(중국식 발음은 '지리스뚜')으로 음역했고, 이를 줄여서 '기독(중국식 발음은 '지뚜')'이라 했다. '그리스도 예수'라는 표현에서 '그리스도'는 직함이고 '예수'는 성함이다. 헬라어 '예수스'를 한자로 耶蘇(어조사 야/耶, 깨어날 소(蘇), 중국식 발음으로 '예수')로 표기하는데, 한자식의 발음을 따라서 조선인들은 '야소'라고 읽었다.

③ 엘로힘 יהוה께서 약속대로 그 메시야/그리스도를 보내심

아담은 예수 그리스도의 모형이다(롬 5:14). 여호수아도 예수 그리스도의 모형이었고, 다윗도 예수 그리스도의 모형이었다. 그림자들과 모형들은 많은데 실체로 나타날 사람을 임시로 보여주셨다.

주 엘로힘 יהוה께서 메시야를 보내실 것을 약속하셨고(창 49:10; 민 24:17), 선지자 말라기도 메시야에 대해 예언했다(말 3:1). 엘로힘 יהוה께서 오실 때 그분 앞서 길을 예비하도록 보내심을 받은 사자, 구약에서 가장 큰 메시야가 침례 요한이다(마 11:10,11). 하나님의 진노의 날이 임하기 전에 엘리야를 보내어 아버지의 마음을 자녀들에게로, 자녀들의 마음을 아버지께로 돌리게 하겠다고 약속하셨다(말 4:5,6). 침례 요한이 엘리야의 심령으로 보내심을 받은 자였음을 예수께서 인정하셨다(마 11:14; 17:12; 막 9:13; 눅 1:17). 침례 요한은 유대인들에게 '나는 그 그리스도(원어 참고)가 아니다'라고 말했다(요 1:20). 죽었던 엘리야가 다시 살아서 돌아온 것도 아니고, 모세가 예언한 '그 선지자'(그 메시야)도 아니라는 말이다(신 18:18; 요 1:21). 그는 그 메시야의 여러 모형 중 하나요, 모형 중 하나의 그리스도(a christ)일 뿐 실체인 '그 그리스도'(the Christ)는 아니다.

말라기가 예언한 '너희의 사모하는 바 언약의 사자'는 성령으로 기름 부으심을 받아 신약의 중보자가 되신 예수 그리스도이다.

예수 그리스도는 신약의 선지자(신 18:18; 행 7:37), 왕(시 2:6; 겔 34:24; 37:24,25), 대제사장(창 14:18; 시 110:4)으로서 세 가지 직함을 모두 가진 완전하고 영원한 메시야이시다.

모세는 옛언약의 중보자였고 하나님의 집에서 사환/종으로서 충성했으나 예수 그리스도는 새언약의 중보자로서 하나님의 집 맡을 아들로서 충성하였다(갈 3:19,20; 딤전 2:5; 히 8:6; 9:15; 12:24). 율법은 모세로 말미암아 주셨고, 은혜와 진리는 그 그리스도이신 예수님으로 말미암아 주신 것이다(요 1:17). 예수께서 우물 곁에서 만난 사마리아 여인에게 자신이 '그 그리스도'라고 친히 증거하셨다(요 4:25,26). 예수께서 기도 중에 "내 아버지께서 모든 것을 내게 주셨으니 아버지 외에는 아들을 아는 자가 없고 아들과 또 아들의 소원대로 계시를 받는 자 외에는 아버지를 아는 자가 없나이다"라고 말씀하셨다(마 11:27).

사람들은 아담으로부터 예수님 때까지 엘로힘 יהוה께서 아버지이심을 알았으나 누가 신약의 아버지인지는 몰랐다. 또한, 그들은 '사람의 아들 메시야'는 알지만, '하나님의 아들인 메시야'가 어떤 분인지 몰랐는데, 그 메시야를 모른다는 이 말씀은 놀랍게도 지금도 그러하다.

예수께서 제자들에게 '사람들이 인자를 누구라 하느냐?'라고 질문하셨다(마 16:13). 제자들이 '더러는 침례 요한, 더러는 엘리야, 어떤 이는 예레미야나 선지자 중의 하나라 하나이다'라고 대답했다. 그들은 메시야/그리스도이지만 모형일 뿐 '그 메시야/그리스도'는 아니다. 예수께서 다시 제자들에게 '너희는 나를 누구라 하느냐?'고 질문하셨다. 베드로가 "주는 그 그리스도(호 크리스토스)시요 살아계신 하나님의 그 아들(호 휘오스)이시니이다"라고 대답했다(마 16:16). 예수께서 베드로에게 "바요나 시몬아, 네가 복이 있도다. 이를 네게 알게 한 이는 혈육이 아니요 하늘에 계신 내 아버지시니라"(마 16:17)라고 말씀하셨다. 사람의 아들 그리스도와 하나님의 아들 그 그리스도는 모형과 실체라는 신분의 큰 차이를 가진다. 혈육의 지혜나 지식으로 그 그리스도를 알 수 없다. 그 그리스도는 하나님의 아들인 사람이요 아들하나님이 아니다. 예수께서 친히 그 그리스도이심을 수많은 증거로 증거하셨으나 여전히 사람들은 그 그리스도를 믿지 않은 채, '사람을 미혹하지 말고 그리스도라면 밝히 말하라'라는 요구나 반복할 뿐이다.

예수께서 '내가 너희에게 말하여도 믿지 않는데 이는 너희가 내 양이 아니기 때문이다'(요 10:24-26)라고 말씀하셨다. 예수님께서 나사로가 죽고 장사한 지 나흘이 되는 날에 마르다의 집에 조문하셨다. 예수님의 말씀을 들은 마르다가 깨달았고 '주는 그리스도시요 살아계신 하나님의 아들이신 줄 믿나이다'라고 놀라운 고백을 했다(요 11:27).

대제사장이 군대를 보내어 예수님을 체포한 후 '네가 그리스도이냐'고 예수님께 물었다(마 26:63; 막 14:61; 눅 9:20). 예수님께서 그들에게 '네가 말하였느니라'라고 대답하셨다(마 26:64; 눅 22:67).

예수께서 부활하신 후 제자들에게 그리스도가 죽으셨다가 부활해야만 된다는 말씀을 왜 깨닫지 못하느냐고 책망하셨다(눅 24:26,46). 진리의 그 그리스도는 '하나님의 아들'이시고 종이 아니다. 이 계시를 모르는 자들은 여전히 '그리스도는 아들하나님'이라고 믿고 있다.

(2) 사복음서가 증거하는 '그 그리스도' 예수

사도 마태도 첫 구절부터 줄곧 예수님을 그 그리스도라고 증거했으나 (마 1:1,16,17,18), '아들하나님'이란 용어는 성경에 전혀 없다.
<아브라함과 다윗의 자손 예수 그리스도의 세계라>(마 1:1)
예수께서 아기이셨을 때에도 그 그리스도라고 증거되셨다(마 2:4).
침례 요한은 예수님의 앞길을 그의 앞에서 예비하는 자였다. 요한은 예수님께서 '하나님의 아들로서 그 그리스도'이심을 자기 백성들 앞에 선포하는 사역을 위해 보내심을 받은 최고의 선지자이다. 사람들이 예수께서 언제 어떻게 어떤 기름 부음을 받으신 그리스도이신지를 깨닫지 못하는 것은 아들의 소원대로 계시를 받지 못했기 때문이다.
마가복음도 '예수님을 주 하나님께서 낳으신 아들로서 그 그리스도'로 오신 분임을 증거했다.
<하나님의 아들 예수 그리스도 복음의 시작이라>(막 1:1)
예수께서 그 그리스도로 오심으로써 이사야 40장 3절과 말라기 3장 1절을 묶어서 예언이 성취되었다고 기록되었다(막 1:2,3). 그 그리스도는 그의 안에 아버지 하나님을 모신 아들로서 사람이었다.

누가복음도 그를 '하나님의 아들인 그리스도'라고 증거한다(눅 1:35).

구약의 그리스도는 여인의 후손, 사람의 아들이고, 예수님은 하나님이 낳으신 아들로서 성령으로 기름부음을 받은 '그 그리스도'이시다.

<오늘날 다윗의 동네에 너희를 위하여 구주(救主)가 나셨으니 곧 <u>그리스도 주(퀴리오스)시니라</u>>(눅 2:11)

'하나님의 아들'이 여인을 통해 '사람의 아들'을 입으셨다는 뜻이다.

예루살렘에 나이가 많은 선지자 시므온이 '주의 그 그리스도'를 보기 전에는 죽지 않을 것이라는 성령의 지시를 받았다. 그가 성전에서 아기 예수를 보고 하나님께서 '사람이신 그 그리스도'를 약속대로 보내셨음을 확인하고 주 엘로힘 יהוה께 찬양을 드렸다(눅 2:25-35).

귀신들도 예수님이 하나님께서 낳으신 아들로서 그 그리스도이심을 알고 사람이신 그분 앞에 굴복했다(눅 4:41).

요한복음도 예수님을 '하나님의 아들인 그 그리스도'라고 증거한다.

<율법은 모세로 말미암아 주신 것이요 은혜와 진리는 <u>예수 그리스도로 말미암아 온 것이라</u>>(요 1:17)

유대인들은 '그 그리스도'께서 오실 때에 어디서 오시는지 아는 자가 없다고 했고(요 7:27), 그분이 갈릴리에서 왔으므로 그 그리스도가 아니라고 했다(요 7:41). 그 그리스도는 만유 위의 하늘에서 오셨다. 그들은 그 그리스도가 다윗의 자손으로 베들레헴에서 오신다고 알았으나, 그의 영이 하나님이 낳으신 그리스도이심을 몰랐다(요 7:42). 그 그리스도는 하나님이 하늘 위에서 낳으신, 하나님의 아들/사람이다.

그 그리스도께서 '영생은 유일하신 참하나님과 그의 보내신 자를 아는 것'이라고 기도하셨다(요 17:3; 갈 4:4). 요한복음의 기록 목적은 '하나님의 아들 그 그리스도를 알게 하여 영생을 얻게 하는 것'이다.

<오직 이것을 기록함은 너희로 예수께서 <u>하나님의 아들 그리스도이심을 믿게 하려 함이요</u> 또 너희로 믿고 그 이름을 힘입어 생명을 얻게 하려 함이니라>(요 20:31)

그 누구든지 예수님을 하나님의 아들 그 그리스도이심을 믿지 않으면 영생을 얻지 못한다는 말씀이다.

(3) 사도행전이 증거하는 '그 그리스도' 예수

예수께서 오순절 날에 성령을 부어주심으로써 예루살렘에 지상교회가 세워졌다(행 2:1-4). 하나님의 오른손으로 하나님의 우편에 앉혀진 자는 그리스도이지 하나님이 아니다(행 2:25,31,35). 수천 명의 신자에게 예수께서 그 그리스도이심을 열두 사도가 함께 증언했다(행 2:30-36). 이날 3천 명의 신자들이 그리스도의 이름으로 침례를 받았다(행 2:37-41).

사도들이 성전에 기도하러 올라가다가 미문에 앉아 구걸하는 하반신 장애인을 그 그리스도의 이름으로 고쳤다(행 3:1-10).

<베드로가 가로되 은과 금은 내게 없거니와 내게 있는 것으로 네게 주노니 곧 나사렛 예수 그리스도의 이름으로 걸으라 하고>(행 3:6)

베드로와 요한은 다시 예루살렘 사람들에게 그리스도께서 십자가를 지신 후 부활하리라는 예언이 이루어졌음을 증언했고, 엘로힘께서 부활하신 그 그리스도를 다시 보내실 것을 예언했다(행 3:18-21).

사도들은 엘로힘께 기도하여 성령 충만을 받았고, 시편 2편의 예언을 인용하며 담대하게 그 그리스도를 증거했다(행 4:25-28; 시 2:1-3).

사도들과 성도들은 예수님을 예언된 그 그리스도라고 확증했다.

<저희가 날마다 성전에 있든지 집에 있든지 예수는 그리스도라 가르치기와 전도하기를 쉬지 아니하니라>(행 5:42)

<5 빌립이 사마리아 성에 내려가 그리스도를 백성에게 전파하니 … 12 빌립이 하나님 나라와 및 예수 그리스도의 이름에 관하여 전도함을 저희가 믿고 남녀가 다 침례를 받으니>(행 8장)

예수님을 이단자로 알고 교회를 잔인하게 핍박했던 사울도 예수님을 만나 그 그리스도이심을 믿게 되었고, 유대인들에게 증거하였다.

<사울은 힘을 더 얻어 예수를 그리스도라 증명하여 다메섹에 사는 유대인들을 굴복시키니라>(행 9:22)

베드로가 중풍병으로 고통받던 애니아(행 9:34)와 이방인인 고넬료의 가정을 방문하여 그 그리스도를 증거했다(행 10:36,48; 11:17).

안디옥교회가 세워지자 예루살렘에서 바나바가 감독으로 파송되었고, 바나바가 바울을 찾아 동역할 때도 그 그리스도를 전하였고, 이때로부터 성도들이 '그리스도인'이라는 이름으로 불렸다(행 11:26).

사도 바울이 1차 선교여행 때 비시디아 안디옥의 회당에 들어가 유대인들에게 예수님을 성경에 예언된 그 그리스도라고 증거했다(행 13:25). 1차 선교여행을 마친 후 안디옥교회에 교리논쟁이 일어나자 이를 해결하기 위해 예루살렘교회의 사도들과 장로들에게 보냈고, 거기서도 '그 그리스도'이심을 확증했을 뿐 '아들하나님'이라 전한 적이 없다.

<사람을 택하여 우리 주 예수 그리스도의 이름을 위하여 생명을 아끼지 아니하는 자인 우리의 사랑하는 바나바와 바울과 함께 너희에게 보내기를 일치 가결하였노라>(행 15:25)

빌립보에서 바울이 점치는 귀신을 예수 그리스도의 이름으로 명하여 내쫓았고(행 16:18), 데살로니가에 이르러 유대인 회당에 들어가 부활한 사람인 예수님을 그리스도이시라고 증거했으며(행 17:3), 고린도에서도 1년 6개월 동안 예수께서 그리스도라고 밝히 증거하였고(행 18:5-11), 에베소에서도 예수님을 그 그리스도라고 증거했다.

<이는 성경으로써 예수는 그리스도라고 증거하여 공중 앞에서 유력하게 유대인의 말을 이김일러라>(행 18:28)

<유대인과 헬라인들에게 하나님께 대한 회개와 우리 주 예수 그리스도께 대한 믿음을 증거한 것이라>(행 20:21)

바울이 유대의 총독 벨릭스와 유대인인 그의 아내 드루실라에게 예수 그리스도에 관해 전하였고(행 24:24), 아그립바 왕에게도 그 그리스도를 증거했을 뿐 아들하나님을 전한 적이 없다(행 26:23,28).

(4) 서신서들이 증거하는 '그 그리스도' 예수

① 대적자였던 바울이 '그 그리스도'를 증거함

바울은 로마서에서 '그리스도'라는 명칭을 무려 66회나 기록하여 그가 하나님의 아들 그 그리스도임을 강력하게 증거하였다. 바울은 로마서에 자신을 '그리스도의 종'으로 사도가 되었다고 고백했다(롬 1:1).

<3 이 아들로 말하면 육신으로는 다윗의 혈통에서 나셨고 4 성결의 영으로는 죽은 가운데서 부활하여 능력으로 하나님의 아들로 인정되셨으니 곧 우리 주 예수 그리스도시니라>(롬 1장)

신약의 '기름부음 받은 자' 즉 '그리스도'라는 직함은 하나님으로부터 기름부음을 받은 '사람'을 가리키는 칭호이다(딤전 2:5). 주 하나님께서 그리스도를 죽은 자 가운데서 살리셨다(롬 6:4; 8:11,17). 그 그리스도는 독생자와 맏아들로서 새언약으로 거듭난 많은 아들들과 함께 하나님의 영광의 후사가 될 사람이지 아들하나님이 절대로 아니다(롬 8:29-34).

고린도전·후서에는 그 그리스도라는 직함이 116번이나 나온다. 바울은 고린도전서에서 그리스도 예수의 사도로 부르심을 입었다고 증거한다(고전 1:1). 하나님의 교회란 그리스도 예수 안에서 거룩하여지고 성도라 부르심을 입은 자들이요, 예수 그리스도의 이름을 부르는 자들이다(고전 1:2). 바울은 고린도후서에서도 변함없이 자신을 가리켜 '그리스도 예수의 사도'라고 밝히고 있다(고후 1:1). 하나님께서 그리스도 안에서 기름 부으심으로 성도들을 그리스도의 몸의 지체가 되게 하셨다(고후 1:21). 바울이 그리스도를 육체대로 알았을 때 그 예수 그리스도를 대적하여 죽여야 할 이단이라 여겼다(고후 5:16). 누구든지 그리스도 안에 있으면 새로운 피조물이 되었다고 증거했다(고후 5:17).

갈라디아서에서는 '그리스도'라는 칭호가 41번이 등장한다. 아브라함의 자손인 그 그리스도를 통해 구원을 받음으로 영생의 약속을 얻었다(갈 3:16,22). 율법은 우리를 그 그리스도께로 인도하는 몽학선생이다(갈 3:24). 그리스도의 복음을 믿음으로 그리스도 안에서 하나님의 아들이 되었다(갈 3:26). 같은 주 하나님께서 그리스도를 통해 자유를 주셨으니 다시 종의 멍에를 메지 말라고 기록했다(갈 5:1,24; 6:18).

에베소서는 비교적 분량이 짧지만 '그리스도'라는 직함이 49번이나 나오는데 '그리스도 안에서'라는 언급이 매우 많이 등장한다. 주 하나님은 예수 그리스도의 아버지이시다(엡 1:3,17). 모든 이들이 그리스도 밖에 있던 자들이요, 언약도 없고 소망도 없고 하나님도 없던 자들이었으나 물과 성령으로 거듭난 자는 그 그리스도 안에서 '한 새사람'의 지체를 이룬다(엡 2:12-15). '한 새사람의 머리'인 하나님의 아들인 그리스도를 '아들하나님'이라고 한다면 한 새사람 안의 모든 지체도 '아들하나님'이 된다는 말이므로 결코 있을 수 없는 일이다.

빌립보서에도 '그리스도'라는 칭호가 38번이 나온다. 바울은 자신을 또다시 그리스도의 종이라고 고백한다(빌 1:1).

골로새서에는 '그리스도'라는 칭호가 26번 등장한다. 바울은 여전히 자신을 그리스도 예수의 사도라고 밝힌다(골 1:1). 바울은 하나님의 아들 그리스도가 만유보다 먼저 나셨으며 만유보다 먼저 계시는 사람이라고 증거한다(골 1:15,17). 이 비밀은 만세와 만대로부터 오므로 감추어졌던 것인데 이제는 풍성히 나타났고, 이 비밀은 성도 안에 오신 그리스도요 영광의 소망이라 했다(골 1:26,27). 성도가 믿는 하나님의 아들 그 예수 그리스도는 하나님의 비밀이다(골 2:2,5,6). 예수 그리스도의 육체 안에 신성의 모든 충만이 거하셨다고 증거했다(골 2:9).

데살로니가전·후서에는 그리스도라는 직함이 20회 기록되어 있다. 주 예수께서 재림하실 때 그리스도 안에서 죽은 자들이 먼저 일어난다고 했다(살전 4:16). 주 하나님께서 성도들을 세우신 것은 하나님의 진노에 이르게 하심이 아니라 예수 그리스도로 인해 구원에 이르게 하심이라 증거한다(살전 5:9). 바울은 범사에 감사하는 것이 그리스도 예수 안에서 성도를 향한 하나님의 뜻이라고 했다(살전 5:18). 바울은 평강의 하나님 께서 친히 성도를 온전히 거룩하게 하심으로 성도의 온 영과 혼과 몸이 그리스도의 강림하실 때 흠없게 보존되게 하시기를 원한다고 축원했다 (살전 5:23). 예수 그리스도의 강림과 예수님 앞에 모일 것에 대해 쉽게 동심하지 말라고 했다(살후 2:1). 적그리스도가 사람이듯이 주 하나님의 아들 그 그리스도도 완전한 사람이다(살후 2:4; 딤전 2:5).

디모데전·후서에는 그리스도라는 직함이 28번 나온다. 바울은 하나님 과 그리스도의 명령을 따라 사도가 되었다고 했다(딤전 1:1). 하나님은 오직 한 분이시요 또 한 분 하나님과 사람 사이에 중보도 한 분이시니 '사람이신 그리스도 예수라'고 선포했다(딤전 2:5). 주 하나님의 아들인 그리스도는 사람이지 '아들하나님'이 절대로 아니라는 확증이다. 바울은 자신을 하나님의 아들인 그리스도 예수의 사도라고 밝혔다(딤후 1:1). 주 하나님께서 죄인을 부르실 때 그들의 선행이나 의로움 때문에 부르신 것이 아니라 오직 자기 뜻과 영원태초부터 하나님의 아들인 그리스도 안에서 우리에게 주신 은혜대로 한 것이라 했다(딤후 1:9). 하나님 앞과 산 자와 죽은 자를 심판하실 그리스도 앞과 그분의 나타나실 것과 그분 의 나라를 두고 '때를 얻든지 못 얻든지 이 말씀을 전하기를 항상 힘쓰 라'라고 엄히 명하였다(딤후 2:8; 4:1).

디도서에는 그리스도라는 직함이 4번 나온다. 바울은 자신을 예수 그 그리스도의 사도라고 소개한다(딛 1:1). 바울은 교회가 복스러운 소망과 우리의 크신 하나님 구주 예수 그리스도의 영광이 나타나심을 기다리게 하셨다고 기록했다(딛 2:13).

바울은 예수 그리스도를 위해 갇힌 자가 되었다고 고백한다(몬 1:1). 바울은 빌레몬에게 이제는 오네시모가 그 그리스도 안에서 거듭났으니 그를 형제로 받아들이라고 권면했다(몬 1:20,23,25).

② 공동서신이 증거하는 '그 그리스도' 예수

모세는 하나님의 온 집에서 종으로 충성했지만 그리스도는 집 맡을, 후사가 될 아들로 충성했다(히 3:6). 거듭난 형제들이 처음 붙잡은 것을 끝까지 견고히 잡으면 그리스도와 함께 공동후사가 될 것이라고 했다(히 3:14). 예수께서 참성전의 대제사장 되심은 하나님께서 낳으신 아들로서 되신 것이다(히 5:5). 거듭난 아들들은 그리스도 도의 기초 위에서 머리 되신 맏아들의 장성한 분량대로 자라가야 한다(히 6:1). 만유 위에서 난 그리스도는 어제나 오늘이나 영원토록 동일하신 분이다(히 13:8).

야고보도 자신을 예수 그리스도의 종이라고 했다(약 1:1). 낮고 천한 외모로 오신 예수 그리스도를 믿는 성도들은 사람을 외모로 평가하지 말아야 한다고 권고했다(약 2:1).

베드로도 자신을 예수 그리스도의 사도라고 밝혔다(벧전 1:1). 당시에 일어난 극심한 핍박과 환란 중에 믿음의 시련은 그리스도께서 나타나실 때 칭찬과 영광과 존귀를 얻게 한다고 했다(벧전 1:7). 그 그리스도께서 고난을 받으신 것같이 성도들도 그 그리스도의 고난의 발자취를 따르는 자들이라고 증거했다(벧전 2:21). 오직 우리 구주 예수 그리스도를 아는 지식에서 자라가라고 했다(벧후 3:18).

요한일·이·삼서는 성도들이 죄를 범치 않고 살아야 하나 실수로 죄를 범했을 때 대언자인 예수 그리스도가 도우실 것을 상기시킨다(요일 2:1). 많은 적그리스도가 나타난 때가 마지막 때이다(요일 2:18). 사람이신 그 그리스도이심을 부인하는 자가 적그리스도요 거짓말하는 자이다(요일 2:22). 주 하나님의 아들인 그 그리스도께서 육체로 오신 것을 시인하는 영은 진리에 속한 영, 하나님으로부터 온 영이다(요일 4:2,3).

2. יהוה께서 옛언약을 이루시고자 '그 메시야'를 보내셨음

예수께서 그리스도이심을 믿고 거듭난 자는 하나님께로서 난 자이다 (요일 5:1). 예수 그리스도는 물과 피와 성령으로 임하신 분이시다(요일 5:6-8). 예수 그리스도께서 육체로 임하셨음을 부인하는 자는 미혹하는 자요 적그리스도이다(요이 1:7). 예수께서 하나님의 아들 그 그리스도이심을 믿지 않는 자는 하나님을 모시지 못하되 이 가르침 안에 거하는 자는 '아버지와 아들'을 자기 안에 모신 자라 했다(요이 1:9).

유다도 자신을 예수 그리스도의 종이라 했다. 가만히 들어온 거짓 선지자들이 하나님의 은혜를 도리어 정욕거리로 만들고 예수 그리스도를 부인하는 자들이 있기에 단번에 주신 믿음의 도를 위해 힘써 싸우라고 권고했다(유 1:3,4). 홀로 하나이신 하나님께 예수 그리스도로 말미암아 영광이 영원히 있으시다고 송축했다(유 1:25).

이 모든 말씀이 하나님의 아들 '그 그리스도'를 사람이라고 증거한다.

(5) 계시록이 증거하는 '그 그리스도' 예수

기름부음 받은 자 즉 그리스도이신 예수께서 주 하나님으로부터 받은 계시를 요한에게 사자를 보내어 알려주셨으므로 '예수 그리스도의 계시'라고 했다(계 1:1). 요한은 하나님의 말씀과 예수 그리스도의 증거 즉 자기의 본 것을 모두 증거하였다(계 1:2). 충성된 증인으로 죽은 자들 가운데서 먼저 나시고 땅의 임금들의 머리가 되신 분이 '그리스도 예수'라고 증거했다(계 1:5). 계시록에는 이후부터 예수라는 성함없이 '그리스도'라고 표기한다(계 11:15; 12:10; 20:4-6). 그리스도께서 부활한 아들들과 천년 동안 이 땅을 다스릴 것이다. 천년이 지난 후에 그리스도는 영원토록 대제사장으로 계실 것이다.

예수님과 사도들과 교회와 신약성경이 증거하는 가장 큰 주제는 '그 그리스도께서 옛언약대로 오셨다'라는 것이다. 한 분 엘로힘 יהוה에 관한 신론은 구약성경만으로도 충분했고 완전했다는 의미이다.

3. 예수께서 '주 יהוה 엘로힘과 그 그리스도'가 되셨음

(1) 교회는 구약과 동일한 엘로힘 יהוה만을 믿음

① 구약 성도는 유일하고 완전하신 참하나님을 믿었음

모세오경은 엘로힘께서 모세를 부르셔서 스스로 계시는 자, 'יהוה'라는 가장 근본적인 성함을 알리신 후 아브라함의 후손들을 애굽에서 구원하시고, 친히 돌판에 십계명을 기록하여 주신 후 계시로 알려주신 말씀을 기록한 책들이다. 예수께서 모세오경을 엘로힘의 말씀이라 인정하셨다. 아담을 창조하신 분은 오직 יהוה 엘로힘이시다. 노아는 유일하신 엘로힘 יהוה만을 믿었던 의인이었다(창 6:3,5,8). 셈도 오직 יהוה 엘로힘을 믿는 제사장이었다(창 9:26). 아담, 아벨, 에녹, 노아, 셈, 아브람은 삼위신을 믿지 않았을 뿐만 아니라 알지도 못했던 의인들이다.

함의 후손들이 먼저 יהוה 엘로힘이 아닌 다른 신들을 숭배하는 죄악에 빠지고, 다른 이들을 정복했다. 엘샤다이께서 갈대아 우르에서 아브람을 부르셔서 선민의 조상, יהוה의 증인으로 삼으셨다(창 15:7).

'스스로 계시는 자'는 시간과 공간과 그 안에 모든 것을 존재케 하신 근본/뿌리이시다. '나 외에는 아무도, 아무것도 없었다'라고 선포하시는 존함이다. 그분은 다른 것들이 다 사라져도 여전히 계시고, 변함이 없이 완전한 엘로힘이시다. 그분 곁이나 안에 다른 신격이나 인격을 더하는 것은 완전하신 그분을 부정하는 바벨론의 행각이다.

아브라함의 후손들인 모세, 여호수아, 사무엘, 다윗, 이사야, 요엘, 예레미야, 다니엘, 에스겔, 호세아, 미가, 학개, 스가랴, 말라기 등 구약의 모든 선지자와 모든 의인은 יהוה 엘로힘만을 믿었다. '스스로 계신 자'로 알리신 엘로힘 יהוה께서 모세 때에 이미 '의인들 모두가 생명의 부활을 얻었고 나는 그들의 엘로힘 יהוה로라'라고 선언하셨다(눅 20:38). 그 יהוה 엘로힘 외에 다른 신격이나 인격을 더한 자들은 주 엘로힘의 제1계명을 버리고 바벨론의 영을 따르는 멸망의 아들, 뱀의 자식이다. 엘로힘과 그 메시야/그리스도를 믿는다는 것은 יהוה 엘로힘이 아닌 '아들하나님'이란 자(者)도 함께 믿는다는 의미가 전혀 아니다.

② יהוה 엘로힘께서 죄인의 구원자가 되실 것을 약속하심

엘로힘이 지으신 아담과 낳으신 아들 그리스도는 모형과 실체의 관계이다(롬 5:14). 아담을 종으로 창조하신 יהוה 엘로힘은 예수 그리스도를 아들로 낳으신 같은 한 분의 엘로힘이시다.

유대교는 모세를 통하여 엘로힘께서 세우신 'יהוה교'이고, '예수교'의 모형이다. 주 יהוה 엘로힘께서 구약으로 '유대교'를 세우셨고, 신약으로는 '그리스도교'를 세우셨는데, 옛언약을 주신 그 יהוה께서 새언약도 주신 동일한 엘로힘이시다. יהוה 엘로힘께서 모세를 통해 옛언약을 맺으시고 혈통적인 선민을 인도하셨셨다. 옛언약을 성취하실 메시야를 보내셨고, 사람이신 그리스도 예수를 중보자로 삼아 새언약을 주시고, 그리스도의 진리를 믿어 동일한 엘로힘 יהוה를 섬기게 하셨다.

엘로힘 יהוה께서 친히 돌판에 새겨주신 대로 יהוה 외에 다른 신(神)이 없다. יהוה 엘로힘께서 자신이 성부와 성자와 성령이시라고 증거한 적도 없다. יהוה 엘로힘은 인격이 아니시고, 그분의 영은 그 하나님 자신이다. 주 엘로힘께서 자기 형상의 모형으로 삼으신 사람을 죄에서 구원하시는 법칙은 죄인의 몸값을 엘로힘의 공의 앞에 지불하는 것이다. 창조주께서 참된 구원자가 되시려면 죄인의 몸값을 대신 내셔야만 가능하다.

③ 신론(神論)과 그리스도론(基督論)은 구별해야 함

십계명에 자신을 유일하신 엘로힘으로 친히 선포하신 יהוה 엘로힘은 아들을 낳으심과 상관없이 영원토록 완전하신 하나님이시다. 제1계명과 초대교회의 유일한 성경이 이미 완전한 신론(神論)을 가르쳤다.

유일하신 엘로힘께서 그 메시야를 보내셨다는 말씀은 '아들하나님'을 보내셨다는 의미가 아니다. 엘로힘께서 보내신 구약의 모형인 메시야와 신약의 실체인 메시야가 있다. 신약성경은 יהוה께서 약속하신 대로 엘로힘이 낳으신 아들인 메시야/그리스도가 오셨다고 증거하는 기록들이다. 엘로힘이 낳으신 아들과 아들을 낳으신 아버지를 아는 진리는 계시를 받아야 얻는 것이다. 예수께서 베드로의 고백을 인정하시고 천국열쇠를 맡기실 때 그 그리스도는 엘로힘이 낳으신 사람이셨다.

<시몬 베드로가 대답하여 가로되 주는 그(註 원문에 ὁ/호) 그리스도
시요 살아계신 하나님의 아들이시니이다>(마 16:16)

그 진리는 새언약의 하나님 아버지와 그 그리스도가 하나로 연합된 분이심을 계시로 깨달을 때 얻게 된다.

바울도 오직 한 분이신 주 하나님에 관한 진리를 변함없이 가르쳤고, 예수께서 '사람으로서 하나님의 아들 그 그리스도'임을 증거했다.

<하나님은 한 분이시요 또 하나님과 사람 사이에 중보도 한 분이시니 곧 사람이신 그리스도 예수라>(딤전 2:5)

구약의 중보자인 모세의 엘로힘과 신약의 중보자인 예수 그리스도의 엘로힘은 오직 같은 한 분이신 יהוה이시다. 구약의 메시야는 사람의 아들이었고 신약의 메시야는 하나님의 아들이다. 유대교와 신약 교회는 같은 언약의 יהוה 하나님(신론/theology)과 그리스도론(기독론/Christology)을 믿지만, 유대교는 아직 그 그리스도가 오시지 않았다고 주장한다.

④ 구약의 의인들은 그 그리스도를 보지 못했지만 구원받았음

구약성경에 예수 그리스도를 '여인의 후손'(창 3:15), '아브라함의 씨'(창 12:3), '유다의 홀'(창 49:10)이라는 예언을 비롯해 많은 예언이 기록되었고(신 18:18; 시 110:4; 사 9:6…), 그대로 성취되었다. 예언자/선지자들은 그 그리스도께서 언제, 어떤 모습으로 오실지 부지런히 살폈다(벧전 1:10). 다니엘도 메시야에 관해 예언하였지만, 그를 보지 못하고 죽었다(단 9:24-27). 그 다니엘도 마지막 날에 부활에 참여할 것임을 주 엘로힘으로부터 확인받았다(단 12:8-13). 그들이 믿었던 신론은 영생을 얻기에 어떤 부족함도 없다는 증거이다(눅 20:38). 주 엘로힘 יהוה 외에 다른 인격과 신격을 더하는 것은 오히려 우상숭배가 된다.

짐승의 피로 맺은 언약이 죄를 완전히 없애주지 못하고 그리스도께서 오실 때까지 덮어주는 것이었고, 죽은 이들의 영은 음부(스올/하데스)로 가서 그리스도를 기다렸다. 그리스도께서 오셔서 값을 내시고, 부활하실 때 음부에 갇혔던 자들을 해방하셨다. 이전까지 엘로힘과 그분의 말씀을 믿는 모든 경건한 자들은 한 분의 주 엘로힘 יהוה만 섬겼으며 그 메시야/그리스도를 보지 못한 채 죽은 의인들 모두가 첫째 부활에 참여했다는 증언은 신론에 변함이 전혀 없다는 증거이다(눅 20:38).

(2) 구약의 그 메시야와 신약의 메시야/그리스도와의 차이

① 구약의 메시야는 신약의 메시야/그리스도의 모형임

율법은 모세로 말미암아 왔고 은혜와 진리는 그 그리스도로 말미암아 왔다(요 1:17). 구약의 율법에서 메시야를 세우는 규례는 은혜와 진리인 온전한 율법으로 세워지는 메시야에 대한 그림자와 모형과 같다. 아담은 하나님의 독생자인 예수 그리스도의 모형으로 지음받은 자이다(롬 5:14; 8:29). 첫사람 아담의 아들 셋과 에녹, 노아도 선지자이자 제사장이었다(창 4:26; 5:21-24; 6:13-22; 8:20-22). 땅에 우상숭배가 만연해졌을 때 아브라함을 부르셨고, 선지자와 제사장으로 세우셨다(창 12:8; 15:9-17; 20:7). יהוה께서 선민과 이방인으로 구별하신 후, 아브라함의 손자 야곱 대에 이르러 속된 것과 거룩한 것을 성별(聖別)하기 위해 기름을 부었다(창 28:18; 35:14). 엘로힘께서 이스라엘 백성들을 애굽에서 구원하시고, 죄들이 가득해지자 더욱 거룩하게 하는 율법을 주셨고, 메시야를 세우는 규례도 상세하게 정하셨다. 선지자, 제사장, 왕 중에서 가장 엄격한 규례로 기름부음 받는 자는 제사장이었는데 그 이유는 죄에 대한 문제를 해결하는 직분을 받았기 때문이다. 죄로부터 구원받는 문제는 지옥에서 벗어나기 위해 가장 중대하고 최우선적인 문제이다.

선지자는 이스라엘 열두 지파 중에 누구든지 가능했다. 북이스라엘은 왕조들이 난립했지만 남유다에는 베냐민 지파의 사울 이후 유다 지파의 다윗과 그 후손들이 왕으로 기름부음을 받았다.

제사장은 아들(가인, 아벨)→장자(셈)→아론→아론의 아들들에게 이어졌다. 고라와 250명의 족장들이 제사장권을 요구했으나 주 엘로힘께서 그들을 심판하셨다(민 16:1-50). 선지자와 왕은 기름을 붓는 것만으로도 메시야가 되지만, 제사장인 메시야를 세울 때는 무엇보다 출생을 중요시했고, 반드시 세 가지 의식도 말씀 규례대로 행해야만 했었다. 이 세 가지 의식들은 물로 씻기기, 제물의 피를 바르기, 기름을 붓는 의식이었다(레 8:6,12,23). 그중에 어느 한 가지에 문제를 가진 채 성소에 들어가면 죽임을 당했다. 영원한 속죄를 위한 하늘성전에서 섬길 메시야는 모형과 그림자인 구약의 메시야를 세울 때보다 철저히 이 세 가지의 의식들의 실체대로 반드시 이행해야만 한다.

사단 마귀가 된 대천사장처럼, 바벨론 왕(사 14장)과 두로 왕(겔 28장)이 대천사장이 반역했던 동기를 따랐다고 기록했다.

<너는 기름 부음을 받은 덮는 그룹임이여 내가 너를 세우매 네가 하나님의 성산에 있어서 화광석 사이에 왕래하였었도다>(겔 28:14)

두로 왕이 자신을 신(神)이라고 숭배케 하는 교만에 빠진 것은 이전에 대천사장이 그랬음을 보여준다. 여기에 '기름부음 받은'이라고 번역된 히브리어는 '마사흐'(기름을 붓다)에서 유래한 '밈샤흐'로 '펼쳐진', '확장된'(멀리까지 닿는 날개)이라는 뜻을 가졌고, '그룹'은 천사들을 일컫는 용어이다. 엘로힘이 아담 범죄 이전에 천사장에게 아담의 머리(권위)로 기름부으신 게 아니라 아담이 속아서 권세 아래로 떨어졌다. 엘로힘께서 사단을 사람을 지배하는 왕(메시야)으로 세우신 것이 아니라는 말이다. 메시야/그리스도(기름부음 받은 자)는 '사람'을 가리킬 뿐이다.

② 신약의 메시야/그리스도는 하나님께서 낳으신 아들/사람

아담은 예수 그리스도의 모형이고, 실체인 예수님은 아담과 비교조차 안 될 만큼 존귀하다. 구약의 메시야와 신약의 메시야는 모형과 실체의 관계이고, 그 차이는 하늘과 땅 차이보다 크다.

<내가 영을 전하노라 יהוה께서 내게 이르시되 너는 내 아들이라 오늘날 내가 너를 낳았도다>(시 2:7)

'오늘날'이라고 번역한 히브리어는 יום[욤]인데 '날', '하루', '낮'을 의미하는 단어이며, 이 시를 쓴 그 날 낳으셨다는 말이 아니다. 엘로힘은 시간을 창조하신 전능자이시기에 시간의 제한을 받지 않으신다. 따라서 시간을 초월하여 '오늘'이라고 말씀하신 예들을 여러 번 보여주셨다(히 1:5; 3:7,13,15; 4:7; 5:5). 그분은 시작과 마침이며 처음과 나중(끝)이며 알파와 오메가이시다. 그분은 영원태초의 일이나 영원 끝의 일도 현재 일처럼 보신다. 엘로힘께서 모세에게 말씀하실 그때도 모든 의인이 부활해 있음을 보셨다(눅 20:38)는 말씀은 아담을 지으시기 이전에도 부활한 자들을 보셨고, 영원 전부터 보셨다는 의미이다. 사람으로서 예수님은 하나님의 아들인 신분과 다윗(사람)의 아들인 신분으로 구별된다.

<이새의 줄기에서 한 싹이 나며 그 뿌리에서 한 가지가 나서 결실할 것이요>(사 11:1)

30년 동안 사생애를 사시는 동안 사람들에게 '인자'로 알려지셨지만, 하나님의 아들로서는 '나는 하늘에서 내려온 자'라고 친히 증언하셨다. <하늘에서 내려온 자 곧 인자(註 이는 제유법으로 말씀하심) 외에는 하늘에 올라간 자가 없느니라>(요 3:13)

'하늘에서 내려 온 자'는 '하나님의 아들'(독생자)을 가리킨다. 아들이 아직 부활 승천하지 않은 시점에서 '하늘에 올라간 자'라고 하셨는데 그 하늘은 시간과 공간을 초월하는 셋째하늘, 참하늘, 시공을 창조하시기 이전의 초월적 영역을 가리킨다. <그러면 너희가 인자의 이전 있던 곳으로 올라가는 것을 볼 것 같으면 어찌하려느냐>(요 6:62)

독생자는 하늘에서 나셨기에 이전에 있던 곳이라고 증거하셨다. <예수께서 가라사대 너희는 아래서 났고 나는 위에서 났으며 너희는 이 세상(世上)에 속하였고 나는 이 세상에 속하지 아니하였느니라>(요 8:23)

하나님의 아들 예수 그리스도를 제외한 모든 자는 아래에서 났고, 흙에 속한 형상을 가졌다. 하나님의 아들은 시간을 초월하는 셋째하늘에서 하나님께서 친히 낳으신 아들로서 기름부음 받은 사람이다. <3 이 아들로 말하면 육신으로는 다윗의 혈통에서 나셨고 4 성결의 영으로는 죽은 가운데서 부활하여 능력으로 하나님의 아들로 인정되셨으니 곧 우리 주 예수 그리스도시니라>(롬 1장)

이 말씀은 '한 아기'와 '한 아들'(사 9:6), 예수님이 완전한 사람으로서 가지신 신분(사 11:1,2)을 설명하는 진술이다. <첫사람은 땅에서 났으니 흙에 속한 자이거니와 둘째사람은 하늘에서 나셨느니라>(고전 15:47)

참하늘에서의 출생과 베들레헴에서의 출생의 차이는 천지 차이보다 크다. 베들레헴에서 난 인자로서는 천사들보다 조금 못하신 분이나(히 2:7), 셋째하늘에서 태어나신 '하나님의 아들'로서는 영원토록 천사들을 다스릴 하나님의 후사이다(히 1:7,14). '하나님의 아들'(마 16:16), '독생자'(요 1:14)는 하나님께서 친히 '낳으신 유일한 아들'이라는 신분이다. 주 하나님께서 천사들에게 '내가 너를 낳았다. 나는 너의 아버지가 되고 너는 내 아들이 된다'라고 말씀하지 않으신다(히 1:5).

구약의 메시야들은 '하나님께서 낳으신 아들'이 아니라 모두 '사람이 낳은 아들(딸)'들, 메시야는 육으로 태어난 자들이다. 예수 그리스도는 하나님의 영(靈)으로 말미암아 태어난 사람으로서 아들이다.

③ 신약의 메시야/그리스도는 세 가지 직분을 모두 가지심

아담은 엘로힘께 예배하고 섬기며, 교제하는 자였다. 그는 창세기 2장 17절을 받아 전한 선지자였고, 왕으로서 다스릴 자였다. 범죄한 후에는 제사장으로서 속죄 피를 가지고 하나님께 나가야 했다. 아담은 엘로힘의 형상의 모형인 만큼 그도 메시야 직분을 가졌다. 예수 그리스도는 그 메시야의 세 가지 완전한 직분의 실체를 모두 가진 메시야이시다.

예수 그리스도는 멜기세덱의 반차를 좇는 대제사장이시다(히 3:1).

<11 그리스도께서 장래 좋은 일의 대제사장으로 오사 손으로 짓지 아니한 곧 이 창조에 속하지 아니한 더 크고 온전한 장막으로 말미암아 12 염소와 송아지의 피로 아니하고 오직 자기 피로 영원한 속죄를 이루사 단번에 성소에 들어가셨느니라>(히 9장)

구약에는 대제사장이 1년 중 속죄일에 단 한 번만 지성소에 들어갈 수 있었다. 아담 이후 정결한 동물의 피로 드린 모든 제사로는 백성 중 단 한 명의 죄의 만분의 1만큼도 사하지를 못했다. 새언약의 대제사장은 자기 피로 영원한 속죄를 이룬 완전한 제사를 드렸다.

예수님은 '그 선지자'로서 하늘 아버지의 진리, 영원히 참된 실체를 전하신 참선지자이셨다. 영원 전부터 계획하셨던 엘로힘의 경륜에 대해 이전에는 그 누구도 알지 못했는데, 하나님의 독생자가 참된 선지자로 오셔서 비로소 계시해주셨다(마 13:35).

예수님은 아담, 아브라함, 다윗의 후손, 혈육에 속한 분으로서 사단, 죄와 사망과 싸우실 왕의 자격을 갖추셨다. 그는 자기 백성들을 위하여 어린양으로 우리 대신 죽고 부활하심으로써 가장 강한 원수인 사단과 죄와 사망과 싸워 다 이긴 왕이시다.

예수 그리스도는 완전한 대선지자이자 대왕이시며 대제사장이시다. 그분은 하나님의 아들/사람이시며, 완전한 그 메시야/그리스도이시며 그 신분은 '기름부음 받은 사람'으로서 완전한 직분이다.

④ 신약의 메시야/그리스도는 그 직분이 영원함

구약의 메시야들은 늙고 병들고, 언젠가는 반드시 죽기 때문에 그들이 가진 직분도 일시적이다. 새언약의 메시야/그리스도의 직분은 영원하다. 예수 그리스도께서 가장 큰 원수인 사단과 죄와 사망을 다 이기셨지만, 아직 사단과 죄와 사망을 완전히 멸하신 것은 아니다. 장차 그가 다시 오실 것이고, 최후심판으로 멸하실 것이고 그 후에는 새하늘과 새땅을 영원토록 다스리실 것이다(계 11:15; 20:6; 22:5).

구약의 메시야인 제사장들은 땅의 성전에서 30~50세 동안 그 직무를 수행하고 물러났다. 예수 메시야/그리스도는 영원토록 대제사장이 되실 것을 엘로힘께서 맹세로 선언하셨다(시 110:4; 히 6:20; 7:17).

<(저희는 맹세 없이 제사장이 되었으되 오직 예수는 자기에게 말씀하신 자로 말미암아 <u>맹세로 되신 것이라 주께서 맹세하시고 뉘우치지 아니하시리니 네가 영원히 제사장이라 하셨도다</u>)>(히 7:21)

예수 그리스도는 영원토록 하나님의 뜻을 알리시는 선지자인 메시야/그리스도라는 직임을 누리실 것이다. 영원 끝의 일도 현재로 다 아시는 엘로힘께서 그리스도 안에 영원히 계실 것이고, 낳으신 아들이자 형상인 그리스도를 통해 모든 것을 완전하게 알리실 것이다.

⑤ 많은 메시야들이 있었지만 한 분의 '그 그리스도'가 계심

구약시대와 달리 신약시대에는 하나님과 사람 사이에 오직 한 분의 사람으로서 완전하고 영원하며 유일한 메시야가 계신다(딤전 2:5).

구약의 메시야들은 완전한 메시야/그리스도이신 예수님의 부분적인 것을 보여준 그림자요 모형이었다. 새언약에서는 예수 그리스도라는 그 메시야와 그가 머리인 한 새사람의 지체들이 기름부음을 받았다.

맏아들인 그 그리스도는 큰 메시야이시고, 하나님이 낳으신 아들들은 맏아들과 함께 성령으로 기름부음 받은 자들이다. 성령으로 기름부음을 받은 자인 아들들(벧전 2:5,9; 고후 1:21; 요일 2:20,27; 계 1:6; 5:10; 20:6)은 한 새사람의 지체들로서 제사장·왕·선지자인데 그리스도와 함께 작은 메시야(a messiah)의 직분을 영원히 누릴 것이다.

(3) 아들 안에 아버지께서 계시고 아버지 안에 아들이 있음

① 사자(使者)를 보내신 하나님과 보내심을 받은 사자들

엘로힘은 초월적인 영역인 참하늘에 계시는 영(靈)이시다(스 5:12; 욥 16:19; 22:12; 시 2:4; 115:3; 123:1; 전 5:2; 애 3:41; 단 2:18,19,28; 마 5:16,45,48; 6:1,9; 7:11,21; 10:32,33; 12:50; 16:17; 18:10,14,19; 23:9; 막 11:25; 엡 6:9). 하나님께서 시간과 공간을 창조하셨고, 공간 안팎에 항상 계신다(시 139:5-10; 렘 23:23,24; 엡 4:6).

그 엘로힘은 자기의 사자(使者)를 세상 사람들에게 보내셔서 영원하신 뜻을 전하셨다. 엘로힘께서 보내신 사자들의 말을 듣는 자들은 사람의 말이 아닌 엘로힘의 말씀을 듣는다. 보내심을 받은 자는 보내신 엘로힘의 말씀을 그대로 전해야 한다. 인류 역사상 엘로힘의 말씀을 싫어하는 자들이 엘로힘께서 보내신 자들을 죽이고, 보내신 주 엘로힘을 끊임없이 거역해 왔다. 예수님은 그러한 대제사장들, 제사장들, 서기관·율법사들을 '뱀들, 독사의 새끼들'이라고 책망하셨다. 거역자들은 끝까지 예수께서 보내신 선지자들, 지혜있는 자들, 서기관들을 핍박하고 죽이는 일을 할 것이라고 경고하셨다. 히브리어 구약성경의 첫 순교자인 아벨로부터 마지막 순교자인 사가랴의 죽음까지 모든 피값을 그들이 감당할 것이라고 책망하셨다(마 23:33-38). 진리의 성읍이라는 예루살렘마저 יהוה의 새성함으로 그 메시야가 다시 오실 때에야 회개하고 그분을 영접할 것이며 황폐하게 된 저주가 그때까지 계속 이어지고 있다(슥 8:3).

엘로힘께서 보내시지 않았는데도 엘로힘의 보내심을 받은 자로 자칭하며 거짓말을 진리처럼 엘로힘의 이름으로 전하는 거짓 선지자들이 늘 활동했다(렘 14:15; 23:21-32; 27:15; 28:15; 29:9,31).

<21 이 선지자들은 내가 보내지 아니하였어도 달음질하며 내가 그들에게 이르지 아니하였어도 예언하였은즉 … 25 내 이름으로 거짓을 예언하는 선지자들의 말에 내가 몽사를 얻었다 몽사를 얻었다 함을 내가 들었노라>(렘 23장)

그들은 יהוה의 말씀을 도적질하고, יהוה의 영원한 새성함을 잊게 하며, 사단이 준 생각에 따라 허탄한 것을 엘로힘의 계시라고 전하고, 그 말을 듣는 사람들과 같이 구덩이에 빠질 자들이다(렘 23:26-32).

스스로 계시는 그분께서 '주 יהוה만 유일한 엘로힘'이심을 친히 돌판에 새겨 증거하셨다. יהוה 엘로힘 외에 다른 신을 믿지 않았던 '구약의 모든 의인이 이미 생명의 부활에 참여했다'라고 예수께서 친히 증거해주셨다. 이 말씀은 2~3위라는 신들을 더하지 말고, 오직 יהוה 엘로힘만을 믿어야 영생을 얻는다는 진리를 보여주는 확실한 증거이다.

보내심을 받은 자는 보내신 분의 뜻을 그대로 전해야 하고, 신자들은 외모를 보지 말고 엘로힘의 말씀으로 받아야 한다.

<16 내가 진실로 진실로 너희에게 이르노니 종이 상전보다 크지 못하고 보냄을 받은 자가 보낸 자보다 크지 못하니 17 너희가 이것을 알고 행하면 복이 있으리라>(요 13장)

하나님께서 보내신 독생자도 하나님 아버지의 뜻대로 죽기까지 순종하였다. 보내신 분이 보내심을 받은 자보다 크신 것처럼, 아버지는 아들보다 크시다. 대제사장이라 할지라도 하나님과 결코 동등될 수 없듯이, 아들이요 사람인 그리스도를 아들하나님으로 신격화하는 것은 니므롯과 담무스의 사악한 범죄를 따르는 것이다.

<내가 갔다가 너희에게로 온다 하는 말을 너희가 들었나니 나를 사랑하였더면 나의 아버지께로 감을 기뻐하였으리라 아버지는 나보다 크심이니라>(요 14:28)

완전한 엘로힘 יהוה에다 아들하나님이라는 다른 신을 더하는 자들은 가장 큰 거짓말을 한 불법자들로서 형벌을 받는다(계 22:18-19).

주 엘로힘께서 '보내신 자'는 히브리어로 מלאך[말라크]인데 한글 개역 성경의 많은 구절에서 '사자(使者)'로 번역되었다(창 16:9; 28:12; 48:16; 출 14:19; 23:23; 민 22:22; 삿 5:23; 삼하 24:16; 왕상 19:7; 왕하 17:25; 19:35; 대상 21:12; 욥 4:18; 시 34:7; 사 37:36; 단 3:28; 학 1:13; 슥 1:11,12; 3:1,5,6; 12:8 …). 하나님의 '말라크' 중에는 천사들이 많으므로 '천사'(天使/angel)로 더 많이 번역되었다(창 19:1; 삼하 24:16; 왕상 13:18 …). 구약성경의 마지막 선지자 '말라기'가 제사장인 '말라크'이고(말 2:7), 기름부음 받은 자/메시야이다. 엘로힘께서 보내신 자가 사람으로서 '말라크'일 경우에는 '천사'로 번역하면 안 되고 반드시 '사자'로 번역해야 한다.

만군의 יהוה께서 "보라 내가 내 사자(히-말라크)를 보내리니 그가 내 앞에서 길을 예비할 것이요 또 너희의 구하는 바 주가 홀연히 그 전에 임하리니 곧 너희의 사모하는 바 언약의 사자(말라크)가 임할 것이라"고 말씀하셨다(말 3:1). 앞에 기록된 말라크는 침례 요한을 가리키고 뒤에 기록된 말라크는 하나님께서 낳으신 아들로서 새언약의 중보자로 보내 심을 받은 '그 그리스도'를 가리킨다.

히브리어 '말라크'와 같은 뜻의 헬라어는 αγγελος[앙겔로스]이다.

'앙겔로스'도 한글개역성경에 많은 구절에서 '천사(天使/angel)'로 번역되었다(마 4:11; 13:39; 16:27; 막 1:13; 8:38; 12:25; 눅 1:13 …). '앙겔로스'는 여러 번 '사자(使者)'로 번역되었다(마 1:20; 2:13; 막 1:2; 눅 1:11; 2:9; 요 1:51; 행 5:19; 고후 12:7; 약 2:25; 계 1:20; 2:1; 3:1; 9:11; 12:7; 22:16…). 하나님께서 보내신 '앙겔로스' 중에는 당연히 천사(天使)가 많지만, 사람도 있다(마 11:10; 막 1:2; 눅 9:52; 약 2:25; 계 22:16 …). יהוה께서 보내신 '언약의 말라크'(말 3:1)는 '새언약의 중보 자/그리스도'이다. 주 엘로힘께서 새언약의 '말라크/앙겔로스'로 보내신 이는 천사가 아니고, 주 엘로힘께서 낳으신 적도 없는 '아들하나님'도 아니며, 사람이신 메시야/그리스도 예수이다(딤전 2:5).

<모든 천사(앙겔로스)들은 부리는 영으로서 구원 얻을 후사들을 위 하여 섬기라고 보내심이 아니뇨>(히 1:14)

성령으로 거듭난 아들은 주 하나님께서 보내신 말라크/앙겔로스로서 구약의 사자인 메시야/그리스도보다 더 크고 존귀한 신분을 가졌음은 물론이고, 천사들까지 다스리고 부리는 존귀한 아들이다.

지음받은 종과 태어난 아들이라는 두 신분의 차이는 전능하신 엘로힘 의 최고의 피조물인 천사를 기준으로 비교해볼 때 확실하게 드러난다. 구약에서 엘로힘께서 보내신 사람으로서 '말라크'들의 신분은 종이었고, 천사들보다 열등하나, 신약에서 하나님께서 보내신 사람으로서 말라크/ 앙겔로스는 하나님께서 낳으신 아들이요 모든 천사를 종으로 부릴 만큼 월등하다(마 3:17; 11:10-11; 21:33-46; 막 12:1-12; 눅 20:9-19). 구약 의 사람들은 천사들을 '주'(lord)라 불렀던 천한 신분이고, 신약의 성도 들은 모든 천사의 '주'(lord)가 된 존귀한 아들들이다.

② 하나님께서 친히 '하나님의 말라크'로 임시로 나타나셨음

יהוה 엘로힘께서 소돔과 고모라를 심판하시려고 아브라함의 장막을 방문하셨다. 세 사람이 방문하였는데 그들 중 한 분은 엘로힘이셨고 다른 둘은 천사(히-말라크)들이었다(창 18:1,2,16,17-22,33; 19:1,15).

이 말씀에서 주목할 것은 엘로힘께서 사람의 육체와 같은 모습으로 나타나셨다는 사실이다. 아브라함도 사람의 모습으로 나타나신 엘로힘을 구별하기 어려웠다. 분명히 엘로힘께서 사람의 모습으로 나타나셨는데 엘로힘이라고 하지 않고 앙겔로스(말라크)로 표기하였다(히 13:2).

아브라함과 대화하신 분은 '나'(I)라고 수차례나 말씀하신 יהוה이시다. 아브라함이 'יהוה 앞에 섰고'(창 18:22), 'יהוה께서 말씀하셨고'(창 18:26), 'יהוה께서 아브라함과 말씀을 마치시고 즉시 가시니 아브라함도 자기 곳으로 돌아갔더라'(창 18:33)라는 기록도 말라크가 יהוה이심을 증거한다.

יהוה 엘로힘은 공간 안팎에 어디에서나 계시며 보이지 않는 영이시다. 그분은 사람들이 분간하기 어려운 사람의 모습으로 자신을 일시적으로 나타내신다. 그 형상은 본래 보이지 않는 그분의 실제 형상이 아니기에 '하나님의 말라크'라고 표현했다. 만일 그 사자의 형상을 엘로힘이라고, 구별 없이 표현했다면 이후에 사람들은 사람 형상을 만들어 그것에게 경배했을 것이다. 엘로힘께서 이 경우 외에는 사람의 모습으로 나타나실 수 없다고 누구도 단정할 수 없다. 후에도 엘로힘께서 사람의 모습으로 나타나신 기록들이 있지만, 그 형상들도 엘로힘의 실제 형상이 아니므로 '엘로힘의 말라크'라 불렀다.

아브라함이 독생자 이삭을 엘로힘께 번제로 드릴 때 יהוה의 말라크가 나타나셨다(창 22:1,11,12,15). 이 말라크를 천사로 번역할 수도 있지만, 만일 천사가 '네 독자를 내게 번제로 바쳐라'라고 명했다면 그 천사는 사단 마귀가 틀림없다. 모든 제사는 오직 יהוה 엘로힘께만 바쳐야 하고, 아브라함이 천사에게 독생자를 바쳤다면 우상숭배를 한 것이다. 이때의 말라크는 창세기 18장에서 나타나심과 같이 일시적인 사람의 모습으로 나타난 엘로힘이시므로 매번 '내게', '내가', '나의'라고 명백하게 엘로힘 자신이심을 증거하신 것이다. 아브라함에게 그 복을 주실 분도 오직 יהוה이시므로 'יהוה-이레'라 부른다.

야곱에게도 엘로힘의 말라크들이 나타났는데 그들은 엘로힘께서 창조하신 천사들(하늘의 군대; 마하나임)이었다(창 32:1,2). 야곱이 에서에게 보낸 '말라크'들은 '사람'들이었다(창 32:3,6). 야곱은 얍복강에서 어떤 사람(창 32:24,28, 히-이쉬)과 날이 샐 때까지 씨름하였다. 그분은 어떤 비범한 진짜 사람이 아니라, 일시적으로 사람의 모습으로 친히 나타나신 엘로힘 יהוה이시므로 '엘로힘과 더불어' 말씀하셨다고 하였다(창 32:28). 아브람에게 새이름을 주신 그 엘로힘이 '이스라엘'이라는 새이름을 주신 분이고, 그 이름을 '기묘'라고 알리신 그분은 천사나 사람과 비교할 수 없으신 엘로힘이심을 증거한다(창 32:29). '브니엘'이란 이름은 '엘로힘의 얼굴'을 보았으나 죽지 않고 살았다는 의미이다. 사람이 천사를 볼지라도 죽게 되는 것이 아니며, 천사에게 간구하는 것은 제1계명을 범하는 죄이다. 야곱이 '엘로힘과 힘을 겨루되' 말라크와 힘을 겨루며 '그에게 울며 간구한 기도로 이겼다'고 증거했다(호 12:3,4).

יהוה의 사자가 떨기나무의 불꽃 중에 모세에게 나타나셨다(출 3:1,2). 이어서 יהוה 엘로힘께서 모세에게 말씀하셨다고 기록되었다(출 3:4). 주 '엘로힘께서 모세를 부르시고 말씀하셨다'는 표현은 그 말라크가 사람의 모습으로 나타나신 엘로힘이심을 증거한다. 이후부터 계속 '엘로힘'으로 기록되었다(출 3:5-8,13-15). 특히 출애굽기 3장 전체에서 יהוה의 사자는 단 한 번만 언급되었고, 다음부터는 יהוה께서 직접 모세와 대화하셨다고 기록되었다. 특히 13~15절까지 그 말라크가 친히 자신의 성함을 '에흐예'와 יהוה로 알려주셨다는 사실에 주목해야 한다. 천사가 자신을 가리켜 '나는 스스로 있는 자, יהוה이다'라고 말했다면 그는 주 하나님의 아들을 시험했던 사단 마귀일 것이다. 천사는 '네가 선 땅은 내 임재로 거룩한 땅이 되었으니 신발을 벗으라'는 말을 감히 할 수 없다.

모세 앞에 나타나신 말라크나 떨기나무의 불꽃도 엘로힘 자신의 실제 형상/형체는 아니다. 학자들도 '에흐예', יהוה로 알리신 분을 실제로 천사라고 주장하지 않고 십계명을 기록하신 יהוה 엘로힘이시라고 믿고 있다. 구약의 이 말라크는 엘로힘의 임재와 역사를 나타내신 수단이다. 아브라함이나 야곱은 보이지 않으시는 엘로힘을 말라크로 대면할 수 있었다. 그 말라크는 본래의 형상이 아닌, 곧 사라질 일시적인 모습이다.

위의 사건을 신약성경에 인용하면서 '말라크'를 헬라어 '앙겔로스'로 번역한 것을 '천사/天使/angel'로 번역한 것은 오역이다(행 7:30,35). 이 사건의 '앙겔로스'를 다른 구절에서도 천사(天使/angel)로 오역했다 (갈 3:19; 히 2:2). 헬라어 원문에 앞의 두 구절에서 '앙겔로스'가 아닌 복수로 '앙겔리온'으로 기록되었다. 말라크와 앙겔로스를 '사람'이 아닌 '천사'로 오역한 사례들이 몇 번이 있는데 거듭난 아들을 '앙겔로스'로 보내셨으면 '천사'라 번역하면 잘못이다. 하물며 하나님께서 말라크로 임시 나타나신 것을 '천사'로 번역한 것은 심각한 오역이다. יהוה께서 몇 번이나 '엘로힘의 말라크'의 모습으로 나타나셨다. 엘로힘께서 천사들을 불꽃으로 '말라크/앙겔로스'로 쓰셨다(시 104:4; 히 1:7). 무엇보다 יהוה 께서 일시적으로 '말라크'로 나타나셨고, 친히 자신의 성함을 알리셨고, 친히 돌판에 기록하신 십계명과 불같은 율법을 주셨다.

엘로힘 יהוה께서 시내산에 강림하시고, 십계명과 율법을 모세에게 주신 내용(출애굽기 19장부터 34장)에서 한글개역성경에 엘로힘의 '말라크'를 '천사'라고 번역한 적은 없고, 다 '사자'로 번역하였다. 모세가 엘로힘께 '주의 영광을 내게 보이소서'라고 구하자 엘로힘께서 '내가 나의 모든 선한 형상을 네 앞으로 지나게 하고 יהוה의 이름을 반포하리라. 네가 내 얼굴을 보지 못하리니 나를 보고 살 자가 없음이니라'라고 말씀하셨다. 모세를 반석 사이에 숨기시고 그 영광의 형상의 뒷모습을 보이셨다(출 33:18,19,23). 하나님이 모세와 대면하셨고, 그 형상을 보이셨다고 기록되었다(민 12:8; 신 34:10). 그러므로 율법을 주실 때 나타나신 יהוה의 말라크는 천사가 아니라 임시로 사람 형상을 취하여 '사자'로 나타나신 주 엘로힘 יהוה이심을 깨달아야 한다.

가나안 땅을 정복하려는 여호수아 앞에 יהוה의 군대장관이라는 사람이 나타났는데 그도 역시 엘로힘의 말라크임을 알 수 있다(수 5:13-15). 여호수아가 יהוה의 군대장관께 경배했다. יהוה의 말라크가 여호수아에게 '네가 선 땅은 거룩한 땅이니 신을 벗으라'고 명령했다. '군대장관'이라고 번역된 호칭에서 '군대'는 히브리어로 '차바'(복수는 '차바오트')이고 여러 차례 '만군'의 엘로힘(יהוה)이라고 언급해, 엘로힘의 특별한 직함에 붙여서 사용된다(삼상 1:3,11; 4:4 ⋯).

'장관'으로 번역된 히브리어는 שַׂר[샤르]인데 '주재', '통치자', '지배자', '우두머리'라는 의미로, 군대의 '주재'이신 יהוה 엘로힘을 가리킬 때 쓴다 (단 8:11). 여호수아가 '절했다'는 히브리어 שָׁחָה[샤하]는 성경에서 '경배하다', '(몸을) 구부리다', '절하다'라는 의미로 여러 번 사용되었다. 한글 개역성경에서 여호수아서 이전에 '경배하다'라고 번역된 단어는 모두 '샤하'인데 이 사실도 그분이 경배받으실 엘로힘 יהוה께서 임시 사람의 모습으로 나타나셨음을 증거한다(창 22:5; 24:26,48,52 47:31; 출 4:31; 12:27; 24:1; 34:8; 레 26:1; 신 4:19; 26:10 …). 여호수아가 그 사람을 '나의 주'(히-아돈/Lord)이신 יהוה라고 불렀다. '네 발에서 신을 벗으라. 네가 선 곳은 거룩하니라.'라는 명령은 오직 יהוה 엘로힘께서만 하실 수 있는 명령이다. 엘로힘께서 여호수아에게 '만군의 통치자'(군대장관)인 말라크로 나타나신 것은 큰 전쟁을 앞둔 여호수아에게 엘로힘의 군대 총사령관의 모습으로 자신을 나타내신 것이다.

יהוה의 말라크가 기드온에게 나타나셨다(삿 6:11,12,20,21). 기드온이 말라크에게 음식을 만들어 드리자, 그것을 반석 위에 두고 국을 그 위에 쏟으라고 지시하셨다. 그 말라크가 지팡이를 음식에 대자 반석에서 불이 나와 고기와 무교병을 살랐다. 이 말라크도 사람의 형상으로 나타나신 엘로힘이셨다(삿 6:20-23). 엘로힘께서 자신을 만세 반석으로 나타내신 것이었고(창 49:24; 출 17:6; 신 32:4; 삼상 2:2; 삼하 22:2; 시 18:2; 62:6; 사 8:14; 44:8), 엘로힘께서 제사를 받으심과 같이 기드온의 예물을 받으셨다는 것을 의미한다. 기드온이 יהוה의 말라크를 보고 죽음을 두려워한 것은 그 사자가 임시로 나타나신 엘로힘이심을 알았기 때문이다. 그곳에 엘로힘을 위한 단을 쌓고 'יהוה-샬롬'이라고 부르게 된 것도 그 말라크가 יהוה의 임시 나타나신 증거이다(삿 6:24).

יהוה의 말라크가 마노아에게 나타나 잉태하지 못하던 아내가 아들을 낳을 것을 알려주시며, 그를 엘로힘께 나실인으로 바치라고 명하셨다(삿 13:3,6,9,13,15,16,17,18,19,20,21). יהוה 엘로힘의 말라크는 사람의 모습 이었다(삿 13:6,8,9,10,11). 엘로힘의 말라크는 마노아가 제사드리려고 하자 우상들에게가 아닌, 오직 엘로힘께만 제사드리라고 지시하셨다.

엘로힘의 말라크가 마노아의 제사를 받으셨고, 삼손을 낳게 하셨다(삿 13:15-20). 마노아에게 나타나셨던 엘로힘의 말라크는 사람의 모습으로 나타나신 엘로힘 '기묘자'이셨고, 그들은 주 엘로힘의 나타나심을 알고 죽을까 두려워했으나 은혜로 죽임을 당치 않았다(삿 13:21-23). 만일 천사가 엘로힘이신 것처럼 경배나 제사를 받았다면 그는 엘로힘의 사자가 아니라 사단 마귀이다. 삼손의 부모가 천사에게 제사 지냈다면 우상숭배 하던 자들과 함께 죽었을 것이다.

유일신을 전하는 한 전도자가 <구약의 야웨는 천사, 예수는 하나님 아버지!>라는 책을 지어 출판했다.[19] 그분이 יהוה를 천사라고 주장하는 근거는 하나님께서 나타나시는 특성과 '말라크/앙겔로스'를 '천사'로 번역한 신약성경의 오역문제와 '말라크/앙겔로스'에 관한 이해 부족에서 온 것이다. 선민들은 전무후무한 권능으로 그들을 애굽에서 인도하신 주 יהוה 엘로힘만을 섬기라는 제1계명을 광야에서 버렸고, 그 엘로힘을 섬길 때 십계명을 받기 전부터 책망을 받았던 송아지 형상은 물론 그 어떤 형상이든 만들지 말라고 명하신 제2계명도 버렸다. 선민들은 하늘군대와 몰록의 장막과 레판의 별들을 섬겼다(행 7:42-43). 그러기에 주 יהוה께서 엘로힘의 진정한 형상이 아닌 어떤 형상이든지 숭배하는 것을 철저하게 금하셨으며, 임시 형상인 말라크에 관한 명령도 그러하다.

③ 하나님 아버지께서 독생자를 '그 말라크'로 보내심
엘로힘께서 말라기 선지자를 통해 엘로힘 יהוה의 앞길을 예비하도록 말라크(사자)를 보내실 것과 백성들이 구하는 바 주님이 홀연히 전(殿)에 임하실 것, 그들이 사모하는 바 언약의 말라크(사자)가 임할 것을 약속 하셨다(말 3:1). 그 예언에 언급된 '내 말라크'는 침례 요한을 가리키고, 요한이 천사(天使)가 아니라는 사실을 모를 사람이 없다.
'언약의 말라크(사자)'는 엘로힘 아버지께서 은혜와 진리인 새언약의 중보자로 보내신 독생자인 그리스도이시다(마 10:40; 눅 4:18; 요 1:17). 물론 새언약의 말라크는 '아들하나님'이 아니라 하나님이 낳으신 아들로 사람이다(딤전 2:5). 신약의 말라크인 하나님의 아들 그리스도는 천사가 아니라 사람이시므로 '사자'로 번역해야 한다.

예수께서 비유로 구약의 말라크와 신약의 말라크/앙겔로스의 신분상 차이에 대해 가르치셨다. יהוה께서 몇 번이고 종들을 보내셔서 엘로힘의 말씀을 청종하게 하셨으나 그들을 때리고 투옥하고 죽이기까지 했는데 구약의 마지막 사자는 침례 요한이다. 주 יהוה 엘로힘께서 최후에 보내신 사자는 하나님께서 친히 낳으신 아들이다(마 21:33-36). 그는 맏아들이 되어 많은 아들과 공동상속자이지 '아들하나님'이 아니다.

요한복음에는 '보내신 분과 보내심을 받은 자'에 관한 수많은 구절이 기록되어 있다. 침례 요한은 땅에서, 혈육으로, 종의 신분으로 지음받은, 구약의 마지막 말라크로 보내심을 받았다(요 1:6,33).

하나님께 보내신 아들은 하늘에서 태어나되, 만유를 다스릴 후사로, 새언약의 앙겔로스/말라크로 보내심을 받았다(말 3:1).

<28 예수께서 성전에서 가르치시며 외쳐 가라사대 너희가 나를 알고 내가 어디서 온 것도 알거니와 내가 스스로 온 것이 아니로라 나를 보내신 이는 참이시니 너희는 그를 알지 못하나 29 나는 아노니 이는 내가 그에게서 났고 그가 나를 보내셨음이니라 하신대 30 저희가 예수를 잡고자 하나 손을 대는 자가 없으니 이는 그의 때가 아직 이르지 아니하였음이러라 … 33 예수께서 이르시되 내가 너희와 함께 조금 더 있다가 나를 보내신 이에게로 돌아가겠노라>(요 7장)

하나님이 낳으신 하나님의 아들은 보내신 아버지보다 크지 못하다.

<16 내가 진실로 진실로 너희에게 이르노니 종이 상전보다 크지 못하고 보냄을 받은 자가 보낸 자보다 크지 못하니 17 너희가 이것을 알고 행하면 복이 있으리라>(요 13장)

영생은 아들을 낳으신 참하나님 아버지와 아버지께서 보내신 자, 즉 말라크/앙겔로스인 아들 예수 그리스도를 아는 것이다(요 17:3).

사도들은 아들이 아버지한테서 태어난 줄을 알며, 아버지께서 아들을 보내신 것도 믿었다(요 17:8). 아버지께서 아들을 세상에 보내신 것같이 아들도 사도들을 세상에 보내셨다. 모든 성도는 아버지께서 아들을 보내신 것을 믿어야 한다(요 17:21). 아버지께서 아들을 보내신 것과 아들을 사랑하신 것같이 아들을 영접하는 자들도 아버지께서 사랑하시는 것을 세상이 알게 하기 위함이라 하셨다(요 17:23-25).

④ 아버지의 말라크인 그 아들 안에 아버지께서 항상 계심

구약의 사람으로서 말라크는 하나님의 영이 임시로 임하여 곁에 함께 하셨으며, 하나님께서 보내신 천사의 도움으로 기적을 행하거나 율법의 말씀을 전했다. 신약의 말라크는 거룩한 영이신 하나님으로부터, 모든 하늘 위의 하늘에서 태어난 아들로서 보내심을 받은 자이자, 천사보다 뛰어난 신분의 말라크/앙겔로스이고, 영원 전부터 예정하신 하늘에 속한 진리를 전했다. 구약의 천사와 신약의 말라크의 신분은 비교조차 할 수 없을 만큼 차이가 크다. 아버지께서 신약의 말라크인 하나님의 아들 그리스도 안에 영원히 함께 계신다. 이사야가 새언약의 앙겔로스/말라크요 메시야/그리스도에 관해 예언한 말씀에 잘 나타나 있다.

<이는 한 아기가 우리에게 났고 한 아들을 우리에게 주신 바 되었는데 그 어깨에는 정사를 메었고 그 이름은 기묘자라, 모사라, 전능(全能)하신 하나님이라, 영존(永存)하시는 아버지라, 평강의 왕이라 할 것임이라>(사 9:6)

예수께서 친히 자신을 하나님 아버지와 사람이신 아들로 하나가 되신 분이심을 증거하셨다. 하나님 아버지께서 모든 것을 아들에게 주셨다고 증거하셨다(마 11:27; 28:18; 요 10:30,38; 13:3; 17:2).

<아버지께서 아들을 사랑하사 만물(헬-파스)을 다 그 손에 주셨으니>(요 3:35)

<무릇 아버지께 있는 것은 다 내 것이라 그러므로 내가 말하기를 그가 내 것을 가지고 너희에게 알리리라 하였노라>(요 16:15)

<내 것은 다 아버지의 것이요 아버지의 것은 내 것이온데 내가 저희로 말미암아 영광을 받았나이다>(요 17:10)

이는 아버지께서 아들 안에 계심으로 아들을 자기의 영원한 형상으로 삼으셨고, 또한 하나님/아버지의 후사로 삼으셨다는 의미이다.

יהוה 엘로힘의 말라크를 자기 앞에 보내겠다고 말씀하셨던(말 3:1) 이 예언의 성취를 증거한 신약성경은 그 말라크/앙겔로스(사람)가 하나님의 아들 그 그리스도의 길을 예비한 것이라고 증거한다(마 11:10; 눅 7:27). יהוה께서 '내' 앞에서 '내' 길을 예비하리라는 말씀은 하나님의 아들이자 사자인 '네' 앞에서 '네' 길을 예비하리라는 말씀으로 성취되었다.

남았습니다.

새언약의 말라크로 보내심을 받은 아들 안에는 아버지이신 יהוה께서 계신다. 마가복음은 이사야의 예언(사 40:3)과 말라기의 예언을 합쳐서 (말 3:1) 엘로힘 יהוה께서 아들 말라크 안에서 오셨다고 증거했다.

<2 선지자 이사야의 글에 보라 내가 내 사자를 네 앞에 보내노니 저가 네 길을 예비하리라 3 광야에 외치는 자의 소리가 있어 가로 되 너희는 주의 길을 예비하라 그의 첩경을 평탄케 하라 기록된 것 과 같이 4 세례 요한이 이르러 광야에서 죄 사함을 받게 하는 회개 의 세례를 전파하니>(막 1장))

침례 요한이 예비한 회개의 침례라는 길로 יהוה께서 그분의 말라크인 아들 안에서 임마누엘 하셨다(사 40:10,11; 요 1:23), 신약의 앙겔로스 안에서 오신 יהוה의 길을 예비한 것이다. 주 예수 그리스도는 "주(יהוה)와 '말라크'인 그리스도/메시야"이시다. יהוה께서 말씀이 육신이 된 그 아들 의 거룩한 장막(육체)을 자기 백성들 가운데 치시고 임마누엘 하셨으나 자기 백성이 거절했다. יהוה께서 예루살렘과 사마리아 어디든지 살아있는 성막(아들) 안에 임마누엘 하셨다(마 1:23; 요 1:14; 2:19-21).

말라기가 '너희의 구하는 바 주가 홀연히 그 전에 임하리니'라고 예언 한 것처럼(말 3:1) 예수께서 홀연히 성전에 들어가셔서 '내 아버지의 집 으로 장사하는 집을 만들지 말'고 엄하게 꾸짖으셨다(요 2:19-21). 새 언약의 사자인 그리스도로서 말씀하신 것이다. 그분의 부활한 몸은 만유 위의 참하늘에 세워진 참된 성전이다. 그 새성전 안에 엘로힘 יהוה와 그 리스도의 영이 거하매 영원토록 무너지지 않을 새성전이다. 그 성전에 하나님이 안 계시고 장사꾼만 있다면 성전이 될 수 없듯이, 아들 안에 아버지가 계시지 않는다면 성전이 아니다. 예수님께서 공생애 말기에는 아버지로서 자기 집 성전을 청소하셨다(마 21:12,13; 막 11:15-18; 눅 19:45,46). 주 예수님은 엘벧엘이신 엘로힘으로서 성전을 '내 집'이라고 말씀하셨다. 아들로서 사람이신 그리스도는 대제사장이고, 그리스도는 엘로힘께서 보내신 참된 말라크이시다. 새언약의 말라크인 그 그리스도 안에서 아들을 자기 형상으로 삼으신 아버지께서 영존하신다. 주 하나님 아버지와 아들/사람인 예수 그리스도를 거역하는 자는 강도이다. 만유를 지으시고, 교회를 자기 피로 사신 그 만유의 주의 제1계명을 도둑질하는 자들은 지금도 그분의 후사들을 적반하장으로 대하고 있다.

예수께서 자신을 가리켜 안식일의 주님이라고 하셨는데(마 12:1-8), 이는 십계명에 'יהוה의 안식일'이 '예수의 안식일'이라고 새언약의 엘로힘으로서 말씀하신 것이다. 아들 안에 계신 아버지께서 안식일에도 새창조의 일을 하신다(요 5:16-24). 아들 안에 아버지께서 계셔서 그분의 일을 하신다는 말씀과 하나님을 친아버지라 부른 아들의 말씀을 들은 유대인들은 예수께서 자신을 주 엘로힘과 동등되이 삼는다고 비난했다. 유대인들은 아들 안에 아버지께서 항상 계시고, 신약의 말라크인 아들을 통해 아버지께서 자신을 계시하시는 진리를 깨닫지 못했다.

아들의 말은 아들 안에서 아버지께서 하시는 말씀이므로 아들의 말을 듣고 은혜와 진리를 배우는 자는 엘로힘께 가르침을 배운 자이다.

<선지자의 글에 저희가 다 하나님의 가르치심을 받으리라 기록되었은즉 아버지께 듣고 배운 사람마다 내게로 오느니라>(요 6:45)

아들에게서 말씀을 듣는 것은 하나님 아버지께 듣고 배우는 것이다.

아들이 행하는 기적들은 그가 하나님의 아들이심과 아들 안에 계시는 아버지께서 친히 이 진리를 증거해주시는 것이다. 이를 깨닫고 믿음으로 순종해야 영생을 얻는다(요 5:36; 요 8:18).

<이에 저희가 묻되 네 아버지가 어디 있느냐 예수께서 대답하시되 너희는 나를 알지 못하고 내 아버지도 알지 못하는도다 나를 알았더면 내 아버지도 알았으리라>(요 8:19)

<나는 내 아버지에게서 본 것을 말하고 너희는 너희 아비에게서 들은 것을 행하느니라>(요 8:38)

예수님 당시에 유대인들은 오직 יהוה만 엘로힘(하나님) 아버지이시라고 믿었으나 하나님의 아들 안에 그 아버지께서 '아들을 낳으신 새언약의 아버지'로 오셨음을 깨닫지 못했다. 구약의 엘로힘 아버지를 알고 믿을지라도 신약의 엘로힘 아버지를 깨닫지 못하고 거역하면 영원히 멸망당한다. 하나님께서 낳아서 형상으로 삼으신 아들이 하시는 말씀을 버리는 자는 거짓의 아비인 뱀의 자식이라고 정죄하셨다(요 8:44).

주 엘로힘 아버지께서 아들 안에서 진리의 말씀으로 새창조를 하시고, 아들은 자기 안에 계시는 아버지께서 하시는 대로 말씀하시고 행하신다.

예수께서 이 진리를 세상의 것과 육신적 지혜를 자랑하는 자들에게는 숨기시고 어린아이와 같은 자들에게 알려주신다(마 11:25-27).

하나님의 아들 안에 아버지 하나님께서 계신다는 계시를 믿지 않는 자들은 계속해서 '네 아버지가 어디 있느냐?'라고 질문만 할 것이다. 주 하나님 아버지께서 아들 안에 함께 계시고(요 8:16,29), 하나님의 아들 이 행하는 역사는 아들 안에서 아버지 하나님께서 역사하시는 것이다. 하나님이 낳으신 아들과 연합되셔서 그 아들 안에 계시므로 그 아들이 신약의 완전한 말라크이심을 증거하신다(요 10:25,37).

<내가 행하거든 나를 믿지 아니할지라도 그 일은 믿으라 그러면 너 희가 아버지께서 내 안에 계시고 내가 아버지 안에 있음을 깨달아 알리라 하신대>(요 10:38)

아들의 말은 아들 안에서 주시는 아버지께서 말씀이다(요 12:47-50). 이 진리를 깨달아야 영생을 얻을 수 있다고 말씀하셨다.

<10 나는 아버지 안에 있고 아버지는 내 안에 계신 것을 네가 믿지 아니하느냐 내가 너희에게 이르는 말이 스스로 하는 것이 아니라 아 버지께서 내 안에 계셔 그의 일을 하시는 것이라 11 내가 아버지 안에 있고 아버지께서 내 안에 계심을 믿으라 그렇지 못하겠거든 행 하는 그 일을 인하여 나를 믿으라>(요 14장)

하나님 아버지께서 아들 안에서 말씀하시고 역사하심으로 엘로힘의 새언약의 말라크는 아버지의 영원하고 완전한 형상이다.

⑤ 하나님의 아들이 하나님 아버지 안에 영원히 있음

엘로힘은 홀로 완전히 거룩하신 영이시다(요 4:24; 고후 3:17). 엘로 힘의 영은 공간의 안과 밖에 언제나 충만하게 거하시는 무소부재하신 영이다(엡 4:6). 구약의 모세가 세운 성막 안에 주 **יהוה**께서 임재하셨다. 물론, 엘로힘은 성막 밖에도 여전히 계셨고, 어느 때 어디든 엘로힘께서 계시지 않는 곳은 없었다. 솔로몬의 성전에 엘로힘께서 충만하게 임재해 계셨다. 그 성전도 만유 안팎에 계신 엘로힘보다 작고, 물질적 성전은 초월적이신 참하늘에 세워질 수 없다.

독생자가 부활하심으로 새로운 성전의 머릿돌과 모퉁잇돌이 되심으로 아들의 몸 안에 아버지 하나님께서 영원히 계실 뿐만 아니라 아들의 부 활한 영혼 몸은 아버지 안에 있다. 아들의 몸이 머릿돌, 모퉁잇돌이 된 완전한 성전은 만유 위와 만유 안에 세워진다.

예수님은 아버지와 아들이 하나로 연합된 분이다(사 9:6; 요 10:30). <38 내가 행하거든 나를 믿지 아니할지라도 그 일은 믿으라 그러면 너희가 아버지께서 내 안에 계시고 내가 아버지 안에 있음을 깨달아 알리라 하신대>(요 10장)

아들 안에 영원히 아버지께서 계심과 아버지 안에 아들이 영원히 있음으로 아버지와 아들이 하나로 연합되신 진리를 예수님께서 반복해서 말씀하셨다. 보이지 않으며 만유에 충만하신 아버지의 거룩한 영은 아들 안에 영원히 계시고, 아들이신 그 그리스도의 영과 부활한 신령한 몸은 만유에 충만하신 아버지의 영 안에 있다. 그 말라크의 말은 사람의 말이 아니라 말라크 안에 계시는 아버지의 말씀이다. 하나님께서 낳으신 아들 그리스도의 말과 역사가 아버지의 말씀과 역사임을 깨달아 믿지 못하는 자들은 영생을 얻지 못한다(요 17:3).

보이지 않으신 엘로힘을 볼 수 있는 완전하고 유일한 방법은 아버지의 형상이신 하나님의 아들을 보는 것이다. 아들을 영접해야 아버지를 영접하고, 아들의 말을 들을 때 아버지의 진리를 듣게 된다.

하나님의 아들 예수께서 최후 만찬 때 아버지께 이렇게 기도하셨다. <아버지께서 내 안에, 내가 아버지 안에 있는 것같이 저희도 다 하나가 되어 우리 안에 있게 하사 세상으로 아버지께서 나를 보내신 것을 믿게 하옵소서>(요 17:21)

아버지께서 낳으신 아들은 아버지 안에 있다. 아들들도 아들 안에서 그처럼 하나가 된다는 뜻은 독생자를 머리로 삼으시고 거듭난 아들들을 한 새사람으로 세우시기 때문이다(엡 2:15). 맏아들로 머리를 삼은 한 새사람의 몸 안에 지체가 된 아들들이 하나로 연합되었다.

<그날에는 내가 아버지 안에, 너희가 내 안에, 내가 너희 안에 있는 것을 너희가 알리라>(요 14:20)

아버지와 하나로 연합되신 아들이야말로 새언약의 중보자, 엘로힘의 완전한 말라크가 되셨다. 구약의 일시적인 말라크를 보고 경배한 것보다 신약의 말라크인 아들에게 경배하고 섬기는 모든 일은 영원히 보이지 않으시는 하나님 아버지를 보고 경배하는 것이다.

(4) 예수께서 '주 יהוה 엘로힘과 그 그리스도'가 되셨음

① יהוה 엘로힘에 관한 예언이 예수님께 성취됨

'오직 한 분의 주 יהוה 엘로힘만 계시고 그분 외에 다른 신이 없다'는 제1계명은 영원토록 변함이 없다. 구약의 예언이 성취되었음을 기록한 신약성경은 예수께서 새언약의 יהוה 엘로힘이심을 증거하고 있다. 처녀가 잉태하여 아들을 낳을 것인데 그 이름을 '임마누엘(엘로힘이 우리와 함께하심)'이심은(사 7:14; 마 1:23), 아들 안에 하나님/아버지께서 영원히 계심으로 성취되었다. 주 만군의 יהוה께서 유일한 반석이시고, 성도들의 피할 곳이 되시지만 믿지 않는 자들에게는 함정, 올무, 거쳐서 죽이는 반석이 되리라고 했고(사 8:13-15), 바울과 베드로는 예수께서 바로 그 반석인 יהוה이시라고 증거했다(롬 9:33; 고전 10:4; 벧전 2:8). 이사야의 예언에서 증거된 예수 그리스도의 신격은 전능하신 엘로힘, 영존하시는 아버지, 평강의 왕이시라 했고(사 9:6), 동방박사들이 아기인 예수님을 경배한 이유는 그의 신격이 주 엘로힘/이스라엘의 왕이시기 때문이고, 성도는 제1계명을 따라 오직 엘로힘께만 경배를 드려야 한다. 사람이신 예수 그리스도는 구약에 임시 사람으로 나타난 יהוה의 말라크보다 더 완전한 말라크이다. 구약의 말라크는 일시적이고 허상이었지만, 새언약의 말라크는 하나님께서 낳으신 아들이요 사람이신 그리스도요 아버지의 완전하고 영원한 참형상/실체이다(요 10:30,33,38).

이사야는 엘로힘 יהוה께서 오셔서 보수(報讐)하시며 보복하시며 구원(救援)하시며, 영적 시각·청각장애자들의 눈과 귀를 밝혀주실 것이라고 했다(사 35:1-6). 예수님의 신격인 יהוה 아버지 하나님께서 아들의 말을 믿는 자들의 영적 눈과 귀를 여셨다(마 11:5; 13:16). 하나님의 형상인 아들을 경배할 때 그 안에 계시는 아버지를 경배하는 것이다.

יהוה 엘로힘께서 침례 요한을 말라크로 앞에 보내셔서 יהוה께서 오실 길을 예비케 하셨다(사 40:3,10,11). 말라크가 예비한 길로 사람의 약한 육체를 입으신 יהוה께서 오셨다. 구약성경의 יהוה는 신약성경에서 모두 '퀴리오스'(주)로 대체하였으므로 예수님을 יהוה이시라고 증거한 것이다(마 3:3; 11:10; 막 1:3; 눅 7:27; 요 1:23). 예수님의 신격은 전능하신 엘로힘, 영존하시는 아버지이시지 아들하나님이 아니다.

יהוה 엘로힘께서 친히 피묻은 옷(육체)을 입으시고 엘로힘의 의로 구원코자 오셨다(사 35:4; 63:1-5; 마 11:5). יהוה 엘로힘께서 육체를 입고 피흘린 증거를 보이셨으므로 제1~2계명으로 고민하던 사도 도마는 그분의 못자국과 창자국을 본 후 '나의 주님이시며 나의 하나님이십니다'라고 고백했다(요 20:28). 철저히 대적했던 사울도 주 예수님을 믿게 된 후에 '그 하나님께서 자기 피로 사신 교회'라고 증거했다(행 20:28).

구약을 세우신 יהוה 엘로힘께서 신약을 세우시겠다고 약속하셨다(렘 31:31-34). 언약을 이루시고 성령인 생명의 법(언약)을 사람의 마음의 심비(心碑)에 새기시고(고후 3:3; 히 8:8-10), 작은 자로부터 큰 자까지 예수님을 'יהוה 엘로힘이심'으로 알게 하셨다(렘 31:1,31-34).

יהוה 엘로힘께서 자기 백성의 유일한 남편이요 아버지이셨음을 호세아 선지자를 통하여 철저하게 증거하셨다(호 1:2-10). 새언약 때에 영원한 남편이 되실 분은 יהוה 엘로힘뿐이심을 친히 증거해 주셨다(호 2:19-20). 예수님의 신격은 새언약의 유일한 남편이신 יהוה 엘로힘이시다.

정죄와 사망의 법인 율법을 폐하시고 의와 생명의 법인 성령을 부어주실 때 יהוה께서 새언약으로 맺으신 백성의 엘로힘이 되시고 다른 신이 없는 줄을 알게 하시겠다고 말씀하셨다(욜 2:27-32). 성령이 120여 명의 제자에게 임하시고 교회가 세워진 날 열두 사도는 일어서서 큰 소리로 "너희가 십자가에 못박은 이 예수를 하나님께서 '주(יהוה)와 그리스도'가 되게 하셨음을 정녕 알라"고 선포하였다(행 2:21,36-38). 구약의 엘로힘 יהוה를 '주'(퀴리오스)로 대체한 것을 당시 유대인들은 다 알았다.

유대인의 왕이신 יהוה께서 새끼 나귀를 타시고 예루살렘에 입성하실 것이 예언됐고(슥 9:9), 예수께서 나귀 새끼를 타시고 예루살렘에 호산나 찬양을 받으며 주/יהוה로서 입성하셨다(마 21:5; 막 11:2; 눅 19:30; 요 12:15). יהוה께서 천하의 왕이 되시고, יהוה께서 홀로 하나이실 것이며, 그 이름도 홀로 하나이실 것이라고 예언됐다(슥 14:9). 예수님과 모든 사도는 다른 이로서는 구원을 얻을 수 없고, 구원얻을 다른 이름을 주신 일이 없다고 선포했다(행 4:11,12). '나 יהוה 외에는 구원자가 없다'(사 43:11; 호 13:4)는 엘로힘의 선언은 '예수 외에 다른 구원자가 없다'는 선언으로 확증되었다(롬 3:30; 고전 8:6; 갈 3:20; 4:22-31).

② 신약성경이 예수님을 יהוה 엘로힘이시라고 증거함

신약성경은 자체적으로도 예수님을 주 엘로힘이시라고 증거하고 있다.

예수님이 동방박사들의 경배를 받으셨고, 헤롯 왕도 당연히 유대인의 왕께 경배드려야 한다고 했다(마 2:2,8,11). 예수께 경배드린 것을 우상 숭배로 정죄한 적이 없고, 엘로힘께서 예수님께 경배한 박사들을 지키시고, 그 길을 인도하셨다. 예수님은 그리스도로서는 경배를 드리는 제사장이시지만, '유대인의 왕'으로서는 경배 받으시기에 홀로 합당하신 יהוה 엘로힘이심을 증거하신 것이다(사 44:6; 슥 14:9). 예수님은 사람이신 그 그리스도로서 마귀의 시험을 받으셨고, '오직 주 엘로힘께만 경배드려야 한다'고 선포하셨다(마 4:9,10).

예수께서 주 엘로힘으로서 갈릴리의 한 산에서 황금률을 선포하셨다. 예수님은 구약의 말씀을 완성하고, 새언약을 선포하신 주 엘로힘이시다. 새언약의 주 엘로힘이신 예수님은 '옛적에는 이렇게 들었으나 이제 내가 너희에게 이렇게 말하노라'라고 하시며 옛적에 자신이 יהוה로서 선포하신 법보다 강화된 새법을 선포하셨다(마 5장~7장).

יהוה 엘로힘께서 '나는 인애를 원하고 제사를 원치 아니하며, 번제보다 엘로힘을 아는 것을 원한다'라고 하셨다(호 6:1-6). 예수께서 이 말씀을 인용하셔서 자신을 새언약인 은혜와 진리의 엘로힘이자 남편이 되심을 선포하신 것이다(마 9:12,13; 호 2:19,20; 13:4).

예수께서 제사장으로서는 '천지의 주재이신 아버지여!'라고 기도하셨지만(마 11:25), יהוה 엘로힘으로서 예수님은 '홀로 하나이신 주재'이시다(유 1:4). 예수님은 자신이 '성전보다 크신 분', 성전에서 제사를 받으신 주 엘로힘이심을 덧붙여서 증거하셨다(호 6:6; 마 12:6,7; 23:21).

예수님은 '나는 안식일의 주(헬-퀴리오스, 히-아도나이)이다'라고 말씀하심으로써 '만유와 시간을 창조하시고 7일째 쉬신, 제4계명의 창조주 엘로힘'이심을 친히 증거하셨다(마 12:8). 요한복음은 제1계명을 따라 주 예수님의 신격을 태초부터 계시고 만유를 지으신 엘로힘 יהוה이시라고 증거한다(요 1:1; 20:28). 자기 백성들 가운데 임마누엘 하신 분은 호세아로 '암미'와 '루하마'라는 이름으로 약속하셨던 יהוה 엘로힘이심을 증거한다. 이스라엘을 자기 백성 삼으시며 임마누엘 하신 분은 오직 주 יהוה 엘로힘밖에 다른 신이 없다(요 1:11; 마 1:21,23).

구약에서 יהוה 엘로힘은 아직 자기 백성을 저희 죄에서 완전히 구원한 구원자가 아니셨다. 주 엘로힘 יהוה께서 구속자의 자격을 위해 육체라는 장막을 입으시고, 육체/장막 안에 있는 자기 백성들 중에 함께 거하시며 그들을 죄에서 구원하기 위함이셨다. 예수님은 주 엘로힘과 대제사장과 어린양과 성전이 되셨다(요 1:14,49-51; 2:19-21). 새언약의 산 성전인 아들 안에 오직 하나님 아버지만 영원히 진리의 하나님이시다.

예수님께서 사마리아 여인에게 자신이 영원히 목마르지 않을 생수를 주실 יהוה 엘로힘이시라고 증거하셨다(욜 2:28,29; 요 4:10-14). 영원히 목마르지 않을 생수란 그분의 성령을 가리키는 것이다. 예수께서 유대인들에게 '누구든지 목마르거든 내게로 와서 마시라. 나를 믿는 자는 성경에 이름과 같이 그의 배에서 생수의 강이 흘러나리라'고 선포하셨는데 이는 반석인 예수께서 주실 성령침례를 가리킨다(요 7:37-39). 예수께서 전하신 생수의 강은 엘로힘인 יהוה께서 자신의 성령을 부어주심으로써 그들의 몸에서 흐르게 될 영원히 살게 하는 생수이다(겔 36:27; 37:14; 39:29; 47:5; 욜 2:28,29). 주 예수께서 그 약속을 믿고 구하는 자들에게 성령을 부어주시는 엘로힘 יהוה이심을 친히 증거하신 것이다.

새언약의 때에 신자들이 주 엘로힘께 직접 말씀을 배울 때가 온다고 하셨고, 예수께서 그 엘로힘 יהוה로서 말씀을 가르치신 것이다(요 6:45). 예수님께서 엘로힘이시라는 말씀은 יהוה 엘로힘이시라는 의미이며 제1계명에서 금하신 '아들하나님'이라는 의미가 전혀 아니다. יהוה께서 주신 모든 약속은 반드시 이루어져야 하고, 신약성경은 יהוה께서 아들 안에서 모든 언약을 이루신 분, 영원한 새언약의 יהוה 엘로힘이시라고 증거한다. 만일 예수님께서 יהוה 엘로힘이 아니시라면 구약의 모든 말씀은 아직도 성취되지 않았다는 말이다.

예수님께서 친히 자신을 '스스로 계시는 분'(יהוה), 엘로힘이심을 증거하셨는데 오직 יהוה 엘로힘만을 가리키는 '태초부터 말하여 온 자'라는 특별한 호칭과 함께 증언하신 것이다. 사도 요한은 이 호칭들은 יהוה이신 '아버지'를 가리켜 말씀하신 것이라 증언했다.

<이러므로 내가 너희에게 말하기를 너희가 너희 죄 가운데서 죽으리라 하였노라 너희가 만일 내가 그인 줄 믿지 아니하면 너희 죄 가운데서 죽으리라>(요 8:24)

일부 성경들은 24절에 '그'라고 표기했다(공동번역, 한글킹제임스역, 표준새번역, 한글개역개정). 성경에서 자신을 '그'라고 하시는 분은 다른 신을 섬기지 말라고 모세에게 유일신가를 지어 부르게 하신 오직 한 분 יהוה 엘로힘이시다(신 32:12,39; 사 41:4; 43:13; 48:12).

원문을 살펴서 번역, 표기한 성경에는 이 구절에서 '그'가 작은 글씨, 사체(斜體)로 표기되었다. 이는 원문에 ἐγώ εἰμι[에고 에이미]라고 기록되었고, 번역본의 '그'(He)는 임의로 넣었다는 의미이다. '에고 에이미'는 하나님께서 모세에게 스스로 계시는 자(I Am)라고 말씀하셨던 때의 히브리어 '에흐예'(출 3:14)와 동일한 성함/직함이다. 따라서 이를 Smith's Literal Translation, Catholic Public Domain Version, Haweis New Testament, Mace New Testament, Contemporary English Version은 'I A(a)m', Translations from Aramaic는 'I AM THE LIVING GOD, Good News Translation은 'I Am Who I Am', International Standard Version, Literal Translations, A Faithful Version, New American Standard Bible으로 번역했다.

유대인들은 예수께서 יהוה이시라는 말씀을 믿지 않으려고 다시 '네가 누구냐?'고 물었는데 '처음부터 말하여 온 자'라고 대답하셨다.

<저희가 말하되 네가 누구냐 예수께서 가라사대 나는 처음부터 너희에게 말하여 온 자니라>(요 8:25)

'처음'이라는 단어는 '태초'나 '시작'과 같은 '아르케'이다(요 1:1; 계 22:13). 다윗의 후손 예수로서는 절대로 '처음부터 말씀하여 온 자'일 수 없다. 당시의 성경에서 '처음부터 말씀하여 온 자'는 '스스로 계시는 분'이신 יהוה 엘로힘뿐이다(사 41:4; 43:12; 44:6-8; 45:21,22; 46:9,10). 주 엘로힘 יהוה께서 '처음부터 말씀하여 오신 분'으로서 '쉐마(들으라) 이스라엘아'라고 선언하셨다(신 6:4; 사 48:12; 막 12:29). 그래도 그들은 주 예수님을 יהוה로 믿지 않았다. 요한은 예수께서 자신을 '에흐예', '그', '처음부터 말씀하신 분'이라고 자기 백성에게 증언하심으로서 자신이 유일하신 יהוה 엘로힘/아버지이심을 증언하셨다고 기록하였다(요 8:27,41). 예수님의 증언은 יהוה께서 친히 돌판에 기록해주신 증거판의 말씀에서 절대로 벗어나지 않았다. 주 예수님께서 모세에게 증거판을 직접 기록해주신 주 엘로힘 יהוה이라고 증언하신 것이다.

3. 예수께서 '주/יהוה와 그 그리스도'가 되셨음

태어날 때부터 소경이 안식일에 고침을 받은 후 나의 주님이라 고백하며 드린 경배를 제1계명을 예수님께서 따라 받으셨다.

<가로되 주(Lord)여 내가 믿나이다 하고 절하는지라(헬-프로스퀴네오/worship/경배하다)>(요 9:38)

시편 23편의 시는 너무나도 아름다운 시이다. 그런데 더 좋은(선한) 목자가 되시기 위해서 יהוה께서 양을 위해 목숨을 버리셔야 했다(요 10:14-16). 영(靈)은 피가 없으시기에 יהוה께서 육체를 입으시고, 자기 피로 양들을 사심으로 선한 목자가 되셨다(사 40:3,10,11; 행 20:28).

예수님께서 '나와 아버지는 하나이니라'(요 10:30)고 말씀하시자 '네가 사람인데 스스로 하나님이라고 주장한다'라고 유대인들이 비난했다(요 10:33). 아들 안에 아버지께서 계시므로 하나님의 아들은 참형상으로서 완전한 '말라크'이시다. 구약에서 יהוה의 말라크를 경배한 것은 엘로힘께 경배한 것이듯이 예수께 경배한 것이 יהוה께 경배한 것이다.

예수께서 유대인의 왕이신 יהוה로서 처음부터 경배를 받으셨고, 다시 나귀 새끼를 타시고 큰 임금/왕의 도성인 예루살렘 성에 입성하실 때 사람들은 '주(יהוה)의 (새)이름으로 오시는 왕'으로 환호하며 찬양했다(요 12:13-16; 슥 9:9). 홀로 찬양받기에 합당하신 엘로힘 יהוה께서 고가(雇價; 몸값) 은 30냥에 팔리셨고(슥 11:13), 사단과 죄와 사망을 이기시고 천하의 유일한 왕, 만왕의 왕, 만주의 주님이 되셨다(슥 14:9). 요한은 야곱이 본 יהוה 엘로힘이 왕이신 예수님이시라고 증거했다(창 28:13; 요 1:49-51). 이사야가 환상으로 보았던 영광과 왕이신 주(יהוה) 엘로힘을 주 예수님과 예수님의 영광을 본 것이라고 증거하였다(요 12:37-43).

다른 성경도 예수님이 יהוה 엘로힘이시라고 증거한다(41절).

<이사야가 이렇게 말한 것은 그가 예수의 영광을 보았기 때문입니다. 그래서 예수를 가리켜 이런 예언을 했습니다.>(우리말 성경)

<이것은 이사야가 예수의 영광을 보았기 때문에 말한 것이며 또 예수를 가리켜서 한 말이었다.>(공동번역 및 공동번역개정)

<이사야가 이런 말을 한 것은 그가 예수님의 영광을 보고, 예수님에 관하여 말했기 때문입니다.>(쉬운 성경)

<이사야가 이렇게 말한 것은, 그가 예수의 영광을 보았기 때문이다. 이 말은 그가 예수를 가리켜서 한 것이다.>(새번역 성경)

- 219 -

<이사야는 주님의 영광을 보았기 때문에 <u>예수님을 가리켜 그렇게</u> <u>말하였다</u>>(현대인의 성경)

<이사야가 이렇게 말한 것은, 그가 <u>예수님의 영광을 보았고 또 그분</u> <u>에 관하여</u> 이야기하였기 때문이다.>(카톨릭 성경)

<이사야 선지자가 이처럼 예언한 것은, 그가 멀리 주의 영광을 보았 기 때문이다. 따라서 그의 <u>이 말은 곧 메시아 '예수'를 가리켜 말한</u> <u>것이다.</u>>(쉬운 말 성경)

이 41절을 영어 성경들을 살펴보면 '<u>he had seen Jesus' glory and</u> <u>had spoken about him.</u>'(GOD'S WORD® Translation), '<u>he saw</u> <u>Jesus' glory and spoke about Him.</u>'(Berean Study Bible), '<u>he saw</u> <u>Jesus' glory and spoke about him</u>'(New International Version, Good News Translation), '<u>he saw the glory of Jesus and spoke</u> <u>about him</u>'(Contemporary English Version), '<u>he saw Christ's</u> <u>glory, and spoke about him.</u>'(NET Bible), '<u>to Jesus when he said</u> this, because <u>he saw the future and spoke of the Messiah's</u> <u>glory.</u>'(New Living Translation)로 번역했다.

그 외 성경들이 '주의 영광을 보고 주를 가리켜'라거나 '그의 영광을 보고 그를 가리켜'라고 번역한 것도 동일한 의미이다. 이어진 '주', '그' 라는 호칭이 예수님을 가리키는 것임은 의심의 여지가 없다(요 12:42). 요한의 증거는 그가 목숨 걸고 섬겼던 주 예수께서 계시하신 진리이다.

예수님께서 부활하시고 사도들이 모인 곳에 두 번째 나타나셨을 때 도마가 예수님께 '나의 주님, 나의 하나님'이라고 고백하였다.

<27 도마에게 이르시되 네 손가락을 이리 내밀어 내 손을 보고 네 손을 내밀어 내 옆구리에 넣어보라 그리하고 믿음 없는 자가 되지 말고 믿는 자가 되라 28 <u>도마가 대답하여 가로되 나의 주시며 나의</u> <u>하나님이시니이다</u> 29 예수께서 가라사대 너는 나를 본 고로 믿느냐 보지 못하고 믿는 자들은 복되도다 하시니라>(요 20장)

이 고백은 예수께서 율법사에게 최고의 계명에 관해 답하실 때 '주 곧 우리 엘로힘은 유일한 주이시다'라고, 제1계명으로 대답하신 것과 같다 (막 12:29-32). יהוה라는 엘로힘의 성함의 각 글자의 의미를 따라 풀면 '손을 보라, 못(자국)을 보라'는 의미가 된다.

3. 예수께서 '주/יהוה와 그 그리스도'가 되셨음

그 흔적을 보지 않고는 믿지 못하겠다던 도마는 '나의 주시며 나의 구원자이십니다'라고 고백한 것이다. 예수께서 손의 못을 보지 않고도 '나의 주님/יהוה, 나의 엘로힘'이라고 믿는 자가 복이 있다고 말씀하셨다. 도마는 제1계명을 철저히 믿는 사도였고, 부활을 믿는 것보다 더 크고 중요한 믿음은 오직 한 분의 주 엘로힘 יהוה만을 믿는 것이다.

성령을 받은 자라면 누구에게든지 'יהוה를 알라'라고 하지 않을 것은 어린아이로부터 큰 자에 이르기까지 다 יהוה를 알고 예수님이 신약의 주 엘로힘이 되신 것을 깨닫고 믿기 때문이라 하셨다(렘 31:31-34). 성령을 받은 자는 יהוה/아도나이께서 그들의 엘로힘이 되시고 다른 신이 없음을 알았다(욜 2:27-32). 선민이든 이방인이든 누구든지 주 יהוה의 새성함을 부르는 자는 구원을 받아 그분의 백성이 되고, 예수님은 그들의 주/יהוה가 되셨다. 오순절 날에 120여 명의 제자가 성령을 받았고, 열두 사도는 유대인 신자들에게 엘로힘께서 예수를 '주와 그리스도가 되게 하셨음을 정녕 알라'고 선포했다(행 2:36-38). 이 말씀에서 '주'는 정확하게 구약에서 יהוה라는 성함을 헬라어 '퀴리오스'를 가리킨 것이다(욜 2:27,32). 주 예수님께서 새언약의 יהוה와 메시야가 되셨다는 말이다. 유일한 구원자이신 יהוה께서 예수 이름으로 아들 안에 계시고, 예수 외에 다른 이로서는 구원을 받을 수 없고, 천하 인간에게 예수라는 성함 외에 구원받을 만한 다른 성함을 주신 일이 없다고 선언하였다(행 4:11,12). 새언약의 성령으로 거듭난 제자들은 יהוה/주의 성함이 오직 '예수'이심을 의심없이 믿었다. 예수께서 그 유일한 구원자이신 יהוה가 아니라면 יהוה는 구원자가 아니라는 말이다. 수많은 기적을 행할지라도 주 יהוה이신 예수님을 믿지 않으면 거짓 선지자들이다(신 13:1-5; 사 43:10,11).

<만유의 주되신 예수 그리스도로 말미암아 화평의 복음을 전하사 이스라엘 자손들에게 보내신 말씀>(행 10:36)

사도 베드로가 예수님을 가리켜 '만유의 주님'이라고 증거했다. 사도 바울은 아버지 יהוה만이 그 '만유의 주님'이시라고 증거했다(고전 15:28). 오직 한 분 주/יהוה만을 섬겼던 바울은 예수님을 믿고 전파할 때도 같은 주 엘로힘으로 선포했다. 그는 3차 선교여행에서 세운 교회의 목회자를 모아 놓고 '예수님이 자기 피로 교회를 사신 그 엘로힘'이심을 부인하지 말라고 가르치고 경고했다(행 20:28; 요 20:28).

제5부 예수께서 증거하신 יהוה 엘로힘과 그 그리스도

바울은 로마교회에게도 엘로힘은 오직 한 분이라고 했다(롬 3:30).
<조상들도 저희 것이요 육신(肉身)으로 하면 그리스도가 저희에게서
나셨으니 저는 만물 위에 계셔 세세(世世)에 찬양을 받으실 하나님
이시니라 아멘>(롬 9:5)

그 한 분 엘로힘이 예수님의 신격이요 יהוה 엘로힘이시라는 말이다.

한글로 번역된 다른 성경에는 이 구절을 다음과 같이 번역되었다.

<그들은 저 훌륭한 선조들의 후손들이며 그리스도도 인성으로 말하면
그들에게서 나셨습니다. ㉠만물을 다스리시는 하느님을 영원토록 찬양합
시다. 아멘. / ㉠"만물을 다스리시는 하느님이신 그리스도를 영원토록
찬미합시다."라고 옮길 수도 있다.>(공동번역, 공동번역개정)

<훌륭한 조상들이 있습니다. 그리고 그들에게서 예수님이 육신을 입
고 오셨는데 그분은 온 우주를 다스리시며 길이길이 찬양을 받으실 하
나님이십니다. 아멘.>(현대인의 성경)

<훌륭한 족장들이 그들의 조상이요, 인간적인 혈육으로 말하자면 심
지어 그리스도조차도 이스라엘의 후손입니다. 진실로 그리스도는 만물의
위에 계시며, 영원토록 마땅히 찬양을 받으실 하나님이십니다, 아멘!>(쉬
운말 성경)

<족장들이 그들의 조상들이며, 그들의 혈통에서 그리스도께서 나셨습
니다. 그리스도는 만물 위에 계시는 하나님이시며, 영원토록 찬양을 받
으실 하나님이십니다. 아멘.>(쉬운 성경)

또 사도 바울은 호세아의 글을 인용해 예수님이 신약으로 맺은 자기
백성들의 유일한 주 엘로힘 יהוה이시라고 증거했다. 예수께서 새언약으로
남편, 아버지가 되셨다는 말이다(롬 9:25,26). 유대인이나 헬라인에게나
오직 한 분의 주님은 유일하신 엘로힘이시고 그분은 주 예수님이시라고
새언약의 제1계명을 증거한 것이다(롬 10:12,13).

예수님은 교회를 자기 피로 사신 엘로힘이시고(행 20:28, 성도는 사나
죽으나 주/יהוה이신 예수님의 것이란 증거이다(롬 14:6-13).

바울은 신성의 모든 충만이 예수님의 육체 안에 거하셨다고 증거했다
(골 2:9). 디도서에서도 예수님을 크신 엘로힘이시라고 증거했다.

<복스러운 소망과 우리의 크신 하나님 구주 예수 그리스도의 영광
이 나타나심을 기다리게 하셨으니>(딛 2:13)

<복된 희망이 이루어지기를, 우리의 위대하신 하느님이시며 구원자이
신 예수 그리스도의 영광이 나타나기를 기다리는 우리를 그렇게 살도록
해 줍니다.>(딛 2:13, 카톨릭성경)

<복된 소망과 위대하신 하나님이시며 우리 구주이신 예수 그리스도의
영광스러운 나타나심을 기다리게 하셨으니>(딛 2:13 한글킹제임스)

<그리고 위대하신 우리의 하나님이시며 구주이신 예수 그리스도께서
영광스럽게 나타나실 그 복된 희망의 날을 기다리게 하였습니다.>(딛
2:13, 현대인의 성경)

<나아가 복된 소망을 품고, 우리의 크신 하나님이시며 구주이신 예수
그리스도께서 영광 가운데 나타나실 날을 기다리며 살게 합니다.>(딛
2:13, 쉬운말 성경)

사도 베드로도 예수께서 자기 피로 사신 주/יהוה이심을 부인하는 자가
거짓 선생, 멸망케 할 이단이라 했다(벧후 2:1).

유다는 '예수님이 홀로 하나이신 주재'이심을 부인하는 자들은 교회
안에 가만히 들어온 이단이므로 그들과 힘써 싸우라고 명했다.

<이는 가만히 들어온 사람 몇이 있음이라 저희는 옛적부터 이 판결
을 받기로 미리 기록된 자니 경건치 아니하여 우리 하나님의 은혜를
도리어 색욕거리로 바꾸고 홀로 하나이신 주재 곧 우리 주 예수 그
리스도를 부인하는 자니라>(유 1:4)

당시 유일한 성경은 오직 יהוה만이 천지의 주재이시라고 증거한다(창
14:19,22; 대상 29:12; 시 22:28; 단 2:47; 5:23; 8:11; 미 4:13). 신약
성경도 오직 한 분의 주 יהוה만이 유일한 주재라고 증거한다(마 11:25;
눅 2:29; 눅 10:21; 행 4:24; 계 6:10). 당연히, 예수님의 신격은 홀로
하나이신 그 주재이신 주/יהוה 엘로힘이시다.

<나 예수는 교회들을 위하여 내 사자를 보내어 이것들을 너희에게
증거하게 하였노라 나는 다윗의 뿌리요 자손이니 곧 광명한 새벽별
이라 하시더라>(계 22:16, 참고 계 5:5)

예수께서 친히 다윗의 뿌리라고 증거하신 것은 다윗의 창조주이시란
증언이다(눅 3:38). 아들 안에 계시는 아버지, 스스로 계시는 분, 주/יהוה
엘로힘으로서는 예수님만이 영원히 만유의 아버지이시다.

③ 예수님의 신격/신성과 인격/인성은 구별되나 분리되지 않으심

예수님은 유일하신 참하나님이시며 또한 완전한 사람이시다(사 9:6).

전능하신 엘로힘과 영존하시는 아버지는 예수님의 신격을 가리킨다. 이사야가 예언한 한 아기와 한 아들은 예수님의 인격(人格)을 가리킨다. 한 아기가 전능하신 엘로힘이실 수 없고, 한 아들이 영존하시는 아버지이실 수 없다. 인자가 어린양으로 십자가에 달려 돌아가셨으나 전능하신 엘로힘께서 아들 역할로 돌아가셨거나 부활하신 것도 아니다.

예수님의 신격과 인격을 구별할 줄 모르면 신론과 기독론도 모른다.

예수님은 아버지와 아들이 하나로 연합된 분이시며, 그 신격과 인격은 구별이 되지만, 영원히 분리(分離)될 수 없다. 엘로힘께서 시간과 공간을 지으시기 이전에 아들을 낳으셨고, 언제 어디서나 아버지께서 아들 안에 계시며, 또한 아들은 무소부재하신 하나님 아버지 안에 연합되셨으므로, 예수님의 신격과 인격은 시공에 의해 분리되지 않는다. 유일하신 엘로힘 이시라는 예수님의 신격과 유일한 중보자인 예수님의 인격을 구별하지 못하거나 분리하는 자들이 너무나 많다(딤전 2:5).

신격으로서 예수님은 יהוה, 엘로힘, 창조자, 아버지, 전능자, 구원자, 주님, 목자, 반석, 남편, 다윗의 뿌리 등등의 여러 호칭으로 불린다.

완전한 사람으로서 예수님은 영혼과 몸으로 구별된다. 예수님은 이새의 뿌리에서 난 한 가지이자 이새의 줄기에서 난 한 싹이다(사 11:1,2). 예수님의 인격은 다윗의 자손, 여인의 후손, 인자(人子), 마지막 아담, 어린양이다. 하나님께서 낳으신 독생자로서 그는 만유보다 먼저 태어난 하나님의 아들(골 1:15), 새언약의 사자, 메시야/그리스도이다.

예수께서 율법사에게 '네 마음을 다하고 목숨을 다하고 뜻을 다하여 주 너의 엘로힘을 사랑하라 하셨으니 이것이 크고 첫째 되는 계명'이라 하셨다(마 22:34-38; 막 12:28-30). 이어서 "너희는 그리스도를 누구라 하느냐?"라고 질문하셨다. 바리새인들은 "다윗의 자손"이라고 대답했고 예수께서 "그러면 다윗이 성령에 감동하여 어찌 그리스도를 주라 칭하여 말하되 '주께서 내 주께 이르시되 내가 네 원수를 네 발아래 둘 때까지 내 우편에 앉았으라 하셨도다' 하였느냐? 다윗이 그리스도를 주라 하였은즉 어찌 그의 자손이 되겠느냐?"고 질문하시자 그들은 대답은커녕 질문조차 하지 못했다(마 22:42-46; 막 12:35-37; 눅 20:41-44).

다윗의 자손은 사람이지 엘로힘(주)이 아니다. 오직 יהוה 엘로힘만 '주님'이시다. 이 질문에 יהוה 외에 다른 신이 있다고 믿는 자들은 대답할 수 없고, 예수께서 יהוה와 메시야임을 믿지 않는 자도 대답할 수 없다. 계시를 받아야 예수님의 신격이 주 엘로힘이심을 알 수 있다.

예수님이 엘로힘이시라고 믿는다면 유일하신 엘로힘 יהוה라고 믿어야 한다. 성경에는 비유로 말씀한 예가 넘쳐나고, 비유법 중에 대유법(代喩法: 제유법/提喩法이나 환유법/換喩法)을 사용한 예도 많다. 예수께서 자신을 '인자', '다윗의 자손', '어린양', '그리스도'라 칭하실 때도 이런 비유를 쓰셨다. '사람이 떡으로만 살 것이 아니요'라고 말씀하셨을 때 단지 떡만을 가리키신 것이 아님과 같다. 예수께서 주변 사람들에게 잘 알려진 호칭은 '인자'이고 대유법으로 자신을 나타내신 대표적 호칭이다. 예수께서 "인자를 누구라 하느냐?" 또는 "그리스도를 어찌하여 주라 하느냐", "어찌하여 어린양을 만주의 주와 만왕의 왕이라 부르느냐?"라고 질문하실 때 그의 한 호칭으로 다른 신분들까지 포함해 말씀하셨다. '그 그리스도'라는 신분은 신격인 주/יהוה가 포함된 제유법 호칭이다.

<10하늘에 있는 자들과 땅에 있는 자들과 땅 아래 있는 자들로 모든 무릎을 예수의 이름에 꿇게 하시고 11 모든 입으로 예수 그리스도를 주(יהוה)라 시인하여 하나님 아버지께 영광을 돌리게 하셨느니라>(빌 2장)

하나님의 형상인 그 아들을 보는 것이 아버지를 보는 것이며, 아들을 영접하는 것이 아버지를 영접하는 것이며, 아들에게 경배함이 아버지를 경배하는 것이고, 아들에게 고백함이 아버지께 고백하는 것이다.

④ '주 예수 그리스도의 하나님 아버지'라는 표현의 바른 이해

성경에서 '예수 그리스도'는 141회, '그리스도 예수'는 88회 나오고, '주 예수 그리스도'라는 표기는 72회가 나온다. 이러한 표기를 정확하게 해석해야 완전한 신론과 기독론을 깨달을 수 있다. 70인 역본 성경에서 예수님을 '퀴리오스'라고 번역, 표기했을 때 이는 세 가지 의미로 표기했다. 신약성경에서도 '퀴리오스'로 번역 표기한 첫째 의미는 יהוה라는 성함을 '아도나이→퀴리오스'로 대용한 것을 따른 경우인데 영어로는 Lord가 아닌 LORD로 번역 표기해야 하는 것이다.

예수께서 신명기 4장 6절을 70인역으로 대답하신 예를 보자.

<예수께서 대답하시되 첫째는 이것이니 이스라엘아 들으라 퀴리오스 곧 우리 하나님은 유일한 퀴리오스시라>(막 12:29)/<And Jesus answered him, The first of all the commandments is, Hear, O Israel; The Lord our God is one Lord:>(KJV)

이 구절은 번역자가 יהוה를 의미하는 LORD로 표기했더라면 신약에서 삼위일체와 같은 신론(神論)의 혼란을 막을 수 있었을 것이다.

<이스라엘아 들으라 우리 하나님 יהוה는 오직 하나인 יהוה시니>(신 6: 4)/<Hear, O Israel: The LORD our God is one LORD:>(KJV)

'퀴리오스'를 번역할 때 제1계명을 따라 LORD로 번역했어야 옳다.

'퀴리오스'로 표기한 둘째 의미는 '주 하나님'만 영원히 찬송과 경배를 받으실 분이라고 말할 때 '주님'은 '하나님'과 동격(同格)을 이룬다. 이때 주님을 Lord로 표기하고 하나님은 God로 표기한다. 유대인들이 יהוה를 대용했던 히브리어는 '아도나이'이고, 그 의미는 주님(Lord)이며, 오직 '엘로힘(God)이신 יהוה만 주님(Lord)이시다. 히브리어 성경에서 '아도나이 יהוה'라고 표기된 구절은 영어성경들에서 'Lord GOD'로 번역했는데(암 7:1), Lord LORD로 쓸 수 없기에 God 도 아닌 GOD로 표기했다.

'퀴리오스'로 표기한 셋째 의미는 하나님의 사자로 천사, 왕, 선지자, 제사장, 재판관을 칭할 때나 주인, 남편, 형, 존경하는 자 등을 부를 때 '퀴리오스'를 사용하고, 영어로는 lord로 표기한다.

히브리어는 대소문자 구별이 없지만, 헬라어는 후대에 대소문자 띄어쓰기가 표기된 본문과 인쇄된 대소문자로 구별된 사본들도 등장하였다. 본래 대소문자 구별이 없었으나 대소문자로 구별할 때 번역자의 신학이 반영된다. 영어로 번역된 성경을 읽을 때 바른 성경 지식과 문맥을 따라 대소문자도 신중하게 살펴야 함이 요구된다.

특히 제1계명과 연관된 번역에서는 철저히 개인이나 교파적 주장을 버리고 성령께서 주시는 참된 계시의 지식을 따라야 한다.

요한복음 13장 6절, 13절, 16절에 κυριος[퀴리오스]라고 기록되었고 이 κυριος/主/주는 LORD인지, Lord인지, lord인지 구별하기 어렵다. 영어흠정역은 6절과 13절은 Lord, 16절은 lord로 번역하였다. 랍비로 여기면 lord, 주님(하나님)으로 여길 때는 Lord로 번역한 것이다.

'주 엘로힘'이라는 표현에서 '주님은 유일하신 엘로힘'이다. 하나님/God를 lord로 번역 표기하면 안 되며, 주님/Lord를 하나님/신(god)라 번역 표기해도 잘못된 것이다. 그 유일하신 주님/Lord와 사람 사이에 중보자는 사람이신 그리스도 예수이고(딤전 2:5), 사람을 Lord라고 표기하면 잘못이다. 예수님은 주/Lord 하나님/God와 완전한 사람이 하나로 연합되신 분으로서 신격(Lord)과 인격(lord)이 연합된 분이시다. 즉 주 예수 그리스도의 신격과 인격은 절대로 동격(同格)이 아니다.

신격과 인격을 분리한다면 잘못이지만 구별하지 않는 것도 잘못이다. 예를 들어, '주님(Lord)의 하나님(God)'[God of the Lord] 또는 '하나님의 주님'(Lord of God)이라는 표현은 비성경적이다. 하나님/God보다 높은 주님/Lord는 없고, 두 주님/Lord이나 두 하나님/God도 없다.

예수님은 '주 하나님과 그리스도'(Lord God and the Christ)이시다.

'주 예수 그리스도'는 영어로 the Lord Jesus Christ라고 표기한다. 이 표현은 '주님(하나님)과 그리스도인 예수'로서 '예수님은 주(하나님)와 그리스도(사람)이시다'라는 뜻이다. '크리스토스'(사람)를 christ가 아닌 Christ로 번역하는 것은 옳은데, 이는 예수님의 고유한 호칭을 가리키는 것이고, 완전한 그리스도로서는 그분이 유일하기 때문이다.

그런데, 성경에 '주 예수 그리스도의 아버지(하나님)'라는 표현도 있다(롬 15:6; 엡 1:3; 골 1:3; 벧전 1:3). 이는 하나님의 아들로서 사람인 그 그리스도(제사장)의 하나님(아버지)이시라는 의미이다.

<한 마음과 한 입으로 하나님 곧 <u>우리 주(lord) 예수 그리스도의 아버지께</u> 영광을 돌리게 하려 하노라>(롬 15:6)

영어 성경들은 이 구절의 '주(퀴리오스)'를 Lord로 번역했다. '퀴리오스의 아버지'라는 표현에서 '퀴리오스'를 Lord로 번역하는 것은 '아버지 하나님'이 '아들하나님'을 낳았다는 신론으로 연결되게 한다. 구약 때에 '아돈'(주님)의 개념이나 초대교회 때 '퀴리오스'의 개념이 언제나 'Lord'를 의미하는 것이 아니므로 대소문자를 구별해야 한다. 아래 구절은 신학적으로 매우 중요한 구절인데 '주'는 메시야(대제사장, 선지자, 왕)로서 구약에서 일상에서 불렸던 '주'(아돈/lord)를 가리키는 것이다.

<내 퀴리오스(주/lord)의 모친이 내게 나아오니 이 어찌 된 일인고>(눅 1:43)

　마리아를 '주(아들하나님)의 모친'이라고 믿지 않는다면 Lord가 아닌 lord로 바르게 표기해야 한다. 마리아는 자기에게 소식을 전해준 천사를 '퀴리오스'라 불렀다(눅 1:38). 거듭나지 않은 사람인 마리아는 천사를 '퀴리오스'(lord)라고 불렀지만 Lord로 부르지는 않았다. 하나님의 아들 그리스도는 천사보다 월등히 존귀한 메시아로서 주/lord일 뿐이다.

　'주님(퀴리오스/Lord)는 아버지/하나님'이시므로 '퀴리오스(주) 예수 그리스도의 아버지'라는 구절은 "the Father of our lord Jesus Christ'라고 번역해야 한다. 제1계명에 주님(Lord)은 오직 하나님(God) 한 분 외에 다른 이가 없고, 그리스도는 Lord가 아닌 lord이다.

⑤ 너희는 다 신들(엘로힘)이요 지존자의 아들들이라

　예수께서 '나와 아버지는 하나이다'라고 말씀하시자 유대인들이 예수님을 돌로 쳐 죽이려고 했다(요 10:30-36). 원래는 헬라어가 대소문자의 구별없이 기록되었으므로 번역자의 소견으로 θεος를 God나 god 중에 선택하였다. 유대인들이 예수님을 신성 모독죄로 돌로 쳐 죽이려고 한 사실로 보아 God로 받아들였음을 알 수 있다(KJV). 예수께서 '성경은 폐하지 못하나니, 엘로힘의 말씀을 받은 사람을 신이라 하셨다'라고 인용하신 말씀에서 '신'은 god로 번역했다(KJV). 만일 God로 번역했다면 '나 외에 다른 신/God가 없다'라는 제1계명에 어긋난다.

　<그가 너를 대신하여 백성에게 말할 것이니 그는 네 입을 대신할 것이요 너는 그에게 엘로힘(God, ASV)같이 되리라>(출 4:16)

　<יהוה께서 모세에게 이르시되 볼지어다 내가 너로 바로에게 엘로힘(신/god)이 되게 하였은즉 네 형 아론은 네 대언자가 되리니>(출 7:1)

　<내가 말하기를 너희는 엘로힘(신들/gods)이며 다 지존자의 아들들이라 하였으나>(시 82:6)

　하나님께서 성도들을 가리켜 '엘로힘'(신들/gods)이라고 인정하셨는데 이는 폐할 수 없는 성경 말씀이다. 유대인들은 예수께서 사람인 자신을 θεος로 신격화한 것으로 들었다. 그리고 예수님은 사람을 신/God이라 하지 않으셨고 신/god로 말씀하셨다. 예수님에 대해 엘로힘(아돈)이나 데오스(퀴리오스)라고 표기했을지라도 그 칭호가 모든 경우 God/Lord는 아니기에 예수님의 신격과 인격을 구별하라는 말이다.

구약성경에서 천사를 '엘로힘'이라는 호칭으로 부른 예들이 있다.
<저를 천사(엘로힘)보다 조금 못하게 하시고 영화와 존귀로 관을 씌우셨나이다>(시 8:5 한글개역, 한글개역개정)

이 구절에서 '엘로힘'을 한글개역은 '천사'로 번역했으나 한글개역개정은 하나님/God로 번역했다. 영어로 번역된 성경들도 '엘로힘/God/하나님보다 조금 낮게/열등하게'(a little lower than God)라고 번역했다(Literal Standard Version, New Living Translation, A Faithful Version, New American Standard Bible, Geneva Bible of 1587, Young's Literal Translation, NASB 1995, NASB 1977, Amplified Bible, Christian Standard Bible, English Revised Version, Holman Christian Standard Bible, International Standard Version, World English Bible, American Standard Version).

'잠깐'이 아닌 '약간/조금'이란 뜻으로 번역한 것은 잘못된 번역이다. 사람을 하나님과 비교하는 것이 잘못이다. 이 구절의 본래 의미는 "하나님께서 사람을 '엘로힘'보다 잠깐/조금 못하게 하시고 (후에는 '엘로힘'보다) 월등히 존귀케 하셔서 만유(헬-파스)를 그 발아래 복종케 하셨다"라고 말씀하신 것이다. 잠깐 후에 '엘로힘'보다 더 큰 존귀와 영광으로 관을 씌워주실 대상은 없다. 이는 아담과 셋과 에노스 및 그 후손으로 오신 예수님에 관한 예언이다. 잠깐 후에 주 하나님보다 더 큰 존귀와 영광으로 '성자하나님'이 되도록 관을 씌우실 일은 절대로 없다.

시편 8편 5절의 '엘로힘'을 '앙겔로스'(천사)로 제대로 번역해 인용했다(히 2:7). 육체를 입으신 하나님의 아들이 잠깐 천사보다 열등했으나 후에는 본래대로 천사들보다 월등한 관을 쓰셨다는 말이다.
<저를 잠간 동안 천사(앙겔로스)보다 못하게 하시며 영광과 존귀로 관 씌우시며>(히 2:7 한글개역, 한글개역개정)

그분이 잠깐 낮아지신 것은 우리를 위함이기에 아담과 그의 아들과 손자들도 잠깐 후에 천사들보다 월등한 신분으로 세우신다는 뜻이다.
<사람(히-에노쉬)이 무엇이관대 주께서 저를 생각하시며 인자(히-벤아담)가 무엇이관대 주께서 저를 권고하시나이까>(시 8:4)

사람(man)으로 번역된 히브리어는 아담의 손자인 '에노스'이고(창 4:26), 인자로 번역된 히브리어는 '벤아담'으로 아담의 아들(셋)이다.

아브라함과 이삭과 야곱이라는 3대를 나란히 언급하신 것과 같다.

주 יהוה 엘로힘은 하와와 아담이 죄를 지었을지라도 아담, 셋, 에노스에게 영원 전부터 예정하셨던 경륜을 이루신다. 아담이 범죄로 엘로힘의 경륜에서 벗어났기에 이를 회복시키려고 주 하나님 아버지께서 아들을 사람의 육체를 입혀 잠깐만 천사보다 낮아진 모습으로 보내셨다.

예수님이 사람의 아들(인자)로는 천사보다 잠깐 못하셨지만, 하늘에서 하나님이 낳으신 둘째사람(고전 15:47)으로서는 천사들을 영원히 다스릴 상속자이다. 하나님께서 첫사람 아담과 그 후손들의 죄를 대속하시려고 독생자를 말씀이 연약한 육체가 된 마지막아담(고전 15:45)으로 세상에 보내셨다. 주 엘로힘이 그를 다시 살리시고 그를 통해 많은 신자의 영을 부활시키고, 거듭나게 하셔서 많은 아들들을 낳으셨다(히 1:6). 맏아들과 많은 아들들이 한 아버지로부터 태어났기에 형제라 부르기를 부끄러워하지 않으신다. 엘로힘은 그 모든 아들들을 아버지의 영광을 얻을 공동후사로 세우사 영광과 존귀로 관을 씌우실 것이며, 맏아들과 함께 천사들까지 영원히 다스리게 하실 것이다(롬 8:15-18,29).

'만왕의 왕 만주의 주'(the King of kings, and Lord of lords)는 유일하신 엘로힘 יהוה로서 Lord/King이시다. 예수님은 LORD(יהוה)이시고, 왕(King)과 주(Lord) 엘로힘(God)이시다. 사람인 그 그리스도 예수님은 '퀴리오스'이되 lord(주)이다(딤전 2:5). 하나님의 아들/사람으로서 예수님은 그리스도 주(lord)이시며 만유 위에 계시고, 모든 천사보다 존귀와 영광이 크신 분으로서 모든 아들의 머리이시다.

모든 천사는 주 하나님께서 낳으신 아들이 아니라 지으신 피조물이다(히 1:5). 천사들은 하나님의 성령으로 거듭난 아들들이 소유한 종들이다(히 1:7). 하나님의 아들인 후사들이 모든 천사를 영원토록 다스린다(히 1:13,14). '오는 세상을 천사들에게 다스리게 하심이 아니다'라는 말씀은 아들들이 천사들까지 다스린다는 것이다(히 2:5). 하나님의 아들들이 만유를 다스릴 때 그 만유 안에 천사들도 포함된다(히 2:16). 엘로힘께서 아들로 대우하실 자들은 부활의 아들들이다(히 12:7).

'엘로힘'을 또한 '재판장'으로 번역하기도 했다(출 21:6; 22:8,9,28).

(5) 성령으로 마음의 비(碑)에 새기신 새언약의 십계명

① '그가 יהוה와 그 메시야가 되리라'라는 약속이 성취됨

엘로힘께서 아담을 창조하시고 아담의 영의 아버지 되셨다. 홍수심판 후 노아의 엘로힘이 되셨고, 그 후손들이 다시 죄악과 우상숭배에 깊이 빠지자 아브라함의 엘로힘이 되셨다. יהוה만이 모든 이들의 창조주이시나 그분만을 믿고 섬기는 자들과 언약을 맺으신 엘로힘이다(창 17:7,8,19; 레 26:12; 렘 24:7; 28:9; 30:22; 31:1,33; 겔 11:20; 34:24; 36:28; 37:23,25,27; 슥 8:8; 고후 6:16,18; 히 8:10; 계 21:7).

구약에서 יהוה와 각 마쉬아흐는 단지 영으로 계시하신 엘로힘과 종의 영을 가진 사람(종)으로 마쉬아흐였다. 사람의 아들로서 마쉬아흐들은 신약의 중보자인 완전한 그 마쉬아흐가 오실 때까지 계속되었다.

신약에서는 יהוה께서 친히 낳으신 아들(사람)을 마쉬아흐/그리스도가 되게 하시고, 아들 안에서 영원히 하나로 연합되셨고, '예수'라는 새성함으로 자신을 계시, 역사하셨다. 유일하신 한 분 엘로힘 יהוה께서 아들의 안에 계셔 형상인 아들을 통해 계시하시고 역사하셨다. '우리 아버지는 하나이시니 곧 유일하신 엘로힘이시다'라고 고백한 유대인들은 새언약의 아들 안에 계시는 참하나님을 거역했기에 예수께서 '너희의 아비는 마귀'라고 책망하셨다(요 8:41,44). 'יהוה/주와 그리스도가 되신 예수님'의 신격이 신약의 참하나님이시라는 계시를 받아야 영생을 얻는다(요 17:3; 행 2:36). '아들 안에 아버지께서 계시고 아버지 안에 아들이 있음'으로 아버지와 아들이 영원히 하나가 되셨다는 계시를 받아야 신약의 아버지와 아들을 알 수 있다(요 10:30,38).

② 두 가지의 창조, 두 가지의 언약, 두 가지의 성전

새창조를 하시는 하나님은 천년을 하루 같이 보신다. 구약에 엘로힘의 계획을 모형과 그림자로 보여주셨음을 기록했다. 엘로힘께서 구약에서 역사하시는 일들은 엘로힘의 경륜 안에서 볼 때 잠깐이다. 엘로힘께서 아담과 셋(벤아담)과 에노스를 잠시/잠깐만 천사보다 못하게/열등하게 하시고 잠깐 후에는 천사들까지 영원히 소유하고 다스릴 '주 엘로힘의 후사'로 세우심이 '엘로힘의 경륜'이다(히 1:14; 2:5-16).

천사들 창조가 있고, 사람에 관한 옛창조와 새창조가 있다. 천사보다 열등한 아담은 독생자의 모형이고, 하와는 교회의 모형이다. 엘로힘께서 새창조를 완성하실 때는 옛 천지와 죄와 사망도 사라진다(계 21:1-5).

<보좌에 앉으신 이가 가라사대 보라 내가 만물을 새롭게 하노라 하시고 또 가라사대 이 말은 신실하고 참되니 기록하라 …>(계 21:5)

구약 때에는 보좌에 '엘로힘'만 앉으신 것으로 계시하셨으나 만물이 새로워진 새언약에서 '보좌에 앉으신 분'은 '엘로힘과 어린양'이시다(계 7:10; 14:4; 22:1). 육신을 입으신 יהוה께서 엘로힘과 어린양이신 예수님이시다(계 1:1; 22:6,16). 하나님은 친히 낳으신 자기의 형상이자 후사인 아들 안에서 마지막 때에 관한 계시를 주셨다. 만유를 지으시기 이전에 아들을 낳으신 때부터 공생애 기간에 아들/그리스도 안에 계시는 하나님/아버지는 계시록 21장 이후 영원 세계에서도 변함이 없다.

엘로힘은 아담과 그 후손을 맏아들의 형상을 본받게 하시려고 창세 전부터 예정하셨다(롬 8:29; 엡 1:4,5). 새사람이 있고, 새언약이 있듯이, 옛성전이 있었을 뿐만 아니라 새성전이 있다. 예수님의 부활하신 몸이 영원한 새성전으로서 셋째하늘에 세워지고, 예수 그리스도의 영이 멜기세덱의 반차를 좇아 영원한 대제사장, 그분의 혼과 몸이 영원한 제물이 되셨다(요 2:19-21; 고전 3:16; 고후 6:16; 엡 2:21).

<성 안에 성전을 내가 보지 못하였으니 이는 주 하나님 곧 전능하신 이와 및 어린양이 그 성전이심이라>(계 21:22)

③ 신령한 새언약에 따른 신령한 새십계명

한 새사람(교회)의 머리는 그리스도이듯이, 그 몸은 신령하고 영원한 산 성전이다. 성전에서 가장 중요하고 가장 거룩한 기구는 증거궤이다. 증거궤가 성전의 머리이듯 그리스도가 새성전의 산 증거궤이다. 옛성전의 증거궤를 만든 싯딤나무는 죄가 없고 흠도 없는 사람의 아들인 예수 그리스도를 상징하고, 궤의 안팎을 둘러싼 금은 아버지이신 하나님의 신성(神性)을 상징한다. 아들 안에 아버지가 계시고 아버지 안에 아들이 있다는 표현과 일치한다. 증거궤 안에는 본래 엘로힘의 십계명을 기록한 비석들, 싹이 나고 열매가 달린 아론(대제사장)의 지팡이, 영원히 썩지 않는 만나가 담긴 금항아리가 들어있었다(히 9:3).

이 세 가지는 완전한 사람으로서 대제사장이자 어린양이신 예수님에 대한 모형이다. 예수 그리스도의 영은 영원한 생명의 법이시며(롬 8:2), 영원히 죄와 사망을 이기고 부활하신 대제사장, 영원히 살리는 생명의 떡이시다. 옛언약궤 안에 있던 세 가지는 그림자와 모형이므로 그림의 떡으로는 배부를 수 없는 것과 같다(사 55:2). 실체가 오면 옛날 증거궤 는 찾지도 않고 생각하지도 않을 것이라 했다(렘 3:16).

증거궤 안의 가장 중요한 것은 언약을 대표하는 증거판이다(출 34:28; 신 4:13; 9:9,11,15; 왕상 8:9,21). 증거궤가 블레셋을 거쳐 예루살렘으 로 돌아와서 솔로몬의 성전에 안치될 때 다른 두 가지는 사라졌고 오직 '증거판'이라 불리는 십계명의 돌비석들만 증거궤 안에 넣었다.

<궤 안에는 두 돌판 외에 아무것도 없으니 이것은 이스라엘 자손이 애굽 땅에서 나온 후 יהוה께서 저희와 언약을 세우실 때에 모세가 호 렙에서 그 안에 넣은 것이더라>(왕상 8:9 참고 대하 5:10)

모형인 구약의 증거판은 다시 찾거나 생각하지도 않을 만큼 실체가 되는 신약의 영원한 증거판을 주신다는 말씀이다(렘 31:31-34).

<나 יהוה가 말하노라 그러나 그날 후에 내가 이스라엘 집에 세울 언 약은 이러하니 곧 내가 나의 법(法)을 그들의 속에 두며 그 마음에 기록(記錄)하여 나는 그들의 하나님이 되고 그들은 내 백성이 될 것 이라>(렘 31:33, 참고 히 8:8-12)

증거궤 안에는 비석/증거판만 들어있었고, 그 십계명은 새언약에서 심비에 생명의 성령으로 새기셨음을 바울이 증거했다(롬 8:2).

<너희는 우리로 말미암아 나타난 그리스도의 편지니 이는 먹으로 쓴 것이 아니요 오직 살아 계신 하나님의 영으로 한 것이며 또 돌비 에 쓴 것이 아니요 오직 육의 심비에 한 것이라>(고후 3:3)

이제, 새언약의 십계명은 어떤 내용인지 1~4계명까지 살펴본다.[20]

[제1계명] יהוה께서 친히 구약의 제1계명을 돌비에 새기셨고, 그 위에 다음과 같이 새기고 먹(ink)으로 채우셨다(출 32:16).

<2 나는 너를 애굽 땅, 종 되었던 집에서 인도하여 낸 너의 엘로힘 (하나님) יהוה로라 3 너는 나 외에는 다른 신들(엘로힘)을 네게 있게 말지니라>(출 20장, 참고 신 5:6)

예수께서 완전하고 영원한 신약의 제1계명을 성도의 심비에 그분의 거룩한 영(靈)으로 기록하시고 새기셨다.

<나는 너를 세상에서 사단 마귀와 죄와 사망의 종이 되었던 데서 너를 구원한 엘로힘 예수로라. 너는 나 외에는 다른 엘로힘(신들)을 네게 있게 말지니라>

[제2계명] יהוה께서 돌비에 새겨주신 구약의 제2계명은 아래와 같다.
<4 너를 위하여 새긴 우상을 만들지 말고 또 위로 하늘에 있는 것이나 아래로 땅에 있는 것이나 땅 아래 물속에 있는 것의 아무 형상이든지 만들지 말며 5 그것들에게 절하지 말며 그것들을 섬기지 말라 나 יהוה와 너의 엘로힘은 질투하는 엘로힘인즉 나를 미워하는 자의 죄를 갚되 아비로부터 아들에게로 삼 사대까지 이르게 하거니와 6 나를 사랑하고 내 계명을 지키는 자에게는 천대까지 은혜를 베푸느니라>(출 20장, 참고 신 5:8-10)

예수께서 완전하고 영원한 신약의 제2계명을 아들들의 심비(心碑)에 자기의 성령(聖靈)으로 기록하셨다.

<내가 낳은 독생자는 나의 영원하고 완전한 형상의 머리이다. 그의 영으로 부활, 거듭난 아들들은 한 새사람의 몸을 이룬다. 나는 그 모든 아들을 맏아들의 형상과 같이 되게 할 것이다.>

엘로힘 יהוה는 아무도 보지 못하였으며, 볼 수도 없는 분이시다.

엘로힘께서 만유를 지으시기 전에 먼저 친히 자신이 낳으신 아들을 자기의 형상으로 삼으셨다(고후 4:4,5; 골 1:15). 아담은 엘로힘 형상의 모형으로 창조되었다. 하나님의 독생자를 보는 것이 보이지 않으시는 주 엘로힘을 보는 것이다(골 1:15; 히 1:3). 독생자는 하나님의 형상인 한 새사람의 머리이며 거듭난 모든 아들이 그 형상인 몸의 지체들이다.

[제3계명] יהוה께서 구약의 제3계명을 친히 돌비에 새기시되 그 위에 다음과 같이 기록하셨다.
<너는 너의 엘로힘 יהוה의 이름을 망령되이 일컫지 말라 나 יהוה는 나의 이름을 망령(妄靈)되이 일컫는 자를 죄 없다 하지 아니하리라> (출 20:7, 참고 신 5:11)

모든 것을 아시는 예수님께서는 יהוה라는 성함을 어떻게 발음하는지도 당연히 아셨지만, 이 모음을 제자들에게 알려주시지 않았다. 독생자가 아버지의 성함을 받으셨고, 아버지의 성함으로 오셨고, 아버지의 성함을 알리셨지만, 그 성함은 יהוה에 모음을 넣어 부를 성함이 아니라 새롭고 완전한 성함 '예수'였고, 그 성함의 뜻은 '구원인 יהוה'(יהוה+호세아)이다. 사도들과 초대교회는 '다른 이로서는 구원을 얻을 수 없다고 증언했으니 예수님만이 제1계명의 엘로힘이시다. 천하 인간에게 구원얻을 만한 다른 성함을 주신 일이 없다'라고 선포했으니 새성함인 '예수'만이 구원을 주실 성함이다(행 4:12). 모든 사도와 전도자들은 예수 그리스도의 이름으로만 침례 주었다. 모든 무릎을 그 성함 앞에 꿇게 하셨다. 신약의 모든 성도는 말과 일에 다 예수 성함만을 사용하여 아버지께 영광을 돌렸다. 생명의 부활에 참여한 모든 자의 이마에 오직 그 성함만 기록하셨다. '예수'야말로 그분의 모든 백성이 중보자를 통해 부를 수 있는 유일하고 완전하며 영원한 아버지의 성함이다.

[제3계명] 예수께서 완전하고 영원한 신약의 제3계명을 아들의 심비(心碑)에 거룩한 영(靈)으로 기록하셨다.

<너는 너희 하나님 그리스도인 예수의 이름을 높이고 그 성함 앞에 무릎을 꿇어라. 너는 말과 일에도 다 예수의 이름으로 하여 하나님 아버지께 영광을 돌리라>

[제4계명] יהוה께서 친히 구약의 제4계명을 돌비에 새겨주셨다.
<안식일을 기억하여 거룩히 지키라>(출 20:8)

천지 만물을 יהוה께서 6일 동안 창조하시고 제7일에는 쉬셨기 때문에 'יהוה의 안식일을 지켜라'라고 명하셨다(출 20:8-11). 만유를 지으신 '만유의 아버지'만이 유일하신 참하나님이시라고 만유가 증거한다. 제7일 안식은 안식년의 안식보다 약한 것이며, 안식년은 희년의 안식보다 약한 안식이다. 구약에서 명하신 이런 모든 안식은 새언약에서 예수께서 주실 '하나님의 완전한 안식'의 그림자일 뿐이다.

옛창조 이전에 천사들과 둘째하늘을 창조하셨다. 전지전능하신 엘로힘께서 피조물로는 가장 뛰어난 존재로 천사들을 지으셨다. 주 엘로힘께서 낳으신 아들들을 영원히 종으로서 섬기라고 천사들을 창조하셨다.

신약에서 유일하신 엘로힘이신 예수님께서 구약의 실체, 완전하고 영원한 제4계명을 거듭난 아들들의 심비에 성령으로 기록하셨다.

<너는 물과 성령으로 거듭남으로 네 영이 자유와 안식을 얻었으니 네 육신을 따르지 말라. 네 육체도 영화롭고 신령한 몸으로 변하여 만유 위에 서는 안식과 자유를 누리게 되도록 항상 복종함으로 네 구원을 완성하라. 나의 안식함과 같이 너희도 나의 완전한 안식을 영원히 누릴 것이다.>

엘로힘께서 자기 백성들에게 안식일을 지키라고 명하신 이유는 예수만이 창조주요 유일하신 엘로힘이심을 알게 하실 뿐만 아니라 범죄한 인생들을 죄로부터 구속하시고 영원한 더 나은 안식을 주시기 위함이다. 그 안식은 시간 및 공간까지 발아래 둔, 천사들도 누릴 수 없는 완전한 안식이다. 새창조가 완성된 때에야 비로소 엘로힘도 영원히 안식하시고, 후사가 된 자들에게 만유를 채우는 일을 넘겨주실 것이다(시 132:14; 행 7:49).

먼저 천사들을 창조하시고, 아담을 옛창조로 완성하신 후 엘로힘께서 낳으시고 지으시는 새창조를 통해 시간과 공간과 천사들과 모든 것들을 새창조로 얻으신 한 새사람의 소유물로 주시고, 엘로힘의 쉬심과 같이 완전하게 쉬게 하시는 것이 엘로힘의 안식이다.

제6부 יְהוֹשֻׁעַ/예호슈아/예수스는 아버지와 아들과 성령이심

제6부 יהושע/예호슈아/예수스는 아버지와 아들과 성령이심

1. יהושע/예호슈아/예수스께서 신약의 아버지이심

(1) יהוה 엘로힘의 새성함은 '예호슈아/예슈아/예수스'이심

① 구약과 신약시대에 아버지는 오직 한 분이신 יהוה이심

יהוה 엘로힘이 '아버지'이심을 부인하는 사람은 아마도 없을 것이다(신 32:5,6). 엘로힘께서 모세에게 오직 한 분 יהוה만을 섬기라고 명하실 때 선민들이 יהוה 엘로힘을 떠나 다른 신들을 섬길 것을 아시고 경고하셨다. 그때 그들이 음란한 자식이라 버림받게 될 것을 경고하는 노래를 지어 부르게 하신 가사들도 이를 증거한다(신 32:12,15-17,39).

신학자나 목사나 신자나 그 누구든지 יהוה만을 아버지 하나님이시라고 믿을지라도 יהוה 외에 2위나 3위라는 다른 엘로힘이 있다고 믿는다면 그 역시 귀신숭배자(우상숭배)자라고 분명하게 책망하셨다. 아버지가 오직 한 분 יהוה이셔야 하듯이, 하나님도 오직 יהוה 엘로힘 한 분이라는 진리는 구약 성도들만 아니라 신약 성도들도 모두가 믿어야 할 큰 계명이다(사 26:13; 37:16,20; 43:10-13; 44:6-8,24; 45:5,6,14,18,21-24; 46:9,10; 63:16; 64:8). יהוה만이 선민의 유일한 남편이며, 각 성도의 아버지이시므로, 오직 יהוה 외에 다른 엘로힘/신이 없다고 반복적으로 강조하셨다. יהוה 엘로힘께서 선민들에게 주 יהוה를 떠나 다른 엘로힘을 섬겨 우상숭배에 떨어지면 반드시 멸망할 것임을 누누이 경고하셨던 대로 앗수르에 의해 북이스라엘이 멸망 당했고, 남유다도 바벨론에 멸망 당했으며, 그 결과는 예수님의 초림 때까지 이어지고 있었다.

יהוה 엘로힘 아버지께서 애굽에서 선민을 끌어내실 때 맺은 옛언약을 완전한 것으로 이루신 후 폐하시고 새언약을 세우시고, 그들의 하나님 아버지가 되시고, 그들을 יהוה-호세아의 새백성으로 삼으시겠다고 약속하셨다(렘 31:31-34). 구약이 성취된 신약 때도 당연히 아버지/하나님은 오직 한 분 엘로힘 יהוה뿐이시다.

② יהוה라는 성함이 구약에서 가장 존귀하고 유일한 성함임

한글개역성경에서 '이름'이라고 번역된 히브리어는 שֵׁם[셈]이고 헬라어로는 ὄνομα[오노마]이다. '셈'이나 '오노마'는 '직함'(職銜)과 '성함'(聖銜)이라는 두 가지 의미로 주로 쓰인다. יהוה께는 수많은 직함이 있고, 또한 옛언약과 새언약이 있듯이 옛성함과 새성함이 있다.[21] 성함은 음역(音譯)을 하지만 직함은 번역(飜譯)을 하는데 '엘로힘/데오스'나 '아돈/아도나이/퀴리오스' 등은 번역을 해야 하는 직함이다.

하나님께서 대답하신 אֶהְיֶה[에흐예](출 3:14)라는 이름은 아무도 없이 그분만 계셔도 '내가 있다, 나다'라고 알리시기에 적합·유일한 성함이다. 다른 이들과 관계가 없을지라도 '스스로 계시는 자'(I Am)라고 자신을 나타내시는 성함이다. 성함 יהוה는 '하야'의 미완료 사역형 3인칭(He Is)으로서 1인칭과 2인칭들과의 관계성을 갖는다(출 20:7; 시 83:18).

선민은 찬양, 기도, 맹세, 축복, 선포할 때 יהוה라는 성함만을 사용해야 했다(출 23:13; 수 23:7; 시 16:4; 시 79:6). 구약의 יהוה라는 옛성함은 말라기 이후에 아무도 부를 수 없게 되었다. 예수께서 아버지의 성함을 알려주셨지만 옛성함 יהוה의 모음을 알려주신 것이 아닌데, '아브람'이 '아브라함'이 되었듯이 새성함을 알려주셨다. 옛언약과 새언약, 옛성전과 새성전, 옛사람과 새사람이 있듯이, 옛성함과 새성함도 있다(시 44:8,20; 45:17; 61:8; 72:19; 83:18; 113:2; 135:13; 145:2; 사 52:6; 렘 10:6,25; 23:27; 미 4:5; 슥 14:9; 말 3:16; 4:2).

엘로힘 יהוה께서 영원한 새언약을 맺거나 영원한 새성전을 세우실 때 그분의 완전한 새성함을 주셨다.

③ 엘로힘께서 예수님을 주/יהוה와 그리스도가 되게 하셨음

יהוה께서 '말세에 내 성령을 모든 육체에게 부어주리라'고 약속하셨다. '진리의 성령'으로 침례받는 것인데, 진리의 영을 받는 그 날에는 '내가 이스라엘 가운데 יהוה/주가 되고 다른 이가 없는 줄을 너희가 알리라'고 단언하셨다(욜 2:27-32). 예수님은 자기의 영을 부으셔서 영원히 살게 할 생수로 마시게 해 주신다고 약속하셨다(요 1:33; 4:14; 7:37-39). 주 예수님은 아버지와 아들로 하나 되신 분이시고, 진리이시며, 성령은 진리이신 예수님의 영이시라고 하셨다.

자기의 성령을 주시기로 약속하신 יהוה께서 아버지로서 제자들 안에 오신다는 것이다(눅 24:49; 요 14:18; 행 1:4,5). 오순절에 제자들 안에 성령이 임하시고 '어린 자로부터 큰 자에 이르기까지 다 나를 알리라'(렘 31:31-34)는 약속과 '그날에 내가 너희 엘로힘 יהוה/주가 되고 다른 이가 없는 줄 알리라'(욜 2:27-32)는 예언도 이루어졌다.

열두 사도가 일어나 '엘로힘께서 이 예수를 아도나이/퀴리오스/יהוה와 메시야/그리스도가 되게 하셨다'고 증언했다(행 2:36). '아버지와 아들과 성령의 이름으로 침례 주라'는 지상명령을 오직 예수님의 이름으로 시행했다(행 2:38; 8:16; 10:48; 19:5; 22:16). 모든 사도는 예수께서 주/יהוה/아버지와 메시야/그리스도이심을 깨닫고 죽기까지 참된 증인이 되었다.

예수께서 친히 '내가 스스로 있는 자(יהוה)이심을 믿지 않으면 너희 죄 가운데서 죽으리라'고 선언하셨고, 태초부터 말씀하여 오신 분(창조자)인 아버지라고 선언하셨던 그대로다(요 8:24-27). 증거판에 제1계명 대로 예수께서 친히 '주 곧 우리 엘로힘은 유일한 주시라'고 선언했고, 도마 외에 모든 사도도 의심없이 선포하였다. 비록 יהוה 엘로힘만을 아버지로 믿을지라도 새언약의 아버지가 주 예수가 되셨음을 믿지 않으면 뱀의 자식이라고 경고하셨던 대로이다. 대제사장들과 서기관들도 יהוה 엘로힘만 믿지만 그들은 독사의 자식들이었다.

바울도 '엘로힘은 한 분밖에 없는 줄 아노라', '우리에게는 한 엘로힘 곧 아버지가 계시니라'고 선언했다(고전 8:4,6). 신약에서 '전능하신 יהוה 엘로힘'은 당연히 예수님이시라는 증언이다.

<너희에게 아버지가 되고 너희는 내게 자녀가 되리라 전능하신 주 (퀴리오스)의 말씀이니라 하셨느니라>(고후 6:18)

신약에서 전능하신 주님(יהוה), 만유의 주님이요 영존하시는 아버지가 '예수'이심이 틀림없다(행 10:36; 고전 15:28; 엡 4:6; 딤전 6:15). 알파와 오메가이신 예수님은 '스스로 계시는 분'만이 만유의 아버지, 유일한 남편이시다(사 44:6,24; 계 21:6,7).

<13 나는 알파와 오메가요 처음과 나중이요 시작과 끝이라 … 16 나 예수는 교회들을 위하여 내 사자를 보내어 이것들을 너희에게 증거하게 하였노라 나는 다윗의 뿌리요 자손이니 곧 광명한 새벽 별이라 하시더라>(계 22장)

주 예수 그리스도의 인격은 이새의 뿌리에서 나신 하나님의 아들이요 이새의 줄기에서 난 사람의 아들(자손)이시다(사 9:6; 11:1,2). 예수님의 신격이 구약과 신약에 같은 '뿌리'란 말씀이지(갈 4:22-31) '아들하나님'이라는 존재는 성경 어디에도 존재하지 않는 우상일 뿐이다.

④ 아버지의 새성함은 יהושע/예호슈아/예수스이심

예수님의 모형인 '예호슈아'를 통해 새언약의 중보자를 알 수 있다.

여호수아가 이스라엘 백성을 약속의 땅으로 인도하였다. 약하고 낮고 천한 구약으로는 엘로힘의 의를 얻을 수 없다. 율법의 중보자인 모세는 자기 백성을 약속의 땅으로 인도하지 못하고 바라보기나 하고 죽었고, 예호슈아가 약속의 땅으로 인도하였다. '호세아'(הושע)라는 이름을 모세가 יהושע[예호슈아]로 바꾸어주었고(민 13:8,16; 신 32:44), יהושע[예호슈아]로도 표기하며, 'יהוה께서 구원이다'라는 뜻이다.

초대교회가 읽었던 구약성경은 יהוה라는 성함만 가장 높고 존귀하며 영원하다고 선포한다. 성함적 직함인 '에흐예'로는 한 번만 기록되었고(출 3:14), יהוה는 5,912개 구절에 7,030번이나 '여호와'로 표기되었다. 그 성함을 한 글자로 줄인 '야'와 '요', 지명과 인명에 더한 것까지 고려하면 8,500회 이상이 된다. 누구든지 יהוה 외에 다른 신의 이름을 부르는 자는 저주를 받았다. 말라기 이후 선민들은 400년간 영적 암흑기에 들어갔고, 그 성함의 모음을 잊어버렸고(시 44:20; 렘 23:27), יהוה라는 성함을 누구도 발음할 줄 모른다. 주 엘로힘의 성함 יהוה에다 ישוע[예슈아]('구원'이라는 뜻)를 더한 'יהוה-예슈아'는 יהוה-이레·닛시·살롬·삼마의 근원된 직함이다. יהוה에 הושע(호세아)가 합해진 יהושע[예호슈아]라는 완전한 성함 안에 יהוה-이레·닛시·살롬·삼마의 모든 은혜가 들어있다.

성전재건 때 헌신한 '예호슈아'라는 대제사장도 발음과 뜻이 같은 이름으로 예수님의 모형으로 등장했다(학 1:14; 슥 3:9).

성령의 감동하심을 받은 아굴이 '하늘에 올라갔다가 내려온 자가 누구인지 아느냐?', '바람을 장중에 모은 자, 그의 아들의 이름이 누구인지 아느냐?'고 질문했다(잠 30:4). 예수께서 자기 외에는 셋째하늘에 올라갔다 내려온 자가 없다고 말씀하셨다(요 3:13). 아들은 아버지의 형상이고, 그가 아버지의 새성함으로 오셨다는 말씀이다(요 5:43).

솔로몬 성전이 무너진 후 재건된 스룹바벨 성전은 구약 성전을 허문 후에 세워지는 신약 성전의 모형이다(요 2:19-21). 이 성전재건에 등장하는 대제사장인 예호슈아는 성전의 머릿돌·모퉁잇돌과 대제사장인 예수 그리스도의 예표가 되었다(학 1:1,14; 2:2,4; 슥 3:1,3,6,8,9; 6:11).

'예호슈아'는 세상에서 하늘로 이끌어 올리는 구원과 엘로힘의 영원한 성전을 건축하는 것을 미리 보여주었다. 하나님의 새성전에는 새성함을 영원히 두셨는데 그 성함이 '예호슈아'인 것이다.

신약의 중보자로서 예호슈아, 성전의 대제사장으로서 '예호슈아'가 그 실체가 된다. 히브리어 '예호슈아'는 아람어 공용어 시대에는 줄여진 형태인 יֵשׁוּעַ[예슈아]로 표기되었다(스 3:2,8; 4:3; 5:2; 느 7:7; 8:17; 12:1,26). 이는 '여호사닥'을 '요사닥'이라고 줄여 부른 것과 같다(스 3:2,8; 5:2; 느 12:26). 70인역을 번역할 때 아람어식 히브리어 이름인 '예슈아'를 Ἰησοῦς[예수스]로 음역했다. '예호슈아/예슈아'를 사도들과 선지자들은 헬라어로 신약성경을 기록할 때 Ἰησοῦς[예수스]로 표기하였다(행 7:45; 히 4:8). 바벨탑 사건인 언어 분산으로 인하여 이 성함도 조금씩 다르게 발음 표기된다. 히브리인인 에브라임 사람들도 히브리어 '쉽볼렛'을 발음하지 못하여 '십볼렛'이라고 발음하다 죽임을 당하기도 했다(삿 12:6). 언어상 각기 발음이 조금 달라도 괜찮다는 말이다.

하나님/아버지께서 완전한 사람/아들과 하나로 연합되심으로서 구원자, 구속자가 되셨고, 새언약을 맺으신 새성함이 '예호슈아/예슈아/예수스/예수/Jesus'이라고 기록되었다. 만일 '예슈아'(예수)라는 이름이 יהוה의 새성함이 아니라면, 주 엘로힘의 성함은 지금까지 2천 년 동안 무시되고 잊힌 채로 버려둔 것이므로 주 엘로힘 יהוה께 큰 치욕을 돌리는 것이다. 엘로힘 יהוה께서는 자기를 사랑하는 자를 위경에서 건지시고, 그 성함을 아는 자를 늘 높이셨다(시 91:14). 새언약은 음부와 죄와 사망과 지옥이라는 무시무시한 구덩이에서 건지고 만유 위의 하늘로 높이시는 새성함을 알려주었다(사 52:6). '예호슈아/예슈아/예수스/예수'는 영원토록 변함없는 완전한 새성함이다(시 135:13). '예호슈아/예수스/예수'라는 이 유일한 새성함이 홀로 높고, 상천하지에 모든 민족이 불러야 할 영원하고 참된 성함이다(시 148:13). 또한 '예호슈아/예수스/예수'는 아버지와 아들, 하나님과 그리스도/사람이 공유한 성함이다.

יהוה의 새성함으로 오신 예호슈아/예수스께서 천하의 왕이 되셨으며, 예호슈아/예수스께서 홀로 하나이신 엘로힘이시며, '예호슈아'라는 그 성함이 홀로 하나가 되었다(슥 14:9). 예호슈아/예수스/예수를 경외하는 자와 그 성함을 존중히 생각하는 자를 기념책에 기록하셨다(말 3:16). 예호슈아/예수스/예수의 성함을 경외하는 자에게는 의로운 해가 떠올라 치료하는 광선을 발하기에(말 4:2), 사망과 어둠, 죄악으로 영원히 둘째 사망에 던져질 병을 치료하는 성함은 '예호슈아/예수스/예수'뿐이다(마 1:21,23). 진리 안에서 그 새성함을 부를 때 하나님과 제사장과 어린양이신 예수님이 그들의 죄를 사하시고 의(義)를 주시려고 임하신다.

이제부터 설명할 때 '예수'라는 한글 발음으로 표기할 것이다.

다음 구절의 '오노마'는 '그리스도'라는 직함으로 쓰인 경우이다.

<많은 사람이 내 <u>이름</u>(헬-오노마)으로 와서 이르되 나는 <u>그리스도</u>라 하여 많은 사람을 미혹케 하리라>(마 24:5)

장차 적그리스도가 오는데 '그리스도'라는 직함으로 온다는 의미이다.

<나는 내 아버지의 <u>이름(오노마)</u>으로 왔으매 너희가 영접지 아니하나 만일 <u>다른 사람</u>이 자기 이름으로 오면 영접하리라>(요 5:43)

예수께서 '예수'라는 아버지의 '오노마'로 오셨는데 예수께서 아버지의 직함으로 오셨다면 '나는 아버지이다'라는 의미이므로 '내 아버지'라고 말씀하지 않았을 것이다. 아버지께서 아들에게 주신 아버지의 성함인 '예수'로 오셨다는 말씀이다. '다른 사람'이라는 적그리스도는 그 이름의 수치(數値)가 666인 자기 이름으로 올 것이다(계 13:17). '예수스'라는 참그리스도의 헬라어 이름의 수치는 888이다.

예수께서 "너희가 만일 '에고 에이미'(내가 스스로 있는 자)인 줄 믿지 않으면 너희 죄 가운데서 죽으리라'라고 말씀하셨다(요 8:24-28). 예수께서 자신을 '에고 에이미'(히브리어로 '에흐예')라고 증언하신 것은 구약에서 '에흐예이신 יהוה'라는 자신의 옛성함이 신약에서는 '에고 에이미이신 예수'라는 새성함이 되었다고 증거하신 것이다. 그것은 아버지께서 낳으신 아들이 아버지께서 아들에게 주신 아버지의 새성함을 나타내신 것이다(요 17:6). 아버지께서 아들에게 자기의 새성함을 주셨다는 말씀이다(요 17:11,12,26). 아들의 이름 '예수'는 본래 יהוה 엘로힘의 새성함, 즉 '새언약의 아버지의 새성함'이라는 증언이다.

많은 성경이 이 구절들을 '내게 주신 아버지의 이름'이라고 번역했다 (개역, 개역개정. 우리말성경, 공동번역, 공동번역개정, 카톨릭성경, 현대인의 성경, 새번역, 바른성경, 쉬운말 성경, 쉬운성경).

영어로 번역한 수많은 성경도 동일하게 '내게 주신 아버지의(당신의) 이름'(your name, the name you gave me/ you have given me your name/ your name, which you have given me/ Your name, the name You gave Me/ Your name, which You have given Me/ Thy name, the name which Thou hast given Me/ name you have given me …)이라고 번역했다.

대제사장들과 성전을 지키는 군대가 예수님을 체포하러 왔을 때 예수께서 '내로라'(에고 에이미)고 대답하시자 그들이 황급히 땅에 엎드렸다 (눅 22:52; 요 18:5,6). '에고 에이미'는 '에흐예'와 같은 의미로 쓰였던 하나님의 직함이기에 레위 사람인 성전 군인들은 당연히 그 존함 앞에 엎드렸다(사 45:23; 빌 2:6-11). 옛언약의 '에흐예(I Am)이신 יהוה'께서 새언약의 '에고 에이미이신 예수스'(I Am과 예수스/예수)가 되셨다는 이 계시를 받아야 죄로부터 구원과 영생을 얻는다.

교회가 시작되는 날 베드로와 열한 사도는 '누구든지 퀴리오스의 이름을 부르는 자는 구원을 얻으리라.'라고 설교했는데, 70인역이나 신약성경에서 퀴리오스는 יהוה를 대체한 것이다(욜 2:32; 행 2:21). 사도들은 '아버지와 아들과 성령의 이름으로 침례를 주라'는 이 지상명령을 오직 '예수 이름'으로 줌으로 정확하게 순종했고, 이후의 모든 물침례는 항상 '예수' 이름으로만 주었다(행 2:38; 8:16; 10:48; 19:5). יהוה는 옛성함이지만 '예수'는 주 יהוה 엘로힘의 완전한 구원의 새성함이다.

베드로와 요한은 40여 년 동안 걷지 못하던 장애인을 예수 이름으로 완전하게 치료해주었다. 누구의 이름과 무슨 권세로 이런 일을 행하느냐고 꾸짖는 대제사장과 서기관들에게 사도들이 대답했다.

<11 이 예수는 너희 건축자들의 버린 돌로서 집 모퉁이의 머릿돌이 되었느니라 12 다른 이로서는 구원을 얻을 수 없나니 천하 인간에 구원(救援)을 얻을 만한 다른 이름을 우리에게 주신 일이 없음이니라 하였더라>(행 4장)

솔로몬이 지은 구약 성전은 יהוה라는 성함을 두기 위한 임시처소이고, 예수 그리스도의 부활한 몸은 신령하고 영원한 새성전이며, 아버지께서 새성함인 '예수'를 두신 아들의 몸 안에 영원히 거하신다.

사울은 '예수 이름을 부르는 자들'을 죽이던 핍박자였다(행 9:14,21; 26:9). 그가 예수 이름을 부르는 자들을 잡으려고 다메섹으로 가는 중에 예수님을 만났다. 찬란한 광채 속에서 히브리어로 '사울아, 사울아 네가 왜 나를 핍박하느냐?'라는 말씀을 듣고(행 21:40; 22:2; 26:14), "주여, 뉘시옵니까?"(Who are you, LORD?)라고 질문했다. 이는 사울이 '아도나이/LORD/יהוה여, 당신의 성함이 무엇입니까?'라고 히브리어로 질문한 것이고, 모세가 '아브라함의 엘로힘'의 성함을 여쭈었던 것과 똑같은 질문이다(출 3:13-15). 사울이 아도나이(주/LORD)로 부르며 섬겼던 분은 오직 하나인 יהוה뿐이시다(신 6:4). 율법의 의로는 흠없던 그는 절대로 다른 주(아도나이)를 섬기지 않았다. 예수께서도 히브리어로 '나는 내가 핍박하는 예수다'라고, 직함 아닌 성함으로 대답하셨다(행 9:5; 22:8; 26:15). 그 성함은 히브리어로 당연히 '예호슈아'이다. 아도나이(יהוה)께서 히브리어로 대답하신 새성함을 헬라어로 옮긴 것이 '예수스'이다.

바울은 이방인들에게 '예수' 이름을 전하는 그릇이 되었고, 그 성함을 위하여, 그 조상들의 아도나이(יהוה)이신 주 예수님을 위해 누구보다도 많은 핍박과 환란을 받고, 순교한 증인이다.

이방인들의 구원에 관한 교리논쟁 해결을 위해 예루살렘에 모인 모든 사도와 장로 중에 누구도 'יהוה의 이름을 불러야 구원받는다'라고 하거나 'יהוה와 예수 이름을 함께 불러야 구원받는다'라고 주장했던 자가 없다(행 15:1-35). '이후에 내(יהוה)가 돌아와서 다윗의 무너진 장막을 다시 짓고 일으키며, 그 남은 사람들과 내(יהוה) 이름으로 일컬음 받는 모든 이방인도 주(יהוה)를 찾게 하려 함이라'는 말씀은 יהוה 엘로힘께서 '예수'라는 성함을 '내 이름'이라고 증거하신 것이다. 모든 교회가 엘로힘의 새성함인 '예수' 이름으로 일컬음을 받는 자들임을 명확하게 증거했다(암 9:11-12; 행 15:15-18). 참된 교회는 모든 일과 말을 예수 이름으로 시작하여 예수 이름으로 마쳐야 하는, 주 예수께서 '내 교회'라고 말씀하신 대로 예수님의 몸이자 예수님의 것이다(마 16:18).

사도 바울은 예수님을 '우리 조상들의 엘로힘'이시라고 증거했고(행 22:14-16), 예수님을 주(יהוה/아도나이/퀴리오스)와 그리스도로 믿으라고 전했다(롬 10:9-13). 바울은 유대인의 '한 주(יהוה)'(신 6:4, :יְהוָה אֶחָד 야훼 에하드)께서 모든 믿는 자들의 주(아도나이/יהוה)가 되셨다고 증언하며, 주 יהוה의 새성함인 '예수'라는 성함을 부르는 자가 완전한 구원을 얻는 다고 열두 사도와 동일하게 증거했다.

고린도교회에게도 누구든지 성령의 계시를 받지 않고서는 예수께서 '아도나이/퀴리오스/יהוה'이심을 깨달을 수 없다고 했다(고전 12:3-11). 새언약의 아버지와 아들 즉 주 예수 그리스도를 알려면 성령의 계시를 받기 위한 영적인 눈과 귀가 있어야 한다는 말씀이다.

바울은 갈라디아교회에게 성령의 계시를 따라 아브라함을 엘로힘에, 하갈과 사라를 두 언약에, 이스마엘과 이삭을 구약 성도와 신약 성도에 비유하여 설명했다(갈 4:22-26). 여종 하갈과 사라의 남편, 이스마엘과 이삭의 아버지는 오직 한 사람이듯이 옛언약의 하나님(남편, 아버지)과 새언약의 하나님(남편, 아버지)은 같은 한 분이심을 증거했다.

'아브람'이라는 이름이 후에 '아브라함'으로 바뀌었듯이(창 17:5), 주 엘로힘의 성함도 구약에서는 יהוה로 계시하셨고 신약에서는 '예수'라고 명백하게 계시하셨다. 창세기 17장 5절 이후에는 '아브람'이라는 이름이 오직 두 번만 나타나는데 옛성함을 알릴 때 뿐이다(대상 1:27; 느 9:7). יהוה라는 성함의 모음은 아버지의 성함을 받은 독생자도 알려주신 적이 없고, 오직 '예수'라는 새성함만 알려주셨을 뿐이다.

이 '예수'라는 성함은 아버지께서 아들에게 주신 아버지의 성함이요, 죽기까지 순종함으로써 아버지와 영원히 하나가 된 아들의 이름이다. 이 '예수'란 성함 앞에 하늘들에 있는 모든 자가 무릎을 꿇을 것이며 모든 입이 'יהוה/주/퀴리오스/아도나이'라 시인하여 아버지께 영광 돌린다(빌 2:9-11). 이는 '예수'라는 성함이 아버지의 성함이 아니라면, 예수님께서 아버지와 아들이 아니시라면 절대로 있을 수 없는 일이다.

바울은 신성의 모든 충만이 예수 그리스도의 육체 안에 거하시므로(골 2:9) 모든 말이나 일에 '예수' 이름만을 부르라 했다.

<또 무엇을 하든지 말에나 일에나 다 <u>주 예수의 이름으로 하고</u> 그를 힘입어 하나님 아버지께 감사하라>(골 3:17)

모든 일을 예수 이름으로 행하는 것은 아들 안에 계시는 아버지께 늘 영광을 돌리는 것이다. '예수'는 아버지의 성함이며, 아버지께로 나갈 수 있는 은혜를 주는 아들/중보자의 이름이다.

독생자는 하나님으로부터 태어난 아들이시고, 아버지의 성함을 기업/유업으로 받으신 만큼 모든 천사보다 뛰어난 분이다.

<저가 천사보다 얼마큼 뛰어남은 저희보다 <u>더욱 아름다운 이름을 기업으로 얻으심이니</u>>(히 1:4)

예수 이름이 아버지께서 주신 아버지의 성함인 것을 알고, 그 성함을 찬양하는 것이 신령한 제사가 된다(히 13:15).

신령한 새성전, 영원한 하늘의 성전에 영원히 두실 엘로힘의 새성함은 '예수'이다. 회복된 교회에게 거듭난 '아들'이라는 이름(직함)과 신령한 신부(신령한 예루살렘)라는 이름(직함)을 붙여주신다(계 3:12). 예수님의 신격적 이름(직함)들은 '에흐예/에고 에이미/스스로 계신 자/I Am', '엘로힘/데오스', '처음(알파)과 나중(오메가)', '전능자', '창조자' '만왕의 왕', '만주의 주', '남편', '유일한 구원자' 등등 무수히 많다. 베드로와 바울은 예수님의 직함들 중에 아버지로서 가지신 가장 뛰어난 직함이 '만유의 주님'이라고 증거했다(행 10:36; 고전 15:28).

<또 내가 보니 보라 어린양이 시온산에 섰고 그와 함께 십사만 사천이 섰는데 <u>그 이마에 어린양의 이름과 그 아버지의 이름을 쓴 것이 있도다</u>>(계 14:1)

'예호슈아/예슈아/예수스/예수/Jesus/耶穌/عيسى/isa/พระเยซู/EcYc /Jésus/イエス …'라는 성함은 언어에 따라 조금씩 다르게 발음되지만, 아버지와 아들의 성함이라는 진리의 계시와및 성함의 뜻은 같다.

<그(His)의 얼굴(face)을 볼 터이요 그(his)의 이름(name)도 저희 이마에 있으리라>(계 22:4)

엘로힘의 모든 계획이 완전히 이루어진 후에는 하나의 보좌에 앉으신 한 분의 얼굴을 영원토록 볼 것이며, 그 성함인 '예수'가 모든 성도의 이마에도 성령으로 인(印)쳐져 있다. 재림의 때에, 그분의 성함이 없는 자들 이마에는 적그리스도의 이름이 새겨질 것이다.

(2) 예호슈아/예슈아/예수스/예수께서 가지신 여러 직함들

구약성경에 히브리어로 יְהוֹשֻׁעַ[예호슈아]라고 기록된 이름은 신약성경에 Ἰησοῦς[예수스]로 음역 표기되었다(행 7:45; 히 4:7), 엘로힘의 새성함이 언어의 특성상 각각 다르게 발음되고 기록되었으나, 한글로는 '예수'로 표기하여 따른 신구약에서 같은 직함들을 살펴본다.

① 예수님만이 영원토록 스스로 계시는 분이심

엘로힘께서 아브라함에게는 자신의 이름을 '전능하신 엘로힘'(엘샤다이), 모세에게는 더 깊은 계시로 '에흐예'(있는 자)/I Am)와 그 삼인칭인 יהוה(He Is/계시는 그분/그분이 계심)으로 알리셨다. '에흐예'는 그 어떤 존재들도 없던 때부터 그분만이 스스로 계시는 분이심을 증거하는 성함/직함이다. 영원태초부터 영원 끝까지 יהוה 엘로힘 외에 다른 어떤 신도 없었고 오직 יהוה만이 계신다. 영원토록 오직 יהוה만이 참하나님으로 친히 계시는 분이심을 제3자들/만민에게 선언하는 성함이 יהוה이다.

יהוה께서 다른 신이 없다고 제1계명을 선포하시면서 '내가 יהוה인 줄 알리라'라는 말씀은 새언약을 향한 선포이다. 선민들이 주 יהוה 엘로힘을 배반하고 다른 신을 따를 때와 장차 그분이 '예수'라는 새성함으로 오실 때에 맞춰 '내가 יהוה인 줄 알리라'고 선포하신 것이다.

יהוה께서 낮고 천한 모습, 육체 안에서 임마누엘 하시자 대제사장들과 서기관, 율법사, 바리새인들이 그를 멸시했으며, 자신을 하나님의 아들이라 했다고 분노하여 잔인하게 십자가로 몰았다(사 53장; 눅 22:71). '(스스로) 계시는 자'(에고 에이미), '처음부터 말씀하여 오신 자'와 '그'라는 칭호는 자신이 '아버지'이심을 친히 선언하신 것이다(요 8:24-28). 여러 주석이 이 호칭을 출애굽기 3장 14절의 יהוה이심을 증거한다고 진술한다. Good News Translation은 'I Am Who I Am'으로, Aramaic Bible in Plain English은 I AM THE LIVING GOD라고 번역했고, 많은 성경이 'I AM' 즉 '나다' 또는 '내가 있다'라는 의미로 번역했다. 자신이 יהוה 엘로힘이라고 친히 예수께서 증거하셨으나 '아들하나님'으로는 언급조차 없으셨다. 예수님은 인자(人子)나 하나님의 아들로서가 '아버지 하나님'으로서 '(스스로) 계시는 그분/יהוה'이시다.

제자 중에도 성령을 받기 전에는 예수께서 '스스로 계시는 יהוה'이심을 의심하는 자들이 있었고, 승천하신 후에야 ἐγώ εἰμι로서 יהוה이신 예수님을 깨달을 것이라고 말씀하신 대로 이루어졌다(요 8:28). 유대인들은 제1계명을 따라 오직 יהוה 엘로힘만을 알았고 믿었으나 יהוה께서 초라한 육체를 입고 오셨기에 알기를 거부했으며 그들의 죄 가운데서 죽을 수밖에 없었다. 다른 신을 믿지 않고 오직 주 엘로힘 יהוה만을 믿을지라도 '예수님이 아들 안에 임마누엘 하신 יהוה이심'을 믿지 않는다면 '마귀의 자식'이라고 정죄를 받을 것이다(요 8:24,41-44).

대제사장들이 보낸 군대와 하속들이 예수께서 '내로라'고 말씀하시자 땅에 꿇어 엎드렸다(요 18:5,6). 성전을 호위하는 레위인 군병들에게는 '내로라'는 원문의 ἐγώ εἰμι가 오직 한 분 יהוה를 가리키는 것임이 익히 알려져 있었다(사 24:21-23; 빌 2:9-11). 예수께서 성령으로 오신 때는 모든 제자가 예수님을 '에고 에이미'(יהוה)임을 알리라고 말씀하셨다.

도마가 예수님 앞에 무릎 꿇고 그 말씀대로 고백했다.

<도마가 대답하여 가로되 나의 주(主)시며 나의 하나님이시니이다>
(요 20:28)

예수님을 하나님으로 믿는다면 '스스로 계시는 분'(I AM/יהוה)이라고 믿어야 한다. '사람의 육체를 입은 יהוה이신 예수님' 외에 1위~3위신은 바벨론의 후예들이나 믿는 우상일 뿐이다.

{관주 톰슨 성경}은 요한복음 서론에서 다음과 같이 설명했다.

<본문 전체를 통해서 '나는…이다'(I am)라는 선언이 반복된다. "나는 세상의 빛이니라", "나는 생명의 떡이니라", "나는 선한 목자니라…", "나는…이다"(I am)라는 선언은 구약성경에서 중요한 의미를 갖는다. 하나님께서 불붙은 가시나무로부터 모세에게 계시해주신 이름인 야웨(Yahweh)가 '나는…이다'(I am)라는 동사에서 나온 말이기 때문이다. 그러므로 "나는…이다"(I am)라는 표현은 분명히 예수를 언약의 하나님, 아브라함과 이삭과 야곱의 하나님, 이스라엘을 애굽에서 이끌어내신 하나님과 같은 분으로 고백하는 표현이다. 초대교회의 유대인들은 예수를 창조주 하나님으로 믿었다. 주께서는 "나와 아버지는 하나이니라", "나를 본 자는 아버지를 보았느니라."고 말씀하셨다.>22)

예수께서 자신이 '(스스로) 계시는 분'이심을 증거하셨다(계 1:4).

<주 하나님이 가라사대 나는 알파와 오메가라 <u>이제도 있고 전에도 있었고</u> 장차 올 자요 전능한 자라 하시더라>(계 1:8)

'이제도 있고'는 원문에서 ὤν[온]인데 '에이미'(내가 있다, 나는 ~이다)의 현재 분사(being)이다. '전에도 있었고'는 원문에서 ἦν[엔]인 '에이미'의 미완료형으로서 '영원 전부터 계셔왔고 영원히 계시는 분'이라는 의미이다. 예수님의 신격은 '계셔 온 분'이시고, 아들은 태어난 분이다. 오직 영원 전부터 '스스로 계시는 분'만이 참하나님이시다.

한글개역성경 관주에는 4절과 함께 8절을 '스스로 계시는 분'이시라고 설명한다(출 3:14). 예수님의 신격은 '옛적에도 계셨고, 지금도 계신 주 엘로힘, 전능하신 이'(계 4:8; 11:17; 15:3; 19:6), '장차 다시 오실 분', 다윗의 뿌리로서 יהוה이신 예수님이시다(계 22:16).

② 예수님만이 영원토록 처음과 나중이심

오직 스스로 계시는 분, 주 엘로힘 יהוה만이 '알파'이시고 모든 것을 이루시는 '나중'이시다(사 41:4; 44:6; 48:12). 엘로힘 יהוה께서 '나 외에 다른 신이 없으며, 시작과 마지막에도 오직 יהוה밖에 다른 이가 없다'라고 증거하셨다. 영원 이전에도 יהוה만이 '처음'이시며, 영원 끝에도 오직 한 분 יהוה만이 '나중'이시다. 그 한 분이 사람의 몸을 입으신 '주 하나님 예수'이시다(계 1:8,17; 행 20:28; 요 20:28).

<서머나 교회의 사자에게 편지하기를 <u>처음이요 나중이요</u> 죽었다가 살아나신 이가 가라사대>(계 2:8)

<5 보좌에 앉으신 이가(he) 가라사대 보라 내(I)가 만물을 새롭게 하노라 하시고 또 가라사대 이 말은 신실하고 참되니 기록하라 하시고 6 또 내게 말씀하시되 이루었도다 <u>나는 알파와 오메가요 처음과 나중이라</u> 내가 생명수 샘물로 목마른 자에게 값없이 주리니 7 이기는 자는 이것들을 유업으로 얻으리라 <u>나는 저의 하나님이 되고 그는 내 아들이 되리라</u>>(계 21장)

오직 예수님만이 יהוה 엘로힘과 어린양이시고, 너무나 놀랍고 기이하신 기묘자이시다(사 9:6). 엘로힘의 보좌(寶座)는 하나뿐이고, 그 보좌에는 엘로힘과 어린양이신 예수님만 영원히 앉아 계신다.

<12 보라 내가 속히 오리니 내가 줄 상이 내게 있어 각 사람에게 그의 일한 대로 갚아 주리라 13 나는 <u>알파와 오메가요 처음과 나중이요 시작과 끝이라</u> … 16 나 예수는 교회들을 위하여 내 사자를 보내어 이것들을 너희에게 증거하게 하였노라 <u>나는 다윗의 뿌리요</u> 자손이니 곧 광명한 새벽별이라 하시더라>(계 22장)

예수님은 ἐγώ εἰμι(스스로 계시는 분/I AM)이시며, 처음과 나중이요 시작과 끝이며 알파와 오메가이시다. 또한 다윗의 뿌리요, 아브라함의 뿌리요, 아담의 이상/뿌리이신 만유의 아버지이시다(눅 3:38; 엡 4:6). 예수님이 아버지가 아니라면 다윗의 뿌리도 아니시다.

③ 예수님만이 영원토록 창조주이심

제1계명에 יהוה 외에 다른 엘로힘은 없고, יהוה 엘로힘만 홀로 만유를 창조하셨다고 친히 증거하셨다(욥 9:8; 사 37:16; 44:24; 45:18).

예레미야는 יהוה만이 참하나님이시며 만유를 창조하신 '만유의 아버지'이시므로 '천지를 짓지 않은 신들은 망한다'라고 선포한다(렘 10:10,11).

사도 바울은 '주님도 한 분이시고, 그 주님은 유일하신 엘로힘이시고 만유의 아버지라고 증거했다(엡 4:5,6, 참고 막 12:29-32). '주님=엘로힘=יהוה'라는 등식은 신구약이 동일하다. 주 엘로힘과 어린양이신 예수님이 보좌에 앉으셨고, 그분이 친히 창조를 새롭게 완성하셨고, 영원히 안식하실 만유의 주님이 되셨다(계 21:5-7). 예수님은 이전에 다윗을 모친의 태중에서 창조하신 분(뿌리)이셨으나, 친히 다윗의 후손이라는 육체를 입으시고 구속자로 오셨고, 자기 피로 성도를 사신, 지극히 선한 목자가 되셨다(시 23:1; 요 10:11; 20:28; 행 20:28; 계 22:16).

④ 예수님만이 영원토록 만주의 주님이심

'주님'이라는 의미는 창조주(創造主), 만유(萬有)의 주(主), 만군(萬軍)의 주, 만주(萬主/lords)의 주(主), 구원(救援)의 주, 구속주, 재림주 등의 칭호로 구별할 수 있다. 선민들은 십계명의 제3계명을 따라 엘로힘의 성함 יהוה를 함부로 부르지 않기 위하여 '아도나이'(주)라는 칭호로 대용했다. יהוה라는 성함의 대용어로 אֲדֹנָי[아도나이]를 사용한 이유는 יהוה만이 유일한 '주님'이심을 증거하는 것이다.

서기관(율법사)이 예수님께 '계명 중에 가장 큰 계명이 무엇입니까?'라고 여쭈었을 때 예수께서 '주 곧 우리 엘로힘은 유일한 주이시다'라고 대답하셨다(막 12:29-32). 이 말씀은 당시의 유일한 성경인 구약성경의 신명기 6장 4절의 יהוה를 '퀴리오스'(주)라고 대체한 70인역을 인용하신 것이다. 엘로힘께서 친히 돌비에 새겨주신 '나 외에 다른 신을 섬기지 말라'는 제1계명을 근거로 주신 말씀이다(신 4:35,39).

사도 도마는 오직 제1계명을 복종하는 신앙으로 예수님께 '나의 주님, 나의 엘로힘'이시라고 고백하였다(요 20:28).

성령의 생명의 법이 선포되어 지상교회가 세워진 날, '형제를 가리켜 너는 주/יהוה를 알라 하지 않으리니 그 이유는 작은 자로부터 큰 자에 이르기까지 모두가 주/יהוה를 알기 때문이다'라는 예언(렘 31:31-34; 히 8:8-13)과 '그날에는 내가 너희 엘로힘 주/יהוה가 되고 다른 이가 없음을 알리라'(욜 2:27)는 예언이 이루어졌는데, 열두 사도가 예수님이 주/יהוה와 그리스도가 되셨음을 정녕 알라고 선포한 것이다.

<그런즉 이스라엘 온 집이 정녕 알지니 너희가 십자가에 못박은 이 예수를 하나님이 주와 그리스도가 되게 하셨느니라 하니라>(행 2:36)

예수님으로부터 천국열쇠를 받은 수제자 베드로가 예수님을 '만유의 주'가 되셨다고 증언했다.

<만유의 주(퀴리오스) 되신 예수 그리스도로 말미암아 화평의 복음을 전하사 이스라엘 자손들에게 보내신 말씀>(행 10:36)

사도 바울도 그 יהוה께서 완전한 새성함 예수로 오셔서 교회를 자기 피로 사신 구속주가 되셨다고 증거했다(행 20:28). 바울은 '누구든지 예수님을 주(主)라고 시인하고 복음을 믿으면 구원을 받는다'고 했다. 그는 유대인의 한 주님께서 이방인 교회 모두에게도 동일하고 유일한 주님이시라고 증언했다(롬 10:9-13). 예수님을 κύριος[퀴리오스/Lord]라고 시인하는 고백은 יהוה(아도나이)이심을 고백하는 것이다(사 45:14,21-23; 행 22:8). 사도 바울도 오직 יהוה 엘로힘만 만유의 주님이라 했다.

<만물을 저에게 복종하게 하신 때에는 아들 자신도 그 때에 만물을 자기에게 복종케 하신 이에게 복종케 되리니 이는 하나님이 만유의 주로서 만유 안에 계시려 하심이라>(고전 15:28)

'예수'라는 주/יהוה의 새성함은 모든 이름 위에 뛰어난 성함이다.

하늘에 있는 자들도 다 예수 이름 앞에 무릎을 꿇고 주/יהוה(아도나이) 라고 시인해야 된다(빌 2:10-11). 하나님은 홀로 한 분이신 만주의 주님 이시다(딤전 6:15). 구약에 영으로만 자신을 나타내셨던 יהוה께서 육체를 입으심으로 구속자의 조건을 갖추사 우리의 크신 하나님이자 '구주'요 하나님이심을 나타내셨다(딛 2:13).

예수께서 '자기 피로 교회를 사신 엘로힘 יהוה'이심을 부인하는 자가 교회에 가만히 들어온 이단이다(벧후 2:1). 예수님의 인격은 대제사장과 어린양이시지만, 그 신격은 유일하신 참하나님으로서 '만주의 주'이시다 (계 17:14). 장차 'יהוה와 그 메시야'이신 주 예수님께서 철장으로 만국을 치실 때도 주 예수님만이 '만주의 주'이시다(계 19:16; 시 2:2). 십자가 에서 죽은 어린양이자 인자로서가 아니라 엘로힘이신 주 예수님의 신격 (神格)이 만주의 주님이시란 말이다.

멜기세덱과 아브라함도 만유의 주님을 천지의 '주재'(히-'카나')라고 불렀고(창 14:19), 다윗도 그분을 만유의 '주재'(히-'마샬')라고 불렀으며 (대상 29:12), 미가도 그분을 온 땅의 '대주재'(히-'아돈')라고 불렀으며 (미 4:13), 다니엘도 엘로힘을 하늘의 '주재'(히-'마레' 또는 '샤르')라고 불렀고(단 2:47; 5:23; 8:11), 사람이신 그리스도 예수님도 엘로힘만을 천지의 주재(헬-'퀴리오스') 아버지라고 불렀으며(마 11:25; 눅 10:21), 성도들도 그분만을 주재(헬-'데스포테스')라고 부른다(눅 2:29; 행 4:24; 계 6:10). 바로 예수님의 신격만이 '홀로 하나인 주재(主宰, 데스포테스)' 이심을 부인하면 이단이 된다고 선포했다(유 1:4).

여호와증인들은 성경 번역자들이 신약성경에서 의도적으로 '여호와'를 제거했다고 주장을 하며 그들이 번역한 신세계역 신약성경에 '여호와'를 237회나 삽입했다. 그러나 그 구절들은 문맥에서 모두 주=יהוה의 새성함 '예수'를 증거한다. 한편, 한글개역성경에서 '주'라고 번역된 단어는 원어 성경에서 '당신'(you)이라는 의미로 기록된 것들도 있다(출 15:11; 왕상 8:23; 대상 17:20; 대하 6:14; 렘 10:6; 미 7:18).

<8 주(아도나이)여 신들 중에 주(you)와 같은 자 없사오며 주(you) 의 행사와 같음도 없나이다 … 10 대저 주(you)는 광대하사 기사를 행하시오니 주(you)만 하나님이시니이다>(시 86편)

⑤ 예수님만이 영원토록 만왕의 왕이심

성경은 예수님만이 엘로힘의 나라, 하늘나라의 왕/King이시라고 증거한다(시 5:2; 10:16; 24:7-10; 29:10; 44:4; 45:17; 74:12; 84:3; 95:3; 145:1; 사 33:22; 단 4:37; 습 3:15). 이사야가 환상 중에 본 높이 들린 보좌에 앉으신 주님(아도나이)은 '만군의 יהוה이신 왕'이셨고, 예수님이 왕이신 יהוה이시라고 요한이 증거하였다(사 6:1-5; 요 12:41). 이사야는 다시 예수님은 전능하신 엘로힘, 영존하시는 아버지, 평강의 왕이시다 (사 9:6). 초대교회가 읽던 유일한 성경이 יהוה 외에 다른 신이나 다른 구원자·창조자·왕이 없다고 증언한다(사 43:10-15; 44:6-8). 오직 יהוה만 참하나님이시요 영원한 왕이시다(렘 10:10). 이스라엘의 왕이신 יהוה께서 아들 안에서 경배를 받으셨다(마 2:2,11; 요 1:49). יהוה이신 예수님께서 어린 나귀를 타고 큰 왕의 도성에 입성하셨다(슥 9:9; 마 21:5; 막 11:9; 눅 19:38; 요 12:15). 유대의 지배자인 로마제국의 총독 빌라도 앞에서 예수께서 '내가 하늘에 속한 왕'이라고 선언하셨다(마 27:11; 막 15:2; 눅 23:3; 요 18:37). 빌라도도 십자가에 '유대인의 왕 예수'라고 패를 붙여서 온 세상에 공포하였다(마 27:37; 막 15:26; 눅 23:38; 요 19:12,19,20). יהוה께서 천하의 왕이 되시고, 그 이름이 홀로 하나일 것이라 했다(슥 14:9,17). 주 예수님을 하늘과 땅의 유일한 왕, 하나님/아버지이심을 인정한 것이다. 홀로 하나이신 신약의 엘로힘은 만세의 왕이시고(딤전 1:17; 6:15), 예수님께서 바로 그 영원한 왕이다. '엘로힘과 그리스도'이신 예수님께서 자신을 전능하신 주 엘로힘이시자 왕이심을 증거케 하셨다(계 11:15,17).

<하나님의 종 모세의 노래, 어린양의 노래를 불러 가로되 <u>주 하나님 곧 전능하신 이시여</u> 하시는 일이 크고 기이하시도다 <u>만국의 왕이시여</u> 주의 길이 의롭고 참되시도다>(계 15:3)

어린양은 만왕(kings)의 왕(King)이신 엘로힘의 형상이다(계 17:14). 예수님은 '엘로힘'의 말씀이시고 만왕의 왕이시다(계 19:13,16). 영원한 왕이신 יהוה만 홀로 엘로힘이신데, 그분이 예수라는 새성함으로 영원히 통치하실 왕이시다. 군주신론(君主神論)은 왕이 한 분이듯이 아버지이신 예수님만 유일한 왕/엘로힘이시라는 신론이다.

⑥ 예수님만이 영원토록 완전한 구원자이심

400년간 애굽의 종살이에서 이스라엘 백성을 구원하신 분은 오직 יהוה 엘로힘 한 분밖에 없다(출 14:13,30; 15:2; 18:8; 32:15; 34:29). 엘로힘 יהוה께서 돌판에 새기신 첫째 계명에 애굽에서 구원하신 יהוה 외에 다른 구원의 엘로힘이 없다고 친히 증거하셨다(출 20:2,3; 신 5:6,7). יהוה만이 참하나님이시며 그 외 다른 신이 없음을 알아 명심하라고 명령하셨다(신 4:35,39; 32:12,39). 다윗도 יהוה 외에는 참신이 있다는 어떤 말도 듣지 못했다고 증거했다(삼하 7:22; 대상 17:20, 시 62:2,6; 86:8-10). '너희 하나님이 오사 보수하시며 보복하여 주실 것이라 그가 오사 너희를 구하시리라'(사 35:3-6)라는 이 약속은 예수님께서 오심으로 성취되었다(마 1:21; 11:3). 이사야가 יהוה-구원으로 오실 예수님에 관해 예언했고, יהוה께서 성육신으로 우리의 영원한 구원자와 목자가 되셨다(사 40:3,10,11; 겔 34:15). 'יהוה+호세아'(יהוה의 구원)는 יהוה 엘로힘의 완전하고 새롭고 영원한 성함인 '예호슈아'/예수스/예수이다. 주 יהוה 외에 다른 구원자가 없고, יהוה 외에 다른 신이 없다는 선언은 새언약대로 'יהוה의 구원'이신 '예수'밖에 다른 구원자가 없다는 선언이다(사 43:11,12; 45:5-6,15,22). 사도들은 "다른 이로서는 구원을 얻을 수 없나니 천하 인간에 구원을 얻을 만한 다른 이름을 우리에게 주신 일이 없음이니라"라고 선언했다(행 4:12). יהוה라는 성함은 자기 백성을 아직 죄와 사망에서 구원하지는 않으신 때 나타내신 성함이고, 예수라는 성함은 자기 백성을 죄와 사망에서 완전히 구원하신 하나님 아버지의 성함이요, 아버지께서 그의 형상이자 성전인 아들에게 주신 성함이다(마 1:21).

יהוה께서 다윗에게 한 의로운 가지(후손)를 일으키셨고, 그 이름은 'יהוה-체테크(יהוה 우리의 의)'라고 할 것이라 약속하셨다(렘 23:5,6). יהוה의 의는 아버지와 아들이신 예수님만이 주실 수 있다. 주 יהוה께서 애굽에서 구원하실 때 옛언약을 맺으셨고, '예수'라는 새성함으로 세상과 사단의 지배와 죄와 사망과 음부에서 모든 것 위의 하늘로 구원하는 새언약도 세우셨다(렘 31:31-34). יהוה께서 친수로 기록하신 제1계명대로, יהוה께서 완전한 사람(아들)의 형상 삼으신 'יהוה-구원'이신 예수님만 구원자이심을 확증하셨다(호 13:4; 행 4:12).

⑦ 예수님만이 영원토록 구속자(救贖者)이심

초대교회 당시의 성경은 יהוה 외에 다른 구속자가 없다고 증거, 선언, 강조하고 반복한다. יהוה 엘로힘은 영이시므로 구속자의 조건인 '친족'이 되지 못하셨고, 구속에 필요한 피가 없으셨으므로 말씀이 육신이 되신 완전한 사람을 입으셨다(요 1:14; 빌 2:7).

신약의 구속자로 오신 예수께서 자기 백성을 저희 죄에서 구속하셨다 (사 35:8-10). יהוה 외에 다른 엘로힘, 다른 구속자가 없다고 엘로힘께서 선언하셨다. יהוה께서 친히 사람의 육체를 입으시고 아들 안에서 세상에 오실 때 그 앞길을 침례 요한에게 예비케 하심으로 구약이 성취되었다 (사 40:3; 41:14; 43:1-15; 44:6-8,22-24; 47:4; 52:3,6). 주 엘로힘 יהוה 께서 사람의 육체를 입으심으로 자기 백성의 구속자와 남편이 되셨다(사 54:5,6; 62:12;60:16; 63:4-6; 렘 31:11,31-34; 50:5,20,34). 룻기가 보 여주듯이, 합법적인 구속자가 되시기 위해 יהוה께서 혈육을 입으심으로 친족이 되셨고, 자기 피로 값을 내시되 죄인들의 죄와 저주를 대신 지신 사랑을 보이셨다(마 1:21). יהוה께서 성육신하신 구속자가 아니라면 יהוה 께서 구속자가 되실 기회는 영원히 없을 것이다.

'속량(贖良)'이라는 단어는 종의 신분을 벗어나 자유인이 되도록 금전 이나 일이나 생명을 대신 제공하는 것을 말한다. 제사장인 사가랴도 יהוה 께서 다윗의 집에서 구속자를 일으킬 것을 증언하였다(눅 1:68-79). 주 יהוה 엘로힘께서 아들 안에서 구속자로 오신 것을 여선지자 안나도 증언 했다(눅 2:36-38). 예수라는 성함은 영이신 יהוה께서 혈육이 있는 구속자 가 되어 오심으로써 구약을 이룬 성함이다. 사도 바울은 예수께서 자기 피로 교회를 사신 엘로힘(יהוה)이시라고 에베소의 장로/목회자들에게 확 증하였다(행 20:28). 서신서들은 주 예수님께서 피 흘리심으로 완전한 구속자가 되셨다고 증거한다(롬 3:24; 고전 1:30; 갈 3:13 …). 교회는 예수님의 몸값으로 사신 거룩한 백성들이다(고전 6:19,20; 7:23; 벧전 1:18,19). 예수께서 초림하사 신자의 속사람이 죄사함과 거듭남을 얻게 해주셨고, 다시 오실 때는 겉사람의 몸까지 구속할 것이다(눅 21:28; 롬 8:23). '완전한 구속자가 되신 יהוה=예수'임을 부인하는 자들이 멸망 당할 이단이라 했다(벧후 2:1).

⑧ 예수님만이 영원토록 완전한 남편이심

엘로힘은 자기 백성의 남편으로 비유되었는데, 한 아내에게 한 남편만 있어야 하듯이, 믿는 성도들에게도 오직 한 분의 남편이신 יהוה 엘로힘만 계신다(렘 3:1-25). 유일하신 엘로힘이시자 남편이신 יהוה께서 구약 성도에게는 물론이고 신약 성도들에게도 오직 같은 한 남편이신다. יהוה 엘로힘께서 성육신하심으로써 부활한 모든 성도(하늘의 예루살렘)의 영원하고 유일한 남편이 되셨다(사 61:10; 62:5). 옛언약을 세우신 분은 오직 한 분의 참하나님 יהוה 외에 없고, '예수'라는 새성함으로 새언약을 세울 때도 יהוה만이 남편이 되신다(렘 31:31-34). 구약 성도들에게 יהוה만이 남편이셨으나 그들이 다른 신들을 섬기므로 음녀가 되었고(호 1:2), 그래서 북왕국과 남왕국이 멸망 당했다. יהוה께서 새언약으로 새신부를 얻으시고, 영원히 장가들 같은 남편이 되실 것을 알리셨다(호 2:19-23; 3:5; 4:6; 6:1-6; 13:4). '안다'는 표현은 남편과 아내가 하나로 연합됨으로써 서로를 경험으로 안다는 의미이다(눅 1:34). 새남편이신 יהוה 엘로힘의 새성함은 예수이시며, 예수님 외에 다른 위격의 신들을 섬기는 교회는 음녀가 되고, 신자들은 사생아가 된다. 구약으로 남편으로 יהוה를 믿고 있는 유대인들에게 침례 요한은 יהוה/주님과 그리스도이신 예수님의 앞길을 예비하면서, 자신을 새언약으로 영원한 남편으로 맞이하도록 예수님께 중매하는 자라고 소개하였다(요 3:29).

사도 바울도 중매자가 되어 구약의 동일한 남편인 יהוה께서 교회에게 영원한 참남편이 되셨다고 증거했다(고후 1:2). 뱀이 하와를 미혹하여 범죄에 떨어지게 하였던 것처럼, 예수님 외에 다른 신을 섬기는 자는 마귀/뱀의 자녀가 된다고 경고했다. 사람으로서 예수 그리스도는 엘로힘인 남편과 우리를 연합시켜주는 유일하고 완전한 중매자이다.

아브라함이 하갈의 남편이자 사라의 남편인 것처럼, 신약에서 남편은 오직 같은 한 분 예수밖에 다른 남편, 다른 엘로힘이 없다(갈 4:22-26).

바울은 에베소교회에게도 예수께서 교회의 영원한 남편이 되셨다는 큰 비밀에 관한 진리를 아담과 하와를 비유로 설명했다(엡 5:22-32). 하와에게 아담만 남편이듯이, 새언약의 유일한 엘로힘이신 예수밖에 다른 남편이 있을 수 없다. 유일하신 하나님이시며 만유의 주재이신 예수님만 교회의 영원한 남편이다.

예수님께서 사도 요한에게 한 남편을 섬기지 않고, 예수님 외에 다른 신들을 섬기는 음녀에 대한 심판을 보여주셨다(계 16~19장). 음녀와 그 딸들은 예수께서 유일한 남편이라고 믿는 성도들을 무수히 죽였으므로 남편 되신 예수님의 진노와 심판을 받을 것이다(계시록 17:6).

<2 그의 심판은 참되고 의(義)로운지라 음행으로 땅을 더럽게 한 큰 음녀(淫女)를 심판(審判)하사 자기 종들의 피를 그의 손에 갚으셨도 다 하고>(계 19장)

엘로힘과 어린양이신 예수께서 자신의 신부를 보여주셨는데 이 혼인 잔치에 청함과 택함을 받은 자들은 복이 있다고 했다(계 19:7-8). 어린 양은 만왕의 왕이요 만주의 주님이시다(딤전 6:15; 계 17:14). 어린양과 엘로힘이신 예수님의 영원한 신부는 하늘의 신령한 예루살렘 성(부활한 성도)이다(계 21:2-11).

⑨ 예수님만이 새언약의 영원한 아버지이심

אב[아브](아버지)는 히브리어 알파벳 첫 글자와 둘째 글자로 만들어진 단어이다. 모든 피조물을 창조하신 분이 '만유의 아버지'이다. 아버지가 한 분이듯이 오직 한 분 יהוה 엘로힘 외에 다른 신이 없다. 주 יהוה께서 유일신가를 지어 부르게 하셨다(신 32:5,6,12,15-20,39).

만일 3위 신격/인격들이 함께 창조했다면 '2위아버지', '3위아버지'가 된다. 삼위 신들을 숭배하는 데서 한 아버지만을 섬기도록 불러내신 아브라함을 '믿음의 아버지'로 세우셨다. 구약의 아버지는 '만유를 지으신 아버지'로 나타내셨고, 신약의 아버지는 만유보다 먼저 아들을 '낳으신 아버지', '아바'(친아버지)로 계시하셨다. 유일하신 아버지/엘로힘께서 장차 아들 안에서 오신다는 약속을 하셨다(사 9:6). '예수'는 새언약을 맺으심으로 전능하신 엘로힘과 영존하시는 아버지의 영원한 새성함이다. 아버지께서 아들을 자기의 영원한 형상으로 삼고 아버지와 아들이 하나가 되셨으므로 '예수'는 아버지와 아들의 성함이다. 구약의 유일한 아버지께서 새언약의 사자 안에서 임마누엘 하신 것이다(말 3:1). 예수께서 아버지로서 자기 땅, 자기 백성/자녀들에게 오신 것이다(요 1:10-14). 침례 요한이 아버지인 예수님의 마음을 자식에게로, 자식의 마음을 아버지인 예수께로 돌렸다(눅 1:15-17).

요한이 신자들에게 회개의 침례를 주고 예수님께로 보낸 것이 자녀의 마음을 새언약의 아버지이신 예수께로 돌리는 길을 닦은 것이다. 하나님 아버지께서 낮고 천한 육체를 입고 종처럼 섬기러 오셨으매 선민들이 아버지를 몰라보고 멸시하고 거절하며 대적했다. 주 예수께서 새언약의 영존하시는 아버지로서 자기의 마음을 자식에게로 돌이키시고 긍휼히 여기셨다는 말씀이다. 예수께서 재림하실 때 비로소 그들도 예수님을 주 하나님 아버지로 깨닫고 통회할 것이라고 하셨다(마 23:37-39).

예수님은 생명의 빛이시고 누구든지 예수님을 영접하면 빛(예수님)의 아들이 되고, 예수님은 그의 아버지가 되신다(눅 16:8; 요 12:36; 살전 5:5). 예수께서 자기를 믿는 자들의 배에 영생의 샘/우물/강물이 흐르게 해주시겠다고 약속하셨고(요 4:10,11; 7:37-39), 이는 아버지의 성령을 부어주신다는 약속이다(사 32:15; 겔 36:27; 37:14; 39:29; 욜 2:28,29). 예수님께서 아버지로서 약속하신 성령으로 침례를 주셨다(마 10:20; 12:18; 눅 11:13; 24:49; 요 14:26; 15:26; 20:22; 행 1:2,4,5). 선민들이 예수님께 '네 아버지가 어디 있느냐?'고 묻자 '나를 알았더라면 내 아버지도 알았을 것'이라고 대답하셨다(요 8:19). 예수님께서 유대인들에게 '나는 스스로 있는 자(그)이다', '나는 처음부터 말하여 온 자이다'라고 말씀하신 것은 아들을 알아야 아버지를 알므로, 예수님의 신격이 아버지이심을 알리신 것이었다(요 8:24-27).

당시 유대인들은 '한 분의 엘로힘이 한 분의 아버지이신 יהוה'이시라는 제1계명을 믿었다(요 8:39-41). 유대인들이 '우리가 음란한 데서 나지 아니하였고 아버지는 한 분뿐이시니 곧 엘로힘이다'라고 말했다. 유대인들이 말한 '음란한 데'란 호세아의 아내가 다른 남자의 사생아들을 낳은 것 같은 음란이다. 새언약에서는 유일하고 영원한 아버지이신 예수님을 믿지 않는 자는 사생아라는 말씀이다. 유대인들이 주 예수님의 신격이 '아버지 하나님'이시라고 예수께서 알려줘도 믿지 않았기 때문에 '너희는 마귀의 자식'이라 책망받았다(요 8:41,44).

예수께서 나와 아버지는 하나이니라고 선언하셨다(요 10:1-30). 예수께서 자기 안에 아버지 하나님께서 계신다고 말씀하셨다(요 10:31-39). 유대인들은 '내가 θεός(하나님)이다'라고 예수님께서 말씀하셨다고 여겨 신성모독 죄로 여겨 돌로 예수님을 치려고 했다.

　예수님을 볼 때 육체를 따라 본다면 나사렛 사람만 보이지만(요 6:42) 예수님의 신격을 본 자는 아버지 하나님이심을 안다. 그의 안에 계시는 아버지를 보는 자만이 '나의 주시며 나의 하나님이십니다'라고 고백할 수 있다(요 20:28). 사람이신 예수님은 주 יהוה 하나님 아버지의 영광의 광채시요, 그 영광은 엘로힘의 생명의 빛이시다(요 1:4-13; 11:9,10; 요일 1:5). 엘로힘이신 예수님을 참빛으로 믿고 영접해야 '빛의 아들' 즉 예수님의 아들이 된다(눅 16:8; 살전 5:5; 요 12:36). 예수님이 하나님의 아들이신 그리스도이실 뿐만 아니라 יהוה 하나님 아버지이심을 깨닫지 못하는 자들은 여전히 어둠의 자식들이다(사 9:6).

　<44 예수께서 외쳐 가라사대 나를 믿는 자는 나를 믿는 것이 아니요 나를 보내신 이를 믿는 것이며 45 나를 보는 자는 나를 보내신 이를 보는 것이니라>(요 12장)

　하나님의 아들은 아버지께서 자기 형상으로 삼은 사람임이며, 아들을 믿는 것을 아들을 믿는 것이 아니라 아버지를 믿는 것이라 하셨고, 아버지의 형상인 아들을 보는 것이기에 아버지를 보는 것이라 하셨다.

　<너희가 나를 알았더면 내 아버지도 알았으리로다 이제부터는 너희가 그를 알았고 또 보았느니라>(요 14:7)

　예수님께서 아들을 아는 자는 아버지를 아는 자라고 말씀하신 것은 경건의 비밀을 말씀하신 것이다(마 11:25-27). 빌립이 아버지를 보여주시면 모두가 만족하겠다고 했다(요 14:8). 빌립은 이미 나다나엘을 예수께로 인도해 올 때부터 예수님을 알고 있었고, 나다나엘이 주 예수님께 고백한 말과 예수님께서 나다나엘에게 주신 말씀도 잘 알고 있었다(요 1:43-51). 아버지의 형상인 아들을 알아야 아버지를 알고, 아들을 보는 것이 아버지를 보는 것이요, 아들을 영접해야 아버지를 영접하는 것도 알고 있었다. 그러나 이때까지도 어떤 제자들은 예수님이 아버지이심을 올바로 깨닫지 못했다(요 6:64). 빌립은 차라리 이전에 영광의 광채가 나타나는 것같이 아버지를 보여 알게 하시라고 요청을 드린 것이다.

　<예수께서 가라사대 빌립아 내가 이렇게 오래 너희와 함께 있으되 네가 나를 알지 못하느냐 나를 본 자는 아버지를 보았거늘 어찌하여 아버지를 보이라 하느냐>(요 14:9)

　유대인들은 사울처럼, 그 음성이나 영광의 광채에 익숙해 있었다.

하나님께서 이전에는 사람의 모습(말라크)이나 광채, 음성 등으로 주 엘로힘 아버지의 임재하심을 나타내시고 알리셨다. 빌립은 예수님께서 사람들이 믿었던 이전의 장엄한 그 방법들로 아버지를 보이시면 깨달을 것으로 생각한 것이다. 이에 예수께서 '내(아들) 안에 계시는 아버지께서 친히 말씀하시고 하시는 역사를 네가 보고 믿고 알지 않느냐? 그런데 왜 아버지의 형상을 보는 것을 떠나 이전의 모세같은 방법대로 보여달라고 하느냐?'라고 반문하신 것이다(요 14:10,11). 아버지의 형상인 아들을 볼 때 아버지를 보는 경험을 반드시 해야 한다. 그 누구도 아버지를 보지 못하였고, 또 영원토록 볼 수도 없는 영이신 아버지시다. 구약에서 일시 나타난 말라크는 아버지 יהוה의 본래 형상이 아니다. 아버지의 형상인 아들을 볼 때 아버지를 볼 수 있다. 동방박사들이 하나님의 아들을 보았을 때 그 안에 계신 엘로힘을 알았기에 경배했다. 현재는 낮고 천한 나사렛 사람으로만 보이지만 승천 후에는 영광의 광채의 형상, 스랍들이 쳐다보지도 못할 정도의 그 형상으로만 영원히 보이신다.

예수께서 보혜사인 성령으로 신자 안에 오시면 그 신자의 몸은 아버지와 아들이신 예수님의 처소가 된다(요 14:23). 하나님/아버지로서 예수님은 목자요 농부이시다. 어린양이 주 엘로힘이 아니듯이, 하나님의 아들/제사장과 포도나무도 사람이지 '아들하나님'이 아니다(요 15:1-2). 아들을 보고 미워하는 사람은 아버지를 보고 아버지를 미워하는 자라고 말씀하셨다(요 15:23-25).

<24 내가 아무도 못한 일을 저희 중에서 하지 아니하였더면 저희가 죄 없었으려니와 지금은 저희가 나와 및 내 아버지를 보았고 또 미워하였도다 25 그러나 이는 저희 율법에 기록된 바 저희가 연고 없이 나를 미워하였다 한 말을 응하게 하려 함이니라>(요 15장)

엘로힘을 믿지만, 예수님을 아버지와 아들로 믿지 않는 자들이 그분을 바로 알고 믿는 성도들을 출회하고 핍박하고 죽일 것이라고 예수께서 경고하셨다(요 16:1-4). 음녀와 그녀의 자식들이 아버지와 아들을 알고 믿는 성도들을 핍박하고 출회하고 죽이면서 그것을 엘로힘을 잘 섬기는 예로 여길 것이라고 경고하신 대로 수천만 명의 예수 이름으로 침례받은 자들이 순교를 당했다. 성령을 받은 자에게는 예수께서 아버지이심을 명백하게 가르치셨다(요 16:25).

예수께서 성령으로 제자들 안에 오셔서 크고 작은 모든 자에게 예수께서 아버지이심을 밝히 알게 하셨다. '예수'라는 성함은 본래 아버지의 성함인데(요 17:11,12,26), 아버지의 성전(아버지의 집)이 된 아들에게 마치 테필린과 메주자처럼 붙여주신 성함이다(행 4:11,12).

사도 도마가 하나님의 아들을 보았을 때 아버지를 보았기에 '나의 주시며 나의 하나님이십니다'라고 고백했다. 사도들이 예수님께 경배드린 것은 아버지이신 하나님께 경배를 드린 것이다(마 28:16). 아들을 보는 것만이 영원히 볼 수 없는 아버지를 보는 방법이다. 예수님은 신격으로서는 아버지이시고, 인격으로서는 주 יהוה 하나님께서 낳으신 아들/사람 그리스도이자 사람이 낳은 인자/어린양이시다.

아들이신 그리스도가 '저들의 죄를 용서해 주옵소서'라고 간구했고, '내 영을 아버지 손에 부탁하나이다'라고 간구하셨다(눅 23:34,46).

첫 순교자인 스데반은 아버지이신 예수님께 같은 기도를 드렸다.

<저희가 돌로 스데반을 치니 스데반이 부르짖어 가로되 주 예수여 내 영혼(헬-프뉴마)을 받으시옵소서 하고>(행 7:59)

יהוה 엘로힘 한 분 외에 다른 주나 신(神)은 모두 우상이다(고전 8:4). 바울은 당시의 유일한 성경으로 구약 성도에게나 신약 성도에게 오직 한 분 아버지만 하나님이시라고 가르쳤다(고전 8:5,6). 그는 오직 하나님 아버지만 '만유의 주님'이라고 증거했는데(고전 15:28) 예수님의 신격이 '만유의 주 엘로힘'이라는 증언이다(요 20:28; 행 10:36; 20:28). 유대인들은 예수님을 육체대로 알 뿐(고후 5:16), 그분이 하나님의 아들이심을 알지 못함은 물론 하나님이심도 알지 못했다. 하나님 아버지께서 아들의 부활한 몸을 아버지 집의 머릿돌·모퉁잇돌로 삼으시고 그 안에 영원히 계시는 새언약의 아버지가 되셨다(고후 6:16-18).

<너희에게 아버지가 되고 너희는 내게 자녀가 되리라 전능하신 주(主)의 말씀이니라 하셨느니라>(고후 6:18)

예수님은 성도 각자에게는 영원한 아버지시며, 구원받은 전체 성도에게는 유일한 남편이다. 그 예수님이 아닌 다른 예수를 전하는 자들은 뱀들이요 사단의 일꾼이다(고후 11:2-4,13-15). 하갈과 사라에게 오직 한 남편만 있었고, 이스마엘과 이삭에게 오직 한 아버지만 있었듯이, 참 교회에게 오직 한 남편, 한 아버지만 계신다(갈 4:22-31).

엘로힘께서 만유 전에 친히 낳으신 아들/사람은 보이지 않으시는 주 엘로힘의 형상이시다(골 1:15-17). 주 예수 그리스도는 아버지와 하나가 되신 분이고, 아버지와 하나로 연합시키는 중보자(딤전 2:5)인 아들의 영을 받을 때 아들 안에 계시는 아버지도 영접하게 된다(요일 2:22-24). 오직 한 분인 남편·아버지·하나님·만유의 주님(아버지)·처음과 나중·스스로 계시는 자이신 יהוה 외에 다른 신이 없다(계 1:4,8,17). 모세의 노래인 유일신가는 יהוה만이 엘로힘이심을, 어린양의 노래는 예수님을 그 주/יהוה 엘로힘 아버지이심과 아들이심을 증거하는 노래이다(계 15:3).

예수님의 신격만이 새언약의 알파와 오메가요 아버지이시다. 예수님은 새언약으로 영원한 남편이시며, 아들들을 낳으신 아버지가 되셨다(계 21:5-7). 주 엘로힘께서 만물을 새롭게 하신 후 하나의 보좌에 아버지와 아들이신 예수님만 앉아 계시고, '예수'라는 영원한 새성함을 성도들의 이마에 테필린처럼 주시며, 하나의 얼굴만 뵙게 될 것이다(계 22:1-5). 시작과 마침이요 어제도 계시고 오늘도 계시고 영원히 '스스로 계시는 분', '만유의 아버지(뿌리)', 전능하신 주 엘로힘과 대제사장과 어린양과 성전이신 예수님밖에 다른 이가 없다(계 22:13).

<나 예수는 교회들을 위하여 내 사자를 보내어 이것들을 너희에게 증거하게 하였노라 **나는 다윗의 뿌리요 자손이니** 곧 광명한 새벽 별이라 하시더라>(계 22:16)

(3) 지으신 아버지 + 낳으신 아버지로 계시하심

① 엘로힘 יהוה께서 만유를 '지으신 아버지'로 계시하심

יהוה 엘로힘만이 아담을 '지으신 아버지'이시며, 그의 후손들을 모태 가운데서 지으신 아버지요 유일한 엘로힘이시다(신 32:6,12,39). '만유를 홀로 지으신 יהוה' 외에 다른 신(神)이 있다고 거짓말하는 자들에게 진노하실 것이라고 יהוה께서 경고하셨다(사 44:24,25). 이스라엘의 구속자요 이스라엘을 조성하신 יהוה께서 함께 한 자 없이 홀로 하늘과 땅을 지으신 아버지이시다. 해 뜨는 곳에서부터 지는 곳까지 יהוה밖에 없음을 알게 하시겠다고 선언하셨다(사 45:5,6,18).

만유 안에는 יהוה 엘로힘께서 지으신 것들과 낳으신 것들이 존재한다. 아들은 스스로 계시는 분/יהוה께서 낳으신 사람이며, 그 외 다른 것들은 יהוה께서 지으신 것들이다. יהוה 엘로힘은 만유를 지으신 아버지요 아담과 하와를 '지으신 유일한 아버지'로 계시하셨다(말 2:10).

② 만유를 지으신 아버지께서 '낳으신 아버지로' 친히 오심 8

יהוה 엘로힘 외에 다른 이가 없다는 제1계명을 믿지 않는 자는 절대로 예수 그리스도를 알지 못한다. 초대교회의 유일한 성경대로 전능하신 주 엘로힘/아버지께서 완전한 아들/사람 안에서 임마누엘 하셨다(사 6:1-5; 7:14; 8:13-15; 9:6; 10:20-23; 11:1,5; 12:6). 그 예언대로 성취된 가장 주목해야 할 말씀은 아기와 아들 안에서 오실 분이 전능하신 엘로힘과 영존하시는 아버지라는 말씀이다(사 9:6). '너희 엘로힘(아버지)께서 오사 보수(報讐)하시며, 보복하여 주실 것이며, 그분이 오사 구원해 주신다'는 약속을 성취하셨다(사 35:4). 주 יהוה의 사자가 יהוה 앞에 와서 닦은 길로 아버지께서 다윗의 후손, 인자라는 보이는 육체의 장막을 입고 오셨다(사 40:3; 겔 34:15,24; 요 1:14; 계 22:16). 주 יהוה께서 어린양의 몸을 입고 오셔서 목자가 양들을 돌보듯이 자녀들을 돌보시고, 친히 양들을 위해 자기 형상인 아들을 제물로 받으셨다(사 40:10,11; 요 10:11).

아버지 יהוה께서 오실 때 앞에 보내신 말라크는 침례 요한이요, 예비된 길로 아들을 낳으신 아버지께서 말라크인 '아들' 안에서 오셨다(말 3:1). 예수(יהוה+호세아)님은 자신의 몸으로 세우신 아버지 집의 낳으신 아버지로 오셨다. 아버지께서 아들 안에서 임마누엘 하셔서 '내 집은 만민이 기도하는 집이니 강도의 굴혈로 만들지 말라'라고 책망하셨다(마 21:12; 막 11:17; 눅 19:46). יהוה께서 자기의 더럽혀진 집을 깨끗케 하셨을 뿐만 아니라 십자가로 옛집을 허무시고 부활로 영원하고 완전한 새집(새성전/아버지집)을 세우신 것이다(요 1:14; 2:19-21). 주 엘로힘 아버지는 부활한 아들의 몸 안에서 영원히 임마누엘 하신다.

무소부재하신 엘로힘 יהוה께서 자기 땅 자기 백성에게 오신다는 말은 아버지께서 아들의 육체를 장막으로 치셨고, 거듭난 아들들의 육체들도 아버지의 처소로 삼으셨다는 것이다(마 1:23; 요 1:11-14; 14:23).

③ 예수님의 신격은 아들을 친히 '낳으신 아버지'이심

만유를 '지으신 엘로힘'과 아들을 '낳으신 엘로힘'은 의미가 다르다. '내가 너를 낳았다'라는 말씀은 '내가 너를 지었다'는 말씀과 천지 차이로 다르다. 이는 엘로힘이 낳으신 아들과 사람이 낳은 아들의 신분상 차이와 관계가 있고, 하늘에서 낳으신 것과 땅에서 낳은 것의 차이이다. 하나님이 오직 한 분이듯이 아버지는 יהוה 엘로힘 한 분뿐이되, '지으신 아버지'와 '낳으신 아버지'도 한 분이시다. 엘로힘께서 구약에서 자신을 '지으신 아버지'로 나타내신 것과는 달리 신약에서는 '낳으신 아버지'로 나타내셨다. 하나님의 아들은 엘로힘을 자기의 친아버지라고 부르셨는데 이는 '나를 아들로 낳아주신 아버지'라는 것이다(요 5:18). '지으신 아버지'로 계시하신 성함은 יהוה요, '낳으신 아버지'의 새성함은 '예수(예호슈아)'이시다(시 2:7; 요 17:11,12; 행 13:33). 낳으신 아버지는 낳으신 그 아들 형상으로 삼고 그 아들 안에도 영원히 계심을 나타내신다.

<하나님께서 어느 때에 천사 중 누구에게 네가 내 아들이라 오늘날 내가 너를 낳았다 하셨으며 또다시 나는 그에게 아버지가 되고 그는 내게 아들이 되리라 하셨느뇨>(히 1:5)

하나님의 독생자는 하나님을 아바 아버지, 친아버지라고 부를 권세가 있지만, 지음받은 아들인 천사들은 그런 권세가 없다. 물론 엘로힘께서 지으신 아들인 사람들도 그 권세가 없다. 낳으신 아버지는 자기 영으로 낳으신 아들들에게 유업을 주셔서 경륜을 이루실 것을 예정하신 아버지이시므로 아들을 통해 낳으신 많은 아들에게도 모든 천사를 유업으로 주실 친/아바 아버지이시다(히 1:14; 2:5-9).

④ 예수님의 신격은 아들(사람)과 하나가 되신 아버지이심

엘로힘은 땅과 혈육에 속한 아담을 하나님 아들의 모형으로 지으셨다. 지음받은 사람들은 종의 신분에다 죄의 종으로 떨어진지라 엘로힘께서 그들 안에 계실 수 없으셨다. 구약에서 거룩한 영이신 엘로힘(성령/성신)은 성도들 안에 잠깐 내재하셨다. 구약 성도들이 일시적 성령 충만을 받았어도 여전히 신분은 종이었다. 엘로힘께서 모든 피조물보다 먼저 아들을 낳으셨고, 그 아들과 하나가 되셨으며, 영원히 아들 안에 계시는 분으로 오셔서 낳으신 아버지로 세상에 나타나셨다(요 10:30,38).

하나님 아버지는 아들의 영을 신자에게 주심으로 많은 아들도 낳으시고, 그들 안에도 영원히 거하신다(요 10:38; 14:10,11,20,23; 17:21-23; 히 2:11). 독생자의 영은 맏아들이 되고, 부활한 그 몸은 머릿돌·모퉁잇돌이 되셔서 거듭난 아들들을 신령한 돌(베드로)로 연합시켜 아버지께서 영원히 거하실 아버지 집으로 세운다. 거듭난 아들들을 맏아들이 머리인 '한 새사람'의 몸에 연합시켜 엘로힘의 형상으로 완성시킨다(갈 4:5,6; 엡 2:15). 아담과 후손들의 속죄를 위해서는 'יהוה+제사장+어린양'으로서 신령한 성전'이지만(계 21:22) 범죄 이전의 영원한 예정을 따라 '아들로 낳아 양육하여 후사로 삼기에 아버지 집'이라 부른다.

(4) 계시를 받아야 신약의 아버지와 아들을 깨달을 수 있음

① 주 יהוה 엘로힘은 보이지 않는 분이심

'계시는 그분/יהוה'이 어떻게 존재하시게 되었는지 아무도 알 수 없다. יהוה께서 알려주시지 않았다면 아무도 참하나님을 알 수 없다. 엘로힘은 숨어 계시는 분이시므로 자신을 친히 계시로 알려주시지 않으면 아무도 그분을 알 수가 없다(사 45:15). יהוה만이 무소부재하신 유일한 분이심을 그분이 계시하셨기에 그분을 알게 되었다. 주 יהוה께서 "나는 יהוה라 나 외에 다른 이가 없으며 나밖에 신이 없느니라. 나밖에 다른 이가 없는 줄을 무리로 알게 하리라."라고 알려주신 대로 알아야 진리를 알게 된다(사 45:5,6). 그분께서 친히 '계시는 그분/יהוה로 자신을 전지전능하신 엘로힘으로 계시해주셨다.

그분의 계획과 영원한 장래를 그분만 홀로 다 아신다. יהוה께서 그분의 진리와 영원한 계획 및 장래에 관해 알려주시지 않는다면 아무도 그것을 알 수가 없다. 그분이 시공과 천사들을 지으셨음을 계시해주셨다. 아담과 하와도 엘로힘의 계시로 자신들과 천지 만물이 어떻게 존재하게 되었는지 그분의 계시를 통해서 알게 되었다. 하나님께서 아담과 하와를 창조하실 때 '우리'라고 말씀하셨고, 그 '우리'는 아버지께서 친히 아들을 가리켜 말씀하신 것을 계시로 알려주셨다.

② 주 יהוה 엘로힘께서 아담과 노아에게 계시하심

엘로힘 יהוה께서 그분의 영원한 계획을 따라 선악을 알게 하는 나무 실과를 먹지 말라고 금하셨다. 죄악이 세상에 넘쳐나자 노아와 가족에게 홍수로 악인을 심판하실 것과 의인을 구원시킬 계획을 알려주셨다. 홍수 심판 후에 세상에 일어날 변화와 다시는 홍수로 심판하지 않으실 것도 알려주셨다. 노아 후손의 미래를 홀로 다 아시는 יהוה 엘로힘께서 셈의 후손을 제사장으로 삼으실 것과 함의 후손들이 엘로힘을 대적하게 될 것을 노아에게 알려주셨다. 전지하신 יהוה 엘로힘께서 계시해주신 모든 일은 그대로 다 이루어졌다.

③ 주 יהוה 엘로힘께서 선민의 열조에게 계시하심

니므롯 시대 이후 아브라함의 때에 많은 거짓 신(神)들이 숭배를 받고 있었다. 엘로힘께서 메소포타미아(갈대아 우르)에 있는 아브람에게 그들을 버릴 것이므로 그곳을 떠나라고 알려주셨다(행 7:2-4). 아브람의 아버지 데라도 하란에 온 후 우상숭배에 빠졌으므로 엘로힘께서 다시 아비집도 떠나라고 알려주셨다(창 12:1-4; 수 24:2,3). 전지전능하신 יהוה 엘로힘께서 아브라함에게 나타나셔서 장래 일을 알려주셨다. 그 יהוה께서 아브라함에게 멜기세덱에 관한 일, 400년간의 애굽의 종살이와 יהוה-이레의 일을 알리셨다. 이삭에게 두 아들을 알리셨고, 야곱에게는 벧엘을 알리셨다. 만일, 계시가 없었다면 그 누구도 알 수 없는 일들이다.

④ 주 יהוה 엘로힘께서 모세에게 성함을 계시하심

아브라함의 전능하신 엘로힘께서 모세에게 '에흐예'('스스로 계시는 분') 즉 יהוה라는 성함을 알리셨다(출 3:13-15). 주 엘로힘께서 모세에게 그 성함/직함을 계시하지 않으셨다면 아무도 그 성함을 알지 못했을 것이다. 말라기 이후 선지자가 끊어졌고, יהוה라는 성함에 들어있는 모음을 아는 이들이 사라졌다. 주 יהוה 엘로힘께서 옛언약을 완성시킬 새언약을 엘로힘의 말라크인 '말라기'에게 알리셨다. 주 엘로힘 아버지의 완전한 새성함을 알리실 것도 말씀하셨다. 엘로힘의 계시를 받고 그대로 따라야 새언약의 아버지와 그 성함을 알 수 있다.

⑤ 주 יהוה 엘로힘께서 초림하실 것을 계시하심

יהוה 엘로힘께서 육체를 입고 오실 때 자기 백성들로부터 배척당하실 것을 알려주셨다(사 1:2-10; 2:1-5). 그때도 יהוה의 싹(하나님의 아들)이 아름다울 것과 말씀이 육신이 된 장막을 세울 것도 알리셨다(사 4:2-6). יהוה께서 사람 안에서 임마누엘 하심(사 7:14), '아기와 아들', '전능하신 엘로힘과 영존하시는 아버지'가 되실 것도 알리셨다(사 9:6). 엘로힘의 계시가 없었다면 이사야도 결코 알 수 없는 일이다. 이새의 뿌리에서 난 한 가지로서는 '하나님의 아들'이며 이새의 줄기에서 난 한 싹으로서는 '다윗의 자손'이 될 것도 알리셨다(사 11;1,2). יהוה께서 사람의 육체를 입고 완전한 구원자로 오실 것을 알리셨다(사 12:1-6). יהוה 엘로힘께서 아들 안에서 오실 것(사 35:1-10), 선한 목자가 되실 것, 그 앞에 길을 닦을 말라크를 보내실 것도 알리셨다(사 40:3-11). 죄에 팔린 백성들이 돈 없이 속량될 것, יהוה께서 새성함으로, 자기 피로 속량·구속·구원하러 오실 것을 알리셨다(사 52:3-15). יהוה 엘로힘께서 죄인과 같은 종의 형상을 입으시고 십자가에서 죽기까지 섬기실 것을 알리셨다(사 53:1-12). יהוה께서 오셔서 친히 어린 나귀를 타시고 큰 왕의 도성에 입성하실 것을 알리셨다(슥 9:9). יהוה 엘로힘께서 성전에 홀연히 나타날 것을 알리셨다(말 3:1; 4:1-6). 엘로힘의 새성함이 선민들에게서 멸시를, 이방인들 가운데서 영광을 얻으실 것을 알리셨다. יהוה께서 계시를 주셨어도 믿지 않았던 제사장들 서기관 율법사들은 멸망 당했다. 예수께서 사람의 육체를 입고 오신 יהוה이시라는 계시를 무시하는 자들은 멸망할 것이다.

⑥ 주 יהוה 엘로힘께서 새언약을 맺으실 것을 계시하심

יהוה 엘로힘께서 성령침례를 주실 것을 알리셨다(사 28:1-29). 그 יהוה 께서 성령의 보혜사/스승으로 제자들 안에 오셔서 환란의 떡과 고생의 물을 마시는 제자들을 영원한 생명의 길로 인도하실 것을 알리셨다(사 30:9-33). יהוה께서 새롭고 영원한 남편이 되실 새언약을 주실 것(렘 31:31-34), 성령으로 마음의 비(碑)에 새기실 생명의 언약을 알리셨다. 그때에는 어린자로부터 큰 자에 이르기까지 יהוה/주를 다 할 것이라고 계시해주신 것이다(고후 3:3; 히 8:10-13). 물론, יהוה 엘로힘의 계시를 가볍게 여긴 자는 누구든지 그 은혜를 받지 못하고 멸망 받았다.

יהוה의 성령을 모든 육체에게 부어주실 것을 알리셨다(욜 2:27-32). "그런즉 내가 이스라엘 가운데 있어 너희 엘로힘 יהוה가 되고 다른 이가 없는 줄을 너희가 알리라"(욜 2:27)라고 계시하셨다. 성령으로 기름부으심을 받으면 예수님께서 아버지와 아들과 성령이심을 큰 자로부터 작은 자까지 계시로 아는 계시는 지금도 계속된다.

⑦ 예수님께서 증언하신 새언약의 아버지에 대한 계시

יהוה 엘로힘께서 '낳으신 아버지'로 계시하실 때 그 새성함이 '예수'가 되실 것을 알리셨다. 주 엘로힘의 비밀인 그리스도, 그 독생자를 알아야 새언약의 아버지를 알게 된다는 계시를 이루신 것이다. "아버지 외에는 '낳으신 아들'을 아는 자가 없고, 아들의 소원대로 계시를 받는 자 외에 새언약의 아버지가 누구이신지 아는 자가 없나이다"라는 계시는 지금도 계속된다(마 11:25-27). '지으신 아버지'로 나타내신 יהוה 엘로힘께서 구속자인 '예수'(יהוה-호세아/예호슈아/예수스)가 되셨음을 깨닫지 못하면 영원한 새언약의 아버지가 누구이신지 알지 못한다.

⑧ 교회를 세울 기초/반석은 계시로 아들을 아는 것

주 예수께서 사도들에게 '너희는 나를 누구라 하느냐?'고 질문하셨다. 이에 베드로가 "주는 그리스도시요 살아 계신 하나님의 아들이시니이다"라고 대답했고(마 16:16) 이는 예수께서 아버지와 아들이심을 증거한다. 베드로에게 알게 한 하나님의 아들인 그리스도를 아는 지식은 혈육으로 알게 된 것이 아니라 하늘에 계신 아버지께서 알리신 것이다(마 16:17). 누구든지 이 계시를 모르면 무너질 수밖에 없는 터에 건축한 것이므로 불법한 자로 심판받을 것도 알리셨다.

⑨ 성령께서 예수님이 아버지와 아들이심을 계시하심

신약에서도 보이지 않으시고 볼 수도 없으신 엘로힘을 보는 유일한 길은 스스로 계시는 분께서 낳으시고 형상으로 삼으신 그 아들을 보는 것이다(요 14:8-11). 아버지께서 아들 안에 계시고, 아버지께서 자기의 형상인 아들을 통하여 일하신다. 아들이야말로 모든 이들에게 아버지를 보여주는 영원한 형상이다.

제자들 곁에 계신 보혜사가 누구이며, 안에 오실 보혜사는 누구신지, '우리가 너희 안에 와서 거처를 삼을 것이다'라는 말씀의 진정한 의미가 무엇인지를 성령께서 명확하게 가르치셨다.

진리의 성령이 오셔서 예수께서 제자들에게 가르치셨던 말씀들 특히 예수께서 아버지와 아들이심을 깨닫게 하시며, 모든 진리 가운데로 인도하셔서 참된 목자를 따르는 양이 되게 하실 것이라고 알리셨다.

<보혜사(保惠師) 곧 아버지께서 내 이름으로 보내실 성령(聖靈) 그가 너희에게 모든 것을 가르치시고 내가 너희에게 말한 모든 것을 생각나게 하시리라>(요 14:26)

성령으로 기름 부음을 받아서 거듭나고 신약의 선지자가 된 성도들을 아버지와 아들이 누구인지를 명확하게 깨닫게 하셨다. 예수님의 성령이 오셔서 계시로 예수님을 깨닫게 하셨기에 성령을 받은 모든 아들들은 아버지와 아들이신 예수님의 참된 증인이 되었다.

<26 내가 아버지께로서 너희에게 보낼 보혜사 곧 아버지께로서 나오시는 진리의 성령이 오실 때에 그가 나를 증거하실 것이요 27 너희도 처음부터 나와 함께 있었으므로 증거하느니라>(요 15장)

물론, 이미 예수께서 아버지와 아들이심을 아는 제자들은 더욱 확신에 거하며 목숨을 걸고 증거하였다. 주 예수께서 제자들에게 가르치실 것이 많았는데 성령을 받기 전에는 감당치 못할 그 한계도 사라졌다.

<12 내가 아직도 너희에게 이를 것이 많으나 지금은 너희가 감당치 못하리라 13 그러나 진리의 성령이 오시면 그가 너희를 모든 진리 가운데로 인도하시리니 그가 자의로 말하지 않고 오직 듣는 것을 말하시며 장래 일을 너희에게 알리시리라 … 25 이것을 비사로 너희에게 일렀거니와 때가 이르면 다시 비사로 너희에게 이르지 않고 아버지에 대한 것을 밝히 이르리라>(요 16장)

성령을 받은 후에는 모든 진리 가운데로 인도하셨고, 그때 아버지에 관한 것을 명확하게 깨닫게 하셨다. 성령침례를 받아서 종의 신분에서 아들의 신분으로 거듭났고, 지식에까지 새롭게 하심을 받았다(골 3:10). 종에게는 알리지 않았던, 알릴 수 없던 아버지 집의 비밀을 아들에게는 알리신 것이다(요 8:35,36; 15:15).

⑩ 그 계시를 받지 못한 자들이 계시받은 성도를 핍박함

예수님이 신격으로서는 아버지이시며 인격으로서는 아들이심을 계시로만 알 수 있다. 예수님은 만유의 주님(행 10:36; 고전 15:28)이신데도 대제사장들과 서기관들로부터 핍박을 받으셨다(요 15:20,21). 예수님을 알지 못하는 자들이 예수님을 아버지이시라고 믿는 성도들을 핍박하고 죽일 것이라고 예고하셨다(요 16:1-4). 예수님은 아버지와 아들이시고 예수님을 아는 제자들은 그 성함(예수)과 직함(아버지, 하나님)으로 인해 핍박을 받는다고 가르치신 대로 이루어졌다. 그 아들을 알므로 아버지를 알았고, 새언약의 아버지를 알았기에 아들도 바로 알 수 있었다. 주 יהוה 엘로힘을 아버지라고 믿을지라도 예수께서 옛언약을 이루신 יהוה이신 새 언약의 아버지이심을 알지 못하는 자들이 너무나 많다(사 9:6).

감람유로 기름부음을 받은 구약의 선지자들과 달리 신약의 성령으로 기름부음 받은 자는 더 뛰어난 선지자가 된다. 성령의 계시로 가장 먼저 알게 되는 것은 예수께서 아버지와 아들과 성령이시라는 진리이다. 이를 예수께서 누누이 알리셨지만, 그 계시를 거부하는 자가 지금도 많다.

⑪ 영생은 참하나님과 그분의 낳으신 아들을 계시로 아는 것

영생은 유일하신 참하나님과 그의 보내신 자 예수 그리스도를 아는 것이다(요 17:3). 예수님의 신격은 유일하신 참하나님이시고 인격으로는 보내심을 받은 아들이심을 믿어야 한다. 아들 안에 유일하신 참하나님이 계심을 알지 못하면 영생이 없다. 예수님의 인격은 창세 전부터 아버지와 함께 영광을 가지셨고, 엘로힘의 형상이자 후사인 아들이다(요 17:5). 에흐예께서 만유보다 먼저 아들을 낳으셨고, 아들을 아버지의 신령하고 영광스럽고 영원한 형상으로 삼으신 후 만유를 아들을 위해 지으셨다(골 1:15; 히 1:3). 아들 안에 아버지께서 영원히 계시며, 그 아들을 만유의 상속자, 후사로 삼으시고 아버지의 모든 것을 아들에게 주셨다(요 17:10-12). 아버지께서 아들의 육체 안에서 오셨을 때 그의 안에 신성의 모든 충만이 거하셨다(골 2:9). 아버지께서 자기의 모든 것(성함, 권세, 능력, 영광, 모든 충만)을 아들에게 주셨기에 아들은 아버지의 형상과 후사가 되셨다. 아버지께서 아들 몸 안에, 아들이 아버지 안에 영원히 있는 진리는 계시로만 알게 되는 것이다(요 17:21-23).

예수님이 자신을 '아들하나님'이라 주장한 적이 없으며, 대제사장과 서기관들이 총독에게 예수님을 죽여달라고 강요했던 이유는 예수님이 자신을 '하나님의 아들 그리스도'라고 주장하셨기 때문이다(딤전 2:5). 아버지와 아들이신 예수님을 모르면 진리의 대적자가 된다.

⑫ 예수께서 자신을 주 יהוה 엘로힘으로 친히 계시하심

사도들이 모여있는 자리에 예수께서 부활하신 후 첫 번째 나타나셨다(막 16:14-18:, 눅 24:33-40; 요 20:19-23). 사도들의 말을 들은 도마는 자신이 직접 예수님의 못자국과 창자국을 확인해 보지 않고는 믿지 않겠다고 말했다(요 20:24,25). 8일 후, 사도 도마가 다른 사도들과 함께 있을 때 예수께서 두 번째 나타나셔서 '네 손가락을 이리 내밀어 내 손을 보고 네 손을 내밀어 내 옆구리에 넣어보라. 그리하고 믿음 없는 자가 되지 말고 믿는 자가 되라'라고 여전히 믿지 않고 있는 사도 도마의 마음을 보신 예수님께서 말씀하셨다(요 20:26,27).

히브리어 글자는 사물의 모습을 본떠서 만들었는데 성함 יהוה에서 י는 '손', ה는 '보다'(창문), ו는 '대못'(tent pack)이라는 의미가 있다. 따라서 יהוה라는 성함은 '손을 보라, 못자국을 보라'라는 의미가 된다. 예수께서 도마에게 하셨던 '만져보고 믿어라'는 말씀은 이전에 사도들 앞에서 도마가 한 말을 그 자리에서 친히 들으셨다고, 전재(全在)하신 엘로힘으로 자신을 증명하신 것이다. 그뿐만 아니라 여전히 예수님을 믿지 못하고 있는 도마의 마음을 아시고 말씀하심으로써 자신이 전지하신 엘로힘이심을 증명하신 것이다. 주 예수님은 전지전능하신 엘로힘 아버지이시다. 그제야 사도 도마는 예수님께서 죽고 부활하신 어린양이실 뿐만 아니라 언제 어디나 계시며, 모든 사람의 마음을 홀로 다 아시는 유일하신 יהוה 엘로힘이심을 깨닫고 '나의 주님이시며 나의 엘로힘이십니다'라고 고백했다(요 20:28). '주 곧 우리 엘로힘은 유일한 주님이시다'라는 제1계명을 따라 주 예수께서 율법사에게 말씀하셨던 대로, 예수님께 그 주 יהוה 엘로힘이심을 믿는다고 고백한 것이다. 요한복음은 예수님의 신격이 יהוה 주 엘로힘 아버지이시며, 인격은 유일한 중보자로 사람이신 그리스도이심과 부활한 어린양이심을 믿어야 영생을 얻는다고 증거한 가장 뛰어난 복음서이다(요 17:3; 20:28,31, 참고 딤전 2:5).

요한복음 20장은 예루살렘을 배경으로 일어난 사건을 기록했고 21장은 갈릴리의 디베랴 바닷가를 배경으로 일어난 사건을 기록했다(요 21:1). 예수님께서 부활 후 갈릴리에서 만나시겠다고 하셨기에 사도들은 갈릴리로 가서 나타나실 예수님을 기다렸다(마 28:7,10; 막 16:7).

예수께서 엘로힘 יהוה이심을 믿는 제자들에게 이제는 그분의 오른손을 힘입는 법을 배워 영혼을 낚는 좋은 어부가 되도록 가르치고자 하셨다. 그물을 내렸으나 날이 새도록 아무것도 잡지 못하였을 때, 예수님께서 나타나셔서 '그물을 배 오른편에 던지라 그리하면 얻으리라'라고 말씀하셨고, 제자들이 그대로 순종하니 많은 고기가 잡혔다. '주님'이시라는 요한의 말에 베드로가 헤엄쳐가서 먼저 예수님을 뵈었다(요 21:5-14).

예수께서 사도들에게 세 번째 나타나신 이때는 11명의 모든 사도가 함께한 것이 아니라 일곱 명의 사도들만 함께 있었다.

ⓐ베드로: 침례 요한의 제자였다가 예수님의 제자가 된 형제 안드레의 인도로 예수님의 제자가 되었고(요 1:40-42), 사도로 세우심을 받았다(마 4:18-20; 10:2). '주는 그리스도시요 살아계신 하나님의 아들입니다'라고 예수님께 고백한 후 천국열쇠를 받은 복된 사도이다(마 16:16,19). ⓑ도마: 예수께서 부활 후 두 번째 사도들 가운데 나타나셨을 때 '나의 주님이시며 나의 엘로힘이십니다.'라고 제1계명대로 고백한 사도이다. ⓒ나다나엘: 갈릴리 가나 사람(요 21:2)으로 빌립의 말을 듣고 예수님이 하나님의 아들 그리스도이심을 믿었고, '유대인의 왕'(하나님)이시라고 제1계명을 따라 고백했다(요 1:45-51). ⓓ요한: 침례 요한의 제자였고, 베드로의 형제 안드레와 함께 '하나님의 어린양'이라는 말을 듣고 예수님의 제자가 되었으며, 자기 형제 야고보를 예수께로 인도한 사도이다(요 1:36-39). 예수님께서 그의 형제 야고보와 함께 사도로 택하셨다(마 4:21-22). 예수님은 베드로와 요한과 야고보를 어디든 데리고 다니셨다. ⓔ야고보: 요한의 형제로 초기에 요한과 함께 사도로 부르심을 받았고, 예수님이 어디든 데리고 다니셨으며, 최초의 순교자가 되었다. ⓕ안드레: 베드로의 형제로 침례 요한의 제자였다가 요한과 함께 예수님의 제자가 되었고 형제 베드로에게 예수님을 메시야로 소개하여 예수님의 제자가 되게 하였다. ⓖ빌립: 베드로와 안드레와 함께 같은 동네 사람이며, 주 예수님을 메시야로 나다나엘에게 소개한 사도이다.

이들은 하나같이 예수님이 하나님의 아들 그리스도와 아버지이심을 알고 고백한 자들이다. 사도 베드로는 예수님을 그리스도일 뿐만 아니라 '주님과 엘로힘'이심도 알았기에 천국의 열쇠를 받았고, 여기에도 가장 먼저 언급되었고, 이어진 도마는 마지막에 그와 같이 고백한 사도이다. 요한과 안드레도 예수께서 엘로힘과 어린양이심을 깨달았던 사도이다.

참여하지 않았던 4명의 사도는 예수님에 관한 이 믿음을 고백했다는 기록이 없는데, 같은 믿음을 가진 제자들의 모임에도 함께하지 않았다. 조반을 드신 후 예수께서 베드로에게 '네가 나를 이 사람들보다 더 사랑하느냐?'라고 질문하셨다(요 21:15). 이 질문은 제1계명을 따라 부모나 배우자나 자식이나 형제나 친구보다 나를 더 사랑하느냐는 것이다. 이 질문은 양들을 자기 피값으로 사신 엘로힘만이 하실 수 있는 질문이다. 만일 예수께서 주 엘로힘 יהוה가 아니시라면 절대로 이런 질문을 해서는 안 된다. 예수께서 엘로힘으로서는 선한 목자이시고, 사람으로서는 어린 양이 되사 십자가에 대신 죽으신 사랑을 변함없이 베드로에게도 끝까지 보여주셨다. 베드로가 '주여, 그러하외다. 내가 주를 사랑하는 줄 주께서 아시나이다'라고 대답했다. 이 대답은 예수님을 주 곧 우리 엘로힘이신 전지자이시라고 고백한 것이다. 주 예수께서 베드로에게 '내 어린양을 먹이라'고 부탁하신 것은 양들을 위해 자기 목숨을 버리셨던 선한 목자이심을 증명한다(요 10:14; 20:28). 여기서 '선한'이라는 의미는 오직 한 분 엘로힘 외에는 쓰실 수 없는 절대적인 선을 가리키시는 의미이다(마 19:17; 막 10:18; 눅 18:19). 예수께서 친히 יהוה 엘로힘, 목자로서 말씀하신 것이다(행 20:28). 예수께서 그에게 '네가 나를 사랑하느냐?'라고 다시 질문하셨다(요 21:16). 베드로가 주님께 '주여, 그러하외다. 내가 주를 사랑하는 줄 주께서 아시나이다'라고 같이 대답했다. 예수님께서 '내 양을 치라'고 부탁하셨고, 다시 예수께서 세 번째 질문하셨다. '네가 나를 사랑하느냐?'(요 21:17). 세 번째 질문에 베드로가 '주여, 모든 것을 아시오매 내가 주님을 사랑하는 줄을 주께서 아시나이다.'라고 대답하였다. 베드로는 이전에 부인한 사건을 생각할 때 자신도 자기 마음을 바로 알 수 없는데, 나다나엘과 도마와 의심하는 다른 제자들의 마음도 홀로 다 아시는 전지, 무소부재하신 분이심을 확신하기에, 자기의 장래 일도 다 아시는 יהוה 엘로힘이시라고 예수님께 고백한 것이다.

예수님은 베드로가 이전에 예수님을 부인할 때는 진심이 아니었음을 아시며, 지금은 그의 고백이 진심이요 믿음임을 아시는 전지자이시다. 일곱 사도 중 처음 언급된 베도로와 두 번째로 언급된 도마의 공통점은 '예수님은 전지자'이시라는 제1계명이고, 목숨 다해 사랑하라는 계명을 따라 '네가 나를 사랑하느냐'는 세 번의 질문은 베드로가 예수님을 위해 십자가에 거꾸로 달려 죽을 것도 미리 아시고 말씀하심으로써, 자신이 모든 것을 아시는 전지자이심을 확증하신 것이다(요 21:18-23).

⑬ 계시를 받지 못한 사도들은 여전히 아버지를 의심함

이 일 후에 예수께서 열한 명의 사도들과 갈릴리 산에 오르셨다.

<16 열한 제자가 갈릴리에 가서 예수의 명하시던 산에 이르러 17 예수를 뵈옵고 경배하나 오히려 의심하는 자도 있더라>(마 28장)

열한 사도 중에 부활하신 예수님을 보고도 의심하는 자들이 있었다. 영어로 번역된 모든 성경은 복수인 some으로 번역하였다. 사람은 누가 의심하는지 알지 못하는데 마태가 기록한 것은 자신도 의심하는 자들과 같은 상황에 있었기 때문이다. 마태가 누가 의심하고 있었는지 알았고, 마가, 누가, 요한이 기록하지 않은 이 중요한 내막을 기록했다.

그 사도들이 예수님의 부활을 의심한 것이 절대로 아니다. 이미 열한 사도들은 두 번이나 나타나신 예수께서 부활을 확인시켜 주시며 생선을 잡수시고, 상처났던 곳을 만져보게 하셨기에 모두가 믿고 있었다. 일부 사도들이 의심한 것은 바로 도마가 고민하다 확신이 선 후에 고백했던, 이분이 경배받으시기에 합당하신 그분인가라는 제1계명에 관한 것이다. '프로스퀴네오'(경배하다)는 하나님의 아들인 사람으로서 마귀에게 시험 받으실 때 예수께서 천명하신 대로 제1계명에 관한 것이다.

<이에 예수께서 말씀하시되 사단아 물러가라 기록되었으되 주 너의 하나님께 경배하고 다만 그를 섬기라 하였느니라>(마 4:10)

<그때에 예수님께서 그에게 말씀하셨다. "사탄아, 물러가라. 성경에 기록되어 있다. '주 너의 하느님께 경배하고(헬-프로스퀴네오) 그분만을 섬겨라.'">(카톨릭성경)

<그때 예수님이 말씀하셨다. '사탄아, 썩 물러가거라. 성경에는 주 너의 하나님을 경배하고 그분만을 섬겨라고 쓰여 있다.'>(현대인의 성경)

<예수께서 마귀에게 말씀하셨습니다. "사탄아, 내게서 물러가라! 성경에 기록됐다. '주 네 하나님께 경배하고(프로스퀴네오) 오직 그분만을 섬기라.'" / *신 6:13>(우리말 성경)

<그러자 예수께서는 "사탄아, 물러가라! 성서에 '㉠주님이신 너희 하느님을 경배하고(프로스퀴네오) 그분만을 섬겨라.' 하시지 않았느냐?" 하고 대답하셨다. / ㉠신명 6:13.>(공동번역개정)

<예수께서 그에게 말씀하시기를 "사탄아, 여기서 물러가라. 기록되었으되 '너는 주 너의 하나님께 경배하고(프로스퀴네오) 오직 그분만을 섬기라.'고 하였느니라." 하시니>(한글킹제임스)

<그때에 예수께서 그에게 말씀하셨다. "사탄아, 물러가라. 성경에 기록하기를 ㉢'주 너의 하나님께 경배하고(프로스퀴네오), 그분만을 섬겨라' 하였다." / ㉢신 6:13(칠십인역)>(새번역성경)

<이에 예수님께서 그에게 이르시되, 사탄아, 너는 여기서 물러가라. 기록된바, 너는 [주] 네 [하나님]께 경배하고(프로스퀴네오) 오직 그분만을 섬길지니라, 하였느니라, 하시더라.>(킹흠정역)

<예수께서 그에게 말씀하시기를 "사탄아, 물러가라. 기록되어있기를 '주 너의 하나님께 경배하고(프로스퀴네오), 그분만을 섬겨라.' 하였다." 하시니,>(바른성경)

<그러자 예수께서는 "사탄아, 물러가라! 성서에 '①주님이신 너희 하느님을 경배하고(프로스퀴네오) 그분만을 섬겨라.' 하시지 않았느냐?" 하고 대답하셨다. / ①신명 6:13.>(공동번역)

<예수께서 대답하셨다. "사탄아! 물러가라. 성경에 기록되기를 '오직 주 네 하나님께만 경배하고, 그분만을 섬겨라!' 하였다.">(쉬운말성경)

<예수님께서 마귀에게 말씀하셨습니다. "사탄아, 썩 물러가거라! 성경에 '오직 주 너희 하나님께만 경배하고(프로스퀴네오), 그를 섬겨라!'고 기록되어 있다.">(쉬운성경)

'주 너의 엘로힘'은 도마가 고백했던 예수님의 신격을 가리키며, 예수께서 '주 곧 우리 엘로힘은 유일한 주시라. 너는 마음을 다하고 성품을 다하고 힘을 다하고 뜻을 다하고 목숨을 다하여 주 너의 엘로힘을 사랑하라'라고 서기관에게 대답하신 יהוה 엘로힘만을 가리키는 것임에 어떤 의심도 있을 수 없다.

예수께서 시험받으셨던 이 구절을 영어 성경들도 'Worship the Lord your God, and serve him only.'라고 같은 의미로 번역하였다.

7명의 사도는 예수님을 주 엘로힘이시라고 믿고 경배하고 있었으나 나머지 4명의 사도는 예수님께 경배함이 제1계명을 범하는 것이 아닌지 의심하면서도 다른 사도들을 따라 경배하고 있었다고 마태가 강조하여 기록으로 남긴 것이다. 이미 일곱 명의 사도들이 모인 곳에서 보여주셨 듯이, 예수님은 모든 사람의 마음을 홀로 다 아시는 전지자이시다. 의심 하는 제자들의 마음을 처음부터 아셨으므로 의도적으로 '아버지와 아들 과 성령의 이름으로' 침례를 주라고 명령하셨음도 마태만 기록했다.

<그러므로 너희는 가서 모든 족속으로 제자를 삼아 <u>아버지와 아들</u> <u>과 성령의 이름으로 침례를 주고</u> 20 내가 너희에게 분부한 모든 것 을 가르쳐 지키게 하라 볼지어다 내가 세상 끝날까지 너희와 항상 함께 있으리라 하시니라>(마 28장)

예레미야나 요엘이 예언한 대로 진리의 성령이 오시면 주 예수님이 아버지이심을 모두가 밝히 알게 하신다는 말씀도 성취되었다.

⑭ 성령께서 계시를 주심으로 예수님의 증인이 되게 하셨음

역사상 초유의 대사건으로 성령께서 충만하게 제자들 속에 임하신 날, 성령 받은 모든 사도와 제자들은 예수님의 진실한 증인이 되었다(행 1:5-8). 베드로와 열한 사도가 함께 예수님에 관해 '(신약의) 주님/יהוה와 그 그리스도가 되셨다'라고 증언했다(행 2:1-4,14-41; 시 2:2).

<그런즉 이스라엘 온 집이 정녕 알지니 너희가 십자가에 못 박은 이 예수를 하나님이 <u>주(註 יהוה)와 그리스도가 되게 하셨느니라 하니</u> <u>라</u>>(행 2:36)

이 선언은 '내가 너희 가운데 יהוה/퀴리오스가 되고 다른 이가 없음을 알리라'를 성취한 것이다(요 2:27,32). 열두 사도 중 한 사람도 의심이 없이 '퀴리오스'인 יהוה 엘로힘의 새성함이 '예수'임을 선포하였다.

'내가 너희 엘로힘/יהוה/주와 메시야/그리스도가 되고 너희는 내 자녀 가 되리라'는 약속은 '주 우리 엘로힘'께서 얼마든지 부르시는 모든 자 에게 하신 약속이다(행 2:39). 예수님께서 아버지와 태어난 아들이심을 아는 것은 영생을 위해 정녕 깨달아 알아야 할 진리이다(요 8:23-27).

열두 사도가 36절에 증거한 '주'는 39절에 '주 곧 우리 엘로힘'이라는 확증이며, 예수께서 제1계명의 הוהי와 그리스도, 아버지 엘로힘과 하나님의 아들이라고 선포한 것이다(막 12:29-32). 아버지와 아들이신 예수님의 영인 성령께서 결정적으로 증거하신 제1계명이다. 이는 주 엘로힘과 그리스도의 영인 새언약의 성령께서 열두 사도 모두를 영생의 진리로 인도하신 사실을 증거한다. 제자들이 주 예수님의 증인과 아들로 거듭난 사실과 성령으로 기름 부음을 받은 새언약의 선지자가 되었음을 확증하고 선포한 것이다(벧전 1:22-25; 2:9,10).

⑮ 계시된 아버지와 아들과 성령의 성함은 예수이심

옛성전을 건축하신 엘로힘의 목적은 옛언약을 맺으신 הוהי 엘로힘의 성함을 두시기 위함이었다. 예수께서 임시 성막/성전인 자신의 육체를 무너지게 하신 후에 영원하고 신령한 성전을 건축하셨다(마 16:18; 요 1:14; 2:19-21). 예수님의 부활한 몸은 새성전의 머릿돌과 모퉁잇돌이 되셨다. 그 돌에 거듭난 신약 성도/산 돌들을 연합시켜 신령하고 영원한 참된 새성전을 지으시고, 엘로힘의 영원하고 새로운 완전한 성함을 그 성전에 두게 하셨다. '예수'라는 성함은 새성전 안에서 영원히 쉬실 הוהי 주 엘로힘의 새롭고 영원한 새성함이다(행 4:11,12).

전지하신 예수님도 제자들에게 הוהי의 성함에 들어있는 모음들을 알려주신 적이 없다. 구약이 신약으로 완성됨으로써 구약을 맺으신 옛성함은 구약과 함께 잊히고, 아브람이 아브라함으로 바뀐 것과 같다. 예수께서 알려주신 주 엘로힘의 새성함은 '예수스/예수'뿐이다. 옛성함 הוהי 안에 들어갈 모음들을 모르기에 '아도나이'의 모음을 빌려다 붙인 '여호와/Jehovah'는 1518년에 카톨릭교 한 수도사의 글에 처음 등장했고, 일부 번역 성경에만 사용되었다. 네 자음자에 다른 모음들을 임의로 조합하여 뱌벨론의 삼위신 중에 성부의 이름으로 만든 것이다.

마태복음 28장 19절이야말로 예수님이 아버지·아들·성령이심을 가장 강력하게 증거하는 말씀이다. 의심하는 사도들이 있었고, 성령을 받은 모든 자에게 예수님이 아버지·아들·성령이심을 확신케 하셨다. 사도들이 물침례를 오직 '예수 이름'으로만 주었다는 사실이 새언약의 아버지와 아들과 성령이 '예수'이심을 확실하게 증거한다.

주 우리 엘로힘이신 예수께서 모든 사람을 예수 이름으로 부르셨다. 교회가 시작된 날에 온 세상에 흩어져있던 유대인들도 '예수' 이름으로 부르셔서 삼천 명이 다 예수 이름으로 침례를 받게 하셨다(행 2:36-41). 다른 이로서는 구원 얻을 수 없고, 구원얻을 만한 다른 이름을 주시지 않았다. 사마리아의 모든 신자도 오직 '예수' 이름으로만 침례를 받았다 (행 8:16). 이방인 중 첫 번째로 구원받은 고넬료 가정도 예수 이름으로 침례 받았다(행 10:48). 소아시아 일곱 교회들의 터가 된 에베소의 신자들도 다시 예수 이름으로 침례받았다(행 19:5). 예수께서 주신 새언약의 성령께서 모든 백성을 부르실 때(계 22:17), 아버지와 아들과 성령이신 예수님의 이름을 부른 성도들을 세우셨고, 그 예수님을 믿는 성도들은 어느 시대, 어디에나 항상 있었다는 것이 역사의 진실이다.

⑯ 진리의 성령께서 영원 전부터 예정하신 진리를 계시하심

하박국 선지자는 새언약의 때 즉 믿음의 때를 묵시/계시의 때라 했다 (합 2:2-4). 예수님은 하나님 아버지의 계시를 받아야 신약의 아버지와 아들을 안다고 하셨다(마 11:25-27). 계시를 들을 수 있는 귀와 볼 수 있는 눈이 있어야 예수님과 복음(천국비밀)을 깨달을 수 있다고 하셨고, 창세 전부터 감추어져 왔던 비밀을 계시로 알려주셨다(마 13:10-17,35). 사도들은 예수님의 은혜와 진리/복음을 계시의 복음이라고 증거하였다. 계시로 아는 예수 그리스도와 복음은 영세 전부터 감추어졌던 진리였다 (롬 16:25-27). 예수님과 복음은 만세 전부터 예정하신 것이요 성령의 계시로 깨닫게 된다(롬 8:29; 고전 2:7-14; 12:3; 고후 3:14; 4:4-6). 사도들과 바울이 전한 참복음은 사도행전 2장 38절에 기록되었다. 예수 그리스도와 복음에 관한 계시가 없는 자는 아버지와 아들이 아닌 예수, 사도들의 복음이 아닌 복음을 전한다. 그들은 사단과 뱀의 사주를 받은 자들이므로 심판을 받을 것이라고 경고하셨다(고후 11:2-4,13-15; 갈 1:7-12; 2:2). 사도 바울은 아브라함이 한 남편과 한 아버지였듯이 구약의 엘로힘과 신약의 엘로힘도 오직 한 분이라고 증거했다(갈 4:22-31). 주 예수님은 그 유일하신 참하나님이시다. 예수 이름으로 받는 물침례와 성령침례로 거듭난 성도만이 이삭과 같이 주 엘로힘의 유업을 얻을 자라고 증거하였다(요 3:3-5,36; 4:1,2; 행 2:36-41).

영원 전부터 그리스도 안에 감추어져 있던 경륜의 비밀을 성도들에게 계시로 알리셨다(엡 1:8-19; 3:3,9-17; 5:32; 6:19). 이 비밀은 만세와 만대로부터 옴으로 감추어졌던 것인데 성도들 안에 풍성히 나타났고, 그 비밀은 성도들 안에 계신 그리스도이시다(골 1:15,26,27; 2:2,9; 4:3). 이 '경건의 비밀'을 알아야 구원을 얻는다(딤전 1:17; 2:5; 3:16).

<이 섬긴 바가 자기를 위한 것이 아니요 너희를 위한 것임이 계시로 알게 되었으니 이것은 하늘로부터 보내신 성령을 힘입어 복음을 전하는 자들로 이제 너희에게 고한 것이요 천사들도 살펴보기를 원하는 것이니라>(벧전 3:12)

예수께서 홀로 하나이신 주재이심을 깨달으려면 반드시 계시를 받아야 한다(유 1:3,4,25). 예수님은 신격으로서 홀로 하나이신 주재이시며 유일한 주 엘로힘 아버지이시다.

⑰ 예수께서 요한에게 보여주신 계시를 깨닫지 못하면 망함

홀로 하나이신 만주의 주이시며 만왕의 왕이시다(딤전 6:15). 스스로 계시는 자, 전에 오셨고 다시 오실 자, 전능자, 알파와 오메가는 오직 주 하나님 한 분밖에 없다(계 1:4,8,18; 2:8; 4:8). 아버지께서 자기 형상으로 삼은 아들을 통해 아버지를 나타내시고, 아들을 후사로 삼으셔서 아버지의 모든 것을 주셨다.

예수님은 만유의 주님과 그리스도이시다(계 11:15,17; 15:3,4). 주 하나님께서 사람의 아들(어린양)을 입으시고 세상 임금인 사단과 그보다 강한 왕인 죄와 사망을 이기심으로 '어린양/예수님은 만왕의 왕, 만주의 주'가 되셨다(계 17:14). 아버지께서 세상 왕들과 관원들과 그분의 왕 되심을 거절하는 모든 자를 '말씀'인 아들 안에서 그 '말씀'으로 심판하실 것이므로 그 아들을 만왕의 왕, 만주의 주라고 부른다(계 19:16).

<5 보좌에 앉으신 이가 가라사대 보라 내가 만물을 새롭게 하노라 하시고 또 가라사대 이 말은 신실하고 참되니 기록하라 하시고 6 또 내게 말씀하시되 이루었도다 나는 알파와 오메가요 처음과 나중이라 내가 생명수 샘물로 목마른 자에게 값없이 주리니 7 이기는 자는 이것들을 유업으로 얻으리라 나는 저의 하나님이 되고 그는 내 아들이 되리라>(계 21장)

영원 세계에서 하나의 보좌에 엘로힘과 어린양이신 예수님께서 앉아 계시며, 그 예수님의 신격이 영존하시는 아버지시다(계 22:1-4).

<13 나는 알파와 오메가요 처음과 나중이요 시작과 끝이라 … 16 나 예수는 교회들을 위하여 내 사자를 보내어 이것들을 너희에게 증거하게 하였노라 나는 다윗의 뿌리요 자손이니 곧 광명한 새벽 별이라 하시더라>(계 22장)

시간과 공간을 지으시기도 이전 영원 태초부터 스스로 계시는 주 יהוה 엘로힘만이 '알파'이시다. 모든 것을 완성하시고 영원한 안식하실 때도 보좌에 앉으실 יהוה의 새성함은 예수이시며, 그 직함이 아버지요 주님, 엘로힘, 전능자, 알파와 오메가, '다윗의 뿌리'이시다.

사람으로서 그리스도인 예수님의 직함은 아들, 형상, 후사이시다.

계시를 외면하는 자들은 거짓말을 덧붙이고, יהוה께서 친히 기록하신 제1계명을 바꾸고, 주 엘로힘을 헛되이 경배하므로 그분의 경고 말씀에 따른 무서운 심판을 받게 될 것이다(계 22:18,19).

2. 하나님의 '아들'은 사람이신 그 그리스도 예수이심

(1) 하나님께서 지으신 아들과 하나님께서 낳으신 아들

① 하나님께서 지으신 천사도 하나님의 아들임

성경에서 '하나님의 아들'은 오직 예수 그리스도만을 가리키는 용어가 아니다. '하나님의 아들'이라는 신분 중에 또 다른 아들이 있는데 이를 알면 아들하나님이라는 우상을 버릴 수 있게 된다.

엘로힘께서 천지를 창조하시기 이전에 둘째하늘과 영들인 천사들을 지으셨음을 친히 증거하셨다(창 6:4; 욥 1:6; 2:1; 38:1-7). 엘로힘께서 지으신 천사들을 '하나님의 아들들', '새벽별들'이라고 부르셨다. 천지를 창조하시기 전부터 엘로힘께서 지으신 아들들이 있었다는 증거이다. 이 천사들은 여자의 후손, 다윗의 자손인 인자가 베들레헴에서 나기 이전에 엘로힘께서 '지으신 아들들'이다.

<하나님께서 어느 때에 천사 중 누구에게 네가 내 아들이라 오늘날 내가 너를 낳았다 하셨으며 또다시 나는 그에게 아버지가 되고 그는 내게 아들이 되리라 하셨느뇨>(히 1:5)

엘로힘은 천사 중 그 누구에게도 '내가 너를 낳았다. 나는 너를 낳은 아버지가 되고 너는 내게 태어난 아들이 되리라'라고 말씀한 적이 없다. 엘로힘께서 전지하심과 전능하심을 따라 만드신 최상의 피조물이 천사들이다. 천사들은 가장 뛰어나게 '지음받은 아들'이지만 '낳으신 아들들'보다 현저히 열등한 존재이다(히 1:14).

② 하나님께서 지으신 아담도 하나님의 아들임

아담은 주 엘로힘께서 지으신 아들이고, 아담의 후손들도 엘로힘께서 모태 가운데서 지으신 아들들이다(말 2:10). 한 엘로힘께서 한 혈통으로 인류를 지으셨다(행 17:23-29; 히 12:9). 하나님께서 이스라엘 백성을 장자(長子)라 부르셨다(출 4:22,23; 렘 31:9; 호 11:1). 하나님의 아들이 유일하신 하나님 아버지 יהוה를 떠나 다른 신을 섬긴다면 마귀의 아들이 된다고 경고하셨다(신 32:5,6,17-20).

엘로힘께서 지으신 아담과 그의 후손들은 하나님이 지으신 아들이며 천사들보다 열등한 신분이다. 그들은 하나님께서 낳으신 아들의 모형이요 참형상의 아들이 아니라는 말이다.

③ 하나님의 독생자는 하나님께서 '낳으신 유일한 아들'

유일하신 참하나님과 사람 사이에 참중보자로서 사람이신 그리스도 예수는 엘로힘께서 '낳으신 아들'이다(요 1:14; 3:16.18; 딤전 2:5).

하나님께서 독생자를 모든 피도물보다 먼저 낳으셨으나 아들하나님을 낳으신 것이 절대로 아니다(시 2:7; 행 13:33). 태어난 아들은 지음받은 아들과 그 신분이 너무나도 다르다. 그 그리스도가 하나님의 아들이고 천사들이나 아담과 그의 후손들이 하나님의 아들이지만 어느 아들이든 '아들하나님들'이 아니다. '하나님의 아들'이란 신격을 가진 존재가 아니라는 말이다. 하나님께서 지으신 아들과 하나님께서 낳으신 아들은 천지차이로 다른 신분이다. 그 그리스도는 하나님께서 '낳으신 아들'이라는 신분을 히브리서가 강조하고 있다(히 1:2-6).

2. 하나님의 '아들'은 사람이신 그 그리스도 예수이심

엘로힘이 낳으신 아들은 그 후사로서 엘로힘께서 지으신 모든 것을 유업으로 물려받는 신분과 권세를 받았다(히 1:7,13,14). 천사들도 지음받은 아들(피조물)들이기에 낳으신 아들에게 소유물로 주신다. 엘로힘의 낳으신 아들이 오는 세상과 모든 천사를 다스리게 된다(히 2:5-7).

엘로힘이 낳으신 아들인 그리스도에 관해서 이스라엘의 조상들에게 말씀하신 엘로힘은 변함없는 분이시다. יהוה 엘로힘 외에 다른 엘로힘이 없다고 제1계명에 기록하신 말씀도 영원히 변함이 없다. 엘로힘 아버지께서 증거하신 독생자에 관한 진리는 엘로힘의 형상이요 또한 그리스도(대제사장)이지 '아들하나님'이 아니라는 말이다.

<5 또한 이와 같이 그리스도께서 대제사장 되심도 스스로 영광을 취하심이 아니요 오직 말씀하신 이가 저더러 이르시되 너는 내 아들이니 내가 오늘날 너를 낳았다 하셨고 6 또한 이와 같이 다른 데 말씀하시되 네가 영원(永遠)히 멜기세덱의 반차를 좇는 제사장(祭司長)이라 하셨으니>(히 5장)

스스로 계시는 יהוה만이 엘로힘이고 태어난 아들은 엘로힘이 아니다. 엘로힘이 그리스도가 아니듯이 아들인 그리스도는 완전한 사람이다.

아브라함과 모세를 부르셨던 주 엘로힘께서 친히 아들에 관해 증거한 말씀은 대제사장(그리스도)과 어린양이다. 엘로힘께서 낳으신 아들이란 사람이신 그리스도요, 아들하나님이란 없다(딤전 2:5). 신약의 믿음에도 제1계명의 יהוה 엘로힘 외에 새로 더해진 다른 신격이 없다.

④ 하나님의 아들과 하나님의 종의 신분상 차이

예수께서 풍랑이 사나운 물결 위로 걸어오셨고, 베드로를 물결 위로 걷게 하시자 제자들이 예수님을 '하나님의 아들'이라고 인정하였다(마 14:33). 주 엘로힘께서 낳으신 아들은 하나님 아버지로부터 하늘과 땅의 모든 권세를 받은 자, 엘로힘의 후사/상속자이다. 하나님의 아들은 아버지께서 창조하신 것들을 마음대로 다스리는 권세와 능력을 받은 자이다.

어떤 이는 예수님을 사람이 낳은 이전 여러 선지자 중 하나로 보았다(마 16:14). 예수님께서 제자들에게 '너희는 나를 누구라 하느냐?'라고 물으셨을 때 베드로가 '하나님께서 낳으신 아들 그리스도'라 대답했고(마 16:16), '아들하나님'이란 의미가 전혀 없다.

예수 그리스도는 엘로힘께서 지으신 종이 아닌, 낳으신 아들로서 성령으로 기름부음 받은 사람이신 그리스도이자(딤전 2:5), 대제사장으로서 영원히 엘로힘을 섬길 자이다. 하나님이 아들 역할을 하신 것이 아니고, '아들하나님'이 있는 것은 더더구나 아니다.

얼마 후에 예수께서 기도하러 산에 오르셨을 때 몸에 광채가 났고 주엘로힘께서 친히 '이는 내 사랑하는 아들이다. 너희는 저의 말을 들으라'라고 지시하셨다(마 17:5-8). 사람이 낳은 그리스도(선지자)였던 모세와 엘리야는 즉시 사라졌고, 엘로힘이 낳으신 아들인 그리스도 예수님만 그 자리에 남았다(막 9:5-7; 눅 9:34-36; 벧후 1:17).

엘로힘은 낳으신 아들이 아들하나님이란 증거가 없다. 엘로힘으로부터 태어난 아들과 지음받은 아들(종)의 신분을 아는 것이 복음의 열쇠이다. 모세처럼 종이 전한 율법은 은혜와 진리의 그림자와 모형이다. 엘로힘이 낳으신 아들인 예수님은 복음의 영원한 실체를 전하셨다.

예수께서 포도원의 비유로 가르치신 말씀이 아들과 종이라는 신분의 차이는 잘 보여준다(마 21:33-43).

<36 다시 다른 종들을 처음보다 많이 보내니 저희에게도 그렇게 하였는지라 37 후에 <u>자기 아들을 보내며</u> 가로되 저희가 내 아들은 공경하리라 하였더니 38 농부들이 그 아들을 보고 서로 말하되 <u>이는 상속자니 자 죽이고</u> 그의 유업을 차지하자 하고 39 이에 잡아 포도원 밖에 내어쫓아 죽였느니라>(마 21장)

구약의 선지자들은 누구든지 종의 신분이다. 마지막에 '아들하나님'도 아니고 종도 아닌 아들을 보내셨고, 아들은 엘로힘 아버지의 모든 것을 물려받을 후사라는 사실을 명확하게 증거했다. 그리스도가 자신을 '아들하나님'이라고 했다면, 대제사장들과 서기관들이 제1계명을 따라 그를 돌로 쳐야 했다(마 21:45). 대제사장들과 서기관들이 예수께 '네가 누구인지 밝히라'라고 요구했을 때도 그는 엘로힘의 아들이라고 증거하셨다(마 26:63; 막 14:61,62; 눅 22:70,71).

<유대인들이 대답하되 우리에게 법이 있으니 그 법대로 하면 저가 당연(當然)히 죽을 것은 <u>저가 자기를 하나님 아들이라 함이니이다</u>>(요 19:7)

역시, 종들에 불과했던 자들이 상속자인 그 아들을 죽이려고 했다.

대제사장과 장로들은 요셉과 마리아의 아들이 엘로힘으로부터 태어난 아들이라고 거짓말한다고 여겼기에 마땅히 죽여야 마땅하다고 판단했다. 모세는 엘로힘께서 대면하여 아시던 자, 최고의 선지자였을지라도 엘로힘의 집에서 섬기는 사환/종이었고(신 34:10), 엘로힘의 아들은 만유를 물려받을 후사이다(히 1:2; 3:5,6). 예수 그리스도는 엘로힘께서 낳으신 아들이요 모든 천사를 다스릴 후사이다. 예수님은 사람의 아들(인자)로서는 어린양이지만 엘로힘의 아들/사람으로서는 그 그리스도이시다.

⑤ 신약에서 거듭난 성도도 하나님께서 낳으신 아들임
예수께서 하나님의 독생자만 침례 요한보다 크신 것이 아니라 신약의 거듭난 모든 아들도 침례 요한보다 큰 자라고 말씀하셨다.
<내가 진실로 너희에게 말하노니 여자가 낳은 자 중에 침례 요한보다 큰 이가 일어남이 없도다 그러나 천국에서는 극히 작은 자라도 저보다 크니라>(마 11:11. 참고 눅 7:28)
엘로힘께서 직접 창조하신 아담과 하와를 제외한 모든 사람은 여자가 낳은 자들이다. '여인의 후손' 또는 '여자가 낳은 자'란 혈육으로 태어나 땅(흙)에 속한 자라는 말씀이다. 천국복음을 믿는 신약에서는 예수님의 영을 자기 안으로 영접할 때 혈육으로 난 신분에서 벗어나 주 엘로힘의 성령으로 다시 태어난 아들이 된다(요 1:12,13; 3:3-7).
요한복음 3장 3절에서 '거듭'으로 번역된 원어는 '아노덴'으로 '위로'라고 번역한 단어인데 만유 '위'를 가리킨다(31절). 거듭난 아들은 만유 위의 하늘, 시간과 공간을 발아래 둔 영역에서 태어났다. 물과 성령으로 거듭난 모든 아들은 침례 요한보다 월등함은 물론 천사들과도 비교할 수 없을 만큼 월등하게 존귀한 신분, 더 큰 권세를 얻은 아들이다. 이들은 땅에서 섬기는 동안 엘로힘의 아이(child)로서 머리 되신 그리스도의 장성한 분량까지 자라가고, 엘로힘의 경륜을 이루시는 때 엘로힘의 후사가 되어 천사들까지 영원히 다스리게 된다.
구약시대에는 종의 신분으로 엘로힘인 주(아도나이)께 예배하였지만, 신약에서는 아들로서 아바 아버지께 예배드린다(요 4:23). 종은 아버지 집에 영원히 거하지 못하고 쫓겨나지만, 아들은 아버지의 모든 것들과 엘로힘의 영광을 물려받을 후사/상속자이다(요 8:32-36).

엘로힘의 아들인 그리스도의 영을 받은 자는 누구든지 엘로힘의 아들이요 그리스도와 함께 엘로힘의 공동 후사가 된다(롬 8:9-17).

갈라디아서도 복음 안에 있는 동일한 약속을 정확히 증거한다.

<6 너희가 아들인 고로 하나님이 그 아들의 영을 우리 마음 가운데 보내사 아바 아버지라 부르게 하셨느니라 7 그러므로 네가 이후로는 종이 아니요 아들이니 아들이면 하나님으로 말미암아 유업을 이을 자니라>(갈 4장)

아브라함의 아들이지만 하갈의 아들은 유업을 얻지 못하고 쫓겨났고 사라의 아들은 아브라함의 모든 것을 물려받은 상속자(후사)가 되었다.

엘로힘께서 독생자의 영을 신자 안에 부어주셔서 거듭난 아들이 되게 하시고 만유를 유업으로 얻게 하셨다(계 21:7). 엘로힘의 유업을 얻을 아들이란 구약에서 지음받은 아들같은 종의 신분이 전혀 아니다. 성령의 언약으로 다시 태어난 아들은 상속자라는 신분임을 분명하게 보여준다. 만일, 엘로힘의 아들이라는 신분이 '아들하나님'이라면 거듭난 성도들도 모두 '아들하나님들'이 될 것이다.

⑥ 독생자가 비로소 많은 아들 중에 맏아들이 되심

더 나은 성전, 더 나은 제물, 더 나은 제사장, 더 나은 언약은 오직 은혜와 진리 안에서 있는 것이다. 새언약의 중보자인 예수께서 전하신 은혜와 진리를 바로 알아야 참된 자유를 얻어 누린다(요 1:17).

<3 아버지께 참되게 예배하는 자들은 영과 진리로 예배할 때가 오나니 곧 이때라 아버지께서는 자기에게 이렇게 예배하는 자들을 찾으시느니라 24 하나님은 영이시니 예배하는 자가 영과 진리로 예배할지니라>(요 4장, 한글개역개정)

엘로힘은 종들로 제사장으로 삼는 것을 만족하지 않으시고, 아들들로 영원한 제사장으로 삼아 그들이 드리는 예배를 기쁘게 받으신다.

<32 진리를 알지니 진리가 너희를 자유케 하리라 … 36 그러므로 아들이 너희를 자유케 하면 너희가 참으로 자유하리라>(요 8장)

아버지와 아들로서 하나가 되신 예수께서 영으로 제자들 안에 오셨다(요 14:18,23). 독생자이셨던 예수 그리스도께서 거듭난 아들들의 형제 즉 엘로힘의 아들들의 맏아들이 되셨다.

교회는 물과 성령으로 거듭난 자들이며, 엘로힘의 아들인 그리스도의
영과 엘로힘 아버지의 영이 그들 안을 거처로 삼으셨다(요 14:23).

주 엘로힘 יהוה께서 자신이 유일하게 낳으신 독생자를 자기의 영광의
형상으로 삼으셨고, 아담을 독생자의 모형으로 창조하셨다(롬 5:14). 그
모형 안에 יהוה 엘로힘의 성령이 오셔야 참형상이 될 수 있다.

<9 만일 너희 속에 하나님의 영이 거하시면 너희가 육신에 있지 아
니하고 영에 있나니 누구든지 그리스도의 영이 없으면 그리스도의
사람이 아니라 10 또 그리스도께서 너희 안에 계시면 몸은 죄로 인
하여 죽은 것이나 영은 의를 인하여 산 것이니라>(롬 8장)

엘로힘의 아들로 거듭난 자들은 그 그리스도와 함께 아버지의 영광을
물려받을 공동후사가 될 것이라고 증거하셨다.

<자녀이면 또한 후사 곧 하나님의 후사요 그리스도와 함께 한 후사
(헬-쉰클레로노모스/공동후사)니 우리가 그와 함께 영광을 받기 위
하여 고난도 함께 받아야 될 것이니라>(롬 8:17)

엘로힘께서 아들의 모형으로 창조하신 아담과 그 후손들을 잠시 후에
맏아들의 형상을 본받도록 예정하셨기 때문이다.

<하나님이 미리 아신 자들로 또한 그 아들의 형상을 본받게 하기
위하여 미리 정하셨으니 이는 그로 많은 형제 중에서 맏아들이 되게
하려 하심이니라>(롬 8:29)

'맏아들'이란 명칭은 헬라어로 πρωτοτόκος[프로토토코스]인데 이는
'첫째의', '최초의'라는 의미인 '프로토'와 '자식을 보다', '낳다'라는 동사
'틱토'에서 유래한 명칭이다. 따라서 독생자는 '외아들(독자)'이라는 의미
이지만 '맏아들'은 '장자(長子)'라는 의미이다(눅 2:7). 거듭난 아들들을
모든 천사보다 뛰어나게 존귀와 영광으로 관을 씌우고자 예정하신 것은
신약의 진리가 전해질 때까지 감추어졌던 비밀이었다(롬 16:25,26).

아들의 영을 받아 거듭난 아들은 하늘의 어머니로부터 다시 태어난
자들이며, 맏아들인 그리스도의 형제들이다(갈 4:22-31). 독생자로 초림
하셨던 예수 그리스도께서 맏아들로 세상에 다실 오실 것이다.

장차 맏아들로 다시 오실 때 아들들의 몸도 맏아들처럼 변케 하신다
(히 1:6; 고후 3:17; 빌 3:21). 주 엘로힘의 후사들은 영원토록 천사들을
부리는 만주(萬主/lords)가 된다(히 1:14; 2:5-12).

거듭난 아들들은 만유 위에 세워진 자들로서 맏아들이신 그리스도와 함께 하나님 영광의 후사들이 된다. 맏아들이신 예수님은 만유(시공을 포함) 위에 세워진 한 새사람의 머리이다(엡 1:22,23; 2:15).

(2) 하나님의 아들인 그리스도와 사람의 아들인 어린양

① 예수 그리스도는 완전한 사람이심

예수님은 주 엘로힘 아버지이실 뿐만 아니라 '완전한 사람'이시다.[23] 엘로힘은 한 분이시요 엘로힘과 사람 사이에 중보도 한 분이니 사람인 그 그리스도 예수이시다(딤전 2:5). 완전한 사람으로서 예수 그리스도는 당연히 사람의 영(루아흐/프뉴마/spirit)과 혼(네페쉬/프쉬케/soul)과 몸(영광의 신령체→육체→영광의 신령체)을 가지셨다(살전 5:23).

하나님의 아들이신 그리스도 안에 하나님 아버지의 영(靈)만 계시는 것이 아니라 사람인 아들의 영(靈)도 있음을 데이비드 K. 버나드 목사도 상세히 설명하였다.[24] 버나드 목사도 예수님 안에 사람의 영이 없다는 단성론이 이단으로 정죄받았다고 진술하였다.

<예수께서 큰 소리로 불러 가라사대 아버지여 <u>내 영혼</u>을 아버지 손에 부탁하나이다 하고 이 말씀을 하신 후 운명하시다>(눅 23:46)

이 구절에서 '영혼'으로 번역된 헬라어는 영(靈)인 '프뉴마'이다(요 19:30). 사람/아들이신 그리스도 안에 사람/아들의 영(靈)이 없으셨다면 완전한 제사라고 할 수 없다. 예수님의 '프쉬케'(혼)는 십자가를 지시기 전에 심히 고민하여 죽게 되었다고 했는데, 한글개역성경은 '마음'이라 번역했다(마 26:38; 막 14:34; 요 12:27). 아들의 영으로는 하나님 아버지가 원하시는 대로 복종하기를 원하였으나 약한 육체에 연결된 혼은 아버지의 원대로 하기를 원치 않았기에, 간절히 간구하셨다.

사도 바울은 사람이신 그리스도 예수를 '마지막아담'일 뿐만 아니라 '둘째사람'이라고 묘사한다(고전 15:45-47). 이 표현은 둘 다 예수님의 신격을 가리킨 것이 아니라 인격을 가리킨다. 둘째사람이란 주 하나님의 아들에게 초점을 맞춘 것이고, 마지막아담은 인자(人子)로서 그분의 육체와 혼(魂)에 초점을 맞춘 것이다.

아들인 예수께서 범사에 형제와 같이 되셨다는 말씀은 그분이 혼과 육체를 가진 마지막아담(인자)으로 구속을 위한 친족이 되셨다는 말이다. 또한, 예수께서 하나님으로부터 태어난 아들인 둘째사람으로서는 영으로 대제사장이요 하나님의 아들들의 맏아들이 되셨다는 말이다.

성경은 영(spirit)이 없는 사람을 죽은 몸/시체/屍體라고 증거한다.

<영혼('프뉴마') 없는 몸이 죽은 것같이 행함이 없는 믿음은 죽은 것이니라>(약 2:26)

<For as the body without the spirit is dead, so faith without works is dead also.>(James 2:26, KJV)

예수께서 돌아가실 때 그의 영이 육체를 떠난 것은 당연하지만, 아버지와 아들의 영은 분리되지 않으셨다. 아버지의 영과 연합된 독생자의 영은 하나님 아버지로부터 버림을 당하지도 않으셨다.

예수님의 육체가 죄 없이 깨끗한 제물인 것은 아담의 범죄 때 그의 육체가 아담 안에서 죄에 참여한 육체가 아니라 말씀이 육체가 되셨기 때문이다(요 1:14). 가현설(假現說)이란 교리는 '물질은 악하므로 아들인 그리스도께서 육체를 입으신 것이 아니라 단지 육체와 유사한 형상으로 임시 나타나신 것'이라는 영지주의 주장이다(요일 3:1-3). '여인의 후손'이란 여자에게서 난 자이고, 여자에게서 태어나 하와의 원수를 갚아주실 자라는 의미이다(창 3:15). 예수님을 '여인의 후손'이라고 부르는 이유를 남자의 정자를 받지 않고 순수하게 여자만의 살과 피를 받았기 때문이라고 그릇 주장하는 이들이 있다. 뱀과 그 후손은 실제 뱀을 의미하는 것이 아니라 사단(계 12:9)과 사단의 거짓말을 언약처럼 따르는 자들을 가리킨다(마 12:34). 하와는 교회의 상징이며, 하갈은 율법을 상징하고 사라는 은혜와 진리(복음)를 상징한다. 이스마엘은 구약성도를 상징하고, 이삭은 신약성도를 상징한다. 예수님만 여인의 후손이라는 말이 아니라 사실 하와에게 태어난 모두가 '여인의 후손'이다(욥 14:1; 15:14; 25:4; 마 11:11; 눅 7:28). 하나님의 아들이 처녀 마리아를 통해 사람의 아들(인자)로 태어나셨는데, 사람의 영인 속사람이 영광의 광채의 형상(몸)을 벗고 육체를 입으신 것이다. 그분은 '말씀이 육신이 되신 육체를 입으셨다'(요 1:14)라고 명백하게 성경에 기록되었다.

예수님의 육체가 마리아의 육체를 받았지만 죄는 부계를 통해 전해지므로 무죄하다는 주장이 있다. 그들은 '말씀이 육체가 되었다'라는 진리(요 1:14)를 '신적인 육체/divine flesh'라는 이름을 붙여서 정죄한다. 하와가 먼저 죄를 지었고 마리아도 당연히 하와 안에서 함께 죄에 동참했기에, 마리아의 살과 피를 받았다면 예수님도 죄인일 수밖에 없다. 주 엘로힘께서 정하신 출생법칙은 하와 부부의 범죄 후에도 변함이 없다. 만일 부성으로부터 받는 23개의 염색체가 없다면 완전한 사람이 될 수 없다. 남자의 죄와 상관없다는 논리를 따르자면 여자의 세포에서 핵을 채취하여 핵을 제거한 난자와 결합해 복제로 태어난 여자들은 무죄한 자가 되고, 죽지 않을 자라는 말이 된다.[25]

② 말씀이 육체가 되심으로 하나님의 산 장막을 치심

완전한 사람으로서 예수님은 하나님의 아들이자 사람의 아들이다.

하나님의 아들은 말씀이 육신이 된 '사람의 아들'의 육체를 입으셨다(요 1:14). 엘로힘께서 말씀하심으로 흙/땅을 지으셨고, 말씀하심으로 된 흙으로 짐승의 육체와 아담의 육체를 지으셨다. 엘로힘께서 이미 지으신 마리아의 태/땅(육체)의 깊은 곳에서(시 139:15) 첫사람의 창조 과정을 거치실 필요가 없이 곧장 말씀이 육체가 되도록 입히신 것이다.

'말씀이 육체가 되어 우리 가운데 장막을 치시매'(요 1:14)가 원문을 직역한 뜻이다. 하나님 아버지께서 자기 백성들 가운데 임마누엘 하실 때 육체는 임시처소요 살아있는 성막이었다. 그의 육체(장막)는 아담과 마리아의 몸처럼 옛창조에 속한 것이 아니라고 기록되었다(히 9:11,12). 사람의 아들의 영(靈)은 잉태될 때 하나님께서 지으시는 것이며 육신의 부모로부터 받는 것이 아닌데, 육으로 나는 것은 육일 뿐이다.

모세의 성막 이후에 다윗이 장막을 세웠는데, 이 장막의 실체가 예수님의 육체이고, 다윗은 하나님의 아들인 그리스도의 모형이다.

<2 이 복음은 하나님이 선지자들로 말미암아 그의 아들에 관하여 성경에 미리 약속하신 것이라 3 이 아들로 말하면 <u>육신으로는 다윗의 혈통에서 나셨고</u> 4 <u>성결의 영으로는 죽은 가운데서 부활하여 능력으로 하나님의 아들로 인정되셨으니</u> 곧 우리 주 예수 그리스도시니라>(롬 1장)

성경에 예언과 약속대로 하나님의 아들의 영은 하나님이 낳으셨다(사 11:1,2). 다윗의 살과 피는 아담과 아브라함의 것을 받았고, 그의 영은 잉태시에 하나님이 지으셨다. 하나님의 아들의 영은 만유를 지으시기 전에 하나님이 낳으셨다. 예수님의 육체는 말씀으로 된 무죄한 육체이다.

엘로힘께서 약속하신 때가 차매 '아들을 보내사' 여자에게서 육체로 태어나게 하셨다고 증거하고 있다.

<4 때가 차매 하나님이 <u>그 아들을 보내사 여자에게서 나게 하시고 율법 아래 나게 하신 것</u>은 5 율법 아래 있는 자들을 속량하시고 우리로 아들의 명분을 얻게 하려 하심이라 6 너희가 아들인 고로 하나님이 그 아들의 영을 우리 마음 가운데 보내사 아바 아버지라 부르게 하셨느니라>(갈 4장)

하나님이 낳으신 아들/영/속사람이 보내심을 받은 것이다. 마리아는 하나님의 아들이 말씀으로 된 육체를 입어 사람의 아들로 잉태와 출생할 때 어머니 역할을 하였다. 예수님은 사람의 아들로서 죽으실 때 육체를 벗었으며 부활로 하늘에 속한 신령한 몸을 다시 입으셨고 승천 후 원래의 영광을 입으셨다. 무죄한 육신이기에 제물이 되고, 신령하고 영화롭게 부활된 몸이 하나님의 처소(장막)가 되었다.

신약 성도의 영은 하나님으로부터 거듭난 아들이고, 육체는 엘로힘의 은혜와 진리 즉 복음으로 새롭게 지어져 가는 장막이다(고후 5:1,17; 갈 6:15; 엡 2:10; 4:24). 물침례를 받은 자는 그리스도와 함께 장사지낸 것으로 간주되고 성령으로 침례를 받으면 그리스도의 형상으로 옷 입은 것으로 간주 된다(갈 3:27).

<2 이 모든 날 마지막에 아들로 우리에게 말씀하셨으니 <u>이 아들을 만유의 후사로 세우시고</u> 또 저로 말미암아 모든 세계를 지으셨느니라 3 이는 <u>하나님의 영광의 광채시요 그 본체의 형상이시라</u> 그의 능력의 말씀으로 만물을 붙드시며 죄를 정결케 하는 일을 하시고 높은 곳에 계신 <u>위엄의 우편에 앉으셨느니라</u>>(히 1장)

③ 부활하신 후에도 아들/사람의 영(靈)은 여전히 존재함

예수께서 부활하셨을 때 사람/아들/그리스도의 영이 엘로힘의 영으로 변하거나 하나님의 영에 흡수되어 사라진 것도 아니다.

　예수님은 혼과 육신으로는 어린양으로서 신자의 죄를 해결해 주시고, 아들의 영으로는 대제사장으로서 신자의 죽었던 영을 살려주시고, 의와 생명을 주셔서 거듭나게 하신다. 이는 예수께서 아버지와 아들의 영으로 오신 것임을 '우리가 저에게 와서'라는 말씀이 증거한다(요 14:19,23). 영이신 하나님 아버지와 아들인 그리스도의 영은 구별되지만 분리되지 않으신다. 사람의 아들로서 죽으시고 하나님의 아들로서 사망을 이기고 부활 승천, 하나님의 우편에 앉으셨고, 아들(사람)의 영이 아버지 영과 함께 제자들 안에 오신 것이다. 부활을 경험한 하나님의 아들의 영 즉 그리스도의 영으로 그의 제자들에게 오심으로 죽은 상태로 태어났던 그 신자의 영이 살아난다(마 8:22; 눅 9:60; 고전 15:22). 아들의 영을 영접할 때 아들과 연합되신 하나님의 영을 함께 동시에 영접하는 것이므로 예수 그리스도와 같이 아버지의 영과 연합된 아들로 거듭난다. 아들인 그리스도의 영이 없으면 그리스도인이 아니다(롬 8:9). 죄와 사망을 이긴 그리스도의 살려주는 영을 영접해야 그 사람의 영이 살고, '그리스도인', 한 새사람의 지체가 된다(요 14:19; 롬 8:11; 고전 15:45). 엘로힘께서 자기 영과 하나가 된 많은 아들을 낳으셨으므로 독생자를 맏아들이라 부르시게 되는 것이다(롬 8:29; 갈 4:5,6; 히 1:6;).

④ 독생자의 출생은 만유를 지으시기 이전(以前)임

　양태론자들은 하나님의 아들이 2천여 년 전에 탄생했다고 주장하고, 삼위일체론자들은 영원 현재에 아들하나님이 탄생했다고 주장한다. 유일하신 참하나님과 그의 보내신 아들 그리스도에 관해 올바로 깨달으려면 하나님 아들의 탄생 시기와 장소 및 신분에 관해 성경적 진리로 바로 깨달아야 한다. 자기 앞에 길을 닦으라고 자기 사자인 요한을 보내시고 그 길로 오신 분은 '주/ㅗㅗㅜ와 그리스도이신 예수님'이다.

　<15 요한이 그에 대하여 증거하여 외쳐 가로되 내가 전에 말하기를 내 뒤에 오시는 이가 나보다 앞선 것은 나보다 먼저 계심이니라 한 것이 <u>이 사람</u>을 가리킴이라 하니라 … 26 요한이 대답하되 나는 물로 침례를 주거니와 너희 가운데 <u>너희가 알지 못하는 한 사람</u>이 섰으니 27 곧 <u>내 뒤에 오시는 그이라</u> 나는 그의 신들메 풀기도 감당치 못하겠노라 하더라>(요 1장)

침례 요한은 자기 뒤에, 신을 신고 오시는 사람, 유대인들이 알지 못하는 사람(하나님의 아들)을 가리켜 자신보다 앞선 분이라고 증거했다. 침례 요한이 '스스로 계시는 분(יהוה 엘로힘)'을 가리켜 자기보다 먼저 계시는 분으로 비교했다면 이는 신성모독적인 말이다(사 40:3; 마 3:3; 요 1:23). 침례 요한은 하나님의 아들인 그리스도를 자기보다 먼저 계시는 사람이라고 증거했다(마 3:17; 막 1:11; 눅 3:22; 딤전 2:5). 예수님이 인자(사람의 아들)인 어린양으로는 요한보다 늦게 태어나셨다.

<내가 전에 말하기를 내 뒤에 오는 **사람**(헬-아네르)이 있는데 나보다 앞선 것은 그가 나보다 먼저 계심이라 한 것이 **이 사람**을 가리킴이라>(요 1:30)

'사람의 아들'로서 예수님은 '어린양'이요 '하나님의 아들'인 예수님은 '그 그리스도'인 사람이다. 30절의 원문에는 명백하게 ἀνήρ[아네르]로 기록함으로써 요한 뒤에 오는 '사람/man'인 하나님의 아들이 요한보다 먼저 계심을 확증했다. 신약의 하나님 아버지와 하나님이 낳으신 아들을 아는 것은 반드시 계시를 받아야만 가능하다고 하셨듯이(마 11:27; 눅 10:22), 하나님께서 요한에게 비둘기같은 형상이 임하는 것과 음성으로 아들을 친히 계시해주셨다(요 1:31-34). 예수님도 '아들을 알아야 아버지를 알 것'이라고 말씀하셨다(요 8:19). 하나님께서 낳으신 아들인 그 사람은 만유 위에서 났다고 친히 증거하셨다(요 8:23). 하나님의 아들이 태어난 '위'라는 영역은 베들레헴이 아니라 시공(時空)을 초월하는 셋째 하늘이다. 예수님의 신격은 '스스로 계시는 분', '말씀으로 천지를 지으신 분', '아버지'이시다(요 8:24-27). 예수님이 자신의 인격을 하나님의 아들로 태어난 사람이라고 반복해서 설명하셨지만, 이 계시를 거절하는 유대인들은 깨닫지 못했다(요 8:38-44). 하나님의 아들로서는 침례 요한보다 먼저 나셨으나 인자(사람의 아들)로서 예수님은 침례 요한보다 6달 늦게 태어난 여인의 후손이다. 하나님으로부터 태어난 하나님의 아들로서는 세상에 보내심을 받은 사람인 그리스도이며(딤전 2:5), 사람의 아들로서는 여자의 후손, 베들레헴에서 요셉의 아들로 불린 어린양이시다. 이 진리는 계시를 받아야만 깨달을 수 있는, 하나님의 아들에 관한 비밀이다. 하나님께서 낳으신 아들/사람으로서 예수님은 요한보다 더 크시며 모든 천사보다 더 크신 분이시다.

<56 너희 조상 아브라함은 나의 때 볼 것을 즐거워하다가 보고 기뻐하였느니라 57 유대인들이 가로되 네가 아직 오십도 못되었는데 아브라함을 보았느냐 58 예수께서 가라사대 진실로 진실로 너희에게 이르노니 <u>아브라함이 나기 전부터 내가 있느니라</u> 하시니 저희가 돌을 들어 치려하거늘 예수께서 숨어 성전에서 나가시니라>(요 8장)

{원어 대조 성경}의 서문에 보면 '번역상의 난점'을 거론하며 다음과 같이 진술함으로써 예수님의 신격에 관해 설명하고 있다.[26]

<(요한복음 8장 58절과 같은) 몇몇 구절들에서는 I am을 뜻하는 헬라어를 I AM이라고 대문자로 표기하였다. 이 구절들에서 예수는 자신을 야훼로 말하고 있는 것으로 믿어진다(출 3:14-15 참조).>

이와 같은 해설은 헬라어 ἐγὼ εἰμί를 '내가 있다'라는 의미로 해석해 예수님을 '스스로 계시는 יהוה'라고 증거하는 것이다.

이와 같은 맥락에서 다음의 성경들이 'before Abraham was born, I Am.'라고 번역함으로써 예수님을 '스스로 계시는 분'으로 해석하였다(Literal Standard Version, New Heart English Bible, New Living Translation, World English Bible, Amplified Bible, International Standard Version, A Faithful Version, New King James Version, Good News Translation, Haweis New Testament, Mace New Testament). 원문의 맥을 제대로 살린 대부분의 영어 성경들은 'before Abraham was born, I am.'으로 번역하였다. 심지어 Aramaic Bible in Plain English는 'I AM THE LIVING GOD.')라고 번역했다.

그러나 위의 말씀은 하나님의 아들로서 사람인 그리스도와 유대인의 조상 아브라함을 비교하여 누가 더 크고 누가 먼저 계시냐를 증거하신 말씀이지 스스로 계시는 자로서 아브라함보다 먼저 계셨다고 말씀하신 것이 아니다. 하나님 아버지께서 낳으신 아들로서 예수님은 아버지께서 사람인 아들보다 크다고 말씀하셨다. 주 하나님의 아들은 아브라함보다 먼저 하나님으로부터 태어나셨기 때문에 더 크시다고 증거하셨다.

<… 아브라함이 나기 전부터 나는 있느니라.(Before Abraham was born, I am.)"고 하시니라.>(한글킹제임스역)

<예수님은 '내가 분명히 너희에게 말하지만 나는 아브라함이 나기 전부터 있다.'라고 대답하셨다.>(현대인의 성경)

헬라어 ἐγώ εἰμί라는 문구가 항상 '스스로 계시는 자'만을 가리키는 것이 아니라는 사실은 웬만하면 다 안다. 사람이신 그리스도 예수님을 나타낼 때도 이 문구를 사용하셨다.

<61 잠잠하고 아무 대답도 아니하시거늘 대제사장이 다시 물어 가로되 네가 <u>찬송받을 자의 아들 그리스도</u>냐 62 예수께서 이르시되 <u>내가 그니라</u>(헬-Ἐγώ εἰμι) 인자가 권능자의 우편에 앉은 것과 하늘 구름을 타고 오는 것을 너희가 보리라 하시니 63 대제사장이 자기 옷을 찢으며 가로되 우리가 어찌 더 증인을 요구하리요>(막 14장)

<그러나 이제 후로는 인자가 하나님의 권능의 우편에 앉아 있으리라 하시니 70 다 가로되 그러면 네가 하나님의 아들이냐 대답하시되 너희 말과 같이 <u>내가 그니라</u>(헬-ἐγώ εἰμι)>(눅 22:70)

엘로힘은 한 분이시요 엘로힘과 사람 사이에 중보자도 한 분이시니 사람이신 그리스도 예수이시다(딤전 2:5). 예수님은 자신이 사람이심을 증거하시면서 '에고 에이미'를 쓰셨다.

<25 여자가 가로되 메시야 곧 그리스도라 하는 이가 오실 줄을 내가 아노니 그가 오시면 모든 것을 우리에게 고하시리이다 예수께서 이르시되 네게 말하는 내가 <u>그로라</u>(헬-Ἐγώ εἰμι, 註 '그'는 임의로 삽입한 것) 하시니라>(요 4:26)

'에고 에이미'는 '내가 있느니라'로 번역하여 '(스스로) 계시는 자'라는 의미도 되지만 '내니라(I am)'라는 뜻으로도 사용된다. 다시 말해 태어난 아들로서도 '내가 있다', '나다'라고 쓰이는 말이다.

예수님은 하나님의 아들/사람인 자신이 아브라함보다 크다는 사실을 아브라함이 사람에게서 태어나기 전에 하나님이 낳으셨기 때문이라고 설명하셨다는 증거는 다른 말씀을 통해서도 알 수 있다.

예수께서 십자가에 달리시기 전에 최후의 만찬을 하신 후 아버지께 기도하셨을 때 아들인 자신이 천지보다 먼저 나셨음을 고백하셨다.

<u>아버지여 창세 전에 내가 아버지와 함께 가졌던 영화로써</u> 지금도 아버지와 함께 나를 영화롭게 하옵소서>(요 17:5)

하나님으로부터 태어난 아들은 천지보다 먼저 나서 아버지와 함께 영광을 가지셨다. 하나님의 아들이 오셨을 때 아버지께서 아들 안에서 함께 오셨고 아들은 그의 안에 계신 아버지의 말씀을 대언했다.

시간 창조하시기 전인 영원 전부터 엘로힘 속에 감춰져 있던 비밀을 엘로힘의 계시로 깨달은 바울은 '하나님께서 독생자를 모든 피조물보다 먼저 낳으셨다'고 증거하였다.

<15 그는 보이지 아니하시는 하나님의 형상이요 모든(헬-파스세스) 창조물(헬-크리세오스)보다 먼저 나신 자(헬-프로토토코스)니 … 17 또한 <u>그가 만물(헬-판톤)보다 먼저 계시고</u> 만물(헬-판타)이 그 안에 함께 섰느니라>(골 1장)

성경은 하나님의 아들이 보이지 않는 하나님의 형상이라고 증거한다. 무엇보다 중요한 진리는 그 아들이 '모든 피조물보다 먼저 나신 자'라는 말씀이다. 하나님의 피조물 중에는 시간과 공간이 있고 천사들과 온갖 물질들과 사람이 있지만, 하나님께서 그 모든 것들을 창조하시기 이전에 먼저 아들/사람을 낳으셨다는 말씀이다.

⑤ 하나님의 아들은 하나님 아버지의 영원한 형상임

엘로힘만 스스로 계시는 분이시다. 그 외에 모든 존재는 엘로힘께서 낳으셨거나 창조하신 존재들이다. 주 엘로힘은 하늘과 하늘들의 하늘도 용납하지 못할 만큼 광대하시고 전재하신 영이시기에 만유 위와 만유 안에도 항상 영원히 계신다. 이와 같은 특성을 가지신 엘로힘이시므로 어떠한 형상이나 형체가 없으시다. 그러므로 엘로힘께서 친히 기록하신 제2계명에는 엘로힘의 형상이라 여길 그 어떤 것도 만들지 말라고 엄금하셨다(출 20:4; 신 4:10-18,23-29; 5:8,9).

구약에서 יהוה 엘로힘께서 아브람이나 모세 및 다른 사람에게 보이신 말라크나 인간적 모습/형상, 광채, 구름 모습은 일시적이다(창 18:1,2; 출 3:2; 33:19; 민 12:8). 이러한 형상은 엘로힘의 영(靈)의 본래 형상이 아니며 임시로 보이게 나타난 현상일 뿐이다.

성경은 '엘로힘을 알되 주 하나님을 영화롭게도 아니하고 감사하지도 아니하며 오히려 생각이 허망하여지며 미련한 마음이 어두워져 스스로 지혜 있다고 하나 어리석게 되어 썩어지지 아니하는 엘로힘의 영광을 썩어질 사람과 금수(禽獸)와 버러지 형상의 우상으로 바꾼 자들'을 책망하였다(롬 1:18-25). 엘로힘을 사람의 형상이나 비둘기(禽)의 형상으로 바꾸는 것은 제2계명을 범하는 중죄(重罪)이다.

공간 안팎에 보이지 않으시는 영으로 계시는 엘로힘이시므로 천사나 사람이나 그 누구도 보지 못했고, 볼 수 없는 영(靈)이시다(딤전 6:16). 이와 같은 יהוה 엘로힘의 특성은 영원토록 변함이 없다.

주 엘로힘께서 시간을 창조하시기 전에 아들을 낳으셨고, 그 아들과 영원히 하나로 연합되셨으며, 그 아들을 엘로힘의 신성의 모든 특성을 영원토록 나타내실 엘로힘의 형상으로 삼으셨다(골 1:15-17; 고후 4:4). '형상'으로 번역된 헬라어는 εἰκών[에이콘]인데 물질적인 형체, 형상이나 정신적 심상(心狀), 심적인 어떠함을 의미하는 단어이다. 하나님의 아들 안에 하나님 아버지께서 영원히 거하시며, 부활로 본래의 형상을 입으신 아들을 통하여 엘로힘의 신성의 모든 특성을 영원토록 나타내실 것이다. 하나님의 아들은 하나님의 영만 있는 존재가 아니라 완전한 사람으로서 영·혼·몸의 외적 내적인 형상도 가지셨다. 본래의 그 형상은 영광스럽고, 만유를 발아래 두는, 초월적인 셋째하늘에 속한 신령한 형상이다.

<이는 하나님의 영광의 광채시요 그 본체(本體)의 형상이시라 그의 능력의 말씀으로 만물을 붙드시며 죄를 정결케 하는 일을 하시고 높은 곳에 계신 위엄의 우편에 앉으셨느니라>(히 1:3)

이 말씀에서 '본체'로 번역된 헬라어는 ὑπόστασις[휘포스타시스]인데 오리겐주의자들이 '존재'로 사용한 단어이다. 영적 물질적 공간 안팎에 충만하게 계시는 엘로힘은 몸/體/身/body가 있을 수 없으므로 체(體)가 아닌 '본 존재(存在)'라고 번역하는 것이 가장 적절하다. 세상에 엘로힘을 완전하게 묘사할 수 있는 단어는 없다. '형상'이라고 번역된 헬라어는 χαρακτήρ[카라크테르]인데 '형상'이나 '형태', '외관', '도장', '각인', '표시'라는 의미이고, 이 구절에만 사용되었다.

⑥ 하나님의 아들은 하나님의 후사(後嗣)임

구약시대에 보내신 사람 '말라크'들은 종의 신분이었으나 신약 때에 보내신 사람인 '말라크'는 '아들', 후사/상속자 신분이다(마 21:33-41). 주 하나님의 독생자는 '아들하나님'이 아니라 하나님의 상속자/후사인 사람이다(막 12:7; 눅 20:14; 고전 15:50). 하나님의 아들로 거듭난 자들은 장차 맏아들이 다시 오실 때 그와 함께 하나님의 공동후사가 된다. 그들 역시 '아들하나님들'이 아니라 아들로 거듭난 사람들이다.

물과 성령으로 거듭난 모든 아들도 맏아들과 함께 유업 얻을 자, 공동 상속자, 후사가 된다고 증거하는 많은 구절이 하나님의 아들을 '아들하나님'이 아닌 '사람'이라 증거하고 있다(마 19:29; 25:34; 롬 4:13,14,16; 고전 6:9,10; 갈 3:18,24,29; 4:1,7,30, 5:21; 엡 3:6; 딛 3:7; 히 11:7,9; 약 2:5; 벧전 3:7,9; 계 21:7).

<자녀이면 또한 후사 곧 하나님의 후사요 그리스도와 함께 한 후사 (헬-쉥클레로노모스=공동 후사, 공동 상속자)니 우리가 그와 함께 영광을 받기 위하여 고난도 함께 받아야 될 것이니라>(롬 8:17)

하나님의 독생자는 하나님의 아들들과 같은 형제, 하나님의 후사이며, 맏아들로서 아들들과 공동 상속자(쉥클레로노모스/joint-heirs)이다.

<2 이 모든 날 마지막에 아들로 우리에게 말씀하셨으니 이 아들을 만유의 후사(後嗣)로 세우시고 또 저로 말미암아(through) 모든 세계를 지으셨느니라 … 14 모든 천사들은 부리는 영으로서 구원 얻을 후사(後嗣)들을 위하여 섬기라고 보내심이 아니뇨>(히 1장)

만일 '아들하나님'이 있다면 그는 후사가 되기 전에 아무것도 가진 게 없는 어린애나 무능력자라는 말과 같다. 만일 아들도 만유를 함께 창조했다면 아들도 모든 피조물의 공동 아버지가 될 것이다.

위의 구절에 '말미암아'로 번역된 헬라어 διά[디아]는 주로 '말미암아', '때문에', '통하여'(through, 요 3:17, KJV)라는 의미로 쓰인다. 사람이 믿음으로 '말미암아' 구원을 받듯이, 아들로 '말미암아' 거듭나는 은혜를 받고, 아들 때문에 죄사함을 얻는 것이다(요 1:17). 엘로힘께서 만유를 아들에게 주실 계획을 세우셨기에, 아들로 말미암아 만유를 지으셨고, 우리는 그 아들로 인하여 거듭나고 후사가 되는 것이다. '말미암아'라는 말은 어떤 현상이나 사물 따위의 원인이나 이유를 가리킨다.

⑦ 엘로힘께서 오른손으로 높여 하나님의 우편에 앉히신 자

한글개역성경에 히브리어 '예마니'와 '셰말리'는 '우편'과 '좌편'으로 번역하여 표기했다(왕상 7:21). 이 단어는 공간적으로 좌편(왼쪽)과 우편(오른쪽)을 가리킬 때 쓴다. 삼손이 좌수(히-셰모울)와 우수(히-야민)로 기둥을 끌어안고 집을 무너지게 하였다(삿 16:29). 이 단어들은 공간적 의미 외에 상징적인 의미로도 많이 쓰였다.

성경의 구약과 신약에 하나님의 우편, 하나님의 오른손이라는 기록이 자주 등장한다. 이때 '우편', '오른손'이라고 번역된 히브리어는 יָמִין[야민] 이다. 그런데 공간 안팎에 충만하신 하나님께는 상하 전후좌우가 없다. 하나님은 어떤 형체도 없으시며, 아무도 보지 못하였고 볼 수 없는 영이시다. '하나님의 우편', '하나님의 오른손'이란 실제로 오른손을 가리키는 것이 아니라 상징적 표현이므로 하나님의 왼편이나 왼손이라는 표현은 없다. 하나님의 좌·우편이란 없지만, 하나님 보좌의 좌우편은 있다(왕상 22:19; 대하 18:18). 하나님께서 성도의 우편에만 계시는 게 아니지만, 우편에 계시는 분이다(시 16:8). 하나님의 앞에만 기쁨이 있고, 하나님의 우편에만 즐거움이 있는 것도 아니지만, 우편이 갖는 상징적인 의미로 이와 같은 표현이 가능한 것이다(시 16:11; 80:17; 121:5).

<1 יהוה께서 내 주(히-아돈)에게 말씀하시기를 내가 네 원수로 네 발등상 되게 하기까지 너는 내 우편(히-야민/right hand, KJV)에 앉으라 하셨도다 … 5 주의 우편(히-야민/right hand)에 계신 주께서 그 노하시는 날에 열왕을 쳐서 파하실 것이라>(시 110편)

'우편에 앉힌 자'는 '권능을 주어 힘 있는 신분/자리에 앉힌 자' 또는 '권세 자리에 앉힌 의로운 자'를 상징적으로 표현한 것이다.

<대제사장 여호수아는 יהוה의 사자 앞에 섰고 사단은 그의 우편(야민)에 서서 그를 대적하는 것을 יהוה께서 내게 보이시니>(슥 3:1)

대제사장 여호수아 우편에 사단이 섰다는 말은 사단이 주께서 정하신 공의와 법대로 정죄하는 권세/자리에 있다는 말이다(시 109:6). '야민'이 갖는 상징적 의미는 '의로운(옳은)', '바른', '권세있는'이며, 반면에 왼편/왼쪽의 상징적 의미는 '악한', '불의한', '나쁜'이라는 것이다.

<지혜자의 마음은 오른편(히-야민)에 있고 우매자의 마음은 왼편(히-셰모울)에 있느니라>(전 10:2)

동일한 히브리어 '야민'을 '오른손'으로 번역한 사례도 한글개역성경에 여러 번 나타난다(신 33:2; 욥 40:14; 시 17:7; 18:35; 20:6; 21:8; 44:3; 45:4; 48:10; 60:5; 63:8; 73:23; 74:11; 77:10; 78:54; 80:15; 89:13,2542; 98:1; 108:6; 118:15,16; 137:5; 138:7; 139:10; 144:8,11; 잠 27:16; 사 41:10,13; 44:20; 45:1; 48:13; 62:8; 63:12; 렘 22:24; 애 2:3,4; 겔 21:22; 39:3; 합 2:16).

<6 יהוה여 주의 오른손(야민)이 권능으로 영광을 나타내시니이다 יהוה 여 주의 오른손(야민)이 원수를 부수시니이다 … 12 주께서 오른손 (야민)을 드신즉 땅이 그들을 삼켰나이다>(출 15장)

'손'은 '능력'을 의미하므로 '야민'을 '오른손'으로 번역할 때 '올바른 힘', '정의로운 힘', '바른 능력', '곧은 권능', '올곧고 바른 정의(正義)로 나타내는 능력'을 의미한다.

신약성경에서 헬라어로 δεξιός[덱시오스]도 히브리어의 '야민'과 같이 '우편', '오른손'의 의미로도 사용한다. 공간적, 상징적인 의미로 '왼편'은 εὐώνυμος[위오뉘모스]라는 단어를 사용한다.

<양은 그 오른편(헬-덱시오스)에, 염소는 왼편(헬-유오뉘모스)에 두 리라>(마 25:33)

구약에서 상징적으로 사용한 예와 같이 신약에서도 하나님의 우편은 공간적인 우측을 의미하지 않는다. 상징적으로 사용될 때는 주 하나님의 왼손이나 좌편이란 말은 역시 쓰이지 않는다.

대제사장과 장로, 서기관들이 예수께 '네가 하나님의 아들이냐?'라고 묻자 '나는 권능의 우편에 앉을 하나님의 아들'이라고 증언하셨다.

<예수께서 가라사대 네가 말하였느니라 그러나 내가 너희에게 이르 노니 이후에 인자가 권능(헬-뒤나미스)의 우편(덱시오스)에 앉은 것 과 하늘 구름을 타고 오는 것을 너희가 보리라 하시니>(마 26:64)

예수께서 대제사장들과 장로들에게 인자가 권능의 우편(덱시오스)에 앉는다고 하신 말씀 역시 공간적인 우측이 아닌데(막 14:62; 눅 22:69), '권능', '위엄'(히 1:3)이라는 추상명사의 좌우편은 없다.

히브리어로 '야민'이나 헬라어로 '덱시오스'는 영어로 right hand라고 번역한다. 같은 용도에서 영어 'right hand'도 '오른손'이라는 의미와 '우편/오른쪽'이라는 의미로도 사용된다. 실제적인 공간을 의미할 때는 right side라는 의미이므로 구별이 된다(삼하 24:5).

다윗이 성령의 감동하심을 받고, יהוה 엘로힘의 우편에 앉은 아들로서 그리스도에 관해 예언했을 때 사람인 그리스도를 대제사장과 상속자로 앉히셨다는 의미로 예언한 것이다(시 110:1-5). 제1계명은 '아들하나님' 이란 신은 영원토록 없다고 전지자께서 직접 선포하신 계명이다.

יהוה라는 성함이 있는 구절을 신약성경에 인용할 때 모두 '퀴리오스'로 대체한 이유는 모음을 잊은 데다 '아도나이'로 대신 불러왔던 전통대로 따른 것이다. '퀴리오스'(יהוה)의 우편에 앉혀진 자는 아들로서 사람인 그 그리스도요 중보자요 후사이지, 사람이 만든 '아들하나님'이 아니다.

<주(퀴리오스)께서 내 주(퀴리오스)께 이르시되 내가 네 원수를 네 발아래 둘 때까지 내 우편(덱스오스/right hand, KJV)에 앉았으라 하셨도다 하였느냐>(마 22:44, 참고 막 12:36; 눅 20:43)

<주 예수께서 말씀을 마치신 후에 하늘로 올리우사 하나님 우편(덱 시오스/right hand, KJV)에 앉으시니라>(막 16:19)

하나님의 아들 그리스도가 엘로힘 우편에 앉으셨다(행 7:56; 롬 8:34; 엡 1:20; 골 3:1; 히 1:13; 10:12; 12:2; 벧전 3:22). 위엄의 우편이나 위엄의 보좌 우편이라 할지라도 그분이 앉으신 자리는 동일하다(히 1:3; 8:1). 아들 그리스도께서 원수인 사단과 죄와 사망을 이기시고 '주/יהוה 와 그리스도', 하나님의 형상으로서 아버지 보좌에 앉으셨음은 하늘과 땅의 모든 권세를 물려받으신 후사(後嗣)라는 말씀이다.

하나님의 아들로서 사람인 그리스도가 하나님의 형상과 후사이기에 하나님이 항상 우편에 함께하신다는 말씀을 인용했다(시 16:8).

<다윗이 저를 가리켜 가로되 내가 항상 내 앞에 계신 주(퀴리오스) 를 뵈웠음이여 나로 요동치 않게 하기 위하여 그(註 יהוה를 가리킴) 가 내 우편(헬-덱시오스)에 계시도다>(행 2:25)

יהוה 엘로힘께서 다윗(아들 그리스도)의 '항상 앞'에 계시면서 '우편'에 계신다고 표현한 것도 상징적인 의미임을 증거한다. 엘로힘은 어디에나 항상 계시고, 상징적으로 우편에 계시지만 좌편에는 계시지 않으신다.

아들 그리스도께서 원수인 사단과 죄와 사망을 이기시고 '주/יהוה와 그 그리스도'이자 하나님의 형상과 후사로서 아버지 보좌에 앉히심으로 언약이 성취되었다고 열두 사도가 증거했다(시 110:1).

<하나님이 오른손(덱시오스/right hand)으로 예수를 높이시매 그가 약속하신 성령을 아버지께 받아서 너희 보고 듣는 이것을 부어 주셨 느니라>(행 2:33)

하나님께서 그분의 의로운(오른) 능력(손)으로 아들 그리스도를 다시 살리시고 자기 후사/상속자의 자리에 앉히셨다는 말씀이다.

<35 내가 네 원수로 네 발등상 되게 하기까지 너는 내 우편(덱시오스/right hand)에 앉았으라 하셨도다 하였으니 36 그런즉 이스라엘 온 집이 정녕 알찌니 너희가 십자가에 못 박은 이 예수를 <u>하나님이 주(hwhy)와 그리스도(메시야)가 되게 하셨느니라</u> 하니라>(행 2장)

보좌에 영원히 앉아 계실 분은 보이지 않는 하나님을 항상 보여주는 아들이다. 하나님의 아들인 그리스도는 하나님의 모든 것들을 물려받고 영원히 하나님의 일을 이어갈 후사로 그 보좌에 앉으셨다.

아래에 인용된 말씀도 이 진리의 의미를 그대로 입증해준다.

<이스라엘로 회개(悔改)케 하사 죄(罪) 사함을 얻게 하시려고 그를 <u>오른손(덱시오스/right hand)으로 높이사</u> 임금과 구주(救主)를 삼으셨느니라>(행 5:31)

한글개역성경의 난하주를 보면 '혹 오른편에'라고 설명하고 있다. 즉 같은 단어를 오른손(우수/右手)이나 오른쪽(우편/右便)으로 번역하였다. 권세와 능력이라는 수단일 때는 '오른손'이라 번역하고, 옳은 지위, 정의롭게 얻은 신분, 자리, 목적일 때는 '우편'으로 번역한다. 야곱이 낳은 첫째 아들은 '르우벤'이고 12번째 아들의 이름이 '벤야민'('오른손의 아들', '오른편의 아들')인데, 이것이 하나님의 경륜을 보여준다. 동양에는 지금까지 존두(尊頭) 존우(尊右) 사상이 이어지고 있다.

⑧ 우리의 형상을 따라 우리의 모양대로 우리가 사람을 만들자

엘로힘께서 자기의 형상으로 낳으신 아들을 보시고, 아담을 창조하실 때 '우리의 형상을 따라 우리의 모양대로'라고 말씀하셨다.

<26 하나님이 가라사대 <u>우리의 형상(形像)을 따라 우리의 모양(模樣)대로</u> 우리가 사람을 만들고 그로 바다의 고기와 공중의 새와 육축과 온 땅과 땅에 기는 모든 것을 다스리게 하자 하시고 27 하나님이 자기 형상(形像) 곧 하나님의 형상(形像)대로 사람을 창조하시되 남자와 여자를 창조하시고>(창 1장)

길 따라가려면 길이 먼저 있어야 하고, 법대로 하려면 법(法)이 먼저 있어야 한다. 이 말씀에서 '형상'으로 번역된 히브리어는 ם֫לֶצ[첼렘]인데 '형상', '닮음', '초상' 등의 의미이고, '모양'으로 번역된 히브리어는 תומְּד[데무트]이고 '닮음', '같은 것'이라는 의미로 쓰인다.

하나님 아버지께서 만유보다 먼저 낳으신 아들에게 '우리의 형상을 따라'라고 말씀하셨다. 영혼몸인 사람은 하나님의 형상이고 몸은 영혼의 형상이므로 '우리 형상'이라 말씀하신 것이다. 엘로힘께서 그 모양대로 모형인 아담을 창조하셨다. 외적 형상(데무트 또는 첼렘) 및 내적 모양(데무트 또는 첼렘)뿐만 아니라 영혼에 따른 성품에 관한 추상적 형상도 같이 언급하신 것이다. 모형인 아담은 장차 그 실체의 그 그리스도 즉 맏아들의 형상과 같이 될 것이 예정되었다(롬 5:14; 8:29).

아담의 육체는 영의 형상이고, 영혼도 내적 형상/모양을 가졌다(창 5:1-3). 독생자의 모형인 아담은 영혼육이 있는 존재이므로 모형을 보면 그 실체가 어떠한지를 짐작할 수 있다. 하나님의 독생자는 본래 완전한 사람으로서 영과 혼과 신령한 몸이 있는 존재였다. 하나님께서 독생자를 보시며, 아담을 독생자의 모형으로 창조하셨다는 말씀은 장차 그 실체와 같은 존재로 닮도록 예정하셨음을 근거로 삼으신 것이다.

만유의 아버지이신 엘로힘께서 모든 피조물을 지으시는 것보다 먼저 아들을 낳으셨고, 그 아들을 자기 형상으로 삼으셨으며(골 1:15-17), 그 아들을 보시고 아담을 창조하실 때부터 완전한 형상이 되게 하실 것을 정하신 것이다. 이 예정은 주 엘로힘의 형상이신 아들이 오셔서 계시로 알려주시기 전에는 감추어져 있던 경건의 비밀이었다. 따라서 새언약의 아버지와 아들을 아는 것은 아버지께서 아들 안에서 아들의 말씀으로 계시하기 전까지는 아무도 모르는 비밀이었다(마 11:25-27).

진리의 교회는 하나님께서 왕으로서 모든 하늘 위에 세우시는 하나님 나라, 하늘나라이다. 하늘나라에 대한 진리도 비밀이며 아들이 오셔서 계시하실 때까지는 감추어진 비밀이었다(마 13:17,34,35). 예수께서 그 비밀들을 계시하여주셨지만, 영적인 눈과 귀가 없는 자들에게는 여전히 깨달을 수 없는, 감추어진(비밀) 진리이다.

아들 그리스도께서 '영생은 유일하신 참하나님과 그의 보내신 자 곧 아들 그리스도를 아는 것이며, 이 비밀은 창세 전부터 아버지로부터 태어난 아들이 아버지의 영광 형상으로서 아버지께서 주신 아버지의 모든 것을 가진 자'라고 기도하셨다(요 17:1-5). 창조 때 아버지께서 아들을 향하여 '우리'로 표현하셨고(창 1:26), 기도에서 아들이 아버지를 향하여 '우리'라고 표현하였다(요 17:21,22).

아버지의 형상인 그의 아들을 본 자는 아버지를 본 자이다(요 14:9). '아버지와 아들이신 우리'를 알아야 영생을 얻는데, 아들이 아버지와 하나가 되신 것처럼 맏아들 안에서 많은 아들도 그처럼 하나가 되는 것이 성도의 영생이다. '우리가 저에게 와서 저와 거처를 함께 하겠다'라고 약속하신 대로 성령을 영접한 성도가 한 새사람의 몸이라는 교회이며, 성령의 영원한 처소가 되는 것이다(요 14:23; 롬 8:9).

사도 바울이 엘로힘께서 아담을 독생자의 모형으로 창조하셨다고 증거했을 때(롬 5:14), '모형'(개역개정성경)이라고 번역된 헬라어는 τύπος[티포스]인데 '자국', '흔적', '모형'으로 번역된다. 이는 마치 주 엘로힘께서 모세에게 하늘에 있는 성막을 따라 땅에 모형인 성막을 지으라고 명하신 의미와 같다(히 8:5; 9:23). 완전한 성막이 모세가 지을 성막보다 하늘에 먼저 존재했다는 말이다. 아담을 엘로힘 형상의 모형으로 지으실 때 하나님의 형상인 그 아들이 실체 형상으로 존재했다는 말씀이다. 주 예수께서 재림하시는 날 거듭난 성도들을 맏아들의 형상과 같이 되도록 예정하셨다(롬 8:29). 엘로힘께서 맏아들의 형상을 본받게 하실 때 아들들도 그 실체인 형상이 된다(고전 11:7; 15:47). 엘로힘의 영광의 형상의 모형인 아담이 가졌던 영광은 독생자가 하늘에서 가졌던 영광의 모형에 불과했으나 모세의 얼굴의 영광과는 비교가 안 되는 큰 영광이 있었다(고후 3:7-14). 범죄 전의 아담이 가졌던 영광은 마지막 아담으로 예수께서 변화산상에서 보이신 그 영광의 정도가 유사했다(마 17:2; 막 9:3; 눅 9:29-33). 모세의 얼굴의 영광은 수건으로 가릴 수 있었으나 마지막 아담으로 나타내신 영광은 몇 겹의 두꺼운 옷으로도 가릴 수 없었다.

대천사장과 수많은 천사는 아담과 그 후손들이 잠시 후에 맏아들의 영광의 형상의 실체가 될 때 그들을 영원히 섬겨야 할 것을 짐작하고 이것을 거부하여 범죄했다. 아담이 죄를 범하자 온몸의 안팎에 가득했던 생명의 빛/영광이 몸에서 사라졌다. 죄와 사망으로 그의 영광이 떠나고 부끄럽고 병들고 늙고 썩을 육체, 죄의 종의 형상으로 변했다. 이것은 교회의 모형인 성전에 머물렀던 영광이 떠난 것과 같다(겔 3:23; 9:3; 10:18). 주 엘로힘께서 독생자를 여인의 후손으로 보내셔서 그들을 본래 창조 목적대로 이루실 것을 약속하셨다(창 3:15).

예수님은 사람의 아들로서는 '여인의 후손'인 어린양이셨고, 하나님의
아들로서는 '아들의 영', '그리스도의 영', '살려주는 영'이라고 불리신다
(고전 15:45-47). 죄를 위해 엘로힘께서 아들의 영광의 형상을 벗기시고
말씀이 육체가 된 죄없는 육체를 입히셨다(요 1:14). 엘로힘께서 아들을
보내어 여자에게서 인자로 나게 하신 것이다(갈 4:4). 그렇게 하신 것은
혈육에 속한 합법적인 구속자가 되게 하시기 위함이다. 하나님의 아들
그리스도(대제사장)는 말씀이 육체가 되신 형상이었으므로 죄는 없지만,
약하고 천한 보잘것없는 모양이셨다.

<6 그는 근본 <u>하나님의 본체시나</u> 하나님과 <u>동등됨</u>을 취할 것으로
여기지 아니하시고 7 오히려 자기를 비어 <u>종의 형체</u>를 가져 사람들
과 같이 되었고 8 사람의 <u>모양</u>으로 나타나셨으매 자기를 낮추시고
죽기까지 복종하셨으니 곧 십자가에 죽으심이라>(빌 2장)

'본체'라고 번역된 헬라어는 μορφή[모르페]인데 '형상', '모양', '외형'
이라는 의미로 사용된다. 주 엘로힘은 영적, 물질적 공간 안팎 어디에나
충만하게 거하시는 영이기에 몸체가 없으시므로 엘로힘의 '본체'라고 할
수 없고, 다른 구절에서처럼 '형상'으로 번역함이 옳다. 사람의 영과 육
체가 동등하지 않듯이, 엘로힘(신격)과 그 형상(사람)도 동등하지 않다.
다만, '동등'(헬-이소스)이라는 표현은 속사람의 형상인 육체를 보고 그
영혼을 보는 것처럼 대하듯이 한다는 의미이다. 아버지의 형상인 아들을
보는 것이 아버지를 보는 것이란 의미이다(요 14:9).

종의 '형체'라고 번역된 헬라어도 동일한 '모르페'인데 '형상', '형체'
라고 번역해도 정확한 번역이다. 사람의 '모양'이라고 번역된 헬라어는
'스케마'인데 '태도', '형상', '모양'이라고 번역한다.

예수님의 영으로 거듭난 성도들의 몸도 예수님 재림의 날에 엘로힘의
영광의 신령한 형상/모양과 같은 형상/모양으로 변케 하신다(롬 8:29;
고후 3:18; 빌 3:21; 골 3:4; 히 2:7; 요일 3:2).

하나님의 형상인 아들의 실제 모습이 독수리, 사자, 사람, 소의 모양
이 아닌데도 에스겔서에서 '엘로힘의 영광의 형상'이라고 표현한 것(겔
1:5,16,22,26,28; 10:21)은 그 속성의 특징을 나타내신 것이다. 거듭난
성도들의 내적 형상도 이와 같다(갈 4:19; 골 3:10).

⑨ 엘로힘께는 신구약의 모든 의인이 이미 부활한 상태임

엘로힘께서 시공을 창조하신 것을 말씀으로 알듯이 그전에 독생자를 낳으신 사실도 말씀을 통해 비로소 안다. 이 사실을 인정하지 않는다면 엘로힘과 그 아들을 정확하게 알 수 없다. 시간을 창조하신 후에도 엘로힘은 시간과 공간에 무소부재 전능하신 분이시다. 주 엘로힘은 시작과 마침, 처음과 나중, 처음과 끝, 알파와 오메가라고 증거한다. 엘로힘은 영원태초나 영원 끝에서 보시며, 동시에 현재로도 보신다.

엘로힘께서 '오늘' 아들을 낳았다고 하셨지만, 시간상의 특정 '오늘'이 아니다. 알파와 오메가로서 시공을 창조하신 엘로힘은 모든 의인이 부활한 것을 시간을 창조하신 후에도 아무 때나 현재로 보신다. 예수께서 사두개인들과 부활 논쟁을 하실 때 '엘로힘은 산 자들의 엘로힘이시므로 모든 의인이 이미 부활했다'라고 증언하셨다(눅 20:37-40). 모든 의인이 이미 생명의 부활에 참여했다면 당연히 예수님의 탄생, 죽으심, 부활이 의인의 부활 전에 이미 일어났다는 말이다(출 3:6,15,16; 행 13:33-39). 엘로힘은 모든 의인의 부활을 독생자의 출생 때에 보신 것은 물론 영원 현재에도 이미 보신 엘로힘이시다. 엘로힘은 시간을 창조하기 이전부터 그분이 예정하신 경륜을 이미 다 이룬 것으로 보시는 절대적 초월자요 시공 안에 전재자(全在者)요 완성자로서 알파와 오메가이시다.

아무것도 없을 때도, 모든 것이 사라져도 스스로 계시는 분, 전능하신 엘로힘이심을 믿는다는 것은 영원태초부터 그분의 예정과 경륜에 관한 모든 것을 다 이루신 것도 믿는다는 의미이다. 엘로힘의 경륜을 이루시는 과정에 있는 일들 예컨대 아담을 창조하실 때도 친히 낳으신 아들을 보시고 '오늘', '우리'라고 부르시는 것은 당연하다. 다만, 베들레헴 탄생 이후에 자신의 형상인 아들로 드러내신 것이다.

엘로힘은 애굽에서 이스라엘 백성들을 인도하여 내신 후 광야에서도 '오늘'이라 말씀하셨고, 이스라엘 백성들이 가나안 땅에 들어갔을 때도 '오늘'이라 말씀하셨다(히 1:5; 3:7,13,15; 4:7; 5:5). 즉 '오늘 내가 너를 낳았다'라는 말씀에 기록된 '오늘'이 반드시 베들레헴에서 나신 때라는 주장은 전능자, 초월자를 신성(神性)을 모른다는 증거이다.

2. 하나님의 '아들'은 사람이신 그 그리스도 예수이심

(3) 완전한 사람이신 예수 그리스도의 속사람과 겉사람

① 예수께서 영·혼·육이 있는 완전한 사람으로 세상에 오심

유일한 중보자는 하나님의 아들로서 사람이신 그리스도 예수이다(딤전 2:5). 하나님은 독생자의 영(靈)을 낳으셨고 혼(魂)과 신령하고 영화로운 몸을 갖게 하셨다. 그러나 죄인들의 속죄물이 되도록 영화롭고 신령한 몸을 벗기시고 말씀이 육신이 되신 육체를 입히셨다.

<이에 말씀하시되 내 마음(헬-프쉬케)이 심히 고민하여 죽게 되었으니 너희는 여기 머물러 나와 함께 깨어 있으라 하시고>(마 26:38)

예수님의 영(프뉴마)은 하나님의 원하심을 따르고자 했으나 혼(프쉬케)은 연약한 육체를 따라 그것을 피하려고 하였다(막 14:34). 주 하나님의 아들(그리스도의 영)은 육체에 계실 때에 하나님 아버지께 심한 통곡과 눈물로 간구와 소원을 아버지께 올렸다(눅 22:44; 히 5:7,8). 사람이신 그리스도의 영이 간구한 것이지 '아들하나님'이 간구한 것이 아니다.

아들은 자신의 영(靈/spirit)을 하나님 아버지 손에 의탁했다.

<예수께서 큰 소리로 불러 가라사대 아버지여 내 영혼을 아버지 손에 부탁하나이다 하고 이 말씀을 하신 후 운명하시다>(눅 23:46)

사람의 생명의 기운인 영(프뉴마)이 그의 육체를 떠나자 돌아가셨다(마 27:50; 요 19:30). 예수님 안에 있는 하나님의 영과 사람의 영, יהוה의 영과 메시야/그리스도의 영, 아버지의 영과 아들의 영은 구별되지만, 영원토록 분리되지 않는다.

② 완전한 사람인 예수님은 속사람과 겉사람으로 구별됨

사람은 겉사람과 속사람으로 하나이듯이 완전한 사람이신 예수님도 당연히 속사람과 겉사람으로 하나이시다(롬 7:22; 고후 4:15; 엡 3:16). 성경은 속사람/내적 인간(inward man, inner man, inner person, inner being, inner self, man within), 겉사람/외적 인간(outer man, outer self, outer person, our outward man)으로 번역했다. '속사람'이라는 헬라어는 ἔσω ἄνθρωπον[에소 안드로폰]인데 '에소'는 '안에(within)'라는 의미이고 '안드로포스'는 '사람'(man)이라는 의미이다.

'겉사람'이란 지정의를 가진 혼과 육체(또는 부활체)를 가리킨다.

　영혼이 떠나고 육체만 있다면 사람이라 부르지 않고 시신, 시체라고 부르므로 영은 속사람, 혼이 있어야 '겉사람'이라 부른다. 속사람이 그의 영(靈/spirit)이듯이 예수님의 속사람도 그의 영(spirit)이며, 속사람이 영인 천사들이나 영(Spirit)이신 하나님과 통하는 근본 사람이다. 아담의 겉사람을 지으신 후 생기인 영(속사람)을 불어넣으셨기에 생령(生靈)이라 번역했다(창 2:7). 부활하신 후의 겉사람은 만유 위에 오를 수 있는 신령하고 영광스러운 몸과 혼이다. 예수님의 겉사람은 요한보다 6개월이나 늦게 태어났으나 예수님의 속사람은 침례 요한보다 먼저 태어나셨다(요 1:15,26-30). 예수님의 속사람은 멜기세덱의 반차를 좇는 대제사장의 역할을, 그분의 겉사람은 죄인들을 대신하는 어린양의 역할을 담당하셨다(롬 8:3). 약속의 때가 차매 하나님께서 '아들'(속사람/아들인 영)을 세상에 보내셔서 말씀이 육체가 되어 '사람의 아들, 여인의 후손'으로 마리아의 태중에 잉태시키시고 태어나게 하신 것이다(갈 4:4,5).

　예수님의 겉사람만 보는 사람들은 그의 속사람이 아브라함보다 먼저 존재한다고 증거하신 말씀을 깨닫지 못했다(요 8:53-59). 그의 속사람이 여전히 창세 전부터 아버지의 영광의 형상이다(요 17:3,5). 아버지께서 자기 형상인 아들의 겉사람의 영광을 다 벗기시고 낮고 천한 종의 형상(육체)을 입혀 세상에 보내신 것이다(빌 2:6-8). 주 하나님께서 만유보다 먼저 아들을 낳으셨을 때부터 아들을 이미 자신의 영원한 영광의 형상으로 삼으셨다(골 1:15,17). 예수님의 속사람은 하나님께서 친히 낳으신 영이다(시 2:7; 행 13:33; 히 1:5; 2:10; 5:5; 7:3; 13:8; 벧후 1:17). 아버지께서 '이는 내 사랑하는 아들'이라고 선언하실 때 천사들보다 존귀한 속사람의 신분에 관해 선포하신 것이다(마 3:17; 17:5; 21:37; 막 1:11; 9:7; 요 20:31). 누구든지 주 하나님께서 낳으신 아들의 속사람에 관해서 알려면 반드시 하나님 아버지의 계시를 받고 깨달아야 한다(마 11:25-27; 마 16:16; 요 1:34).

③ 한 아기가 태어났고, 한 아들을 주신 바 되었음

　이사야가 예수님의 속사람과 겉사람에 대해 미리 증거했다(사 9:6). 예수님은 하나로 연합된 신격과 인격을 가지셨고, 두 품격은 분리되지 않으나 구별되며, 영원토록 변함없이 하나로 연합해 계신다.

이사야 9장 6절의 말씀은 다음과 같이 세 부분으로 나눌 수 있다.
ⓐ완전한 인격으로서 예수님의 겉사람(아기)과 속사람(아들)
ⓑ하나님+겉사람(혼육/魂肉)인 보혜사, 성령(아버지+속사람)인 보혜사
ⓒ신격으로서 예수님의 전능하신 하나님과 영존하시는 아버지
위 구절에서 '한 아기'는 예수님의 '겉사람'을 가리키고 '한 아들'은 예수님의 속사람을 가리킨다. 겉사람인 한 아기는 정하신 때가 찼을 때 육체로 여자에게서 난 사람/아들이다(창 3:15; 갈 4:4). 여인의 아들로서 다른 '여인의 아들'들처럼 출생과 성장이 있다. '아기'로 태어나 8일째 할례를 받았고, 키와 지혜가 자라셨으며, 30세쯤부터 공생애를 사셨다(눅 2:5,21,40,51,52). 예수님의 겉사람은 생물학적(유전적)으로는 아무 상관이 없지만, 법적인 족보상으로는 아브라함과 다윗과 요셉의 아들/자손이다. '여인의 아들'들은 최상의 피조물인 천사들보다 열등한 신분이듯이 종의 형상을 입은 겉사람으로서는 예수님도 천사보다 얼마만큼 열등하셨다(히 2:7). 예수님의 속사람은 하나님께서 낳으신 독생자이기에 시간과 공간 등 모든 피조물을 발아래 둔 참하늘, 만유 위의 하늘, 만유(시간 공간 등 피조물)보다 먼저 태어난 아들이며, 천사들을 영원히 다스릴 존귀하고 영광스럽고 온전히 의로운 영(靈)이다.

영(靈)이 먹을 떡과 육(肉)이 먹을 떡이 다른 것처럼, 예수님의 속사람(영)은 예수님의 겉사람과 확연히 다르다. 독생자는 모든 천사의 경배를 받으실 분이며(히 1:5,6), 하나님의 형상인 아들을 보고 경배하는 자는 아버지 하나님을 보고 아버지께 경배하는 것이다.

④ 이새의 줄기에서 난 한 싹과 이새의 뿌리에서 난 한 가지
이사야 7장 14절은 예수님의 주 엘로힘 ㅠㅠ(스스로 계시는 자)이심을 증거하고, 9장 6절은 '하나님과 사람'이심을 증거하고, 또 11장 1~2절은 완전한 사람이신 그분의 속사람과 겉사람에 관해 증거한다.
<1 이새의 줄기에서 한 싹이 나며 그 뿌리에서 한 가지가 나서 결실할 것이요 2 ㅠㅠ의 신(히-루아흐/영/Spirit) 곧 지혜와 총명의 신이요 모략과 재능의 신이요 지식과 ㅠㅠ를 경외하는 신(히-루아흐)이 그 위에 강림하시리니>(사 11장)
이새의 줄기는 '다윗'이고 이새의 뿌리는 ㅠㅠ 만유의 아버지이시다.

율법에 따라 구속자가 되려면 하나님도 친족이 되는 조건을 갖추셔야 했다(룻 4:5,10; 욥 19:25; 사 43:10-14; 44:6,24;). 그가 유다 지파의 후손, 다윗의 자손이 되셨다는 것은 예수님의 겉사람을 가리키는 것이며 속사람을 가리키는 것이 아니다(마 1:1; 눅 1:27; 2:4,5; 3:31). 예수님의 겉사람은 여인의 후손이시고, 2천여 년 전에, 세상의 땅에, 다윗의 고향 베들레헴의 가난한 목수의 아들로, 침례 요한보다 6개월 늦게 태어났다. 30년여간 다윗의 후손, 요셉의 아들 목수로 일하시며 범사에 보통 사람들과 같이 시험을 받으셨으나 죄는 없으셨다.

예수님의 속사람은 침례 요한보다 먼저, 아브라함보다 먼저, 천지보다 먼저, 만유(시간이나 공간, 천사)보다 먼저 셋째하늘에서 엘로힘으로부터 나셨다. 누구든지 하나님의 아들을 아는 것은 아버지의 계시를 받아야만 알 수 있는 경건의 비밀이다.

하나님의 아들이 태어나실 때 아버지이신 'הוהי의 영/신'을 받았다고 증거한다. 예수님 안의 하나님과 그리스도의 영을 일곱 가지의 속성으로 묘사했다. ❶ הוהי의 영(Spirit) ❷ 지혜의 영 ❸ 총명의 영 ❹ 모략의 영 ❺ 재능의 영, ❻ 지식의 영 ❼ הוהי를 경외하는 영(spirit).

절대 거룩하신 הוהי 엘로힘의 영(성령/聖靈) 즉 영(靈)이신 아버지께서 아들 안에 계신다. 아들 안에 הוהי를 경외하는 아들의 영(spirit)이 있다. 아들 몸 안에 하나님 아버지의 영과 아들인 사람의 영이 영원히 하나가 되셨다. 아들의 영(靈)이 있는 육체 안에 주 엘로힘 아버지의 영(신성)의 모든 충만이 거하셨다(골 2:9). 하나님과 사람, 아버지와 태어난 아들의 영은 구별된다. 예수님의 신격은 유일하신 참하나님일 뿐만 아니라 그 인격은 '완전한 사람'이시다(계 1:4; 3:1; 4:5; 5:6).

예수님은 '기묘자(奇妙者)'이신데 낮고 약하고 천한 사람을 입으시고 모든 죄인의 죄를 다 친히 짊어지신 주 엘로힘이시라는 뜻이다. '엘로힘+어린양'이신 예수님이야말로 상상을 초월하는, 기묘자이시다. 욥이 극한의 고난을 받았는데 창조주 엘로힘께서 그 앞에 나타나셔서 창조의 역사를 말씀하시자 욥은 자신의 의로움, 고통을 다 잊어버리고 재 가운데 앉아 회개하였다. 그 창조주께서 낮고 천한 육체를 입으시고 골고다에서 자기 피로 죄인들을 사망에서 구원하셨다는 사실은 욥과 대면보다 말할 수 없이 기이하고 놀라운 기묘자의 은혜이다.

스스로 계시는 יהוה께서 아들을 낳아 아버지가 되셨으며, 아버지께서 아들과 하나가 되셨고, 아버지와 아들의 영이 모사(謀士)인 보혜사이다. 아버지께서 아들의 영을 영접하는 자들에게 아들로 말미암아 아버지의 영과 연합되는 은혜를 주신다. 신성의 모든 충만이 아들의 육체 안에 거하셨던 것처럼 아들로 인하여 아버지와 하나가 된 자들도 맏아들과 같이 충만케 된다(골 2:9,10). 만유 위에서, 만유를 충만케 하시는 자의 충만으로 아버지의 영광의 형상과 영원한 후사가 되도록 도우시는 분이 모사요, 예수님의 영인 새언약의 성령이시다.

⑤ 사람의 아들로 죄사함을, 하나님의 아들로 부활을 주심

아담의 범죄로 인해 죄와 사망이 오자 하나님 아버지께서 독생자를 그의 영광을 비우고 죄인의 형상, 육체의 모습으로 세상에 보내셨다(롬 8:3; 빌 2:6-8). 하나님 아버지의 아들이 입은 겉사람은 세상 죄를 지고 가는 어린양이다(요 1:14,29,36). 아담이 범죄할 때 모든 사람이 아담 안에서 범죄에 동참했고, 이로 인해 함께 속사람(영)이 죽었다. 아담 안에서 태어난 자는 예외없이 죄인이며, 그 영(속사람)이 죽은 상태로 태어나고, 영이 육체를 떠날 때 숨을 거둔다.

<21 제자 중에 또 하나가 가로되 주여 나로 먼저 가서 내 부친을 장사하게 허락하옵소서 22 예수께서 가라사대 죽은 자들로 저희 죽은 자를 장사하게 하고 너는 나를 좇으라 하시니라>(마 8장)

시신을 넣은 관을 메고 가는 자는 속사람(영)이 죽었고 장차 겉사람(육체와 혼)도 죽을 자이다. 관 속에 들어있는 자는 영(속사람)이 떠난 시신/시체이며 속사람과 겉사람이 모두 죽은 자이다(눅 9:59,60).

죽은 영이 부활하신 아들의 영을 받으면 그 영도 부활한다. 요한복음 5장 21절에 '일으켜'로 번역된 헬라어 ἐγείρω[에게이로]는 '일어나다', '일어서다', '죽음에서 일으키다'라는 의미이고, '살리느니라'로 번역된 헬라어는 ζωοποιέω[조오포이에오]인데 '생명을 주는'(life-giving, 고전 15:45, ASV), '살리다'(make alive)라는 말씀이다.

하나님의 아들의 영(靈)은 만유를 발아래 두는 셋째하늘에서 나셨다. 하나님의 아들은 어린양으로 죽은 자기의 겉사람을 부활시킬 수 있는 권세와 능력도 가지셨다(마 28:18; 요 2:19).

<17 아버지께서 나를 사랑하시는 것은 <u>내가 다시 목숨을 얻기 위하여 목숨을 버림이라</u> 18 이를 내게서 빼앗는 자가 있는 것이 아니라 <u>내가 스스로 버리노라 나는 버릴 권세도 있고 다시 얻을 권세도 있으니 이 계명은 내 아버지에게서 받았노라</u> 하시니라>(요 10장)

예수님의 겉사람은 모든 죄와 저주를 지기를 싫어했지만, 그 속사람은 그것이 아버지 뜻임을 알고 원하셨다. 그분의 속사람은 자기 겉사람을 제물로 드릴 권세를 가지셨고, 사망을 이기고 부활할 권능도 가지셨다. 하나님의 아들은 엘로힘의 모든 권세와 능력과 신성의 충만을 받은 자, 엘로힘의 형상이요 모든 것을 물려받은 후사이다.

예수께서 사람의 아들로서 우리 대신 죽으시고 하나님의 아들로서는 사망을 이긴 성령으로 신자들을 살리시는 영이 되셨다(요 1:11-13).

<조금 있으면 세상은 다시 나를 보지 못할 터이로되 너희는 나를 보리니 <u>이는 내가 살았고 너희도 살겠음이라</u>>(요 14:19)

예수님께서 부활하신 후 아들의 영을 영접하는 자들에게 생명을 주는 영(靈)이 되신다고 약속하신 대로 이루셨다(요 14:23; 고전 15:45).

⑥ 예수님의 겉사람과 함께 장사되고, 속사람과 함께 부활, 거듭남

아담의 영과 그리스도의 영은 그 신분상 종과 아들로 현저히 다르다.

예수님을 영접하는 방법은 두 방법이 있는데 하나는 세상에서 육체의 필요한 것들을 도움받기 위해 영접하는 방법이고, 다른 하나는 영생과 참하늘의 모든 복을 받기 위해 영접하는 방법이다.

그분은 겉사람(사람의 아들)으로는 엘로힘의 어린양이며(요 1:29,36), 속사람(하나님의 아들)으로서는 성령으로 침례를 주는 중보자(中保者)요 대제사장이시다(요 1:33,34). 육체의 떡과 영의 떡이 다르듯이, 예수님의 겉사람을 믿고 영접함에 더하여 그분의 속사람을 믿어 영접함은 은혜 위에 은혜를 더해준다. 예수님께서 사람의 아들인 어린양으로 대신 죽고 부활하심으로 주시는 놀라운 은혜는 죄사함과 몸의 부활을 위해 그와 함께 장사됨(심겨짐)이다. 하나님의 아들인 대제사장으로서 주시는 더욱 더 큰 은혜는 속사람/영이 부활과 거듭남을 받아 천사들을 영원히 다스릴 하나님의 아들이 되는 권세를 얻어 영원부터 예정된 엘로힘의 경륜에 참여하는 은혜이다(요 1:16; 3:3-7).

모든 사람은 처음에 혈육으로 나고, 혈육의 죄로 인해 정죄 받는다. 신자는 물침례를 통해 사람으로서 죽으신 어린양의 죽음과 장사 안으로 들어간다. 성령침례를 통해 한 새사람 안에 들어가고 하나님의 공동후사가 되는 은혜를 받는다. 예수님께서 '진실로'를 여섯 번이나 강조하신 '물과 성령으로 남'이 한 중보자의 두 종류 보혜사의 역할을 통하여 주 하나님 아버지와 하나가 되는 것이다(요 17:11,21-23,26).

'보혜사'로 번역된 헬라어는 παράκλητος[파라클레토스]인데 '곁에서 돕는 자'를 가리킨다(요 14:16-18). 예수께서 '하나님과 겉사람'으로서는 범죄 이전으로 회복을 위해 죄사함을 얻도록 곁에서 도우신다. 승천 후 '아버지와 아들의 영'으로 제자들 안에 오신 보혜사로는 하나님의 의와 하늘의 모든 신령하고 복된 것을 얻도록 도우시는 안에서 도우신다.

이는 성부하나님과 성자하나님과 성령하나님이 있다는 의미가 전혀 아니다. 주 예수 그리스도께서 신격으로 유일하신 참하나님 아버지시며, 인격으로서는 속사람인 그리스도와 겉사람인 어린양의 역할을 구별하는 것이다. יהוה는 단지 하나님의 영만을 의미하지만 '예수님'은 아버지와 아들이 하나로 연합되신 분을 의미한다. 아버지와 아들이신 주 예수님의 영(靈)이 새언약의 성령이시고, 새언약의 성령은 '아버지+아들의 영', '주 하나님+그리스도의 영'이라는 의미이다.

예수 그리스도는 진리(새언약)이시고, 다른 보혜사이신 신약의 성령은 예수님의 영이다(요 14:6,17). 예수께서 성령의 보혜사로 제자들 안에 오셔서 영원히 함께하신다. 아버지이신 예수께서 그들 곁에서 떠나시면 그들은 고아와 같이 되지만(요 14:18), 성령께서 제자들 안으로 영접되실 때 그들은 아들로 거듭나 하나님의 아들들이 되며, 맏아들처럼 아버지와 영원히 하나로 연합된다. 주 엘로힘의 아들로 거듭나는 것은 물과 성령으로 거듭남인데 이는 예수님께서 물로 침례를 받게 하신 후 승천 전에 제자들에게 명령하시고 약속하신 성령을 받는 것이다(눅 24:47-49; 행 1:5). 오순절 날에 약속대로 성령이 제자들 안에 부어졌고(행 2:1-4). 열두 사도는 이에 관해 수천 명의 신자에게 증언했다(행 2:14-41). 아들이 아버지의 성령을 받아서 제자들에게도 중보자인 아들의 영과 하나가 된 아버지의 성령을 부어주신 것이다(요 1:33; 행 2:33-38).

⑦ 사도 바울이 증거한 예수님의 겉사람과 속사람

율법과 구약성경을 누구보다도 잘 알았던 사울도 예수께서 하나님의 아들이심을 깨닫지 못했었으나 계시로 깨닫고, 하나님이시며 사람이신 예수님의 인격인 속사람과 겉사람에 관해 증거했다. 바울이 제1계명을 수정하거나 יהוה 외에 '아들하나님'을 언급한 적이 없다.

<3 이 아들로 말하면 육신으로는 다윗의 혈통에서 나셨고 4 성결 (聖潔)의 영으로는 죽은 가운데서 부활하여 능력으로 하나님의 아들로 인정되셨으니 곧 우리 주 예수 그리스도시니라>(롬 1장)

예수님의 겉사람은 다윗의 자손/아들/가지로 태어나셨다고 증거한다. 아담과 아브라함과 다윗과 요셉의 자손, 인자(人子)라고 불린다.

'성결의 영'이라 번역된 헬라어는 πνεῦμα ἁγιωσύνης[프뉴마 하기오시네스]로 '거룩함의 영'(spirit of holiness)이란 뜻이다. 이 '거룩함'은 구약성경에서 제사장이 쓴 관(冠)의 패에 새겨넣은 문구이다.

<너는 또 정금으로 패를 만들어 인을 새기는 법으로 그 위에 새기되 'יהוה께 성결'이라 하고>(출 28:36)

<그들이 또 정금으로 거룩한 패(牌)를 만들고 인을 새김같이 그 위에 'יהוה께 성결'이라 새기고>(출 39:30)

예수께서 아들의 영으로는 사람이신 대제사장임을 증거한다(딤전 2:5). 중보자(中保者)란 하나님과 사람/죄인 사이의 죄를 없애주고 거룩하게 연합시키는 자를 가리킨다(롬 4:25). 예수님께서 겉사람으로는 죽으셨고, 속사람으로서는 부활하심을 통해 하나님의 아들인 그리스도/제사장으로 인정되셨다. 어린양이신 예수님과 합하여(헬-에이스: 안으로) 침례를 받은 자는 그의 죽으심과 합하여(안으로) 침례를 받은 것이며, 그와 '함께 장사되었다'(헬-쉰답토)(롬 6:3,4). 헬라어로 '쉰답토'는 '함께 장사되다', '함께 매장되다'라는 뜻이다. 그의 죽으심을 본받아 '연합한 자'(헬-쉼퓌토스)가 되었으면 또한 부활을 본받아 연합한 자가 될 것이라 했다(롬 6:5). 원문에서 이 '쉼퓌토스'는 '함께 심겨진 자', '연합된 자'라는 뜻이다. 영어 성경들은 'planted together(함께 심기었으면)'로 번역했다(KJV, DBT, WBT, LT, YLT, DRB). 예수 이름으로 침례 받을 때 '함께 심겨짐'을 얻기 때문에 그와 같은 모습으로 부활에도 연합될 것이라고 증거한 것이다(요 12:24).

아담의 후손들은 육신에 속하여 죄 아래 팔렸고, 영(속사람)이 죽은 상태로 태어나서 천년 안에 겉사람도 죽게 된다(롬 5:12; 고전 15:22). 속사람(영)이 죄사함을 받고 거듭났어도 겉사람은 아직 구속을 기다리는 상태이다(롬 7:17-18,22,25; 8:23; 빌 2:12). 죄사함을 받지 못하고 죽은 사람은 둘째사망에 던져진다. 아담과 그 후손을 구원하고자 아버지께서 아들을 말씀이 육체가 된 몸을 입혀 보내셨다(롬 8:3,4). 죄사함은 범죄 이전인 하나님의 형상의 모형의 상태로 회복시킨다. 예수님의 속사람(아들의 영)을 영접한 자는 영의 부활을 얻으며 아들의 영과 연합되신 하나님의 성령을 받았기에 하나님의 아들과 하나님의 처소가 된다(롬 8:9). 누구든지 그리스도의 영(아들의 영/성결의 영)을 받지 않으면 그리스도인이 아니다. 그리스도/아들의 영을 받아야만 죽었던 그의 영이 살아나고, 아들의 신분으로 거듭나게 된다(롬 8:10). 아들 안에 יהוה 엘로힘의 영과 יהוה를 경외하는 영(靈)이 계신 것 같이(사 11:2) 아들/그리스도의 영을 받은 성도 안에도 아버지의 영과 그리스도의 영이 계신다. 예수님의 영(하나님과 그리스도의 영/아들의 영)이 마지막까지 거듭난 자 안에 충만해야 부활에도 참여한다. 거듭난 성도 안에 찾아오신 성령이 충만하게 계셔야 어린양 안에 함께 심어놓은 그의 겉사람도 재림의 날에 영광과 신령한 몸으로 살리셔서 구속을 완성하신다(롬 8:11,23).

<15 너희는 다시 무서워하는 종(헬-둘레이아)의 영을 받지 아니하였고 양자(헬-'휘오데시아')의 영을 받았으므로 아바 아버지라 부르짖느니라 16 성령이 친히 우리 영으로 더불어 우리가 하나님의 자녀인 것을 증거하시나니 17 자녀이면 또한 후사 곧 하나님의 후사요 그리스도와 함께 한 후사니 우리가 그와 함께 영광을 받기 위하여 고난도 함께 받아야 될 것이니라>(롬 8장)

헬라어 '둘레이아'가 '종'으로 번역되었다(갈 4:24; 5:1). 아담은 하나님께서 지으신 영을 받았으므로 '종'의 신분이었다. 혈육으로 난 자는 속사람, 겉사람이 다 종이요, 죄의 노예까지 되었다(히 2:15).

'양자'라고 번역된 헬라어는 υἱοθεσία[휘오데시아]인데 신약성경에 5회 기록되었다(롬 8:15,23; 9:4; 갈 4:5; 엡 1:5). 이는 '아들'이라는 헬라어 '휘오스'와 '신분', '자리', '위치'라는 뜻인 헬라어 θέσις[데시스]를 합친 단어로[27] '아들 신분' 또는 '아들 삼기'라는 의미이다.

'휘오스'에 '지정하다', '놓다', '두다'라는 뜻의 τίθημι[티데미]를 합친 것으로도 보는데[28) 뜻은 역시 '아들 삼기', '아들 신분'이다.

'아들 삼는 방법' 중에 가장 일반적이고 정상적인 것은 '낳는 것'이고 아들을 낳지 못하면 양자(養子)로 삼는다. 따라서 '휘오데시아'를 반드시 양자(養子/adoption)라는 의미로 제한할 근거가 없다. 더구나 이 구절은 '데려다 키운 자식'이란 의미가 전혀 없을 뿐만 아니라 오히려 태어난 아들임을 강조하고 있다. 또한 아담 때 주셨던 종의 영을 '다시' 주신 것이 아니라고 강조하는 반면 낳으신 '아들의 영/그리스도의 영'을 주셨다고 강조한다. 하나님의 성령을 받았는데도 양자의 영(靈)을 받았다고 번역된 것은 오류이다(요 14:23; 롬 8:15). 그리스도의 사람은 '하나님의 아들인 그리스도의 영'을 받았고(롬 8:9) 그리스도는 하나님께서 낳으신 아들이시므로, 그 아들의 영은 양자(養子)의 영이 아니다.

신약의 아들들은 남의 아들을 데려와 양자로 삼은 것이 아니라 하나님께서 성령으로 '낳으신 아들', 하나님으로부터 '태어난 아들'이다. 주 하나님의 아들로서 그리스도와 함께 공동 후사로서 천사들까지 다스릴 아들이다. '내가 너를 낳았다. 나는 너의 아바가 되고 너는 나의 후사가 될 아들이 되리라'라고 성령께서 증명하시고 선언해 주신 아들이다. 거듭난 아들의 영(靈)은 종의 신분이 아니기에 하나님께 받은 아들 권세를 따라 '아바 아버지'라고 부른 증거를 보였다.

로마서 8장 23절의 '휘오데시아'도 마찬가지인데, '성령의 처음 익은 열매를 받은'이라는 말씀은 첫열매로 부활하신 예수님의 영(고전 15:20), 하나님의 아들이신 그리스도의 영을 받았다는 것이다. 한 알의 밀알이 심겨진 것은 많은, 같은 열매를 얻기 위함이다. 부활의 첫열매를 영으로 받아 부활의 산 소망을 가진 아들이다. 아들들이 탄식하며 '몸의 구속을 기다리는 것'은 11절에 성령이 성도들의 몸이 맏아들의 형상처럼 구속되는 것, 겉사람까지 '휘오데시아'(아들 신분)가 되는 것이다. 약하고 천하며 부패할 종의 형상인 육체가 아들에게 걸맞은 영광스럽고 신령한 형상으로 변해 시공을 초월케 된다. 바울은 서신마다 아브라함의 후사/상속자가 누구인가를 강조했다. 거듭난 아들들은 맏아들의 형상과 같이 되고, 그리스도와 공동 후사가 되어 천사들까지 다스릴 아들 신분을 얻는 것을 '휘오데시아'라고 했다(롬 8:17,19,23,29).

한글 성경은 헬라어 '휘오데시아'를 하나님의 경륜대로 "아들이 되게 하는"(현대인의 성경), "하느님의 자녀로 만들어주시는"(공동번역, 공동번역개정), "자녀로 삼도록 해주시는"(카톨릭성경), "하나님의 아들이 되게 하는"(현대인의 성경), "㉒자녀로 삼으시는"(새번역성경), "하나님의 자녀가 되게 하는"(쉬운성경)으로 번역했다.

몇 영어 성경들은 become his children(Contemporary English Version), makes you God's children(Good News Translation), sonship(A Faithful Version, Literal Emphasis Translation, Berean Study Bible)이라고 번역했다.

한글개역성경은 로마서 9장 4절의 '휘오데시아'도 '양자'로 번역하는 실수를 했다. 하나님께서 지으신 영으로서 아담은 종의 신분이었다. 주 예수님께서 성령을 주신 것은 이전에 죽었던 영을 이전 종의 신분으로 살리신 것이 아니라 '아들 신분'(휘오데시아)으로 살리신 것이다. 침례 요한은 여자가 낳은 자 중에 가장 큰 자이지만, 아들이 되게 하는 영을 받고 거듭난 아들 중에 가장 작은 자보다도 작다(마 11:11). 독생자의 속사람은 하나님께서 낳으신 아들이시지만 겉사람이 종의 형상을 입고 종처럼 섬기셨으며 부활 후에는 시간과 공간을 초월하는/발아래 두는, 본래의 아들 신분의 형상인 영화롭고 신령한 몸을 입으셨다.

삼위신론자들은 하나님의 아들을 '아들하나님'이라고 왜곡한 가르침에 속아서 천국 복음, 하나님의 진리의 복음으로 거듭나는 아들의 신분에 대해서 깨닫지 못하고 있다. 맏아들이 되신 그 신분을 알아야 아들들로 거듭나 그리스도와 함께 후사 곧 아들 신분을 얻는다.

'휘오데시아'를 갈라디아서에는 바르게 '아들 명분'으로 번역했다.

유업을 이을 자가 모든 것의 주인이지만 어렸을 때는 종과 다름없이 아버지가 정한 때까지 후견인과 청지기 아래서 자란다(갈 4:1,2). 이후 아버지가 정한 때, 장성하여 기업을 이을 만한 때에 후사가 된다.

하나님의 집의 경륜에서도 구약의 때를 종과 같은 어린아이 때, 몽학선생 아래 양육받는 때라 비유했다(갈 3:23,25; 4:3). 모형과 그림자로 보이시고 가르치시던 때가 찼다. 초기세상이 지나고 중기세상도 지나고 말기세상(말세)에 영혼 구원의 때가 되었을 때 이를 나타내셨다.

때가 차서 은혜와 진리인 실체를 주실 때가 오매 영광의 몸을 벗고 말씀이 육신이 된 천한 육체의 모양을 입히신 아들을 보내셔서 '여인의 후손/인자'로 나게 하셨다(갈 4:4). 율법 아래에 죄의 종으로 팔려있는 자들을 보혈로 속량하셨는데, '휘오데시아'를 '아들의 명분/자격/신분/권리'라고 번역했다(갈 4:5). 아버지께서 '종의 영'이 아닌, '아들의 영'을 보내셨다(갈 4:6). 아담처럼 다시 종의 영을 받은 종이 아니라 아들의 영을 받고 거듭나 '아들의 명분'(휘오데시아)을 얻었기에 만유의 주님을 '아바 아버지'라 부를 권세, 만유를 유업으로 얻을 권세를 받았다(갈 4:7). 바울은 아브라함의 두 아내를 두 언약에 비유하고 종과 아들을 두 선민에 비유하여 '휘오데시아'(아들 신분)에 관한 명확한 계시를 주었다(갈 4:21-31). 후사로 아들 삼는 방법은 본처를 통하여 낳는 방법(창 21:3)과 첩을 들여서 아들을 낳는 방법(창 16:15)과 종으로 데려다 키워 양자(養子)로 삼는 방법(창 15:2)이 있다. 아브라함은 엘리에셀을 후사로 삼을 수 없었다(창 15:1-5). 사라의 여종 하갈에게서 난 아들 이스마엘로 후사로 삼으려고 하자 주 엘로힘께서 허락지 않으셨다(창 17:17-21). 아브라함의 본처 사라에게서 이삭이 태어나자 종의 신분인 이스마엘은 어미 하갈과 함께 쫓겨났으며(창 21:9-18), 이삭만 아브라함의 후사가 되었다. 이것이 모든 민족의 믿음의 조상 아브라함으로 '휘오데시아'의 계시를 명확하게 보여주신 것이다(요 8:35). 하나님 아버지께서 하늘의 본처(신령한 예루살렘)를 통해 친히 낳으신 아들로 후사를 삼는 방법만 엘로힘의 경륜에 일치하는 것임을 바울이 받은 계시를 통해 명확하게 깨달아야 한다. 신약의 성도들이 맏아들이 되신 그 그리스도와 함께 주 엘로힘의 '공동 후사'가 되기 위해서는 반드시 진리의 말씀, 성령으로 거듭나서 하나님을 '아바'라고 부를 수 있는 권세를 얻어야 한다. 물론 맏아들이 되신 그리스도와 공동 후사가 되는 것이다.

에베소서에서도 '휘오데시아'를 '아들이 되게'라고 번역했다.
<그 기쁘신 뜻대로 우리를 예정하사 예수 그리스도로 말미암아 자기의 <u>아들들이 되게(휘오데시아)</u> 하셨으니>(엡 1:5)
그 그리스도/맏아들과 함께 엘로힘의 영광을 유업으로 받기에 합당한 '아들 신분'임을 증거할 때 사용한 단어가 '휘오데시아'이다.

하나님이 낳으신 아들을 '아들하나님'이라고나 하고, 경건의 비밀도
알지 못하는 데다 '거듭난 아들에 관한 천국 복음의 비밀'을 모르는지라
'양자'라는 엉뚱한 생각이나 하는 자들이다.

예수께서 겉사람으로서는 혈육의 형제가 되어 아담의 후손들을 대속
하는 친족이 되셨다. 예수님의 속사람 즉 그 그리스도는 하나님으로부터
태어난 아들이시고, 자기를 믿는 형제들의 영을 부활하게 하셨다.

<또 이사야가 가로되 이새의 뿌리 곧 열방을 다스리기 위하여 일어
나시는(헬-아니스테미) 이가 있으리니 열방이 그에게 소망을 두리라
하였느니라>(롬 15:12)

예수님의 신격은 이새의 뿌리이시고(롬 9:5) 인격은 뿌리의 가지이다.
'일어나다'라는 뜻의 동사인 헬라어로 ἀνίστημι[아니스테미]가 신학적
으로 매우 중요한 이유는 사망을 이기고 일어선 부활을 의미하기 때문
이다(막 5:42; 행 9:34,40; 26:23; 고전 15:21···). 아담/사람의 아들들은
죄로 인해 모두 죽고 부활하지 못했으나 예수님은 사람의 아들/겉사람
으로서 모든 사람의 죄를 대신 지신 어린양으로 죽으셨고, 속사람으로
일어나셨다(요 10:18). 부활하신 분은 이새의 뿌리이신 하나님이 아니라
이새의 자손인 어린양이시다(계 22:16). 예수님의 겉사람은 다윗의 '씨'
라고 불리는데 '씨'로 번역된 헬라어는 '스페르마'이고 '자손'(요 8:33),
'후손'(롬 4:13,16,18)으로 번역한다(딤후 2:8). 바울은 다윗의 후손으로
죽으셨으나 하나님 아들(그리스도)의 권능으로 일어나셨다고 증거했다(롬
1:3,4). 이 아들은 만유를 발아래 지배하는 '하나님의 후사'이시다.

⑧ 첫사람 아담과 마지막 아담, 첫사람과 둘째사람

하나님께서 자신의 독생자를 보시고 아담을 그의 모형으로 지으셨고
(창 1:26; 롬 5:14), 맏아들의 형상을 본받게 예정하셨다(롬 8:29). 모든
사람은 '아담 안의 사람'과 '그리스도 안의 사람'으로 나뉜다.

<아담 안에서 모든 사람이 죽은 것같이 그리스도 안에서 모든 사람
이 삶을 얻으리라>(고전 15:22)

예수께서 인자(人子)라고 불릴 때 이는 '아담의 후손', '사람의 아들
/son of man'이라는 뜻이다. 아담/사람의 후손으로서 구속자의 조건인
'친족', 혈육의 형제가 되셨음을 보여주는 명칭이다.

<45 기록된 바 첫 사람 아담(The first man Adam)은 <u>산 영</u>이 되었
다 함과 같이 마지막 아담(the last Adam)은 <u>살려 주는 영(spirit)이
되었나니</u> 46 그러나 먼저는 신령한 자가 아니요 육 있는 자요 그
다음에 신령한 자니라 47 첫 사람(The first man)은 땅에서 났으니
흙에 속한 자이거니와 둘째 사람(the second man)은 <u>하늘에서 나
셨느니라</u> 48 무릇 흙에 속한 자는 저 흙에 속한 자들과 같고 무릇
하늘에 속한 자는 저 하늘에 속한 자들과 같으니 49 <u>우리가 흙에
속한 자의 형상(헬-에이콘)을 입은 것같이 또한 하늘에 속한 자의
형상(헬-에이콘)을 입으리라</u>>(고전 15장, 참고 롬 8:29)

하나님께서 독생자를 보시고 그 모형으로 지으신 아담이 첫사람이다.
그 아담이 범죄할 때 그의 허리에 있던 모든 후손이 함께 범죄에 동참
했다(참고 히 7:10). 인류의 머리/뿌리이자 대표인 아담을 이긴 죄에서
대속하시려고 엘로힘께서 약속하셨던 대로 독생자에게 범죄한 육체와
같은 형상을 입혀 세상에 보내셨다. '마지막아담'이라 하신 것은 아담의
마지막 후손까지도 대속해줄 분이라는 명칭이다. 독생자가 마지막아담이
되신 이유가 죄와 사망에서 구원하기 위함이다.

원문에는 마지막아담이 ψυχην ζωσαν[프쉬케 조산]이 되었다고 기록
했는데 한글개역성경에서는 '산 영'이 되었다고 번역했다. 헬라어 '프뉴
마'는 '영'을 의미하고 '프쉬케'는 '혼'을 의미하는 용어이다(살전 5:23).
이것은 모세가 아담을 '네페쉬 하야'로 기록한 것을 따랐다고 볼 수 있
지만(창 2:7), 사실 예수님의 겉사람과 속사람의 역할을 정확하게 진술하
여 하나님의 뜻을 거부하던 혼(魂)까지 살리신다는 표현이다.

예수께서 유대인들에게 '너희는 그리스도를 누구라고 생각하느냐? 뉘
자손(헬-휘오스/아들)이냐?'고 질문하셨을 때 그들은 '다윗의 자손이라
생각한다'고 대답했다(마 22:32). "그러면 다윗이 성령에 감동하여 어찌
그리스도를 주라 칭하여 말하되 '주께서 내 주께 이르시되 내가 네 원수
를 네 발아래 둘 때까지 내 우편에 앉았으라 하셨도다' 하였느냐?"라고
반문하시자 아무도 대답하지를 못했다. 다윗과 요셉의 아들은 예수님의
겉사람, 그의 혼(프쉬케)과 육체를 가리킨다. 하나님의 아들로는 십자가
의 순종을 원하셨지만, 혼과 육체의 겉사람은 원하지 않았다. 부활하신
그리스도의 영은 모든 이를 살리는 생명의 주(lord)이시다.

2. 하나님의 '아들'은 사람이신 그 그리스도 예수이심

<26 이러므로 내 마음이 기뻐하였고 내 입술도 즐거워하였으며 육체는 희망에 거하리니 27 이는 내 영혼을 음부에 버리지 아니하시며 주의 거룩한 자로 썩음을 당치 않게 하실 것임이로다>(행 2장)

이 말씀은 다윗이 예수님의 입장에서 예언한 말씀이다. '영혼'이라고 번역된 헬라어는 '프쉬케'이고 '음부'라고 번역된 헬라어는 '하데스'이다. 겉사람의 혼(프쉬케)이 죽은 것을 '뇌사'라고 부르는데 거역하던 원함도 중단되었다는 것이며, 심장의 활동이 중단되어 육체의 생명인 피가 흐르지 않을 때 숨이 멎는다. 흙으로 지으신 아담을 첫사람이라 했고, 마지막아담은 예수님의 혼에다 육(말씀으로 된)의 겉사람이다.

독생자는 땅에서 난 '둘째아담'(second adam)이 아니라 하늘에서 난 '둘째사람'이다. '둘째사람'인 그리스도는 셋째하늘에서, 하나님께서 친히 낳으신 아들이다(참고 눅 8:55; 요 6:63). 하나님이 아담의 겉사람을 지으시고 그에게 지은 종의 영(spirit of servant)을 불어넣으셨다(창 2:7). 아담이 범죄하지 않았을지라도 종과 혈육으로는 하나님나라를 유업으로 받을 수 없다(고전 15:50). 아담의 육체는 범죄 후 흙으로 돌아갔으며, 아담의 죽은 영은 살려주는 영이 되신 둘째사람(아들의 영)과 연합할 때 아들의 명분/신분을 새로 얻고 셋째하늘로 올라갈 수 있다. 마지막아담은 인류를 위해 대신 죽으셨고, 둘째사람(속사람)으로는 영과 흙이 된 육체까지 신령하게 살려주는 영(프뉴마)이 되셨다. 헬라어 ζωοποιέω[조오포이에오]가 '살려주다', '생명을 주다'(life-giving spirit, ASV)라는 의미로 쓰이므로 '살려주는 영'이라고 번역했다.

⑨ 음부에서 셋째하늘로 데리고 올라가심

겉사람을 어린양으로 드리기 위해 속사람이 간절히 기도하셨다(눅 22:44; 히 1:5; 5:5-10). 예수님은 자신의 속사람, 영(프뉴마)의 원함은 하나님 아버지의 뜻을 따라 혼과 육체(겉사람)에 세상 죄를 지고 가는 어린양이 되는 것이었다. 예수님의 정결한 혼(프쉬케)은 인류의 그 모든 추악한 죄와 지독한 저주를 지는 것이 너무나 부끄럽고 추하고 더러운 것이었기에 피하고 싶었다. 예수님의 속사람/아들의 영이 육체에 계실 때 눈물로 소원과 간구를 드렸고, 혼의 원함이 영과 주 엘로힘의 원하심 앞에 순종하심으로써 제물로 드려졌다(히 5:7).

예수께서 죽으셨을 때 시신은 부자의 무덤에 안장되셨다(요 19:42). 겉사람이 죽음에서 부활하시기 전에 속사람인 영은 사망과 음부에 사로 잡힌 영들에게 전파하시려고 음부/옥(헬-필라케/獄/prison)으로 가셨다. 성경에 기록된 옥에는 사람들의 영을 가두는 '음부'(히-쉐올/헬-하데스, 욘 2:2; 창 37:35; 시 16:10; 49:15; 행 2:27)와 타락한 천사들을 가두는 '무저갱'(헬-아뷧소스. 눅 8:31; 계 20:3)과 창세기 6장의 죄를 범한 천사들을 가두는 '흑암갱'(헬-타르타로스. 벧후 2:4; 유 1:6)이 있다. 최후 심판 때에야 '음부'와 무저갱, 흑암갱 모두를 집어넣은 '불못'(지옥/게엔나/hell)이 영원한 지옥(地獄)이다.

<사망과 음부(하데스)도 불못에 던지우니 이것은 둘째 사망 곧 불못이라>(계 20:14)

사도 바울이 증거한 것과 같이 사도 베드로도 예수께서 육으로는 죽으시고 영(spirit)으로는 음부에 가셨다가 살아나셨다고 기록했다.

<18 그리스도께서도 한 번 죄를 위하여 죽으사 의인으로서 불의한 자를 대신하셨으니 이는 우리를 하나님 앞으로 인도하려 하심이라 육체(헬-사르크스)로는 죽임을 당하시고 영(프뉴마)으로는 살리심을 받으셨으니 19 저가 또한 영(프뉴마)으로 옥에 있는 영(프뉴마)들에게 전파하시니라(헬-케렛소)>(벧전 3장)

19절의 '전파하시니라'라는 헬라어 '케렛소'는 '고지하다', '선포하다', '알리다'라는 뜻이다. 부자의 영이 음부에 갇혔듯이(눅 16:23), 엘로힘의 언약에 불순종해 음부에 갇힌 악인의 영들에게 예수께서 심판의 당위성을 선포하신 것이다(벧전 3:20). 엘로힘의 '약속/언약'한 대로 엘로힘의 어린양이 대신 피를 흘리셨고, 이 약속을 거절한 자는 영원히 형벌을 받는 것이 주 엘로힘의 공의라고 선포하신 것이다(롬 3:4; 벧전 4:5).

예수님의 육체가 무덤에 있을 때 그분의 영이 찾으신 '옥(獄)'은 지옥(hell)이 아니라 아브라함과 나사로와 부자가 가 있던 음부이다. 이곳을 히브리어는 '쉐올'이라고 불렀으며 구약에 의인의 영들과 악인의 영들이 분리되어 갇혀있던 곳이다. 영(靈)이 없는 황소나 양들의 피로는 죄사함을 받을 수 없고 오직 엘로힘의 어린양의 피를 흘려 주실 때까지 죄를 덮어주었을 뿐이다(히 10:4). 의인의 영들은 어린양 예수의 온전한 피를 흘려 완전한 속죄를 이루시기까지 거기서 쉬며 기다려 왔다.

영어 흠정역은 로마카톨릭교의 사상을 벗어나지 못하고 ἄδης[하데스]를 hell(지옥)로 번역함으로써(마 16:18; 눅 16:22-26) 영적 세계에 대한 무지를 드러내었고, 이로 인해 내세에 대한 심각한 오해를 일으켰다.

예수님께서 속사람/아들의 영/그리스도의 영은 죽은 의인들의 영(속사람)들이 갇혀있던 방으로 가셔서 복음을 전파하셨다.

<이를 위하여 죽은 자들에게도 복음이 전파되었으니(헬-유앙겔리조) 이는 육체로는 사람처럼 심판을 받으나 영으로는 하나님처럼 살게 하려 함이니라>(벧전 4:6)

예수님께서 복음을 전파하신 것은 '연옥설'과 전혀 상관이 없다.

여인의 후손에 대한 약속(창 3:15)을 믿고 언약대로 순종했던 의인의 영들이 기다려 온 대로 해방의 소식을 전하신 것이다. '내가 너희에게 한 약속대로 대신 죄를 사했다, 너희의 죄는 내 피로 영원히 사해졌다'라는 선포이며, '너희를 사망에서 생명으로, 음부에서 하늘로 데려간다'라고 구원과 해방의 복음을 전하신 것이다.

<곧 산 자라 내가 전에 죽었었노라 볼지어다 이제 세세토록 살아 있어 사망과 음부(하데스)의 열쇠를 가졌노니>(계 1:18)

이처럼 복음을 전한 일은 예수님의 속사람(영)이 하신 일이다.

하나님의 아들로서 그분이 이전에 계시던 곳 즉 모든 것 위의 하늘인 셋째하늘로 올라가실 때 해방하신 그 의인의 영들을 데려가셨다.[29]

이에 관해 사도 바울이 에베소서에서 그대로 증거하고 있다.

<8 그러므로 이르기를 그가 위(헬-휩소스)로 올라가실 때에 사로잡힌 자를 사로잡고 사람들에게 선물을 주셨다 하였도다 9 올라가셨다 하였은즉 땅 아랫 곳으로 내리셨던 것이 아니면 무엇이냐 10 내리셨던 그가 곧 모든(헬-파스) 하늘 위에 오르신 자니 이는 만물을 충만케 하려 하심이니라>(엡 4장)

이 구절에 기록된 '위'는 '모든 하늘의 위'를 가리킨다. 이곳은 아들이 전에 계시던 곳이며(요 6:62), 사도 바울이 속사람으로서 올라가 낙원을 경험한 셋째하늘인데 사람의 말로는 도저히 묘사할 수 없는 신기하고 놀라운 영역이다(고후 12:2-4).

<저는 하늘에 오르사 하나님 우편에 계시니 천사들과 권세들과 능력들이 저에게 순복하느니라>(벧전 3:22)

이 하늘은 가장 높은 영역이며(마 21:9; 히 7:26), 하늘과 하늘들의 하늘이다(왕상 8:27; 대하 2:6; 6:18; 느 9:6). 주 엘로힘의 피조물 중에 최고의 걸작이던 대천사장이 하나님의 뜻까지 거슬러 자신이 오르려고 했으나 실패한 그 하늘이다(사 14:12-14; 겔 28:13-18).

예수님을 믿고 물과 성령으로 거듭난 자는 숨이 끊어져도 죽은 것이 아니라 자는 것이다(요 11:25,26). 예수님께서 그 하늘에서 몸의 부활을 기다리는 영들을 데리고 다시 오실 것이다(살전 4:13-17).

그때에는 그들이 맏아들과 같은 형상의 영광스럽고 신령하게 부활한 몸을 입음으로 '휘오데시아'가 된다(롬 8:29; 고전 15:47-54; 고후 3:18; 빌 3:21). 부활의 몸은 만유를 발아래 두는 신령한 몸이며, 그리스도가 머리인 한 새사람에 연합된 몸이다(롬 12:4,5; 고전 12:12-17; 엡 1:23; 2:16; 4:4,12,16; 5:23,30; 골 1:18,24; 2:17,19; 3:15).

경건의 비밀과 천국의 비밀을 모르면 요한복음 14장 23절의 '우리'가 저에게 와서 거처를 저와 함께 하리라는 말씀을 이해하지 못한다. 물론 하나님은 무소부재하신 영이니 모든 성도 안에 계심이 가능하다고 이해 하지만, 사람인 그리스도의 영/아들의 영/속사람이 어떻게 구원받은 각 아들들 안에도 동시에 계시는지 깨닫지 못할 것이다.

하나님의 독생자는 첫째하늘이나 둘째하늘에서 나신 게 아니라 만유 위의 하늘, 모든 하늘 위의 하늘, 만유를 발아래 두는 하늘에서 나셨다. 독생자가 하나님의 모든 권세와 능력과 만유를 유업으로 얻으셨다는 이 말씀은 만유를 초월하는 주님이라는 의미이다(고전 15:27; 엡 1:22; 빌 3:21; 히 2:8). 만유의 주님(고전 15:28)이자 만유의 아버지(엡 4:6)께서 아들을 후사로 '만유 위' 즉 모든 하늘 위에 앉히셨다는 말씀은 시간과 공간이 아들의 지배 아래 있고, 아들의 속사람과 겉사람은 시간·공간의 제한을 받지 않는 참하늘에 계신다는 말이다.

<또 만물(헬-파스)을 그 발아래 복종하게 하시고 그를 만물 위에 교회의 머리로 주셨느니라>(엡 1:22)

맏아들만 만유 위의 그 하늘에 앉히신 것이 아니라 거듭남으로 공동 후사가 될 하나님의 아들들도 한 새사람이라는 몸의 지체로 그 하늘에 함께 앉히셨음은 시공이 그 몸을 분리할 수 없다는 말이다(엡 2:6).

교회(거듭난 아들들)는 확실하고 분명하게도 시공을 초월한 만유 위에 세워졌다. 만유의 아버지께서 지으신 만유 위에 하나님의 형상과 후사가 될 한 몸이 된 교회가 세워졌다는 말씀은 교회(몸)의 지체들도 시간과 공간의 제한을 받지 않는 신령한 몸을 가졌다는 의미이다.

<원수 된 것 곧 의문에 속한 계명의 율법을 자기 육체로 폐하셨으니 이는 이 둘로 자기의 안에서(헬-엔) 한(헬-헤이스) 새(헬-카이노스) 사람(헬-안드로포스)을 지어 화평하게 하시고>(엡 2:15)

예수께서 그리스도 안에 있는 아들들을 공간과 시간을 발아래 두고 참하늘에 세웠다. 엘로힘께서 자기를 사랑하는 자들을 위해 영원 전부터 예비하신 것은 사람의 눈으로 보지도 못했고, 귀로 듣지도 못했고, 마음으로 상상조차 하지 못했던 놀랍고 기이한 예정이다(롬 16:25-27; 고전 2:6-12; 엡 1:9; 3:3-9; 골 1:15-17,26,27; 히 1:2,3). 경건의 비밀(마 11:25-27; 요 17:3; 딤전 3:16)과 천국비밀(마 13:11,12,35)이 포함된, 엘로힘의 경륜의 비밀을 깨달아야 모든 아들들 안에 계시는 그리스도의 비밀도 깨닫게 된다(골 1:26,27).

엘로힘의 맏아들과 많은 아들들은 한 새사람이며 하나님의 형상이다. 맏아들과 많은 아들들은 모두 만유 위의 하늘에서 태어났다(요 3:3,31; 골 1:15-17,26,27; 히 2:10,11). 이 비밀을 성도 안에 계신 '하나님'이라 표현하지 않고 성도 안에 계신 '그리스도'라 했다. 이는 만대로부터 옴으로 감추어졌던 것인데 성령으로 계시하신 것이다. 엘로힘의 후사가 될 그리스도의 몸은 어떤 피조물에게도 제한을 받지 않는 초월적 존재요 주(主/lord)들이다. 아버지께서 모든 아들에게 유업으로 주시고 만유를 발아래 다스리고 충만케 하시려고 만유를 창조하셨다(히 1:2,3).

만유 위에 세우신 엘로힘의 참형상과 참성전은 만유에 제한을 받지 않을 만유 위에 있다. 엘로힘의 영과 그리스도의 영이 없으면 그리스도의 몸인 교회가 아니다(롬 8:9). 성령은 예수님의 영이고, 예수님은 아버지와 아들, 하나님과 사람이 하나로 연합되신 분이시다. 구별되지만, 그 무엇으로도 분리할 수 없도록 완전히 하나가 되신 분의 성령이 나뉘지 않으시고 거듭난 모든 성도 안에 거하신다.

(4) 예수님(하나님+대제사장+어린양+성전)에 관한 비밀

① 창조주께서는 완전한 처소를 완성하실 때 영원히 쉬심

엘로힘께서 창조하시는 일들을 다 마치시고 쉬셨다는 말은 새창조를 위한 모형을 만드시는 창조를 완성하셨다는 의미이다. 주 하나님은 이를 설계도로 삼아 새창조를 완성하셔야 영원히 안식하신다.

יהוה 엘로힘은 만유 위에서 영과 진리로 낳으신 아들들을 얻어 영원한 후사들로 세워 만유를 충만케 하실 '경륜/집 세우기'를 예정하신 대로 완전하게 이루신다(엡 1:9; 3:2,9; 골 1:25-27; 딤전 1:4). 이 '경륜'이란 헬라어로 '오이코노미아'인데 '집'이라는 뜻인 '오이코스'와 '관리하다'라는 뜻의 '노메오'라는 동사가 합쳐진 '오이코노메오'(집을 경영하다)에서 나온 말로서 '집 세우기'라는 의미이다. 엘로힘은 아버지로서 상속자가 될 아들들을 성령으로 낳으시고, 그들을 부활한 몸들을 연합해 한 여인/아내로 삼아, 온 가족이 안식할 수 있는 만유 위의 아버지 집(성전)을 완성하실 것을 영원 전에 예정하셨다.

<주(主)께서 가라사대 하늘은 나의 보좌(寶座)요 땅은 나의 발등상이니 너희가 나를 위하여 무슨 집을 짓겠으며 <u>나의 안식(安息)할 처소(處所)가 어디뇨</u>>(행 7:49, 참고 사 66:1)

엘로힘께서 안식하실 집/처소를 완공하실 때에야 새창조가 끝나므로 이후부터 영원히 안식하신다. 전지하신 엘로힘이 아시는 한, 가장 영화롭고 보배로운 영원한 집이다. 전지전능하신 엘로힘의 눈으로 보실 때 영원히 다시 손댈 필요가 없는 완전한 처소(處所)이다.

② 예수님의 신격은 영원한 새성전의 주 하나님이심

יהוה 엘로힘이 3위(位)신들을 믿는 데서 아브라함을 부르셨다. 구약성경만 가졌던 초대교회(성전)는 예수님의 신격을 성전의 유일하신 주님이시라고 믿었다. 도마나 바울의 고백(요 20:28; 행 20:28)한 진리와 같이 예수님은 그 성전의 유일하신 영원한 주 엘로힘이시다(계 22:3,13,16).

유일한 주/יהוה 엘로힘이 아닌 2위, 3위신을 믿으면 제1계명에 따라 우상숭배자로 바벨론과 함께 심판을 받게 된다.

③ 예수 그리스도의 영(spirit)은 그 성전의 대제사장이심

구약의 제사장은 사람의 아들이고, 종의 신분이며, 신약의 제사장은 하나님이 낳으신 아들로서 천사보다 월등하고 완전한 사람이다. 하나님의 아들 그리스도는 멜기세덱의 반차를 따른 영원한 대제사장이다(창 14:8,20; 시 110:1,4; 히 5:5,6,10,11; 6:20; 7:1-6,10,11,15).

하나님께서 그리스도가 될 아들/사람을 낳으신 것이지 '아들하나님'을 낳으신 것이 아니다. 대제사장/그리스도는 엘로힘의 영(Spirit)이 아닌 사람/아들의 영이며 이는 예수님의 속사람을 가리킨다. 아들 안에 יהוה의 영이 계실 뿐만 아니라 יהוה를 경외하는 영인 제사장/아들/그리스도의 영이 계신다. 엘로힘께서 시간과 공간을 창조하시기 전에, 시공을 초월하는 하늘에서 낳으신 아들이라 모든 피조물을 발아래 다스리는 분이다. 멜기세덱의 반차를 따른 대제사장인 예수 그리스도는 육적 부모나 혈통적 족보나 시작한 날이나 생명의 끝이 없다.

④ 예수님의 겉사람은 속죄를 위한 새성전의 어린양이심

예수님의 겉사람은 대속을 위해 혼(魂/프쉬케)과 육체가 있는 완전한 제물이다(창 22:14; 사 53:7; 요 1:29,36; 히 10:5,10; 벧전 1:19). 그는 세상죄를 지고 간 아사셀의 염소일 뿐만 아니라 죄와 사망에서 해방해 주는 유월절 양이시다(고전 5:7). 예수님은 인자로서, 아브라함과 다윗의 자손, 여인의 후손, 마지막 아담으로서, 혈육의 형제가 되심으로 자기 몸을 산제물로 드렸다. 다윗의 뿌리이신 יהוה께서 입으신 육체로 교회를 사셨다는 의미이기도 하다(요 20:28; 행 20:28).

⑤ 예수님의 부활한 몸이 신령하고 영원하며 완전한 성전임

말씀이 육신이 되어 사람들 가운데 '임시 장막'을 세우셨고(요 1:14), 십자가에서 죽으심은 옛성전을 허물어 버린 것과 같다. 그분이 육신의 장막/성전을 헐고 3일 만에 새장막을 일으키셨다(요 2:19-21). 그 죽음으로 성소의 휘장이 찢어지고 참하늘로 올라갈 수 있는 길을 여셨다(마 27:50-53; 히 9:8; 히 10:19,20). 신령하고 영화롭게 부활한 그의 몸은 만유를 발아래 두는, 만유 위인 초월적인 셋째하늘에, 영원한 처소/집의 머릿돌(초석)과 모퉁잇돌로 놓였다.

계시록 21장부터는 영원세계에 관한 기록인데, 영원히 무너지지 않을 하나님의 집은 '주 하나님과 어린양이라는 성전'이다. 어린양의 부활한 몸은 육체를 찢고 부활로 세우신 신령한 장막이다(히 10:20).

<성 안에 성전(聖殿)을 내가 보지 못하였으니 이는 주 하나님 곧 전능하신 이와 및 어린양이 그 성전이심이라>(계 21:22)

아들 안에 계시는 아버지만 성전/장막의 유일한 주 하나님이시다.

⑥ 성전(聖殿)은 하나님 아버지의 성함을 두신 곳

성전은 하나님께서 임재하심을 나타내는 집이다. 하나님께서 성전의 건축 목적을 '하나님의 이름을 위하여, 이름을 두실 곳'으로 정하셨다(왕상 3:2; 5:3,5; 8:16,17,18,19,20,29,33,35,41,42,43,44,48; 9:3,7; 11:36; 왕하 21:4,7; 23:27; 대상 13:6; 22:7,8,10,19; 28:3; 29:16; 대하 2:1,4; 6:5,6,7,8,9,10,20,24,26,33,34,38; 7:16,20; 33:7). 구약 성전에 두신 하나님의 성함은 제1~3계명에 기록된 대로, 오직 יהוה밖에 없기에 'יהוה의 전'이라는 기록이 141회나 등장한다. יהוה 엘로힘은 완전하시고 변함이 없으시며, 영원하고 유일하신 엘벧엘(성전의 하나님)이시다.

아담의 범죄 후 엘로힘께서 은혜로 속죄를 베푸시는 장소가 성전이다. 아담의 범죄가 예정된 것이 아니듯이, 엘로힘의 성전은 아담이 범죄하지 않았더라면 필요한 집이 아니다. יהוה 엘로힘은 선하게 지으신 피조물들의 희생을 원치 않으시는 선하신 분이시다.

예수께서 성전된 자기 몸/육체를 허무신 후에 부활로 영원한 성전을 세우셨다(요 1:14; 2:19-21). 주 엘로힘이 새롭고 영원한 참성전에 두신 새성함은 부활하심으로 머리돌과 모퉁잇돌에 새겨진 성함 '예호슈아/예수'밖에 없음을 온 천하가 알아야 한다.

<11 이 예수는 너희 건축자들의 버린 돌로서 집 모퉁이의 머릿돌이 되었느니라 12 다른 이로서는 구원을 얻을 수 없나니 천하 인간에 구원을 얻을 만한 다른 이름을 우리에게 주신 일이 없음이니라 하였더라>(행 4장)

예수님의 부활하신 몸이 성전임과 그 성함을 안다면 삼위신이 아닌 예수님의 신격만이 성전의 유일하신 주 엘로힘이심도 알아야 한다.

⑦ 예수님의 부활하신 몸은 아버지의 집임

모세의 성막에는 안뜰에 번제단과 물두멍이 있었고, 성소에는 떡상과 분향단이 있었으며 휘장을 친 뒤쪽은 지성소로 성별되었다.

예루살렘에 세운 '다윗의 장막'은 안뜰의 기구들과 성소의 기구들이 없고 휘장도 없이 법궤만이 안치되어 있었다.

모세의 성막은 속죄를 위한 '성전'을 상징하고, 다윗의 장막은 아들로 거듭난 자들을 후사로 양육하는 '아버지 집'을 계시한다.

부활한 성도들의 몸이 엘로힘의 신령한 새성전이 되는데 주 엘로힘의 성전과 아버지 집은 동일한 처소이다. 교회는 성전이며 또한 아버지의 집이다(요 14:23). '아버지의 집'은 독생자를 낳으신 목적에 따라 엘로힘으로부터 출생, 아버지의 양육, 후사로 세우심이 그 목적이다.

독생자 안에 아버지께서 항상 계셨고, 따라서 아들의 육체는 하나님 아버지의 임시 거처인 장막이었다. 성전이나 아버지의 집은 엘로힘께서 경륜 곧 엘로힘의 집(home, house)을 위한 목적으로 있는 것이다(요 2:19-21; 행 4:11). 주 엘로힘의 맏아들과 모든 아들 안에는 주 엘로힘 아버지께서 영원히 계신다(요 10:38; 14:10; 17:21,23).

⑧ 예수님의 신격/하나님은 아버지 집의 아버지이심

스스로 계시는 엘로힘이 아들을 낳으심으로 아버지가 되셨고, 그분이 '만유를 지으신 만유의 아버지'가 되셨다(엡 4:6).

선지자들의 예언을 안다면 예수께서 영존하신 아버지이심도 안다(사 9:6; 말 2:10). 예수님은 자신의 신격을, 낳으신 아들과 하나가 되시고 아들을 형상으로 삼고, 그 안에 영원히 계시는 '낳으신 아버지'로 계시하셨다(요 8:24-27,41,44; 10:30; 14:18; 20:28).

아버지와 아들과 성령의 성함이 '예수'임을 모르는 자들은 초대교회가 오직 예수 이름으로만 침례를 준 사실조차 모른다. 아버지와 아들과 성령이 아닌 다른 예수를 전하는 자를 뱀이라고 했다(고후 11:2-4,13-15). 이스마엘의 아버지와 이삭의 아버지가 동일한 아브라함이듯이 신구약의 아버지는 같은 한 분이며, 옛성함과 새성함만 다르다(갈 4:22-31). 성전보다 크신 분은 엘로힘이시고, 아버지 집보다 크신 분은 아버지이시다. 예수님의 신격은 영원한 벧엘의 스스로 계시는 엘로힘이시다.

<2 내 아버지 집에 거할 곳이 많도다 그렇지 않으면 너희에게 일렀으리라 내가 너희를 위하여 처소를 예비하러 가노니 3 가서 너희를 위하여 처소를 예비하면 내가 다시 와서 너희를 내게로 영접하여 나 있는 곳에 너희도 있게 하리라>(요 14장)

예수께서 보여주신 성전과 아버지 집은 영원히 하나이다(계 21:22). 주 예수께서 친히 자신을 다윗의 장막의 다윗의 창조자(뿌리)라고 증거해주셨다(계 22:16). 아들 안에 계시는 아버지, 예수님의 신성/신격은 아버지요, 아버지께서 아들/산성전에게 주신 성함이 '예수'이다.

⑨ 독생자인 그리스도가 맏아들이 되심

엘로힘께서 만유를 지으시기 전에 독생자를 낳으셨다. 영이신 엘로힘께서 낳으신 아들은 그리스도의 영이 된 속사람을 가리킨다. 주 하나님 아버지께서 속죄제물(어린양)로 삼으시려고 아들의 영을 보내어 육체를 입히심으로 혈육의 형제가 되게 하셨다. 하나님의 아들은 만유 위에서 나셨고 하나님의 후사이므로 스스로 부활할 권세도 받으셨다(요 10:18). 예수님의 속사람(영)은 하늘 새성전의 대제사장이다. 하나님 아버지께서 아들의 영을 제자들 안에 보내셔서 많은 신자를 거듭나게 하셔서 아들들이 되게 하셨고, 독생자를 거듭난 아들 중 맏아들이 되게 하셨다(롬 8:29; 갈 4:6; 히 1:2,6,13,14). 맏아들이 물과 성령으로 거듭난 많은 아들을 형제들, 아버지와 한 가족이라고 증거하셨다(히 2:11). 아버지께서 맏아들을 많은 아들과 함께 아버지 영광의 공동 후사가 되게 하심으로 아버지의 집 세우기(경륜)를 이루신다.

⑩ 아버지께서 아들에게 아버지의 성함(聖銜)을 주심

옛언약을 맺으실 때 알려주신 יהוה라는 성함은 주전 200년 이전부터 모음을 잊어버려 부르지 못하는 성함이 되었다. 새언약의 백성은 낳으신 아버지의 성함을 안다고 하셨다(사 52:6). 하나님의 아들인 예수님께서 아버지의 성함으로 왔다고 증언하셨다(요 5:43). יהוה께서 아들을 낳아 아버지가 되시고 아들과 하나가 되시면서 '예수'라는 성함을 가지셨고, 그 성함을 아들에게 주셨다(요 17:11,12,26). 그분이 '아버지와 아들과 성령의 이름'으로 침례를 주라고 어명을 내리셨다(마 28:19).

사도들은 모두 오직 '예수'라는 성함으로만 침례를 주었다(행 2:38). 예수께서 새언약을 맺으실 때와 새성전에 두신 성함은 ﬧﬧﬧ에 들어있는 모음을 알려주신 성함이 아닌, 'ﬧﬧﬧ에 호세아'를 더한 '예호슈아/예수스/예수'이다(행 4:12). 아버지께서 자기의 형상과 후사인 아들에게 성함을 기업으로 주셨다(빌 2:9,10; 히 1:4). '아브람'의 새이름이 '아브라함'이 듯이 ﬧﬧﬧ의 새성함인 '예호슈아/예수'를 받아야 구원 얻는다(사 52:6; 갈 4:22-26). 하나님께서 맏아들을 몸의 머리로 삼고 아들들을 지체로 삼아 한 새사람을 이루신다(엡 2:15), 하나님 아버지께서 성전과 아버지 집이 된 아들들에게도 머릿돌인 맏아들에게 주신 성함 '예수'를 주셔서 영원한 집을 완성하셔야 쉬신다(엡 3:14,15; 계 22:4,16).

⑪ 하나님의 보이는 외적 형상: 하나님과 어린양

아담은 엘로힘의 형상을 따라, 엘로힘의 모양대로 창조되었고, 이는 독생자의 모형이다. 보이지 않으시는 엘로힘의 형상인 아들이 비천한 육체를 입고 죽었다가 신령하고 영화로운 본래의 몸으로 부활하셨다.

<3 다시 저주가 없으며 하나님과 그 어린양의 보좌가 그 가운데 있으리니 그(his)의 종들이 그(him)를 섬기며 4 그(his)의 얼굴을 볼 터이요 그(his)의 이름(name)도 저희 이마에 있으리라>(계 22장)

모든 피조물이 하나님과 어린양이신 예수님을 볼 때 죄인들을 위해 사랑을 쏟으신 주 엘로힘을 본다. 오직 '하나님과 어린양'(예수님)께서 앉으신 보좌(throne)는 하나뿐이다. 주 엘로힘은 영원토록 볼 수 없는 분이시지만 친히 낳으신 아들의 몸을 형상으로 삼으셨고, 유일한 보좌에 앉히셨기에, 아들을 보는 것이 아버지를 보는 것이다.

⑫ 하나님의 보이지 않는 내적 형상: 아버지와 아들의 영

엘로힘은 한 분이시며 하나님과 사람 사이에 중보도 한 분이시니 곧 사람이신 그리스도 예수이다. 예수 그리스도의 속사람(영)도 하나님의 형상이고, 공간 안팎에 충만하신 아버지 안에 계신다. 아버지는 자신의 속성, 특성을 자기의 영과 하나로 연합되어 형상을 삼은 그 아들을 통해 모든 피조물 앞에 영원토록 나타내신다. 나타난 특성을 가리켜 엘로힘의 내적 형상 또는 속모양이라고 부른다.

주 하나님 아버지의 어떠하심을 알려면 그분의 형상이신 아들을 보면 아버지의 외적 형상과 내적 형상을 볼 수 있다. 그 아들 안에는 יהוה의 영과 지혜와 총명의 영, 모략과 재능의 영, 지식과 יהוה를 경외하는 영이 충만하시다(사 11:1,2). 바울은 신성의 나타남을 '너희 속에 그리스도의 형상'이라고 불렀다(골 1:26,27; 2:9,10; 4:19).

⑬ 엘로힘의 경륜(經綸/오이코노미아)을 완성하심

에베소서와 골로새서는 엘로힘의 경륜을 간결하고 명확하게 증거한다. 아들은 모든 창조물보다 먼저 태어난 사람이고(골 1:15,17), 만유보다 먼저 아들을 낳으신 목적은 아들을 자신의 형상과 만유 위에서 만유를 충만케 할 상속자로 삼으시기 위함이다(골 1:16; 히 1:2,3). 그리스도의 영으로 많은 아들들을 얻으시고 공동 후사로 삼으실 것을 영원 전부터 예정하셨다(골 1:25-27; 2:10; 히 1:6). 아버지의 영과 그리스도/아들의 영인 성령을 주셔서 수많은 아들들을 낳으시고, 양육하셔서 만유 위에 후사로 세우심이 '경륜'이다(롬 8:9,10; 갈 4:4-7; 골 3:1-4). 한 알의 밀알을 심으셨고, 수많은 밀알을 얻으신다(요 12:24; 히 2:10,11). 침례로 그리스도와 합하여 함께 심겨진 자는(롬 6:5) 맏아들이 다시 오실 때 맏아들과 같은 형상이 되고, 함께 공동후사(하나님의 첫열매/장자)가 될 것이다(롬 8:15-17,23,29,32).

⑭ 예수님은 다윗의 뿌리요 자손이심

주 예수 그리스도는 사람으로서 아기(어린양)+아들(그리스도)이시다. 보혜사로서 하나님+사람의 아들은 '기묘자', 아버지+아들의 영은 '모사'이시다(사 9:6). 다윗의 뿌리에서 난 한 가지(속사람/둘째사람)이며 다윗의 줄기에서 난 한 싹(겉사람/마지막아담)이다(사 11:1,2). 그분의 신격은 스스로 계시는 분, 전능하신 하나님, 유일하신 주 엘로힘이시다(계 22:13). 성경의 마지막에서 자신을 '다윗의 뿌리'(영존하시는 아버지, 만유의 주)와 다윗의 자손(어린양), 광명한 새벽별(독생자)이라고 친히 증거하셨다(계 22:1,16). '주 하나님 아버지'와 '대제사장/그리스도'와 '어린양', '성전과 아버지의 집'이 아닌 예수는 다른 예수이다.

⑮ 절대자의 제1계명에 가감하지 말라는 마지막 경고

주 엘로힘께서 돌판에 새기신 제1계명은 스스로 계시는 분, יהוה만이 영원무궁토록 유일하신 하나님이시라는 것이다(출 20:1-3).

예수께서 주 곧 우리 엘로힘은 유일한 주님이시며, 모든 것을 다하여 그분만을 사랑하라고 명하셨고, 이보다 큰 계명이 없다고 선언하셨다(막 12:29-32). 또한, 자신이 그 주 엘로힘이심을 선언하셨다(요 20:28).

계시록은 구약성경만 있을 때 기록한 것이고, 제1계명을 확증한 것이므로 제1계명이 가장 크고 중요하다. 누구든지 절대 지존, 존엄이신 יהוה의 계명에 더한 자에게는 성경에 기록된 재앙들을 더하시고, 이 계명에 '제한 자'는 생명나무와 및 거룩한 성에 참예함을 제하여 버리시겠다고 경고하셨다(계 22:18-19). 당연히, 사도로 택함받은 자일지라도 더하고 빼는 범죄에 빠지면 불못의 형벌을 받는다는 경고이다.

⑯ 주 하나님 아버지, 제사장, 어린양이신 예수께서 다시 오실 것

전능하신 주 엘로힘, 알파와 오메가, 영존하시는 아버지이신 예수께서 다시 오신다. 전지하신 주 יהוה께서 모든 의인의 부활도 현재에 보시는, 스스로 계시는 분이다(눅 20:38). 예수님은 모든 의인들의 부활을 보신 때에도 '다른 신이 있음을 알지 못한다'라고 선언하신 것이다. 유일한 신랑을 믿어야 음녀가 받을 진노를 받지 않는다(계 22:17).

3. 새언약의 성령은 하나님과 사람이신 예수님의 영(靈)이심

(1) 오직 한 분의 절대적으로 신격(神格)의 영(靈)이 계심

① 유일하신 יהוה 엘로힘이 유일한 그 영(the Spirit)이심

예수님의 영이 성령(聖靈)이라고 설명을 했지만, 이제는 '성령'이라는 직함에 대해 자세히 살펴본다. 스스로 계시는 분, יהוה 우리 주 엘로힘은 무소 부재하시고, 절대적으로 거룩하시고 유일한 영(靈/루아흐/프뉴마/Spirit)이시다(요 4:24; 고전 2:11; 고후 3:17).

<22 너희는 <u>알지 못하는 것</u>을 예배하고 <u>우리는 아는 것</u>을 예배하노니 이는 구원이 유대인에게서 남이니라 23 아버지께 참으로 예배하는 자들은 신령과 진리로 예배할 때가 오나니 곧 이때라 아버지께서는 이렇게 자기에게 예배하는 자들을 찾으시느니라 24 하나님은 <u>영이시니</u> 예배하는 자가 **신령**과 진정으로 예배할찌니라>(요 4장)

한 분인지 세 분인지 도무지 알 수 없는 신비의 신(神)을 따르는 자는 사마리아인들처럼 알지 못하는 '것'을 예배하는 자이다. 사도 요한은 참 하나님을 '아는 것'이라고 했는데, 엘로힘은 '프뉴마(영)'이시고 헬라어로 '프뉴마'는 중성이기 때문이다. 사람의 영이 그의 자신이듯이, 엘로힘의 영은 하나님 자신이다(고전 2:11; 고후 3:17). '영'을 남성인 히브리어 '루아흐', 중성인 헬라어 '프뉴마'로 표기하는 것은 그 영이 독립 신격이 아닌, 엘로힘의 본질이기 때문이다.

② 영(Spirit)이신 그 주 엘로힘만 절대적으로 거룩하심

성경은 유일하신 יהוה 엘로힘만 영원 미래까지도 변함없이 지선(至善)하시며, 비교가 불가하게 거룩하고, 유일한 영이라고 증거한다(레 11:45; 20:26; 시 22:3; 99:3,5,9; 사 6:3; 8:13; 렘 23:23,24; 계 4:8).

<יהוה여 신(엘) 중에 주와 같은 자 누구니이까 주와 같이 <u>거룩함</u>에 영광스러우며 찬송할 만한 위엄이 있으며 기이한 일을 행하는 자 누구니이까>(출 15:11)

<יהוה와 같이 거룩하신 이가 없으시니 이는 주밖에 다른 이가 없고 우리 하나님(엘로힘) 같은 반석도 없으심이니이다>(삼상 2:2)

엘로힘은 홀로 절대적으로 거룩한 분이시기에 그분과 연관된 모든 것에 거룩할 '성(聖)'자를 붙인다. 거룩하다는 모든 것들은 오직 한 분 주 엘로힘 יהוה로 인하여 '거룩하게 된 것'이며 거룩한 천사들이나 성도의 영이나 성령(聖靈)도 거룩한 하나님의 영이기에 성령인 것이다.

<주여 누가 주의 이름을 두려워하지 아니하며 영화롭게 하지 아니하오리이까 오직 주만 거룩하시니이다 주의 의로우신 일이 나타났으매 만국이 와서 주께 경배하리이다 하더라>(계 15:4)

공간 안팎에 충만히 계시는 주 엘로힘만 거룩하신 영(靈)이시다.

3. 신약의 성령은 하나님과 사람이신 예수님의 영이심

③ 영(靈)이시고 거룩하신 יהוה 엘로힘이 그 성령(聖靈)이심

'거룩함'이란 뜻의 히브리어는 קֹדֶשׁ[코데쉬]인데 '잘라내다', '분리하다'
라는 의미의 동사 '카다쉬'에서 유래했고, 형용사로는 '카도쉬'이다.

'거룩'이란 단어의 사전상 의미로는 '매우 성(聖)스럽고 높고 위대함'
이다. 의인의 영이 의로운 속사람이듯, 엘로힘의 영을 성령이라 부른다.
주 엘로힘만 절대 거룩한 분이며 그 본질이 영이시므로 '거룩한 영'(the
Holy Spirit)이다. 즉 '성령(聖靈/Holy Spirit)' 혹은 '성신'(Holy Ghost)
이라는 존재는 יהוה 엘로힘과 다른 신적 존재가 아니라 주 엘로힘 자신
이다. 모든 권세와 능력이 יהוה 엘로힘으로부터 말미암은 것처럼, 모든
거룩함도 주 יהוה 엘로힘으로부터 비롯된 것이다(레 21:8; 사 6:3; 40:25;
41:20; 43:15; 54:5; 슥 14:20).

'엘로힘'을 단수형인 헬라어 '데오스'로 번역하지만, 신성의 모든 충만
에 있어서 전혀 차이가 없다. 주님(Lord) 즉 엘로힘은 영이라는 동일한
본질, 한 분의 신격이다(고전 12:4-7). 여러 은사들을 통해 영(Spirit)의
나타남을 보이시지만 오직 한 분의 엘로힘, '같은 한 영'(the same
Spirit/the selfsame Spirit)이시다(고전 12:8,9).

<우리가 유대인이나 헬라인이나 종이나 자유자나 다 <u>한 성령</u>(헬-헤
이스 프뉴마티/one Spirit)으로 침례를 받아 한 몸이 되었고 또 다
한 성령(one Spirit)을 마시게 하셨느니라>(고전 12:13)

구약에 성령이 'יהוה 엘로힘의 영'이라 했으므로 구약의 성령은 영이신
יהוה이심이 확실하므로 성령의 성함은 יהוה이시다. 그리스도의 몸인 교회
안에는 '한 영'만 있다는 말씀은 성도들 안에 신성으로서는 오직 יהוה의
영만 계시고 다른 신적 영(靈)이 없다는 말씀이다. 엘로힘인 יהוה/아도나
이/퀴리오스의 영(靈)은 성령(聖靈)과 '같은 한 영'일 뿐, 다른 신격의
영(靈)이 아니라는 말씀이다.

<너희가 <u>하나님의 성전인 것</u>과 <u>하나님의 성령</u>이 너희 안에 거하시
는 것을 알지 못하느뇨>(고전 3:16, 참고 고전 6:19; 고후 6:16)

교회는 한 분 엘로힘인 성령의 전이라 했고, 엘로힘의 집이나 성령의
집은 같은 한 영(靈)의 집이다(엡 2:20-22; 4:4).

(2) 주 예수 그리스도의 영(靈)이 신약의 성령(聖靈)이심

① 구약시대에 יהוה 엘로힘은 자신을 영(靈)으로만 나타내셨음

엘로힘의 형상인 아들이 오셔서 하나님을 나타내시기 이전에는 하나님께서 자신을 영으로만 나타내셨다. יהוה는 사람의 몸을 입으시지 않은, 영(靈)만의 상태로 자신을 나타내신, 구약의 하나님의 성함이다.

제1계명을 돌판에 친히 기록해주신 יהוה만 유일하고 절대적인 거룩한 영이시다. 'יהוה의 영'이나 '하나님의 영'이나 '주님의 영'은 같은 한 성령(聖靈)이다. 제1계명은 '오직 한 분의 영이신 주 엘로힘 יהוה 외에 다른 영(靈)을 섬기지 말라'는 것이다. 사람 안에 있는 영(靈)이 신이 될 수 없고, 대단한 능력이 있는 영(靈)인 천사도 신이 될 수 없으니 오직 한 분의 거룩한 영(靈/루아흐)이신 주 יהוה만 엘로힘이시니, 그분만을 영원토록 섬기고 경배하라는 명령이다.

한글개역성경에 '**하나님의 신**(루아흐/프뉴마)'으로(창 1:2; 41:38; 출 31:3; 35:31; 민 24:2; 삼상 10:10; 11:6; 19:20,23; 대하 15:1; 24:20; 욥 33:4; 시 143:10; 겔 11:24; 단 4:8). '**יהוה의 신**/루아흐'(창 6:3; 삿 3:10; 6:34; 11:29; 13:25; 14:6,19; 15:14; 삼상 10:6; 16:13,14; 삼하 23:2; 왕상 18:12; 왕하 2:16; 대하 20:14; 느 9:30; 시 139:7; 사 11:2; 40:13; 42:1,5; 43:3; 59:21; 61:1; 63:14; 겔 3:12,14; 8:3; 11:1,5,24; 36:27; 37:14; 39:29; 욜 2:28,29; 미 2:7; 3:8; 학 2:5; 슥 4:6)이나 '**주 (主)의 신**'(느 9:30; 시 139:7; 사 61:1; 겔 3:12,14,24; 8:3; 11:1,24)이나 '**יהוה의 영**'(왕상 22:24; 대하 18:23)으로 표기했음도 영(靈)이 그분의 본질이며, 같은 유일한 영(루아흐)이심을 확증한다.

② 엘로힘의 영/성령, 주의 영/성령은 같은 한 영이심

신약에서도 '**하나님의 영**/프뉴마/Spirit'(롬 8:9,14; 고전 2:11; 7:40; 12:3; 고후 3:3; 벧전 4:14; 요일 4:2)나 '**하나님의 성령**'(마 3:16; 12:28; 고전 2:14; 3:16; 6:11; 엡 4:30; 빌 3:3), '**주의 영**'(행 5:9; 8:39; 고후 3:17,18), '**주의 성령**'(눅 4:18)도 같은 영(靈)이다.

제1계명에 친히 증거하신 יהוה 엘로힘의 본질은 '영'(루아흐)이고, 그 본질은 신약에서도 같으며, 영원토록 변함이 없다.

성경 기록자들은 같은 문맥이나 사건에서 '성령'과 '영'을 구별 없이 기록했다. 예수님의 물침례 시에 '성령'(눅 3:22), '영'(마 3:16; 막 1:10; 요 1:32,33)으로 기록했고, 제자들이 시험을 받을 때 '성령'(막 13:11; 눅 12:12), '영'(마 10:20)으로 기록한 것은, 기록자들도 성령과 하나님의 영을 같은 영으로 믿었다는 증거이다(참고 고전 12:3-13).

한글개역 신약성경에서 '성령'으로 번역된 206회 중에 원문에 '하기오스'(거룩한)라는 수식어가 있는 것은 94회뿐이다. '프뉴마'만 기록된 것을 '성령'으로 번역된 예(마 3:16; 4:1; 10:20; 12:18,28,31; 22:43; 막 1:10,12; 눅 2:27; 4:14,18; 요 1:32,33a; 3:5,6,8,34; 7:39a; 15:26; 16:13 …)가 절반이 넘는다. 즉 번역자들은 '성령'이 '영'이나 하나님의 영과 같은 한 '영'이라고 증거하고 있는 것이다.

이것은 '하나님은 성령이시다', '주님은 성령이시다'라는 말씀일 뿐만 아니라 성령이 유일하신 그 참하나님 자신이심을 증거한다.

③ 거룩한 영(靈)이신 하나님께서 아들과 하나가 되심

스스로 계시는 분이신 יהוה 엘로힘은 아들을 낳으시기 이전에도 완전하시며, 영원토록 변함없이 유일하신 성령이시다. 'יהוה'라는 성함은 성령으로 자신을 나타내신 엘로힘의 성함이다. 히브리어로 복수인 '엘로힘'은 헬라어 단수인 '데오스'라는 직함과 의미가 같고, יהוה 안에 엘로힘의 모든 충만이 계시므로 다른 신적 인격들이 있을 수 없다.

스스로 계시는 분, יהוה 엘로힘께서 만유를 지으시기 이전에 완전한 사람/아들을 낳으심으로 아버지가 되셨다. 오직 아버지만 엘로힘이며, '아들하나님'과 '성령하나님'이란 다른 인격들이 존재할 이유나 필요가 전혀 없다. '하나님의 아들'은 '그의 안에 성령이신 주 엘로힘인 יהוה께서 계시고, יהוה 안에 있는 사람'이다(딤전 2:5). '아들의 영'은 아버지와 완전히 하나로 연합된 속사람이다. 완전한 사람인 '하나님의 아들' 안에는 당연히 '사람의 영'이 있으며, 하나님의 영과 사람의 영은 구별되지만 분리되지 않는다. 아들의 영은 아들의 속사람이지 주 하나님이 아니다. 엘로힘께서 시간이나 공간을 지으시기 이전에 아들을 낳으시고, 하나가 되셨으므로 아버지의 영과 아들의 영은 이후에 생긴 시공에 의해서도 분리될 수 없고, 또한 초월적이다.

주 예수 그리스도는 완전하신 하나님의 영과 완전한 사람의 영으로 연합되신 분이시다. 하나님의 아들 안에 신성의 모든 충만이 거한다는 말은 영이신 하나님이 아들의 영과 하나가 되셨다는 말이다. 아들 안에 완전한 하나님 아버지께서 영원히 변함없는 성령으로 충만히 계시면서, 그 아들을 그 신성/성령의 형상이 되게 하셨다는 의미이다.

④ 동일한 하나님/아버지의 거룩한 영(성령/성신)을 부어주심

마지막 때에 엘로힘 יהוה께서 엘로힘의 영인 '성신'을 부어주시겠다고 약속하셨다(사 28:5,6-32:15-18; 42:5; 59:21; 63:10,11,14).

<필경은 위에서부터 성신을 우리에게 부어 주시리니 광야가 아름다운 밭이 되며 아름다운 밭을 삼림으로 여기게 되리라>(사 32:15)

예레미야도 엘로힘 יהוה께서 자신의 영(靈)을 신자들에게 부어주심으로 새로운 '성령의 법'을 주신다는 약속을 예언했다(렘 31:31-34). 새언약은 엘로힘의 영으로 성도들의 마음의 비(碑)에 새기는 것으로서 성령침례를 가리키는 것이다(고후 3:3-18; 히 8:6-13).

엘로힘 יהוה께서 에스겔 선지자를 통해서도 엘로힘의 성령을 부어주시겠다고 약속하셨다(겔 11:16-20; 37:13,14,24-28; 39:29). '일치한 마음'이란 거듭난 자들의 영의 마음이 영이신 아버지의 마음과 같음을 의미하고 '새 신'이란 종의 영이 아닌 아들의 영을 주신다는 것이다. 성령의 생명의 법을 좇아 살게 하심으로 그들은 엘로힘의 신령한 백성이 되고, 신분이 아들인 선민을 세워질 것이라는 말씀이다.

<26 또 새 영(루아흐)을 너희 속에 두고 새 마음을 너희에게 주되 너희 육신에서 굳은 마음을 제하고 부드러운 마음을 줄 것이며 27 또 내 신(루아흐)을 너희 속에 두어 너희로 내 율례를 행하게 하리니 너희가 내 규례를 지켜 행할찌라>(겔 36장)

יהוה 엘로힘께서 요엘 선지자를 통해서도 יהוה의 성령을 만민(萬民)에게 부어주시겠다고 약속하셨다(욜 2:27-32).

<28 그 후에 내가 내 신(루아흐)을 만민에게 부어주리니 너희 자녀들이 장래 일을 말할 것이며 너희 늙은이는 꿈을 꾸며 너희 젊은이는 이상을 볼 것이며 29 그 때에 내가 또 내 신(루아흐)으로 남종과 여종에게 부어 줄 것이며>(욜 2장)

3. 신약의 성령은 하나님과 사람이신 예수님의 영이심

יהוה의 성령은 영원토록 변함이 없으시며, יהוה 엘로힘은 구약의 성령이시다(마 22:43; 막 12:36; 행 1:16; 갈 4:29; 히 3:7; 벧후 1:21). 'יהוה의 영'을 '성령'이라고 했으므로 당연히 구약의 성령의 성함은 יהוה이고 그 영(靈)을 부어주심은 그 יהוה의 내재하심이 확실하다(행 1:5).

⑤ 신약의 성령(聖靈)은 주 엘로힘과 그리스도의 영(靈)이심

아담을 창조하신 후 많은 세월이 흐르는 동안 엘로힘께서는 피조물들 앞에 단지 영으로만 계시, 역사하셨다. 엘로힘께서 그 경륜을 종들에게 알리실 때 실체인 하늘의 성막을 모세에게 보이시고 모형과 그림자를 땅에다 짓게 하셨다(히 8:5). 새언약 시대에는 יהוה 엘로힘께서 자신이 낳으신 아들과 하나가 되신 분으로 계시와 역사를 하셨다. 예수께서 자신의 육체를 찢어 열어놓으신 새롭고 산 길은 성도가 만유 위의 하늘의 성막으로 들어가는 유일한 길이다(요 14:6; 히 10:20).

새언약의 성령은 진리의 영 곧 새언약의 영이요, 예수님의 영이다(요 14:17-18). 예수님은 공생애 기간에 제자들 곁에 계셨고, 부활 승천하신 후에는 제자들 안에 성령으로 오셨다. 신약의 성령은 하나님/아버지와 사람/아들로서 하나가 되신 예수님의 영(靈)이다(요 14:23). 아들 안에 아버지와 아들의 영이 계시므로, 성령 안에 잠기는 자는 아버지와 아들 안에 들어간 것이다. 새언약의 '성령'이 '하나님과 사람이 하나가 되신 예수(יהוה-호세아)님의 영'이심을 모르는 자는 예수님의 백성이 아니다. 거룩한 영/신이신 엘로힘께서 아들의 몸을 성전 삼으셨고, 성령을 영접한 성도들 안에서 그들도 그 성전/집에 연합시키셨다.

옛언약은 육체와 사망의 법이지만 새언약은 '성령과 생명의 법'이다(롬 8:2). 누구든지 하나님/아버지의 영과 그리스도/아들의 영이 없으면 그리스도인이 아니다. 예수님께서 마지막아담으로 대속제물이 되신 후, 둘째사람으로서 '생명/빛을 주는 영'이 되셨고(고전 15:45,47; 갈 4:6), 생명 빛을 받은 자는 엘로힘의 영광과 광채이신 예수님의 아들이 된다. 속사람(영)의 이름도 겉사람의 이름과 같다. 새언약인 성령(聖靈)은 은혜와 진리인 '예수님의 영'이므로 그 성함이 '예수'임을 깨닫지 못한 자는 참생명을 얻지 못한다(요 14:26; 행 16:6-7; 엡 4:4).

⑥ 하나님의 아들은 '하나님의 거룩함'이심

하나님의 아들은 엘로힘의 임재·영광·광채·권세·능력·사랑·자비·의로움· 절대 선하심 등 신성의 모든 특성뿐만 아니라 주 엘로힘의 절대적으로 거룩하신 성품을 보여줄 'יהוה의 형상과 모양'이다(요 14:9; 고후 4:4; 골 1:14; 히 1:3). 아들은 하나님의 거룩하심 안에 있고 거룩하심으로 충만 하다. 엘로힘의 형상은 하나님의 지극히 거룩하신 영(靈)으로 한량없는 기름부음을 받고 세상에 나타나셨다(단 9:24; 요 3:34).

<천사가 대답하여 가로되 성령이 네게 임하시고 지극히 높으신 이 의 능력이 너를 덮으시리니 이러므로 나실 바 거룩한 자는 하나님의 아들이라 일컬으리라>(눅 1:35)

<이는 내 영혼(프쉬케)을 음부에 버리지 아니하시며 주의 거룩한 자 로 썩음을 당치 않게 하실 것임이로다>(행 2:27)

아들의 영(속사람)은 구약의 대제사장과는 비교조차 할 수 없을 만큼 지극히 거룩한 대제사장이시다. 예수께서 아들의 영/속사람으로 그리스 도/대제사장이 되신 것과 겉사람으로 죄인을 위한 거룩한 제물이 되신 진리를 알아야 영생을 얻을 수 있다(마 26:26).

<하물며 영원하신 성령(프뉴마)으로 말미암아 흠 없는 자기를 하나 님께 드린 그리스도의 피가 어찌 너희 양심으로 죽은 행실에서 깨끗 하게 하고 살아 계신 하나님을 섬기게 못하겠느뇨>(히 9:14)

예수께서 대제사장(속사람)으로서 제물(겉사람)을 드림으로써 우리에게 '하나님의 의와 거룩함(聖)'을 얻게 하셨다(행 20:32). 예수께서 은혜와 진리로 거듭난 자에게 '하나님의 의(義)'를 주셨다(롬 1:22). 주 예수님은 그들에게 '하나님의 의와 거룩함'이시다(고전 1:30). 하나님께서 아들을 통하여 수많은 아들을 낳으시고, 그들에게도 '하나님의 의와 거룩함'을 얻게 하신다는 언약을 이루셨다(요 17:19; 행 26:18; 히 2:11).

⑦ 독생자의 영(靈)도 성령(聖靈/holy spirit)이심

선한 영인 천사들을 가리켜 '거룩한 천사'들이라고 부른다(막 8:38; 눅 9:26; 행 10:22; 계 14:10). 악령이 아닌, 거룩한 천사들은 당연히 거룩 한 영(holy spirit)들이다. 하나님의 아들 예수 그리스도의 속사람(영)은 '하나님의 거룩함' 자체를 나타내시는 거룩한 영이다.

엘로힘께서 셋째하늘에서 친히 낳으신 '아들의 영'은 'יהוה'를 경외하는 영(靈)'이다(사 11:1,2). 태어난 아들의 영(靈)은 만유를 영원토록 발아래 둘 만큼 거룩하시다. 거룩한 대제사장들은 'יהוה께 성결'이라는 문구를 새긴 관(冠)을 썼다(출 28:36; 39:30; 슥 14:20). 아들의 영은 감람유가 아닌 엘로힘의 성령(聖靈)으로 기름 부음을 받은 대제사장의 영(靈)이다. 하나님의 거룩함인 그 아들의 영/그리스도의 영(靈)을 '거룩한 영/성령/holy spirit'이라고 부르는 것은 지극히 당연하다. 신구약의 엘로힘의 영은 오직 유일하신 참하나님이신 יהוה의 영이시다. 은혜와 진리/신약의 성령은 '하나님+사람=주+그리스도=아버지와 아들'의 성령이신 '예수님의 영'이라는 계시를 반드시 받아야 한다.

(3) 하나님/아버지의 영+사람/아들인 그리스도의 영=신약의 성령

① 하나님의 영(靈)과 사람의 영(靈)은 구별됨

엘로힘의 영은 영적, 물질적 공간의 안팎에 어디에나 충만하게 스스로 계시는 영이시다. '하나님의 영'과 '사람의 영'은 분명히 구별된다. '주 엘로힘의 영'은 '아버지의 영'이고, 스스로 계시는 엘로힘께서 낳으신 '아들의 영'은 중보자로서 '사람이신 그리스도의 영'이다(딤전 2:5).

사람의 영은 '아들의 영'과 '종의 영'으로서 구별이 된다. '종의 영'은 주 엘로힘께서 지으신 영이고, '아들의 영'은 엘로힘께서 낳으신 영이다. 둘째사람은 하나님의 아들로서, 아들의 영을 가지신 완전한 사람이다. 엘로힘의 영은 보이지 않고 볼 수도 없지만, 사람의 영은 형상이 있고 보이는 영이다. '아들의 영'은 만유 위에 거하지만, 형체, 형상을 가진 영이다. 엘로힘의 영은 스스로 존재하시고, 원초적 알파와 오메가이시고 물질적 영적 공간 안팎에 늘 계신다. 독생자/아들의 영은 시간보다 먼저 태어났으므로 시간상으로는 시작이 없지만, 관계와 개념상으로는 아버지로부터 태어난 때가 있으며, 엘로힘의 영원한 생명을 받았고, 사람에게 참생명을 주는 영이다. 그 아들에게 유업으로 주신 모든 피조물(시공간 포함)은 아들의 발아래 다스림을 받는 것은 당연하다.

② '우리'가 저의 안에 와서 거처를 저와 함께 하리라

예수님의 영은 아버지의 영과 아들의 영이 하나로 연합된 영이시다. 분명히 예수님께서 다시 오신다고 약속하셨는데(요 14:17,18), 재림 때와 같이 부활한 몸으로 오신 것이 아니라 성령으로 제자들 안에 오셨고, 아버지의 영과 하나로 연합되신 아들의 영이 함께 오셨다. 예수님께서 성령으로 제자들 안에 오실 때 '우리'가 저에게 와서 거처를 저와 함께 하리라는 약속대로 성취하셨다(요 14:23). 예수께서 말씀하신 '우리'라는 복수 대명사는 분명히 '아버지와 아들의 영'을 가리키며, 그분의 마지막 기도에서도 '우리'는 '아버지와 아들의 영'을 가리키는 것이 확실하다(요 17:11,21,22). 재림 때에도 분명히 아버지와 아들이신 예수께서 부활한 몸으로 아버지의 형상으로서 자기 안에 아버지를 모시고, 함께 오실 것이다. 성도들 안에 오신 성령은 '아버지와 아들의 영', '하나님의 영과 그리스도의 영'이라는 두 증거자이심을 확증하신 것이다.

③ 거룩한 사람의 영으로서 성령이 엘로힘께 기도드림

예수님의 속사람인 영이 영(靈)이신 하나님 아버지께 기도를 드렸다(마 11:25-27). 독생자가 '나의 영(프뉴마)을 아버지 손에 부탁하나이다'라고 아버지께 기도할 때 아들의 영(靈)이 아버지께 간구한 것이다(눅 23:46). 육신을 향한 혼의 생각은 하나님께 굴복하기를 원하지 않는다(롬 8:3-8). 육체와 함께 육체적인 마음과 생각을 이루는 혼(魂)을 굴복시켜 산제물로 삼아 하나님께 드려야 했다. 이는 신령한 제사장인 거듭난 성도들도 드려야 할 산제사이다(롬 12:1,2; 벧전 2:9). 바울의 영(靈)이 영이신 엘로힘께 기도드린 사례도 참고가 된다(고전 14:14).

주 엘로힘께서 보내신 자 즉 보내심을 받은 자는 '아들'이다(요 17:3). 예수님의 속사람인 '아들의 영'을 보내신 것이 분명하다(갈 4:4-6).

<그(註 아들의 영)는 육체에 계실 때에 자기를 죽음에서 능히 구원하실 이에게 심한 통곡과 눈물로 간구와 소원을 올렸고 그의 경외하심을 인하여 들으심을 얻었느니라>(히 5:7)

<하물며 영원하신 성령으로 말미암아 흠 없는 자기를 하나님께 드린 그리스도의 피가 어찌 너희 양심으로 죽은 행실에서 깨끗하게 하고 살아 계신 하나님을 섬기게 못하겠느뇨>(히 9:14)

구약 때는 육체로 난 제사장이 짐승을 제물로 제사드렸다. 신약 때는 대제사장이신 맏아들이 드린 것같이 성령으로 난 신령한 아들들의 영이 제사장이 되어 자기 겉사람을 신령한 산제물로 드린다.

④ 신약의 성령은 아버지 하나님의 영과 아들인 사람의 영이심

예수님은 주 하나님으로서는 자기 백성들 가운데 임마누엘 하신 יהוה 엘로힘이시다(사 7:14; 40:3; 욜 2:28; 마 1:23). 예수님은 사람의 아들로는 다윗의 자손, 마지막아담, 어린양, 혈육의 보혜사이시며 하나님의 아들로서는 대제사장, 그리스도, 둘째사람이다.

아버지와 아들과 성령이 '예수'라는 이름만을 같이 가지셨다는 의미가 아니다. 예수님이 바로 유일하신 하나님과 완전한 사람이라는 말씀이다(사 9:6). 주 하나님으로서는 아버지이시고 사람으로서 아들이신 예수님, 아버지와 아들의 영으로서 성령이신 예수이시다. 새언약/은혜와 진리의 성령은 아버지/하나님과 아들/사람의 영이다. 주 예수님께서 '우리'이신 '성령'으로 제자들 안에 오셔서 세상 끝날까지 늘 함께하겠다는 약속을 제자들을 성전 삼으심으로 성취하셨다(마 28:20; 요 14:17,18,23).

예수께서 성도들 안에 계시는 사실이 하나님 아버지의 영과 아들인 그리스도의 영으로 함께 계시는 것이다(롬 8:9-11). 구약에서는 엘로힘의 영으로만 일시적으로 내재하셨으나 신약에서는 '하나님(아버지)+그리스도(아들)의 영', '신격+인격의 영'으로 영원히 내재하신다.

아버지는 영원 전, 시공을 창조하시기 이전에 아들을 낳으셨고 아들과 연합해 함께 계셨다(요 1:1,2; 요일 1:1-3). 마지막아담으로서 예수님은 아담과 아브라함과 다윗과 요셉의 아들로서 화목제물이 되셨고, 하나님의 아들인 둘째사람으로서는 엘로힘 앞에 대언자, 대제사장이 되셨다(요일 2:1,2). 예수님께서 아버지와 하나가 되신 아들/그리스도이심을 부인하는 자는 거짓말하는 자이다(요일 2:22). 그를 그리스도라고 시인하는 자는 아들 안에 아버지가 계시는 사람이심을 믿는 자이다(요 20:28-31; 요일 2:23,24). 아들/그리스도의 영은 영이신 아버지를 거듭난 아들들의 영들과 하나로 연합시켜주는 중보자이다(딤전 2:5). 그러므로 그 아들이 없는 자에게는 아버지도 계시지 않는다.

⑤ 예수님의 성령은 주 יהוה 하나님과 그리스도(대제사장)의 영

예수님의 신격의 영은 하나님 아버지이시다. 아버지이신 엘로힘만으로 모든 신성이 충만하시며, 다른 신격이나 인격들을 더할 필요가 없다. 주 하나님의 아들인 예수 그리스도의 속사람은 대제사장으로 영원토록 주 엘로힘을 섬기는 영이다. 그리스도라는 직함의 가장 중요한 역할은 대제사장의 역할이다. 아들의 영(靈)은 혈육이 아니므로 대속제물이 아니다. 오직 예수님의 겉사람(혼+육체)만이 신령한 제물이다.

아들을 여자에게서 보내시되 말씀으로 말미암은 육체로 나게 하셨다(갈 4:4). 아들/그리스도의 영이 첫창조에 속하지 않은 장막 즉 말씀이 육체가 된 산 장막에서 자기 혼·몸을 속죄제물로 드렸다(요 1:14 원문; 요 2:19-21). 그의 육체는 아담이나 하와의 육체와는 상관없는 몸으로서 첫창조에 속하지 않은 무죄한 육체였다. 자기 겉사람을 제물로 드릴 때 속사람인 아들의 성령이 제사드렸다(히 9:11-14). 예수님의 겉사람(혼과 육체)은 완전한 제물이고 이 제물을 가지고 그 성소에 들어간 이는 엘로힘이신 성령이 아니라 하나님의 아들의 영인 그리스도의 영/둘째사람/대제사장인 영원한 '성령(holy spirit)'이다.

하나님은 성령이시지만 하나님의 영은 자기에게 간구하는 대제사장의 역할을 하실 수 없다. 대제사장/그리스도의 영도 거룩하시고, 새언약의 성령은 제3위신이 아니라 아버지와 아들인 예수님의 영이다.

⑥ 말할 수 없는 탄식으로 친히 간구하는 아들의 성령

십자가상에서 둘째사람(하나님의 아들)이신 예수님의 영(속사람)이 주 엘로힘께 기도하셨다(눅 23:46). 예수님의 속사람(영)은 거룩한 천사보다 더 거룩한 영이다. 아들의 속사람(영)을 가리켜 '지극히 거룩한 제사장의 영', 'יהוה를 경외하는 영', '성결의 영'이라 부른다.

교리로 만든 '아들하나님'이 아버지께 기도한 게 아니며, 아버지가 아들 역할로 자기가 자기에게 기도한 것도 아니다. 그리스도의 영/아들의 영/속사람이 하나님께 기도한 것이다. 거듭난 아들들 속에 '하나님의 영'과 그리스도의 영이 계신다. 주 엘로힘은 제사장이 아니며, יהוה 엘로힘은 '그리스도'가 아니다. 예수님은 '하나님과 그리스도와 어린양'으로 신격과 완전한 인격으로 하나가 되신 분이다.

3. 신약의 성령은 하나님과 사람이신 예수님의 영이심

'하나님의 영'과 '그리스도의 영'은 같은 신격/신성이 아니다(롬 8:9). 주 엘로힘이 사람이 아닌 것처럼 하나님의 영과 사람의 영은 같은 영이 아님을 구별하지 못하는 자를 영적 소경이라 부른다.

예수님의 영(靈)이 '하나님의 영이시자 그리스도의 영'이심은 신격인 하나님 아버지와 인격인 아들이 하나로 연합되셨기 때문이다. 누구든지 신약의 성령인 예수님의 영을 자기 안으로 영접하면 하나님+그리스도의 영을 영접한 것이다. 예수 그리스도의 부활하신 몸을 안으로 영접한 것이 아니라 예수님의 성령을 영접한 것이다. 부활한 몸은 하나님과 유일한 중보자인 대제사장과 어린양을 모신 새성전이다. 다른 보혜사, 성령으로 오신 예수님은 영원토록 성도 안에 계신다. 거듭난 성도의 영이 간구할 뿐만 아니라, 성도가 지쳐서 아무것도 할 수 없을 때도 사람으로서 중보자/보혜사/대제사장/아들/그리스도의 영이 성도 안에서 말할 수 없는 탄식으로 친히 간구하심으로 도우신다.

<26 이와 같이 성령(헬-프뉴마)도 우리 연약함을 도우시나니 우리가 마땅히 빌 바를 알지 못하나 <u>오직 성령(프뉴마)이 말할 수 없는 탄식으로 우리를 위하여 친히(헬-아우토스) 간구하시느니라</u> 27 <u>마음을 감찰하시는 이</u>가 성령(프뉴마)의 생각을 아시나니 <u>이는 성령이 하나님의 뜻대로 성도를 위하여 간구하심이니라</u>>(롬 8장)

위의 말씀에서 '성령'으로 번역된 단어는 원문에 단지 πνευμα[프뉴마]로 기록되어서 주 하나님 아버지의 영인지, 아들 그리스도의 영인지 구별해야 한다. 마음을 감찰하시는 주 엘로힘께 기도함으로 우리를 돕는 영(프뉴마)은 당연히 그리스도의 영이다. 어린양인 겉사람은 죽기까지 우리를 도우셨으며, 속사람으로서는 친히 간구하시는 거룩한 대제사장/그리스도의 영이심을 이어진 말씀도 증거한다.

<누가 정죄하리요 죽으실 뿐 아니라 <u>다시 살아나신 이는 그리스도 예수시니 그는 하나님 우편에 계신 자요 우리를 위하여 간구하시는 자시니라</u>>(롬 8:34)

하나님께서 아들의 영을 보내셨고, 성령으로 거듭난 자가 주 엘로힘께 아바 아버지라 부르게 하셨다(롬 8:15; 갈 4:6). 오직 한 분의 엘로힘과 우리 안에서 대신 간구해주시는 오직 한 분의 중보자(그리스도)가 계실 뿐 3위신은 없다(딤전 2:5; 요일 2:1).

대제사장인 예수께서 제사 드리심은 신약의 제사장으로서 성도들이 제사하는 본이 된다. 신령한 산제사는 거듭난 아들들도 대제사장을 따라 신령한 제사장이 되어 영(속사람)으로 기도하고, 겉사람을 제물로 제사 드린다(롬 12:1,2). 성도의 속사람(영)이 방언으로 기도할 때처럼(고전 14:14), 예수님의 속사람(영)이 겟세마네에서 기도하셨고, 우리를 위해 지금도 간구하신다. 사람이신 예수님이 유일한 중보자이자 한 새사람의 머리이신데, 그분의 영(속사람)이 기도하실 수 없다면 완전한 그리스도/ 대제사장이 아니다. 만일, 거룩한 사람/아들의 영을 성령으로 인정하지 않는다면, 거룩하고 완전한 사람이신 그분을 부인하는 것이다.

에베소서 4장 4절을 근거해 예수님 안에 하나님의 한 영만 계신다고 주장하는 이들은 하나님의 영과 그리스도의 영을 구별하지 못한다. 이는 물침례, 성령침례, 불침례를 같은 하나의 침례라고 주장하는 것과 같다. 한 새사람의 머리로서 그리스도 안에 사람의 영/아들의 영이 없으면 참 사람이 아니며, 지체인 성도의 영들이 없는 것도 아니다. 독생자의 영은 모든 신자의 육체와 시공을 초월하는 영이시며, 초월적인 셋째하늘의 참 성전에서 섬기는 대제사장이다. 그리스도는 만유 위의 하늘에서 나셔서 만유 안에 계시며, 만유의 상속자이다(히 1:2). 그리스도의 영은 한 새사 람을 이룬 신자들의 영들을 하나로 연합하셨다. 거듭난 신자들의 영이 어디에 있든지 '한 새사람'의 머리인 맏아들에게 연합시켜 만유를 초월 하는 몸을 이루신다. 만일, 각 성도 안에 아들/사람/그리스도의 영으로 계심이 불가능하다고 여긴다면 셋째하늘과 만유 위에서 태어난 아들의 신분과 만유 위에, 만유 위의 교회에 관한 계시가 없다는 말이다.

⑦ 인쇄된 원문과 번역성경의 대소문자는 주의해야 함

원문에 '하기오스'(성·聖)라는 수식어가 없이 단지 '프뉴마'로만 기록 되었어도 한글개역성경은 '성령(Holy Spirit)'으로 번역한 구절이 많다. 본래의 원문에 '루아흐'나 '프뉴마'가 엘로힘의 영(Spirit)을 가리키는지, 천사나 사람의 영(spirit)을 가리키는지를 문자로는 구별할 수가 없다. 대소문자로 구별한 성경은 본래 구별이 없던 원문을 번역자의 신학이나 견해를 따라 후대에 표기한 것이다. 번역자의 비성경적인 신학이 반영된 구절들은 심각한 오해를 일으킬 수도 있다.

<7 증거(證據)하는 이는 (성)령,(註 '성'이 없이 프뉴마)이시니 (성)령(프뉴마)은 진리(眞理)니라 8 증거하는 이가 셋이니 (성)령(프뉴마)과 물과 피라 또한 이 셋이 합(合)하여 하나이니라>(요일 5장)

증거하는 '영'(원문에 '프뉴마')은 사망을 이기고 살아나신 영(靈)이며, 또한 그가 살려주시는 영으로서 신자를 살리기 위해 부어주신 아들의 영임을 증거한다(요 14:19; 롬 1:4; 8:9; 고전 15:45). 이 말씀은 완전한 사람으로서 예수님의 속사람과 겉사람 안에 있는 세 증거들을 당시의 이단인 영지주의자들을 반박하며 제시한 것이다. 이런 구절은 하나님의 아들과 사람의 아들로서 완전한 사람이심을 증거하는 것이다. '물과 피'는 예수께서 물침례로 공생애를 시작하여 피흘리셨음을 증거한다. 또한, 예수께서 완전히 돌아가셨는지 확인 차 그분의 옆구리가 창으로 찔렸을 때 물과 피를 다 쏟으심으로 완전히 죽으셨음이 증거되었다(요 19:34). 물이나 피가 없는 어린양이라면 완전한 제물이 아니며(요일 5:6), 사람의 영이 없는 그리스도도 완전한 사람이 아니다. 이 셋을 억지로 풀어서 하나님 안에 3위가 있다고 주장하는 자는 사실 양심을 속이는 거짓 선지자요 사욕을 좇아 성경을 사사로이 풀고 있다(벧후 1:20). 영이 육체로 거처 삼은 그 자신이니 어느 사람이든 영이 떠나가면 죽은 자/시체가 되고(마 27:50;요 19:30; 약 2:26), 생명이자 그 자신인 영이 돌아오면 다시 살아난 사람이 된다(눅 8:55).

요한일서 5장 7절은 헬라어 원본에는 없던 것인데 카톨릭교의 제롬이 번역한 벌게이트역에만 들어가 있다. 이것은 로마카톨릭교가 삼위일체를 주장하기 위해 첨가한 것임을 알 수 있다. 에라스무스의 초판에도 없었으나 카톨릭교의 주장에 따라 2판에 아래와 같이 삽입한 것이다.

<or there are three that bear record in heaven, the Father, the Word, and the Holy Ghost: and these three are one.>

지금까지 설명한 대로 모든 성경은 제1계명에서 벗어날 수 없다. 주 엘로힘은 오직 한 분 יהוה 아버지뿐이시며 다른 신을 믿는 자는 돌로 쳐 죽이라고 명하셨다. 물론 아들/말씀은 명백히 사람이지 다른 엘로힘이 아니고, 신약의 성령은 아버지와 아들이신 예수님의 영이다.

(4) 아버지의 영과 아들의 영은 구별되지만 분리되지 않으심

① ㅠㅠㅠ 엘로힘은 만유 안팎에 충만하신 거룩한 영(靈)이심

ㅠㅠㅠ 엘로힘은 만유를 지으시기 이전부터 스스로 계시는 절대적으로 거룩한 영(성령/聖靈)이시다(욥 42:2; 시 139:7-12; 렘 23:23,24; 엡 4:6). 주 ㅠㅠㅠ 엘로힘은 시공간 안팎에 홀로 충만하신 성령(聖靈)이시다. 주 하나님은 성령(Spirit)이시고 전재하시고 변함이 없으며 완전하시며, 영원토록 동일하신 홀로 하나이신 ㅠㅠㅠ이시다.

구약에서 주 ㅠㅠㅠ 엘로힘은 단지 사람 모습으로 임시로 나타나 역사하시거나 마치 몸과 지체가 있는 사람처럼 묘사되셨으나 사람과 연합된 분으로 계시하거나 나타내지 않으셨다. 'ㅠㅠㅠ의 영'의 성함은 당연히 ㅠㅠㅠ 이시고, 유일하고 거룩하신 엘로힘이 유일한 성령이다.

예수께서 율법의 일점일획이 떨어지는 것보다 천지가 없어지기가 더 쉽고, 하나도 떨어지지 않고 다 이룬다고 하셨다. ㅠㅠㅠ 엘로힘께서 기록해주신 제1계명은 천지가 없어져도 변함이 없이 영존한다.

② 엘로힘께서 만유를 창조하시기 이전에 참생령을 낳으심

아담은 엘로힘께서 '지으신 생령'이므로 죄에게 지고 죽을 수 있는 빛/생명을 가졌다(창 2:7). 영(靈)이신 하나님께서 친히 낳으신 독생자는 생령인 아담의 실체요, 어둠과 사망을 영원히 이길 영광의 참생령(生靈)이시다(요 1:4; 5:35; 6:63; 8:12; 11:25; 14:6; 행 3:15;. 8:2; 고전 15:45; 골 3:4; 요일 1:1,2). 육으로 낳은 것은 육이요 영으로 낳은 것이 영이다(요 3:6). 영이신 엘로힘이 만유보다 먼저 아들인 영을 낳으셨기에 아들의 영(靈)은 엘로힘께서 지으신 영(천사)들보다 지극히 존귀하다(골 1:15,17; 히 1:5). 침례 요한이나 예수님과 바울은 '먼저 있는 자(장자)가 받은 존귀함'에 대해 증거했다(요 1:15,30; 8:58; 17:5; 롬 16:7).

엘로힘이 자기의 성령으로 친히 낳으신 아들은 모든 영들보다 먼저 태어난 '하나님의 첫열매'이다. 첫열매를 후사로 삼으시는 경륜은 가장 중요한 '예정'이다. 이 그림자를 야곱의 첫열매인 '르우벤'(아들을 보라, 보라 아들이로다)과 막내아들(열매)인 '벤야민'(우편에 앉힌 아들, 오른손으로 높인 아들)을 통해 보여주셨다.

장자는 헬라어로 '프로토토코스'인데 처음으로 태어난 자를 가리킨다 (눅 2:7; 롬 8:29; 골 1:15; 히 1:6…). 장자는 '기력의 시작'이라고 한다 (창 49:3; 시 78:51; 105:36). 주 엘로힘은 '프로토토코스'를 낳으심으로 영원전의 예정을 시작하셨다. 노아의 장자인 셈을 제사장으로 삼으셨고, 각 가정의 장자를 제사장으로 세우셨다. 애굽의 장자를 치심으로 함의 후손의 기력을 꺾으시고 이스라엘을 장자로 삼으셨다(출 4:22,23). 과실 의 첫열매와 가축의 첫태생과 사람의 첫열매는 모두 하나님의 특별한 소유이다. 다른 아들들보다 장자에게 갑절의 복을 주는 규례를 정하셨다 (신 21:17). 이 모든 것이 '엘로힘의 장자'에 관한 그림자이다. 엘로힘은 모든 영들의 아버지시다(히 12:9). 영이신 엘로힘은 그 낳으신 영들을 후사로 삼고 '장자들의 총회'에 들게 하셨다(히 12:23). יהוה께서 부활과 거듭남으로 아들된 속사람/영들을 엘로힘의 신령한 '첫열매'로 삼으셨다 (약 1:18). 죄와 사망을 이긴 권능은 어떤 천사도 얻지 못한 것인데 독 생자의 영을 받은 자들이 얻은 특혜이다. 하나님의 장자들의 속사람은 엘로힘을 섬기는 제사장과 모든 피조물을 다스릴 왕으로서 하늘과 땅의 권능과 영광을 얻는 갑절의 복을 받았다(히 2:5-7). 부활한 몸은 제사장 의 예복(禮服)이요 왕복(王服)이다. 독생자를 '처음 난 자(프로토토코스)' 인 아들로 믿어야 존귀한 아들에게 영광을 돌리게 된다(히 7:3,4). 다윗 의 자손으로서는 족보도 있고 모친도 있고, 겉사람으로서 어린양의 역할 이요, 부활한 몸은 엘로힘의 집이다. 하나님의 아들인 속사람으로서는 레위 지파 제사장에게 있는 부모가 없고, 시간이나 공간보다 먼저 태어 났으므로 생일도 나이도 없는 셋째하늘 성전의 대제사장이다. 그리스도 가 멜기세덱의 실체이심은 그의 겉사람이 아닌 속사람(영)을 가리킴을 어린이가 아니라면 누구나 알 수 있다(히 5:11-14).

③ 그리스도의 영과 아버지의 영이 하나로 연합되심

'전능하신 하나님, 영존하시는 아버지, 다윗의 뿌리'는 그분의 신격인 영을 가리킨다(사 9:6; 계 22:16). 그분의 속사람은 יהוה께로부터 시간 이 전에 태어난, יהוה를 경외하는 영, 그리스도의 속사람(영)이다(사 11:2). '둘째사람'이신 아들의 영이 그리스도/대제사장의 영이다(고전 15:47). 아버지의 영과 아들의 영은 영원토록 하나로 연합되셨다.

'아버지와 아들/그리스도/둘째사람의 영'으로 엘로힘의 생명과 의(義), 아들의 신분/자격, 권세와 능력을 얻도록 도와주시는 영의 보혜사로서 '모사'요 은혜와 진리의 유일한 중보자이다(사 9:6; 딤전 2:5).

거룩하신 아버지의 영이 아들 안에 계시고, 아들의 영(속사람)은 만유 안팎에 충만하신 아버지의 영 안에 있다(요 10:30,38). 아들의 몸 안에 하나님/아버지의 영과 사람/아들의 영이 연합되셨다. 주 엘로힘의 영이 단지 육신만을 입으신 것이 아니며, 완전한 지정의 가진 아들의 영+겉사람이 연합되신 것이다. 사람인 그리스도의 영은 신자들의 영을 아버지의 영(靈)과 연합시키는 중보자이시다(요 17:21,22; 딤전 2:5). 아버지의 영과 아들의 영이 하나가 된 것같이 아들의 영을 주심으로써 거듭난 많은 아들들의 영도 그와 같이 아버지의 영과 하나가 되게 하신다.

④ 예수님의 신격/신성이신 영과 인격/인성의 영을 구별함

'예수'라는 성함은 하나님의 아들만의 성함이 아니라 본래 아버지가 되신 주 엘로힘의 성함인데 아들과 하나로 연합되시고 형상으로 삼으심으로써 아들에게도 주신 성함이다(요 17:11-12; 행 4:11,12; 빌 2:9,10; 히 1:4). '아버지와 아들과 성령의 이름으로 침례를 주라'는 명령을 모든 사도와 교회들이 '예수 이름'으로 준 것은 예수님의 신격의 영이 아버지이시고, 그의 인격의 영이 아들이며, 아버지와 아들이신 예수님의 영이 새언약의 성령(聖靈)이심을 확실히 깨달았기 때문이다.

'예수님만이 유일하신 참(진리, 신약)하나님 아버지'이시며 사람/아들이신 그리스도이다(딤전 2:5). '예수'라는 성함은 히브리어로 יהוה+호세아/'예호슈아'로서 하나님과 그리스도의 성함인데, '예수'라는 이름을 사용할 때 아버지를 가리키는지 아들을 가리키는지 구별해야 한다.

יהוה 엘로힘은 어린양, 그리스도/대제사장이 아니시고, 하나님이 부활하신 신령한 성전이신 것도 아니다. 도마가 예수님께 '나의 주시며 나의 하나님이십니다'라고 고백한 것은 예수님의 신격을 가리킨 것이고, 십자가에서 죽으셨다가 부활하신 완전한 사람으로서의 예수님을 가리키는 것이 아니다. 그분의 속사람(아들/그리스도의 영)은 만유 위에 계시므로 죄와 사망이 그를 만지지도 못한다(요일 3:9). 신격/신성과 인격/인성을 구별하지 않으면 유일신론과 기독론이 혼란하게 된다.

예수께서 멜기세덱의 반차를 좇는 대제사장의 역할을 하신다고 해서 '하나님으로서 주 예수님이 대제사장의 역할로 육체를 제물로 바치셨다'라고 말할 수 없다. 주 하나님의 영과 그리스도의 영은 동격이 아님은 신격과 인격이 동격(同格)이 아닌 것과 같다. 주 하나님의 영과 사람인 그리스도/아들의 영은 예수님 안에 하나로 연합되어 계시지만 융합이 아니므로 신격과 인격으로 명확하게 구별해야 한다.

⑤ 신격(神格)의 영과 인격(人格)의 영을 분리(分離)할 수 없음

엘로힘은 '스스로 계시는 분'(I Am)이며 거룩한 영이시다. 엘로힘은 시간이나 공간이 스스로 어디에나 언제나 계시는 엘로힘이시며 오직 주 엘로힘의 영만 언제나 어디서나 전재하신 영이다.

독생자의 속사람은 모든 것 위의 셋째하늘에서 태어나셨다. 그 하늘은 시간과 공간적인 하늘들을 초월하고, 물질적인 것들은 물론, 피조된 영적인 것들도 초월한다. 아들/그리스도의 영은 그 셋째하늘에 속하였고 부활하신 신령한 몸도 만유를 발아래 둔, 만유 위에 계신다.

절대적으로 거룩한 영이신 엘로힘께서 아들을 낳으시고, 그 아들을 영원토록 자신의 신성의 모든 특성을 나타내실 형상과 모양으로 삼으셨다. 주 엘로힘께서 낳으신 아들을 형상과 모양으로 삼으시는 것은 엘로힘의 전지전능하심을 따른 계획/뜻이요, 예정(豫定)이다. 시작과 마침, 알파와 오메가이시고 전재하신 엘로힘께는 이 모든 것이 '오늘·현재·여기에도 스스로 계시는 분'으로서 이루어진 현실이다(히 4:3).

아버지의 영과 형상인 아들의 영을 분리(分離)시킬 수 있는 그 어떤 권세나 능력이나 조건도 없다. 아들은 전재하지는 않지만 모든 피조물을 초월하여 만유 위에서 태어나 만유 위와 안에서 지배하신다.

⑥ 예수님은 두 역할의 보혜사(保惠師)이심

예수께서 보혜사에 대해 말씀하실 때, 한 보혜사는 현재 제자들 곁에 거하시고, 또 다른 보혜사는 장차 오셔서 그들 안에 영원히 거하실 것이라고 했다. 제자들 곁에 계시던 보혜사는 '하나님+겉사람(인자/다윗의 자손/마지막아담/어린양)'을 가리킨다. 그래서 계시록에는 '주 하나님과 어린양'이시라고 기록하고 있다(계 21:7:10; 14:4; 22:1).

또 다른 보혜사는 제자들 안에서 영원토록 함께 하신 '하나님/아버지 +속사람(아들/그리스도의 영, 둘째사람, 대제사장)'이라는 보혜사이시다. 예수께서 성령으로 제자들 안에 오셔서 생명과 의와 거듭남을 주시고 하나님의 영광을 얻도록 도우신다. 성령으로 다시 태어난 아들들도 독생 자처럼 아버지와 하나로 연합되게 하심으로써 맏아들과 함께 하나님의 후사로서 만유를 발아래 다스리게 하신다. 예수께서 보혜사로서 겉사람 (혼과 육체)과 속사람(아들의 영/그리스도의 영)으로 우리를 돕는 역할을 각각 달리하시는데, 영육간에 완벽하게 도우시는 보혜사이시다. 또한, 이 땅에서와 모든 하늘 위의 일도 넉넉하게 도우신다. 두 명의 보혜사가 있는 것이 아니라 속사람과 겉사람으로서의 역할이다.

⑦ 우리에 대한 두 증거자인 하나님과 그리스도

엘로힘은 친히 제9계명에서 '네 이웃에게 거짓 증거하지 말라'고 명령 하셨다(출 20:16). 사형에 해당하는 죄도 최소한 두 사람 이상의 증언이 있어야 충분한 증거력을 얻는다(민 35:30; 신 17:6; 19:15, 참고 마 18:16,19; 히 10:28; 고후 13:1; 딤전 5:19).

주 엘로힘께서 소돔이 멸망할 것이라고 알리실 때도 두 천사를 보내 셨다(창 19:1). 여호수아가 정탐꾼으로 두 사람을 보냈다(수 2:1). 예수님 께서 제자들을 세상에 증인으로 보내실 때 둘씩 보내셨다(막 6:7; 눅 10:1). 변화산상에도 모세와 엘리야가 나타났고, 세 명의 제자들이 함께 했다(마 17:1-3). 예수님의 부활을 증거할 때도 두 사람의 증인이 함께 있었다(눅 24:4). 예수께서 승천하실 때도 두 사람이 곁에서 증거했다(행 1:10). 엘로힘은 약속이 변치 않음을 위해 약속과 맹세라는 두 증거를 주셨다(히 6:18). 마지막 때에도 두 증인이 나타나 온갖 기적으로 예수 님과 진리를 증거하게 하신다(계 11:3).

예수님은 자기의 사역에서 관해 두 증거자가 있다고 증언하셨다(요 8:17-19). 성도의 영이 부활하고 거듭났음도 두 증거자가 증언하신다. 이 둘은 하나님/아버지의 영과 아들/그리스도의 영이다. 친히 '내가 너 를 낳았다'고 우리의 거듭났음을 아버지의 영과 그리스도의 영이 함께 증거하신다. 의(義)롭다고 하실 분은 심판자이신 아버지와 변호사이신 아들의 영이시란 말씀이다.

3. 신약의 성령은 하나님과 사람이신 예수님의 영이심

엘로힘은 최후의 심판자로서 친히 죄사함과 거듭남을 받은 아들들을 엘로힘의 의가 되었다고 증언하신다. 하나님의 아들/그리스도(제사장)의 영도 우리의 죄사함과 아들로 거듭났음을 증언한다(롬 8:9,34). 거룩하고 영원하고 변함없을 이 증거들은 하나님 아버지와 영원히 하나가 되시고 분리될 수 없는 아들이 함께 증거하시는 것이다(요일 5:9).

하나님의 아들은 대제사장이 되시기 위하여 성경대로 세 가지 의식을 거치셨다. 첫째는 물로 씻김이요, 둘째는 기름을 부음이요, 셋째는 피를 바르는 것이다(레 8:6,12,23; 마 3:16; 요 19:1,2,18,30). 이 세 증거는 예수께서 물침례를 받아 씻기심을 받았고, 그때 성령이 보이도록 임하여 기름부으심을 증명했고, 그리고 채찍과 가시관과 못에 상하심으로 피흘리심의 증거를 완전히 취하셨다. 예수님께서 십자가에 달리신 후 로마 군병의 창에 옆구리를 찔리셨을 때 몸에 있던 물과 피를 다 쏟으셨다(요 19:33-37). 이때 쏟아진 물과 피는 예수께서 대속물로서 완전히 돌아가셨음을 증거한다. 복음을 믿고 회개하여 예수 그리스도의 이름으로 침례를 받을 때 죄사함 받았음에 어린양이 증인이 되어 주신다. 부활하신 후 예수께서 제자들에게 성령으로 기름을 부어주셨다(고후 1:21). 성령으로 침례를 받았을 때 그리스도의 영이 거듭남과 의롭게 되었음에 증인이 되어 주신다. 예수께서 부활하신 후 부어주신 살려주는 영(고전 15:45), 아들의 영(갈 4:6)은 죄인 대신 사망을 이기고 부활, 승천하시고 아버지의 우편, 후사의 자리에 앉으셨음을 증거한다. 성도들에게 이 증거들이 반드시 있어야 하나님나라에 들어갈 수 있다. 아들들이 하나님의 모든 것을 맏아들과 함께 물려받을 후사라는 보증하심과 인(印)치심이 아버지와 아들의 영인 성령이라는 말씀이다.

제7부 교회사에서 등장한 יהוה가 아닌 다른 신(神)들

제7부 교회사에서 등장한 יהוה가 아닌 다른 신(神)들

1. 유일하신 참하나님(유일신) יהוה를 떠난 우상숭배

(1) 아담으로부터 마지막아담까지의 한 분 יהוה 엘로힘

① 유일하신 참하나님은 스스로 계시는 분(יהוה)이심

모세가 오경을 기록하기 전에 엘로힘 יהוה께서 친히 돌판에 기록해주신 제1계명은 '나는 너희를 애굽에서 인도해 낸 יהוה 엘로힘이다. 나 외에 다른 엘로힘을 네 앞에 있게 말지니라'이다. 즉 ⓐ아들을 낳으시기 전부터 영원까지 스스로 계시는 יהוה만 완전하신 엘로힘이시다. ⓑ엘로힘 יהוה만 유일하신 하나님이시며 다른 신이 없다. ⓒיהוה 엘로힘의 신성은 그분 외에 다른 어떤 신성이 필요없이 완전하신 분이다. ⓓיהוה 엘로힘은 영원히 변함없는 하나님이시다. ⓔ주 יהוה 엘로힘 외에 다른 신격 또는 신성을 더하면 제1계명을 바꾼 것이다. ⓕ제1계명과 다른 신론은 마귀의 거짓말이다. ⓖ모세는 제1계명에 근거하여 오경을 기록했다. ⓗ역사서, 시가서, 선지서도 제1계명을 벗어날 수 없었다.

② 만유를 홀로 창조하신 아버지, 유일하신 יהוה 엘로힘

제1계명을 주실 때부터 '엘로힘'의 성함을 יהוה이시라고 증거하셨다(창 2:4,5,7,8,9,15,16,18,19,21,22; 3:1), 그 엘로힘께서 천지 만물과 아담과 하와의 창조자를 홀로 창조하셨음을 증거하셨다(창 1:1). 범죄한 아담과 하와를 찾아오시고, 구속을 약속하시며, 동산 밖으로 추방하신 분도 יהוה 엘로힘이심을 증거하셨다(창 3:8,9,13,14.21,22,23). 만유를 창조하시고 아담과 하와를 동산에서 내보시기까지 יהוה 엘로힘이라는 언급만 20회나 나올 뿐 יהוה 외에 다른 엘로힘이 전혀 없었다.

③ 아벨과 셋과 경건한 후손들이 섬긴 유일하신 יהוה 엘로힘

아담이 하와와 동침하여 아들을 낳고 יהוה로 말미암아 아들을 얻어서 '가인'이라고 이름 지었다(창 4:1).

가인과 아벨은 다른 신이 아닌 오직 יהוה를 섬기며 그분께 제사드렸다 (창 4:3,4,6,9,13,15,16). 셋과 아들 에노스도 오직 한 분 엘로힘의 이름 (직함)만을 불렀으며, 모세는 그분을 יהוה이시라고 기록했다.

<셋도 아들을 낳고 그 이름을 에노스라 하였으며 그때에 사람들이 비로소 <u>יהוה의 이름을 불렀더라</u>>(창 4:26)

④ 노아와 세 아들들이 섬긴 유일하신 יהוה 엘로힘

노아도 יהוה 엘로힘만 섬겼으며(창 5:29; 6:3,5,8; 7:1,5,16; 8:20,21), 노아의 아들인 셈은 유일하신 יהוה 엘로힘만 섬기는 제사장이었다.

<또 가로되 <u>셈의 하나님 יהוה</u>를 찬송하리로다 가나안은 셈의 종이 되고>(창 9:26)

에녹, 노아, 셈은 יהוה 엘로힘 외에 2위나 3위 신을 알지도 못했지만 믿음의 후사로서 영원한 생명을 얻었음이 틀림없다(히 11:7).

(2) יהוה 엘로힘께 반항한 특이한 사냥꾼, 신격화된 니므롯

① 니므롯이 יהוה 엘로힘의 양들의 사냥꾼이 됨

함과 가나안이 יהוה께서 위임한 영적권위를 훼방했기에 셈에게만 제사장권을 주시자, 함과 가나안과 구스와 니므롯은 자신들의 탐욕을 따라 거역의 길을 걸었다. 구스의 아들 니므롯은 יהוה 앞에 특이한 사냥꾼이 되었다(창 10:9). 이는 엘로힘을 대적하여, יהוה의 양들인 그분의 백성을 우상숭배로 죽게 하는 자라는 뜻이다. 셋과 에노스는 יהוה의 성함을 높이고 불렀으나 니므롯과 추종자들은 바벨탑을 쌓고 자신들의 이름을 높여 스스로 신격화하고 엘로힘을 대적했다(창 11:4).

'바벨'이라는 단어는 바벨론어에서 '바빌리'이고, 수메르어로는 '카딩길라'로 '신들의 문'이라는 뜻이다. 언어를 '혼잡'게 하셨다(창 11:9)는 말씀에서 '혼잡'이라고 번역된 히브리어는 '발랄'이다. 히브리인의 조상 에벨의 이전부터 쓰였던 하나의 말과 글이 이 사건으로 혼잡해졌으나 히브리어는 지속되었을 것이다(창 11:1). 니므롯과 추종자들이 최초로 우상숭배 종교를 만들었기에 이것을 '바벨론 종교'라고 부른다.

아래에 인용한 글은 '여인의 후손'이라는 책에서 발췌한 내용이다.

<하나님은 유독 함의 첫째 아들인 구스, 구스의 여섯 번째의 아들인 니므롯에 대해 상세히 설명하셨다(창 10:8-12). 니므롯은 티그리스와 유프라테스 강을 중심으로 한 갈대아 땅에 살았다. 전설에 의하면, 자신의 막내 삼촌이 가나안과 특별히 친한 사이였다고 한다. 성경은 가나안은 할아버지 노아가 포도주를 마시고 취하여 장막 안에서 벌거벗고 있었을 때, 아버지와 함께 노아의 수치스러움을 덮어드리지 않고 도리어 셈과 야벳에게 고자질하는 행악을 저질렀다고 기록했다. 이 사건으로 가나안은 노아로부터 저주를 받았다. 이후 함은 노아와 불편한 관계를 맺었고 특히 자신의 큰아들 구스가 니므롯을 출산했을 때는 노아에 대한 분노의 감정이 최고조에 달했다. 그래서 손자 이름을 '우리가 대항(반역)하자'라는, 아주 반항적이며 전투적인 뜻의 '니므롯'이라고 지었다(E.A. Speseriser. In Search of Nimrod, Eretz Isreael 5, 1958.pp.32~36). 니므롯은 어릴 적부터 반항 기질이 있었고 싸움을 잘하고 용감하여 그 지방에서 그를 당할 자가 없을 정도였다. 성경은 니므롯에 대해 '세상에 처음 영걸'(mighty one)이라고 표현하고 있다. 홍수까지는 사람이나 동물이 모두 채식을 먹을거리로 삼았으나 홍수 이후에는 사람도 육식으로 식물로 삼고, 동물들도 육식으로 사람까지 잡아먹는 변화가 일어났다. 이러한 변화에서 강력한 니므롯은 영웅으로 주목을 받았다.>[30] <바벨론 종교에는 세 신들(three gods)이 있다. 남편(男便) 신 니므롯(Nimord), 아내 신 세미라미스(Semiramis), 아들 신 담무스(Tammuz)이다. 세미라미스는 남편 니므롯이 죽은 뒤 아들 담무스를 낳았다. 세미라미스는 자신의 아들이 니므롯의 환생이라고 주장하면서 니므롯과 세미라미스와 담무스를 동시에 신격화하기 시작했다. 이렇게 해서 이 세 명은 바벨론 종교의 3신들(三神, 3gods)이 된 것이다(Alexander Hislop. The Two Babylons, 1919). … 바벨론 종교에서 니므롯은 태양신이며, 세미라미스는 달신이고, 담무스는 별신이다. 메소포타미야 옛 유적에서 바벨론 왕들의 영역을 표시했던 경계석(kudurru)이 발견되었는데, 여기에는 해·달·별이 최고의 신으로 함께 새겨져 있다(그림2). 왕의 권위를 표현하기 위해 태양신과 달신과 별신을 그려넣은 것을 보면 이 세(3) 신의 영향력과 파워가 얼마나 컸는지 확인하게 된다.>[31] 아랫글에 이어진다.

<문명이 발달하고 국가들이 번성하면서, 다양한 종교와 신들이 등장했다. 앗수르제국(주전 860~626), 바벨론제국(주전 626~539), 페르시아제국(주전 539~330), 그리스제국(알렉산드로스제국, 주전 330~63), 로마제국(주전 63~주후 476) 등 중동과 유럽을 차례로 다스렸던 국가들도 모두 니므롯, 세미라미스, 담무스의 이름을 토착화(indigenization)하여 자신들의 문화와 풍습에 맞게 만들어 불렀다. 신들의 이름이 각 나라마다 다르므로 언뜻 보면 서로 다른 신들을 믿는 것처럼 보이지만, 자세히 근원을 들여다보면 이 신들이 바벨론 종교의 세(3) 신들에게서 차용되었음을 확인하게 된다. 또한 세상 종교들은 대부분이 공통적으로 뱀, 용, 코브라의 이미지를 종교적 상징물로 가지고 있다.>[32]

교계에 많이 알려진 '두 개의 바빌론'이라는 책도 바벨론에서 삼위신들이 시작되었다고 다음과 같이 진술했다.

<u><바빌론인들의 한 유일한 신이라고 하는 유일성 안에는 세 인격이 있었는데 그들은 이 삼위일체 교리를 상징화시킬 목적으로 삼각형을 사용하였으며 이 사실은 레이어드의 발견에 의해 입증된 바 있다.></u>[33]

바벨론 종교에서 또 다른 죄악은 여인숭배 및 모자(母子)숭배이다.

영혼의 사냥꾼으로 니므롯이 신격화되어 사람들에게 숭배를 받았으나 니므롯이 죽자 그의 아내 세미라미스는 니므롯이 죽어 하늘에 올라가 태양신이 되었다고 주장하고 유복자로 태어난 아들 담무스를 니므롯의 환생이라고 기만하며 신격화했다. 세미라미스는 담무스와 모자(母子)이자 부부(夫婦)라고 알려져 숭배를 받았다고 전해진다.[34]㉠

모자(母子)숭배 범죄는 바벨론과 흩어진 모든 민족에게 전해졌다.

<옛 바빌론에서도 어머니와 아이에 대한 동일한 숭배가 널리 유포되었음은 물론이다. 바빌론인들은 그들의 민간종교 속에서 여신인 어머니(성모)와 한 아들을 최고로 경배하였는데 이 아들은 그림과 형상 등에서 자기 어머니의 팔에 안겨 있는 유아, 혹은 아이로서 묘사되었다(그림 5와 6을 볼 것). 어머니와 아이에 대한 경배는 바빌론에서부터 온 세상으로 퍼져 나가게 되었다.>[35]

여신숭배는 더욱더 힘을 얻고, 수많은 이들의 영혼을 노략질했다.

㉠ 아들과 관계를 맺은 것은 네로황제가 자기의 어미 아그리피나와 맺은 관계를 그대로 연상시켜 주는데 이는 같은 영(靈)의 역사임을 보여준다.

<세미라미스의 위상은 점점 높아졌다. 시간이 흐르면서 사람들은 니므롯·세미라미스·담무스 이 세(3) 신 중에서 세미라미스를 가장 숭배하게 되었다. 최고의 신이었던 니므롯을 환생시킨 위대한 여신으로 세미라미스를 부각시켜, 니므롯과 담무스보다 더 우위에 두었던 것이다. 사람들은 니므롯의 환생인 담무스를 세미라미스의 무릎에 앉혔다. 그래서 세미라미스가 아들 담무스를 안고 있는 모습은 바벨론 종교의 전형이 되었다. … 중동지역에서는 햇볕이 뜨겁게 내리쬐는 사막이 주를 이루다 보니 점차 뜨거운 태양보다는 시원함과 평안함을 주는 달을 더 경외했다. 특히 초승달이 어둠을 밝게 만드는 시작을 의미하므로 더욱 신비롭게 여겼다. 이로 인해 초승달은 세미라미스 여신의 상징이 되었다.[36]

יהוה 엘로힘의 최고의 피조물인 대천사장이 범죄하여 뱀에다 비유된다. 그런데 바벨론종교의 또 다른 특징은 뱀을 숭배하는 것이다.

<세계의 종교 중 영계를 깊이 다루는 종교는 예외없이 뱀이나 용과 관련이 있다. 바벨론의 '므로닥'(마르둑, Marduk, 렘 50:2)은 니므롯의 발전된 형태로, 그 상징 동물이 용이었다(그림14,15)>[37]

② יהוה 엘로힘께서 세상의 한 언어를 흩으심

<옛 바벨론 사람들은 오늘날의 로마 카톨릭처럼 신격의 유일성(unity)을 "말씀"으로 인정하였다. 그들은 수없이 많은 작은 신적 존재들을 인간의 삶에 어느 정도 영향력을 끼치는 신들로 숭배하고 있던 가운데서도 만물 위에 으뜸가는 무한하고 전능한 한 분 창조자가 있음을 분명히 인정하였다. 이런 사실은 대다수의 다른 민족들에 있어서도 마찬가지였다. 윌킨슨 그의 "고대 이집트인들"이라는 책에서 "인류의 초창기에는 만물을 창조하신 유일하고 전능한 신적 존재에 대한 믿음은 보편적인 것처럼 보인다. 전통 또한 인간에게 동일한 사실을 가르쳤고 이 전통은 후일 모든 문명국가들에 의해 채택되었다."라고 진술했다. 말렛(Mallet)은 "고트인의 종교(the Gothic religion)는 우주의 주인인 최고의 신이 존재함을 가르쳤고 만물은 그에게 복종하고 굴복한다."라고 한다(*Tacit. de Morib. Germ*).>(註, 상기 인용서 p.21)

사가들이 사료들을 근거로 내린 결론은 인류 초기의 백성들은 셈의 엘로힘, 오직 יהוה만 섬겼다는 사실이다(창 11:5,6,8,9).

유일하신 엘로힘이신 יהוה께서 바벨론의 삼위신인 니므롯·세미라미스·담무스라는 우상 숭배자들의 언어를 혼잡하게 하여 흩으셨다.

<그러므로 그 이름을 바벨이라 하니 이는 יהוה께서 거기서 온 땅의 언어를 혼잡케 하셨음이라 יהוה께서 거기서 그들을 온 지면에 흩으셨더라>(창 11:9)

바벨탑 사건으로 언어를 흩으실 때 '엘로힘'(또는 엘로하/엘)이라는 직함은 한 번도 기록하지 않았고 오직 'יהוה'로만 기록케 하셨다. 이는 만유를 지으시기 이전부터 오직 '스스로 계신 자' יהוה만 참하나님으로 계셨던 사실을 יהוה께서 의도적으로 강조하셨다는 증거이다.

③ 바벨론의 후신(後身)이 된 나라들 안의 삼위일체신

제1계명에 기록된 대로 바벨론에서도 본래 오직 יהוה밖에 다른 신이 없었다. 그 지역이 삼위신을 믿는 우상숭배에 빠지자 주 엘로힘 יהוה께서 아브람을 불러내셨고 선민의 조상으로 삼으셨고, 인류가 선민과 이방인으로 분리되었다. 성경은 엘로힘 יהוה께서 아브라함의 후손들에게 맡기신 엘로힘의 말씀을 기록한 것이다. 세상 임금 사단 마귀의 통치를 받아 바벨론의 후신이 되어 선민들을 괴롭히고 멸망시키려 한 나라들이 있다. 이들을 일곱 머리라고 하는데 애굽, 앗수르, 바벨론, 메대 파사, 헬라, 로마이다(계 17:3,10). 엘로힘께서 뱀(사단)의 후손과 여인의 후손이 계속 싸울 것이고 여인의 후손 중 하나가 뱀의 머리를 깰 것이라고 말씀하신 그대로임을 보여준다(창 3:15). 현재의 이라크 일대인 바벨론 지역의 수메르 신화에서도 인간을 창조한 지혜의 신으로 숭배받는 엔키는 뱀의 형상을 하고 있다. 뱀숭배 사상은 바벨론에서 시작되어 세계적으로 퍼져 있던 고대부터 내려온 신앙이다.

ⓐ 애굽: 성경 시대에 저주받은 함과 그 후손들의 나라

고대바벨론의 니므롯이 행하였던 영혼 사냥의 역사는 계속 이어졌고, 그 첫 번째로 '함의 후손 국가인 애굽'(시 78:51,52; 105:23,27)이 같은 삼위일체신을 믿었던 증거를 수많은 자료가 보여주고 있다.

애굽(이집트)은 이스라엘을 노예로 삼은 초기에 선민의 씨를 말리려고 사내아이가 태어나면 무조건 죽이라고 명령을 내렸다(출 1:15).

<이집트와 그리스의 수학과 천문학이 칼데아로부터 유래했으며 이 두 가지는 칼데아 지방에서 신성한 학문(sacred science)으로 제사장(사제)에 의해 독점되었다고 하면 그들의 종교 역시 동일한 곳에서 유래했다고 하는 충분한 증거가 된다고 할 수 있다. 분센(Bunsen)과 레이어드(Rayard) 두 사람 모두 그들의 연구를 통해 실제적으로 동일한 결과를 내놓았다. 분센에 따르면 이집트의 종교제도는 아시아로부터 유래되었으며 "바벨에 세워졌던 고대 제국"으로부터 유래되었다고 한다.>[38]

<이집트에서는 어머니와 아이는 이시스(Isis)와 오리시스(Osiris)라는 이름으로 경배되었으며 인도에서는 오늘날까지도 이시(Isi)와 이스와라(Iswara)라는 이름으로 숭배를 받고 있다. 아시아에서는 키벨레(Cybele)와 데오이우스(Deoius), 이교도 로마에서는 포르투나(Fortuna)와 아기 쥬피터(Jupiter-puer) 혹은 소년 쥬피터, 그리고 그리스에서는 위대한 어머니 케레스(Crees)와 그녀의 품에 안긴 아기, 혹은 평화의 여신 이레네(Irene)와 그녀의 품에 안겨 있는 소년 플루투스가 바로 어머니와 아이 숭배의 대상이었다.>(註, {두 개의 바빌론} p.29)

이집트에서 숭배하는 삼위일체신은 여신 이시스(Isis)와 남편 신이자 아들 신인 오리시스(Osiris, 또는 호루스/Horus)와 셉(Seb)이다.

이집트의 창조신 아톤, 태양신 라, 우주 섭리의 여신 마트가 하나의 인격신이다. 창조신이자 태양신으로 불리는 아톤·라·아문(아멘)을 엮어서 삼위일체로 보기도 한다. 신학자들은 제19왕조(BC 1252~1190년) 때 아몬의 제사장들 가운데 아몬이 프타 및 레와 함께 삼위일체(三位一體)를 이루며, 프타와 레를 포함한 다른 모든 신은 단일신 아몬 안에서 현시한다고 생각했다. 아리스토텔레스(BC 384~322)는 다음과 같은 피타고라스 교리에 대한 기록을 남겼다. '전체와 모든 것은 수 삼(3)으로 이해된다. 끝과 중간과 시작은 삼위일체인 전체의 수를 갖기 때문이다'. 수백 년 앞선 고대 이집트 문헌에는 '하나인 나는 셋이 된다'라고 선언한다. 또 다른 문헌에는 '신은 모두 셋이다. 아몬, 레, 프타. 그들과 같은 존재는 달리 없다. 아몬이라는 이름 속에는, 그가 레이며, 그의 육체는 프타라는 사실이 숨겨져 있다. 그는 레와 프타와 더불어 아몬으로 현시되며, 셋은 하나로 통합된다.'라고 전해진다고 진술했다.

이는 애굽의 우상숭배도 삼위일체신이 바탕으로 있다는 증거이다.

애굽 역시 바벨론에서 삼위일체신과 여신숭배, 모자숭배와 뱀을 숭배하는 죄악을 물려받아 우상숭배가 만연한 나라였다. 니므롯의 아내가 담무스의 남편으로 알려지기도 한 것이 애굽의 우상숭배에서도 나타나는 것은 그 종교의 원조가 바벨론이기 때문이다. 선민들은 400년 동안 그곳에서 억압과 강요에 의해 우상숭배의 영향을 받았다.

<분센이 지적한 대로 오시리스는 이집트에서 어머니의 아들인 동시에 남편으로서 묘사되었으며 실제로 그의 위엄과 명예를 나타내는 칭호 가운데 하나가 "어머니의 남편"이라는 이름이다.>[39]

<또한 고대 이집트와 로마제국에는 미트라(Mithra) 신이 있는데, 온몸이 뱀(serpent)으로 감겨있는 모습으로 발견되기도 한다.>[40]

<바벨론의 여신 숭배사상이 퍼지면서 여신에 뱀 형상이 결합되기도 했다. 이집트의 여신 하토르(Hator)는 머리에 뱀을 얹고 있는 모습이며(그림24), 그레카 사람들도 특히 뱀여신(Snake Godess)을 숭배했다(그림25). 아프리카의 대표적인 강의 여신 마미 와타(Mammy Watta)도 온몸을 뱀으로 감싸고 있다(그림26). 마미 와타는 콩고강을 중심으로 서부 아프리카와 중부 아프리카까지 널리 퍼졌다.>(註, 상기 인용서 p.64)

ⓑ 앗수르(앗시리아): 이스라엘 왕국을 멸망시킨 나라

<이 원시 숭배사상이 엄청나게 오래되었다는 데에 관해서는 많은 증거가 있으며 이 제도는 앗시리아 평원의 주민들 사이에서 기원하였음이 종교 및 세속사를 통해 입증되었다. … 그(레이어드)는 또한 이렇게 덧붙였다. "앗시리아의 교리들과 이집트의 교리가 일치하고 있다는 사실이 포피리와 클레멘스 같은 사람에 의해 지적된 바 있다.">[41] <이집트와 그리스의 종교가 바벨론으로부터 유래했음이 입증된 것과 같이 우리는 페니키아인들의 종교제도 역시 동일한 기원을 갖고 있음에 대한 증거를 갖고 있다. 마크로비우스(Macrobius)는 페니키아의 우상숭배의 두드러진 특징이 앗시리아에서 유래하였음을 지적하고 있는데 고전작가들의 작품에서는 앗시리아는 바벨론을 포함하는 지역이다. 그는 "최초의 비너스(Venus)에 대한 숭배는 오늘날 페니키아인들 사이에 널리 퍼져 있듯이 과거에는 앗시리아 사이에서 널리 유포되어 있었다.">라고 평가하고 있다(註, {두 개의 바빌론} p.20),

<성경에는 담무즈라는 이름으로 언급되고 있으나(겔 8:14) 고전작가들 사이에서는 '바쿠스'(Bacchus) 즉 '애도받는 자'라는 이름으로 알려져 있다. 일반 독자들에게는 바쿠스라는 이름은 흥청대는 소란과 술취함만을 연상시킬 뿐이지만 바쿠스 신에게 바치는 비밀종교 의식에서 나타나는 모든 가증스러운 행위들과 숭고한 목적은 죄책과 죄의 더럽힘으로부터 "영혼을 정화"시키는 것이라고 공공연하게 알려져 있다. 자기 어머니의 품에 안겨 있는 어린아이로서 묘사되고 숭배받는 이 애도받는 자의 실상은 세미라미스의 남편이었던 것으로 보이며 그의 이름 니누스(Ninus)는 문자적으로 "아들"(The Son)을 의미하는데, 고대 역사에서는 보통 이 이름으로 알려져 있다. 그의 아내 세미라미스는 위대한 "어머니" 여신인 레아로서 경배되고 있었기 때문에 니누스, 혹은 "아들"이라는 이름을 가진 그녀의 남편과 그녀의 결합은 "어머니와 아들"에 대한 독특한 경배제도를 만들어내기에 충분하였고 이에 이 풍습은 고대 민족들 사이에 그렇게 널리 퍼졌던 것이다. 이러한 사실은 니누스가 때로는 남편으로 그리고 또 다른 때에는 세미라미스의 아들로 불리워진 이유를 잘 설명해 준다.>(註, {두 개의 바빌론} pp.31,32)

사실 이러한 수수께끼 같은 사실 때문에 고대사 연구에 많은 혼란이 야기되었다. 또한 이 사실은 이집트인들이 경배했던 어머니와 아이, 즉 이시스와 오시리스 사이의 혼란스러운 관계가 어떻게 발생하였는지도 잘 설명해 준다.[42] 결론은, 삼위일체신과 모자숭배는 북왕국을 정복한 앗시리아(옛바벨론이 포함된 나라)에서 만연했다는 말이다.

ⓓ 바벨론 제국, 메대 파사 제국의 우상숭배

바벨론 제국도 삼위일체신과 모자숭배 사상을 그대로 이어받았다.

<더 나아가 니누스와 세미라미스의 관계는 이미 언급했던 사실, 즉 인도의 이시스와라는 자기 자신의 아내인 이시, 혹은 파르바티(Parvati)의 품에 안긴 아기로서 묘사되고 있는 사실도 잘 밝혀준다고 하겠다. 그런데 바빌론의 마돈나의 팔에 안겨 있는 니누스, 즉 "아들"에 대한 묘사를 읽어보면 그가 바로 니므롯이라는 인물과 동일한 인물이라는 사실이 분명히 드러난다.>[43] 또한, 페르시아의 제사장들도 뱀 숭배자들이다.

ⓔ 헬라/그리스 제국, 로마제국의 우상숭배

삼위일체신은 그리스와 로마제국 시대에 이르러 다양하게 불렸다.[44]

	그리스	로마	역할
니므롯 **(남신)**	제우스(Zeus)	주피터(Jupiter)	천지지배 신
	아폴로(Apollo)	아폴로(Apollo)	태양, 치료 신
	디오니소스	바커스	술(酒) 신
	아스클레피오스	아스클레피오스	의술의 신
세미라미스 **(여신)**	아테나	미네르바	지혜, 예술의 신
	아프로디테	비너스	사랑, 미의 신
	아르테미스	다이아나	달의 여신
	헤라	케레스	제우스의 처
	메데테르	주노	농사의 여신
	니케	빅토리아	승리의 여신
담무스 **(남신)**	헤르메스	머큐리	웅변, 상업의 신
	새턴	새턴	농경 신
	포세이돈	넵튠	바다의 신
	아레스	마르스	군대의 신
	에로스	큐피드	연애의 신

<오늘날 세계 모든 의과대학 졸업식에서는 아직도 고대 그리스의 의사 히포크라테스(Hippocrates, 주전 460~377년)의 선서를 합창한다. 이 내용은 다음과 같이 시작된다. "나는 아폴로(Apollo), 아스클레피오스(Aesculapius), 히게이아(Hygeia)와 파나시아(Panacea), 그리고 모든 신과 여신들에게 선서하오니…" 이렇게 과학과 학문이 발달한 현대에도 사탄인 뱀신에게 육체의 병을 고치게 해달라고 간구하는 것이다.>[45]

그리스(헬라)와 로마제국도 세상 신(神)과 왕(王)인 사단의 나라였다.

<그리스 고대 사원들 역시 뱀으로 점철되어 있다. 그리스 신화에는 지구를 상징하는 계란(Orphic Egg)이 있는데, 이것을 뱀이 둘러싸고 있다(그림16). 이는 뱀이 온 세계 인간의 구원자라는 의미이다. 뱀이 인간의 구원자로 둔갑한 사실은 그리스·로마 신화에 나오는 의술의 신(god of Medicine) 아스클레피오스(Aesculapius)에서도 알 수 있다. 이 신은 지팡이를 휘감은 한 마리의 뱀으로 상징된다(그림19). 또한 평화와 의술을 상징하는 카두세우스(Caduceus)는 그리스 로마 신화에서 신들의 사자(使者)인 헤르메스(Hermes, Mercury) 지팡이인데, 이 지팡이는 올리브나무에 두 마리의 뱀이 감겨있고 꼭대기에 두 날개가 있는 모양이다(그림20). 여기에서 유래되어 지금까지도 평화와 구원의 상징으로 뱀 지팡이가 사용되고 있다. 현재 세계보건기구(WHO), 세계 의사회, 대한의사협회 등의 심볼마크로 사용되며(그림21~23), 환자를 수송하는 구급차에서도 볼 수 있다.>(註, 상기 인용서 pp.60~63)

④ 삼신(三神)과 뱀(蛇)을 숭배하는 이방종교(뱀의 후손들)

한국인의 뿌리를 찾아 올라가면 노아가 나오고 아담이 나오고 그 이상은 엘로힘이 나오신다. 수메르문화와 언어 연구에 대가들인 강신택, 조철수, 김산해의 연구 결과도 한국인의 뿌리가 누구인지를 보여준다. 한자(漢字)는 본래 한국인의 조상 동이족(東夷族)이 만들었다고 하는데 뜻글자(表意文字)이므로 글자가 내포하는 의미가 있다. 한자를 만든 배경과 시기도 성경에 기록된 바벨론 언어 혼잡이다. 그들은 한자를 만들 때 창조와 홍수에 관한 것과 바벨탑 사건에 대해 알고 있었다. 처음에 만들어진 글자는 후대에 형태가 많이 변했지만, 지금까지 간직하고 있는 몇 글자만 예를 들어본다.

유일신(唯一神)이라 할 때 신(神) 자는 보일 시(示)+거듭 신(申)으로 만들었다. 엘로힘께서 계시(啓示)하심으로 그분이 '계시는 분'임과 천지만물의 근원을 알리셨다. 하늘 천(天) 자는 사람인(人)에 첫째·둘째하늘을 더했고 셋째하늘은 공간을 초월하는 영역으로 남겨둔다. 사람 인(人) 자는 아담을 지으시고 그 갈비뼈를 뽑아 하와를 만들어 둘이 한 몸이 됨을 담았고, 믿을 신(信)은 사람(人)이 말씀(言)을 믿음이다.

금할 금(禁) 자는 동산 중앙에 선악을 알게 하는 나무와 생명나무를 보는 것을 가리키고, 범죄 후에는 접근을 강하게 금(禁)하셨다. 탐할 람(婪) 자는 처음 여자가 탐욕을 품고 범죄한 것을 보여준다. 벗을 나/라 자(倮/裸/躶)는 다 선악의 실과 과(果) 자를 붙여서 만들었는데 입었던 영광이 벗어졌다는 뜻이다. 능금나무 나(柰) 자도 선악과나무를 본다는 뜻이다. 아름다울 와(婑) 자도 하와가 선악과를 본 것을 가리킨다. 아담이 범죄한 후 피를 흘려야 죄사함을 받는데 혈(血) 자는 그릇 명(皿)에 핏방울(')이 떨어지는 것을 더했다. 옳을 의(義) 자는 양(羊) 아래 나 아(我) 자를 더했고, 밭 전(田) 자는 지상낙원에서 쫓겨나 가시떨기밭·길가밭·돌짝밭을 옥토로 기경해야 한다는 것이고, 사내 남(男) 자는 밭을 갈고 노력해서 땀을 흘려야 한다고 력(力) 자를 더했다. 큰 배 船(선) 자는 배 주(舟), 여덟 팔(八)자와 입 구(口) 자로 되었는데 홍수심판에서 방주(方舟)로 8명이 구원을 받았다는 것이다. 홍수심판 후에야 비가 왔는데 비올 령(霝) 자는 비 우(雨) 자에 입 구 3개로 만들어졌다. 농경사회에서 비가 오지 않으면 사람들이 회개하고 하늘에 빌었는데 신령 영(靈) 자는 비가 오도록 제사장(무당, 巫)이 비는 것으로 만들었다. 세월이 흐르고 우상숭배가 만연해지자 신(神) 자의 훈이 귀신 신(神) 자로 알려지고 '스스로 계시는 자(者)'의 자(者)도 훈(訓)이 '놈'이라는 의미로도 쓰인다.

중국의 요(堯)순(舜) 임금 때는 세계사적으로 보면, 메소포타미아에서 바벨탑 사건으로부터 수십 년밖에 지나지 않았던 때이다. 순(舜)임금은, 하늘의 임금, 즉 상제(上帝)께 제사드렸다고 공자(孔子)의 '서경(書經)'에 기록되었다. 이 제사는 오랫동안 지속되어 왔는데 여름에는 북쪽 끝에서 드리고, 겨울에는 남쪽 끝에서 드려서 국경제사(國境祭祀)라고 했는데, 그때 제사문(祭祀文)이 아직도 그대로 전해진다고 한다.

대명회전(大明會典)에 기록된 '국경제사문(國境祭祀文)'에는 <지극히 오래전 태초에 공허하고 흑암의 큰 혼돈이 있었사옵니다. 다섯 행성은 아직 운행되지 않았었고 태양도 달도 빛을 발하지 않았었습니다. 거룩하신 신 상제(上帝)께서 이곳에 모든 만물을 지으셨습니다. 주께서 모든 만물을 만드셨사옵니다. 그리고 사람을 지으셨사옵니다. 당신의 능력으로 모든 만물이 지음을 받았사옵니다.>라고 기록되었다고 한다.

이 제사문은 창세기 1장에 기록된 내용과 거의 같음을 보고 놀라지 않을 수 없다. 또 다른 국경제사문에는 <모든 생물들이 당신의 뜻으로 말미암았나이다. 상제시여, 인간도 만물도 모두가 당신의 사랑으로 이 낙원에 살게 되었나이다. 모든 생명체가 당신의 선하심으로 지음 받았사오니, 그 축복은 당신으로 말미암음이옵니다. 오 주시여, 당신만이 이 모든 만물의 참 어버이가 되시옵니다.>라고 기록되었고, "당신은 우리의 아버지로서, 우리를 안전하게 보호하시고, 우리의 소원을 들으시나이다. 당신의 자녀인 우리들은 어리석고 미련하여 당신께 흡족한 경배를 드리지 못하겠나이다.", "당신의 선하심은 끝이 없나이다. 당신은 토기장이같이 모든 생물을 만드셨나이다. 크고 작은 모든 것이 당신의 사랑 안에서 안식을 취하고 있나이다. 당신의 불쌍한 종의 마음에 새겨진 것은 오직 당신의 선하심 뿐이며, 우리의 감정을 달리 표현할 길이 없나이다. 당신의 크신 사랑을 따라 우리의 허물을 책망하지 마시고, 길이 참으시며, 우리에게 생명과 번영을 허락하소서."46)라고 기도드렸다고 하는데 이 기도문은 이사야 64장 8-9절과 너무나도 비슷하다.

오늘날의 힌두교는 수많은 신들을 믿고 있지만, 인도의 경전들을 보면 원래는 이와 전혀 달랐다고 한다. 메이저 무어(Major Moor)는 인도인들의 최고 신인 브람(Brahm)에 대해 "그 영광이 너무도 위대한 그분은 형상이 없다"(Veda/베다)라고 말하고 있다. "그분은 모든 것을 밝히고, 모든 것을 즐겁게 하며, 그로부터 모든 것이 나왔다. 그분은 인간들이 태어나 그로 인해 사는 분이요 모든 사람이 그분께로 돌아가야 할 그분이다"(Veda/베다)라고 증거하고 있다.47) 힌두교의 경전 중 크리쉬나(Crishina)에는 인도인들이 최고의 신으로 믿는 '브람'이 "가장 거룩하고, 가장 높은 신이요, 신성한 존재이며 다른 모든 신들보다 앞선 최고의 신 브람, 태어나지도 않았고, 막강한 주이며, 신들 중의 신이며 우주의 주인 브람"이라고 묘사되고 있다.48) '베다'를 보면 "모든 존재들은 그의 입으로부터 창조되었다.", "긍휼이 많고 은혜로운 분", "말씀하시자 이루어진 분", "명령하시자 만물이 확고히 서게 됐던 분"이라고 기록하고 있다고 증거하였다. 인도의 가장 높은 계급인 '브라만'은 가장 높은 신인 '브람'의 대리인이라는 신분을 자처한다.

인류는 처음 믿었던 전능하신 엘로힘 יהוה를 서서히 떠나 니므롯 때에 와서 삼위일체 신앙으로 부패되었다. 인도의 고대 동굴 신전 중 하나에 인도 최고의 신적인 존재가 '몸 하나에 머리가 셋 달린 모습'으로 묘사 되었으며 "에코 데바 트리무트리티"(Eko Deva Trimurtti)라는 칭호가 붙어 있는데 이는 "하나의 신, 세 가지 형태"라는 뜻이다.[49]

힌두교의 브람, 시바, 비슈누 삼주(主)신론 즉 삼신일체도 삼위일체의 한 형태이다. 영문명 Trinity는 사실상 고대 힌두교의 산스크리트어에서 나온 말인데 어원적으로도 그것이 기독교보다 앞선 원조이다.

기독교보다 500년이나 앞선 불교에서도 삼신(三身/Trikaya)은 깨달은 존재(붓다)에 대한 불교의 교의인 불신관(佛身觀)의 대표적인 견해이다. 삼신설(三身說)에도 여러 가지가 있는데, 우리나라에서는 법신(法身)·보신(報身)·화신(化身)이라는 삼신설이 가장 보편적이며, 그 외에도 자성신(自性身)·수용신(受用身)·변화신(變化身)이라는 삼신설도 있다.

바벨론의 가지인 불교에도 여신과 아이 즉 모자숭배 사상이 있다.
<일본에서는 불교 신자들이 "산 파오 푸"(San Pao Fuh)라는 이름으로 세 개의 머리를 지닌 동일한 모습의 형상을 그들의 위대한 신적 존재인 부다(부처)로 경배하고 있다.>(註, {두 개의 바빌론} p.26)
<심지어는 티벳, 중국, 그리고 일본에서 예수회 선교사들이 마돈나와 그녀의 아이를 꼭 닮은 우상들이 로마에서만큼이나 헌신적인 경배의 대상이 되어 있는 것을 보고 깜짝 놀랐다고 한다. 중국에서 성모(聖母)로 여겨지는 싱무(Shing Moo)는 그녀의 팔에 아이를 안고 있는 모습으로 묘사되었고 동시에 그녀 주위에는 영광스러운 광채가 빛나도록 하였는데, 이는 마치 로마카톨릭 화가가 그녀를 그리도록 고용된 것 같은 느낌을 주기에 충분하다.>(註, {두 개의 바빌론} pp.29,30)

세계에 수많은 종교와 부족들이 바벨론 후손답게 뱀숭배를 한다.
<중남미 인디안들도 마야인들(Mayas)의 뱀신 꿀꿀깐(Kukulcan)을 자신의 구원자로 믿는다(그림18). 스칸디나비아 사람들이 섬기는 뱀의 신 미드가드(Midgard)도 있다.>(註, {여자의 후손} p.60)

투루판 지역의 대표적인 고분 유적인 아스타나 무덤에서 발견된 한 그림은 중국의 천지창조 신화에 등장하는 복희와 여와를 소재로 삼고 있다. 그림의 중앙에 두 신이 서로 마주 본 자세로 표현되어 있는데, 왼쪽이 여신인 여와, 오른쪽이 남신인 복희이다. 이는 둥근 하늘과 네모난 땅으로 이루어진 중국의 전통적인 우주관과 관련된 상징물이다. 사람의 모습을 한 상반신과는 달리 하반신은 뱀과 형상으로 꼬여 있다.50)

힌두교가 뱀에 대한 숭배의식의 극치를 보여주고 있는 곳은 캄보디아의 앙코르와트 사원이다. 이 사원을 지키는 존재가 바로 나가(Naga)로 불리는 거대한 뱀 신이다. 앙코르 왕조는 11세기 중엽, 도성 좌우에 거대한 바라지(인공저수지)를 축조해 물 걱정을 해결했는데, 모든 것이 '나가'의 은혜 덕분이라고 생각한 사람들은 거대한 앙코르와트를 건립하면서 나가 조각을 입구에 세웠다. '앙코르'('노코르'의 방언)란 말 자체도 산스크리트어로 도시를 뜻하는 '나가라'(Nagara)에서 나온 것으로, 뱀을 뜻하는 '나가'와 '산다'란 의미의 '라'의 합성어이다.51)

인도 신화에 등장하는 마후라가(摩喉羅伽) 역시 사람의 몸에 뱀의 머리를 가진 신으로, 땅속의 모든 요귀를 쫓아내는 임무를 지니고 있다. 인도 신화의 영향을 받은 불교에서 마후라가는 불법을 수호하는 팔부신중(八部神衆) 중 하나이다. 팔부신중이란 천계를 지키는 수호신 천(天), 물속을 지키며 바람과 비를 관장하는 용(龍), 사람을 도와주는 야차, 병을 고쳐 주는 건달바, 여러 개의 얼굴과 팔을 지닌 아수라, 새형상의 가루다, 말머리 형상의 긴나라, 그리고 마후라가를 가리킨다. 마후가라는 그림 속에서는 주로 머리에 뱀 모양의 모자를 쓰고 있으며, 조각상일 경우에는 한 손에 뱀을 잡은 형상을 하고 있다(註 상기 인용처).

멕시코의 마야 문명권에서도 뱀은 숭배의 대상이다. 유카탄반도의 치첸이차에 있는 쿠쿨칸 피라미드와 멕시코시티 교외의 테오티후아칸 유적에는 날개 달린 뱀 쿠쿨칸과 목에 깃털을 단 뱀 케찰코아틀이 조각돼 있다. 쿠쿨칸 피라미드의 계단입구 양쪽에 뱀 머리 조각이 새겨져 있고, 돌난간 전체를 뱀 몸통으로 조각해 마야인들이 땅과 하늘을 연결하는 신성한 존재로 뱀을 숭배했음을 보여준다(註 상기 인용처).

(3) 아브라함의 엘로힘 יהוה와 그분의 증인이 된 선민(選民)

① 엘로힘의 증인: 선민(選民)의 조상의 하나님의 증인

에녹과 노아와 셈의 엘로힘은 오직 יהוה 한 분밖에 계시지 않는다(창 9:26,27). 셈으로부터 아브람까지 10세대이고, 특히 에벨은 '히브리인'의 조상이며 '벨렉'의 때에 언어 혼란으로 인류가 분산되었다(창 10:21,25). 창세기 11장은 특별히 셈의 족보인데 셈으로부터 아브람과 그의 아비 데라까지 기록하고 있다. 나홀이 데라를 낳았는데(창 11:24; 눅 3:34), 나홀의 아들 데라도 아들을 낳아 나홀이라고 이름을 지었다(창 11:26). 아브람의 할아버지 나홀은 오직 יהוה 엘로힘을 섬겼고(창 31:53), 그의 조상들(스룩, 르우, 벨렉, 에벨, 셀라, 아르박삿, 셈, 노아, 에녹, 에노스, 셋, 아벨, 아담)도 오직 한 분의 יהוה 엘로힘만을 섬겼다(눅 3:34-38).

셈의 경건한 후손들은 오직 יהוה 엘로힘만을 섬겼지만, 바벨론인들이 섬겼던 신들은 삼위일체신이었음을 수많은 자료가 증거한다. 아브라함의 아비 데라는 하란에 이주할 때까지 그의 아버지 나홀의 엘로힘 יהוה를 섬겼기에 삼위일체의 도성 갈대아에서 아브람을 데리고 하란까지 이주했다(창 11:31,32). 그러나 데라는 강을 건너기 전 하란에서 우상숭배에 빠졌다(수 24:2,3; 행 7:2-4). 주 엘로힘께서 본토뿐만 아니라 아비 집도 떠나라고 명하셨고, 아브람이 순종했다(창 12:1,2).

하란에서 데라마저 그곳 사람들이 믿던 달신 즉 여신인 세미라미스를 숭배하는 데 빠지자 아브라함을 불러내시고 오직 전능하신 יהוה 엘로힘 한 분만을 섬기라고 부르시고, 선민의 조상으로 세우신 것이다.

아브라함이 이삭의 배우자를 찾으러 엘리에셀을 동족의 땅, 아브람의 할아버지인 나홀의 자손에게로 보내심으로써 참신은 아브라함과 나홀의 엘로힘 יהוה밖에 없음을 증거하셨고, 이삭과 그의 아내가 다른 신을 숭배하지 않도록 철저히 막으셨다(창 24:12,27,42,48; 31:53).

아브라함의 손자 야곱도 아브라함의 엘로힘은 오직 יהוה이심을 명백히 증거했다(창 32:9). 400년 동안 애굽의 많은 신들을 섬긴 노예살이에서 불러내실 때 יהוה 엘로힘께서 모세에게 아브라함의 엘로힘은 오직 יהוה이심을 확실하게 증거하셨다(출 3:6,15; 4:5). 예수님도 아브라함의 엘로힘 외에 그 어떤 다른 인격이나 신격을 더하시지 않으셨다.

교회가 믿음으로 말미암은 아브라함의 후손이라면 교회가 믿어야 할 하나님은 오직 그 יהוה뿐이심을 예수께서 친히 확실하게 가르치셨다(마 22:32-38; 막 12:26-32; 눅 20:37,38).

아브라함은 자기 아버지가 다른 신을 섬기자 엘로힘의 명령을 따라 아버지를 떠났다. 조상 대대로 순교하며 섬겼다고 해서 יהוה 주 엘로힘이 아닌 다른 신을 계속 따른다면 그것은 아브라함의 믿음이 아닐뿐더러 아브라함의 엘로힘을 섬기는 것도 전혀 아니다.

② 엘로힘 יהוה께서 돌판에 친히 새겨주신 십계명

יהוה 엘로힘께서 모세가 오경을 기록한 것보다 먼저 친수로 제1계명을 돌판에 기록해주신 이유는 엘로힘 יהוה는 유일하신 엘로힘이시며, 그분 외에는 다른 신이 없음을 알아 명심하게 하시려는 의도이다(신 4:35,39; 5:6,7). יהוה 엘로힘이 완전하시고 영원하신 주 하나님이심을 증거하신 것이다. 모세는 이전에 알리지 않으셨던 유일한 엘로힘이 주 יהוה심을 창세기에까지 기록하여 강조했다. 모세가 삼위일체신을 믿지 않은 것은 누구나 다 안다. 모세가 삼위일체를 믿지 않았으므로 구원받지 못했다고 주장하는 사람도 없다. 엘로힘께서 '나 יהוה 외에 2위와 3위도 있다'라고 증거하신 적이 전혀 없다. יהוה 엘로힘은 '성자'나 '성령하나님'이란 자가 더해져야 할, 부족한 신이 아니시다. 만일 삼위일체신이 참신이라면 제1계명대로라면 יהוה께서 삼위일체신이어야 한다. 엘로힘 יהוה께서 삼위일체신이라면 아버지와 아들과 성령의 이름이 당연히 יהוה이어야 한다. 구약의 의인들 모두가 삼위일체신의 증인이 아니었으니 삼위일체론자들의 잣대로는 모두가 이단으로 정죄받을 대상이지만 십계명이 삼위일체신을 증거한다고 믿는 자는 아무도 없다.

구약성경과 신약성경은 제1계명에서 벗어나서는 안 된다. 초대교회는 구약성경만 있었고, 그들의 신론은 완전했다. 원어대로 번역된 성경이라거나 뛰어난 신학 서적이라는 것이 יהוה 외에 다른 신이 있다고 주장한다면 그것은 우상숭배자, 배교자의 교리서이다. 그 누구든지 아브라함의 믿음을 따른 그의 신령한 후손이 되려면 바벨론에서 나온 삼위일체신을 떠나 יהוה 엘로힘이신 예수님만 믿어야 한다.

③ 모든 것들이 엘로힘 יהוה의 증거들임

יהוה께서 친히 기록하신 돌판에 יהוה 외에 다른 주 엘로힘이 없으므로 다른 신을 섬기지 말라고 명령하셨기에, 이 돌판을 '증거판'이라 부른다 (출 16:34; 25:16,21; 31:18; 32:15; 34:29; 40:20). 그 증거판을 담은 궤를 '증거궤'라 부른다(출 25:22; 26:33,34; 27:21; 30:6,26,36; 31:7; 35:12; 39:35; 40:3,5,21; 레 16:13; 24:3; 민 3:31; 4:5; 7:89; 17:4,10; 수 4:16). 그 '증거궤'를 안치한 성막을 '증거막'이라 부른다(출 38:21; 민 1:50,53; 9:15; 10:11). 주 엘로힘 יהוה께서 이중, 삼중으로 강조하신, 유일한 주 יהוה 엘로힘에 관한 증거를 믿지 않는 자는 영혼의 목자 아닌 사냥꾼에게 노략질당한 잃어버린 영혼이다.

엘로힘 יהוה의 제사장들로부터 선지자들, 경건한 왕들, 그들이 가르친 절기나 모든 규례와 법도들이 오직 한 분 엘로힘 יהוה만이 상천하지에 유일하신 참하나님이시라고 증거하고 있다. 지금도 선민들이 세운 비석들이 그들을 부르신 아브라함의 엘로힘 יהוה만이 온 세상이 섬겨야 할 유일하신 엘로힘이시라고 증거한다(수 24:14-28).

약속의 땅에 들어간 선민이 이마에 붙이고 손목에 맨 계명이 제1계명이다. 잠잘 때, 깰 때, 식사할 때, 집을 나설 때, 길갈 때, 일할 때 등 어느 때에나 부지런히 가르쳐야 할 계명이 '주 יהוה 외에 다른 엘로힘을 섬기지 말라', '목숨을 다하여 제1계명을 지키라'이다.

만일 어떤 대단한 선지자가 나타나 기사와 이적을 행하며 יהוה 외에 다른 신을 섬기자고 하면 칼로 죽이라고 하셨고, 아내, 자식, 친구, 누구든지 יהוה 외에 다른 신을 섬기자고 하면 돌로 쳐 죽이라고 하셨다. 어느 고을이 יהוה 외에 다른 신을 섬기는 것이 드러나면 성읍의 모든 사람을 죽이고 모든 것을 불사르라고 명하셨다(신 13:1-18; 17:2-7).

구약의 의인들과 선지자들과 경건한 왕들 중에 יהוה 외에 다른 신을 섬긴 자는 전혀 없다. 선민들이 우상숭배로 인해 멸망할 위기에 놓이자 이사야 선지자를 통하여 증거하신 제1계명은 너무나 강력하고 명확한데 (사 43:10-13; 44:6-8; 45:5-7; 46:9,10) 이를 읽고도 믿지 않는 자라면 버림받은 자이다. 전지하신 엘로힘 יהוה께서도 '스스로 계시는 자' 외에 다른 신이 있음을 알지 못하신다고 선언하셨다.

④ 우상을 섬겼기에 우상들을 섬기라고 추방하신 것도 증거임

יהוה 엘로힘은 질투하시는 엘로힘이시므로 우상숭배의 죄는 3~4대까지 벌하시겠다고 경고하셨다(출 20:5). 선민들이 יהוה 엘로힘을 떠나 다른 신을 섬기면 망하고 목석들을 섬기는 나라로 잡혀갈 것이라 경고하셨다(신 4:24,28; 28:64). 일월성신이라는 신(神)은 태양(太陽/해)신과 달(月)신과 별(星辰)신들로서 니므롯(해)과 세미라미스(달)와 담무스(별)에 빗대어 만들어 최초의 우상숭배에서 섬겼던 삼위일체 우상이다. 선민들이 광야에서 40년간 방황한 것은 애굽에서 섬겼던 400년간 깊이 박힌 우상숭배의 근성 때문에 יהוה 엘로힘의 자비하심과 능력을 믿지 못하였기 때문이다(행 7:39-43). 엘로힘께서 반복적으로 경고하셨던 대로 북이스라엘과 남유다는 멸망 당하고 목석 우상을 섬기는 나라로 끌려가 그것들을 섬기다가 영원한 멸망 아래로 떨어지게 되었다(신 28:36,64).

여호수아도 선민들이 יהוה 외에 다른 신들도 섬긴다면 질투하시는 יהוה께서 불로 소멸하실 것이라고 경고했다(신 4:24; 수 24:19-28).

북쪽 이스라엘과 남쪽 유다가 멸망당한 것은 그들이 יהוה 외에 다른 신들을 섬겼기 때문임을 יהוה를 믿는 그들은 잘 알고 있다.

⑤ 오직 한 분의 יהוה 엘로힘의 임마누엘 약속

<12 유대인이나 헬라인이나 차별이 없음이라 한 주께서 모든 사람의 주가 되사 저를 부르는 모든 사람에게 부요하시도다 13 누구든지 주의 이름을 부르는 자는 구원을 얻으리라>(롬 10장)

이 말씀에서 '주'는 본래 יהוה이시고(신 6:4), 주님 곧 우리 엘로힘은 유일한 주님/יהוה이시다(막 12:29-32). 예수님은 유일하신 엘로힘 יהוה와 그리스도이시다. 도마는 예수께서 주 엘로힘이심과 세상 죄를 짊어지신 어린양이시라고 고백했다. 초대교회는 아버지와 아들과 성령이 예수이심을 목숨 걸고 전했다. 선민들은 지금도 우상숭배의 저주로 주 예수님을 믿지 못하나 이방인의 수가 충만하게 되고, 주 예수님께서 다시 오셔서 나타나실 그때, 그들도 도마와 바울처럼 고백할 것이라 하셨다.

2. 3세기에 등장한 양태론과 삼위일체론

(1) 3세기에 등장한 변질된 유일신론

① 1~2세기 유일신론과 다른 신론

성경적인 유일신론은 모든 성경에 기록되어 있다. 예수께서 가르치신 천국의 비밀에서 처음에 뿌린 곡식은 진리의 말씀이지만 나중에 뿌려진 씨는 가라지로 '다른 예수, 다른 복음'이다. 이것은 초대교회에 사도들이 증거한 진리가 아니요 마귀가 뿌린 거짓말이다(마 13:24,25).

처음 뿌린 진리의 씨는 예수께서 아버지와 아들과 성령이시며, 모든 침례는 아버지와 아들과 성령이신 '예수 이름'으로 침례를 준 복음이다. 인도자들이 세상적, 육신적인 생각에 서서히 젖어 들므로 졸고 잘 때, 원수/마귀가 와서 곡식 밭에 가라지를 덧뿌렸다(행 20:28-32).

거짓말의 아비 마귀, 뱀의 자식, 거짓 선지자들은 '다른 예수', '다른 복음'을 가만히 가르쳤다(고후 11:2-4,13-15). 민간에서 가만히 들어온 거짓 선생들이 자기 피로 사신 주 엘로힘이신 예수님을 왜곡하는 거짓말을 무리에게 가르쳤다(행 20:28,29; 벧후 2:1). 사도 요한은 영지주의 자들에게 예수께서 완전한 사람의 육체를 입고 임마누엘 하신 주 יהוה 엘로힘이시라고 증거했다(요일 2:18-24; 4:1-3). 유다도 교회에 가만히 들어와 홀로 하나이신 주재이신 예수 그리스도를 부인하는 이단과 힘써 싸우라고 권고했다(유 1:4). 예수님은 자신이 '스스로 계시는 자', '전능하신 분', '주 하나님', '알파와 오메가', '다시 오실 분', '다윗의 뿌리와 자손'이라고 증거하셨다(계 5:5; 22:13-16). 기록된 그 말씀에 가감하면 거룩한 성에 참여할 수 없고, 성경에 기록된 모든 저주를 받을 것이라고 경고했다. 만일 사도들과 신약 선지자들이 제1계명과 맞지 않는 신론을 기록했다면 절대로 신약성경으로 인정받지 못했을 것이다.

사도들의 가르침이 너무나 선명하고 확실하며, 보편적인 모든 교회가 사도들의 거룩한 문서(성서/신약성경)들을 따라 똑같이 믿었으므로 2세기의 교회들도 다른 예수, 즉 다른 신론과 다른 기독론을 전하는 자들은 극히 드물었고 영향력도 미미했다.

② 3세기에 뿌려진 유일신론이라는 양태론

3세기에도 보편적인 교회는 성경적인 유일신론과 기독론을 믿었었고, 그것이 주류(主流) 신론이었으며 정통이었다. 이 시기는 아직까지 신약성경이라는 이름으로 불려지지 않은 때였고, 오직 구약성경만 성경으로 밝혀지던 시기였음을 알아야 한다. 3세기에 보편적 교회의 정통신앙에서 벗어난 '유사(類似) 유일신론+기독론'을 믿는 자들이 등장했다. 정통주류 가르침에서 떠난 자들의 주장을 정확하게 다 알 수 없다. 다만 전해지는 자료에 의하면, 그들은 개종 이전의 이교도 때 믿던 바벨론종교의 삼신 영향을 받아 삼일(三一)이라는 틀 안에서 신론+기독론을 이해하려 했다. 현존하는 그들의 자료가 매우 적을 뿐 아니라 그들을 적대시하고 왜곡했던 글에서 역추적한 내용으로나 짐작할 뿐이므로 정확성도 떨어진다. 이교도에서 개종한 자들은 바벨론의 삼신과 교회의 일신을 합친 것으로 초대교회의 신론이라 주장, 유사 양태론자들을 이단으로 몰았고, 제왕이 세운 제국기독교로 자리를 잡은 후에는 아버지와 아들을 아는 자들까지 무수히 살해했다. 그 결과 거짓된 신론과 기독론뿐만 아니라 이교도의 온갖 잘못된 교리를 받아들여 혼합종교로 변해갔다.

히폴리투스(170?-236년?)는 '노에투스(Noetus, 180~200년?)가 아버지가 친히 성육신하시고 그리스도가 되어 고난받고 죽었고 스스로 부활하셨다'라고 가르친다고 공격했다.

<그리스도를 진실로 하나님이라고 인정한다면 그는 바로 아버지(the Father) 자신이다. 하나님 자신인 그리스도가 고난을 겪으셨다는 것은, 결과적으로 하나님 자신인 아버지가 고난을 당하신 것이다.>[52]

190년경 로마에서 노에투스의 제자라는 프락세아스(Praxeas)도 '창조주 하나님은 아버지 한 분으로 아버지 자신이 동정녀에게 들어가 친히 동정녀(the Virgin)에게 태어나시고 친히 수난을 당하셨는데, 그가 곧 예수 그리스도(Jesus Christ)이시다."라고 주장하였다고 한다.[53]

만일, 노에투스나 프락세아스가 '하나님이 그리스도'라고 주장했다면 이는 하나님을 '하나 안의 셋'의 틀로 해석한 것이다. 오늘날 유일하신 하나님이 아들 역할을 한 것으로 믿는 신자들은 삼위일체론자들로부터 '성부수난설주의자'라는 공격을 받고 있다.

일신론(一神論)에 속하는 양태론(樣態論/Modalism)/양식론(樣式論)은 '아버지와 아들과 성령을 한 하나님의 세 역할'로 설명한다. 한 분의 주 하나님께서 아버지, 아들, 성령이라는 세 가지 상태/양식으로 역사하신 다는 주장이다. 하나님은 한 분이시고, 예수님이 하나님과 사람이기에, 아버지는 예수님의 신격, 아들의 예수님의 인격, 성령은 하나님의 영이라 주장한다. 한 분의 하나님이시라는 제1계명을 벗어나지 않으려고 한 하나님께서 아버지 역할도 하시고, 아들 역할도 하시고 성령 역할도 하신다고 설명한다. 한 하나님이 아버지, 아들, 성령이라는 세 개의 얼굴 (헬-프로소폰, 라-페르소나)들을 가졌다는 신론(神論)이다.

③ 3세기에 등장한 터툴리안의 삼위신론

안디옥의 감독(160-190년?)이었던 데오필로스(Θεόφιλος)는 '변호'라는 그의 책에서 그리스어로 τριάς[트리아스]라는 단어를 사용했다. 물론 그것은 '아버지와 아들과 성령'이라는 칭호를 가리키는 것은 아니었다. 그는 '하나님, 그분의 말씀(로고스)과 지혜(Sophia)'를 '트리아스'로 표현했다.[54] 초기 일부 교회에서는 성령을 하나님의 지혜와 동일시했다.[55] 이와 같은 표현은 리용의 이레니우스에게도 나타난다.

<주의 말씀으로 하늘이 세워졌고, 말씀이 몸과 존재의 실체를 세웠으며, 성령이 질서와 힘의 다양성을 이루게 하였다. 그 말씀은 아들로 불리고 성령은 하나님의 지혜로 불린다.>[56]

데오필로스의 '트리아스론'이 삼위일체론에 영향을 주었을 것이다.

Q. S. F. 테르툴리아누스(Quintus Septimius Florens Tertullianus, 155년?~225년?, 줄여서 터툴리안/Tertulian)는 북아프리카 카르타고의 이교도 가정에서 태어났다. 그의 아버지는 총독 관저의 백부장이었고, 그는 법률을 공부하여 변호사가 되었고, 순교자들의 모습에 감동받아 195년경에 기독교로 개종하였다. 얼마 후 그는 라틴어 기독교 저술에 982개의 기독교 용어들을 처음 사용했는데 후대에 '삼위일체'로 번역된 trínĭtas[트리니타스]도 그것 중 하나이다. 3세기에 터툴리안이 '하나님은 삼위일체이시다'를 "una[우나](하나/one) substantia[숩스탄티아](본질/본체) tres[트레스](셋/three) persona[페르소나](가면/얼굴)"라고 가장 먼저 주장하였다고 한다.

터툴리안은 삼위일체론(트리니타스)을 '하나님의 한 본체에 각기 다른 세 인격(라-페르소나)을 가지셨다'라고 진술했다. 그는 한 하나님 안에 각각 다른 세 페르소나(인격/배우)가 있다고 주장했다. 터툴리안은 이 주장으로 인해 삼위일체론의 아버지라는 이름을 듣게 되었다. 그와 논쟁 상대였던 사벨리우스는 라틴어 persóna[페르소나]에 해당되는 헬라어인 πρόσωπον[프로소폰]을 사용했다. 헬라어 '프로소폰'이나 라틴어 '페르소나'의 뜻은 배우의 얼굴, 모양, 가면(假面)을 의미한다. 터툴리안은 그의 저술에서 사벨리우스가 '하나님이 창조 시에는 아버지로, 구속에서는 아들로, 성화(聖化) 때는 성령이라는 세 프로소폰(얼굴/역할)을 하시므로, 아버지와 아들과 성령은 유일하신 하나님과 별개의 인격이 아니라 같은 한 하나님의 다른 칭호(Title)들'이라고 주장했다고 기술했다. 이는 "한 분 하나님이 아버지와 아들과 성령으로 세 프로소폰(역할/가면/얼굴)을 보이실 뿐이다"라는 신론인 양태/양식론이다. 터툴리안은 사벨리우스의 양태론에 대해 하나님이 아들 가면(프로소폰/페르소나)을 쓰시고 아들 역할(프로소폰/페르소나)을 했다면 성부 하나님이 십자가의 고난을 받은 것이라는 말이므로 이는 '성부 하나님을 십자가에 못박은 신론'(성부수난설)이라고 강하게 비난했다.

④ 양태론의 비성경적인 모순점들

사도들과 초대교회 선지자들, 교사들, 전도자들이 기록한 문서들은 1~2세기의 교회들에 보편적으로 회람(回覽)되었다. 사도들 후대에 다른 가르침을 전하는 자들과 사도들과 신약적 선지자들의 이름을 도용한 저술들이 등장하자 정경(正經)을 구별할 필요가 생겼고, 구별시킨 문서를 신약성경이라 명명했다. 예수께서 세우신 모든 사도가 신약성경을 기록하지는 않았다. 신약성경을 기록하지 않은 사도라고 하여 그의 권위를 인정하지 않는다면 예수님의 위임 권위를 부인하는 것이다. 신약성경을 기록한 자이기 때문에 다른 사도보다 더 영적이거나 더 뛰어난 자라고 볼 수도 없다. 마가나 누가는 사도가 아니지만, 복음서를 기록했는데 그들이 나다나엘이나 야고보, 도마 등 다른 사도들보다 더 큰 영적 권위를 가졌다거나 더 깊은 진리의 지식을 가졌다고 할 수는 없다. 2~3세기의 남겨진 기록이 다른 모든 자의 신앙을 대표하는 것도 아니다.

양태론을 주장했던 몇몇 지도자들이 그 시대의 보편적인 신론을 대변, 대표하는 자들이 아닐 뿐만 아니라, 가장 뛰어난 성경 교사들도 아니다. 다만 그들의 저술이나 활동이 그들과 대립하던 자들과 논쟁에서 세상에 알려졌고, 또한 그 일부가 후대에 전승되었을 뿐이다. 사도시대에 등장했어도 이단의 글은 성경과 동등한 것이 아니다. 양태론은 유일신론을 지키기 위한 목적은 좋았지만, 방법과 결과는 그렇지 못하다. 하나님의 시각으로 보아야 교회사의 참된 증거를 얻을 수 있다.[57]

양태론이 가진 근본적인 문제점에 관해 알아본다.

ⓐ양태론은 홀로 하나이신 하나님을 셋이라는 틀 속에 가두었다

3세기의 양태론자들이 하나님을 '하나 안에 셋'이라는 틀로 설명했던 것은 오랫동안 지배받아왔던 이전 바벨론종교의 삼위신에서 벗어나지 못했기 때문이다. 양태론자들이 '셋이 하나'라는 틀에서 하나님을 설명해온 것은 안타깝게도 '삼위가 하나'라는 구조에 갇혀서 1세기의 '오직 하나'의 진리에서 벗어났기 때문이다.

성경은 하나님을 '셋으로 하나'가 아니라 '오직 하나'라고 증거한다.

<이스라엘아 들으라 우리 하나님(엘로힘) יהוה는 오직 하나(히-에하드)인 יהוה시니>(신 6:4)

'오직 하나'라고 번역된 히브리어인 אחד[에하드]는 구약성경에 1000번이나 나온다는데 '하나'(one), '같은'(same), '오직'(only)이라는 뜻으로 사용된다. 한글개역성경에서는 '오직 하나', '홀로 하나'라는 뜻으로 번역하였다. 영어 성경들은 대부분 one으로 번역했고 only, alone 등으로도 번역했다. 위 말씀은 엘로힘 יהוה께서 제1계명으로 돌판에 친히 기록해주신 증거에 근거한다. 선민들은 이 말씀들을 기록한 테필린과 메주자를 지금도 사용함으로 יהוה만을 섬기는 믿음을 지키고 있다.

'오직 하나'이시며 '홀로 하나'이신, 유일무이한 절대자는 제1계명에 직접 증거해 주신 대로 '엘로힘 יהוה'뿐이시다(왕하 19:15,19).

<יהוה께서 천하의 왕이 되시리니 그날에는 יהוה께서 홀로 하나이실 것이요 그 이름이 홀로 하나이실 것이며>(슥 14:9).

이 구절에서는 '에하드'가 두 번이나 기록되었고, 한글개역성경에는 두 번 다 '홀로 하나'라고 번역되었다.

ㄲㄲ께서만 엘로힘이 되시고 그 성함도 오직 하나이실 것이라고 증거하신 것이다. 예수님의 진리 말씀을 배운 제자들이 기록한 신약성경도 '홀로 하나이신 하나님'으로 증거하고 있다.

<만세의 왕 곧 썩지 아니하고 보이지 아니하고 <u>홀로 하나(모노스)</u>이신 하나님께 존귀와 영광이 세세토록 있어지이다 아멘>(딤전 1:17)

<기약이 이르면 하나님이 그의 나타나심을 보이시리니 하나님은 복되시고 <u>홀로 한 분(헬-모노스)</u>이신 능하신 자이며 만왕의 왕이시며 만주의 주시요>(딤전 6:15)

'홀로 하나'로 번역된 헬라어는 μόνος[모노스]인데 '유일한', '혼자', '홀로', '하나만', '단지'라는 뜻의 단어이다. '유일하신' 주 하나님이라고 증거할 때 '모노스'를 썼다(요 5:44; 17:3; 유 1:4,25; 계 15:4).

하나님은 셋으로 하나가 아니라 '홀로 하나'이시며 무소부재하신 분이므로 '셋이 하나'라는 틀에서 벗어나야 진리를 깨닫는다.

ⓑ한 분 하나님은 세 가지 페르소나를 가지신 분이 아니다

양태론자들은 아버지, 아들, 성령이 한 하나님의 세 역할이라고 한다.

<아버지, 아들, 그리고 성령이라는 용어들이 세 개의 각기 다른 위격, 인격, 의지, 또는 실존을 의미할 수 없다는 것은 자명(自明)하다. 이 용어들은 한 영적 실존 -한 하나님-의 다른 면들과 역할들을 의미할 뿐이다.>[58] <그러나 이 성구는 아버지, 아들, 그리고 성령이 별개의 세 인격들이라고 말하지 않는다. <u>오히려 이것은 아버지, 아들 그리고 성령의 칭호(稱號)들이 한 이름, 따라서 한 실존(實存)을 밝혀주고 있음을 가르친다.</u>>[59] <아버지, 아들, 성령은 모두 한 하나님을 묘사하고 있으므로 마태복음 28장 19절에 있는 문구는 단순히 <u>한 하나님의 한 이름을 묘사하는 것이다.</u>>[60] <마태복음 28장 19절은 한 하나님 안에서의 세 인격을 가르치는 것이 아니라, 그 모두가 예수 그리스도에게 마땅히 적용되는 <u>하나님의 세 가지 칭호들을 제시하고 있다. 이 칭호들은 하나님의 역할들이나 하나님의 계시의 양태를 요약하고 있다.</u>>[61] <본 장에서 우리는 <u>세 가지 특출한 하나님의 나타나심</u>을 논했다. 이것이 하나님께서 단지 이 <u>세 가지 역할들</u>에게 제한되었음을 뜻하는가? 아니다.>[62]

아버지와 남편과 목사가 '한 사람의 세 칭호/역할'이라는 말이다.

'페르소나'는 배우의 '얼굴', '가면', '역할'을 의미하는데 하나님께서 '아들 역할(페르소나)'을 하시는 것이 아니라 완전한 사람이신 예수께서 아들 역할을 완전하게 하신다. 'ㅋㅋㅋ께서 아버지와 아들과 성령의 역할을 하신다'와 '예수께서 아버지와 아들과 성령의 역할을 하신다'는 진술은 크게 다르다. 왜냐하면, ㅋㅋㅋ 엘로힘은 유일하시고(에하드/모노스) 완전한 하나님이실 뿐 사람이 아니시지만, 예수님은 유일한 ㅋㅋㅋ 엘로힘이시며 완전한 사람이기 때문이다. 하나님께서 아버지 역할(페르소나)을 하시면 '아버지 하나님', 주님 역할을 하시면 '주 하나님', 남편 역할을 하시면 당연히 '남편 하나님'이시다. 하나님께서 아들 역할을 하신다면 당연히 '아들하나님'이 될 수밖에 없다.

양태론자들도 '하나님 즉 주님은 영'이시라고 믿고 있다(요 4:14; 고후 3:17). 또한, 하나님만 절대적으로 거룩하시고, 하나님의 영은 거룩하신 영(성령/聖靈/holy Spirit)이라고 믿고 있다. 그러나 하나님께서 성령의 역할을 하신다고 굳이 설명하는 것은 '하나 안에 셋'이라는 바벨론 종교 사상에서 완전히 벗어나지 못하였고, 셋을 완전히 부인하면 이로 인해 맞게 될 비난이나 핍박을 피하려는 의도가 엿보인다.

ⓓ양태론은 성부수난 이단설이라는 비난을 자취하고 있다

한 주 하나님/아버지가 아들이라는 페르소나(가면/얼굴)로 십자가에서 죽으시고 부활하신 역할을 하셨다는 설명은 진리가 아니다. 양태론자는 한 사람이 아내에게는 남편으로, 교회에서는 목사로, 신학교에서 교수일지라도 같은 한 사람이고, 물(H_2O)이 상온에서는 '액체' 모양, 영하에서는 '고체' 모양, 100℃ 이상일 때는 '기체' 모양으로 있으나 '각 모양만 다를 뿐 같은 물(H_2O)'이라는 비유를 들어 양태론을 설명한다. 따라서 양태론자들은 '아버지 하나님이 십자가를 지고 고난당하셨다고 주장하는 자들'이라는 비난을 받는데 사실 그들의 자업자득이다.

더구나 양태론은 죽으실 수 없는 하나님께 모욕을 끼쳐드린다(딤전 6:15,16). 하나님께서 죽는 역할을 하셨다는 설명은 완전한 사람으로서 아들이 물과 피를 다 쏟으신 완전한 속죄의 은혜를 가짜로 만들게 된다. 또한, 하나님의 아들이 완전한 사람이심을 무시하는 것이기도 하다.

ⓔ양태론은 아들 안에 하나님의 영(靈)만 있다고 주장한다

양태론자들은 '하나님의 성육신(成肉身)'이라는 말을 하나님께서 육신만을 입으셨고 육신 안에 오직 하나님의 영만 있다는 말로 귀결시킨다. 하나님이 육체만을 옷처럼 입으셨다는 의미가 하나님께서 육체인 사람/아들이라는 페르소나(가면, 얼굴)를 쓰셨다는 말이다. 양태론자들은 주 '하나님이 육신을 입으셨다'라는 말씀을 '하나님이 육체가 되셨다'라는 말과 같은 의미라고도 주장한다. 그들도 하나님의 아들이신 예수님 안에 사람의 영도 있었다고 인정하여 단성론(單性論)자인 아폴리나리우스가 받았던 이단 정죄는 피하고 있다.[63] 그러나 아들 안에는 하나님의 영만 있다는 말로 결론을 내림으로써 '하나님이 세 가지의 프로소폰/페르소나/가면/얼굴을 가지셨다'라는 양태론을 위하여 '아들/그리스도의 영'이 사람의 영이라는 진리는 부인하고 있다.[64]

만일, 예수 그리스도 안에 아들의 영이 없다면 완전한 사람이 아니며 완전한 구속자의 자격을 갖춘 것이 아니다. 만일 둘째사람에게 사람의 영이 없었다면 하나님과의 교제도 안 되고, 구약의 제물인 동물과 크게 다를 바 없다. יהוה의 영은 오직 하나님의 영이지만 예수님의 영은 하나님과 그리스도의 영이시다(롬 8:9). 누구든 하나님의 아들의 영을 받지 않으면 하나님의 아들로 거듭날 수도 없다(갈 4:6). 중보자는 하나님과 사람 사이에 완전한 사람(영)이어야 한다(딤전 2:5). 아들의 영이 멜기세덱의 반차를 좇는 신령하고 진정한 영원한 대제사장이라는 말씀이다(히 5:5-10; 6:20; 7:3,4; 8:1; 9:11,12).

ⓕ예수님의 육체를 마리아로부터 받았다는 양태론자들

양태론자들은 그리스도께서 혈과 육을 마리아로부터 받았기 때문에 '여인의 후손'이라고 주장한다. 그들은 죄가 법적으로 부성(父性)을 통해 전해지므로 마리아를 통해 태어난 육체는 죄가 없다고 한다. 이와 달리 성경은 아담이 범죄할 때 모든 후손이 아담 안에서 죄에 동참하였고(히 7:10), 그때 모든 사람의 영이 그 안에서 죄로 인해 죽었다고 선언한다(고전 15:22). 아담이 범죄할 때 마리아도 함께 아담 안에 있었고 죄로 인하여 그녀의 영도 죽은 채로 태어났다. 마리아의 육체도 아담 안에서 범죄했으므로 그녀의 육체도 죄 때문에 흙으로 돌아갔다.

성경은 예수께서 마리아의 살과 피를 받고 태어났다면 죄와 사망을 받은 몸으로 태어난 것이라고 증거한다. 만일, 죄가 부성만을 통해 전해진다면 아담이 범죄하지 않은 채 범죄한 하와와 동침해도 죄인이 아닌 자녀(子女)를 낳을 수 있다는 말이 된다. 성경의 기록과 하나님의 법으로는 그럴 가능성이 없다. 성경은 아담이 죄인과 동침한다면 그 죄인과 한 몸이 된다고 증거한다(고전 6:16).

생물학적으로 사람의 육체는 부모로부터 23쌍의 염색체를 받아 태어난다. 부성으로부터는 받지 않고 모성에서 23개의 염색체만을 받았다면 주 하나님께서 세우신 생물학적 법칙으로는 완전한 사람이 될 수 없다. 염색체가 한두 개가 없거나 더 있을 때는 심각한 장애가 생긴다. 만일, 부성에서 받을 것을 하나님께서 기적으로 주셨고, 마리아로부터 23개의 염색체만 받았다고 할지라도 모순이다.

1996년 7월 5일, 포유동물 복제로 알려진 양 '돌리'는 6년 된 암양의 유선(乳腺) 조직에서 채취한 세포핵과 핵을 제거한 난자를 결합해 대리모 양을 통해 태어나게 한 복제양인데 6년 7개월 만에 안락사시켰다. 이와 같은 복제로 태어난 여성은 죄인이 아니므로 영생한다는 말이고, 성전환하면 의인 아빠가 된다. 하나님께서 아담의 마지막 자손의 모든 것까지 다 아시고 책에 기록하셨다. יהוה께서 정하신 출생의 법칙을 따라 아담 안에서 모두가 죽었다는 선언은 변함이 없다(고전 15:22).

이에 대한 문제점을 익히 알기에 로마카톨릭교는 '마리아의 무염시태설(無染始胎)'와 마리아가 죄를 짓지 않은 채로 잉태하였다고 주장한다. 또한, 개신교는 성령이 마리아에게 임하셔서 잉태케 하실 때 죄의 유전으로부터 보호하셨기 때문에 마리아의 살과 피를 받았어도 무죄하다고 주장한다. 이런 교리들은 성경에 없는 말을 더하는 것일뿐더러, 당시에 '가현설'을 주장했던 영지주의자들에게까지 증거한 '말씀이 육신이 되셨다'(요 1:14)는 진리를 부인하고, 다른 말씀들에 대한 신뢰성까지 떨어뜨리는 결과를 가져온다. 예수께서 말씀이 육체가 되신 몸으로 산 장막을 치셨고, 그 장막은 마리아의 육체와 달리, '첫 창조에 속하지 않은, 더 크고 온전한 장막'인 무죄한 육체로 된 것이다(히 9:11; 10:20).

⑨양태론자들은 아들직이 끝이 난다고 주장한다

양태론자들은 아담의 범죄를 하나님이 미리 아시고, 죄를 대속하려고 하나님이 잠시 육체를 입으셔서 구속하실 것을 예정하셨고, 구속이 완성된 후에는 하나님의 아들 역할은 끝나고 아버지 하나님으로서의 역할만 영원하다고 주장한다. 사실상 사람이신 아들은 없이, 하나님께서 아들 역할을 하신다면 심각한 오류가 아닐 수 없다(딤전 2:5).

양태론자들은 '아들이 만유를 아버지께 복종케 하신 후에는 아들 자신도 아버지께 복종하신다'(고전 15:28)라는 말씀이 아들의 역할이 끝나는 것을 의미한다고 주장한다. 그들은 사람이신 아들의 영이 하나님의 영 안으로 침잠(沈潛)되거나 흡수(吸收)되어 사라진다고 주장한다. 그들은 그리스도를 완전한 사람이라 믿는다면서도 아들이 역할이 없어진다고 주장함으로써 유일한 중보자로서 사람인 아들이 없어진다고 주장하는 것이다. 그렇지만 이러한 주장은 성경에서 완전히 벗어난 그릇된 주장에 불과하다. 사람으로서 예수께서 죽고 부활한 몸이 신령하고 영원한 참된 성전의 머릿돌이다(계 21:22). 이 성전을 하나님의 영원한 역할이라고 주장한다면 삼위일체론을 비성경적이라고 공박할 기본적인 진리도 갖지 못했다는 말이다. 머릿돌이 빠진 성전이라면 완전한 성전이 될 수 없다. 예수님의 속사람은 맏아들로서 멜기세덱의 반차를 좇아 영원토록 대제사장이시다. 하나님의 아들로서 사람이신 중보자 그리스도로서 대제사장 직분이 영원하다고 하나님께서 여러 번을 증거하셨다(시 110:4; 히 4:6; 6:20; 7:17,24,25,28; 13:8). יהוה 엘로힘께서 대제사장 역할을 하신다면 참된 중보자의 진정한 사역이 아니다(딤전 2:5). 주 하나님/아버지와 대제사장/사람/아들은 동등한 신격이 아니다. 아들이 멜기세덱의 반차를 좇아 영원한 대제사장이 되셨다고 하나님께서 맹세하셨는데도 양태론을 위해 아들 역할이 끝난다고 주장함으로써 주 하나님의 약속과 맹세라는 불변의 두 사실을 부정하고 거짓말하신 것으로 만든다(히 7:21). 아들인 예수 그리스도는 하나님의 후사, 상속자이다(마 21:38; 막 12:7; 눅 20:14; 롬 8:17; 엡 3:6; 히 1:2). 주 하나님 아버지의 유업을 물려받은 상속자나 후사인 아들의 역할이 끝날 수 없다. 하나의 보좌에 하나님의 형상으로서 아들이신 어린양이 영원히 앉아 계신다(계 22:1-4). 이것도 아들로서 하시는 중요한 역할 중 으뜸인 것이 확실하다.

하나님의 아들 예수 그리스도는 한 새사람의 머리이다(엡 1:22; 2:15; 4:15; 5:23; 골 1:18). 머리가 없는 한 새사람이라는 양태론은 참복음의 진리마저 훼손시킨다. 양태론은 하나님께서 아담을 독생자의 모형으로 만드셨다는 의미조차 전혀 깨닫지 못한 교리이다.

양태론자들은 '태어남(시작)이 있는 아들이므로 아들은 영원하지 않다' 라고 주장함으로써 또 다른 허점을 노출한다. 태어나 시작이 있는 아들들도 거듭나면 영원히 살고, 피조물들도 다 시작이 있지만 영원한 것이 많다. 하나님께서 지으신 지옥에서 사단과 죄인이 영원히 고통받는다. '영원한 아들'이라는 말이 결코 '아들하나님'을 증거하지 않는다. 아들이 시작이 있기에 영원하지 않다는 논리는 삼위일체의 거짓됨을 증명하지 못할 뿐만 아니라 유일신론과 복음 진리마저 의심케 한다.

독생자는 시간을 지으시기 전에 낳으셨으므로 시작한 날이 없을 뿐만 아니라 생명의 끝도 없는 아들/사람이다(히 7:3,4).

ⓗ성령의 간구는 자기가 자기에게 간구하는 것이 아니다

한 분 하나님께서 아버지와 아들과 성령의 역할을 하신다고 주장하는 양태론은 성령이 친히 간구하신다(롬 8:26,27)는 성경의 말씀도 억지로 해석한다. 하나님은 거룩한 영이신데, 아버지 하나님이 성령의 역할을 한다면 '자기가 자기에게 기도하는 것'이 된다. 하나님이 자기에게 친히 간구한다면 그것은 간구라고 할 수 없다. 하나님이 성도에게 기도하도록 힘주고 격려하는 의미라는 설명 역시 설득력이 없다. 아들로서 사람의 완전한 중보자 역할을 사람이 아니라 하나님이 하신다는 억지 논리를 버리지 않으면 삼위일체론을 깰 수가 없다. 하나님의 영과 그리스도의 영(롬 8:9)이 하나님의 같은 영이라는 양태론은 삼위일체론 못지않게 그릇되었다. 그리스도의 영은 그리스도인 사람의 영으로서 '하나님을 경외하는 영'이다(사 11:1,2). 아들의 영은 대제사장인 그리스도의 영이며, 그의 속사람이다. 사람이신 예수님은 겉사람으로는 어린양이셨고, 속사람인 성결의 영/아들의 영/그리스도의 영으로는 신자 안에 오셔서 죽은 그의 영을 살리시고, 거듭남, 하나님의 영(靈)께 하나로 연합시키시는, 완전한 중보자가 되셨다(갈 4:6; 딤전 2:5).

ⓘ아버지와 아들과 성령은 신격과 인격의 역할임

변검(變瞼)이란, 한 배우가 13~20여 개의 가면(페르소나)을 쓰고 공연 중에 순식간에 다른 배역으로 가면을 바꾸는 기술이다. 한 분 하나님이 남편, 아버지, 창조자, 왕, 주님, 목자, 구원자, 재판관 등 신적인 수많은 역할을 동시에 여러 곳에서 하실 수 있다. 아들 역할은 하나님이 하시는 것이 아니라 완전한 사람이 한다. 새언약의 하나님으로서는 당연히 성령 (holy Spirit)으로 역사하시지만, 아들의 영으로서 성령(spirit)의 역할은 사람이신 그리스도의 영이 한다(롬; 8:9; 갈 4:6; 딤전 2:5). 사람으로서 그분의 대표적인 역할은 겉사람으로서 어린양의 역할, 속사람으로서는 대제사장의 역할이다. 홀로 하나인 주 יהוה 엘로힘은 절대로 '트리아스' (삼위)라는 틀 안에 계시지 않는다.

ⓘ양태론을 반대하는 유일신론자들은 시대별 3위론도 주장한다

양태론이 '자기가 자기에게 기도한다는 설'과 '성부수난설'이라고 비난 받자 하나님이 창조 때부터 아들로 오시기까지는 성부시대, 아들이 오신 후부터는 성자시대, 승천 후에 성령으로 오신 후부터 재림까지는 성령시 대라는 '시대적 3위신'을 주장하는 자들이 생겼다. 이것은, 지난 이천 년 동안 아버지와 아들은 역할도 없다는 의미의 황당한 주장이다.

⑤ 터툴리안과 오리겐도 삼위일체 종속론, 양태론을 가르침

터툴리안은 '종속적 삼위일체론'(subordinatianische)도 주장하였다. 그는 아들과 성령은 아버지와 하나이지만 그런데도 동시에 "아버지는 아들과 다른 존재이다. 그는 아들보다 더 크다. 왜냐하면 탄생시킨 자는 탄생한 자와는 다른 존재이기 때문이다. 그리고 보낸 자는 보냄을 받은 자보다 더 크기 때문이다."라고 강조했다[65] 성부, 성자, 성령을 구분해 성자와 성령이 성부에 종속된다고 주장한 것이다. 그는 성부와 성자와 성령을 각각 수원(水原)과 하천(下川)과 강(江)에 비유했고, 나무뿌리와 줄기와 가지에 비유하였고, 본체인 태양에 빛과 열이 있는 것과 같다고 설명했는데 이는 양태론과 같은 설명이다. 만일 태양에 빛이나 열 중의 하나가 없다면 완전한 태양이 될 수 없음을 그가 깨닫지 못했던 이유는 미혹하는 영(靈)의 역사를 따랐기 때문이다.

삼위일체론의 역사를 한껏 끌어올리기 위해 '트리니타스'를 처음 사용한 터툴리안을 삼위일체론의 아버지라 치켜세우지만, 그의 삼위일체론은 소위 정통 삼위일체론으로 볼 때 명백한 이단이다. 터툴리안을 삼위일체론의 아버지라 믿는 자는 이단의 후손임을 자처하는 셈이다.

터툴리안은 '트리니타스'를 주장하면서 하나님의 경영(오이코노미아/dispensatio)에서 세 페르소나가 하나님 안에 선재(先在)했고, 관계와 질서를 따라 나왔다고 주장했는데 이를 삼위일체론자들은 '경세적(經世的) 삼위일체'(ökonomische Trinitätslehre)라고 칭하지만 '양태론'과 다르지 않다. 터툴리안은 프락세아스의 양태론을 '성부수난설'이단이라 정죄하면서, '죽임당한 하나님'(Deus mortuus), '십자가에 달리신 하나님'(Deus crucifixus)이라고 주장한 자신의 신론에 관해서는 분별하지 못하는 혼란에 빠져있었다. 터툴리안은 로고스가 육체 안에 임하였고, 육체적인 옷을 입었다고 믿었으나 로고스가 육체로 변한 것은 아니라고 했다. 그의 삼위일체론은 온갖 모순들을 섞어놓은 혼미함 자체였다.

오리게네스/오리겐(Origenes/Origen, 185년경-254년경)은 알렉산드리아에서 출생했고, 아버지 레오니데스(Leonides)는 기독교 박해 때에 순교했다. 오리겐은 어머니와 6인의 제매(弟妹)의 생활을 위하여 필경(筆耕)과 학생을 가르치는 일을 했다. 18세 때 클레멘트를 뒤이어 세례 지원자 학교를 맡았고, 암모니어스 삭카스(Ammonius Saccas)에게서 철학을 배웠다. 성경연구에 힘썼으나 우화(寓話)적인 해석법을 활용했다. 그는 스스로 고자가 되었는데 이로 인해 알렉산드리아의 감독으로부터 감독 안수를 거부당하자 팔레스타인 가이사랴 감독에게 안수를 받았고, 수도승과 같은 엄격한 생활을 했다. 그는 영혼선재설(靈魂先在說)을 주장했으며, 예수님의 십자가 구원 외에 다방면의 구원도 주장했다. 악인들은 물론 사단 마귀도 결국 구원을 받는다고 주장했다. 250년 데시우스 황제의 박해 때 악형과 고문을 당하고 투옥되었다가, 254년 두로(Tyre)에서 석방된 지 얼마 안 되어 후유증으로 숨을 거두었다. 구교와 신교에는 신학과 철학을 결합한 그를 위대한 학자로 보는 자들이 많다. 물론, 오리겐을 위대한 학자로 본다는 자체가 얼마나 비성경적인 신앙을 가졌는지 보여주는 증거라 하겠다.

오리겐의 삼위일체론은 히폴리투스, 터툴리안, 노바티안보다 철저하게 성부, 성자, 성령의 순으로 차등을 둔 종속론을 주장하였다. '로고스는 아버지와 하나이며 같은 본질(헬라어-호모우시오스)을 가지고 계시나, 다른 한 편으로 그는 하나의 존재하시는 분이며, 특별한 인격이시다. 아버지와 로고스는 같은 뜻을 갖고, 같은 일을 하시는 두 인격이시며 한 하나님이시다. 그러나 성품이 같은 아버지와 로고스 사이에 있어서 차등(差等)이 있다. 아버지께서 아들을 지으셨기에 아들은 아버지께 아버지에게 종속된다'라고 주장했다. 그는 한 하나님 안에 제3의 인격으로서 성령을 더했지만, 성령이 하나님이심을 논증하지 않았으며, 성령은 아들에게 종속된다고 주장했다. 성령은 아버지와 아들로 말미암아 처음으로 지음받은 것이며, 이 삼위 하나님은 그 지배하는 영역이 다르고, 원리가 되는 성부는 하나님이시며, 이성은 로고스-성자에게서 나오고, 성결케 하는 것은 성령이라 주장했다.66) 오리겐은 신플라톤 사상을 원용(援用)하여 이처럼 위계적인 신론을 폈다. 따라서 그가 사용했던 '동일본질'을 의미하는 헬라어 '호모우시오스'는 그의 제자들이 활동한 325년 니케아회의 때까지 사용을 금지당한 용어가 되었다.

(2) 교부신학의 삼위일체신과 하늘여신 숭배

① 콘스탄틴이 기독교를 여러 종교 중의 하나로 인정함

로마제국은 주후 64년 로마의 대화재 원인을 그리스도인들에게 뒤집어씌우고 제국 전역에서 대대적인 박해를 가했다. 처절한 박해 속에서 증인(헬-마르튀스)들이 순교자(martyr)로서 피를 흘렸고, 오히려 교회는 정결하고 힘차게 성장했으며, 로마의 신전(神殿)들은 문을 닫을 지경에 이르렀다. 극도로 잔인한 핍박이 313년까지 계속되었다.

삼위일체론은 성령의 계시로 정립된 것이 아니며, 성경연구를 통하여 얻은 결과도 아니다. 삼위일체론은 콘스탄틴이 정치적 야망을 위해 불러모은 어용교직자들이 세상적 육신의 탐욕을 이루기 위한 목적으로 배교의 결과로 만들어진 것이다. 제1계명이나 성경에는 '삼위일체'라는 용어뿐만 아니라 그 유사한 개념조차도 없다.

삼위일체론은 바벨론의 후신인 로마가 니므롯의 우상을 위해 3위를 앞세운 뒤에 교회의 1체를 붙여서 만들어 낸 신론이다. 그 누구도 알 수 없고 이해할 수도 없으므로 무조건 믿어야 한다는 교리이다.

제왕과 교직자들의 권력의 야망, 탐욕의 열매인 3위1체론의 배경은 그들이 거짓으로 꾸민 내용으로만 알려졌기에 진실을 모르는 모든 이가 속고 있다. 바벨론의 후예들은 콘스탄틴을 대제로 추앙하나 콘스탄틴의 기독교는 하나님나라가 전혀 아닌, 자신을 위한 추악한 혼합종교였다. 성경, 주 하나님의 시각으로 보자면 콘스탄틴(콘스탄티누스)은 니므롯과 같고 장차 나타날 적그리스도와 같을 뿐이다. 영국의 역사가 E. 기번이 "인류사상 가장 행복한 시대"라고 칭찬했던 소위 오현제의 시대는 '로마 제국의 전성기'였으나 그리스도인들에게는 지독한 핍박, 순교 시기였다. 제국의 증오와 박멸의 대상이었던 기독교를 콘스탄틴이 어떻게 변질시켰는지 교회 역사를 제대로 알아야 한다고 기록했다.

칼로 세운 로마는 군부의 부패로 이어졌고, 약 50년간 18명의 제왕이 군부의 반역과 암살로 세워졌고 사라졌다. 노예의 아들로 태어나 제왕의 친위대장이 되었다가 제왕이 암살된 후 군부에 의해 제왕이 된 디오클레티아누스(284-305년)는 '아구스도'(Augustus)급 두 명의 정제(正帝)와 '가이사'(Caesar)급의 두 부제(副帝)를 두어 경쟁자들의 야망을 제어하는 사두정치(四頭政治)를 시작하였다(293년). 절대권력자인 동로마의 정제인 디오클레티아누스는 자기 아래에 사위인 갈레리우스(Galerius)를 부제로 앉히고, 사병 출신이자 자기의 전우였던 막시미아누스(Maximianus)를 서로마의 정제로 앉히고, 그 아래에 콘스탄티누스(콘스탄틴)의 부친인 콘스탄티우스를 부제로 앉혔다.

콘스탄티우스(Constantius Chlorus, 250-306년)는 달마티아의 빈민 출신으로 로마군대의 장교가 된 후 선술집 주인의 딸 헬레나와 결혼해 콘스탄티누스(Constantinus, 272-337년, '콘스탄틴')를 낳았다. 콘스탄티우스는 정제 막시미아누스의 신임을 얻고자 콘스탄틴이 어렸을 때 본처인 헬레나를 버리고 막시미아누스의 의붓딸인 데오도렛과 재혼했다. 디오클레티아누스는 콘스탄틴을 소아시아의 갈레리우스의 궁전에 볼모로 잡아두고, 페르시아 원정 때도 그를 데리고 갔다.

그리스도교 최악의 박해자였던 디오클레티아누스는 갈레리우스에게 퇴위를 강요당해 막시미아누스와 함께 물러나(305년) 비탄 중에 죽었다(316년). 갈레리우스(305-311년)가 동로마의 정제(로마 최고 권력자)가 되고, 자기 조카인 막시미누스 다이아를 부제로 앉혔고, 콘스탄티우스를 서로마의 정제로, 세베루스(Severus)를 부제로 임명했다(305년). 서로마의 정제가 된 콘스탄티우스는 민심을 얻으려고 그리스도교 관용정책을 펼 수밖에 없었다. 전쟁 중인 부친의 위독 소식을 들은 콘스탄틴은 볼모지에서 탈출하여 부친에게로 갔다. 콘스탄티우스가 브리타니아 요크에서 병으로 죽자(306년) 서로마에 권력투쟁이 일어났다. 갈레리우스는 부제였던 세베루스를 정제로 임명했지만, 콘스탄틴이 군대의 반란을 일으켜 자신이 정제라고 선언했다.

막시미아누스가 퇴위당한 후 제위를 물려받지 못하게 된 막센티우스(Maxentius)는 세베루스에 대한 반감을 품은 자들과 함께 반란을 일으키고 제위에 올라 이탈리아·에스파냐·아프리카를 차지한 후(306년), 부친 막시미아누스를 다시 정제(正帝)로 앉히고, 세베루스를 처형했다(307년). 이에 콘스탄틴은 천민 출신 아내 미네르비나를 버리고 막시미아누스와 결탁, 그의 딸 파우스타와 재혼했다(307년). 갈렐리우스는 막센티우스의 퇴위를 선언하였고 다키아의 농민 출신 전우인 리키니우스(Licinius)를 정제로 임명하여서 일리리아와 마케도니아를 다스리게 하였다(308년). 콘스탄틴은 장인 막시미아누스에게 자살을 강요하여 죽게 했다(310년). 불치병이 든 갈레리우스는 박해 중지령을 내린 직후에 죽었다(311년). 서로마에서 막센티우스와 콘스탄틴이 패권을 다투게 되고, 동로마에서는 리키니우스와 막시미아누스 2세가 손을 잡았다.

콘스탄틴은 이복누이 동생을 리키니우스와 결혼시켜 그와 결속했다(312년). 콘스탄틴은 처남인 막센티우스를 제거하기 위해 4만 명의 병력으로 이탈리아를 기습 공격했다(312년). 콘스탄틴의 군대는 로마의 북방 사카 루브라(Saxa Rubra)에서 8만의 막센티우스 군대와 사흘간 대치했는데 양군 사이에 타이버(Tier)강의 밀비안다리(Milvian Bridge)가 놓여 있었다. 전투 직전에 막센티우스가 신들에게 콘스탄틴을 저주해달라고 제사한다는 정보를 얻은 콘스탄틴은 다급함을 느끼고, 그의 부친이 하던 대로 점술가를 불러 그의 부친이 믿던 신(神)에게 물었다.

콘스탄틴은 하루스피시스(희생제물의 내장을 보고 점을 치는 점술가)로부터 신들이 돕지를 않아 자신이 그 전투에서 패할 것이라는 점괘를 얻고, 두려움에 빠지자 그의 부친이 했듯이 미트라(Mithra)에게 도움을 간청하는 제사를 지냈다. 당시 로마제국에는 페르시아인들이 태양신으로 섬겼던 미트라를 '최고의 신'(Supreme God)이자 '전쟁의 신'으로 여겨 섬기는 자들이 대단히 많았다.[67]

<그는 초자연적 도움이 필요하다고 생각했다. 그는 미트라(Mithra)에게 제사를 드렸다. 그의 아버지가 전에 보여준 대로 하였다.>[68]

교회사가인 유세비우스(Eusebius of Caesrea)가 기록한 {콘스탄틴의 생애}라는 글에는 콘스탄틴이 미트라에게 제사를 지낸 후 태양에 합쳐진 앵크 십자가 표식(♀)과 문구가 하늘에 나타났다고 전한다.

<전쟁 전날 저녁(312.10.27)에 이야기는 진행되는데, 콘스탄틴이 서편에 지고 있는 태양 위에 한 십자가를 본 것이다. 십자가의 빛에 나타난 문구는 "Hoc Signo Vinces"라는 것인데 그 뜻은 "이 표시로 정복하라"(Conquer by this)는 것이다.>(註, 상기 인용서 p.36)

니므롯의 환생이자 그의 아들로, '아들하나님'으로 숭배받던 탐무스를 상징하는 타우(T)에다 태양신을 뜻하는 원을 결합한 앵크 십자가(♀)를 부적처럼 사용하는 관습이 고대바벨론으로부터 이어져 왔다.[69]

콘스탄틴은 이 표시가 태양신의 계시라고 확신했고, 자신이 전투에서 이긴다면 태양신의 전사(戰士)가 되겠다고 맹세하였다. 앵크 십자가를 군대의 휘장, 철모, 창과 방패와 깃발에 새기고 공격한 콘스탄틴의 군대에게 막센티우스가 패하고 강에 빠져 죽었다. 처남인 막센티우스를 이긴 콘스탄틴이 서로마의 정제가 되었다.

312년 10월 29일, 콘스탄틴이 300여 명의 호위병과 함께 로마의 한 감독(311-314년)이었던 밀티아데스(Miltiades)를 방문했다. 콘스탄틴은 밀티아데스의 측근인 실베스터(Silvester)의 통역으로 자신이 지원하고 일으킬 기독교에 관해 설명하였다. 콘스탄틴은 313년 2월 밀라노에서 리키니우스와 만났고 3월에 함께 칙령(The Edict of Milan)을 내렸다. 이 칙령은 미트라 숭배자였던 콘스탄티우스가 그리스도교 박해를 중단할 수밖에 없었던 배경과 갈레리우스가 죽기 전에 핍박을 중지하라는 영을 내렸던 것과 같은 맥락에서 내린 정치적인 결정이었다.

콘스탄틴이 그리스도교를 믿어서가 아니라 여전히 미트라 숭배자로서 정치적인 목적을 따라 공인령을 내렸다. 콘스탄틴은 파우스타가 시집올 때 가져왔던 라테란 궁전의 일부를 밀티아데스에게 하사하였다(313년). 이후부터는 콘스탄틴과 리키니우스가 전제국의 패권을 잡고자 격돌했다. 당시 콘스탄틴은 서유럽과 북아프리카를, 리키니우스는 이탈리아 전체와 이집트를 통치하였다. 리키니우스는 두 번에 걸친 막시미안 다이아와의 전투에서 이겨 동로마 전체를 차지하였다(314년). 콘스탄틴의 매제인 리키니우스가 전후처리에 실패하여 민심을 잃자 콘스탄틴은 이를 기회로 리키니우스와 판노니아의 시발리스 전투에서 이겨 일루리곤을 빼앗았다. 콘스탄틴을 반격할 기회를 엿보던 리키니우스는 기독교를 박해하는 정책이 콘스탄틴을 이길 힘이라고 생각하였고, 아르메니아 국경에서 기독교인들을 핍박하고 집회를 금지했다(323년). 아르메니아와 동맹관계를 가졌던 콘스탄틴이 아드리아노플과 스쿠다리의 지상전과 다르다넬레스 (Dardanelles) 해전에서 리키니우스를 격파했다. 패전에 데살로니가로 도주하던 리키니우스는 체포되어 투옥되고(324년), 1년 후 처형되었다. 드디어 피비린내가 진동하던 전쟁이 끝나고 콘스탄틴(콘스탄티누스)이 동·서로마 전제국의 통치자(통일 황제)가 되었다.

유세비우스가 {교회사}를 통해 콘스탄틴이 보았다는 환상이나 어용기독교에 대해 미화시키고 왜곡시킨 그대로 역사를 아는 이가 거의 없다. 유세비우스는 콘스탄틴이 태양신이자 전쟁의 신인 미트라에게 제사를 한 후 보았다는 하늘의 표적을 하나님의 기적으로 왜곡했다. 콘스탄틴이 이교도의 수제사장이었고 기독교를 종교로조차 인정하지 않았던 때였다. 이교도의 표적(부적)으로 쓰였던 십자가와 그 위의 둥근 원은 태양신을 상징하는 것이다.[70] 콘스탄틴이 미트라에게 제물을 바친 후 하늘에 나타난 앵크 십자가로 불리는 형상은 고대 바벨론종교에서 태양신의 화신이라는 담무스를 상징하는 것이었다. 이 형상은 고대 이집트에서도 흔하게 볼 수 있는 것이다. 콘스탄틴은 그때에 태양신 미트라에게 제물을 바쳐 제사 했으며, 하늘의 표적도 바로 태양신이 준 것이다. 그는 승전하면 태양신의 전사(戰士)가 되겠다고 맹세했던 대로 그 후 그는 태양신 미트라를 위해 모든 열정을 쏟았는데, 유세비우스의 양심은 마비되었다.

이때까지도 십자가형은 공공연하게 자행됐고, 십자가는 '예수를 죽인 것같이 예수쟁이들도 죽여라'라는 표시였다. 신약성경에 '십자가'로 번역된 헬라어 σταυρός[스타우로스]는 원래 땅에 박아 세우는 '나무기둥'을 가리키고, 동사인 σταυρόω[스타우로오]는 '말뚝을 박다', '울타리 치다', '나무에 못박다'를 의미한다. 영어단어 크로스(cross)는 라틴어 크룩스(crux)의 번역이다. 고대로부터 형틀로 사용하는 나무기둥(스타우로스)은 주로 十자형, T자형, X자형이 쓰였다. 이전 제국들이 형틀로 사용해왔던 스타우로스를 로마가 이어받아 적군이나 반역자들을 처형하는 형틀로 사용했다. 예수님도 '나무'(헬라어-'크쉴론')에 달렸다고 기록되었다(행 5:30; 10:39; 13:29; 갈 3:13; 벧전 2:24). 구약성경에 형틀로 대들보나 기둥을 사용한 예가 있다(창 40:19; 신 21:23; 수 8:29; 스 6:11; 에 2:23; 7:9; 9:15). 기둥으로 된 스타우로스에도 죄목을 적은 패를 붙일 수 있다(요 19:19). 예수께서 어떤 모양의 형틀에 돌아가셨는지 알 수 없고, 그것을 알더라도 그것을 형상으로 만들어 숭배하는 것은 십계명을 벗어난 것이다. 니므롯의 환생, 태양신으로 숭배를 받던 담무스를 상징 표식인 '앵크 십자가'가 버젓이 어용기독교 안에 들어왔다.

<태양, 혹은 바알이 유일한 신이라는 사실은 바빌론 신비종교 체계의 핵심 원칙이다. 따라서 담무즈가 하나님의 화신으로 경배를 받았다고 한다면 이는 그가 태양의 화신이었음을 의미한다. 본질적으로 볼 때 바빌론 체계와 동일한 힌두교의 신화에서는 이 사실이 매우 분명히 나타난다.>(註, 알렉산더 히슬롭의 {두 개의 바빌론} p.131)

앵크 십자가는 이집트에서 신과 왕(바로)만이 사용할 수 있다고 믿던 신성시된 것이다.[71) 어용기독교는 이교도들이 사용하던 십자가의 형상과 사상을 받아들였고, 십자가의 형상뿐만 아니라 이교도의 다른 것들까지 받아들여 새로운 상징들로 만들었다. 2세기 초, 소아시아의 통치자 플리니가 보고한 것같이 이미 이교도의 신전은 황폐되어 있었고, 어떤 박해로도 그리스도교를 저지할 수 없음을 제왕들이 더 잘 알았다. 이미 그리스도인들의 수는 로마제국 인구의 절반이나 되었다. 갈레리우스와 콘스탄티우스도 관용령을 내리지 않을 수 없었으며 콘스탄틴 역시 자신의 제위를 보장받기 위해서 그리스도교를 대적할 수 없었고, 어용기독교를 세우는 것이 최선이라 여기게 되었다.

콘스탄틴은 통일 제국 위에 군림하기 위해 이교도와 혼합한 기독교를 만들고 어용교직자들을 활용해 이교의 십자가를 그리스도의 십자가라 속여 태양신이 연합된 어용기독교를 적극적으로 활용했다. 이교도들과 교회가 믿던 '빛의 미트라와 교회'가 서로 좋아할 해법을 주었다.

<에우세비우스의 정치신학은 {콘스탄티누스 찬가}에서 집중적으로 드러난다. 여기서 그의 정치신학은 로고스와 황제, 하늘의 나라와 지상의 제국을 동일시하는 표상으로 전개된다. 통치권이 하느님에서 그리스도를 거쳐 황제에게 위임된다면, 그리스도가 황제 위에 있는 것으로 이해된다. 그러나 에우세비우스가 그리스도와 황제가 동등한 위치에 있다고 강조하거나 콘스탄티누스와 그의 아들들을 하느님-아버지와 그분 본질의 빛, 로고스, 왕과 비교했다면, 이는 황제를 하느님의 측근으로 여겼다는 뜻이 된다. 에우세비우스의 이러한 개념은 그리스도교적 황제 이념을 고대의 이교적 신-황제 이념으로 해석한 것이다. 이로써 황제는 지상에서 하느님의 대리자가 되었다. 교회와 국가의 점차적인 일치로 콘스탄티누스를 교회의 수석사제로 이해한 것은 에우세비우스에게 아무런 문제가 되지 않았다. 황제가 교회의 수장으로 공의회를 소집하고 논쟁을 조정하고 주교를 임명하고 추방하는 것은, 교회에 대한 간섭이 아니라 정당한 권리이자 더 나아가 의무였다. 에우세비우스가 체사레아(가이사랴)에서 많은 그리스도인이 순교한 것도 지켜보고, 그 뒤 그리스도교가 인정받는 것도 목격한 과도기에 산 인물이라 하더라도, 그의 정치신학은 현존하는 상황을 합법화하고 이를 하느님의 뜻으로 감추었다. 따라서 로마제국과 하느님 나라를 거의 동일시하는 위험에 빠지게 하였으며, 콘스탄티누스의 황제권을 신학적 논증으로 정당화하였다. 또한 에우세비우스는 고대의 그리스-로마 역사가들과 전혀 달리, {콘스탄티누스의 생애}에서 황제를 종교적 관점에서 새로운 모세 또는 아론으로 묘사하면서 콘스탄티누스의 부정적인 면은 전혀 언급하지 않았다. 이러한 에우세비우스의 생각은 후대의 일부 신학자에게도 영향을 미쳐, 세상을 향한 교회 본디의 의미를 변질시켰다. 따라서 오늘날의 학자들은 에우세비우스를 '황제의 가발을 다듬는 황실신학의 이발사', 황제가 바라는 대로 말하고 행동하며, 교회의 외적 자유를 위해 교회의 내적 자주성을 잃게 한 토대를 놓은 장본인이라고 혹평한다.>[72] (註, 에우세비우스=유세비우스)

　　카톨릭교 신문도 유세비우스를 이같이 평가하는데, 그를 '교회사의 아버지'라고 부르는 교회사가들은 소경이나 다를 바 없다. 유세비우스는 마치 예수님께 찬양하듯, 콘스탄틴을 찬양했다. 유세비우스의 {교회사}, {콘스탄틴의 생애}, {콘스탄틴 찬양 연설}은 콘스탄틴을 예수님의 보좌에 앉히고, 그를 찬양한 내용으로 가득 차 있다. 유세비우스는 로마제국, 특히 콘스탄틴 제왕에게서 그리스도교의 구원론이 정점에 이르렀다고 보았기 때문에 제왕을 아무리 찬양해도 부족하다고 생각하였던 자임을 로마카톨릭교 사료(史料)에서도 볼 수 있다.

　　역사가 두란트(Durant)도 콘스탄틴의 제스처는 정치적인 지혜의 극치였으며 기독교는 그에게 수단이었지 목적이 아니었다고 말한다. 그의 관심은 진리나 거짓에 상관없이 오직 자신과 제국을 따르는 기독교였다. 콘스탄틴이 자기의 정치적 목적에 동조할 기독교를 만들기 위해 이때까지 그리스도교인들을 무자비하게 죽였던 십자가형이나 검투사 시합을 폐지했다. 국가의 중죄인으로서 노예로 팔리는 그리스도인들의 이마에 화인을 쳤던 노예제도도 완화했다. 어용사교들에게 납세의무를 면제해 주고, 박해시에 몰수되었던 그리스도인들의 재산을 열심히 따르는 어용사교와 그 무리에게 나눠주며, 기부금을 받을 수 있게 했다.

　　기부금과 유산을 받을 수 있게 한 제도를 통해 바벨론종교의 대사제이면서 동시에 어용기독교의 머리가 된 콘스탄틴 자신이 가장 큰 부자가 되었다. 제왕찬양에 앞장섰고 어용기독교를 세운 공헌자, 콘스탄틴의 충복이던 유세비우스마저도 교직자들이 교직임명을 받으려고 피 흘리며 싸우는 것을 개탄할 정도였다. 로마의 어용사교 밀티아데스가 죽고 뒤를 이은 실베스터가 콘스탄틴 제왕의 대관식을 거행하여 콘스탄틴을 어용기독교의 머리로 공포했다(314년). 제국으로부터 봉급을 받는 어용사교들이 제국과 제왕의 시종이 되어 제왕과 제국을 위해 충성했고, 그들의 왕은 그 충성된 신복들에게 많은 하사금을 주었는데도 사교들과 교직자들은 세금과 병역의무를 면제받고 밤낮으로 돈을 긁어모으기에 혈안이 되었다. 교회를 박해하고 재산을 빼앗고 불의하게 착복하였던 부자들도 면세혜택을 받고 돈을 벌고자 집사·장로·사교가 되었다. 제왕이 추방한 관직에 교직자들이 매수되어 부를 얻고, 돈을 바치는 어용기독교인들이 정부의 요직을 메우고, 군대 지휘권을 받았다.

친로마카톨릭교적인 사가의 입에서도 '세상이 교회를 침략했다'(The World Invade the Church.)는 탄식이 나왔다. 신자의 이름은 정치적 군사적 통행증(passport)이며 승진의 능력으로 간주하였다. 그 결과로 수천수만의 이교도들이 어용기독교에 합류하였는데 이들은 참담하게도 단지 이름뿐인 신자들이었고, 기독교 안의 이교도들이었다. 어용사이비 기독교는 이교도의 온갖 신들을 섬기고, 세상과 연합해 악하고 더러운 음녀로 변했다. 신자들은 말할 것도 없고 성공을 위해 뛰어든 교직자들도 성경적 진리에 대한 무지는 마찬가지였다. 성경의 권위를 인정하는 한 기독단체는 '콘스탄틴은 그의 말에 맹종할 수 있는 그리스도인들을 얻고자 한 것뿐만 아니라 그리스도 신앙을 이방종교와 융화될 수 있는 새로운 기독종교를 원했다. 기독교로 여겨지는 다양한 국면들이 이교도 사상에서 유래되었다는 사실은 수많은 사람에게 실로 놀라움을 금치 못하게 만든다.'라고 증언하고 있다.

알렉산더 히슬롭은 저서 {두 개의 바빌론}에서 당시에 이교들에게도 '그리스도 사상'과 '여인의 씨'에 대한 사상이 있었다고 설명한다.

역사학자 두란트는 '제국종교는 로마제국과 미트라(Mithra)와 신비종교(Orphic)의 결합체였다'고 증언한다.[73] 콘스탄틴은 예수님을 만유를 지으신 분으로 믿거나 그리스도교를 유일한 종교라고 인정한 적이 없고, 오히려 전쟁의 신이자 태양신인 미트라를 숭배했고, 우상숭배를 금하기는커녕 오히려 죽을 때까지 이교의 대사제(Pontifex Maximus/폰티펙스 막시무스)로서 우상숭배를 장려하고 그 권리를 보호하였다. 콘스탄틴의 통치하에 로마제국의 진짜 국교(國敎)는 여전히 태양신 숭배였다. 그의 통치권은 실제로 태양의 제위(帝位)라고 불렸으며, 무적의 태양신(솔 인빅투스: 로마식 미트라)를 당시 로마 국기는 물론 화폐에 새겨서 숭배했으며, 그가 발행한 화폐에 '무적의 태양, 나의 보호자'라고 새겨서 찬양했다. 그의 기념 축전에서는 거대한 오벨리스크(이집트의 태양신 '라'의 기둥)를 세워, 미트라와 자신의 모습을 조각하였다. 그는 '정복되지 않는 신' 곧 태양신을 자기가 만든 어용기독교의 신(神)과 동일시했다. 태양신 마차가 시장에 진열되었으며 그 마차 위에 이교도들이 부적처럼 믿고 받들던 십자가 형상을 놓았다. 예배당의 벽과 천장에 모자이크된 그리스도는 마차를 타고 하늘에 올라가는 태양신을 의미했다.

그들이 믿었던 그리스도는 분명 '쿠스-조로'(구스의 아들 니므롯)였다. 어용기독교 교직자들은 모든 것을 왜곡하여 선전했다. 콘스탄틴에 의해 만들어진 동전들에는 이교의 십자가 형상이 특징적으로 그려져 있었고 또한 그가 섬기는 우상 마르스(Mars)나 아폴로(Apollo)를 나타내는 형상들이 그의 명(命)에 따라 새겨졌다. 그는 그가 세우고자 노력했던 종교들 중의 하나인 어용기독교 안에서 자신이 최고 머리로서 군림하면서 동시에 농작물을 보호하고 질병을 고치는 이교도의 마술적 방식을 믿고 따랐음이 로마카톨릭교 백과사전에도 잘 나타나 있다. 321년 3월 7일에 콘스탄틴은 법정과 군대에 '위대한 태양신의 날인 일요일에 휴업하라'고 명령했다. 그는 이 휴업령에서 '경외하는 태양의 날'이라 불렀다. 이 명령은 이교도들마저도 태양신의 날이라는 일요일에 태양을 숭배하고 제사하는 새로운 관습을 낳게 했다. 기독교인들은 안식일 다음 날에 늘 예배를 드려왔고, 태양신을 섬기던 자들도 그날에 태양을 섬김으로 이교와 어용기독교 모두에게 만족을 주게 되었다. 콘스탄틴이 믿던 신은 여전히 미트라였고, 그는 이교의 대사제요 태양신의 충실한 전사였다.

그 목적에서 태양신의 탄생 축일이었던 12월 25일도 예수 그리스도의 탄생일로 바꾸었다. 거대한 사원(寺院)인 이교 신전(神殿)·신당(神堂)이 콘스탄티노플과 예루살렘과 베들레헴에 성전이란 이름으로 세워졌다 (323년). 이교의 잡신들이 기독교 순교자들의 옷을 입고 숭배대상으로 빼곡히 자리를 잡기 시작했다. 그들은 참교회의 근원지인 예루살렘에도 그들의 어용기독교의 사원을 세웠다. 콘스탄틴은 친히 머리로 군림하던 어용기독교 교인을 늘리기 위해 기독교로 개종하는 이교도들에게 흰옷 두 벌과 몇 냥의 은을 주었다(324년).[74]. 다음 해에 12,000명이 세례를 받고 어용기독교인이 되었다.

콘스탄틴은 그의 모친 헬레나의 신앙도 정치적인 목적에 이용하였다. 그의 명령에 따라 예루살렘의 어용사교 마카리우스(Macarius)는 지어낸 저스틴의 말을 인용해 베들레헴의 한 동굴을 가리켜 예수 그리스도의 탄생지라고 하고, 그곳에 탄생기념교회를 세우게 했다(325년). 화려하게 장식된 건물은 본래 비너스 신전이었고 여신 사상을 살려 성탄교회라는 건물로 세운 것이다. 예수님이 달리셨던 십자가를 발견했다는 거짓말로 성묘교회라는, 사실상 이교도의 사원을 세웠다.

이때까지는 예수님의 무덤에 대한 기록이 전혀 없었다. 사도들의 정통보편교회는 그분의 탄생일이나 탄생지, 무덤 등을 특별하게 여기지 않았으나 이러한 일들은 교회와 연합된 이교도들을 위한 것이었다. 도시에 기독교사원들이 경쟁적으로 세워졌고, 이교도가 그들의 신들의 이름을 신전(神殿)에 붙였듯이 그리스도인들 중에 죽은 자들이 신들의 자리를 대신하고 그들의 이름에 교회라는 이름을 붙여 새로운 숭배에 빠졌다. 그것은 여로보암이 세운 산당(山堂)보다 가증한 사당(祠堂)/신당(神堂)이었고 성당(聖堂)도 전혀 아니었다.

태양신을 군대의 최고신으로 믿던 콘스탄틴은 당연히 그가 은혜를 베풀던 어용기독교를 따르지 않는 참된 그리스도교의 문제들을 무력으로 해결하려고 했다.[75] '국가와 교회가 하나가 되는 문제는 다툼과 피흘림의 문제요 이때까지 미결상태에 있었다.'[76]는 말은 콘스탄틴이 어용기독교를 위해 정통보편교회에 대해서는 이때까지 잔인한 핍박을 끊임없이 해왔으며, 군사력도 불사하게 되었다는 말이다. 콘스탄틴은 온갖 유혹과 회유와 협박으로 참교회를 말살시키려 했을 뿐만 아니라 어용기독교를 옹호를 위하여 적극적으로 앞장섰고 무력도 사용했다. 콘스탄틴은 그의 간섭을 반대하며 예수 그리스도만을 홀로 하나이신 주재(主宰)로 믿고 섬기는 유일신 신앙의 정통보편교회와 지도자들을 기독교의 교리를 잘못 이해하는 이단이라고 매도하고 신자들을 오도(誤導)하지 말라고 금하였으며 어용기독교의 교리에 거슬리는 주장을 계속하는 자들은 국가에 대항한 죄로 다스리게 했다. 정통보편교회의 그리스도인들은 모든 송사에서 생명의 위협을 당하지 않을 수 없었다. 그들을 재판하는 재판관들은 바로 어용사교들이었고, 그들의 판결은 국가의 판결로 인정되었다. 제왕이 어용기독교의 머리로 행세하게 된 것은 그에게서 모든 것을 받았던 어용사교들과 교직자들의 탐욕과 충성이 없었다면 불가능한 일이었다. 어용사교들과 교직자들은 소위 공회(公會)라는 기구를 통해 콘스탄틴 앞에 엎드렸다. 어용사교들은 예수님을 홀로 하나이신 주재(主宰)로 섬기던 정통보편교회들로부터 비웃음을 당했다. 당시 '가인과 발람과 고라의 회(會)'와 같은 사교들 무리 중에 대표로 두 명의 유세비우스가 있었다. 가이사랴에서 출생한 유세비우스는 핍박을 피하여 도망갔다가 가이사랴 어용기독교의 사교로 임명되었다(313년).[77]

유세비우스는 오리겐의 열렬한 찬미자였고, 말과 글로써 콘스탄틴을 미화하고 찬양하고, 어용기독교를 세운 일등공신이었다. 니코메디아의 유세비우스는 정치적으로 가장 영향력이 있었고, 하나님의 아들을 '피조된 아들하나님'으로 믿고 가르쳤고, 콘스탄티노플의 사교로 임명되어서 콘스탄틴의 종교자문을 지냈으며, 회개하지도 않은 채 미트라종교의 대사제로서 콘스탄틴의 임종 때에 세례를 주었다.

어용기독교의 교직자들에게는 병역, 세금 등 각종 시민의 의무가 면제되고, 사법상의 특전도 베풀어져 세상 법정에서 재판을 받지 않게 했다. 교직매매가 성행했고, 이것을 **뺏기** 위해 '강도의 굴혈'처럼 거짓 교리를 갖고 서로 이단이라고, 이전투구처럼 싸웠다.

② 바벨론의 대사제가 주재한 니케아회의(325년)

로마제국의 제1항구 도시인 알렉산드리아 철학기독학교의 클레멘트와 오리겐은 이단적인 교리의 대가였다. 알렉산드리아 바우칼리스의 사교인 아리우스(Arius, 250-335년)와 알렉산드리아교회 감독인 알렉산더의 권력투쟁이 치열했다. 아리우스는 오리겐과 루키안의 제자였고 금욕과 고행을 통한 삶에 추종자들이 많았다. 알렉산더가 '아들도 아버지와 함께 태초부터 존재했다'라는 '로고스론'을 가르쳤고 이를 아리우스가 반대했다(318년). 아리우스는 '아버지가 아들을 낳았으므로 아들은 태어나지 않았던 때가 있었다'라고 반박했다. 그는 아들을 '모든 피조물 중에 처음 난 피조물'이라 주장했다. 오리겐의 제자인 아리우스는 예수 그리스도를 아버지(God)보다 하위신(下位神; a god) 정도로 믿었다. 아리우스는 오리겐의 세 차등적 존재들의 체계에 단일신론을 도입하여 오직 성부만이 하나님이시라고 주장했다. 알렉산드리아 어용기독교도는 다른 곳의 어용기독교보다 가장 먼저 바벨론의 교리를 받아들였다. 알렉산더는 마리아를 '아들하나님의 모친'(Theotokos)으로 가르치고 경배해왔다. 알렉산더와 추종자들은 영적 바벨론의 신비종교를 통해 오리겐의 삼위신과 이집트의 종교철학을 통해 다신론적 삼위신을 받아들였다. 알렉산더는 아리우스의 가르침이 '아들하나님'과 '하나님의 어머니'에 대한 신성모독에 해당한다고 여겨, 교권을 지키고 그들의 신앙의 뿌리를 잘라내야 한다고 여겨 아리우스를 추방하려는 회의를 열었다(321년).

아귀다툼의 양상의 극렬한 싸움에 회의 분위기는 이교도들의 비난을 받았을 정도였다. 323년의 회의에 알렉산드리아와 리비아 어용사교들이 모여 아리우스와 그의 동료들인 14명의 사교를 이단이라고 파문시키자 사태는 더 악화되었다. 아리우스는 막강한 정치력을 가졌던 니코메디아 유세비우스(263-341년)에게 도움을 청하였다. 예루살렘 어용기독교 사교인 마카리우스와 루키안의 제자인 니코메디아의 유세비우스, 가이사랴의 유세비우스가 아리우스의 편이 되었다. 로마제국의 종교정책에 비협조적이던 아프리카의 유일신 교회 도나투스파를 탄압·살해했었던 콘스탄틴은 알렉산드리아의 문제를 해결하기 위해 그의 종교자문이었던 에스파냐(스페인) 어용기독교 코르도바의 사교인 호시우스(Hossius)를 알렉산드리아에 황급하게 파송했다.

<314년 8월 1일에 도나투스 논쟁을 중재한 바 있는 콘스탄티누스 황제는 이 논쟁에서 중재자의 역할을 자임하고 324년 9월에 감독 코로도바의 호시오스를 알렉산드리아에 파송하였는데, 그는 325년 초 안디옥을 거쳐 니코메디아에 이르는 과정에서 안디옥에 머물며 안디옥회의를 열었다. 여기에서 아리우스와 가이사랴의 유세비우스는 정죄되고 안디옥의 신앙고백서가 작성되었다.>[78]

어용기독교의 머리인 콘스탄틴은 그들의 싸움을 심각하게 생각했고, 모든 사교에게 앙카라에 모이도록 소집령을 내렸다(325.5.20). 그곳은 비잔티움(후에 콘스탄티노플)에서도 450km나 떨어져 있었고, 지리적으로 제국의 동서 양분화를 가져올 수 있었다. 콘스탄틴이 장소를 서쪽으로 옮겨서 비잔티움에서 약 72km 지점에 있는, 소아시아의 니케아(현재 이즈닉)로 모이라고, 일일이 사자를 보내어 소집했고, 사교들에게 교직자들 2명과 수행원(비서/시종) 3명의 동행을 허락했고, 일체의 경비는 '공적인 길'(cursus publicus)이라 하여 제왕이 지급하고, 모든 일정도 제왕이 결정했다. 장엄하고 화려하게 꾸며진 콘스탄틴의 별궁에 대부분 동로마에서 온 자들로 220여 명이 모였고, 콘스탄틴의 주재 아래 코르도바의 호시우스의 사회로 회의가 열렸다(325.614).[79] 이때 참석자 수를 유세비우스는 250명으로 늘렸고, 318명이라고 다시 늘린 기록은 358년 말-359년 초의 것으로 보이는 프와띠에의 히라리우스의 글, 아타나시우스의 글, 암브로스의 글에 나타난다.

숫자를 늘리기 위해 포로된 롯을 구출할 때 아브라함이 동원했던 사병의 수에다 억지로 맞춘 것이다(창 14:14).[80] 이런 왜곡은 교회사 전반에 걸쳐 일어났고 후대로 갈수록 심해졌다. 이때 서로마에서 7명(혹은 6명)이 참석했는데[81] 서로마에서는 사실상 2명의 사교와 2명의 장로(교직자)와 나머지는 수행원이었다. 호시우스 사교는 콘스탄틴의 종교자문관이었고, 실베스터는 콘스탄틴의 대관식을 해준 당시 어용기독교의 로마사교(314-335년)였다. 이 사교들은 자신을 궁중 감독이라고 자칭했던 콘스탄틴을 시종(侍從)처럼 따랐었다. 이때 아타나시우스(Athanasius)는 알렉산더 사교의 개인비서(개인집사)로서 동참했다.[82] 220명의 숫자에 아타나시우스와 다른 수행원들까지 포함되었다.

콘스탄틴이 의도적으로 동서로마의 중간지점이었던 니케아를 잡은 만큼, 서로마는 거리가 멀어서 참여하지 못했다는 말은 변명에 불과하다. 경비는 다 콘스탄틴이 지급했고, 사교들은 단걸음에 달려왔을 것이다. 서로마의 사교들은 라틴어를 사용하고 헬라어를 몰랐기 때문에 참석지 못했다는 말도 변명에 불과하다. 그들이 읽던 성경은 헬라어로 기록되어 있었고, 여러 세기를 두고 헬라어가 그리스도교의 공식어가 되어 설교·기도와 전례(典禮)에 통용되었다. 2세기 중엽부터 성경들이 조금씩 라틴어로 번역되기 시작했고, 북아프리카를 중심으로 라틴어 기독 문학이 등장하고 3세기 초부터 구어체에서 그리스도교 고유의 라틴어 문어체가 모습을 보이기 시작하다가 종교의 자유가 오자 저작물이 라틴어로 전환되어 갔다. 헬라어는 3세기까지 동방과 서방에서 공식어로 통용되었으며 5세기에도 일반적으로 사용되었다. 로마에서 '성찬전례'가 완전히 라틴어로 확립된 것은 교왕 그레고리 1세 때인 6세기로 알려졌다. 기독교 전례 언어가 라틴어로 정착되는 데는 라틴어 성경이 상당한 역할을 하였지만 각별한 영향을 끼친 것은 라틴어가 이교 종교의식의 언어였기 때문이었다. 서방에서 헬라어를 몰라서 참가자의 숫자가 적었던 것이 아니라 당시의 어용기독교 교세가 그 이유였다.

니케아회의에서 사용된 가장 핵심적인 용어인 *ὁμόουσιός*[호모우시오스]도 헬라어이다. 암브로스의 318명 주장도 헬라어의 300을 가리키는 T는 '십자가'를, 18의 수 IH는 '이에수스'(예수)의 첫째와 둘째 글자의 수치를 합해 헬라어를 억지 주장에 사용했다.

모든 제국종교회의는 9세기까지 헬라어로 개최되었다.[83] 따라서 헬라어를 몰라서 참석하지 못했다는 말은 그들이 논한 주제에 대한 기초적 지식도 갖추지 못했다는 것을 의미한다.

제왕의 강력한 명령과 세심하고 전폭적인 지원과 국빈처럼 대우를 한 이 회의에 모인 숫자는 당시에 어용기독교 사교들의 수가 이 정도밖에 되지 못했다는 것을 여실히 보여준다. 서로마의 사교들 중 단 2명(코르도바의 호시우스와 로마의 실베스터)만 참석했던 이유는 애초부터 문제 많은 동로마의 알렉산드리아 어용기독교의 교권 다툼에 관한 것이었기 때문에 관심이 없었다. 어떤 사람은 당시 목회자의 전체 수가 동로마에 800여 명, 서로마에 1,000여 명이 있었다고 말하는데 근거도 없다. 당시 그리스도인들은 핍박이 중지되기 전부터 이미 제국 인구의 절반 이상을 차지했고, 소규모로 성도 무리를 은밀히 인도했던 감독들과 장로(교직자/목회자들의 숫자는 대단히 많았다. 문화관광부에 제출된 한국 개신교 17개 교단만의 목사들의 수도 69,124명을 참고하라다(2001.12.31).

니케아회의에 모였던 자들의 수는 수십 만에 이를 만한, 전체 경건한 목회자 수의 극히 적은 일부도 못 되었다. 이 회의에 참석했던 어용교직자들의 수는 전체 정통보편교회의 진실한 감독들의 수와 비교할 때 제국의 거대한 곡식 밭에 가라지 한 단 정도였다. 통상회의법에는 반드시 정족수를 채워야 하는데 니케아회의는 기본조차 따르지 않았다. 당시에 정통보편교회는 분명히 홀로 하나로서 주재이신 예수님을 믿고 있었고, 어용기독교를 정상적인 교회로 보지도 않았다. 어용기독교의 교직자들은 세상적, 육신적 탐욕에 몰입되어 바벨론적 3위신론과 철학적 다신론과 융합한 동등적 삼위신론과 종속적 삼위신론을 따르고 있었기 때문이다. 그 회의는 콘스탄틴의 종교 심복들이 모인, 발람도 부끄러워할 정도로 더 타락한 거짓 선지자들의 회의였다. 제1계명에 관한 진리를 폰티펙스 막시무스인 제왕의 명에 따라 몇 명이 결정했다는 사실은 끔찍한 범죄이다. 물론 사악한 지도자를 따른 다수가 옳다는 것도 아니라는 사례도 많다. 60만3천5백50명 중 약속된 땅에 들어가자고 했던 자는 단 2명이었다(민 1:45,46). 아합 때 거짓 선지자는 850명이고 엘리야는 한 명이었고(왕상 18:19), 그 후에도 거짓 선지자는 400명이었고 참된 선지자는 미가야 오직 하나였다(왕하 22:8).

니케아회의에서 220여 명이 태양(바알) 숭배자인 제왕의 주재로 그 발아래 모여 배도를 위해 내린 결정은 추악하고 가증한 도발이었다.

<콘스탄틴은 감독들의 회의와 교회 대표자들의 모임을 소집할 뿐만 아니라 이러한 모임들을 자신의 이름으로 주재(主宰)하였다.>[84]

<제왕은 감독들과 가까운 교제를 유지하면서 이때 교회에서 일어나는 여러 가지 논쟁을 진정시키는 데에 그의 최선을 다했다. 따라서 교회의 사역이 정부의 중재로 운영되었고 후에 이것은 심각한 문제로 판명되는 하나의 전례를 만들었다.>[85]

가이사랴의 유세비우스는 {콘스탄틴의 생애}에서 콘스탄틴이 등장할 때 '교회의 머리'가 나타나셨다고 제왕을 높이고 있다. '하늘에서 내려온 하나님의 사자로 금과 보석으로 치장하고, 미(美)와 위엄으로 충만한 영광스러운 모습'이라고 예수 그리스도와 같은 신분으로 찬송했다. 그는 콘스탄틴을 '로고스의 친구이자 형제'라고 불렀다. '제왕의 자주색 옷을 입었고, 머리에 금띠를 둘렀으며, 그의 붉은 안색과 아래를 바라보는 눈은 그의 옷의 보석들로 인해 반짝였고, 그의 허리에는 제왕의 칼과 목자의 지팡이가 있었다.'라고 묘사하였다. 로마 제왕의 칼은 어용기독교의 반대자들을 위해 뺀 칼이며 그의 지팡이는 콘스탄틴을 따라 그 발아래 머리를 조아린 교직자들을 멸망으로 인도할 지팡이였다. 제왕은 높고 영광스러운 보좌에 앉았고, 아래에 알렉산더 사교와 비서 아타나시우스와 아리우스파와 두 유세비우스와 참석자들이 제왕에게 경의를 표하면서 얌전히 앉아 위엄과 권세로 내린 어명을 받들었다.

<제국궁전의 장엄한 홀에서 모였던 니케아회의는 흔히 기독교회 사상 가장 영광스러운 사건의 하나라고 경축하고 있다. … 그러나 실제적으로 고찰할 때 이 최초의 범 교회적 회의는 흐린 면을 갖는다. … 일단 논쟁이 벌어지면 참석자들은 감독으로서의 자신들의 위신을 던져버리고 서로 난폭하게 고함을 지르는 처사가 자주 있었다. 회의에 참석한 사교들은 피차의 이해나 기독교적 형제애의 실천에는 관심이 없었다. 그들의 책동은 그들 자신의 권력을 위한 지위를 개선하기 위하여 쓰여졌다. … 권모술수는 무기처럼 휘둘러졌고 음모는 간혹 지성을 대치했다. 너무도 다수의 무식한 감독들이 있었기 때문에 한 참석자는 퉁명스럽게, 본 회의를 '얼간이들의 회합'이라고 칭했다.>[86]

제왕의 종인 어용기독교의 사교들은 돈을 많이 받는 국가의 공직에 앉아 떼돈을 벌어 엄청난 이자를 받고 고리대금업을 하며, 작은 손해에 벌벌 떨며 신앙을 배반한다는 비판을 받았다. 아첨의 선봉장인 가이사랴의 유세비우스도 교직자들이 교직 임명을 경쟁하여 피 흘리며 싸우는 것을 개탄하였다. 이들은 하나님이 가증하게 여기시는 거짓 선지자들의 기질을 빠짐없이 갖춘 자들이었다. 논쟁을 이끌어갔던 몇 주동자들 외 대다수는 제왕의 눈치만 보고 어느 한쪽에도 치우치지 않는 애매모호(曖昧模糊)한 의견을 찾으려는 기회주의자들이거나 분명한 신학적 토론보다 제왕 앞에서의 공존을 위해 서로를 인정하려는 타협을 원했다. 그들은 하나님의 영원한 진리보다 제왕의 총애를 더 사모했다.

<처음에 대다수가 그들은 어느 한쪽에도 범하지 않는 모호한 의견을 찾으려고 했다.>[87]

알렉산드리아 어용기독교 사교인 알렉산더는 자신의 비서인 아타나시우스를 앞세워 싸웠는데 이는 알렉산더가 성경적으로 무지하고 토론에 있어서도 무능했음을 여실히 보여준다. 아타나시우스는 295~300년 경에 출생한 것으로 추정한다.[88] 그가 니케아회의 때 젊은 비서였음을 흐리기 위해 후대의 자료에는 출생연대를 앞당기려는 의도마저 보일 정도이다. 아타나시우스는 불신자 가정에서 자라나 젊었을 때 플라톤과 아리스토텔레스의 저술을 가까이하여 헬라철학을 공부했다. 그의 유년기에 대해서는 교회사가인 소크라테스나 루피누스(Rufinus, 345-411년)의 저술에 '아이들이 세례 놀이를 하였는데, 알렉산더 사교는 당시 아타나시우스가 베푼 세례를 유효한 것으로 인정했다'라는 짧고도 황당한 이야기로 등장한다. 알렉산더가 312년에 알렉산드리아의 사교가 되었으니 아타나시우스의 나이는 대략 14세 때로 추정한다. 10세기 이집트 사교인 세베루스 이븐 알 무카파는 아타나시우스의 집안은 부유하였지만, 부모 특히 모친은 우상숭배자라고 전했다.[89] 그는 알렉산더의 가정에 들어가 알렉산더 사교의 집사가 되었다.[90] 300년에 출생했다면, 25세의 왜소한 체구의 젊은이가 알렉산더 사교의 개인 집사로서 니케아회의에 참석한 것이다. 다른 자료들도 298년 출생으로 보고 당시 아타나시우스가 27세라고 증거하고 있다.[91] 무지하고 무능한 알렉산더 사교 대신에 아타나시우스가 제왕의 시종으로 쓰인 것이다.

<아타나시우스의 당시 나이는 스물일곱 살이었다. …(아타나시우스는) 니케아 공의회는 신학 논쟁을 마무리하고, 신경을 작성하여 참석한 감독들의 서명을 받았다. … '동일본질'이란, 그리스도가 하나님이며 참사람이라는 의미이기도 하다. 황제가 이 단어 사용을 제안했다. 전장에서 잔뼈가 굵은 무인(武人)이 삼위일체 신론 논쟁의 신학적 의미를 정확히 이해했을 것 같지 않다. 황제의 신학 고문이 그렇게 하라고 제안했을 것으로 보인다. 황제는 두 마리의 토끼를 동시에 잡았다. 제국의 통일과 교회의 통일을 획득했다. … 황제는 니케아 신경에 서명하지 않는 니코메디아의 유세비우스를 추방했다. 아리우스주의자 유세비우스는 얼마 뒤 니케아 신경을 받아들인다는 각서를 제출하고 사면, 복권되었다. 아리우스와 함께 끝까지 서명을 거부한 두 명의 감독은 제국의 변방으로 추방되었다. 아리우스주의 이단 정죄와 후속 조처는 종교 문제를 국가가 처벌한 최초의 사례다. 교회에 대한 범죄가 국가에 대한 범죄로 간주되는 전통이 시작되었다. 니케아 공의회는 황제가 소집했다. 이것도 정치와 종교의 결탁, 국가와 교회의 결합이 본격화되었음을 보여주는 중요한 대목이다. 예수신앙 공동체는 박해를 벗어나 종교의 자유를 획득한 지 10년쯤 지났을 무렵, 점차 황제의 종교로 자리잡기 시작했다. 국가와 교회 관계의 첫 단추가 잘못 끼인 것이다.>[92]

아타나시우스는 회의에서 발언하거나 논쟁에 관한 찬반에 참여할 수 없었음에도 제왕의 취향과 그리스 철학에 따라 결정적인 역할을 했다. 어용기독교는 권모술수와 뇌물에 능한 자가 사교가 되었으므로 성경에 대해서 무지한 것은 부끄러운 일도 아니었고 비서들이 설교를 작성했다. 사교들의 회의에 '이교도의 수제사장'인 제왕이 참석하여 주재하는 것도 불법이며, 그가 결정적 역할을 했다는 것은 교회사의 치욕이다.

이 회의에 모인 220여 명 중 다수가 아타나시우스가 써준 알렉산더의 신론을 인정한 것도 전혀 아니었다. 니케아회의에 참여한 자들의 입장은 세 파로 구분이 되었는데, 모두 오리겐주의자들이지만 알렉산더를 지지하는 자는 코르도바의 호시우스와 로마의 사교 실베스터와 수행원 두 명뿐이었다. 아리우스의 추종자들은 니코메디아의 유세비우스를 포함해 니케아, 칼케톤, 에베소 사교 등이 가담하여 20여 명인 안디옥파였다. 그 외의 다수파는 아주 철저한 오리겐주의자들이었다.

니케아회의 이전에 325년 초의 안디옥회의에서 파면되었던 가이사랴 유세비우스는 아리우스를 지지하고 있었으나 다수파의 사람들처럼 눈치나 보며 중도 입장을 보였다. 아리우스가 알렉산드리아에서 이미 파면을 당한 상태였기에 니코메디아의 유세비우스가 그 파를 대변했다. 당사자인 아리우스의 참석을 금한 것도 문제였고, 참석한 사교들이 논쟁의 핵심이 무엇인지 파악조차 하지 못하는 것, 제왕의 주재와 결정에 따른, 모든 것이 문제였다. 서로마에서 참석한, '하나님의 어머니' 숭배에 빠진 호시우스의 자문에 따른 정치적인 판단이 진리를 대신했다.

<아리우스는 특별히 동일본질(호모우시오스)이라는 말에 의해 정죄받았다. 제왕 자신도 그 단어를 지지했는데, 그것은 분명히 서로마교회 에 스파냐의 감독으로서 제왕의 종교자문관인 호시우스(Hosius)의 부추김을 받은 것 같다. 이 단어(동일본질/호모우시오스)는 서로마의 터툴리안이 '한 본질'(one substance) 안에 세 위격(three person)으로서의 사상을 주장한 이래 동의를 얻은 신학용어이다.>93)

이 용어는 당시 제왕파(호시우스, 알렉산더, 아타나시우스)와 소수파(20여 명)인 안디옥파와 200여 명의 다수파인 오리겐파(가이사랴의 유세비우스 등)가 서로 다른 의미로 사용했던 용어였다.94)

<이 신경에서 교회는 그리스도가 참 하나님이요, 하나님의 피조된 것이 아니요, 아버지와 동질(同質)이라고 고백한 것이다. [동질이라 함은 아들(성자)이 아버지(성부)와 본체, 본질, 존재에 있어서 똑같다는 뜻이다].>95)

'호모우시오스'는 아들인 그리스도가 아버지와 동일한 본질로 '동일한 존재'(one substance)라는 뜻인데, 다른 위격(인격)이 아니라는 단어로 이해할 수 있으나 제왕파(호시우스, 알렉산더, 아타나시우스)는 아버지와 아들이 '동등'한 권세와 능력의 '통일성'을 갖는 다른 인격(신격)이라고 주장했다.96) 즉 아들은 동등성을 갖는 '아들하나님'이라는 주장이다.

<또한 이것은 하나님의 통일성을 강조하나 성부, 성자, 성령간의 구별의 개념이 불분명한 동방(동로마)의 소수파인 안디옥파의 동의를 얻었다.>(註, Tony Lane 저, 나침반社 {기독교 사상사} p.61)

안디옥파는 '동일본질', '동일존재'라면 아버지와 아들 사이의 인격적 분리없이 아버지와 아들이 하나라는 의미로 이해했었다.

안디옥파의 신관(神觀)은 다른 파와 달리 예수님이 아버지와 아들이란 신조에 가까웠다. 안디옥파는 비록 니골라당과 발람의 교리를 좇았으나 당시 정통보편교회가 믿는 '예수께서 완전한 하나님과 사람'이라는 가르침에서 완전히 떠나지는 않았다. 안디옥파가 '하나님=아버지, 사람=아들'이라는 진리를 갖지는 못했을지라도 그들이 아는 '호모우시오스'이라는 단어는 오늘날 삼위일체론의 의미와는 분명히 달랐다. 안디옥파는 분명하게 알렉산더파와 다른 신관을 가졌음에도 불구하고 아들을 별개의 '피조된 하위신'이라는 아리우스를 반대하기 위해 '호모우시오스'라는 단어를 받아들이기로 했을 것이다.

다수파인 오리겐파는 '호모우시오스'를 '동일한'이라는 뜻으로 알았다. 오리겐파들은 '호모우시오스'가 안디옥파와 같은 의미인 '동일존재'(같은 한 분)라는 뜻이며, 이 용어를 쓰면 성부, 성자, 성령이 세 계층의 각각 다른 세 '우시오스'(개체, 본질, 존재)라는 오리겐의 삼위신과 다르므로 당연히 받아들이지 않고 반발했다. 그들은 이 단어가 아버지와 아들이 동일본질 곧 동일인격 즉 아버지와 아들과 그리고 성령 사이의 구별을 모호하게 하는 것이어서 사벨리우스와 같이 양태론적인 신론을 지지해 주는 것으로 알고 이 용어를 반대했다.

<니케아 로마카톨릭교 회의에서 '동질'이란 용어를 아타나시우스와 서로마측의 지도자들이 주로 찬성하였다. 아리우스파는 크게 실망했으며 중도(싸움의 두 당사자가 아님)파를 이끌던 가이사랴의 유세비우스는 '동일본질'에 찬동할 수 없었던 것이다. 유세비우스와 그의 지지자들은 동일본질론은 사벨리안의 이단사상이 들어오는 문을 개방했다고 주장하였다.>(註, 총신대 신대원 교수 심창섭의 교회사)

<즉 예수 그리스도께서 아버지 하나님과 완전히 동일본질이시라면, 그는 곧 하나님으로서 그 아버지와 '하나이심'을 강조하게 되며 이와 같이 할 때 아들의 개체성은 사실상 희박해지며, 이것은 일종의 사벨리우스주의 경향이라고 부를 수 있기 때문이다.>[97]

<동로마의 다수파 오리겐주의자들은 니케아신경을 승인하지 않았다. … 동로마의 다수파 오리겐주의자들은 하나님이 세 본질(우시아)이라고 주장했다.>(註, Tony Lane 저, 나침반社 {기독교 사상사} pp.64,65)

니케아에서 싸움은 오리겐주의자들의 파벌적 권력투쟁이었다.

제왕이 오리겐의 제자들 중 소수파의 손을 들어줌으로써 오리겐의 신관을 따라 '한 우시아'가 아닌, 차등적인 '세 우시아'로 '각 다른 등급'의 신들을 믿었던 다수파들은 패배했다. '이 신조는 아들의 신성과 신성의 통일성을 주장하려고 했으나, 아버지와 아들과 성령의 구별에 대해서는 침묵하고 있다는 사실로 사벨리우스적 양태론이라고 비난받기도 했다'는 사실은 삼위일체론자들도 익히 알고 있다.

알렉산더파는 용어의 정의를 바꾸어 씀으로써 아리우스파를 제거하려 했는데 사실상 그 용어는 알렉산드리아의 영지파들이 사용하는 것이고, 성경에는 없는 용어였다.

<"로고스(아들)는 성부와 동일본질(호모우시오스)이다"라고 공식 발표했다. 물론 이는 원래 영지파의 용어이고 성경에서는 찾을 수 없는 용어이다. 그러나 이 결정이 콘스탄틴에게는 무방한 것으로 여겨졌다. … 그리하여 마침내 제왕의 압력과 함께 본 진술이 채택되었다.>[98]

브리태니커 백과사전은 콘스탄틴이 이때 직접 회의를 주재했으며 수정된 공식문을 직접 제안하였고 사교들은 제왕에게 위압 당하여 단지 두 명만을 제외하고 이 신조에 다 서명하였는데 그중 다수는 자신들의 견해와는 매우 달리 행동한 것이었다고 증언한다.

가이사랴의 유세비우스는 다음날 서명했고, 니코메디아 유세비우스는 후에 '이 문서에 동의하지 않는 자는 처벌한다.'라는 문구를 삭제하고 서명했다. 가이사랴의 유세비우스도 줄곧 아리우스와 같은 신조를 따랐지만 이 신조에 동의하지 않는 자는 추방한다는 제왕의 경고가 두렵고, 인간적인 탐욕에 따라 타협을 택한 것이다. 강성 오리겐주의 다수파들은 비록 서명은 했으나 이 용어를 도저히 받아들일 수가 없었다. 그들은 교권을 위협하는 정적을 제거하고 제국의 녹(祿)을 계속 받기 위해 제왕의 결정을 아전인수격으로 해석하였다. 이 용어를 삽입 후 이 신조에 서명하라는 제왕의 명령을 끌어낸 알렉산더파는 두어 명에 불과했으나 궁중 감독으로 군림한 콘스탄틴이 명령했기에 이미 승리는 결정된 것이었다. 니케아신조는 거룩하고 영광스럽기는커녕 어느 모로 보아도 추악하고 수치스러운 불법자들의 충성서약일 뿐이다.

<오리겐주의자들은 제왕에게 경의를 표하여 그 용어를 승낙하고 신경을 인정했지만 승복한 것은 아니었다.>[99]

<정치적 견해에서 종교 문제를 친히 다루고 있었던 콘스탄틴은 이 새로운 신조에 서명하지 않으려 했던 모든 감독들을 추방함으로써 일치를 얻어냈다. 이런 방법으로 통일은 달성되었다. 로마카톨릭교회의 신조가 제왕의 독단적인 권위로 제정되었다는 것은 전혀 공개되지 않았던 사실이다. … 이 괴상한 사건에 단 한 사람의 감독도 단 한 마디의 말을 못했었다.>[100]

아리우스는 다시 정죄되었고, 가이샤라의 유세비우스를 포함한 3명의 사교가 제왕의 은혜로 사면되었다. 싸움에 패한 아리우스는 파문을 당해 세 동조자와 함께 일루리아로 추방당했다. 제왕과 알렉산더의 추종자들은 아리우스의 주장을 막기 위해 '니케아신조'(Creed of Nicea)를 만들었다. 당시 신조는 가장 핵심적인 용어로 사용된 '호모우시오스'(동질)를 알렉산더파, 안디옥파, 오리겐파 모두에게 서로 다른 의미로 사용했던 상황에서 제왕의 압력에 의해 결정된 어용기독교의 신조였다는 사실을 간과하면 참하나님을 발견할 수 없다.

터툴리안이 '트리니타스'(삼위)라는 신학용어를 더하여 삼위신교리를 만들었듯이 콘스탄틴과 호시우스 사교는 '호모우시오스'라는 영지파의 용어를 어용기독교 안에 끌어들여 사단의 신위(神位)를 놓았다(계 2:13). 제왕이 주재한 회의의 결론이었을지라도 유일신을 믿는 보편정통교회는 그들의 신론을 거들떠보지도 않았으며 철학적 로고스와 바벨론종교의 '아들하나님 즉 담무스'라는 사상에 빠진 자들과 그 메시야로 자처하던 콘스탄틴을 적그리스도의 세력으로 여겼다.

יהוה께서 친히 돌판에 기록해 주신 신격, 명백하고 단순한 제1계명에 대해 아는 자라면 누구든지 신격들의 혼란에서 곧바로 벗어날 수 있다. 정통보편교회의 가르침을 따랐던 지도자들과 성도들은 왕궁에서 호화로운 옷을 입은 배교자들과 함께하지 않았고, 제왕에게 아부하던 자들의 결정보다는 차라리 당나귀의 충고를 들었다. 제국 전역에 수많은 정통보편적 유일신 교회의 지도자들은 '알렉산드리아 어용기독교'라는 둥지에 귀신의 가르침을 부화시킨 용비어천가와 세상과 정욕과 마귀적인 권력투쟁을 조롱했다. 정통보편교회의 성도들도 세상권력에 눈먼 어용교직자들이 자신들도 알지 못하면서 싸우는 신론 논쟁과는 상관없이 예수님을 '홀로 하나이신 주재, 그 주 하나님'으로 믿고 섬겼다.

당시 수많은 사람이 니케아의 삼위일체에 반대했다.[101] 수백만의 사람들이 삼위일체가 파괴되기를 원했다.[102] 정통보편교회 지도자들과 성도들에게 신론은 단순명백한 것이다. 당시 논쟁은 "구약의 강력한 단일신론(Monotheism)에 대한 반응"이라고 했다.[103] 구약의 강력한 단일신론이야말로 완전한 유일신론인데, 그 단일신의 성육신이 예수님이라 믿는 신론이 당시의 절대다수를 이룬 정통보편교회의 진리이기 때문이다. 하나님의 선민이 버린 신, 아브라함과 이삭과 야곱이 '알지 못하는 신'을 만들었던 니케아회의에 참석자들은 물론, 지금도 니케아신조를 따라 혼란(바벨)스러운 그 가증한 신을 따르는 자들은 계시록 22장 16~19절에 경고된 대로 음녀를 향한 심판을 피할 수 없을 것이다.

니케아신조 추종자들은 제1계명이 변개된 사실조차 깨닫지 못한다. 제왕의 야망과 탐욕에 사로잡혀 권력에 눈이 먼 자들이 바벨론종교에서 들여와 지어낸 신격인 줄도 모르고 '이 이슈를 논하는 것은 가장 어려운 논쟁점'이라고 무지한 변명을 이어간다. 오늘날 많은 이들은 이 '신조'를 신경(信經)이라고 번역하여 성경(聖經)과 같은 권위를 부여하고 신자들을 속이는데 이는 뱀들의 짓들이다. 제1계명의 참하나님을 떠나 삼위신을 믿는 것은 바벨론 우상을 숭배하는 것이다.

터툴리안이 동등적 삼위일체란 개념을 처음 만들었지만, 그것은 양태론과 종속적인 삼위론 사이를 넘나들었기에 니케아회의에서도 인정하지 않았다. 터툴리안은 개신교가 이단이라고 정죄하는 몬타누스파에 빠진 자였다. 히폴리투스와 노바티안도 삼위론을 따랐었으나 이단으로 정죄를 받았으며 곧 소멸되었다. 개신교는 아타나시우스를 삼위일체론의 선구자라고 추앙한다. 니케아회의가 동등적 삼위일체론을 처음으로 공포했기에 아타나시우스를 삼위일체신론의 실제적인 아비라고 하지만 그것마저 틀린 말이다. 왜냐하면, 이 싸움은 시작에 불과하여 이단과 정통이 뒤집혔을 뿐만 아니라 성령이 동등한 권세와 능력의 '3위하나님'이라는 언급은 아직 등장조차 하지 않았기 때문이다.

<그러나 이것이 당대에는 그런 지지를 받지 못했다. 니케아에서 예수 그리스도의 신성에 대한 논쟁이 종식되었다기보다는 오히려 시작이었다.>(註, Tony Lane 저, 나침반社 {기독교 사상사} p.61)

③ 콘스탄틴의 도덕성과 이교도 대제사장으로서 역할

하나님께서 자기 밭을 판 돈 일부 감추고 전부 가져왔다고 거짓말한 아나니아와 삽비라 부부를 즉시 심판하심으로써 도덕성에 관한 규범을 교회 초기부터 확실하게 세우셨다(행 5:1-11).

유세비우스와 같은 어용사교들이 '지상에서 가장 뛰어난 도덕가'라고 칭송했던 콘스탄틴의 도덕적인 면모가 어떠했는지를 살펴보자.

콘스탄티우스는 여관집 주인의 딸인 헬레나와 결혼하여 콘스탄틴을 낳았는데, 콘스탄티우스는 콘스탄틴이 어렸을 때 권력을 위해 헬레나를 버리고 막시미아누스의 의붓딸 데오도렛과 재혼했다. 콘스탄틴은 미네르비나(Minervina)와 결혼하여 크리스푸스(Crispus)라는 아들을 낳았다. 콘스탄틴도 권력을 위해 첫 아내를 버리고 막시미아누스의 딸 파우스타(Fausta)와 재혼해 세 딸과 두 아들을 낳았다. 콘스탄틴은 아비 콘스탄티우스의 장인이자 자신의 장인이었던 막시미안과 권력투쟁에서 이기자 장인을 자살로 내몰았다(310년). 콘스탄틴의 친모 헬레나와 파우스타는 서로 끔찍이 증오하는 관계였다. 니케아회의가 끝난 직후인 326년 1월에 콘스탄틴은 니케아에서 제왕 즉위 20주년 기념식을 치른 후 수도인 로마에서 기념식을 다시 하려고 돌아와 2월에 그의 아들 크리스푸스와 리키니아누스(파우스타의 이복누이의 의붓아들)를 전격 체포하여 고문하고, 곧바로 처형했다. 군중이 자기보다 아들을 더 따르는 것을 시기하여 파우스타와 간음했다는 누명을 씌워 죽인 것이다.

몇 달 후 콘스탄틴은 파우스타를 열탕 속에 넣어 질식시켜 죽였는데 이유는 파우스타와 노예가 간통했다는 무고가 들통났기 때문이었다.[104] 그녀가 시집올 때 가져왔던 라테란 궁전은 로마어용기독교의 사교인 실베스터에게 주었다. 콘스탄틴은 누이의 아들을 태형(笞刑)으로 죽였고, 누이의 남편도 목 졸라 죽였다고 로마카톨릭교 백과사전에도 기록했다. 콘스탄틴은 음식물을 도둑질한 노예의 입에 납을 녹여 붓는 형벌법과 가난한 자는 자식을 팔아도 된다는 법을 제정했다.

일반 신자들도 알아야 할 진실은 콘스탄틴이 권력을 위해 무엇이든 한 자라는 것이다. 제왕이 내린 결정을 따르지 않는 자들을 무소불위의 권력으로 위협해 복종케 했던 니케아회의 신조야말로 어용기독교 교직자들에게는 거절할 수 없는 제1계명이었다.

어용기독교의 최고 성직자로 인정받고, 죽기까지 로마종교 대사제였던 콘스탄틴은 '신의 나라의 영원한 왕'이란 위(位)를 못 지키고 허무하게 사망했다(337년). 콘스탄틴은 죽기 전, "칼은 안 돼!…칼은 안 돼!…지식이여!"라고 지껄이며 죽었다고 한다. 콘스탄틴이 임종 직전에 니코메디아의 유세비우스에게 세례받았다고 전해지나 예수님을 부르지도 않았고 그 상황 자체가 침례주기 불가능했다. 이는 유세비우스가 그리스도처럼 받들던 콘스탄틴이 죽자 자신의 기득권을 지키고 어용기독교의 장래를 위해 사후에 시신에 이교도들처럼 물 뿌려주고, 죽기 전에 세례를 받았다고 왜곡하여 유포했을 것이다.[105]

콘스탄틴은 수많은 영혼을 우상숭배로 노략질한 니므롯과 같은 자였으며, 예수님 당시의 헤롯보다 더 악한 살인자였고, 철저한 우상숭배자이자 친히 숭배받은 자였고, 태양신인 바알의 전사였으며 적그리스도의 모형이었다. 어용기독교를 힘을 다해 도우며, 보편정통교회를 잔인하게 박해했으며, 바벨론 니므롯 종교의 대사제이었기에 그의 시대에 로마시 밖에서는 이교 사제들의 지위가 훨씬 더 강화되었다. 그의 욕망과 세력으로 만들어낸 신(神)을 믿는 자체가 끔찍한 죄악일 뿐이다.

④ 니케아회의에서 결정된 또 다른 이교적인 교리들

니케아회의에서 일어난 놀라운 일은 폰티펙스 막시무스인 콘스탄틴을 '최고의 성직자'로 공포한 것이다. 사가들이 이를 의도적으로 은폐하는 이유는 삼위일체론의 정체성이 이교에서 나왔음을 숨기기 위함이다.[106] 알렉산더는 그의 비서 아타나시우스와 제왕의 힘을 빌려 아리우스를 제거했고, 권력을 누리려고 안간힘을 썼으나 3년 후에 죽었다. 성경적 자격을 무시하고 아타나시우스가 그 뒤를 이었다. 후대 사가들이 한 개인 비서에 불과했던 아타나시우스를 아리우스를 반대하여 싸웠다고 영웅이자 진리의 대사도라 믿고 따르는 것은 황당한 일이다. 아타나시우스를 안고 있던 콘스탄틴은 '존경스러운 이 태양(신)의 날(日曜日)'에 법원과 군대와 도시 사람들과 상업하는 자들에게 업무를 중단하고 쉬라고 명령했는데(321년), 그가 말한 '존경하는 태양'이 미트라 우상을 가리킨다고 역사가들이 증거한다. 로마의 태양숭배 종교의 폰티펙스 막시무스와 대전사로서 '태양신의 날'로 구별하여 내린 칙령이 공인되었다.

'원래 최초의 종교회의는 로마제국의 정치적인 통일을 지원하기 위한 신학적인 목적'을 이루기 위한 것이었다.107) 태양신 신앙이 니케아회의에서 부활절 신앙은 태양신의 부활과 숭배를 어명으로 선포한 것이다. 따라서 그 명칭도 이교도들이 지키는 Easter를 글자 하나 바꾸지 않고 그대로 따왔다. '이스터'란 명칭은 음란한 여신 세미라미스의 앗시리아 식 이름 '이스타르'를 음역한 것이다. Easter는 성경에서 음란한 여신 '아스다롯'(Ashtaroth)이다(삿 2:13; 10:6; 삼상 7:3). '두란노 성경사전', '성서대백과 사전' 등도 이스터가 여러 지역에서 숭배를 받았고, 부활절 달걀(Easter Egg) 풍습도 이교도들의 것이라고 설명한다.

니케아회의는 이교의 전통인 '사순절', '재의 수요일'도 지키도록 결정했다. 바벨론종교에서 니므롯의 환생으로 숭배하는 담무스는 40세에 죽었다는데 사순절은 1년을 1일로 환산하여 40일(사순)간 그를 위해 애곡하는 데서 유래하였다. 5세기의 교회와 사도시대 교회를 비교하는 글을 쓰면서 마르세이유 수도원의 수사였던 카시아누스는 "초대교회의 순수함이 변질되기까지 사순절을 지킨 적이 없음을 알아야 한다", "이 40일의 하루는 담무스가 지상에서 살았던 한 해를 말하며 '담무스를 위해 애곡하는 날'로 정해 놓은 날이다.", "이교도들에게 이 사순절은 담무스의 죽음과 부활을 기념하는 연례 대축제에 없어서는 아니 될 예비기간이 되었던 것 같다."라고 증거했다. 담무스의 은총을 얻어 지하세계로부터 나와 봄을 맞도록 하기 위한 사순절의 관습 준수는 바벨론에서뿐만 아니라 페니키아인, 이집트인, 멕시코인, 그리고 한동안은 이스라엘 백성에게조차 따르고 있었다. 쿠르드족 중 사탄 숭배자들은 지금도 매년 봄에 40일 동안 금식한다. 쿠르드족은 이와 같은 관행을 일찍이 그들을 지배했던 바벨론인들로부터 물려받았다. 멕시코인들도 봄에 40일간 계속되는 축제를 연다. 멕시코의 이런 관습에 대해 험볼트는 자신의 책에서 "춘분이 지난 지 삼 일 후부터 태양신을 위한 40일간의 종교적인 금식이 시작된다."라고 말한다. 이집트에서도 오시리스를 위해 40일 동안 금식을 했음을 윌킨슨의 저술 {이집트인들}에서도 볼 수 있다. 봄축제와 관련된 이교도들의 여러 가지 관습이 기독교 안에 유입되었기에 이 축제에 앞서 행해지던 이교도의 "금식"을 받아들이는 것은 또 다른 단계로의 발전일 뿐이었다.

{카톨릭백과사전}은 "4세기의 저술가들은 확실히 그렇다고 여길만한 주장이 없는 이 사도적 제도에 관하여 많은 관행들(예를 들면 사순절의 40일간의 금식)을 기술하려는 경향이 있었다."라고 아주 솔직히 말한다. 이교도들은 사순절을 지키기 전 3~7일에 '카니발'(사육제)이란 축제 기간을 갖고 고기와 술을 실컷 먹는다. '카니발'의 의미를 어떤 이들은 '고기여 안녕'이라고 하거나 '고기로 배를 불린다'라는 뜻이 있다고 밝히고 있다.(註, 알렉산더 히슬롭 {두 개의 바빌론} p.334)

<무엇보다도 바벨론 비밀종교의 두드러진 특성은 그 "잔인성"과 "파괴성"에 있었다. 가령 인신(人身)제물 의식에는 주로 어린애들이 제물로 바쳐졌는데, 바쳐진 어린아이들을 바알의 제사장(Priest of Baal)들이 먹었다고 한다. 이렇게 해서 "카나-발"(Cahna-Bal) 즉 "바알의 제사장"이란 단어는 "식인종"이란 뜻을 가진 '카니발'(cannibal)의 어원이 되었다. '칸'(Cahn)이란 단어는 '제사장'(a priest)이고, '카나'(Cahna)는 '그 제사장'(the priest)을 지칭한다.>[108]

니케아회의는 바벨론의 대제사장인 제왕이 교회 안에 위(位)를 튼튼히 세워준 '바알의 축제장'이었다. 우상숭배자들이 어용기독교에 쉽게 들어오도록 가능한 모든 방법을 동원해 문을 활짝 열자 강도와 독사의 굴혈이 되었고, 온갖 가증한 새들과 더러운 영들과 귀신들의 처소가 되었다. 콘스탄틴이 회의를 주재하여 자신이 바알(태양신)의 대사제와 궁중감독, '최고의 성직자'로 인정받은, 콘스탄틴을 위한 회의였다.

<이교도 로마에서도 사람들은 동일한 풍습을 지켰다. 로마의 제왕 리시니우스는 그의 대적인 콘스탄틴과 전쟁을 벌이기에 앞서 깊은 숲속으로 그의 친구들을 소집하고, 그곳에서 그의 신들에게 희생제사를 드렸는데, 그때 그는 신들 앞에 "밀랍초를 켜서" 바쳤다. 동시에 그의 연설을 통해, 만약 그 신들이 그의 대적이요 그 신들의 대적인 콘스탄틴을 이기도록 해주지 않는다면, 그는 그 신들을 경배하는 것을 포기하는 처지에 놓일 것이고 신들에게 경의를 표하기 위해 다시는 "밀랍초"를 밝히지 못하게 될 것임을 은연중에 선언하였다. 로마에서는 이교도들의 행렬에서도 촛불이 많이 등장하였다. 락탄티우스는 이러한 이교도들의 관행을 '마치 신이 어두운 데 사는 것처럼 신에게 촛불을 켜 드리는 것'을 비웃었다.>(註, 상기 인용서 p.276)

콘스탄틴은 리키니우스가 이처럼 초를 켠 곳에서 숭배를 받는 신의 신비한 능력으로 전쟁에서 이기려 한다는 정보를 얻고 다급하여 자신도 그의 부친이 하던 대로 태양신에게 희생제사를 바쳤었다. 니케아회의가 이 촛불 제사도 지키기로 정하였다. 한글 개역성경도 '등대를 촛대라고 번역한 우를 보여주고 있다(왕하 4:10; 렘 52:19; 계 1:12; 11:4…).

니케아회의는 죽은 자들에게 기도하는 것도 받아들였다. 이것은 후에 소위 {사도신경}이라는 거짓 이름이 붙여진 문서 안에 '성도들이 교통하는 것을 믿는다'라는 말로 자리를 잡았다. 죽은 성인들이 세상에 사는 신자들과 교통하고 공로를 나누어주며 돕는다는 것이다.

바벨론의 대사제요 궁중감독, 최고의 성직자라던 콘스탄틴이 이교의 사제들이 착용하는 가운을 사용할 것도 결정했다. 이교도 사제들의 제복(祭服)들을 경쟁적으로 취하여 대사제였던 자신이 착용하고 예루살렘 및 다른 사교들에게도 선물했다. 이러한 이교 제복들은 이교도들에게 동일한 사제로 믿게 해주었다.

니케아회의는 여러 나라의 고대 이방종교에서 사용 된 소위 성수라는 물 뿌리는 이교도 의식도 결정했고, 콘스탄틴의 죽은 때에 그대로 쓰였을 것이다. 예배 도구로 나무토막이나 천 조각을 사용할 것도 결정했다. 이것은 이스라엘 백성들도 모방했던 이교의 가증한 것이다(겔 8:14-17). 폰티펙스 막시무스가 이교도의 모든 것을 수용했음을 보여준다.

이 회의에서는 교회정치에 관한 규정을 정했다. "고자들도 교직자가 될 수 있으나 스스로 고자가 된 자는 교직자가 될 수 없다."(제1조)는 조항은 250년경에 스스로 고자가 된 오리겐을 거부했던 사례가 보여준다. "이교도였던 자는 곧바로 교직자가 될 수 없다."(제2조)는 조항은 이때까지 떼돈을 벌기 위해 들어온 자들이 회개도 없이 어용기독교 직분을 매직했었음을 보여준다.

이 회의에서 큰 교구의 사교들이 신자들의 통치자로서 서열과 구역을 정했다. 로마, 알렉산드리아, 비잔티움이라는 이전 서열에서 비잔티움의 자리에 안디옥을 넣어 알렉산드리아 사교와 안디옥 사교에게 세속 권력 같은 통치권을 주었다.[109] 무엇보다 사악한 일은 이 회의가 '카타리'라 불렸던 진실한 성도들이었던 도나투스주의자들을 이단, 반국가적인 분리주의자란 반역자로 정죄하고 엄히 다스릴 것을 결정한 것이다.

42일간의 회의주제를 보면 어용기독교가 여로보암의 종교나 그 어떤 사이비 이단보다 추한 혼합종교임을 알 수 있다. 그들은 마귀의 것들을 구약의 것인 양 간교하게 속였다. 거룩하시고 엄위하신 하나님은 하늘로서 제단에 내려 제물을 태운 불이 아닌 다른 불로 분향한 제사장 둘을 성소에서 향로의 불에 타죽게 하신 분이다(레 9:24; 10:1,2; 히 12:29). 니케아의 참석자들은 당연히 더 무서운 심판을 받을 것은 물론 이것을 따르고 선전하는 자들도 같은 형벌을 받을 것이다.

⑤ 어용 사가(史家)들의 어용사이비기독교의 역사

어용사교인 가이사랴의 유세비우스는 교회사를 왜곡하는 작업에 몰두했다. 그는 니케아논쟁이 있던 해에 {교회사}와 {콘스탄틴의 생애}라는 글을 지었다(325년). 제왕과 함께 저질렀던 범죄들을 덮고 콘스탄틴을 최고의 감독과 기름부음 받은 왕으로 추대한 어용기독교를 선전하기 위해 서둘러 저술했다. 그는 '콘스탄틴을 위한 기독교'의 시작을 가능한 한 더 오래된 데서 찾으려고 했는데 로마제국의 중흥을 위해 주피터의 거대한 신전을 세우고 우상들과 제왕숭배 축제를 대대적으로 열었던 필립(244-249년)을 '최초 기독교 제왕'이라고 미화, 칭송했다. 콘스탄틴의 어용기독교가 어디에다 뿌리를 두었는지를 여실히 보여준다. 이후부터 사도적인 정통보편교회의 역사의 증거들은 왜곡되고 일방적으로 편집된 기록들에서나 단편적으로 찾아볼 수 있게 되었다. 유세비우스는 유일한 주재이신 예수님보다 콘스탄틴 제왕을 더 열광적으로 찬미했고, 제국과 어용기독교의 제휴(提携)에 대해 조금도 거리낌이 없었다. 유세비우스는 콘스탄틴의 제국을 '하나님나라'로 확신하고 행동하였으며, 콘스탄틴을 지상에서의 '하나님의 대리자'(Vicar of God), '평화와 경건의 대전사(大戰士)'로 열렬히 찬양했다. 어용사교들에게 있어서 '하나님의 대리자'란 표현은 후에 로마카톨릭교의 교황이 갖는 '하나님의 아들의 대리자'란 칭호보다 존엄한 칭호였다. 바벨론종교와 이집트 우상숭배가 부적처럼 사용하게 했던 앵크십자가, 콘스탄틴이 보았다는 미트라의 표식을 교묘하게 Χριστός[크리스토스]로 바꾸어 로마제국과 카톨릭교의 상징으로 삼았다. 이 모든 것들을 보아 유세비우스와 당시 사교들의 그리스도는 콘스탄틴이었음이 명백하다.

유세비우스는 {제왕 찬양의 연설}에서 이렇게 말했다. <그분(the Word)의 친구인 우리의 형제님(제왕)은 하나님의 말씀에 대한 해석자로 활동하며, 모든 인류에게 하나님에 대한 지식을 생각나게 한다. 그는 모든 사람에게 분명하게 진리의 율법과 경건함을 나타내고, 그리고 능력있는 목소리로 그것들을 땅에 거하는 사람들에게 선언했다. … 그의 이성은 모든 이성의 위대한 원천으로부터 그가 끌어낸 것이다.…그는 완전한 지혜, 선 그리고 의로움과 사귐을 통하여 현명하고 선하며 정의로운 사람이 되었다. 그는 완전한 덕의 모범을 따름으로 고결하고 하늘의 힘에 참여함으로 용감해졌다.>110) 유세비우스는 미트라의 대사제를 예수님의 친구라고 칭송했다. 유세비우스는 하나님의 유일성을 로마 제왕의 유일성과 같게 보았고, 하나님나라의 영원성과 로마제국의 영원성을 같은 눈으로 보았다. 유세비우스가 해석한 '말씀'은 주 예수님을 니므롯으로 낮추고, 적그리스도를 예수님의 자리의 신(神)으로 높인 것이다.

<이와 같은 팍스 로마나적 기독교 사상은 이미 콘스탄틴의 궁중 신학자 유세비우스에 의해 제창되었다. 유세비우스는 콘스탄틴 황제를 극구 찬양하면서 콘스탄틴 대제의 로마를 "하늘의 하나님의 통치의 지상적 복사"로 보았다.>111)

페터슨(Erik Peterson)은 {정치문제로서의 유일신론}(1935)이라는 유명한 논문에서 유세비우스는 "지상의 한 왕은 천상의 한 왕과 일체…제왕의 법과 이성(로고스)인 하나님과 일치한다.…그리스도의 평화의 나라가 로마의 평화(Pax Romana)로 완성된다.…그리스도가 탄생했을 때, 아우구스투스는 바로 '로마의 평화'를 세우기 시작했고, 콘스탄틴 제왕께서 이를 계승하여 완성시킬 것이다.…아브라함의 종교는 마침내 예수가 아닌 콘스탄틴에게서 완성된 것처럼 보인다."라고 증거했다.

유세비우스는 콘스탄틴이야말로 천년왕국을 건설할 기름부음받은 자(메시야)라고 믿음으로써 예수님의 종이 아닌, 제왕의 충성된 종복임을 친히 자인했다. 그러기에 유세비우스는 예수께서 만왕의 왕으로 묘사된 요한계시록을 믿지 않았고, 예수께서 오셔야 평화의 나라가 세워진다는 전천년설도 완강하게 반대했다. 그는 콘스탄틴을 '지상에 살았던 가장 위대한 도덕가'! 사실, 예수님보다 더 위대한 도덕가라고 찬양했다.

유세비우스는 이사야와 시편에 예언된 메시야에 대한 말씀을 콘스탄 틴에게 적용시켰고, 시편 96편 12절을 들어 콘스탄틴을 찬양했다. 콘스 탄틴은 어용사교들에게 자신을 용(龍)과의 투쟁자로 그리게 했다. 이는 자신이 천사장 미가엘과도 같다는 주장인데(계 12:7), 콘스탄틴을 대적 하는 자는 마귀로 여겨 죽여야 한다는 주장과 같다.

콘스탄틴은 어용기독교에게 장엄한 신전들을 성전이란 이름으로 지어 주고 그 안에 자신을 포함한 13사도의 상을 세웠는데 13번째 사도라는 자신의 상은 다른 사도들의 상보다도 더 크게 세웠다. 형상을 세우지 말 라는 제2계명도 집어던지고, 이교도 우상 자리에 순교한 기독교인들의 이름을 도용여 우상을 세웠으며, 로마제국기독교가 되자 아예 제2계명을 삭제해 버리고 열 번째의 계명을 둘로 나누어 가짜 십계명을 만들었다. 콘스탄틴은 자신을 궁중감독이라 칭하고, 궁중에서 설교했고, 그의 발아 래서 사교들과 교직자들이 듣고 열렬히 찬양하고 아멘 했다. 발람보다 더 부패한 유세비우스는 천상의 왕이 지상에 있는 자신이라고 선언하는 콘스탄틴의 설교에 감동받고, 살인자 제왕을 하나님의 말씀을 완전하게 해석하는 자라고 칭송했다. 세상의 권력과 육체적 쾌락에 눈이 멀었던 사교들은 예수님을 헌신짝처럼 버렸고, 제왕이 자기 이름으로 주재하는 모임에서 제왕을 주(主)와 신(神)이라 고백하며 목숨 다해 충성할 것을 맹세했다. 발람보다 더 악한 길을 택한 두 명의 유세비우스는 출세 가도 를 달렸다. 가이사랴 유세비우스는 콘스탄틴의 수석종교자문관이 되어 자신이 죽을 때(340년)까지 왕궁에 출입했다.

⑥ 이전투구(泥田鬪狗) 장에서 이단으로 파문된 아타나시우스

니케아신조는 종결이 아니라 시작이었고,[112] 두 진영은 한쪽이 제왕 들의 손에 의해 완전히 제거될 때까지 처절한 싸움에 몰두했다.

<니케아회의는 아리우스 논쟁의 종결에 실패했다. 아리우스 자신과 약간의 다른 사교들은 니케아신경에 서명하기를 거절했다. 아직도 많은 사람들이 아리우스에 동조하여 니케아회의가 채택한 것이 신앙을 적절 히 표현한 술어가 못 된다고 생각한 것이었다. 그들은 제왕의 일가(一 家)들로부터 강한 지지를 받았고 제국 법정의 어떤 심판관들의 지지를 받았다>[113]

아리우스파의 좌장 니코메디아의 유세비우스는 세상적 정치에 능했다. 콘스탄틴이 호시우스를 종교자문직에서 해임시키고 니코메디아의 유세비우스를 앉혔다. 유세비우스의 권유로 아리우스가 자기주장을 취소하는 듯한 문서를 작성하여 콘스탄틴에게 제출함으로써 콘스탄틴의 지원을 얻는 데 성공했다. 어용기독교의 대사교인 콘스탄틴이 결정을 번복했고, 아리우스파도 이단에서 벗어나 정통으로 인정되었다.

<그러나 그(콘스탄틴)가 그리스도교 전주(專主: 혼자서 주관하는 자)로서 교리논쟁을 조정한 탓으로 오히려 혼란이 생겼다. … 불과 2년 후, 제2회 니케아회의는 아리우스파를 승인했다.>114)

당시 사교들에게는 하나님의 말씀은 중요하지 않고 제왕의 결정이 더 중요했다. 콘스탄틴은 서로마 호시우스의 자문을 받을 때는 아타나시우스의 편이었고, 동로마의 니코메디아 유세비우스의 자문을 받을 때는 아리우스의 편이었다. 정통과 이단이 정치적 종교꾼들의 농간에 쏠린 제왕의 취향에 따라 뒤바뀌고, 그의 칼끝에서 해결되었다. 일반 교회사에는 니케아파 사가들이 제1차 니케아회의의 결과는 대서특필하고 있으나 제2회 니케아회의(327년)의 결과는 전혀 알리지 않는다. 따라서 대부분 목회자도 그 배경을 알지 못한다. 알렉산더가 죽으면서 비서였던 아타나시우스를 알렉산드리아 어용기독교의 사교직에 임명했다(328년). 어용기독교가 아니라면, 참된 하나님의 교회에서는 있을 수 없는 일이었다. 이미 강도 패거리들, 가인의 후손들, 고라당, 발람들의 교직매매도 일반화된 상황이었다. 열세 번째 사도요 역사상 최고의 성직자요 하나님의 대리자로 인정받은 콘스탄틴이 아타나시우스에게 아리우스의 복직을 명령했다. 알렉산더보다 더 영향력이 컸고, 아타나시우스보다 선임자로 큰 영향력에 수많은 추종자를 거느린 막강한 아리우스를 승리한 교직자로 받아들인다는 것은 아타나시우스에게 죽음과 같았다. 아타나시우스는 아리우스에게 짓밟히는 것을 두려워하여 제왕의 명령을 따르지 않았고, 이로써 이전과 달리 이번에는 콘스탄틴에 의해 아타나시우스가 추방되어 피신처를 찾아 6년 동안 떠돌아다녔다.

<2년 후 콘스탄틴이 아리우스를 다시 좋게 받아들였을 때, 그 싸움은 모든 쓰라림으로 재개되었고, 아타나시우스는 그를 복위시키려는 것을 거절함으로써 투레베스로 추방당했다.>115)

아타나시우스는 45년 동안(328~373년), 이단의 괴수가 되어 무려 5번이나 추방당하며 17년간을 떠도는 신세가 되었다. 어용사교들은 로마제국을 '하나님나라'로 여겼으며, 콘스탄틴은 자신을 그 왕국의 왕이라고 여겼다. 그들은 세속 나라의 수도인 로마와 다른 새로운 '신의 도성'을 세우기 위해 330년에 비잔티움(이스탄불)으로 천도하고 '콘스탄틴의 도성'(콘스탄티노플)으로 개명했다. 콘스탄티노플에서 제왕과 어용기독교 사교들이 추종했던 사상은 '로마제국은 하나님나라'라는 것이었다. 죽기 전까지 궁정을 출입하던 가이사랴 유세비우스와 콘스탄틴의 새 종교자문으로서 새 수도의 최고 교좌(敎座)에 오른 니코메디아 유세비우스가 적그리스도의 제국건설에 일등공신이었다. 제국의 수도, 제왕의 처소가 서로마에서 동로마인 콘스탄티노플로 옮겨지자, 어용기독교의 서로마의 사교는 제왕의 간섭을 덜 받고 독자적으로 교권을 확장하게 되었지만, 니코메디아 유세비우스가 자문이 되면서 동로마의 어용기독교는 아리우스파가 우세해졌다. 이 두 명의 유세비우스에 의해 325년 니케아의 전세가 반전되고 10년이 채 되기 전에 아리우스파들이 득세했으며, 아들은 아버지께 종속된 신(神)이라는 교리가 진리로서 선언되었고, 아타나시우스파(니케아파)는 이단으로 낙인찍혔다. 이번에는 아타나시우스가 공의회로부터 공식적으로 '이단'이라는 정죄와 저주를 받고 이집트 사막의 트리야로 유형(流刑)을 떠나게 되었다.

<335년 티로스(Tyre)회의는 아타나시우스를 파문하고 아리우스를 불러들였다.>[116]

아리우스가 복위하여 알렉산드리아 어용기독교를 그의 나라로 만들기 전날 밤 아리우스가 의문의 죽임을 당함으로써 어용기독교의 역사는 아리우스에게 정통이란 이름을 올리지 못하는 쪽으로 기울었다.

"복위되려던 전야에 아리우스와 그의 친구들은 도시 주변을 거닐고 있었다. 아리우스는 급히 건강이 좋지 않음을 느끼게 되어 공중변소를 가야만 했다.…아리우스의 내장은 기력이 쇠하여, 가룟 유다처럼 복부가 갈라졌다. 그의 내장이 나왔다. 그러나 극한 고통을 견디면서 아리우스의 악독의 중심부인 자기 심장을 떼어냈다. 이 무서운 최후를 맞으면서 아리우스의 전신은 점점 가냘프게 되더니 마침내 이 이단자는 공중변소 구멍을 통하여 하수구 아래로 빠져들어 갔다."[117]

이것은 아리우스 사망 이후에 아타나시우스가 꾸며내 유포한 말이다. 섬뜩한 이 이야기는 이것을 퍼뜨린 자들이 원하는 만큼의 효과를 얻지 못했다. 오히려 복위 직전에 생긴 아리우스의 갑작스러운 죽음은 아타나시우스파에 의한 독살이라는 심증을 굳히게 했다. 만일 아리우스가 그 전날 밤에 죽지 않았다면 그는 복위되었을 것이고 후대에는 정통파가 아리우스파로 알려졌을 것이다.[118] 사가들에 의하면 아리우스는 대단한 열정으로 거의 유대주의적 단일신론을 주창했었다.[119] 아리우스는 하나님께서 친히 완전한 사람을 입고 오신 '경건의 비밀'을 깨닫지 못했기에 예수님의 완전한 신격을 믿지 않았는데, 그의 단일신론은 유대교의 신관으로 볼 때는 큰 문제가 되지 않았다. 어용기독교에 의해 아리우스파라 불린 자 중에 어떤 이들은 예수 이름으로 침례를 주었으나 구약적 신론을 가졌던 것으로 알려졌다.

콘스탄틴은 '신의 나라의 영원한 왕'의 위를 지키지 못하고 치명적인 병으로 허무하게 사망했다(337년). 역사학자인 존슨은 '콘스탄틴은 태양 숭배를 절대 그만두지 않았으며 태양형상을 그의 주화에 보존시켜 두었다'라고 말한다. 카톨릭 백과사전에는 '콘스탄틴은 양쪽 종교에 똑같은 호의를 나타냈다. 그는 폰티펙스 막시무스로서 이교 숭배를 돌보았으며 이교의 권리를 보호했다.'라고 기록했다. 바벨론제도는 대사제(대제사장)를 겸한 왕을 세웠는데 그 추종자들을 메트루스칸파라고도 불렀다. 로마 제왕은 페르가몬의 아탈로스 왕이 가졌던 칭호인 '폰티펙스 막시무스'(바벨론의 대사제)가 되었고, 제례(祭禮)를 주관하게 되었다(주전 63년, 註 버가모교회 주석, 계 2:13). 이드리아백과 사전은 '콘스탄틴은 세례받기 전날(임종 전날) 제우스에게 희생을 바쳤다. 폰티펙스 막시무스라는 칭호도 지니고 있었다.'라고 기록했다. 브리태니커 백과사전은 '콘스탄틴은 그의 사람됨이 아니라, 그의 업적에 근거해서 대제라는 칭호를 받게 된 것이다. 인품으로 평가하면, 실로 그는 고대나 현대에 칭호 <대제>가 붙은 모든 사람들 중에서 가장 낮은 측에 속한다.'라고 증거한다. <그리스도교사>에는 '그가 기질이 난폭하고 화가 나면 잔혹하다는 초기 보고들이 있다.…그는 인간생명을 존중하지 않았다.…그의 사생활은 나이가 들면서 추악해졌다.'라고 기록되었다.

⑦ 창시자요 머리였던 콘스탄틴 사후(事後)의 어용기독교

죽은 자들과의 교통을 교리로 확정했고, 순교자들이 신으로 숭배받던 터에 죽은 콘스탄틴을 신(神)으로 봉하고 숭배했는데, 그들이 메시야로 숭배한 콘스탄틴을 신(神)으로 섬기는 일은 이상한 일도 아니었다.

콘스탄틴은 자기 사후에 세 명의 아들들과 조카가 나누어서 다스릴 것을 원했다. 콘스탄틴이 죽자 세 아들들은 두 명의 친척들 외에 모두를 살해하고 제국을 나눠 차지했다. 세 아들들은 각각 자기 영지에서 그중 우세했던 신학 입장을 따랐다. 둘째인 콘스탄티누스 2세는 니케아파를 박해했고, 셋째인 콘스탄티우스는 아리우스파를 지지하였으며, 넷째인 콘스탄스는 니케아신조를 지지하였다. 점차 아타나시우스파는 약화되고 아리우스파가 우세하게 되었다. 추방을 당하였던(335년) 아타나시우스가 돌아왔지만(337년), 2년 후 콘스탄티우스에 의해 다시 추방되었다. 아타나시우스는 로마로 피신해 7년(340-346년) 동안 콘스탄스의 보호를 받았다. 콘스탄틴의 아들들 간의 피비린내 나는 권력투쟁이 벌어졌다. 340년 말, 콘스탄티누스 2세는 서로마의 단독 제왕이 되고자 넷째 콘스탄스의 영토인 북부 이탈리아에 침공하였으나 패사(敗死) 당하고 콘스탄스가 서로마 전체를 다스리게 되었다. 서로마에서는 다시 아타나시우스파가 득세하고 아리우스파가 쇠약해졌다. 콘스탄티누스 2세의 죽음은 서로마에 피신해 있던 아타나시우스에게 안전한 지위를 가져다주었다. 동로마 어용기독교의 주된 세력인 아리우스파에게는 아타나시우스가 이단자였지만 서로마에서는 콘스탄스가 니케아파였기 때문에 정통 사교로 환영을 받았다. 동로마의 콘스탄티우스는 강제로 아리우스의 가르침으로 어용기독교를 통일시키려고 했다. 콘스탄티우스는 안디옥회의를 열어 아리우스를 이단으로 몰았던 핵심적인 단어인 '호모우시오스'를 삭제한 신조를 공포하였다(341년). 서로마에서 알렉산드리아로 돌아갈 때를 기다리던 아타나시우스는 니케아파인 콘스탄스에게 자신이 아리우스파에 의해서 정죄되었으므로 파문은 무효라고 결정해줄 것을 건의하였고, 제왕의 주재로 몇 차례의 회의가 열렸다. 341년 겨울에 아리우스파의 좌장격인 니코메디아의 유세비우스가 죽었다. 콘스탄티우스는 사르디카(Sardica, 현 소피아)회의를 열고, 아타나시우스를 알렉산드리아 어용기독교의 사교로 복귀시킬 것을 결정했다(342년).

재차 사르디카 회의를 열어 어용기독교 로마사교의 권위를 인정함으로써 로마사교가 사취(詐取)할 교황권의 디딤돌을 놓았다(343년). 로마의 사교 줄리우스 1세(Julius, 337-352년)에게 서로 분쟁하는 사교들을 재판하는 권한을 부여했다. 추방되어(346년) 로마에 있던 아타나시우스가 알렉산드리아로 돌아갔다(356년). 서로마의 콘스탄스는 마그넨티우스의 반란을 제압하려 출정했다가 패배하여 살해되었다(350년).

마그넨티우스가 제위(350-353년)에 오르자 서로마의 니케아파는 다시 불리해졌다. 콘스탄티우스(Constantius)가 마그넨티우스를 패사시키고 전 로마제국의 단독 지배자가 되었으며(353년) 권력의 중심이 로마에서 콘스탄티노플로 옮겨짐에 따라 진리의 잣대도 함께 움직였다. 철저한 아리우스파인 무르사의 사교 발렌스가 제왕의 종교고문이 되면서 아타나시우스파는 된서리를 맞았다. 아타나시우스는 알레스(Arles, 353년)와 밀란(Milan, 355년)회의에서 이단으로 정죄되고, 반아리우스를 주장하는 모든 이들을 귀양보냈다. 콘스탄티우스가 믿는 것이 진리가 되자 동서로마 전역에서 이단자 아타나시우스는 숨을 곳이 없게 되었고 다시 추방되었다(356년). 아리우스파는 일리리아의 시르미움(Sirmium) 회의에서 아버지와 아들의 관계를 설명함에 있어서 '호모우시오스'를 금하고 헬라어 글자 이오타(ι)를 하나 더 삽입한 '호모이우시오스'(유사본질)이라는 용어를 사용하기로 하였다(357년). 그러나 끝없는 교권투쟁으로 그들은 다시 '호모우시오스'(동일본질)파 '아노모이오스'(다른본질)파와 '호모이우시오스'(유사본질)파로 분열되었다. 콘스탄티우스는 처음에는 '유사본질론자들'을 지지했으나 다시 태도를 바꾸어 '동일본질'을 믿는 자들을 지지했다. 제왕의 눈치나 살피던 어용기독교 교직자들은 자신의 권력을 위해 제왕의 취향을 따랐다. 콘스탄티노플회의(360년)에서 '동일본질'이라는 주장을 승인하고 기존의 모든 신조를 배척하고 아버지와 아들의 관계를 논할 때 '우시아'(본질)라는 용어 사용을 금하고 '성자는 그를 낳은 성부와 같다'는 진술을 공포했다.

콘스탄틴의 조카인 줄리안(줄리아누스, 360-362년)은 사촌형 콘스탄티우스(2세)의 혈족숙청 때에 겨우 생존한 유아로 장기간 연금되었고, 콘스탄틴의 아들들의 잔악함 때문에 제국기독교의 배교자가 되었다.

2. 3세기에 등장한 양태론과 삼위일체론

줄리안은 갑자기 부제로 지명된 후(355년) 갈리아에서 게르만족 전쟁에서 5년 동안 큰 전과를 올리자 정제 콘스탄티우스와 불화한 관계가 되었다. 동방의 페르시아에 대비하라는 콘스탄티우스의 명령을 줄리안이 거부했고, 프랑스 파리의 군대가 반역하여 줄리안을 정제로 추대했다(360년). 콘스탄티우스는 줄리안(Julian)의 반란을 진압하려고 갈리아로 진군하던 중에 병사했다(361년). 줄리안이 정제가 되어 18개월(361-363년)간 전 제국을 다스렸다. 그는 비록 2년도 채 안 되는 짧은 기간 동안 제위에 있었으나 엄청난 영향을 끼쳤다. 줄리안은 콘스탄틴의 아들들이 자기에게 간악하게 대우하며 그의 친척들을 대학살한 것으로 인해, 어용기독교를 살인자의 종교로 여겼다. 줄리안은 어용기독교의 만행에 치를 떨며, '여신숭배자', '뼈를 숭배하는 자'라는 말들로 맹렬히 비난하며 이교를 적극적으로 장려했다. 어용기독교로부터 배교자라 불린 그는 글로써 반박하고 일부 공직자들을 해임했으나 심한 탄압은 하지 않았다. 유대인들을 위해 예루살렘에 성전재건을 기도(企圖)했으며, 철학과 이교를 묵인하였으나 점술은 금지했다. 줄리안의 대사령(大赦令)으로 아타나시우스가 돌아오고(361년), 서로마의 니케아파들은 세력을 강화하였다. 그들은 제왕권에서 벗어나 교권 탈취를 위한 이합집산을 했는데, 아타나시우스는 자신을 이단으로 정죄했던 자들인 유사본질론자들과 '포용성'이라는 핑계로 타협했다. 아타나시우스파가 알렉산드리아회의에서 이런 차이점을 무시하고 연합을 적극적으로 시도함으로써 이단도 이해(利害)에 따라 정통(正統)이 되었다.

<362년의 알렉산드리아 회의에서 양쪽(니케아파와 오리겐파) 신조 모두를 정통으로 이해될 수 있다고 인정되었다.>[120]

<반아리우스파(서로마교회: 안디옥파와 아타나시우스파)는 하나님이 한 본질(한 존재, 통일성)이라고 주장한 반면에, 동로마의 다수파 오리겐주의자들은 하나님이 세 본질(세 존재)이라고 주장했다. (두 번의 추방간의 짧은 유예 기간에 개최된) 362년, 알렉산드리아회의에서 양쪽 신조 모두를 정통으로 이해되어질 수 있다고 인정되었다. 무엇을 믿느냐가 중요한 것이지 말이 중요한 것이 아니라는 것이었다. 이런 인정은 니케아의 동일본질(일체)과 하나님은 삼위(세 분)이시라는 오리겐의 진술과의 결합의 길을 열어주었다.>[121]

타협안의 결론은 하나님을 한 분이라고 주장하든 세 분이라고 주장하든 그것이 중요한 것이 아니라 교권을 잡는 것이 중요하다는 것이었다.

줄리안은 페르시아 토벌을 위해 6만5천 명의 군대를 이끌고 출정, 진두지휘하였고, 파죽지세로 승전하여 수도 크테시폰을 눈앞에 둔 곳까지 진군했으나 적의 전술에 말려들어 패배하고 퇴각하다 치명상을 입은 후 32세의 나이로 죽었다(363년). 줄리안의 페르시아 정벌군에 친위대 부사령관으로 종군하던 요비아누스(Jovianus Flavius)가 전군의 추대를 받아 진중(陣中)에서 제위(363-364년)에 올랐다.

요비아누스(요비안)은 자신이 기독교도라고 선언하고 줄리안의 때에 성했던 이교를 억압하고, 마술을 금지하고, 어용기독교에 대한 기부를 회복시켰다. 요비안은 극도의 어려움 중에 철군을 시작했고, 변방에서 콘스탄티노플로 오던 도중 죽어서 그곳에 묻혔다. 요비안의 사후 10일간의 공백 기간이 지나자 근위대 보병대 사령관이었던 발렌티니아누스 I세(발렌티니안 1세, 364-375년)가 43세에 제위에 추대되었다. 즉위 30일 후 동생 발렌스(364-378년)를 동로마의 정제로 임명했다. 발렌스는 정치적으로는 발렌티니안 1세를 의지했으나 종교적으로는 동로마의 강세인 아리우스파에 속하여 아타나시우스파를 이단으로 박해했다. 그들은 서로 타협안을 도출했음에도 불구하고 계속 니케아파와 오리겐파로 피흘리며 싸웠다. 발렌티니안 1세는 어용기독교 교직자들의 만족할 줄 모르는 화식욕(貨殖慾)을 억제하기 위하여 다시 기부금 금지령을 내렸다.

어용기독교는 라오디게아회의를 열어 일요일을 안식일로 결정하고 어용기독교 신자들이 집회에 빠질 수가 없도록 규제했다(364년). 그뿐만 아니라 일반인들은 찬송을 부를 수 없도록 법을 만들었다. 계시록과 야고보서를 정경에서 제외시켰다. 당시에 모든 종교문제를 결정하는 재판소를 사교가 관장하게 되었다.

아타나시우스는 발렌스를 피하여 로마로 가서 발렌티니안 제왕과 다마수스(366-384년) 사교로부터 보호받았다(366년). 다마수스는 백여 명의 정적들을 죽이고 로마의 사교 직위에 오른 도둑이요, 강도였다.[122] 아타나시우스는 예수님의 완전한 신격을 주장하기 위해 신약성경과 그 예수님께 드린 경배에 호소했다. 만일 예수께서 경배받을 분이 아니라면 이는 우상숭배가 아니냐는 주장을 했다.[123]

2. 3세기에 등장한 양태론과 삼위일체론

아타나시우스의 아래와 같은 주장은 사실상 사벨리우스의 주장과도 같다. 물론 아버지와 다른 '아들하나님'을 주장하는 의도였다.

<만일 그(말씀)가 단순히 피조물이었다면, 그분은 경배받지도 못했을 것이고 (성경에 있는 것처럼) 이야기되지도 않았을 것이다. 그러나 그분은 실제로 경배받으시는 하나님의 본체의 참된 후사이며 날 때부터 피조물이 아닌 하나님의 아들이다. 그러므로 그분을 경배했고 하나님으로 믿었다. … 태양 광선은 참으로 태양에 속한 것이다. 그런데도 태양의 본체는 분리되거나 감소되지 않았다. 태양의 본체도 온전하고 그 광선도 완전하고 온전하다. 이 광선이 태양의 본체를 감하지 않으나 참으로 거기서 나온 것이다. 마찬가지로, 성자가 성부 이외의 다른 것으로부터 나온 분이 아니며, 성부 그분에게서 나온 분임을 우리는 깨닫게 된다. 성부도 여전히 온전한 반면에, '그 본체의 형상'(히 1:3)도 영원하며 성부의 모양과 불변하는 형상(image)을 가지고 있다. -'아리우스를 반박하는 연설들' 2:24,38>124)

아타나시우스는 아리우스파들이 '아들인 예수가 아버지보다 열등하다'라고 주장한 말에 대해서는 하나님으로서 그분의 영원한 지위가 아닌 인간으로서의 그분의 위치에 대한 것이라고 반박했다. 아리우스가 아들을 '피조물'이라고 주장하는 것에 대해 그는 아들이 아버지로부터 '남'을 강조하여서 아들은 아버지와 동일본질을 갖는다고 반박했다. 예수님의 신격(하나님)이 아버지와 '동일본질'을 가지셨다는 주장도 사벨리우스의 양태론에 해당된다. 아타나시우스가 니케아신조를 주장하려고 태양을 비유로 설명한 것은 양태론자들의 설명을 도용한 것이다. 오늘날도 많은 삼위일체론자들은 양태론대로 알고 있다. 그러나 만일 광채가 없는 태양이라면 완전한 태양이라 할 수 없고, 광채만으로는 태양이 될 수 없다. 아타나시우스는 영지주의 용어인 '호모우시오스'로 유일신을 대적했는데 세상 신이 주는 영광에 눈이 멀고 고행·금욕주의에 빠져 미혹하는 영의 감동과 귀신의 가르침을 앞장서서 따른 것이다(딤전 4:1-3).

<중세기에 매우 중요하게 되었던 수도원 제도는, 사도 바울시대부터 이미 출현되어 이미 바울에 의해 정죄받았던 비정상적인 금욕주의에서 시작됐다. 서력기원 훨씬 전에 동방에서 나타났으며, 그리고 불교 내에서도 강하게 발전되었다.>125)

아타나시우스가 이끈 알렉산드리아 및 기타 어용기독교는 '속계에 세력을 뻗치려는 교직자의 정략, 성찬 중시 사상(제사 개념), 금욕생활'에 빠져들었다. 수도원 제도는 어용기독교 수행자/수도승들이 확산시킴으로 산에도 작은 수도원(암자)들이 생겨났고, 그들은 이집트, 수리아 사막으로 이주했다.126) 아타나시우스는 그 혼미케 하는 영과 귀신의 가르침을 격찬하며 고행과 금욕주의를 따르는 일에 선봉장이 되었다. 그는 자기 입장을 기록한 {안토니의 생애}라는 저술에서 자신을 최초의 수도승으로 묘사하고 있다.127) 이집트의 서부 콥트 사막에서 금욕생활을 한 고행자 안토니(251-356년)의 삶을 이상화한 그의 저술은 혼미한 귀신의 영들을 어용기독교 안에 가득하게 불러들였다.

<그(안토니)는 처음에는 자기 집 근처에서 살았으나 나중에는 무덤이나 폐허가 된 요새, 그리고 결국 산 위에서 살았다. 1년에 두 번씩 그의 친구들이 그에게 음식을 가져다주었다. 그는 그 음식을 소금과 함께 먹었고, 음료수는 물만 마셨다. 그는 1년에 꼭 한 번 부활절을 제외하고는 머리를 깎거나 빗지 않았다. 그는 한 번도 목욕하지 않았다. … 그렇게 함으로써 다른 사람들보다 훨씬 더 거룩하고 고상한 경지에 이를 수 있다고 믿었다.>128)

파코미우스(Pachomius 292-346년)가 3세기에 북부 이집트의 나일강 섬에 있는 타바네씨(Tabanesssi)에 수도원을 설립했다. 아타나시우스는 그의 친구로 3,000명의 금욕공동체였던 이 수도원을 찾았다.129) 아타나시우스는 추방된 고올 지방에서도 수도원을 확장했고, 이탈리아로 쫓겨나자 거기서도 수도원을 장려하였다.

서로 이단이라고 파문하고 죽이던 자들이 줄리안의 때에 와서 둘 다 정통이라고 타협을 이룬 데는 갑바도기아의 출신들로서 형인 가이사랴의 바실(Basillius, 330-379년)과 동생인 그레고리(Gregory, 335-394년)와 두 형제의 친구인 그레고리(Gregory of Nazianzus, 330?-389년?)의 역할이 컸다. 정치적 술수가 뛰어난 바실은 어용기독교 가정에서 태어나 아덴에서 서양고전과 철학을 배웠고 거기서 그레고리를 만나 사귀었다. 친구인 그레고리도 바실의 수도원에서 살았다. 바실의 동생 그레고리는 오리겐 숭상자였으며, 결혼했으나 수도원 생활을 했다.

갑바도기아 3인의 말재주와 정치적 수완으로 '호모우시오스'(동일본질) 와 '호모이우시오스'(유사본질)가 모두 정통이라고 타협했다.

<이런 인정('동일본질'과 '유사본질'이 모두 정통이라는 362년 알렉산 드리아의 결정)은 니케아의 '동일본질'(성자는 성부와 동일한 본질을 가 진다)과 하나님이 삼체(三體)이시라는 오리겐의 진술과의 결합의 길을 열었다. 이러한 결합은 갑바도기아의 교부들에 의해 받아들여졌고, 381 년 콘스탄티노플 종교회의에서 정통으로 인정되었다.>130)

<그들은 성부와 성자는 '동일본질'(homoousios)이라는 니케아 신앙 과, 성부와 성자와 성령은 세 위격 곧 세 존재라는 오리겐주의자의 신앙 을 함께 융합시켰다. 하나님의 한 본체는 세 다른 실재(위격), 곧 (세 다 른) 존재 양식으로 동시에 존재한다.>131)

이와 같은 교리적 융합은 니케아의 '동급동체의 다른 셋들'을 오리겐 주의자들이 용납하고, 오리겐주의자들의 '세 신들'의 교리를 니케아파도 용납한 것이다. 이른바 '한 본체(본질) 안에 세 인격(존재)'이라고 조합한 신론으로 묶어서 공존을 모색한 것이다.

<바실리우스(바실)는 본체와 실재(위격) 간의 차이를 보편적인 것과 특수한 것 간의 차이-예를 들면, '인류'와 한 '개인' 간의 차이-로 이해 했다. … 그러므로 성부, 성자 그리고 성령은 곧 하나님의 세 다른 존재 방식이다.>132)

'세 존재'란 말은 삼체(三體)라는 말인데, '한 팀 안에 세 팀원'임을 일컫는 말이라 설명했다. '하나님'이라는 한 팀 안에 아버지와 아들과 성령이 객체로서 세 존재 즉 세 신들이 있다는 것이다. 그들은 삼신론이 라고 비난을 받을 때는 '한 팀'을 강조하고, 단 한 분(존재)이 아니라고 주장할 때 '팀원'을 강조했다. 그것은 마치 갑바도기아의 3인(세 존재)으 로 존재하지만 '갑바도기아인'이라는 한 본질(우시아)을 가지고 있다고 설명한 것과 같다. 이 신론은 그들의 추종자들 안에서도 사실상 삼신론 이라는 비난을 받았다.133) 그러나 닛사의 그레고리는 '삼위는 삼신이 아 니다'라는 띠를 둘러 묶였지만 삼신을 완전한 하나로 묶지는 못하였다. 한 사가는 '갑바도기아 3인이 그 시대의 다른 이들보다 삼위일체에 대한 지식이 훨씬 더 앞서 있었다.'라는, 삼신은 우상이 아니라는 글을 썼다. 이는 분명하게도 백마비마(白馬非馬)라는 말일 뿐이다.

<한 축구팀이 '한 사람같이' 움직일지라도 여전히 열 한 명인 것이다. 갑바도기아 교부들은 그들의 시대의 사람들보다 삼위일체에 대한 지식이 훨씬 더 앞서 있었다. 그럴지라도 하나님의 일체성에 대한 그들의 개념은 더 보강될 필요가 있었다.>[134]

이들의 삼위일체론은 한 마디로 어불성설이었다. 전보다 진화된 삼위일체론일지라도 견강부회(牽强附會)에서 벗어날 수 없었다. '셋이 함께 일하시지 않는 경우는 결코 없다'라는 그들의 주장은 그 선배들이 비난했던 성부수난설을 무색하게 한다. 그레고리는 '그분들을 세 하나님으로 부를 수 없다'라고 했으나 '세 분', '세 존재'라고 표현하는데 이는 '세 하나님들'과 차이가 없는 혹세무민의 말장난이다. 제왕이 만든 삼위일체론은 바벨론의 삼신론과 교회의 유일신을 접목한 사이비기독교의 신론이다. 바실은 가이사랴 어용기독교의 사교로 임명되어(370년) 아리우스파와 싸우다 죽었다(379년). 두 형제의 친구인 그레고리는 그의 아비로부터 대물림을 위해 강압적으로 나지안주스의 사교로 임명되었으나 1년 후 아리우스파와의 투쟁에서 패배했다. 아리우스파와 싸우기 위해 작은 마을(사시마)의 사교가 될 것을 바실로부터 강권받았으나 거기서 피함으로써 바실과 관계가 불편해졌다. 그러나 그의 저술로 인해 381년에 열린 콘스탄티노플 회의에서 허우적대던 삼위일체론에 못을 박게 되었다. 동생 그레고리는 바실의 권고로 닛사의 사교가 되었고(371년), 아리우스파와의 싸움에서 져서 몇 년간 그 자리에서 쫓겨났다가 다시 빼앗았고, 닛사의 사교로 생을 마쳤다.

어용기독교의 아리우스파 사교가 죽자 후임자 문제로 아타나시우스파와 아리우스파가 치열하게 싸웠다. 암브로스(Ambrose, 339?-397년)는 트리에르에서 철저한 니케아파 고을 총독의 아들로 출생했다. 로마에서 법률 공부를 한 암브로스가 30세에 북이탈리아의 밀란의 총독이 되어 그 싸움을 막고 질서를 잡기 위해 감독 선출 회의장에 있었다. 그 당시 그는 세례는커녕 어용기독교의 신앙도 갖지 않은 신분이었다.[135] 그의 연설 중 갑자기 어떤 어린이가 '암브로스 감독!'이라고 소리쳤다. 당시 신자들은 하나님(삼위일체신)이 그 어린이를 통해 말씀하셨다는 것으로 받아들였다고 교회사에 미화되었다.

암브로스가 로마의 사교요 살인강도인 다마수스와 철부지 제왕 그라티안의 적극적인 지원으로 아리우스파를 이기고 밀란의 감독이 되었다. 일말의 양심이 있었던 그라티안(Gratian)이 '바벨론의 대사제'(폰티펙스 막시무스)라는 호칭을 포기했다(376년).[136] 그라티안은 로마의 베스타 신전의 숭배를 폐지하고 처녀 사제들과 남자 사제들의 면세특권과 신전의 재산을 몰수하고 어용기독교를 믿도록 강요했다. 그는 어용기독교인이 아닌 신자들의 집회를 철저히 금지했고, 진실한 성도인 도나투스파를 이단으로 몰아 교회 재산들을 몰수하고 감독들을 추방했다(376년).[137] 어용기독교 로마의 감독 다마수스(366-384년)가 그라티안이 버린 '바벨론 대사제'라는 칭호를 얻기 위해서 심마쿠스와 극렬하게 싸워 이기고 바벨론의 대사제의 관(冠)을 썼다(378년).[138] 반대자들 100여 명을 살상하고 로마의 사교가 된 다마수스는 자신이 이교도들로부터 바벨론의 대사제 칭호로 불리는 것이 정당하며 합법적인 자라는 것을 보여주기 위해 할 수 있는 모든 이교도적인 행위와 전통을 시행했다. 로마의 어용기독교가 이교도의 대제사장직에 제복까지 착용함으로써 어용사이비기독교/혼합종교의 모습을 완벽하게 갖추었다. 성경을 라틴어로 번역하였고, 어용기독교의 4대 교부 중 하나로 알려진 제롬은 당시 로마를 "모든 미신의 시궁창"이라고 불렀다.[139] 서로마제국 내에서 이방종교는 법적으로 폐지되었지만, 로마시에서는 세력가들 사이에 여전했다. 다마수스는 폰티펙스 막시무스 칭호를 취하면서 시궁창에서 뒹구는 추한 짐승이 되고 말았다. 이로써 어용기독교에 모든 이교적인 제의(祭儀), 음란한 축제, 이교의 교리와 전통이 활기를 띠었다. 그는 스스로 이교의 대사제의 권세와 특권을 상속받은 자라고 맹세함으로써 사탄의 처소인 어용기독교 대사제임을 확실히 보여주었다.[140]

동로마의 발렌스의 군대가 고트족의 알라릭(Alaric)의 군대와 아드리아노플 부근에서 교전했는데 로마군 ⅔ 이상이 전사했고, 발렌스의 유해조차 찾지 못할 만큼 비참한 패배를 당하였다(378년). 그라티안은 5개월간 비어있던 발렌스의 후임에 데오도시우스(Theodosius, 346-395년)를 지명했다(379.1). 데오도시우스는 시기하는 자들로 인하여 누명을 쓰고 처형된 유공자였던 장군의 아들이다.

데오도시우스가 33세에 동로마의 제왕(재위 379-395년)이 된 후 어용
기독교 확장에 힘썼다. 철저한 니케아파인 그라티안과 서방 출신 니케아
파인 데오도시우스가 통치하던 시기에 니케아파는 그들의 대대적인 후
원을 힘입어 세력을 불렸다. 380년 2월에 데오도시우스와 그라티안은
로마와 알렉산드리아의 모든 사교가 어용기독교 신앙을 정통신앙이라고
시인하고 따르도록 하는 데살로니가 칙령을 반포하였다(Cod. Theod.
XVI, I, 2; Sozomen, VII, 4). 이를 반대하는 신자들을 이단자로 몰아
추방하고 그들의 재산을 몰수하라고 명령했다. 데오도시우스의 법령은
많은 참된 성도들과 아리우스파와 유대인을 멸절하려고 선포한 죽음의
법령이었다.141) 많은 사가(史家)가 이때를 로마가 기독교를 제국국교로
선포한 때라 본다. 제왕의 명으로 니케아파를 반대하는 자들을 색출하기
위해 철저한 조사가 시행되었다.

'한 팀에 세 팀원이 삼위일체'라고 주장하던 가이사랴의 바실이 죽은
후(379년) 수도원에 있던 나지안주스의 그레고리가 콘스탄티노플로 가서
작은 건물을 빌려 니케아신조의 신론을 전했다. 그라티안이 콘스탄티노
플의 아리우스파 사교 데모필루스(Demophilus)를 추방한 자리에 그레
고리(Gregory of Nazianzus)를 사교로 임명했다(380.11). 갑바도기아 3
인들은 모두 철저한 오리겐주의자들로서142) 성자(순교자)들에게 기도하
며 찬양하는 우상숭배자들이었다.

⑧ 콘스탄티노플회의에서 바벨론의 세 위(位)가 자리를 잡음

데오도시우스(Theodosius)가 동로마 제국종교의 주된 세력인 아리우
스파를 척결하려고 381년 5월부터 7월까지 콘스탄티노플에서 회의를 소
집, 주재하였다. 콘스탄티노플회의는 '세 계급의 세 하나님들'이라 주장
하던 오리겐의 추종자들인 두 갑바도기아인들이 주역이었는데, 그들은
철학적 로고스론(아들하나님)에 바벨론에서 시작된 오리겐의 삼신론을
접목하여 삼위일체론을 만들었다. 콘스탄티노플회의 전에도 회의들이 있
었으나 제왕이 주재하지 않았기에 공의회라 하지 않는다. 제왕의 주재로
열린 1차 공식적인 회의인 니케아회의 때는 콘스탄틴의 힘을 빌린 니케
아파가 세 다른 계층의 삼체론을 믿던 강성 오리겐파들을 몰아내고 아
들을 아버지 하나님과 동등한 반열에 올려놓았다.

니케아의 논쟁은 니케아파와 강성 오리겐파들 사이에 있었고, 아리우스파는 논쟁의 주요 참여자가 아닌, 촉매 역할을 했을 뿐이다.143) 콘스탄티노플회의의 주역들은 강성 오리겐파들이었지만 그들이 오리겐의 '각 다른 세 계급의 하나님들'이라는 삼신론을 관철시키지 못했던 것은 철저한 니케아파인 데오도시우스의 주장을 거절할 수 없었기 때문이다. 이 회의에서는 한 본질에 세 인격을 결합해 서로 자기들의 주장에 맞도록 해석하게 했다. 이때 결정된 삼위일체론은 니케아회의의 삼위일체론과 다른 것이었다. 니케아파들이 동등을 위해 '위격'(인격)이라 번역하고 오리겐파들이 차등을 위해 '본체'(실체)라고 번역한 헬라어가 $\upsilon\pi\acute{o}\sigma\tau\alpha\sigma\iota\varsigma$ [휘포스타시스]이다. 데오도시우스는 콘스탄티노플회의를 통해 니케아파와 오리겐파의 삼위일체론을 연합해 타협된 삼위일체론을 만들고 이를 따르지 않는 자들을 이단으로 정죄하고 추방하고, 재산을 몰수했다. 이 회의에서 도입된 삼위신은 분명히 고대 바벨론에서 온 것이다. 바벨론의 신은 삼신(三神; 니므롯-세미라미스-탐무스)이었으며, 몸은 하나인데 머리가 셋인 삼두신(Triads)이다. 이 삼위신론 사상은 이집트를 비롯하여 중동에 널리 퍼져 있고, 고대 제국들에게 계승되었다.

콘스탄티노플회의는 데살로니가 칙령이 내려진 후 니케아회의보다도 더 강압적 분위기 속에서 맹목적으로 어용기독교만을 고집했던 데오도시우스의 뜻에 의해 결정되었다. 콘스탄티노플회의에는 서쪽은 불참하고 동쪽에서 고작 150명만 참석했다. 이때까지 제왕이 법령과 군대를 동원해 어용기독교를 일으키려고 발버둥을 쳤지만, 이 숫자는 당시의 제국종교의 규모를 보여주는 것이다. 이때까지도 제국종교는 정통보편교회에 비해 결코 보편적 기독교파가 아니었다. 큰 곡식 밭의 밭고랑의 일부를 제왕이 탈취한 제왕이 자기의 슬하에서 키우던 신흥종교의 모습을 벗어나지 못했고, 콘스탄티노플회의에도 유심히 보면 아리우스파와 마케도니아파와 아폴리나리스파들이 잡다하게 섞여 있었다. 참석자들 중 36명은 마케도니아파였는데 그들도 오리겐파에게 패하여 이단으로 정죄되었다. 마케도니아파는 예수님을 아들하나님, 성령을 피조물이라고 했다. 니케아회의 때 단지 '성령을 믿는다'라고 한 것에서 크게 벗어나지 않았으나 마케도니아파는 삼신론으로 믿던 오리겐파들의 설득을 뿌리치고 회의장에서 퇴장했고, 이단으로 정죄되었다.

안디옥파의 유스타티우스(Eustathius)가 그리스도 안에 있는 신성은 비인격적인 지혜로서 예수의 몸(성전) 안에 거하는데 인간 영혼은 없다고 주장했다. 라오디게아 사교인 아폴리나리스(Apollinaris, 310-390년)는 아타나시우스와 갑바도기아 3인의 친구요 니케아파였다. 그는 단순한 인간으로서 그리스도는 인간을 구원할 능력이 없으므로, 인성(영혼) 대신 한 신(神)인 로고스를 가졌다는 단성론(單性論)을 주장했으나 알렉산드리아(362년), 로마(377년)와 이 콘스탄티노플회의에서 단죄되었고, 주 예수 그리스도 안에 있는 신인 양성 모두가 완전하다고 결론을 내렸다. 사실, 단성론은 데오토코스 사상과 직결되는 이론인데도 이단으로 찍힌 것이다. 데오도시우스가 주재한 콘스탄티노플회의도 교권 다툼을 위한 이전투구장이었고, 회의의 주도적 역할을 했던 오리겐파 나지안주스의 그레고리는 이집트에서 온 넥타리우스에게 사교직을 빼앗겼다.

<교회는 그 종교회의(325년)의 결정을 교회(로마카톨릭교)의 것으로 만드는 데에만 60년 내지 70년의 세월을 씨름하였다.>[144)]

니케아신조는 성령을 성부와 다른 인격(본체)의 신으로 인정한 것이 아니라 단지 성부나 성자로부터 나오는 능력이나 은사를 의인화한 정도로만 인정했었다. 니케아신조는 성령의 신성에 관한 별다른 언급 없이 단지 '성령을 믿으며'라고만 언급했을 뿐이다.[145)] 아리우스도 오리겐의 가르침을 따라 오직 성부만이 참신이시고 성자는 피조된 신이라고 주장했었다.[146)] 콘스탄티노플회의(381년)에서는 바벨론 신비종교의 신앙에 따라 어쨌든 성령도 제3위의 또 다른 신(神)이라는 사상결합에 성공한 것이다. 혼합종교인 어용기독교가 그들에게 맞는 삼위일체신을 만들기 위해 자기들끼리 서로 이단이라고 정죄하고 추방하고 피 흘려 죽이다가 둘 다 정통이라고 연합하는 등 온갖 추악한 행위를 보여야 했다.

4세기 말에 어용기독교는 로마, 알렉산드리아, 콘스탄티노플, 안디옥, 예루살렘 등지에 형성되어 있었다. 이들 어용기독교 교직자들은 스스로 '대사교'(대감독)라고 부르고 세속권세를 가지고 속한 교구를 세상 군주들처럼 지배했다. 로마가 제국의 수도였다는 근거로 로마의 사교는 '베드로의 후계자'의 특별지위를 가졌다고 주장했다. 콘스탄티노플회의는 "콘스탄티노플의 사교는 서열상 로마의 사교 다음이다. 그 이유는 콘스탄티노플은 새로운 로마이기 때문이다."라고 결정했다.

이로써 콘스탄티노플은 알렉산드리아를 밀어내고 어용기독교에서 제2의 사교 교구가 되었다. 이때까지 로마 다음 서열의 사교로 자리를 잡고 있었던 알렉산드리아 사교는 콘스탄티노플에 반발하고 격분했다. 알렉산드리아는 콘스탄티노플을 꺾을 기회를 노렸다. 지금까지 모든 공의회는 교권을 위한 강도들의 마귀적인 싸움판이었다.

제왕과 대립하던 암브로스 사교에게 좋은 기회가 왔다. 마케도니아의 데살로니가에서 로마의 책임 장교가 살해되자(390년), 데오도시우스는 군대를 보내어 데살로니가의 무고한 사람들 7,000명을 경기장에 가두고 잔인하게 학살했다. 데오도시우스가 처참하게 학살한 자들은 놀랍게도 예수 이름을 믿는 유일신 성도들이었다.[147] 이전에 유대인들과 유일신 성도들을 살해하는 것을 당연하게 여겼던 암브로스는 이번에는 제왕에게 살인죄를 적용하여 참회하고 용서를 빌기 전에는 제국기독교 미사에 참석하지 못한다고 8개월 동안이나 막았다. 키프리안 때부터 성찬식을 속죄를 위한 제사로 여겼고, 이 미사에 참여하지 못하면 구원이 없다고 가르쳤었다. 데오도시우스도 밀란의 사교 암브로스(374-397년)의 권위에 굴복해야 했다. 암브로스의 기록에서는 '로마'와 '그리스도교'라는 말이 거의 동의어로 쓰였다. 암브로스의 아전인수격 사상은 창세기 3장 15절을 근거라 하며 마리아를 인류의 구원에 참여하여 능력있는 존재라 주장함으로써 여신숭배를 마리아로 대체하는 데 이바지했다. 창세기 14장 14절을 근거로 제시하며 니케아회의 때에 참여했던 200여 명의 참석자를 318명으로도 왜곡하여 부풀렸다. 암브로스 사교 역시 천사숭배자요 수도원식의 고행·금욕주의자였다.

제롬(유세비우스 히에로니무스/Jerome, 340-420년)은 달마티아에서 출생해 로마에서 교육받고 3년간의 금욕생활을 한 후에 동로마를 순례한 후에 사막으로 가서 동굴수도자로 살았다. 그는 당시 어용기독교의 교직자들이 '하나님의 신부'라고 불렀던 로마를 둘러보고 '모든 미신의 시궁창'이라 비난했다. 안디옥 근처의 사막에서 5년간 은둔 고행자로서 살다가 문명세계로 돌아온 때도 이교의 고전들을 갖고 다녔다. 그러던 제롬은 로마의 제국기독교의 사교이자 바벨론의 대사제인 다마수스의 비서 겸 사서(司書)가 되었다(382년).

그 후부터 그는 이전과는 달리 로마를 '하나님의 처녀', '그리스도의 신부'라 불렀다. 이전보다 더 부패해진 로마를 가리켜 완전히 반대되는 칭호로 부른 것은 바티칸의 시궁창에 들어간 후 함께 썩었기 때문이다. 막시무스가 반란을 일으켜 제위에 오르고, 그라티안이 살해되고, 데오도시우스의 권력이 위협받고, 다마수스도 죽자 제롬의 지위도 불안해졌다. 제롬은 유난히 부유한 수녀원을 좋아했기에 많은 비난을 받았다. 제롬은 가까이하던 여인들인 파울라(Paula)와 유스토키움(Eustochium)과 함께 베들레헴의 한 수도원에 들어갔다(386년). 제롬은 한 동굴을 찾아 그리스도가 그곳에서 출생했다고 주장하고 그다음 동굴에서 전갈과 벌레가 우글거리는 맨땅에서 요리하지 않은 음식을 먹으며 금욕과 고행을 했고, 동굴에서 고행하는 동안에도 이교 고전과 철학에 심취해 있었다. 제롬도 여신숭배를 마리아 숭배로 바꿔 적극적으로 장려했다. 그는 자기 어머니에게 '내가 그리스도의 신부로서 실제적인 동정(녀)인 점에 관해 마음 아파하지 말라'고 편지를 썼다. '나 자신이 동정(녀)이 됨으로써 내 어머니는 하나님의 장모가 된다'라고 했다.[148] 그리스도와 교회의 결혼관에 관한 그의 사상은 철저히 이교적이었다. 오리겐의 열렬한 찬양자였던 제롬은 처음 태도를 돌변시켜 오리겐의 신랄한 적대자가 되었고 오리겐의 추종자였던 친구 루피누스와 싸웠다(393년). 어용기독교 3대 지도자 중 하나라는 제롬은 야비하고 저속하며 악한 성격을 그대로 드러내어 끊임없이 사람들과 싸우고 그들과 논쟁을 벌이는 일로 인해 괴팍한 성격을 가진 자라는 비난도 많이 받았다.

아우렐리우스 어거스틴(Augustine, 354-430년)은 제국기독교의 가장 뛰어난 교부(敎父)라고 추앙받는 자이다. 어거스틴은 신플라톤주의에 빠져 신들에 대한 내적 명상을 통한 인식론을 배웠다. 그도 제롬과 같이 키케로의 책 호르텐시우스(Hortensius)와 신플라톤주의 및 아리스토텔레스의 가르침에 깊이 빠졌다. 어거스틴은 밀란의 사교 암브로스의 웅변에 매력을 느껴 미사에 참여했다. 어거스틴은 출세하려면 제국기독교가 가장 빠른 지름길임을 알았다. 어거스틴은 33세에 아들과 함께 암브로스에게 세례를 받고 제국기독교 신자가 되었고(386년), 아내를 버리고 귀향하여 유산을 팔았다(388년).

그는 뜻을 같이하는 자들과 북아프리카에 처음으로 수도원을 세우고 금욕생활에 몰두했다. 어거스틴은 전에 얼마 동안(373-382년) 마니교를 추종했고 제국기독교인이 된 후 마니교를 비난했다(387-400년). 아타나시우스가 동로마에 소개한 수도원을 암브로스와 제롬, 어거스틴이 크게 발전시켰다. 어거스틴의 기독사상은 이교적이고 철학적 인식론에 근거한 궤변이었다. 그가 말하는 '참다운 종교'(De vera religio, 389)란 실상 '참다운 철학'(vera philosophia)이란 평을 받는데, 앞뒤의 몇 항만 삭제한다면 철학도들, 중세철학에 관심을 가진 이들이 거리낌 없이 읽을 만한 작품이라 평가되었다. 이 책에서는 물론, 이후에도 그가 거론하고 사고하는 근본 주제들은 언제나 신플라톤 사상의 주제들이었다. 그의 유사신학이 신플라톤 철학이었음을 누구도 부인하지 않는다. 사도 바울이 이단으로 경고한 철학의 헛된 속임수가 제국종교 안에 넘쳤다(엡 4:14; 골 2:8). 레오 C. 데일리는 서구문명사에서 "어느 사람도 어거스틴만큼 희랍 철학(신플라톤 철학)과 유대교적 전통 그리고 기독교 신앙을 잘 종합한 사람이 없다."라고 말했다. 그래서 가장 위대한 그리스 사상가로 플라톤을 꼽는 자들은 가장 위대한 라틴 사상가로 어거스틴을 꼽는다. 철학과 신학은 이 양자를 거의 언제나 반명제(反命題)처럼 정립해 왔지만 어거스틴은 로마인 특유의 사고방식에 따라 이것들을 상호 보완하는 명제로 받아들였다. 어거스틴은 신플라톤주의로 전환·통합하여 제국기독교 사상 체계를 확립한 사람이다.

<따라서 교회는 그 성질(性質)을 달리하여, 로마제국의 모습을 닮게 되었다.>[149]

어거스틴은 구원받도록 예정된 자와 멸망받도록 예정된 자로 나누는 예정설의 원조(元祖)가 되었다. 사도신조에서 '거룩한 공회를 믿는다'는 말은 오직 '로마카톨릭교만 구원을 준다'는 그의 주장에서 따온 말이다. 어거스틴의 무력사용 이론은 이후 엄청난 살상을 불러왔다. 도나투스주의라 불린 진실한 성도들이 어거스틴이 이끌던 제국기독교를 반대하자 이단이라고 정죄하고 핍박하고 살육했다. 진실한 성도들이 제국기독교 신자들보다 비교할 수 없을 정도로 많았기에 그들을 제거하기 위해서 로마제국은 군대를 동원해야 했다. 사도들의 시대 직후에 세워진 사도적 교회였던 켈틱교회도 항상 제국기독교의 박멸 대상이었다.

5세기 말에 브리튼(영국)에 파견된 제국기독교의 승려인 어거스틴이 전도했으나 아무것도 이루지 못할 정도로 진리의 교회는 건재했다.150) 제왕 데오도시우스는 이집트 룩소의 카르나크 신전의 태양신 라아의 기둥(오벨리스크) 중 가장 큰 것을 가져와 세워 숭배케 했다(390년). 사도 요한은 이미 이런 자들을 적그리스도들이라고 비판했다.

<데오도시우스(Theodosius) 제왕은 기독교를 로마제국의 국교로 정하고, 강제로 기독교인이 되게 하였다. 이것은 교회를 타락시키는 가장 큰 원인이 되었다. 이것 때문에 회개도 하지 않은 사람들도 강제로 교회에 나가게 되었다. 데오도시우스 제왕은 다른 종교를 탄압할 뿐만 아니라 우상숭배를 금지했다. 그의 칙령으로 이교 신전은 그리스도인 폭도들에게 무너지고, 많은 피를 흘리게 되었다. 그리스도는 순수한 영적이고 도덕적인 방법으로 정복하려 하셨다. 지금까지 회개는 자발적이며, 마음과 생활의 순수한 변화였다. 그러나 지금 로마 제왕의 군사적인 정신이 교회에 들어왔다. 교회는 로마제국을 정복했다. 그러나 사실은 로마제국이 교회에 로마제국의 사상을 넣어 교회를 정복한 것이다. 교회는 그 성격을 달리하여 큰 배교에 빠지고, 로마제국의 정치적 조직을 가지고 교왕의 1,000년 동안의 추행이 시작되었다. 4세기와 5세기의 제왕의 교회는 처음 3세기 동안 박해를 받던 교회와 완전히 달랐다.>151)

데오도시우스가 어용기독교와 로마종교를 혼합한 종교를 로마 국교로 선포하여 적그리스도의 나라의 모형을 보였다(392년). 지금까지 회개가 자발적이었다는 말도 개종자들이 탐욕을 좇아 자원 개종했다는 것이다. 데오도시우스의 제국종교는 철저하게 이교화 된 사교(邪敎)였다. 제국종교를 '카톨릭교'라 부르지만, 그때까지도 제국종교는 '보편적인 종교'가 아니었다. 사실상 제국종교는 십자군전쟁, 종교재판, 마녀사냥을 통하여 규모를 늘렸다. 오직 제국종교 외에는 교회가 아니라는 어거스틴의 사상에서 제국종교 외에는 박멸의 대상이었다. 데오도시우스는 콘스탄틴의 무력 정신을 따라 칼로 위협하여 백성들을 제국종교 교인이 되게 강요했고 반대자들을 척결했다. 그는 이교의 신전도 없애고 소유를 강제로 빼앗아 제국종교에게 주었다. 이리하여 데오도시우스는 드디어 밀란의 사교 암브로스로부터 '대제'라는 칭호를 받았다. 로마제국종교는 제국의 무력을 떠나서는 존재할 수 없었다.

2. 3세기에 등장한 양태론과 삼위일체론

로마제국과 로마제국종교는 실제로 하나였는데 로마제국이 사용하는 '키로'를 새긴 깃발이나 로마카톨릭교가 철탑 위에 세워놓은 '키로십자 가'는 동일함을 증명하고 과시한다.

갈리아군 총사령관 겸 정무총감인 아르보가스트가 발렌티니안 2세를 목졸라 죽이고, 에우게니우스라는 수사학자를 꼭두각시로 제위에 앉혔다 (392년). 아르보가스트가 로마귀족 플라비아누스와 함께 옛 로마의 우상 숭배 전통을 부활시켰기 때문에, 데오도시우스와 에우게니우스의 전쟁은 동로마의 제국종교와 서로마의 전통이교와의 종교전쟁이 되었다(394년). 승전한 데오도시우스는 에우게니우스를 참수하고, 아르보가스트를 자진 (自盡)케 했으나 제국 전체를 손안에 넣은 지 불과 4개월 만에 48세의 나이로 죽었다(395년). 데오도시우스 사후, 이민족들의 침략과 허약해진 제왕들의 통치력으로 인해 극심한 혼란에 빠지자 동서 주교들의 탐욕은 세속의 권력까지 지배하려는 야욕으로 끓어올랐다.

도나투스주의자들은 사도행전 2장 36~38절의 'יהוה와 메시아'(예수)와 물과 성령으로 거듭나는 복음을 믿고 따르는 진실한 성도들이었다. 그들 은 유아세례를 반대했는데 그것은 어릴 때부터 제국종교의 신자로 잡아 두기 위해 이교도로부터 들여온 것이었다. 공개된 그들의 수는 제왕과 어거스틴이 지배했던 힙포에도 제국종교 신자들보다 훨씬 더 많았다.[152]

당대 제국종교 최고의 사교로 인정받던 어거스틴이 활동하던 북아프 리카의 제국종교도 도나투스파와 같은 정통보편교회의 위세 앞에 붕괴 위험에 처했다.[153] 다급해진 어거스틴은 '제국종교가 유일한 교회요 제 국종교의 권위에 의해 전파되지 않는 복음은 믿지 말라.'고 했다. 그는 '제국국교 밖에는 구원이 없다'라고 선전하며 국교도가 아닌 성도들을 이단으로 몰았다.[154] 그는 "그리스도의 몸인 이 제국종교밖에는 진리도 없고 구원도 없다. 이 교회로부터 떨어져 나가는 것은 신성모독이다."라 선전했다. 그는 국교의 존폐를 위협하는 수많은 도나투스주의자를 제거 하기 위해 제국의 군대를 동원했다(396년).[155] 사실 어거스틴이야말로 우상숭배를 가장 광범위하게 퍼뜨린 뱀이었으며(고후 11:2-4), 진리를 가장 강하게 대적한 사단의 사자임에도 불구하고 영적인 소경들은 그의 배설물을 자랑하는 일에 여념이 없다.

<심지어 어거스틴의 시대에 있어서는 신자들이 죽은 성자(聖者)의 혼을 불러내기도 했다. 순교자들뿐만 아니라 유명한 감독들까지 우상화되었다. 예수님의 모친이며 "여인 중에 복된 자"라는 마리아가 부당하게 높임을 받게 되었으며 "하늘의 여왕"으로 추앙되고 예배드리게 되었다. 교회 안에 우상들이 자리 잡게 되었다. 처음에는 가정집에서만 우상이 있었으나 4세기와 5세기경에는 교회당 안에도 우상이 들어왔다. 이 모든 사실들은 참된 기독교와 배치되는 것이다.>[156]

<동일한 (이교적) 사상이 어거스틴의 저작 안에 같은 단어들로 표현되어 있다. 그러나 이것은 복음의 본질과는 전혀 반대된다. … 어거스틴은 많은 이교사상을 받아들였으며 결코 완전히 이것들로부터 벗어나지 못하였다.>[157]

<수도원주의는 이집트로부터 동로마에 급속히 퍼졌다. 때로는 수도원주의는 매우 괴상한 형태를 취했으니, 시리아에서는 시몬이 30년간 죽기까지 기둥이나 쇠못 꼭대기에서 살았다. 그는 이전의 사람보다도 더 높은 기둥을 수 개나 세웠던 것이다. 그의 최후의 기둥은 60피트 높이에 꼭대기는 4피트 평방의 넓이였다고 한다. 그는 주두행자(柱頭行者)라고 알려졌다. 12세기와 15세기 사이에는 시리아에 많은 주두성자(柱頭聖者)가 있었다. 아타나시우스가 서로마에 수도원을 소개하였다. 암브로스와 제롬, 어거스틴이 수도원을 많이 발전시켰다.>[158]

어거스틴의 신앙은 조금 앞선 제롬보다 더 부패했다. 어거스틴은 많은 우상숭배를 도입했고 또한 고행과 금욕생활과 수도원을 장려하고, 유품(遺品)숭배를 실천 장려했으며, 오리겐과 같이 일시적 징벌인 '연옥설'의 구체적 주창자였다.[159] 어거스틴이 힙포의 사교가 되기까지만 해도 아직 유물숭배가 공인되지 않았다. 어거스틴은 사자(死者)들 숭배의 반대자를 욕하며 '플로렌티우스라는 노인이 옷을 지어서 먹고살았는데 하루는 자기 옷을 잃어버렸기에 20명의 순교자 신전에 가서 그들에게 큰소리로 기도를 했다. 그 후 그가 바닷가에서 큰 고기가 펄떡이는 것을 보고 잡아 요리사에게 팔았는데 그 고기 입에서 금반지가 나왔고, 착한 요리사가 그것을 노인에게 돌려주었다. 20명의 순교자가 옷을 입게 해주었다. 그 노인이 기도할 때 듣고 놀려댔던 아이들은 어리석은 아이들이다'라고 꾸며낸 이야기를 근거로 삼아 타당성을 가르쳤다.[160]

그 아이들보다 못한 사교 어거스틴이 귀신과 소통하는 것을 장려하다 보니 아이들에게도 조롱을 받게 된 이유를 그는 몰랐다.

<또 다른 배교의 표는 성자(聖者)들에게 기도를 드리며 우상을 예배하는 일이었다.>[161]

한편 어거스틴은 이교도들이 줄곧 이어온 고행과 금욕주의에 입각해 수사학으로 치장한 {고백록/참회록}(400년)을 썼는데 카톨릭교적 사가들과 신학자들은 그것을 대단한 걸작이라 여긴다. 그들은 귀신의 영성을 성령의 감동이라고 착각하는데, 혼미한 영들의 미혹에 빠져 고행과 금욕에서 나온 참회란 토한 것, 온갖 배설물로 가득한 것이다(사 28:7,8).

어거스틴은 20년(400-419년)에 걸쳐 {삼위일체론}(De Trinitate)을 저술했다. 그는 성부만 볼 수 없는 분이 아니고 삼위가 다 볼 수 없는 분들이라 주장함으로써 종전의 삼위일체론을 뒤집었다. 그는 '사랑하는 사람'과 '사랑받는 사람'과 그리고 '사랑', 이 세 가지가 삼위일체를 보여준다고 하며 사랑하는 성부, 사랑받는 성자, 그리고 그 사이를 연결하는 사랑이라는 성령이 삼위일체라고 했다.[162] 또한 내적 사람에서 존재·지득(知得)·의욕과 사람의 마음에서 마음·지식·사랑과 인간 영혼에 있어서 기억·이해·의지라는 것들과 나무·둥치·가지들을 예로 들며 삼위일체의 흔적이라고 주장했다. 이러한 삼위일체로은 '세 위(位)가 동등하고 각각 완전하다'[163]는 이전 삼위일체론으로 보면 확실한 이단이다. 그는 '하나님'(사랑하는 자)만 계시고 '사랑받는 자'가 없어도 하나님은 완전한 하나님이심도 모르는 자다. 나무, 둥치, 가지 중 하나라도 없으면 완전한 나무가 아니라는 사실은 어린애도 안다. 이런 신론은 소위 정통삼위일체론자들이 강하게 정죄하는 양태론이요 '성부수난설'과 같다.

어거스틴이 20년이란 긴 세월을 고심해 바벨론의 우상을 참하나님에 맞추려던 {삼위일체론} 작업은 실패했다. 삼위일체론자들이 앵무새처럼 반복하는 그의 일화가 신비종교에서 삼위일체론을 들여왔음을 입증한다. "나는 어느 날 바닷가를 거닐며 깊은 생각에 잠겨 있었다. 삼위일체의 신비를 도대체 이해할 수 없었다. '성부, 성자, 성령이 각기 계시는데 어떻게 한 분이신가? 한 분은 낳으시고, 한 분은 낳으심을 받으셨고, 이 두 분으로부터 성령이 발하셨다면 선후 관계도 있을 텐데 어떻게 서로 높고 낮음이 없다는 말인가?'"

"참 이상하다고 생각하면서 바닷가를 거니는데 한 아이가 모랫바닥에 구덩이를 파고 조개껍데기로 바닷물을 퍼서 그 구멍에 계속 갖다 붓는 것이 보였다. '너 무엇을 하고 있냐?' '네, 지금 바닷물을 이곳으로 옮겨 담으려고요.' '그 작은 조개껍질로 어떻게 저 바닷물을 그 안에 다 옮겨 담겠다는 게냐!', '설령, 제가 이 일을 완성할지라도 당신이 지금 생각하고 있는 문제는 해결하지 못할걸요.' 깜짝 놀라는 순간 아이는 사라졌다. 나는 그 아이의 말을 듣고 '세 하나님이 한 하나님'이라는 생각으로 20년간 고민하던 것을 끝내고 '사람의 유한한 머리로 무한한 하나님을 깨달을 수 없으니 그냥 믿자'라는 결론을 내렸다."

구교와 신교는 터툴리안 이후 1800년이 흐른 지금도 '삼위일체론은 도무지 이해하기 불가능하며 설명할 수도 없으니 무조건 믿음으로 받아들여야 할 신비(神秘)'라는 말로 얼버무리고 만다. 그 어린아이의 환상이 사실이었다면, '영적 음행을 집어치우고 아브라함과 이삭과 야곱의 하나님, 그들이 알고 섬겼던 유일하신 참하나님이신 예수께로 돌이키라'라는 메시지를 준 것이다. 어거스틴은 '미련하고 우준하여 보이지 아니하는 주 하나님의 영광을 썩어질 사람과 새의 형상으로 바꾸지 말고 성경에 기록된 대로 단순히 오직 홀로 하나인 주재이신 예수님만 믿어라.'라는 메시지였는데, 거짓말의 아비인 사단의 속삭임을 듣고 어리석게도 엉뚱하게 받아들였을 것이다. 어거스틴은 '한 팀 안에 세 팀원'이라 설명하다가 때로는 당시의 보편적인 신론이었던 군주신론에 기울어지기도 하며, 죽을 때까지 혼미한 비밀에 사로잡혀 있었다.[164] 주 하나님은 영이시고 만유라는 공간 안팎에 항상 충만하시다. 작은 질그릇 안에 계시는 하나님의 영도 만유보다 크신, 완전하신 하나님이시다. 제1계명은 누구에게도 이해하기 어려운 명령이 결코 아니다.

로마제국의 동서 분열, 서로마제국이 쇠퇴를 틈타서 콘스탄티노플과 알렉산드리아 사교들의 2위 쟁탈을 벌려 로마의 시리키우스(Siricius, 385-398년) 사교는 제국종교의 동서로마 전체감독이라고 주장하며 그들 위에 최강자가 되었다.[165] 로마의 사교인 인노센트 1세(Innocent I, 402-417년)는 "하나님의 교회를 통치하는 사람"이라 자칭하고 모든 교회의 문제를 자기의 권력으로 해결하려고 했다(402).[166]

인노센트 1세는 '로마 사교의 승인과 찬성 없이는 교회가 독단적으로 중요한 결정을 내릴 수 없다.'라는 규정을 선포하고 자신을 '우주적인 지도자'라고 선언하였다.[167] 그는 권세욕에 못지않은 음욕에 사로잡혀 묘령(妙齡)의 미소녀를 탐미(耽美)한 자로 낙인이 찍힌 자이다.[168]

서고트족(오늘의 독일인)의 왕 알라릭이 호노리우스의 때에 로마를 세 번째 침공하여 밤낮 6일간을 약탈하였다(397년). 로마가 유린을 당하자 제국의 품에서 보호받던 제국종교 교직자들은 큰 충격과 허탈에 빠져 통곡했다. 암브로스(340-397년)는 로마제국을 하나님나라로 믿고, 제롬, 어거스틴도 로마를 '세계의 여왕', '하늘황후'로 믿고 칭송하였었다.[169] 약탈로 치부한 로마가 언젠가 약탈을 당할 것은 당연했건만 제국종교에 미쳐 탐욕에 깊이 취한 교직자들은 하나님나라가 짓밟힌 것이라고 애곡했다. 수도원에 있었을 때 '로마는 모든 미신의 시궁창'이라던 제롬은 로마제국종교에 빠진 후에는 온갖 부도덕과 죄와 우상숭배로 가득 채워진 로마를 '하나님의 처녀'로 숭배했었다. 고행과 금욕의 동굴에 앉아서 에스겔서 주석을 쓰다 로마가 짓밟힌 소식을 들은 제롬은 '적그리스도의 짓', '하나님의 처녀가 강탈을 당하고 학대받고 살해되었다.'라고 울부짖었으며 넋이 나간 행동을 했다.

사실 참그리스도교가 로마제국의 동서에 가득할 때인 5세기 초에도 제국의 등에 업혀 자라난 제국종교의 교세는 미미했다. 402년, 아프리카와 소아시아에는 겨우 64명의 제국종교 사교들이 있었다.[170] 그래서 인노센트와 어거스틴은 어용기독교 밖의 성도들을 칼로 죽이고 제국종교로 개종시키려 했으나 단지 건물과 재산을 강탈하는 살인강도 짓만 일삼았을 뿐이었다. 제국종교가 '황금의 입'이라고 불렀던 크리소스톰은 유대인에게 예수님을 죽인 '돼지같은 백성'이라 욕하며 영원한 저주를 내렸다. 교왕청은 그 저주에 따르듯이 유대인들을 2차 대전까지 참혹한 고통과 살상 안으로 몰아넣었다. 어거스틴은 서로마의 무능한 제왕 호노리우스와 동로마의 10살짜리 제왕 데오도시우스 2세와 그의 여동생이자 철저한 제국종교 신도로 15살에 아구스타(Augusta)가 된 풀케리아로 하여금 예수 이름으로 침례를 받은 수많은 도나투스주의 성도들을 학살케 했다(411년).[171] 300여 명의 도나투스파 감독이 모든 것을 잃고 교회들로부터 쫓겨났고, 섬으로 추방되고 순교를 당했다.

기본(Gibbon)은 그들이 아프리카에서 더는 그들의 교회를 구성하지 못하도록 제재를 가했다고 증언한다. 오차드(Orchard)도 이로 인해 수많은 성도가 학살을 당했다고 증언한다. 참된 성도들을 핍박하고 군대를 동원해 죽이는 데 앞장섰던 어거스틴은 이교적인 유아세례를 통해 어릴 때부터 제국종교 신자로 잡아두려고 기를 썼다. 제국혼합종교의 전사(戰士) 어거스틴은 아일랜드 출신의 신학자 펠라기우스와도 싸웠다. 펠라기우스는 진실하게 회개를 한 자들에게 예수 이름으로 침례를 주었고, 유아세례를 반대했다.[172] 그는 어거스틴이 하나님의 은혜를 빙자하여 신자들을 더 타락시키는 것을 개탄하여 신자들의 의지와 순종을 강조했다. 어거스틴은 사람 자신의 의지로는 아무것도 할 수 없고 불가항력적인 하나님의 은혜와 예정만으로, 믿고 구원받는다고 주장함으로써 당시의 사교들같이 도덕적 타락을 용인하고 도리어 두둔하고 부추겼다.

유세비우스로부터 제국종교 교직자들은 하나같이 로마제국과 하나님 나라를 동일시했다. 어거스틴이 {신의 도성}(神國)을 집필하였다(413년). 그가 믿어왔던 '세계의 여황'(계 18:7), '하나님의 신부'라 칭송하던 로마가 몰락하는 위기에 대한 새로운 모색이었다. 그의 {신의 도성}은 로마의 몰락으로부터 제국종교를 호교(護敎)하는 내용이다. 그의 호교론은 로마제국의 제왕을 하나님나라의 대리자요 교회의 머리로 보는 것으로서, 신의 대리자로 자칭했던 로마의 사교 인노센트 1세(402-417년)의 주장과 같은 것이다. 어거스틴은 그의 책에서 기독교사상이 고대 이교사상을 배척하지 않고 오히려 완성시킨다고 전제하였고, 기독교 역사관과 정치사상 안에 이교의 고대사를 승화시켜 삽입하려고 함으로써, 그의 신앙이 음녀의 것임을 적나라하게 입증했다. 어거스틴은 그런 제국종교를 교리적으로 옹호했고, 연합과 일치를 위해서는 고대의 이교사상을 수용함은 물론 카톨릭교를 믿지 않는 성도들에게 군대의 칼을 사용하는 것이 국가가 제국종교를 섬기는 도리라고 주장했다. 어거스틴은 자신의 고향인 북아프리카 누미디아 제국종교회의에서 유아세례를 거부하는 사람은 저주를 받는다는 결정을 주도했는데(415년) 그가 말한 저주란 죽여야 한다는 말이었다. 하지만 유럽의 게르만(튜토닉)족도 제국종교를 거부했다(415년).[173] 제국종교는 그 목적을 위해 수단 방법을 가리지 않았으나 어거스틴이 활동한 지역에서조차 입지를 얻지 못했다.

제국종교가 아리우스파라 매도한 수많은 자 중에도 예수 이름 침례를 받은 진실된 성도들이 많았다.[174] 로마의 사교 조시무스(417-418년)는 '로마교회의 결정에 대해 아무도 이의를 제시할 권한이 없다'라고 선언했다. 로마제국이 혼란한 틈을 타 제국종교는 자신들에게 속한 군대로 비국교도들과 이교도들을 살해하고 그 소유물을 강탈했다.

제국종교가 잉글랜드의 펠라기우스를 따르는 자들을 이단으로 정죄, 살상, 약탈하기 위하여 고올 지방에서 영국으로 게르마누스(Germanus)와 루푸스(Lupus)를 파견했다(429년). 이 두 사교는 군대들을 동원하여 '할렐루야'를 외치며 그들을 무자비하게 살해했는데(430년) 어이없게도 한 사가는 이를 여호수아의 여리고 전투로 묘사했다.[175] 거짓말과 칼로 세웠던 콘스탄틴의 종교는 이후에도 잔혹한 방법으로 확장하는 방법을 꾀했다. 35년 동안 힙포의 사교였던 어거스틴은 힙포를 포위한 반달족에 의해 반역죄를 선고받은 보니파티우스와 함께 죽었다(430년).

동서로마 제국들이 쇠퇴하자 제국종교 로마의 사교의 권력은 제왕의 권력보다 오히려 강해졌다. 이 틈에 제국종교 안에서 권력투쟁은 더욱 치열해졌고 콘스탄티노플과 알렉산드리아 사교들은 세상적인 권력욕에 서로가 소유한 군대를 동원해 피를 흘리며 싸웠다.

<특히 5세기에는 반대파들끼리 육신적 힘이나 수치스런 싸움에 의해서 승리를 꾀하려는 일들이 비일비재하였다. 많은 무가치한 것들이 거론되었고 행하여졌다.>[176]

이 사가는 '그러나 그런 싸움으로부터, 후세대를 위한 매우 귀중하고 가치있는 믿음의 고백이 나타났다.'라는 황당한 말도 덧붙였다.

공석인 콘스탄티노플의 사교직을 놓고 여러 파에서 싸우자 데오도시우스 2세는 그 지위에 네스토리우스(Nestorius)를 앉혔다(428년). 그때 여신숭배 전통을 따라 마리아의 호칭에 따른 싸움이 벌어지고 있었다. 1910년에 발견된 {헤라클레이데스의 책}(The Bazarr of Heracleides)에 의하면 마리아를 '데오토코스'(하나님의 어머니)라고 부르는 자들과 '안트로토토코스'(사람의 어머니)라 부르는 자들이 대립하고 있었는데 네스토리우스는 두 파의 사람들에게 '크리스토토코스'(그리스도의 어머니)로 부르도록 조정했다.[177] 콘스탄티노플의 몇 사람이 알렉산드리아의 시릴을 제왕에게 고소했다.

　데오도시우스 2세는 이들을 네스토리우스에게 보내어 그 문제를 판결케 했다. 콘스탄티노플이 알렉산드리아보다 권력상 우위에 있는 것을 불만으로 여긴 시릴은 네스토리우스에게 맡겨진 이 상황을 참을 수 없는 모욕으로 느꼈다. 네스토리우스가 성탄절에 마리아는 '그리스도의 어머니'라고 설교했느데 마리아를 '데오토코스'(하나님의 어머니; 神母)라고 섬기는 자들이 조직적으로 반발했다. 알렉산드리아의 사교 시릴은 전에 그의 삼촌이 콘스탄티노플의 크리소스톰을 시기, 추방하여 죽게 한 것과 같이 콘스탄티노플의 사교인 네스토리우스에게 대항하여, 데오도시우스 2세의 후광을 단절시키고 네스토리우스를 굴복시키기 위해 온갖 수단과 방법을 모두 동원했다.[178] 네스토리우스의 설교를 트집 잡고, 정부 관리들을 매수했고, 폭력단을 동원하여 민중을 선동해서 네스토리우스를 제거하기 위한 총력을 기울였다. 시릴은 콘스탄티노플의 '데오토코스'파를 동원하여 네스토리우스를 이단으로 몰아붙였다. 이어 네스토리우스 파면 청원을 데오도시우스 2세에게 올렸다. 시릴은 왕녀들과 왕비, 모후에게 편지를 보내어 네스토리우스가 이단이라 비난했다. 당시 데오도시우스 2세는 누이요 실권자며 철저한 제국종교도인 풀케리아와 그녀가 소개로 왕비가 된 아테나이스(유독시아로 개명)에 의해 좌지우지되고 있었다. 유독시아는 네스토리우스의 지지자였고, 풀케리아는 네스토리우스에게 면박을 받았던 일로 그를 몹시 싫어했다. 시릴은 동로마 왕실로부터 지지를 얻지 못하자 제국종교의 수장으로 자처하던 로마의 사교 켈레스틴(Celestine, 422-432년)을 회유했다. 시릴은 그에게 편지를 보내어 네스토리우스의 가르침을 비난했다(429년). 네스토리우스도 켈레스틴에게 편지를 보내 자기의 견해를 밝히고 협조를 요청했으나(429년), 이미 시릴이 새로운 형태의 펠라기우스파 이단이라고 그를 설득한 후였기에 거절당했다. 켈레스틴은 콘스탄티노플과 알렉산드리아를 함께 지배할 기회로 삼았다. 시릴은 켈레스틴을 통해 제국종교 로마회의에서 네스토리우스를 배척하는 결의를 얻어내는 데 성공했다(430년). 시릴은 새로운 형태의 펠라기우스파라 비난한 글을 네스토리우스에게 보냈고, 안디옥의 요한 사교에게도 통보했고, 알렉산드리아회의를 소집하여 12조의 네스토리우스 정죄문/파문서를 작성해 켈레스틴의 서한과 함께 네스토리우스에게 전달하였다.[179]

시릴은 네스토리우스에게 마리아를 '데오토코스'라고 시인하고 순종할 것과 '12조 파문서'에 서명할 것을 강요했다. 파문서 1조에는 마리아가 '데오토코스라는 진리를 믿지 않는 자는 파문한다.', 11항에는 '화체설을 부인하는 자는 파문한다.'라고 했다. '하나님의 어머니'라는 주장은 예수 께서 신적인 성품만 가지고 있다는 단성론에서 나왔다. 이 사설(邪說)은 아타나시우스의 동료인 아폴리나리스가 '예수는 인간의 영혼을 가지고 있지 않다'고 주장하다 로마회의(377년)와 콘스탄티노플회의(381년)에서 이단으로 정죄되었던 주장이다. 그런데도 시릴은 아폴로나리스에게서 유 래, 정죄받은 사상인 '인성이 없는 신성 아들하나님 예수'를 주장하여 네스토리우스를 정죄했다.180) 네스토리우스는 마리아가 "사람인 그리스 도"의 모친이었지, 그의 신격의 모친은 아니었다고 했다.181) 네스토리우 스는 예수님의 신격이 아닌 인격이 울고 죽었으며 인성이 아닌 신성이 폭풍을 잠잠케 했다는 양성론(兩性論)을 가르쳤다. 시릴은 예수님께서 '하나님의 아들'이심과 '사람의 아들'(인자)이시라고 가르친 그를 '두 아 들'을 믿는 자라고 비난했고, 따라서 그를 이단으로 출교시켜야 한다고 주장했다({편지} 4). 이러한 비난은 일찍이 삼위론을 처음 주장했던 터툴 리안과 히폴리투스가 사용했던 말과 같았지만 시릴에게서는 '성자하나님 수난'을 받으신 것으로 바뀌었을 뿐이다. 특히 시릴은 세 '휘포스타시스' 를 '세 분(하나님)'이라 주장했던 자였다.182)

⑨ 431년에 모자신(母子神)이 자리를 잡음

시릴의 주장을 에베소의 사교 멤논이 적극적으로 지원했다. 본래 에베 소에는 하늘여신 아데미 숭배사상이 만연했던 곳이다(행 19:37). 네스토 리우스도 이를 반박하는 12조의 답변서를 제출했다. 안디옥의 사교 요한 (John)은 물론이고 키루스의 사교 데오도벳(Theodovet)도 시릴의 주장 을 반대했다. 시릴은 수단·방법을 가리지 않고 다 동원, 제국종교회의를 열게 했다. 발렌티니안 3세(425-455년)는 자기 뜻대로 국사를 결정한 적은 한 번도 없었는데 에베소회의를 소집할 때 6살의 철부지였다. 역대 가장 무능한 제왕이라는 데오도시우스 2세가 사주(使嗾)를 받아서 제국 종교회를 소집했다. 에베소의 사교 멤논이 시릴을 적극적으로 후원하는 중에 권력과 뇌물에 눈먼 교직자들이 거기 모였다(431년).

거리상으로 가까웠던 시릴은 많은 수행원과 뇌물을 싣고 알렉산드리아 해로를 통해 네스토리우스보다 먼저 그곳에 도착했다.[183] 피고 입장인 네스토리우스 측은 기한 내에 참석이 어려웠고, 모든 사교들이 참석할 때까지 심문을 연기해 달라고 요구했으며 거부될 경우엔 심문에 응하지 않겠다고 했다. 제왕의 대변자인 캔디디안(Candidian)도 안디옥의 사교 요한 일행이 도착한 후에 개최하도록 기다려야 한다고 부탁했고, 68명의 항의에도 불구하고 시릴과 그 추종자들은 교활하게 계획한 대로 네스토리우스 측이 도착하기 전에 회의를 강행했다. 결국 시릴 측 50여 명과 네스토리우스 측의 10여 명만이 참석한 회의는 이른 아침부터 밤 늦게까지 단 하루의 회기로 진행되었다. 간교하게 꾸며진 계획과 부당한 실행에 제왕은 들러리로, 일방적 궐석재판으로 네스토리우스를 이단으로 정죄 파문했다. 시릴은 즉각적으로 네스토리우스에게 파문장을 보냈고 "가룟 유다와 같은 네스토리우스여, 그대는 설교로 불경을 크게 범하였고 교회법을 준수하지 않는 죄로 본년 6월 22일 성회의 이름으로 교회의 모든 직무에서 면출하고, 교회의 모든 신분을 박탈할 것을 선언하노라."라고 전국의 제국종교에 공고했다.[184]

<그 회의는 눈에 띄게 불의해서 네스토리우스는 씨버이드(Thebaid) 광야로 추방당했다.>[185] <그(시릴)가 콘스탄티노플의 감독을 쫓아낸 것은 전적으로 불유쾌한 일임을 인정할 것이다>[186]

회기보다 4일 늦게 안디옥의 사교 요한과 일행 40명이 도착했고, 제왕의 대변자 캔디디안의 임석을 기다려 시릴파와는 별도의 회의를 개최하여 시릴과 에베소의 사교 멤몬을 파문하였다. 시릴파도 이에 대항하여 멤몬 주동 하에 요한 사교를 파문했다. 마지막 도착한 로마의 사절단은 로마의 사교 켈레스틴의 지시로 시릴의 결정을 승인하였다. 제왕이 보낸 다른 대변자는 시릴파의 주장을 승인하고 사건의 시비를 가리기보다는 회기 불참이 잘못이라는 입장을 고수하며 회의를 재소집하여 시릴파의 결의를 인정했다. 이 회의에서 199명이 마리아를 '하나님의 어머니'로 숭배하는 데 찬성했다.[187] 그러나 사태는 진정되지 않고 복잡성을 띠고 험악해져 가자 시릴은 군대를 동원하여 폭동을 일으켰고 많은 신자들을 상해하고 투옥했다. 결국 데오도시우스 2세는 소란 책임을 물어 시릴과 네스토리우스와 멤몬을 파문하고 에베소에 감금했다.

정치적인 수완이 뛰어난 시릴은 가지고 온 거액의 뇌물을 왕실 유력자에게 보내면서 오히려 위기를 호기로 만들었다.

<시릴은 승승장구할 수 있었고 심지어 거대한 뇌물을 제공하여 감옥에서 탈출할 수 있었다. 후에 시릴은 알렉산드리아 성직자들을 승진시켜주고 받은 돈으로 이 거대한 금액을 충당하였다. 대세가 시릴 쪽으로 기우는 것을 감지한 데오도시우스 2세도 결국 시릴이 주도한 에베소회의의 결정을 받아들였다. 영향력을 상실한 네스토리우스는 정죄를 받아 안디옥으로 추방되어 435년 애굽사막으로 유배되어 갖은 고초를 겪다 450년경 이집트의 망명객이 되어 죽었다.>[188]

마르틴 루터도 '네스토리아니즘과 기독교 정통교리 사이에는 거의 차이가 없는 것'이라는 견해를 밝혔다. 루프스(F. Loofs)는 '교회법의 표면으로는 네스토리우스가 이단으로 나타나 있다. 그러나 그가 주장한 그리스도에 관한 교리를 관찰한다면 시릴의 주장보다 훨씬 합리적이다.'라고 말했다.[189] 캠브리지대학의 베이커(Bethune Baker) 교수는 '에베소회의의 선고는 형식상으로는 합당하였을는지 모르나 실질적으로는 결코 공평 유효한 판결이 되지 못한다. 네스토리우스의 설을 재음미하는 것은 현대 신학자의 의무라고 생각한다. 네스토리우스의 교리는 결코 이단이 아니다. …451년 칼케돈 종교회의에서 네스토리우스의 설인 신인양성설이 승인되고 시릴이 주장한 신인단성설이 배척되는 결의가 있었음에도 네스토리우스가 이단시되는 것은 옳지 않다. 그는 알렉산드리아파와 안디옥파의 타협을 성립시키고 평화를 유지시키기 위한 희생양에 불과하다.'라고 말했다.[190] 심창섭 교수는 "이미 이 시기에는 카톨릭교 안에 이교도의 제례인 촛불을 켜고 향을 뿌리는 습관들이 수용되었다. 마리아의 숭배는 에베소의 아데미스(Artemis)의 신전이나 다이아나(Diana) 여신숭배에서 전해졌거나 이집트의 이시스(Isis) 숭배를 답습한 것이었다. 이방종교의 개념에 의하면 당시 여신은 우주의 어머니로 보편화되어 있었다. 특히 숭배자들은 이시스를 '하나님의 어머니'로 불렀다. 이런 관례에서 마리아를 '하나님의 어머니'로 불렀다. 이방종교들의 영향으로 성인 숭배사상이 만연하게 되었고, 이것은 중세의 카톨릭교 민간신앙으로 연결되었다. … 성인 숭배의식은 날로 심화되었다."라고 증언했다. 이렇게 로마카톨릭교는 음녀(淫女)라는 사실이 확증되었다.

이때까지의 제국종교회의는 하나같이 종교적 강도와 얼간이들의 싸움판이었고, 이러한 종교회의 신조를 따르는 것은 맹신이다. 니케아회의(325년)는 바알이라는 태양신과 성자(聖子)와 유사한, 헬라철학에서 '데미우르고스'(중계자)와 바벨론의 담무스를 변형시켜 '아들하나님'이라는 교리를 공식적으로 선언했다. 니케아회의 때에 성령을 별도 인격으로 확인하지 않았던 이유는 철학사상에 근거를 두고 부신(父神)과 자신(子神) 사상을 도입하는 때였고, 세미라미스를 숭배하기 위해 하늘황후를 성령과 동일시하는 터를 닦는 단계였기 때문이다. 로마의 사교(司教)가 바벨론종교의 대사제직을 갖게 되고, 콘스탄티노플회의(381년)를 통해서 바벨론비밀종교의 삼위신(三位神) 사상을 확립했고, 에베소회의에서 단성론으로 바벨론종교의 여신숭배사상을 선포함으로써 고대바벨론종교의 완전한 후계자임을 선언한 것이다. 삼위일체론은 독사의 씨를 심은 데서 비둘기가 탄생했다고 믿는 것과 같은 거짓 교리일 뿐이다.

네스토리우스를 이단으로 정죄한 자들은 여신숭배자들이고, 에베소회의에서 대못을 박았다. 로마제국이 마리아를 '하나님의 어머니'라고 숭배하게 된 본래 여인을 바벨론제국에서는 '이쉬타르'(Ishtar)로 섬겼다. 이스타르(Easter)는 '고대바벨론에서 니므롯의 어미였다가 자신이 낳은 담무스의 아내도 되기도 했다는 세미라미스'이다.191) 이 여인은 월신(月神)으로 숭배받던 '신'(Sin)의 딸이자 하늘의 신 '아누'의 아내이다.192) 가나안 원주민들의 아스다롯이며 '바알'의 아내로 우가리트 문헌에 나온다. 세미라미스는 수메르에서는 '나나'(Nana), 앗수르에서는 '이쉬타르(Ishtar)', 그리스에서는 '아프로디테'(Aphrodite), 로마에서는 '비너스'(Venus)나 '포튜나'(Fortuna), 소아시아에서는 '키벨레'(Cybele), 에베소에서는 '아데미', '다이아나'(Diana), 스칸디나비아에는 '디사'(Disa), 두루이교도(Druids)들은 '비르고 파티투라'(Virgo-patitura), 인도에서는 '인드라니'(Indrani), 중국에서는 '싱무(聖母/Shing moo)로 숭배했고, 사실상, 어느 민족에게서나 여신숭배가 발견된다.

선민들도 가나안 땅에 들어간 후 바알과 여신 아스다롯을 섬겼다(삿 10:6-9; 왕상 11:4-5). 선민들도 바알(태양신)과 여신을 숭배하면 멸망당할 것이라는 엘로힘 יהוה의 경고대로 되었다.

2. 3세기에 등장한 양태론과 삼위일체론

예레미야 때에 유다 백성들은 그들이 하늘여신을 섬기지 않아 재앙이 임했다고 생각하고 하늘여신에게 떡을 바치는 숭배에 힘을 쏟다가 יהוה 엘로힘의 심판으로 멸망 당했다(렘 44:1-30). '하나님의 어머니'와 '아들 하나님'에다 더한 '화체설'은 바벨론 비밀종교의 세미라미스와 니므롯과 담무스를 위해 둥근 케이크를 바치던 그것이다(렘 7:18; 44:19).

<니느웨에서 출토된 조각품들에서는 이미 살펴본 대로 비둘기의 날개들과 꼬리는 앗시리아 우상의 삼위일체 중 세 번째 존재를 대표하고 있기 때문이다. 이 사실을 근거로 할 때 앗시리아의 "쥬노"(Juno), 즉 "처녀 비너스"(The Virgin Venus)는 -그녀는 이렇게도 불리웠다- 공기와 동일시되었다. 쥴리우스 피르미쿠스(Julius Firmicus)는 이렇게 말한다. "앗시리아인들과 일부 아프리카인들은 공기가 모든 자연 요소 중 최고의 지위를 얻기를 원했으며 그리하여 그들은 이 요소(즉 공기)를 쥬노, 즉 처녀 비너스라는 이름으로 거룩하게 불렀다.">193)

'오르페우스 찬가'에서는 이 여신이 받던 찬양을 마리아가 동일하게 받는다. 팔에 아이를 안고 있는 어머니-여신에 대한 경배는 알렉산드리아에서 만연했다. 이 여신은 나라가 망할 때도 이름만이 바뀌었고, 제국 종교에 들어와서 '동정녀 마리아', '하나님의 어머니'로 경배를 받았다. 니케아회의의 결과에 대해 {님로드}(Nimrod)의 저자는 '알렉산드리아의 어용기독교의 대표자들이었던 메키트파(The Mechite section)는 아버지와 동정녀 마리아와 그리고 그들의 아들이라는 세 인격이 삼위일체를 이루고 있다고 주장했다. 그래서 니케아회의에서는 삼위일체 중 아버지와 아들에 관한 신조는 명시했으나 성령에 대한 별도의 언급을 피했다.' 라고 진술하고 있다.194) 니케아회의에서 나온 이 사실에 대해 제국종교 교직자 뉴먼(Newman)은 마리아 숭배를 위한 바람직한 표식이라고 말함으로써 마리아를 하늘여신(女神)으로 찬양했다. 마리아 숭배는 로마를 점령한 새로운 족속들에게 계승되었다. 음녀인 로마제국종교는 이 여인을 상징으로 삼았고, 로마교황 레오 12세는 한 면에는 자신의 형상과 다른 한 면에는 왼쪽 손에 십자가와 오른쪽 손에 잔을 들고 있는 여신을 새긴 메달을 주조하였다(1825년). 이후 로마카톨릭교는 마리아 무죄설을 선언했고(1854년), 육신과 정신이 모두 승천하여 여신이 하였으며, 교회의 어머니라고까지 선포했다(1950년).

　　<다음 5세기 끝에 비성경적 교리들과 예배의식은 교회에서 깊게 뿌리박히게 되었던 것이다. 이것들은 엑소시즘(이교의 '축귀')과 죽은 자를 위한 기도, 연옥에서의 신앙, 사순절과 주의 성찬 의식에 관한 견해, 게다가 교회의 행정관들이 신부(神父)이며, 평신도와 교회 직분의 세분(細分), 사자(死者)와 성자(聖者)의 숭배, 무엇보다도 마리아 숭배, 그들의 축복을 위해 작은 초와 양초 태움, 순교자들과 성자들의 유물숭배, 이 유물들의 신비한 능력 설명, 교회의 그림들과 형상들과 제단(祭壇)들, 교회 직분자들의 화려한 의복들, 더욱 더 정교하고 찬란한 의식들, 너무나 짧은 설교, 성지순례, 수도원주의(금욕주의), 속된 마음, 이교도와 이단들의 박해들이다.>195)

　　제국종교는 이교의 그 희생제물, 그 승려들, 그 제단들을 물려받았고 순교자들과 소위 성자들은 고대 우상들의 자리를 취하고 그들과 마리아의 형상이 제국종교들 안에 세워져 숭배를 받았다.196)

　　그들도 이교도같이 십자가의 조각, 죽은 자들의 유물들을 숭배했다. 그들이 배교자로 낙인을 찍었던 제왕 줄리안에게 '하늘여신 숭배자들', '뼈 숭배자들'이라고 비난을 받은 것과 같다.

　　네스토리우스는 당시 성행하던 신앙 곧 그리스도의 인성을 부인하고 아들신으로 섬기려는 단성론(單性論)을 반대하되 특히 '마리아가 이교의 하늘여신 데오토코스의 자리에 앉았다'라고 강하게 비난했던 줄리안의 비난을 피하려는 것이었다.197) 바벨론 종교에서 사용하던 열쇠를 로마의 사교가 물려받았는데, 에베소회의는 그 열쇠가 예수님께서 사도 베드로에게 주신 바로 그 열쇠라고 결정했다. 에베소회의에서 시릴과 야합했던 로마 사교 켈레스틴의 후임자 식스투스 3세(432-440년)는 수녀들에게 휩싸여 육체적 환락에 빠져 살았고, 당시의 다른 사교들이나 교직자들 역시 세상의 악인들보다 다를 바가 없었다. 오늘날 그나마 양심이 있는 자들은 네스토리우스를 이단자로 몬 것은 반대자들의 조작과 밀약에 따른 것이므로 그를 이단자로 정죄하는 일은 고쳐야 한다고 주장한다.198) 한 마디로 제국종교 회의들의 결론이란 교권을 탈취하기 위한 반성경적임은 물론 폭력과 음모로 가득한 '사단의 회'요, 영혼들을 노략질하려는 니므롯의 사냥터였다는 것이다.

⑩ 로마제국 동서교회가 분열하게 된 성령론 차이

로마제국종교는 예루살렘, 안디옥, 알렉산드리아, 이집트, 로마라는 5구역을 중요한 거점으로 삼고 있었다. 콘스탄틴이 제국과 어용기독교의 수장으로서 권위를 표방하기 위해 콘스탄티노플(이스탄불)로 옮기고 통치의 중심지로 삼자 로마교구만 서방교회로 떨어져 라틴어를 사용하고, 나머지는 동방교회로 불리며 그리스어를 사용하게 되었다.

제국종교의 동서 분열에 대한 정치적 상황이나 주교들의 권력투쟁에 대해서는 본서에서 더는 논하지 않겠다.[199] 다만, 분열을 일으킨 이유 중에 제1~2계명에 관한 두 가지만을 살펴볼 것이다. 물론 앞서 설명한 유일신 및 기독론과 직접 연관이 있는 것이다.

첫째는 '성령이 성부와 성자로부터 나온다'는 교리와 '성령이 성부로부터만 나온다'라는 교리논쟁으로 서로 권력다툼에 이용하고 분리까지 했다는 사실이다. 본래 제1차 콘스탄티노플회의(381년)에서 채택된 니케아-콘스탄티노플 신조의 원문에 "성령은 성부에게서 발출하시고(토 에크 투 파트로스 에크포류오메논/τό ἐκ τοῦ Πατρός ἐκπορευόμενον)"으로 그리스어로 기록되었다. 서방교회는 589년 제3차 톨레도회의로 스페인 내에 남아 있었던 아리우스파를 경계할 의도로 필리오케(Filióque) 즉 '그리고 아들(and the Son)'이라는 말을 라틴어로 번역한 '니케아신조'에 첨가했다. 즉 "성령은 '성부와 성자'에게서 발출(發出)하시고(크비 엑스 '파트레 필리오케' 프로체디트/qui ex Patre Filióque procédit)"로 바꾼 것이다. 이때까지 '필리오케'가 삽입된 니케아신조는 스페인 내에서만 사용되었고, 첨가 번역은 초기에는 신학 논쟁으로 번지지 않았다. 로마 주교 레오 3세는 '필리오케'가 없던 헬라어 원문을 따르기로 했다. 1013년, 서방교회의 권위를 끌어올리려던 베네딕토 8세는 그것이 널리 사용된다는 이유를 들어 '필리오케'가 삽입된 라틴어 니케아신조를 다시 거론하여 승인했다. 그는 베드로가 성자로부터 직접 수위권을 받은, 결혼하지 않은 최고의 성직자였으며, 로마에 무덤이 있고 로마제국종교의 초대 교황이라고 주장했다. 수위권을 행사하려는 서방제국종교에게는 첨가한 신조가 가장 효과적이라고 보았는데, 동방교회는 이 '필리오케'를 거부한 것이다. 이 논쟁 역시 동서교회의 사교/주교들 사이에 사악한 탐욕의 세력다툼의 수단이었음을 보여준다.

니케아신조에서 '필리오케'를 삭제할 것을 강력히 요구했던 콘스탄티노플 대주교 포티우스 시대 이후로, '필리오케'는 교왕 수위권(首位權) 논쟁 등 여타의 신학적 문제와 더불어 동·서방 교회가 분열하게 되는 요인이 되어 성령이 성부와 성자에게서 나온다는 논쟁은 계속되었다.

분열의 둘째 이유는 726년, 제왕 레오 3세가 성상숭배금지령을 내려 십자가와 성상, 성화라는 것들을 파괴하며 숭배를 금지한 사건이 촉매가 되었다. 로마카톨릭교와 교왕은 제2계명을 무시하고 온갖 형상과 그림을 숭배하고 장려했다. 전쟁에서 이겨 권좌가 든든해진 레오 3세가 이민족의 유입에서 파생된 국가 정체성을 통일하는 것과 제국종교 동방 주교들의 권력을 신학 논쟁으로 약화시키고 이단 낙인을 찍어 국가의 재정을 확충하는 수단으로 이를 이용했다. 형상을 옹호하는 주교를 네스토리우스파 등의 이단으로 몰아 교회 재산을 손쉽게 몰수하려고 제2계명을 들어 십자가·형상숭배를 금지하고 파괴할 것을 명령한 것이다(726년). 이 일은 특히 서방 제국종교의 극렬한 반대에 부딪혀 70년 후인 니케아 회의에서야 정통신앙으로 인정을 받았다. 그러나 로마제국종교는 제2계명을 없애고, 세상 권력이 주교/사교들을 임명하고 세상 권력이 약할 때 교왕이나 대주교가 제왕의 지위를 인정해주는 거래를 일삼았으며, 사교/주교들끼리 교권 투쟁에다 세상 권력까지 차지하려는 탐욕으로 썩을 대로 썩은, 세상 및 우상과 깊은 간음에 빠진 음녀였다(약 4:4).

십자가와 형상숭배를 금지한 것을 계기로 교왕 레오 9세가 콘스탄티노폴리스 총대주교 미카엘 케룰라리오스에게 특사 훔베르트를 보내어 '세계총대주교'라는 칭호를 폐기할 것과 '필리오케'가 들어간 신조를 채택할 것을 요구했다. 양측은 서로 이단이라고 파문함으로써 완전히 분열되었다(1054년). 재결합을 위하여 열린 리용의회(1274년)와 피렌체의회(1439년)에서 동방측이 '필리오케'를 신조 삽입에는 거절했으나 교리로는 승인했지만 1472년 동방교회가 단독으로 개최한 콘스탄티노플회의에서 이전 합의를 정식으로 파기했다. 교왕 바오로 6세와 총대주교 아테나고라스 1세는 1054년의 상호 파문을 무효로 하고 화해했으나(1965년), 그들의 성령론은 여전히 쪼개어진 채로 있다.

(3) 한없이 혼란스러운 개혁신학의 삼위일체론

① 논란이 계속되는 터툴리안과 어거스틴의 삼위일체론

구교와 개신교로부터 삼위일체론의 아버지라 불리는 터툴리안은 이미 설명한 바와 같이, 양태론자들을 '성부수난설자'들이라고 강하게 비난했지만 그 자신이 나무 비유나 세 페르소나(배우의 얼굴, 가면) 설명으로 양태론자와 같은 사상을 가졌음을 보여주었다. 그가 유일신을 모른 것은 물론 삼위일체론도 몰랐다는 증거이다. 그가 아버지와 아들을 명확히 구분할 때 고린도전서 15장 27-28절을 인용하여 "(모든 것을) 복종시킨 분과 그분께 복종해야 될 분은 반드시 서로 다른 두 개체이어야 한다"라고 주장했다. 터툴리안은 "아버지께서 나보다 크시다"(요 14:28)라는 말씀과 시편 8편 5절 등 히브리어 성경의 일부를 인용해 '아들은 아버지보다 열등하다', "따라서 아버지는 아들과 뚜렷이 구분되며 아들보다 크시다. 태어나게 하신 분과 태어나는 분이 서로 다르듯이, 보내시는 분과 보냄을 받은 분이 다르며, 또 만드시는 분과 만드는 일에 사용되는 분이 다르다"라고 주장했다. 아들은 아버지께 종속되어 있다는 논리는 소위 정통 삼위일체론이 아니다. 삼위일체론자는 지금까지도 제1계명을 회복하지 못하였는데 그 이유는 바벨론의 추종자들이 만든 엉터리 신조들을 성경(聖經)처럼 '신경(信經)'으로 받들 뿐 아니라 성경보다 더 위의 권위로 여겨 신경이라는 잣대로 때마다 성경을 버리기 때문이다.

물론, 양태론자도 '셋 안의 한 하나님'이라는 바벨론의 혼미라는 덫에 걸려 예수님의 완전한 신격/신성과 완전한 인격/인성에 관해 구별하지 못하고 있다. 양태론자들도 말과 글로는 '예수님이 유일한 하나님이시고 또한 완전한 사람이다'라고 주장한다. 그렇다면 그분에게 완전한 신격과 완전한 인격이 있어야 한다. 완전한 하나님은 유일하신 주 יהוה 아버지이시고, 완전한 사람은 아들이시므로(딤전 2:5) 주 하나님의 역할과 사람의 역할이 당연히 달라야 한다. 대제사장이 성전의 주이신 하나님보다 열등한 것은 너무나도 당연하고, 하나님이 성전일 수 없다. '아들하나님'이란 존재는 바벨론에서나 존재할 뿐인데 만일 하나님이 아들 역할을 한다면 '아들하나님'이 된다는 사실은 깨달아야 한다. יהוה 하나님께서 낳으신 아들은 영(靈)도 있고 혼과 몸이 있는 완전한 사람이란 설명이다.

삼위일체론자들이 입버릇처럼 둘러대는 '내재적(본질적) 삼위일체론', '경륜적(사역적) 삼위일체론'도 삼위일체 가면만 쓴 양태론일 뿐이다. 주하나님이신 아버지께서 사람이신 아들의 몸을 형상과 성전으로 삼고 계시는 것이지 아들하나님 안에 아버지 하나님이 계신다는 말이 아니다. '삼중적인 동시내재', '상호내재' 등의 용어들도 거짓말을 감추기 위해 동원된 가림막일 뿐이다. 삼위일체론은 어느 때나 누구든지 깨닫고 이해하거나 설명한 적이 전혀 없는 신비종교의 가짜 골동품이다.

히브리서 1장 3절에서 '본체'로 번역된 헬라어는 ὑπόστασις[휘포스타시스]인데 '본질', '실체', '확신', '계획' 등으로 번역된다. 주 하나님은 공간 안팎에 충만하신 영이시므로 몸(體)이 없으시기에 '본체'(本體)로 번역할 수 없으며, '본 존재' 정도로 번역해야 한다. 무엇보다 중요한 주하나님의 정체를 정의하면서 형상이나 몸이 없으신 하나님이신데 이방인들의 사고대로 '본체(本體)'라는 표현은 타당하지 않다.

영어 성경들은 대부분 his being, very character, his nature, His substance, his person, his foundation, his essence로 번역하였다. 오리겐주의자들이 각 세 '존재'라는 의미로 사용한 '휘포스타시스'가 라틴어 '페르소나'라는 뜻으로 받아들여 '위격'이라는 의미로 쓰자, 헬라어 οὐσία[우시아]를 끄집어내어 억지로 삼위일체론을 만들었다. '우시아'는 '재산', '소유물', '땅', '부동산'이라는 의미로 쓰이고 성경에 2회만 나오는데 '재산'으로 번역되었다(눅 15:12,13). 헬라어를 쓰는 동방정교는 '미아(한) 우시아(본질) 트레이스(세) 휘포스타시스(위격)'라고 진술하고, 라틴어를 쓰는 서방제국종교에서는 '우나(한) 숩스탄티아(본질) 트레스(세) 페르소나(위격)'이라고 진술한다. 동서 구교들은 용어의 개념을 정립하기 위해 헬라어 '휘포스타시스'를 라틴어 '페르소나'와 동의어(同義語)라고 결정했다(451년). 삼위일체신론은 "한 본질(우시아/esence), 세 인격(페르소나/person)"이라고 정의하였다. 라틴어 persona를 영어로는 person으로 번역하고, '우시아'는 essence로 번역한다. 영어로 'One essence, three persons'라고 표현한다. 어거스틴은 '위격'들을 '존재양식'이라고 표현했기 때문에 그도 양태론자로도 비난받았다.[200] 삼위일체론은 지금까지 일치된 논리가 없는, 성경에 없는 단어, 애매모호한 다른 의미의 용어와 진술로 일관된다.

라틴어 '페르소나'는 헬라어로 '휘포스타시스'가 아닌데 서로 일치하지 않는 용어들을 조합해서 억지로 신론을 만든 것이다. 라틴어 페르소나는 '얼굴'이라는 뜻의 헬라어로 πρόσωπον[프로스폰]이고, 한글개역성경에도 '얼굴'로 번역되었고(마 6:16,17; 17:2; 18:10; 26:39,67 …), 영어로 person인데 '사람'으로 번역된다. 페르소나(위격)를 본 의미인 '역할'로 볼 때 그리스어로는 ρόλος[롤로스]이고, 영어로는 role이다. '한 본질 안에 세 분(person)'이라는 의미로 믿는다면 맞다는 삼위일체론이지만 '한 본질 안에 세 역할/얼굴'로 이해하면 양태론이 되니 삼위일체론은 혼란스럽기 짝이 없고, 혼란이 끝없이 반복되는 신비종교의 산물이다.

어거스틴은 모든 피조물보다 먼저 계시는 분은 한 분 하나님밖에 없다고 전제하고, 성경에 하나님의 아들이 모든 피조물보다 먼저 계셨다고 기록되었으므로 당연히 아들도 하나님이라고 단정했다. 아들은 피조물이 아니라는 명제가 매우 중요하지만, 어거스틴은 물론 대부분의 신학자도 하나님께서 지으신 피조물과 하나님께서 낳으신 존재인 아들의 신분에 관해 전혀 이해하지 못하고 있다. 하나님께서 시간/공간을 창조하셨다고 믿으면서도, 하나님께서 아들을 낳으신 때가 모든 피조물 즉 시간이나 공간보다 먼저라는 개념에 대해서도 전혀 깨닫지 못하고 있다. 시간을 지으시기 이전에 태어난 독생자는 만유 위에 계시는 사람이다.

② 요한복음 1장 1절의 로고스론

지금도 하나님께서 친히 증거 돌판에 기록해 주신 제1계명을 버린 채 요한복음 1장 1절에 대해 여전히 혼미한 논쟁을 하는 자들이 많다.

신약성경 전체가 헬라어로 기록되었고, 당시의 신자들도 히브리어보다 헬라어를 더 잘 사용했다. 헬라어 λόγος[로고스]는 다른 단어와 같이 헬라의 문화와 철학에서 지녔던 의미를 따라 성경적 진리를 전하려고 사용한 것인데 '로고스'가 매우 중요한 주제를 다루는 데 쓰였기에 특별한 주목을 받는다. 이때의 '철학'은 자연철학(물리학)과 수학과 논리학, 윤리학과 현대적인 의미의 철학을 다 포함하는 용어이다. 헬라어 동사 '레고'는 '말하다'라는 뜻인데 명사형인 '로고스'는 '말'(말씀), '진술', '연설(강연)' 등의 뜻으로 쓰였고, 수학에서 '비례', '관계', '기준', '순서' 등으로 쓰였으며, 주관적으로는 '이성', '정신', '사상'을 의미했다.

당시의 헬라어 '로고스'의 의미는 오늘날 의미와 같지 않다. 요한복음은 육체적인 선민만을 위한 복음서가 아니다. 신약성경은 당시 헬라문화 속에 살아가는 유대인들과 이방인으로서 거듭난 성도들을 대상으로 기록했고, 그들은 로고스를 철학사상의 의미로 쓰는 자들의 영향을 받고 살았다. 사도 요한은 주 하나님의 계획안에서 당시 철학에서 사용하던 '로고스'보다 더 뛰어난 '로고스'의 의미를 가르치려고 했다.

사도행전에도 에피쿠로스파와 스토아학파의 철학에 관해 언급했다(행 17:18; 골 2:8). 스토아학파가 사용했던 '로고스'에 대한 의미는 주전 6세기경부터 발전한 헬라철학에서 찾게 된다. 요한복음은 '아르케'(근원, 원초)부터 '로고스'가 계셨다고 함으로써 '아르케'(히-레쉬트, 태초)에 천지를 '말씀'으로 창조하셨다는 히브리인의 사상의 연장선에서 창세기의 태초보다 더 앞선 태초에 관해 기록했다. 헬라 철학자들에게는 '로고스' 뿐만 아니라 '아르케'도 열심히 연구하고 토론하던 중요한 주제였다. 만일 당시 사람들이 히브리어를 사용했다면 히브리인 요한이 '로고스'에 해당하는 히브리 단어를 사용했을 것이다. 히브리인 사상에서 히브리어 '다바르'(말씀)가 의인화된 '호크마'(지혜)와 함께 하나님의 창조와 밀접한 의미가 있다(잠 8:22-31). 요한은 하나님의 아들에 비유된 '로고스' 즉 완전한 인격체가 태초에 하나님과 하나로 연합되셨음을 증거한다.

요한복음과 요한일서는 당시 이단인 영지주의자들에게 영향받을 성도들을 위해서도 기록되었다. 사도 요한이 영지주의에 대해 반박할 때 이 '로고스'를 강조하여 사용했으므로 '로고스'에 대해 이해하려면 영지주의 교리에 대해서도 참고할 필요가 있다.

헬라/그리스 철학은 주전 585년 "모든 것은 물(水)이다. 물만이 만물의 근원/시원(아르케/αρχη)이다"라고 주장한 밀레토스의 탈레스로부터 시작되었다. 소크라테스(주전 470~주전 399년)와 플라톤(주전 427~주전 347년)과 아리스토텔레스(주전 384~주전 322년)가 당대의 철학자들이다.

소크라테스가 말하는 '로고스'는 '원리'이다. 그가 투옥된 후에 독배를 마실 때도 '로고스'(원리)를 위하여 독배를 마셨다.

플라톤은 이전 헤라클레이토스의 로고스 개념과 피타고라스의 수학적 사유(思惟)에서 힌트를 얻어 '불변의 존재', '영원한 실재'라는 개념을 가진 '이데아(idea)'라는 단어를 만들었다.

'로고스'의 본래 뜻은 '발설된 말'이다. 이데아는 '보다'라는 말에서 비롯되어 '모습', '형상'이라는 뜻을 가졌다. 플라톤은 로고스와 관련되지 않는 것은 이데아의 성격을 지니지 않으며, 만물은 이데아가 물질과 결합하여 만들어졌다고 했다. 이데아와 물질을 결합해 만물을 만들어낸 존재를 헬라어로 δημιουργός[데미우르고스](제작자/製作者)라고 불렀다. 플라톤에 이르러서는 이성으로서의 '로고스'와 직관으로서의 '누스'의 구분이 더욱 엄밀해졌다. '누스'는 내재적 감각, 기질, 마음, 이해(력), 이성, 사고, 결심, 의향, 의지를 뜻하는 헬라어인데 신약성경에도 여러 번 나타난다(눅 24:45; 롬 1:28b; 7:23,25; 11:34; 엡 4:17,23; 골 2:18; 딤전 6:5; 딤후 3:8; 딛 1:15).

아리스토텔레스는 피안의 원형을 이 세상 안에서 구현할 수 있다는 철학사상을 가졌는데 그것이 '로고스'(글, 논리)이다. '로고스'는 그가 제시한 설득의 3요소 중 첫째이고 이어 '파도스'(πάθος), '에도스'(ἔθος)를 주장했다. '로고스'는 스토아학파가 중시한 개념으로, 서구 철학의 대전제이자 가장 주요한 개념 중 하나였다.

예수님과 동시대 사람으로 알렉산드리아의 유대 철학자 필로(Phillo, 주전 20-주후 50년, 라틴어로 필로 유다에우스/Philo Judaeus, 헬라어로 필론/Φίλων)이다. 헬라철학과 히브리 신학을 연결하려고 했던 그는 절대적 초월자이신 엘로힘과 물질적 세계 사이에서 중재자 역할을 하는 것이 '로고스'라고 하면서, 이 '로고스'를 '처음 난 아들', '하나님의 대리자', '인간의 변호자', '대제사장' 등으로 칭하였다.201) 그는 로고스를 세상이 창조될 때 사용된 도구요, 초월적인 창조주 하나님과 물질세계를 잇는 다리로 이해했다.202) 필로는 하나님께서 악의 근원이 되는 물질과 접할 수 없다고 믿었다. 그는 '로고스'를 하나님과 피조세계의 중재자로서 '하나님의 형상', '대표', 심지어는 세상을 창조한 '제2의 신'이라 주장했다. 그는 아리스토텔레스의 형상론에 맞추어서 하나님의 로고스는 하나님의 행위로 보았으며, '창조된 것들 중 맏이'가 되었다고 했다. 이리하여 당대에 '신의 로고스', '신의 아들', '로고스-신론'이라고 하는 사상이 풍미했다. 요한복음의 독자들은 이 영향 속에 살아왔다. 이 모든 것들을 함께 살필지라도 당시 유일한 성경인 구약성경과 제1계명에서 벗어난 어떤 흔적도 없다는 사실을 반드시 명심해야 한다.

저스틴이 필로(Philo)의 사상을 받아들였고, 필로가 유대교에 도입한 우주창조와 원리의 원동력으로서의 로고스(λόγος) 사상으로 그리스도를 변증했다.203) 저스틴의 로고스 사상이 알렉산드리아 신학의 원형이 되었다. 저스틴이 기독교의 진리라고 주장하던 헬라철학의 측면과 연속성이 클레멘트와 오리겐의 사상 속에서도 그대로 나타난다. 터툴리안은 헬라철학이야말로 이단의 원천이라고 개탄했으나 알렉산드리아 어용기독교 사교들은 헬라철학이 하나님의 선물이라고 확신했다.204)

당시에도 히브리 사상에서의 '지혜'와 헬라사상에서 '로고스'는 서로 바꿔쓸 수 있는 개념이라고 여겼다. 유대인 사상에서 지혜(히-호크마)는 잠언 8장 22-31절에 의인화된 표현으로 나타나고, 잠언에는 '지혜'가 129회나 나오지만 יהוה 엘로힘과 별개의 다른 신격(神格)이 아니라 의인화된 것이다. 구약의 유대교 사상에는 하나님께서 사람과 하나가 되셔서 아들 안에서 자신과 진리를 계시하신 때가 아니었다.

사도행전에 언급된 스토아학파는 아리스토텔레스 이후 주전 3세기 제논에서 시작되어 기원후 2세기까지 이어진 헬라·로마 철학을 대표하는 학파이다. 스토아학파에서 '로고스'는 우주의 질서를 잡고, 목적을 향해 방향을 잡아가는 의미, 우주 창조의 원리로 보고 물질세계의 근원이자 이를 움직이는 힘을 영(靈), 로고스, 이성(νους[누스]) 등으로 불렀다.

영지(靈知)주의의 로고스론은 다양한데 이집트의 영향을 받은 포이만드레스(Poimandres)는 로고스가 천상의 대사로 물질계와 영적인 영역을 중개하는 기능을 한다고 본다.205) 그들은 고대바벨론의 배경과 페르시아의 이원론과 신플라톤주의와 유대교와 헬라철학과 동양철학과 기독교가 결합된 혼합종교사상이다. 그들은 바른 영적 지식(γνώσις[그노시스])이 있어야 구원을 받는다고 주장했는데 영계로부터 온 계시를 '영지(靈知)'라 했다. 그들은 영(靈)은 선하고 물질은 악하고, 구원은 영적인 영역에 국한된다고 했다. 그들은 지극히 선하신 하나님이시기에 악한 물질계를 창조할 수 없다고 주장하였다. 그들은 하나님과 악한 물질계의 중간자를 세워서 세상을 창조했다고 하거나 하나님을 배신한 천사가 독자적인 세계를 저급하게 창조했다고 주장했다. 하나님은 물질세계와 무관하므로 예수 그리스도가 물질인 육체를 가지고 계시지 않았고, 단지 육체와 비슷한 현상만 있었다고 주장(가현설)했다(요일 4:2; 요이 1:7).

2. 3세기에 등장한 양태론과 삼위일체론

이레니우스의 '이단 교리에 대한 반박'이라는 글에도 그들의 주장이
나타난다. 2세기의 알렉산드리아의 클레멘스는 영지주의적이었으면서도
바실리데스와 발렌티누스(100-160?년)의 추종자들을 '스로마타'라는 저
술을 통해 비판했다. 에피파니우스의 아르콘주의(Archontics)에 관한 글
에는 "이들 중 어떤 이들은 자유분방주의의 입장도 가졌고 방탕과 유흥
으로 자신의 몸을 망친다. 어떤 이들은 수도사라 하며 겉으로 단식과 금
욕하고 있음을 과시하여 단순한 사람들을 속인다."라고 기록했다. 이러
한 비난은 이레니우스의 저작들이 시원지이다. 이레니우스는 시몬 마구
스가 도덕적 자유주의학파, 무도덕주의(amoralism)를 창시했다고 기록
했다. 영지주의는 기독교 이전부터 이집트나 페르시아에서 존재해 왔고
기독교에 많은 영향을 끼쳤으며, 그 이후에도 영지주의자들은 기독교라
는 이름으로 오랫동안 존재해 왔다.

요한복음은 헬라철학과 영지주의의 공격을 받는 정통 그리스도교의
성도들의 믿음을 확증하고 있다. 사도 요한은 '로고스'를 가지고 제1계
명에서 벗어나지 않도록 유일신론과 기독론을 설명하면서 주 예수님의
신격과 인격을 증거하고 있다.
<εν αρχη ην ο λογος και ο λογος ην προς τον θεον και θεος
ην ο λογος>(요 1:1)
εν[엔]은 ειμι[에이미] 동사의 직설법·미완료·3인칭·단수형이다. 성경은
예수 그리스도에 대해 미완료시제를 사용하였다.206) 미완료시제 '엔'은
그분의 존재하심이 영원히 끝나지 않음을 의미한다. 언제든지 그 존재가
완료되지 않고 영원히 계속된다는 말이다. 레온 모리스(Leon Morris)는
이 '엔'이 본문에서 '영원한 것', '한정 없는 상태'의 의미라고 했다.207)
하나님의 독생자는 모든 피조물보다 먼저 태어나신 사람이라는 말이다.
멜기세덱은 시작한 날이 없는 대제사장이라고 했다(히 7:3). 하나님께서
시간 창조 전에 아들을 낳아 아버지가 되셨고, 아들을 자기의 형상으로
연합되시고 아들로 아버지의 존재 및 신성을 나타내신다(골 1:15-17).
아들을 위하여, 아들로 인하여, 아들에게 주실 유업으로 만유를 창조하
셨다(히 1:2,3). 아버지께서 만유를 아들로 말미암아 지으셨다는 말씀은
하나님께서 그 아들을 만유의 후사로 삼기 위해 지으셨다는 의미이다.

- 459 -

'함께'라는 헬라어 전치사인 πρός[프로스] 뒤에 대격(對格)이 오면 '~을 향하여'가 되고, 여격(與格)이 오면 '~에게 가까이'가 된다. 본문에는 이 전치사에 이어 τὸν Θεόν(그 하나님을)이라는 대격(~을 향하여)으로 쓰였다. 대격이 와도 예외적으로 '~에 가까이' 혹은 '~와 함께'의 의미로 쓰이기도 한다. '프로스'는 '~와 함께'로 번역되는 전치사 παρά[파라]의 의미도 포함하였다. 슈나켄부르그(R. Schnackenberg)도 코이네 헬라어에서 '프로스 톤 데온'이 '파라 토 데오'와 동격으로 사용되었다고 주장하였다.208) '향하여'이든 '함께'이든지 '하나님은 항상 모든 공간 안에 계실 뿐만 아니라 공간 밖에도 충만하게 계시고, 보이지 않으시고 볼 수 없는 영, 유일하신 분이시다'라는 제1계명을 벗어날 수 없다.

하나님(God)은 말씀(Word), 빛(Light), 생명(Life), 반석(Rock)이시다. 그 말씀이 형상으로 사람을 입으시고 임마누엘하신 הוהי이시다. 아들에게 말씀이 육신이 된 몸을 입히셨고, 그 몸은 모든 죄인의 속사람을 죄와 사망에서 해방하는 생명의 떡/말씀(word)이 되셨고(요 6:33-63), 아들은 말씀(word), 머릿돌(capstone)이 되셨다. 하나님은 물과 성령으로 거듭나게 하는 말씀(word)을 주셨고, 그 떡을 먹는 자는 '말씀(word)으로 거듭난 아들'이 되고, 성전의 머릿돌과 모퉁잇돌인 맏아들이 머리가 된 한 새사람(교회)의 지체로 연합되게 하셨다.

엘로힘 안에 인격들이 셋이기에 복수형 단어라 한다면 헬라어 Θεός[데오스]도 복수형인 Θεοί[데오이]로 번역해야 하는데 그런 번역 표기한 예는 70인역이나 신약성경에 단 한 번도 없다.

하나님의 계시를 통해 새언약의 아버지와 아들을 깨닫게 된 사도 바울은 하나님의 아들에 관해 다음과 같은 중요한 계시를 설명했다.

<그는 보이지 아니하시는 하나님의 형상이요 모든 창조물보다 먼저 나신 자니>(골 1:15)

한글 흠정역은 '하나님의 형상이시요 모든 창조물의 처음 난 자'라고 번역했는데, 아들을 피조물 중에 속한 자로 오해하면 안 된다. 그 아들의 신령한 몸도 옛창조에 속하지 아니한 만유 위에 있는 초월적 몸이며, 그 속사람은 피조물이 아닌, 하나님께서 친히 낳으신 아들이다. 하나님께서 시공을 지으시기 이전에 그를 낳아 '하나님의 형상'으로 삼으셨고, 아버지의 형상인 아들을 보는 것이 하나님 아버지를 보는 것이다.

시간이 창조되기 전 '아르케'(태초)에 '로고스'(아들)가 태어나 아버지의 형상으로 아버지와 함께 계셨고, 속하여 계셨으며, 그 '로고스(아들)' 안에 주 하나님 아버지가 영원히 계신다는 말이다. 아버지와 아들은 분리됨이 없으나 구별되고, 그 아들을 영접하는 것이 아버지를 영접하는 것이라고 예수 그리스도께서 친히 증거하셨다.

'형상'으로 번역된 헬라어는 εικων(에이콘)라는 단어를 썼고 이 단어에서 그림, 문자, 심벌, 배지, 로고, 이모티콘 등을 의미하는 영어 Icon[아이콘]이 나왔다. 노트북이나 핸드폰에 앱을 나타내는 어떤 이미지가 모두 아이콘이고, 동전의 형상(마 22:20), 우상의 형상(롬 1:23) 등 물질적인 형체, 형상이나 정신적 심상(心狀), 심적인 어떠함을 의미하는 단어이다. 핸드폰 화면에 있는 전화, 문자, 카카오톡, 사진, 갤러리 아이콘 중에서 검색포털(현관) 등 어느 한 아이콘을 누르면 실행이 되고 그 안에 있는 기능들을 쓸 수 있듯이 하나님의 '에이콘'인 아들이 하나님의 신성의 모든 충만을 영원히 나타내는 형상이다(골 1:15; 2:9).

하나님이 아담을 '아버지와 아들'의 형상의 모형으로 창조하셨다(롬 5:14; 고전 11:7). 귀신은 사람 육체 안에 군대로 들어와 거할 수 있다. 피조물을 초월하는 아들의 영이 신자들 안에 들어오시면 아버지의 영이 함께 오신 것이다(요 14:23; 롬 8:9). 성령을 받은 자의 영은 살아나고 아들로 거듭난다. 하나님은 아담과 후손들을 맏아들의 형상을 본받도록 예정하셨다(롬 8:29). 우리가 아담의 에이콘을 입은 것같이 맏아들, 둘째 사람의 에이콘을 입을 것이다(고전 15:49; 고후 3:18; 4:4; 골 2:10; 3:10). 따라서 하나님의 독생자는 많은 아들 중에 맏아들이 되실 완전한 사람이지 '아들하나님'이 아니다. 하나님의 아들들도 모든 피조물들이 보게 될 하나님의 형상이지 '아들하나님들'이 아니다.

아들(로고스)이 성부와 '호모우시오스'(동일본질)이라고 한 말은 본래 영지주의자들의 용어인데 제왕의 취향과 협박에 따라 택한 것이다.[209] 사도 요한은 이런 사상을 강하게 정죄했는데도 오리겐의 추종자들인 알렉산더파는 용어의 정의를 바꾸어 아리우스파를 제거하려고 사용했다. 터툴리안이 지어낸 '트리니타스'처럼 '호모우시오스'도 이단이 지어낸 용어일 뿐이며 또한 하나님과 사람의 본질은 전혀 다를 뿐이다.

③ 회의들의 다른 결정들을 인정하지 않은 개신/개혁교

개혁신학자들은 제국종교회의에서 결정한 다른 것들을 다 헌신짝처럼 버렸다. 신론에서만큼 니케아회의(325년)나 콘스탄티노플회의(381년)의 결정을 이교도가 신주(神主) 모시듯이 따른다. 제왕이 주재하고 결정한 신론 신조들을 성경 말씀보다 먼저 꺼내어 읽고서 성경을 덮어버린다. 개혁자들은 에베소회의의 결정은 부정하면서 니케아회의와 콘스탄티노플 회의만 받아들이는 이율배반적, 안전인수격인 태도를 보인다. 개혁/개신 교의 어미(로마카톨릭교)는 제1계명에 더한 데다 제2계명을 빼고 제9계 명을 둘로 나누어 억지로 맞춘 십계명에 여신숭배도 더했다. 개혁/신개 교는 하늘황후/여신(女神) 숭배는 버렸지만, 성부·성자 동일본질이라고 믿는 신앙', 니므롯의 환생이라는 담무스에 관한 그 어미의 신앙은 뼈와 살에 새겼다. 삼위일체를 믿지 않고 유일하신 참하나님만 믿는다는 성도 들을 향해 니므롯의 분노를 쏟아붓는다. 개신교가 주 예수님을 아버지와 아들과 성령이시라고 믿지 않고, ㅗㅑㅗㅑ 엘로힘 외에 더한 '성령하나님'과 '아들하나님'을 버리지 않는다면 큰음녀의 딸이라는 정체성을 벗을 수 없다. 그들은 제1계명을 버린 음녀들이 받을 진노의 형벌을 받게 될 것 이다(계 16:6,7,19: 17:5-7: 18:2-6: 19:3).

④ 로마카톨릭교 개혁시대 장 칼뱅(존 칼빈)의 삼위일체론

오늘날 개혁/개신교의 교리적인 기초/터는 장로교의 창시자인 장 칼 뱅(존 칼빈, 1509-1564년)이 '사도신조'라는 것을 해설하는 방식으로 쓴 '기독교강요'에 있다. 칼뱅은 모든 신학의 근본과 시작을 삼위일체신을 아는 것이라고 주장했다. 그는 '일체'보다 '삼위'를 강조하여 '삼위가 구 별되는 실재하는 것'이라고 주장하면서 '먼저 삼위께서 참되신 한 하나 님이시요, 이 삼위를 떠나서 하나님은 결코 알려질 수 없다', '하나님을 아는 것은 그분을 바로 삼위로 아는 것이다.'라고 단언했다.

그들이 절대 기준이라 믿는 성경이 오직 ㅗㅑㅗㅑ 외에 다른 어떤 신도 알 지 말라고 명하심에도 불구하고 기독교강요를 성경 위에 둔다. 칼뱅의 주장은 성경에 기록된 모든 인물은 하나님을 전혀 몰랐다는 주장이다. 개신교는 기독교강요가 효력을 인정받지 못할 때는 신속하게 깡패들의 모임보다도 저급한 회의들의 신조들을 제1계명 대신 펼친다.

칼뱅은 요한복음 14장 10절을 해설하면서 '성부는 전적으로 성자 안에, 성자는 전적으로 성부 안에 계신다'라고 주장했다. 삼위는 분명히 구별되지만, 분리는 되지 않는다고 주장했으니, 그들의 논리를 따르자면 성자하나님이 십자가에 돌아가실 때 '성자·성부·성령 하나님'인 세 분의 하나님이 단체(團體)로 수난을 당하셨다고 주장한 것이다.

칼뱅은 에베소서 4장 5절과 마태복음 28장 19절의 침례의 단일성을 근거로 하여, 삼위의 한 하나님이라고 주장한다. 그런데도 사도행전과 서신서들과 초대교회의 문헌들이 왜 '예수 이름'으로만 침례를 주었는지 설명할 수 없었고, 그 후예들도 알지를 못한다. 이 '예수 이름의 침례'는 '아버지와 아들과 성령의 이름이 예수'라는 것이며, 주 예수님이야말로 아버지와 아들과 성령이시라고 선포하는 확증임을 못 보고 있다.

칼뱅은 1539년 판과 이후의 기독교강요 개정판에서 '삼위일체의 상호내주(헬-περιχορησις[페리코레시스] 영-Perichoresis) 및 구분과 통일'에 관해 동방교회의 고전적 표현으로 간주하는 나지안주스 그레고리의 말로 논의를 전개했다: "나는 세 분의 광채(光彩)로 재빨리 에워싸이지 않고서는 한 분을 생각할 수 없다; 또한 한 분에게로 곧바로 다시 돌아가지 않고서는 세 분을 식별할 수 없다."210)

칼뱅이 주장하는 삼위일체신은 명백히 '세 분'인데 이단이라는 비난을 피하고자 한 분으로 커튼을 쳐서 속인다. 칼뱅이 말하는 삼위일체신은 교묘한 거짓말의 커튼을 벗기면 '삼신(三神)' 우상임이 밝혀진다.

칼뱅은 '하나님이라는 이름이 특히 성부에게 해당되는 경우가 많다.'라고 주장했다. 단수로 표기된 헬라어 '데오스'가 성부만을 가리킬 때가 많다는 주장은 유일하신 '하나님'이라는 언급에서도 동일하게 적용해서 성부(성령이신 아버지 하나님)만 하나님이라고 가르쳐야 하건만 그렇지 않다. 그는 '하나님 한 분 외에 다른 신이 없다'는 말씀을 해석할 때는 '데오스'가 성부·성자·성령을 모두를 가리킨다고 말을 뒤집는다. 삼신이라고 하다가 번개와 같이 일신으로 번복하지 않으면 삼위일체론 자체가 존재할 수 없다. '하나님이 그리스도 안에서 당신을 계시하려고 독생자를 보내셨다'라고 하지만 '하나님'이 성부만을 의미하는지, 성자·성령도 포함하는지 칼뱅 자신도 모른다. 왜냐하면, 세 분이 언제나 상호 내재하시고 분리되지 않는다고 주장하고 있기 때문이다.

칼뱅은 그리스도 안에서 성육신한 말씀이 성자하나님이라고 주장한다. 말씀인 성자가 성부와 처음부터 계셨고, 함께 만유의 창조주라고 한다. 그렇다면 칼뱅은 성자도 '만유의 아버지'라 불렀어야 했다(엡 4:6). 분리되지 않고 함께했다는 성령(3위)도 만유의 아버지라고 불렀어야 했다. 성자도 성부와 함께 아담을 지으셨다면, 성부는 아담의 성조부라 불러야 마땅하다. 삼위일체론은 아무도 설명할 수 없는 어불성설이기에, 따지지 말고 무조건 믿지 않으면 이단이라고 공격한다.

칼뱅은 구약에서 하나님의 본질을 표현하는 본질적인 성함인 יהוה가 신약에서는 '주'로 번역되어, 그리스도께 사용되었다는 점이 그리스도의 신성을 증거한다고 했다(9-11). 그러나 칼뱅은 예수님을 제1계명을 따른 יהוה이시라고 믿기를 거부하고 오히려 יהוה 엘로힘이신 예수님만을 믿고 제1계명대로 순종하는 자들을 이단으로 몰아 죽이는 범죄를 저질렀다. 칼뱅의 삼위일체론을 옹호하는 후예들이라면 יהוה 외에 다른 신을 주장하는 선지자, 아내, 자식, 친구, 이웃과 고을을 진멸하고 불사르라는 신명기 13장을 거짓말이라고 여겨 찢어버려야 한다. 칼뱅을 그리스도처럼 믿는 자들은 신명기 13장의 말씀대로 심판을 받을 것이다. 제1계명을 깨뜨려버린 칼뱅의 삼위일체론은 아담, 셋, 노아, 셈, 아브라함, 모세, 다윗, 엘리야, 이사야, 예레미야, 스가랴, 말라기, 요한, 예수님 등 삼위일체신을 믿지 않았던 모든 의인들을 이단으로 단죄하는 것이다.

칼뱅은 '성자가 하나님이기에 위격과는 관계없이 그는 스스로 존재한다'고 주장했다. 그럼 성자가 '스스로 계시는 자'인 יהוה라는 말이 된다. 그렇다면 '내가 너를 아들로 낳았다'는 하나님의 선언을 부인하는 것이 된다. 그런 아들은 하나님의 아들이 아니라 바벨론의 담무스이다.

칼뱅은 '아버지는 나보다 크다(요 16:7)는 말씀은 그리스도가 성부에 비하여 본질상 이등 신(二等 神)에 해당된다는 뜻이 아니라 하늘 영광을 입으시고 신자들을 성부와의 교제로 불러모으는 사역을 지칭한다.'라고 둘러댔다. 칼뱅이 마리아를 성자하나님을 낳은 데오토코스로 믿지 않고 사람을 낳은 어머니라고 믿는다면 당연히 '아버지(하나님)는 아들(사람)보다 크시다'라는 말씀을 이해하지 못할 리가 없다. '그리스도'는 기름부음을 받은 사람으로 특히 제사장이다. 주 하나님이 제사장보다 크다는 말씀을 이해하지 못한다면 성경학자일 수 없다.

예수님은 사람의 아들로서 어린양이시다. 하나님이신 아버지가 사람인 아들보다 크다는 말씀을 이해하지 못하는 자는 아무것도 모르는 자다. 만일 칼뱅이 모세와 경건한 유대인들 앞에서 삼위일체신을 주장했다면 유대인들의 칼에 죽을 것이지만, 의로운 순교자는 아니다.

칼뱅은 삼위일체론을 기독교강요의 **뼈대**로 삼았고, 초판(1536)에부터 사도신조를 성부, 성자, 성령, 교회로 4분(分)하여 저술했다. 이것이 3판(1543년)에서는 4장으로 확대되었지만, 여전히 고립된 사도신조의 해설에 불과하다.[211] 열두 사도가 각각 함께 사도신조를 썼다는 말은 거짓말이다. 이 신조의 원문은 라틴어로 기록되었고, 동방교는 인정하지 않은 거짓인데, 칼뱅은 그 어미인 로마카톨릭교를 대변했을 뿐이다.

'나는 거룩한 공회를 믿는다'라고 한글로 번역된 문구를 영어로 보면 'I believe in the holy Catholic Church'(나는 거룩한 카톨릭교회를 믿는다)라는 뜻이다. 즉 로마카톨릭교 밖에서는 구원이 없고, 로마카톨릭교의 교리와 다른 교회들은 전부 이단이라는 고백이다. 카톨릭교 사제였던 칼뱅은 이 사실을 누구보다 잘 알았다. 칼뱅이 이것을 기초로 기독교강요를 집필했으니 칼뱅의 신앙의 근본은 로마카톨릭교를 어미교회(mother church)로 인정한다는 것이다. '성도가 교통하는 것을 믿는다'라는 문구도 '카톨릭교에 충성하고 죽은 자 중에 성인(聖人/saint)으로 불리는 자들에게 기도하면 그들이 신처럼 들어주는 교제/교통이 일어나 그들의 공로를 기도한 신자들이 공유할 수 있다고 믿는다'는 고백이다. 이것은 이교도들이 했던 초혼(招魂)교리를 그대로 따른 것이다.

유해무 교수는 '칼뱅의 저술인 기독교강요가 사도신경 해설(Expositio Symboli)의 형태를 취했고, 외견상 이는 사도신경의 해설에 불과하나, 사도신경의 **뼈대**로 삼위 하나님을 그 사역에서 고백하는 형태를 취했다. 이처럼 기독교강요 전면에는 사도신경의 구조를 따른 삼위일체론이 깔려있다.'라고 설명했다. 김명용 교수는 "어거스틴의 심리적 삼위일체론은 양태론의 위험에서 완전히 벗어나 있지 못했다. 어거스틴은 삼위 하나님에 대한 설명을 관계(relation)라는 개념을 도입해서 설명했는데, 이는 그 자체로는 의미가 있지만 세 '휘포스타시스'가 전제된 관계이어야 하는데, 이 세 '휘포스타시스'의 개체성이 불분명하기 때문에 상당히 불완전한 설명이었다."라고 했으나, 칼뱅의 삼위일체론은 높이 평가했다.

"그러나 다행히 종교개혁시대에 칼뱅(J. Calvin)은 세 '휘포스타시스'를 강조하면서 성부, 성자, 성령 세 분 하나님의 독자적 개체성을 강조했는데, 이는 칼뱅이 아타나시우스에서 캅파도키아 교부들로 연결되는, 니케아신조와 콘스탄티노플 신조의 배후에 존재하는 정통 삼위일체론을 깊이 알고 있었기 때문이었을 것이다."라고 평가했다.212) 이는 칼뱅의 삼위일체신이 '삼신(三神)'이라는 사실을 확증하는 말이다.

칼뱅의 후예들은 미가엘 세르베투스(Michael Servetus, 1511~1553년)가 삼위일체를 믿지 않았기 때문에 당연히 화형당해야 할 이단이라고 매도하며 하나같이 칼뱅을 옹호한다. 세르베투스는 모국어인 스페인어 외에 라틴어, 헬라어, 히브리어 등을 배웠으며, 15세에는 성경을 원문으로 읽었던 보기 드문 매우 유능한 신자였다. 세르베투스는 법학도였을 때 성경을 진지하게 연구하고 삼위일체론이 콘스탄틴의 정치적 목적과 진리를 배신한 거짓 교역자들에 의해 혼합된 교리임을 깨닫고 삼위일체론을 거부했다. 삼위일체론의 오류에 관한 책을 쓴 신학자였고, 루터보다 더 성경적이고 정당한 종교개혁을 위한 길을 걸었다. 그는 미술에도 뛰어난 능력을 보였고, 베살리우스의 스승이었던 실비우스의 제자로서 의학에도 뛰어난 업적을 남겼을 정도로 비범한 인물이었다.213)

세르베투스는 제네바의 유능한 개혁자로서 카톨릭교와 싸우는 칼뱅을 '성경이 가는 데까지 가서 마침내 진리를 찾을 자'로 여기고 삼위일체가 아닌 유일신과 유아세례가 아닌 참된 침례에 관한 진리를 칼뱅과 나누고자 했다. 그의 기대와는 정반대로 칼뱅은 받은 책자를 로마카톨릭교 종교재판소로 넘겼다. 세르베투스가 자신이 체포 구금되었던 카톨릭교의 감옥을 탈출하여 1553년 8월에 칼뱅을 다시 찾았을 때도 칼뱅은 세르베투스와 논쟁하면서 그를 계속 분노하게 하고 그의 마음에 품은 사상을 다 말하게 유도함으로 함정에 빠뜨렸다. 그들의 논쟁 현장에는 로마카톨릭교를 부인하는 자를 불속에 태울 카톨릭교의 사법관들이 함께 있었다. 칼뱅의 간교한 활약으로 체포되어 쇠사슬에 묶여 화형대에서 죽어가던 세르베투스는 '예수, 하나님의 아들이시여. 저 무지한 칼뱅을 용서하소서'라고 기도한 후 순교했다.214) 칼뱅이 옳았다고 두둔하는 후예들은 카톨릭교와 제네바 종교국이 이단으로 죽일 결정을 이미 내린 상황에서는 칼뱅도 어찌할 수 없었다고 변명한다.

만일 칼뱅이 반대할 능력도 없는 허수아비였다면 최고의 개혁자라는 찬양은 옳지 않은데, 스데반 집사라도 들으면 분노할 일이기 때문이다. 로마카톨릭교에게는 루터와 칼뱅이야말로 악질적 이단의 괴수들이었다. 그것이 바로 사도신조를 만든 로마카톨릭교의 정의이다.

칼뱅이 종교개혁을 했던 스위스 제네바 근교에 세르베투스에 대한 속죄기념비가 세워졌다(1903년). 그가 죽은 곳에서 약 5㎞ 떨어진 프랑스의 도시 안마스에 기념상도 세워졌는데(1908년) "미카엘 세르베투스, … 지리학자이자 의사이자 생리학자. 과학적 발견들과, 병든 사람과 가난한 사람들에 대한 헌신적인 태도와 절대로 굴하지 않는 자주적인 지성과 양심으로 인류의 복지에 공헌했다.…그의 신념은 결코 꺾을 수 없었다. 그는 진리의 대의를 위하여 자신의 생명을 바쳤다."라고 새겨졌다.

세르베투스는 여러 분야에 뛰어난 능력을 갖춘 학자요 진정한 개혁자였다. 특히 뛰어난 의사로서 육체를 치료하는 것보다 영혼을 치료하는 진리를 찾아 전하고, 부패한 제도를 고치려는 개혁자였다. 당시 스페인 당국은 카톨릭교로 개종을 거부한 유대인 12만 명을 추방하고, 이슬람교도(무어인) 수천 명을 화형에 처하는 상황이었다. 세르베투스는 거짓과 타협하지 않고 제1계명대로 오직 예수님께만 경배드렸다. 엘로힘 יהוה의 성육신인 예수님께서 아버지와 아들과 성령이시라고 증거한 증인, 예수 이름의 침례를 믿었고, 순교자로서 신앙을 지켰다.

칼뱅이 제네바에서 최고의 종교지도자로 있을 때 수없이 많은 사람을 지독하게 고문하고 학살했다는 이야기는 이미 널리 알려져 있다. 칼뱅의 영향력이 그렇게 대단하지 못했다는 핑계와 시대적 상황에 따른 피할 수 없는 일이었다는 변명으로 무마할 수 없다. 그들이 알아야 할 진실은 이미 초대교회 때로부터 진리를 지키는 증인들은 칼뱅과 같지 않았고, 하나님의 의를 위해 모든 것들을 버렸다는 사실이다.

칼뱅은 로마카톨릭교가 431년에 결정한 마리아숭배는 버렸지만 4세기의 소위 교부들의 삼위일체론은 버리지 못했다. 그는 삼위일체신을 믿지 않는 자들은 무력으로 제거해야 하고, 태어나기 전부터 천국 갈 자와 지옥 갈 자를 삼위일체신이 절대적인 권위와 능력으로 예정했다는 어거스틴의 사상을 그대로 이어받았다. 화형, 절대다수인 다수가 처절한 형벌에 던져질 것은 삼위일체신의 뜻대로 예정된 일이라는 말이다.

칼뱅은 유일신 성도들을 무력으로 제거했던 어거스틴의 후계자이다. 칼뱅의 삼위일체신은 절대 권세로 아담의 범죄 예정, 10억 이상의 사람들을 홍수로 죽고 단 8명만 구원받도록 예정, 60만 3,548명이 다 광야에서 죽고 2명만 구원받도록 예정한 절대자이다. 현존하는 76억 인구 중에 구원받도록 예정된 자는 소수이고, 나머지는 다 불못에 던져넣는 것이 삼위일체신의 뜻을 이루는 공의·사랑이라는 주장이다.

⑤ 그들이 이단이라는 양태론과 같은 개신교의 삼위일체론

칼 바르트(Karl Barth, 1886~1968년)는 스위스의 개혁교회 목사이자 20세기의 대표적인 신학자로 꼽는다. 그는 '인간이 되신 하나님의 말씀 예수 그리스도'를 강조했다. 소위 정통주의자들과는 차이점을 보였기에 신정통주의자라고 부른다. 칼 바르트는 삼위일체를 '한 인격체(person)와 세 존재 양태(seinsweise)'라고 표현했는데 이는 양태론을 못 벗어난 것이다.215) 만일 칼 바르트가 칼뱅의 시대에 같이 살았더라면 칼뱅에 의해 이단으로 화형을 당했을 것이다. 오늘날 현실은 바르트의 명성 앞에 감히 반기를 드는 제2의 칼뱅은 없다.

칼 라너(K. Rahner)도 삼위일체론을 '한 인격체(person)의 세 개별적 양태(subsistenzweise)'라고 표현했다. 그를 이단이라 정죄하기는 고사하고 '신학의 대가'라고 칭송하는데, 사대주의적 굴종인지, 삼위일체론자들의 기준이 고무줄인지 삼위일체론을 모르듯이 기준도 알 수 없다.

'평신도이단대책위원회'라는 이름으로 운영되는 사이트에 '한국교회에 양태론이 쳐들어오고 있다'라는 제목으로 글이 실린 배경이 그러하다.

금란교회의 김홍도(1938~2020년) 목사가 주요 일간지에 '신은 존재하는가'라는 제목으로 전도 목적의 전면광고를 냈다(2012.1.7).

"4. 삼위일체 신이란 무엇인가?"라는 글에서 그는 양태론을 실었고, 이로 인하여 교계로부터 많은 비난을 받았다. 이단이라는 정죄를 받게 될 상황에 이르자 결국 그는 변명처럼 사과했는데 2월 27일에 기독일보에 실린 글에는 "… 본인은 삼위일체 하나님을 믿는다. 그러나 삼위일체 교리는 성자 어거스틴의 말대로 인간의 불완전한 언어로는 설명하기가 매우 어렵다. 그래서 본인도 삼위일체 교리에 대해서는 인간의 두뇌로 다 설명할 수 없다."라고 기사화되었다.

4. 삼위일체 신이란 무엇인가?

성경의 중요한 교리 중 하나는 삼위일체 (Trinity) 교리이다. 하나님은 한 분이시지만, 성부, 성자, 성령, 삼위의 인격을 갖고 계신 분이라는 것이다. 피조물 인간의 두뇌로 창조주 하나님을 다 설명할 수가 없다. 다 무리가 있고, 모순이 있다. 그렇더라도 설명해본다면, 나는, 부모에게 아들이 되고, 아이들에게는 아버지가 되고, 아내에게는 남편이 된다. 그러나 나는 한명이다. 물은 액체와 고체와 기체로 변한다. 그러나 H2O 원소는 변하지 않는다. 물이 바다나 호수에 액체로만 가만히 있다면 물의 구실을 못한다. 액체, 기체, 고체로 변할 수 있어야 온전한 물의 구실을 다 할 수 있는 것처럼, 하나님은 성부, 성자(중보자), 성령(우리각자의 심령 속에 들어오심) 삼위일체 하나님이시다.

김홍도 목사 자신은 양태론을 믿지 않을 뿐만 아니라 삼신론도 안 믿는다고 했다. 신문에 실렸던 그 삼위일체론은 정통이란 신학자들에게는 이단(異端)이다. 김 목사는 <"단번에 주신 믿음의 도를 위하여 힘써 싸우라"(유 1:3)라는 말씀에 의지하는 생활이 될 것이다.>라는 글로 마쳤다.216)

유다는 '단번에 주신 믿음의 도'에서 주 예수께서 '홀로 하나이신 주재시요 유일하신 참하나님'이라고 명백하게 증거하였다 (유 1:4). 다시 말해 예수님이 천지의 주재이신 아버지시란 말이다. 이를 부인하는 자는 정통교회에 가만히 들어온 멸망의 이단이라고 증거했다.

김기동 목사도 양태론적 삼위일체론을 가르친다고 이단이라는 정죄를 받았다. 그는 베뢰아아카데미를 통하여 기독교계에 많은 영향을 끼쳤고, 그에게 영향받은 자 중에 유명한 목사들도 몇 명이나 된다.

김기동 목사는 "어떤 사람은 여호와는 아버지 이름이고, 예수는 아들 이름이고, 보혜사는 성령의 이름이라고 합니다. 그러나 그것은 잘 모르는 이야기입니다.… 침례를 줄 때 아버지와 아들과 성령의 이름으로 침례를 주라고 합니다. 아버지의 이름, 아들의 이름, 성령의 이름이 바로 예수입니다."217) 김기동 목사는 양태론적 유일신을 가르치고, 예수님이 아버지와 아들과 성령이라고 가르쳤으며, 사도행전대로 예수 그리스도의 이름으로 침례를 주기에 지금도 이단이라고 정죄받고 있다.

기독교 한국침례회 연세중앙교회의 윤석전 목사도 양태론자이다.218) 그가 담임하는 연세중앙교회 신도수는 15만 명이라 한다. 윤석전 목사는 "성령과 예수와 아버지는 동일한 1위이십니다. 오해하면 안 돼요. 자, 아버지가 영으로 계실 때가 뭐요? 예, 성령이요. 아들이 영으로 계실 때가 뭐요, 성령이요. 성령은 성령으로 계실 때를 거룩한 영, 성령이라고 말한다 이 말이여. 육신을 입고 왔을 때는 아들이요 육신을 벗고 영으로 계실 때는 성령이라 이 말이여. 내가 너희 안에 있겠음이라", "자 다시 말해요, 그래서 아버지와 아들과 성령은 한 분입니다. 우리 구원사역에 한 분이십니다. 1위 되시며 한 분이십니다."라는 설교는 이어진다.

"요한복음 14장 26절에 그래서 바로 예수님이 이 땅에 오실 때도 예수의 이름으로 오고, 성령이 오실 때도 예수의 이름으로 오고, 바로 아버지 이름도 예수 이름이요.", "그래서 '예수여' 하면 아버지와 아들과 성령이 함께 똑같이 삼위일체가 '예수'입니다. '아멘' 합시다."라고 했다. 윤석전 목사는 기독교한국침례교단으로부터 이단이라는 정죄 받지 않고 있다. 윤 목사 자신은 드러내지 않지만, 김기동 목사의 베뢰아아카데미 10기를 수료한 것으로 알려져 있다.

기독교한국침례회 대전중문교회 담임 장경동 목사도 양태론자로 알려졌다. 그는 "이제 아버지는 한 분이지만 직장에 가면 우리 아버지가 제일 높은 사장이라 직장에 가면 뭐요 사장이지요! 그렇고, 우리 집에 오면 아버지를? 그렇지요! 다른 분이 아니여! 예! 직장에 가면 사장님이고, 우리에게 뭐요 아버지죠." 장경동 목사가 TV로도 알려진 데다 줄타기를 잘하는 것인지 그를 드러내놓고 정죄하는 이들을 찾기 어렵다.

사실상, 이들 외에도 양태론적으로 삼위일체신론을 가르치는 자들이 매우 많은 것도 삼위일체론의 거짓됨을 증거하는 것이다.

⑥ ㅠㅠ 엘로힘은 삼분의 일(⅓)의 신(神)이라는 주장

국민일보에 변순복 교수가 연재한 "[유대인들은 왜 예수님을 못 믿나](17) 기독교를 바울종교라 폄하"라는 글이 실렸다(2005.10.2).

<바울은 예수님을 핍박하던 사람으로 예수님의 음성을 듣고 자신의 잘못을 깨달았다. 예수님이 곧 하나님이시라는 것을 믿게 된 것이다. 다시 말해 부분적으로 알던 하나님 즉, 하나님의 3분의 1만을 알던 그가 예수님을 만난 후 3분의 1을 더 알게 되고 그것을 믿게 하는 성령 하나님을 알게 돼 마침내 삼위일체 하나님을 알게 됐다.>

그는 대한신학대학교와 고려신학대학원 졸업, 미국 베다니신학대학 신학사 과정 수료, 미국 써든 캘리포니아 바이블 엔 세미너리(College & Seminary) 신학석사, 철학박사, 유대교 랍비 대학원에서 유대교 회당의 랍비가 되는 과정과 유대교 관련 과목인 성경, 탈무드, 미쉬나, 미드라시, 히브리 언어와 문화, 철학, 유대교 교육 등을 가르칠 수 있는 교사 과정 수료. 미국 린다 비스타 신학대학, 미국 유니언 신학대학, 미국 베데스다 신학대학 강사를 역임했다.

백석대학교 기독교학부 구약학 교수, CBS TV '변순복의 탈무드 여행'을 진행 중이고 '성경엔 탈무드 에듀 아카데미 연구소' 소장이다.

변순복 교수의 신론이 맞는다면, 제1계명에 기록된 יהוה 엘로힘 외에 3분의 2의 하나님이 더 있다는 말이고, 제1계명을 쓰신 יהוה를 정죄하는 말이다. 그의 신론은 יהוה 엘로힘이야말로 ⅔가 없는, 불완전한 신이며 영원히 변함없는 하나님이 아니라는 말이다. 아담으로부터 4000년 동안 구약의 모든 의인은 ⅓쪽 하나님만 섬긴 것이므로 이단이라서 구원받지 못한다는 말이다. 변순복 교수를 믿을지 엘로힘 יהוה를 믿을지 선택해야 한다는 말이다. 그의 글을 읽은 교계의 신학자, 목사들이 그의 신론을 지적한 적도 없고 스스로 수정하지도 않았고, 지금도 인터넷 국민일보에 실려 있어서 검색할 수 있고, 블로그들에 퍼져 있다.

⑦ 삼위일체라며 삼신(三神)을 주장하는 신학자들

서방카톨릭교는 한 분이 어떻게 세 분이 되시는가를 설명하는 반면 동방정교는 세 분을 어떻게 한 하나님에다 일치시키느냐가 관심사였다. 몰트만(J.Moltmann)은 일신론과 삼신론 사이에 보다 올바른 신론은 삼신(三神)론이라고 했다. 몰트만은 동방교회의 신학자들의 삼위일체론을 사회적 삼위일체론이라고 했다. 사회적 삼위일체론이란 성부와 성자와 성령 세 하나님이 상호간의 사귐을 통해 하나됨을 유지하는 '사귐의 삼위일체론'이라는 신론이다. 이전에 나지안주스의 그레고리(Gregory)가 언급한 '가족형 삼위일체론'이다. 몰드만은 삼위일체신의 지상적 비유는 아담-하와-셋의 가족이라고도 주장했다.

온누리교회를 설립한 하용조(1946~2011) 목사가 극동방송 '참된 삶을 향하여' 시간에 창세기 1장 2절을 본문으로 '성령님께서 운행하신다'는 제목으로 "하나님의 신이 그 수면 위에 운행하고 있었다. 우리는 먼저 여기서 놀라운 사실 또 하나를 발견하게 됩니다. 하나님은 한 분이 아니라 세 분이라는 것입니다. 하나님이 계십니다. 하나님의 아들 예수 그리스도 성자 하나님이 계십니다. 그리고 삼위인 성령 하나님이 계십니다. … 하나님은 성부와 성자와 성령 세 분이 함께 일하셨습니다. 그래서 우리는 하나님을 가리켜 엘로힘, 장엄의 복수형을 씁니다. 그분은 단수가 아니십니다."라고 설교했다(2008.12.12.).

이어서 '하나님은 한 분이 아니라 세 분이다'라고 주장한다. "하나님을 가리켜 우리는, 그래서 세 분이 계시기 때문에 Gods' Society라는 말을 씁니다. 하나님의 사회(社會), 여러분 인류에게 왜 사회를 주신지 아십니까? 하나님이 사회 속에 계시기 때문에 그렇습니다." 주 하나님이 한 분이 아니라 세 분이라고 주장한 그의 경력은 화려하다. 그는 기독교 출판사 두란노서원장, CGNTV 이사장, 1999년 신동아학원 이사장, 한국 독립선교단체연합회 부회장, 미국 트리니티 신학교에서 명예박사학위, 햇불트리니티신학대학원대학교 총장을 지냈다.

삼위일체론에서 삼위(三位)를 강조함으로써 사실상 이같이 삼신론을 말하면 소위 정통신학자들과 목회자들로부터 인정받는다. 이 설교를 잘못되었다고 비판한 사람은 지금까지 없는 것으로 안다.

김명용 교수도 '하나님은 세 분'이라고 강조하는 신학자이다.

<삼위일체 하나님의 삼위라는 말은 하나님이 세 분이라는 말이다. 한국 내의 많은 성도들과 교회들은 하나님의 삼위되심의 삼위를 세 분으로 생각하지 않고, 셋이긴 하지만 세 분이 아닌 다른 어떤 형태로 생각하는 경향이 있다. 이는 삼위일체이신 하나님을 이해하기 위해서 빨리 버려야 할 사고이다. 많은 경우에 삼위는 한 분 하나님이 세 가지 방식으로 나타나는 어떤 형태로 생각하는데 이런 생각은 초대교회가 이미 이단으로 규정한 사벨리우스 이단, 곧 양태론 이단으로 흐르는 사고이다. 삼위일체 하나님의 삼위되심을 세 분 하나님으로 인식하지 않는 사람들은 삼위일체론을 바르게 이해하는 첫 단추를 잘못 꿰고 있는 사람들이다. 20세기 삼위일체론의 발전에 혁혁한 공헌을 세운 칼 바르트는 자유주의 신학에 의해 거의 폐기된 삼위일체론을 재건하고 삼위일체이신 하나님이 성서에 계시된 하나님의 참 모습임을 밝혀내는 업적을 남겼다. 그러나 이러한 위대한 업적에도 불구하고 바르트는 하나님의 세 분되심을 바르게 밝히는 데에는 유감스럽게 실패하고 말았다. 바르트는 하나님의 삼위되심을 세 가지 '존재양태'라고 표현함으로 말미암아 완전한 독자적 인격체로서의 세 분 하나님을 바르게 표현해 내지 못했다. 바르트의 '존재양태'라는 표현은 양태론 이단의 검은 그림자를 느낄 수 있는 표현으로 빨리 시정되어야 할 잘못된 것이다.>[219]

　그는 아랫글에서 구약의 선지자들은 삼위일체신을 뚜렷하게 이해하는 것은 어려워 단지 성부인 יהוה만을 전했다고 주장하고 있다.

<1. 세 분 하나님에 대한 성서의 가르침

　신약성서에 의하면 하나님은 세 분이시다. 일반적으로 하나님은 한 분이시라고 말한다. 하나님은 한 분이시라고 말할 때 그것이 성부 하나님을 지칭하는 말일 때는 정확한 말이지만, 삼위일체이신 하나님의 삼위를 지칭하는 말로서는 지극히 부적절하다. 구약성서에 기술되고 있는 여호와 하나님은 일반적으로 성부 하나님을 지칭하는 표현으로 이해되어야 한다. 신 6:4의 "이스라엘아 들으라 우리 하나님 여호와는 오직 하나인 여호와시니"에서 표현되고 있는 "하나"라는 표현은 삼위일체론에 적용될 수 있는 표현이 아니다. 이 "하나"라는 표현은 여호와 하나님만이 유일한 신이시고 참 신이라는 뜻이다. 중동 지방에 수많은 신들이 있지만 그 모든 신들은 거짓 신들이고 오직 여호와 하나님만 참 신이시고 유일한 하나밖에 없는 신이라는 표현이다. 이 표현 때문에 하나님의 세 분 되심을 이해하는데 장애가 발생해서는 안 된다.

　구약성서에서 하나님의 세 분되심을 뚜렷하게 이해하는 것은 쉽지 않다. 그러나 신약성서의 책장을 열게 되면 세 분 되신 하나님의 모습은 너무나 뚜렷하게 등장하고 있다. … 예수께서는 하나님 아버지의 사랑하는 아들이시고 하늘이 열리면서 성령이 예수 위에 강림하신 것이다. 의 장면에서 우리는 성부와 성자와 성령. 세 분 하나님의 모습을 뚜렷이 인식할 수 있다. 신약성서 기자들은 한결같이 세 분 하나님을 나란히 언급하고 있다. "그러므로 너희는 가서 모든 족속으로 제자를 삼아 아버지와 아들과 성령의 이름으로 세례를 주고"(마 28:19). 신약성서는 아버지 하나님만 언급하고 있는 것이 아니고 아들이신 성자 예수 그리스도를 언급하고 있고 성령이신 하나님을 언급하고 있다. 초대교회는 이 마태의 가르침에 따라 세 분 하나님의 이름으로 세례를 베풀었고 바로 이 세례를 베푼 자리가 초대교회의 삼위일체론이 형성된 삶의 자리였다. 신약성서에는 구약성서에서 분명히 드러나지 않았던 세 분 하나님의 모습이 자세히 기술되고 있다. 복음서는 성자 예수 그리스도에 대한 기술이고, 오순절 성령 강림 이후부터의 사도들과 교회의 역사 속에서는 성령의 활동이 자세히 기술되고 있다.>(註 출처. 상동 기사)

<사도들은 성부 하나님 외에 다른 두 하나님을 명백하게 경험하고 있었고, 다른 두 분 역시 하나님이라는 사실을 명백하게 알고 있었다. 이런 까닭에 사도 요한은 예수 그리스도를 "나의 하나님"(요20:28)이라고 기술했고, 사도 바울은 "주 예수 그리스도의 은혜와 하나님의 사랑과 성령의 교통하심이 너의 무리와 함께 있을지어다."(고후13:13)라고 세 분 하나님의 이름으로 축원했다.>(註 출처. 상동 기사)

그는 사도들이 יהוה 엘로힘 외에 다른 두 하나님을 명백하게 경험하고 있었다고 주장하였으나, 그런 말씀은 성경 어디에도 없는 거짓말이다.

김명용 교수는 서울대학교 영문과와 장로회신학대학교 대학원을 졸업하고, 독일 아데나워재단 초청 장학생으로 독일 티빙엔 대학에서 몰트만 교수의 지도로 신학박사 학위를 취득했다. 장로회신학대학교 총장역임, 장로회신학대학교 조직신학 명예교수, 온신학아카데미 원장 및 생명신학연구소 소장으로 활동하는 등 자타가 인정하는 유명한 신학자이다.

김명용 교수는 전지하신 하나님보다 아는 게 더 많은 학자라고 자칭하니, 그런 그를 교주(敎主)라고 불러도 부족할 것이다.

<35 이것을 네게 나타내심은 יהוה는 하나님(엘로힘)이시요 그 외에는 다른 신이 없음을 네게 알게 하려 하심이니라 … 39 그런즉 너는 오늘날 상천 하지에 오직 יהוה는 하나님이시요 다른 신이 없는 줄을 알아 명심하고>(신 4장)

<6 나는 너를 애굽 땅에서 종 되었던 집에서 인도하여 낸 너희 하나님(엘로힘) יהוה로라 7 나 외에는 위하는 신들(엘로힘)을 네게 있게 말지니라>(신 5장)

<4 이스라엘아 들으라 우리 하나님 יהוה는 오직 하나인 יהוה시니 5 너는 마음을 다하고 성품을 다하고 힘을 다하여 네 하나님 יהוה를 사랑하라 … 14 너희는 다른 신들 곧 네 사면에 있는 백성의 신들을 좇지 말라 15 너희 중에 계신 너희 하나님 יהוה는 질투하시는 하나님이신즉 너희 하나님 יהוה께서 네게 진노하사 너를 지면에서 멸절시키실까 두려워하노라>(신 6장)

김명용 교수는 이사야와 예레미야가 어떤 하나님을 전했는지 읽지도 않았을 것이며, 선민들의 멸망 이유도 전혀 모를 것이다. 그가 크리스천 투데이 지에 실은 두 번째 글을 아래에 인용했다.

　　<성령이신 하나님은 끊임없이 우리의 기도를 도와주시고 <u>우리를 위해 대신 간구하시는 하나님이시다.</u> … <u>성령은 우리를 위해 끊임없이 성부 하나님께 간구하고 있는 분이시다.</u> 성부와 성령이 같은 분이시라면 성령께서 우리를 위해 성부께 기도한다는 이 본문의 내용은 너무나 이상한 것이다.>(註 출처. 상동 기사/172331)

　　<몰트만(J. Moltmann)은 '십자가에 달리신 하나님'에서 이를 하나님의 죽음이 아니라 하나님 안에 있는 죽음으로 바로 표현했다. 즉, 십자가는 성부와 성령의 가슴 한가운데에서 죽으신 성자 예수 그리스도의 죽음이었다.>(註, 출처 상동 기사)

　　'성자하나님이 십자가에 못박혔다'는 주장과 '성부하나님을 십자가에 못박았다'라는 주장은 피장파장으로, 무지에서 나온 궤변일 뿐이다.

　　김명용 교수는 세 번째의 글에서 '세 분하나님'에 관해 고대 교회들의 정통 신조라는 것들을 제시하고 있다.

　　<3. <u>세 분 하나님의 동격성을 강조한 고대 교회의 정통 신조들</u>

　　사도신경은 성령에 대해서는 자세하게 언급하고 있지는 않지만 성부와 성자와 성령에 대해 각각의 항목으로 고백하고 있는 것으로 미루어 <u>세 분 하나님을 거의 분명하게 드러내는 고백이라고 볼 수 있다.</u> 그러나 사도신경 속에는 <u>이 세 분 하나님이 한 분이라는 언급이나 그 가능성을 비추는 표현은 전혀 없다.</u> … 요약하면 고대 교회의 전통신조들은 유일하신 성부 하나님 외에 성자 예수께서 참 하나님이시고, 성령께서도 참 하나님이심을 고백하는 신조들이다. 즉, 고대 교회의 정통 신조들은 하나님이 세 분이심을 고백하는 신조들이다. 그 어떤 고대 교회의 정통 신조도 하나님이 한 분이라고는 고백하지 않는다. 오히려 이 <u>세 분 하나님</u>이 동일한 권위와 신성을 가지신 분들로 영원토록 영광을 받으실 분이라고 선언하고 있는 것이다.>(註 출처. 상동 기사 /172776)

　　김명용 교수는 6회 연재 글에서 세 분을 보다 더 강력하게 주장했다.

　　<<u>한 분이 세 분이 되고 세 분이 한 분이 되는 것은 불가능할 뿐만 아니라 있을 수도 없음에도 불구하고 이것이 우리의 이성을 넘어서는 하나님의 존재의 신비라는 괴상한 논리로 무장해서</u> 교회와 성도들이 도무지 납득할 수 없는 이론으로 발전하는데, 이것은 주로 서방교회에서 발전했다.>(註 출처. 상동 기사 /173307)

　　김명용 교수는 362년의 알렉산드리아 회의에서 결정된 삼위일체의 기본 도식이 '세 분 하나님'을 가리킨다고 했으며, 381년의 콘스탄티노플 회의에서 '세 분 하나님의 신성의 동등성이 공식적으로 천명된 것'이라고 하고, '세 분 하나님'이라는 주장을 다음과 같이 결론 짓는다.

　　<콘스탄티노플 신조를 만드는데 결정적 영향을 미친 갑파도키아 교부들의 맏형격인 가이샤라의 바실(Basil)은 세 분 하나님의 일체성을 세 하나님의 코이노니아의 개념으로 설명하려고 노력했다. 갑파도기아 교부들은 세 분이 한 분이 되고 한 분이 세 분이 되는 괴상한 논리는 상상할 수 없었다. 원래의 삼위일체론의 도식인 하나님의 한 본질(우시아)과 세 실체(휘포스타시스)는 세 분 하나님을 명백히 전제하면서 이 세 하나님이 한 본질을 공유하고 있다는 뜻이 있다. 즉 세 하나님의 신성에 높고 낮음의 차이가 없고 동일한 신성을 공유하고 있고, 이 신성의 교류를 통한 하나됨을 유지하고 있다는 의미였는데, 이런 의미에서 세 분 하나님은 하나이시지 한 분은 아니었다. 그런데 세월이 흐르면서 점차 본질(우시아)을 실체와 동일시 하는 경향이 나타나게 되었는데 이렇게 되면 하나님은 한 분인 동시에 세 분이 된다.… 지금까지 우리는 하나님이 세 분이라고 언급했다. 그런데 여기서 우리가 유념해야 하는 것은 하나님이 세 분이라는 말과 세 하나님들(3Gods)이 있다는 말을 같은 말로 이해하면 안된다는 점이다. 하나님이 세 분이라는 말은 세 인격체(3 Persons)를 지칭하는 말이지 삼신론을 의미하는 세 신들(3gods) 혹은 세 하나님들(3Gods)로 생각하면 안된다. 삼위일체론을 형성시킨 신학의 교부들은 하나님이 세 분(3hypostasis)이라고 언급했지만 세 하나님들이 있다고는 언급하지는 않았다.…그리고 한 분의 삶과 역사 안에 언제나 세 분의 삶과 역사가 함께 존재하고 있다.>(註 출처. 상동 기사 /173307)

　　삼위일체에 대한 설명을 듣거나 읽어보면 오히려 유명하다는 신학자일수록 이전보다 더욱 심각한 '세 분' 혼란(바벨)에 빠진 것을 본다.

　　모두가 모두 장차 그분의 보좌 앞에 설 때 세 분의 하나님이 계실지 아니면 보이지 않으시는 하나님의 형상이신 예수께서 계실지 알게 될 것이다. 신조 연구가 아니라 성경을 연구하는 사람이라면 죽어서 그분 앞에 서기 전에도 성경을 열고 눈을 열고 마음과 귀를 열 때 제1계명을 짓밟는 우매하고 끔찍스러운 만행은 저지르지 않을 것이다.

'세 분 하나님'을 믿는 자들이 좋아하는 단어가 '페리코레시스'이다.

<페리코레시스(perichoresis)라는 말의 원래의 뜻은 '윤무'(輪舞)라는 말에서 유래된 말이다. 그것은 무대에서 무희들이 손을 맞잡고 원형의 춤을 추는 것에서 기인된 말이다. 예컨대 남자 무용수와 여자 무용수가 손을 맞잡고 원형의 춤을 출 때 두 무용수는 사람은 분명 둘이지만 하나의 춤과 하나의 연기와 표상을 만드는 것과 마찬가지로 성부와 성자께서 만드시는 사역이 그러하다는 의미이다.>[220]

한 분의 완전하신 엘로힘 יהוה와 그분이 보내신 그리스도이신 완전한 사람이 이루어내시는 구원의 역사가 아니라 세 신들이 한 팀을 이루어 구원하신다는 주장이다. 전지하신 하나님께서는 계명 중에 첫 번째가 '주 곧 우리 하나님은 유일하신 주님이시다'라고 선언하셨다. 하나님이 세 분이라는 말은 하와에게 거짓말로 죄와 사망에 떨어지게 했던 영혼의 살인자, 거짓말의 아비인 사단 마귀의 말이다. 육신적 배설물에 취한 자들의 탐욕을 위해 신자들을 독사의 자식들로 만들고 있고 경고하셨다. 니므롯과 담무스를 신격화한 것이 사람이신 아들을 신격화하여 '아들하나님'을 만든 것의 원형이다. 오히려 유일신 신자들을 이단이라고 정죄하는 자들은 영혼을 노략질하는 뱀들이요 날강도들이다.

3. 신비와 혼란의 바벨론종교의 신(神)이라는 증거들

(1) 깨달을 수 없는 신비와 가중되는 혼란의 바벨론의 신(神)

성 김대건 안드레아 한인 천주교회는 <삼위일체 교리는 부족한 인간의 머리로써는 다 알아들을 수 없는 초자연적 계시 진리입니다. … 또한 온전히 이해할 수 있는 것도 아닙니다… 어떤 이는 클로버로 삼위일체를 표현합니다. … 그래서 자칫 잘못하다가는 하느님을 엉뚱한 분으로, 머리 셋 달린 괴물로 오해할 수 있게 됩니다. 삼위일체 하느님을 온전히 안다는 것은 불가능합니다. 내가 할 수 있는 것은 이해하는 것이 아니라 믿는 것입니다.>(제39권 2018.5월).[221]라고 진술하고 있다.

프란치스코 교황도 <삼위일체는 이해하기 힘든 신비이지만, 우리가 살아가야 할 본질적인 조화입니다…· 위격은 세 분이시지만, 하느님은 한 분이십니다!>(2021.5.30.)라고 삼위일체축일에 강설했다.[222]

개신교에 이단 연구가로 자처하는 최삼경 목사는 <삼위일체는 하나도 되고 셋도 된다는 귀신같은 교리란 말이 된다. 삼위일체 교리를 말하면서 인격(위격)으로 해도 '셋'이라고도 하고 '하나'라고 해야 한다면 삼위일체는 모호하고 알 수 없는 교리가 된다. 한 마디로 귀신같은 교리가 되고 말 것이다.>라고 말했다.[223]

삼위일체론을 이해한다는 사람은 언제, 어디에도 없다. 삼위일체론이야말로 바벨론(혼돈)이고, 거짓말의 아비, 비밀종교의 선물이다.

신학자 중에 알 수 없다고 말하는 이는 나름대로 정직한 편이다. 정말 자신도 모르면서 안다고 기만하고 다른 사람에게 가르쳐주겠다고 하여 오히려 배나 지옥 자식이 되게 하고(마 23:15), 더구나 참된 성도들을 이단으로 정죄하는 일에 사단의 앞잡이 노릇하는 자들도 많다.

서울기독신대 이강평 총장은 '처음으로 돌아가자'고 역설하며, <삼위일체론은 '논리나 이성으로 결코 풀 수 없는 신비이기 때문이다. … 즉 삼위가 계시며, 삼위의 신성이 동일하며, 삼위는 서로 구별되지만, 그럼에도 하나님은 한 분이시라는 것이다. 이런 고백은 인간의 이성으로는 결코 해명될 수 없다. '꼭짓점이 네 개인 삼각형'을 그리고 정의해 증명하는 것이 불가능한 것처럼 말이다. … **세 분의 하나님**이 우리 인간을 향해 베푸시는 사랑을 드러내며, **세 분이 각각 다른 분이 아니라 한 분이신 하나님**을 고백하는 것이 기독교 믿음의 정수(精髓)다.>라고 끝내되 어불성설로 급히 얼버무렸다.[224] 누가 삼위일체론을 깨달았다고 말하면 삼위일체론 학자들은 놀라 기절할 것이다. 삼위일체론은 배울수록 알지 못하는 신비(神祕)이다. 삼위일체신은 귀신도 모르고, 그 삼위일체 교리 창시자도, 지금까지 가르쳐온 어떤 학자도 모르는 신이다. 전지하신 주 하나님도 모르는 신(神)이기 때문이다(신 32:17; 사 44:6-8).

'나 יהוה 외에 다른 신이 없느니라', 나도 '나 외에 다른 신이 있음을 알지 못하노라', '유일하신 참하나님과 그리스도를 아는 것이 영생이다'라고 말씀하셨다(요 8:24-27; 17:3). 예수님을 יהוה와 그리스도이시라고 믿지 않으면 마귀 자식이라고 명백하게 증거하신 것이다.

톨스토이는 50세까지 세속의 욕망에 찌든 방탕한 삶을 살았으나 그 삶에서 돌이킨 후 '참회록'을 쓰고, 성경을 연구한 후 '교리신학 연구'를 집필했다. 그 책이 한국어로 번역 출간되었는데, 톨스토이가 가장 먼저 강력하게 공격한 것이 바로 삼위일체론이다.

<톨스토이의 비판이 작열하는 곳은 기독교 교리의 핵심이자 기독교 신앙의 기초로 받들어지는 '삼위일체론'이다. 삼위일체론이란 '신은 한 분이지만 그 위격(persona)은 세 분이다'라는 것, 다시 말해 성부와 성자와 성령이라는 세 위격이 하나라는 것이다. 톨스토이는 이 삼위일체론이 도무지 인간의 이성으로는 이해할 수 없는 것이라고 말한다. "세 위격으로 된 신, 아버지도 신이고 아들도 신이고 성령도 신이지만 세 신이 아니라 한 신이라는 이 교리는 우리의 모든 이해력을 완전히 넘어선다." 그러면서 톨스토이는 농부들이나 아낙네들에게 삼위일체가 무엇인지 물어보라고 말한다. "열 명 중 한 명도 대답하지 못할 것이다." 톨스토이는 이것이 무지 때문이 아니라고 단언한다. "그리스도의 가르침이 무엇인지 물어보라. 모든 사람이 대답할 것이다." 삼위일체론은 복잡하지도 길지도 않은데 왜 아무도 대답하지 못하는가. "의미를 가지지 않은 것을 알 수는 없기 때문이다." 톨스토이의 비판은 계속된다. 먼저 삼위일체에서 '위격'이라는 말이 정확히 무엇을 뜻하는지 교리신학 전체를 들여다봐도 알 수 없다. 더구나 그 세 위격이 결국 하나라는 것을 납득할 만한 근거를 내세워 증명하지도 않는다. 그저 삼위일체는 '기독교 교리 중에서 가장 이해하기 어려운 것'이며 '신비 중의 신비'라고 주장할 뿐이다. 톨스토이는 삼위일체가 성경에 출처를 둔 것이 아니라, 신학자들이 나중에 정립한 것임을 지적한다. 서기 325년 니케아 공의회에서 아타나시우스가 주장해 처음으로 관철시킨 교리가 삼위일체다.>[225]

'하나님의 아들'로서 예수께서는 단 한 번도 '내가 아버지 하나님'과 동등한 '아들하나님'이라고 주장하시거나 가르친 적이 없다는 톨스토이의 지적은 정확하다. 누구나 거듭나면 '하나님의 아들'이지만 '아들하나님들'이 되는 것은 결코 아니다. 물론 톨스토이가 잘못된 가르침을 다 바로 잡을 수는 없었지만, 적어도 삼위일체신이 사람들의 사고의 산물인 우상이라는 사실에 대해서는 정확하게 지적했었다. 그런데 그도 칼뱅의 시대에 살았다면 이단자로 찍혀 화형 되었을 것이다.

하나님의 선민이 오직 한 분이신 יהוה 엘로힘 외에 '알지 못하는 다른 신'을 섬기는 것은 마귀/귀신 숭배라고 하셨다.

<그들은 하나님께 제사하지 아니하고 <u>마귀에게 하였으니</u> 곧 <u>그들의 알지 못하던 신, 근래에 일어난 새 신, 너희 열조의 두려워하지 않던 것들이로다</u>>(신 32:17)

아브라함이 알고 섬겼던 하나님은 삼위일체가 절대로 아니다. 오히려 삼위신들을 믿는 바벨론을 떠나라고 명하셨다. 믿음의 조상의 하나님이 아닌, '알지 못하는 다른 신'인 삼위일체신은 발람, 아합과 같은 잡류가 4세기에 야합으로 만든 우상이다. 주 יהוה께서는 그분만을 알고 믿으며, 이전이나 이후에도 다른 신, 다른 구원자가 없음을 알고 믿으라고 선포하셨고, 이 명령을 따른 자들만 구원받았다(사 43:10-13).

영생은 신비와 혼란인, 알지 못하는 삼위일체신을 믿는 것이 아니라 예수님을 유일하신 하나님(신격)이심과 유일한 중보자인 사람으로서의 하나님의 아들이심을 알고 믿는 것이다(요 17:3; 딤전 2:5). 예수님은 주 하나님이시고(요 20:28), 그분이 יהוה가 아니시다면 절대로 주 하나님도 아니시다. 예수 그리스도는 하나님이 낳으신 아들로서 사람이실 뿐이며, '성자하나님'이란 신은 성경에 없는, 바벨론의 우상일 뿐이다.

<8 하나님을 모르는 자들과 우리 주 예수의 복음을 복종치 않는 자들에게 형벌을 주시리니 9 이런 자들이 주의 얼굴과 그의 힘의 영광을 떠나 영원한 멸망의 형벌을 받으리로다>(살후 1장)

예수님께서 다시 오실 그날에 '알지 못하는 신', 'יהוה 외에 다른 신'을 섬기는 자는 영원한 형벌을 받을 것이라고 경고하셨다.

(2) 다양한 삼위일체신론과 그림들과 형상들

삼위일체신은 '한 분이 세 분'이라는 논리인데, '1각형이 삼각형이다'라는 진술과 다를 바 없다. 삼위일체론은 '1+1+1=3=1'이라는 주장이고, 인간의 이성을 마비시키고 언어를 오염시키면서도 오묘한 비밀이라고 속이는 혼란/바벨이다. 말도 안 되는 거짓을 무조건 믿으라고 강요하고, 유일하신 참하나님을 믿는 자를 물어뜯는 독사의 이빨이다.

　예수님께서 율법사에게 '주 우리 하나님은 유일한 주님'(막 12:29-32)이라고 말씀하셨을 때 구약이나 신약이나 숫자상으로 '하나'(1/one)라는 의미이지 세상 밖의 개념·언어로 말씀하신 것이 전혀 아니다. 전능하신 하나님도 거짓말은 하실 수가 없으신데 하나님의 말씀을 거짓말로 왜곡하려고 하니, 그것은 전능자도 불가능한 일이다.

　신론과 기독론에 관한 성경 말씀을 읽을 때 난독증이 있는 자가 많다. 예수님께서 다시 오셔서 유일신에 대해 말씀하실지라도 들을 귀가 없어 듣지 못할 것이다. 그들은 양태론이나 삼위일체론이 어떤 것인지 구별을 돕도록 그림으로 설명해도 별 차이가 없을 것이다.

　우상들 중에도 몸 하나(일체)에 얼굴(페르소나)이 셋인 것들이 많다.

　이러한 형상은 니므롯의 고대 바벨론에서 유래한 것으로 한 몸에 세 개의 얼굴(페르소나)을 가진 우상들이다.

　'페르소나'를 얼굴이나 가면으로 대입하면 한 신의 세 가지 양태/역할 즉 양태론을 그림으로 나타내면 위와 같다.

고대 바벨론으로부터 유래한 '한 신의 세 다른 인격'이라는 삼위신에 대한 사상은 우상숭배자들의 신앙에 깊이 자리잡고 있다.

위의 첫 그림은 그리스신화에 한 몸에 머리 셋인 개 케르베로스인데 지옥문을 지킨다고 한다. 위 그림들은 한 몸(1체)에 삼위(3인격)를 정확하게 설명해 주고 있다. 그것들이 바벨론에서 나온 원조 삼위들이다.

위의 그림들은 로마카톨릭교의 삼위일체신을 보여준다. '페르소나'를 서로 다른 각각의 '인격'으로 대입하면 각각의 다른 세 지정의와 몸을 가진 삼위신(三位神) 엄밀하게 삼신(三神)들이 된다.

주 하나님은 공간 안팎에 항상 충만하게 거하시는 영이시므로 아무도 보지 못하였고 또한 볼 수도 없는 분이시다(딤전 6:15,16). 사도 바울의 경고대로 로마카톨릭교는 제국과 간음하면서 보이지 않으시는 하나님의 영광을 썩어질 사람의 형상(성부하나님)과 새(금/禽, 성령하나님)의 형상으로 바꾸었다. 이 그림들이 로마 제왕에게 무릎 꿇고 받은 그때 조서(詔書)인 니케아신조를 보여준다.

성부와 성자는 사람의 형상을 갖추었으나 성령은 단지 새(금/禽/날짐승)로 설명하다 보니 성령을 또 다른 인격의 하나님이라고 주장하기에는 부족한 것이 보인다. 그래서 보완한 교리가 윤무(輪舞)에서 아이디어를 얻은 '한 팀 안의 세 하나님(세 분 하나님)'을 설명하는 그림이다.

위의 그림들은 한 팀(1체)에 세 분(세 인격/3위)을 도형화한 것이다.

정일권의 성삼위일체 하나님과 그분의 세계

In the light of the Holy Trinity everything looks different.
The interpretation of the famous icon of Andrey Rublev.

정일권 박사는 고려신학대학원을 졸업 후 독일 마르부르크(Marburg) 대학을 거쳐 오스트리아 인스부르크 대학교 조직신학부 기독교 사회론 (Christliche Gesellschaftslehre) 분야의 신학박사, 인문학부의 박사후 기연구자(post-doctoral research fellow) 과정의 학제적 연구프로젝트 '세계질서-폭력-종교', '정치-종교-예술: 갈등과 커뮤니케이션' 연구원, 숭실대 대학원 초빙교수, 국제 지라르 학회 Colloquium On Violence & Religion의 정회원이다. 2020년 국제 르네 지라르 학회 연구서적 목록에 정일권 박사의 연구서 6권이 등재된 만큼 국내외적으로도 유명한 학자라고 자타가 공인한다.

14세기의 가장 유명한 러시아 작가인 안드레이 루블료프의 삼위일체 그림 아래에 그가 덧붙인 영문은 "In the light of the Holy Trinity everything looks different."(성삼위일체의 빛 안에서 보면 모든 것이 다르게 보인다)이다. 이것은 삼위일체는 빛이 아니라 혼란이기 때문에 성경에 기록된 진리 중에 하나님, 복음, 의(義), 영원한 심판 등등 모든 것이 기록된 진리와 다르게 보인다는 의미가 정확할 것이다.

삼위일체론자들은 삼신(三神/세 분, 좌측 그림)이라는 비난을 받을 때 혼미한 생각 속에서 광속보다 빨리 한 분(우측 그림/삼두일체) 쪽으로 넘어가고, 양태론이라는 정죄를 받기 전에 다시 광속으로 '세 분'으로 넘어가기를 지금까지 계속해 왔고, 심판 때까지 계속할 것이다.

삼위일체의 심벌로 삼각형을 사용했는데 이는 분명히 고대 바벨론의 표이다. 오직 스스로 계시는 הוהי만이 참하나님이고, 예수님의 신격/신성은 바로 그 הוהי이시며, 그분의 본질은 '영'(루아흐/프뉴마/Sprit)이신데 본성이 '거룩'이다. 구약의 성령/성신은 하나님의 영, 하나님의 신(神)이라고 표현된 자신이시다. '아들'은 하나님이 아니며, 또한 하나님 아버지께서 낳으신 사람이며, 하나님의 형상이다. 신약의 성령은 아버지와 아들, 하나님과 사람으로 영원히 하나로 연합되신 예수님의 신격과 인격의 영이다. 삼위일체 그림 위에 항상 비치는 둥근 후광은 니므롯인 태양신을 상징한다. 예수님은 완전한 사람으로서 아들이시기에 양태론자들도 셋이 하나라는 틀에서 벗어나야 한다.

(3) 기도와 찬양과 경배에서 여전히 혼란스러운 신(神)

하나님의 성도는 '하나님의 이름을 부르는 자'들이다(창 4:26). 선민은 인류 초기부터 그분의 이름만을 불렀다. 주 하나님은 아담과 벤아담(셋), 에노스를 자기의 영원한 형상과 후사로 삼기를 창세 전에 예정하셨다. 하나님께서 친히 십계명에 기록해 주신 성함은 오직 הוהי이다(출 3:15). '하나님', '주님', '아버지'는 그분의 '성함'이 아닌 직함이다. 그분의 새 성함인 '예수'를 부를 때 아버지와 아들이신 예수께서 임재하시고 세언약을 이루기 위해 역사하신다.

하나님이 거듭난 성도로 새성전을 세우신 목적은 그분께서 성도와 영원히 하나로 연합되시기 위함이다. 그 성전을 하나님의 성함을 두신 곳이라고 하셨고, 구약의 의인들은 יהוה라는 성함 외에 다른 신의 이름을 절대로 부르지 않았다(출 23:13; 수 23:7; 시 79:6). 그분의 성도가 '하나님의 이름을 부를 때'란 크게 세 가지의 경우인데 '그 성함을 높이며 찬양할 때', '그 성함을 불러 기도할 때', '그 성함으로 축복하고 선포하고 명하거나 말할 때'이다. 오직 יהוה 엘로힘만이 영원토록 경배와 찬양을 받기에 홀로 합당하신 분이다. 구약에서는 축복, 예언, 선포, 맹세, 명령, 증언하고 가르칠 때도 오직 יהוה의 이름으로만 했다(대상 16:2; 대하 18:15; 시 118:10,11,12 …). 주 하나님께 기도할 때 그 성함만 불렀다(시 116:4; 렘 10:25). 주 יהוה께서 다른 신들의 이름은 입 밖에도 내지 말라고 엄히 명령하셨다.

יהוה라는 성함/존함도 성경에 단지 자음자(子音字)로만 기록되었다. 그 성함을 함부로 부르지 않기 위해 '하셈', '아도나이'로 대체했다. 모음이 모든 사람에게서 잊혔으므로 주전 200년경에 히브리어 성경을 헬라어로 번역한 70인역에는 יהוה라는 성함을 모두 '퀴리오스/주'로 대체하였다. 신약성경은 이 70인역을 인용했고, יהוה라는 성함이 전혀 나오지 않는다. 예수께서 하나님의 성함을 알려주실 때 יהוה 안에 들어갈 모음을 가르쳐 주신 적이 없다. 오늘날도 יהוה라는 성함을 아무도 부르지 못한다. 예수께서 친히 아버지의 새성함이 '예수'라고 알려주셨다(요 17:11,12,26). 그 성함을 아버지께서 아들에게 주심으로 아들의 이름도 되었다. 이는 아들의 몸을 성전 삼고 그 안에 계시는 아버지의 성함이다. 주 예수님 외에 다른 이로서는 구원을 얻을 수 없고, 천하인간에게 예수 이름 외에 다른 이름을 주지 않았다(행 4:11,12). 그 성함을 부를 때 아버지께서 영광을 받으신다(빌 2:9-11). 주 예수님은 다윗의 뿌리(하나님 아버지)이시자 자손(어린양)이시다(계 5:12; 7:12; 22:16). 영광과 능력과 존귀와 부와 지혜와 찬송을 받으시기에 합당하신 분은 오직 주 예수님뿐이다. 주 예수님만이 아버지와 아들과 성령이시기 때문이다. 신약에서는 오직 예수 이름으로만 기도하라고 명령하셨다(요 14:13; 15:16; 16:23,24,26; 행 4:30; 엡 5:20; 약 5:14). 신약에서는 특히 예수님의 지상 명령을 오직 예수 성함으로 순종했다(행 2:38; 8:16; 10:48; 19:5; 22:16).

말에나 일에나 다 오직 예수 이름으로 순종하였다(행 2:38; 3:6; 4:11,12; 빌 2:11; 골 3:17). 사울은 교회가 탄생한 후 말이나 일에 예수 성함을 사용하는 것을 철저히 막았다. 예수라는 성함을 사용할 때 아버지와 아들과 성령이신 예수께서 함께하신다는 사실을 사단 마귀가 너무나 잘 알았다(행 4:5-7,17-20). 사도들이 여전히 담대하게 예수 이름을 부르자 대적자들은 사도들을 죽이겠다고 협박했다(행 5:27-29,40,41). 정통교회는 말이나 일에 항상 반드시 오직 예수 이름만을 사용했다. 이름 안에는 직함과 성함이 있고, 직함이 다르면 역할도 다른데 예수님께서 신격으로서 하시는 아버지의 역할, 인격으로 하시는 아들의 역할이 다르다. 예수님께서 주 하나님 아버지이시며, 대제사장이며, 어린양이시며, 살아있는 성전이시다. 그분의 직함에 따른 역할마다 성도가 받는 은혜도 다르다. 오직 한 분의 주 엘로힘 יהוה 즉 구속자가 되시기 위해 육체의 사람을 입으시고 오셔서 임마누엘 하신 예수님 외에 다른 자를 사모하고 바라보는 자는 우상숭배자라고 책망하신다. 우상의 이름을 부르면 귀신이 임재하여 그 부르는 자와 연합된다고 성경이 가르친다. '여호와'는 불과 500여 년 전에 יהוה에라는 성함에다 '아도나이'의 모임을 빌려 넣어 삼위(三位)신 중 성부(聖父)라는 신의 이름이라고 만든 것이다. 모든 찬송은 아버지와 아들과 성령이신 예수님께만 드려야 한다.

아래의 찬송 가사는 오직 진리와 신령한 예배에 속한 내용들이다.

"주 예수 이름 높이어 다 찬양하여라. 금 면류관을 드려서 만유의 주 찬양" 예수님은 아버지이신 '만유의 주님'이시다(행 10:36; 고전 15:28).

"나의 참 소망은 오직 주 예수뿐일세", "임마누엘 예수만 섬기는 우리집", "예수만 믿어서, 오직 주께 나가면 영원 삶을 얻네. 나를 구원하실 이 예수밖에 없네", "이 몸의 소망 무엔가, 우리 주 예수뿐일세, 우리 주 예수 밖에는 믿을 이 아주 없도다".

복음성가(福音聖歌) 중에서 유일신을 찬양하는 가사를 살펴보자.

"내 구주 예수님 주같은 분 없네", "오직 예수, 다른 이름은 없네. 주 이름만 우리에게 주셨네. 영광과 존귀 권세와 찬양받으실 분 오직 주 예수", "모든 이름 위에 뛰어난 이름! 예수는 주. 모두 무릎 꿇고 경배를 드리세. 예수는 만유의 주님", "오직 예수 주님만이 나의 삶의 이유. 주만 위해 살리", "예수님만이 나의 참 소망, 예수님만 바라보겠네".

3. 신비와 혼란의 바벨론의 신(神)이라는 증거들

"주님 큰 영광 받으소서. 홀로 찬양받으소서. 모든 이름 위에 뛰어난 그 이름", "너는 내 아들이라. 나의 십자가 고통 해산의 그 고통으로 내가 너를 낳았으니", "예수님 나의 주님 사랑의 내 하나님. 이제는 예수님만 내 자랑 삼겠어요". "예수보다 더 좋은 친구없네. 나의 생명 다할 때까지", "감사 찬양과 경배 다 받으실 주님. 보좌 위 어린양께. 우리 경배하며 영광 돌리네. 할렐루야! 또 만유의 주님", "사랑합니다. 나의 예수님. 사랑한다 아들아", "주님 한 분만으로 나는 만족해. 나의 영원한 생명 되신 예수님 목소리 높여 찬양해", "만세반석 예수, 내 반석, 주님같은 반석은 없도다", "주님만 위해 내 삶 드리기 원해. 언제나 주와 함께, 예수 나의 영혼의 구세주, 영원무궁히 주님만을 나 찬양하리", "호흡마저도 다 주의 것이니 세상 평안과 위로 내게 없어도 예수 … 오직 예수뿐이네", "온 땅과 하늘 위에 계셔 홀로 영원하신 이름".

이런 가사는 참으로 많은데 영적인 눈과 귀가 없는 자들은 계시도 성령의 음성도 모르는 자들이다. 삼위일체론자들의 전통은, 이런 찬송을 부르면 단일신, 오직 예수만을 믿는 이단, 사단의 자식들이라고 저주하고 죽이는 것을 삼위일체신을 잘 섬기는 예라고 자랑했다. 오직 예수님만을 사랑하고 경배하고 따른다고 찬송한 군주신론 성도들을 이단으로 몰아 군대를 동원해 살해했던 오직 예수님만 섬긴 성도들의 찬양가사이다. 수천만 명을 죽었다.

칼뱅도 오직 예수님만 섬기는 세르베투스를 불에 태워 죽여야 마땅한 이단으로 정죄하고 처형에 동참했다.

삼위일체신의 이름을 불러 축도하는 목사들은 하나님께 욕을 돌리는 것일 뿐만 아니라 바벨론의 신을 불러서 분향/제사하는 것이다.

삼위일체론자들이 성경의 근거라고 제시한 구절 둘은 마태복음 28장 19절과 고린도후서 13장 13절이다. 물침례에 관한 것은 오직 예수 이름으로만 주었기에 마태복음 28장 19절은 오히려 삼위일체신이 아닌 예수님이 아버지와 아들과 성령이시라는 강하고 확실한 증거가 된다.

성경은 축도(祝禱)라는 것도 오히려 예수님만을 증거하고 있다.

<주 예수 그리스도의 은혜와 하나님의 사랑과 성령의 교통하심이 너희 무리와 함께 있을지어다>(고후 13:13)

바울의 서신들에서 마무리 인사할 때 그리스도, 하나님, 성령을 함께
언급한 구절은 오직 이 구절뿐이다. 그들의 논리대로 보면 삼위가 다 들
어있지 않고 하나만 들어있는 축도는 이단의 것이란 말이다(롬 16:27).
이 구절에서 주 예수님은 하나님이 아니라고 주장하는 꼴이 되는 것도
심각한 문제이다. '그리스도 예수/예수 그리스도'라고만 기록되어 있는
대부분의 구절들은 이단인 '오직 예수'파들이 왜곡한 것이라고 주장해야
할 것이다(고전 16:24; 갈 6:18; 엡 6:24; 빌 4:23; 살전 5:28; 살후
3:18; 몬 1:25). 오직 예수 이름으로만 축도한 구절들은 단일신론 이단
자들의 것이므로 삼위로 바꿔야 할 것이다. 더욱 심각한 것은 축도에서
성부, 성자, 성령은 사라지고 바울의 이름이 들어있거나 아예 없는 것들
도 있다는 사실이다(골 4:18; 딤전 6:2; 딤후 4:22; 딛 3:15). 바울 서신
뿐만 아니라 공동서신도 그렇다(히 13:25; 요이 1:13; 벧전 5:14; 벧후
3:18; 유 1:25; 요삼 1:15). 따라서 인사말은 삼위일체를 증거하는 어떤
암시도 없다는 사실만을 확실하게 보여줄 뿐이다.

중요한 모임을 마칠 때 소위 축도(祝禱)를 삼위의 이름으로 하는 것은
삼신에게 바치는 열쇠(password)이다. 삼위일체의 이름으로 축도를 할
때는 특별히 안수식, 결혼식 등 중요한 예배나 의식(儀式)을 할 때 더욱
강조되기 일쑤이다. 그럴 때는 예수님께서 하지 말라고 명하신 서약(誓
約)까지 더해 시킨다(마 5:34; 약 5:12). '서약'이란 맹세할 서(誓)자에
약속할 약(約)자로 된 '맹세 약속-묶음'이란 의미이다. 로마카톨릭교에서
나올 때 들고나온 이것은 그릇된 전통을 맹목적(盲目的)으로 답습하여
배나 더 죄에 빠지게 하는 사례들이다(마 23:15).

(4) 가라지들은 한 단으로 묶여 불에 던져질 것임

세계교회협의회(WCC)는 1948년에 네덜란드 암스테르담에서 결성된
기독교 연합 운동 단체이다. 기독교의 교파들이 서로 간의 대화와 상호
이해, 협동으로 기독교 일치와 갱신을 이루고자 하는 운동(Eccumenical
Movement)의 상징이자 구심점을 이루는 조직이라 표명했다. WCC에는
한국 개신교의 많은 큰 교파들과 교회들이 가입해 있다.

　2013년에 WCC 부산총회가 열렸는데 그동안에 주목을 받지 못했던 이 단체의 정체성이 한국 교계에 다시 알려지는 계기가 되었다. WCC가 부르는 하나님(God)은 세계의 모든 종교가 믿는 신들과 다를 바 없음을 보여주었고, WCC가 따른다는 그리스도는 예수 그리스도가 아닌, 적그리스도임이 드러났다. 이로써 WCC는 세상(World)과 연합한 음녀교회들(Churches) 협의회(Council)라는 사실이 교계에 알려졌기에 많은 목회자와 신자들이 WCC에 대한 반대운동에 동참하고 있다.(그림)226)

　바울은 예수께서 오시기 전에 나타날 가장 뚜렷한 징조를 배도(背道)와 적그리스도의 출현이라 했다(살후 2:3-12). 배도는 4세기에 콘스탄틴 슬하에 모여든 어용교직자들과 바벨론의 삼위신과 온갖 이교적인 것들을 도입함으로써 시작되어 제왕의 양육을 받아 로마의 국교종교가 된 로마카톨릭교가 등장함으로 이루어졌다. 배교자들이 심고 지금까지 가꾸어온 열매는 로마카톨릭교와 개신교파들과 이교들까지 하나로 연합되는 에큐메니칼 운동, 종교통합으로 결실, 따게 될 것이다.

　예수께서 천국 비밀의 비유에서 마지막 때에 그 음녀가 주관하는 가라지가 하나로 묶어 태우실 것을 경고하셨다(마 13:30).

교회의 첫날 즉 처음부터 열두 사도에 의해 예루살렘에서부터 전파된 말씀이 곡식의 씨요 진리의 터/반석이다. 이후부터 뿌려진 다른 신론·기록론·구원론은 모두 뱀이 뿌린 가라지이다(고후 11:2-4,13-15; 요일 2:24-27; 유 1:3-4). 성경으로 돌아가 개혁을 완성하려면 사도행전 2장에 기록된 대로, 사도행전에 기록된 대로 회복해야 한다.

많은 신학자와 목회자들이 로마카톨릭교가 얼마나 심각하게 부패한 혼합종교인지를 인식하고 비판하고 있다. 그런데도 여전히 어용기독교의 무지하고 부패한 교직자들에 의해 만들어진 삼위일체론의 덫에서 벗어나지 못하고 있다. 현재 WCC의 모습이 에베소회의 이후 로마제국종교 (로마카톨릭교)의 결실(結實)이라는 비밀을 모르고 있다.

음녀(淫女)는 한 남편을 두고 다른 남자와도 관계를 갖는 여자를 가리킨다. 창녀인 고대바벨론이 주 하나님이신 예수님 외에 다른 2위나 3위 신을 만들어 믿는 종교가 됨으로써 로마카톨릭교는 진노의 대상인 음녀 (淫女)가 되었다. 예수님은 로마카톨릭교를 큰 음녀로 음녀들의 어미라 불렀고, 신교의 교파들이 그녀의 딸(음녀)들이며 또한 모든 '가증한 것' (이방종교)들도 그 큰 음녀의 딸들이다.

<그 이마에 이름이 기록되었으니 비밀이라, 큰 바벨론이라, 땅의 음녀들과 가증한 것들의 어미라 하였더라>(계 17:5)

에큐메니컬 운동을 주도하는 자는 로마제국의 문장인 앵크십자가를 달고 있는 로마카톨릭교이고, 그의 뿌리는 니므롯의 고대 바벨론이다. 니므롯의 고대바벨론과 로마카톨릭교(현대바벨론)는 정교(政敎) 분리에 관한 차이만 있다. 삼위일체신을 따르는 로마카톨릭교는 '종교적 바벨론' 이고 고대바벨론으로부터 애굽·앗수르·바벨론·메대바사·헬라·로마의 후신이 된 유럽연합(EU)은 '정치적 바벨론'이다. 벨기에 브뤼셀 유럽연합 의회는 고대 바벨탑을 그대로 본떠 청사를 지음으로 그 정체를 증명했다 (그림).227) 음녀가 유럽연합 의회 빌딩 앞에 짐승을 탄 동상으로 건립된 것, 2013년에 발행한 5유로 화폐에 홀로그램으로 등장한 것도 놀라운 일도 아니다. 성경의 예언으로 더 정확하게 설명하자면, 로마카톨릭교 바티칸(음녀)이 탄 짐승은 일곱 머리와 열 뿔이 있다(계 17:3,7). 일곱 머리는 여자가 앉은 일곱 산 즉 로마(일곱 언덕에 세워진 도시)를 가리키는 것임을 일반 역사와 문학에서도 볼 수 있다.

음녀(淫女)가 앉아 음행하는 일곱 머리 즉 일곱 산은 세상 왕 사단이 지배하는 주도적 나라들로서 역사상 나라 이름들은 바뀌었으나 사단의 강력한 통치는 그대로 계승되었고, 이들은 선민을 멸절하려 했다(단 2:1-45; 7:1-28; 8:1;27). ❶아브라함의 후손들을 없애려고 400년 동안 노예로 삼았던 애굽 ❷북쪽 이스라엘 왕국을 멸망시킨 앗수르 ❸남쪽 유다를 멸망시킨 바벨론 ❹바벨론을 정복한 메대 바사 ❺메대 바사를 멸망시킨 헬라/그리스 ❻헬라를 멸망시킨 로마 ❼마지막 때에 등장할 열 발가락의 나라를 가리킨다. 사도 요한의 시기에 다섯은 이미 망했고, 로마는 당시 존재하고, 일곱 번째 나라는 우리의 시대에 등장할 열 뿔의 나라로 열 발가락의 나라이기도 하다. 마지막 여덟 번째 왕은 세상이 '평안하다, 안전하다'라는 때에 등장할 적그리스도와 그가 세계총통이 되어 철저하게 지배할 세계 단일정부를 가리킨다(살후 2:4).228)

오직 주 예수님의 신격만이 유일하고 참된 주 하나님이시며, 유일한 남편이시다(사 9:6; 막 12:29; 요 20:28; 고후 11:2-4). 모세의 노래는 유일신가이고 어린양의 노래는 아버지와 아들이신 예수님의 노래이다. 증거판의 제1계명은 계시록까지 변함이 없다.

<3 하나님의 종 모세의 노래, 어린 양의 노래를 불러 가로되 주 하나님 곧 전능하신 이시여 하시는 일이 크고 기이하시도다 만국의 왕이시여 주의 길이 의롭고 참되시도다… 5또 이 일 후에 내가 보니 하늘에 증거 장막의 성전이 열리며>(계 15장)

하나님께서 음녀에 대하여 얼마나 진노하셨는지를 계시록 16~19장을 음녀를 처단하는 데 할애하심으로 보여주셨다.

<6 저희가 성도들과 선지자들의 피를 흘렸으므로 저희로 피를 마시게 하신 것이 합당하니이다 하더라 7 또 내가 들으니 제단이 말하기를 그러하다 주 하나님 곧 전능하신 이시여 심판하시는 것이 참되시고 의로우시도다 하더라>(계 16장, 참고 19절)

하나님을 셋으로 쪼개어 우상숭배, 영적 간음에 빠진 바벨론 성이 큰 지진으로 세 갈래로 갈라졌다. יהוה 하나님만을 믿을지라도 거듭나 순교로 구원받을 의인들과 멸절될 악인들로 나누어진 예루살렘 성(城)도 두 갈래로 크게 쪼개졌다(슥 13:8,9; 14:4; 계 11:13).

로마카톨릭교의 딸이 된 개신교도의 만행도 어미의 미토콘드리아를 그대로 이어받았다. 칼뱅이 최고의 지도자로 군림했던 제네바의 종교국이 하나님의 이름으로 저질렀던 만행이야말로 악독했는데, 주 하나님의 심판은 변명으로 피할 수 있는 자리가 아니다.[229]

<5 그 이마에 이름이 기록되었으니 비밀이라, 큰 바벨론이라, 땅의 음녀들과 가증한 것들의 어미라 하였더라 6 또 내가 보매 이 여자가 성도(聖徒)들의 피와 예수의 증인(證人)들의 피에 취한지라 내가 그 여자를 보고 기이히 여기고 크게 기이히 여기니>(계 17장)

로마카톨릭교는 음행의 포도주에 취하여 삼위일체신·유아세례를 반대하고 예수 이름으로 침례를 준 수많은 성도와 증인들의 피에도 취했다. 그들은 성도들에게 이단이라 자백하라고, 그들이 고안해낸 가장 악랄한 방법들로 고문하고 결국 죽이고 약탈했다.[230] 음녀교회는 귀신의 처소와 각종 더러운 영과 각종 더럽고 가증한 새들의 모이는 곳이다.

<4 또 내가 들으니 하늘로서 다른 음성이 나서 가로되 내 백성아, 거기서 나와 그의 죄에 참예하지 말고 그의 받을 재앙들을 받지 말라 5 그 죄는 하늘에 사무쳤으며 하나님은 그의 불의한 일을 기억하신지라 6 그가 준 그대로 그에게 주고 그의 행위대로 갑절을 갚아 주고 그의 섞은 잔에도 갑절이나 섞어 그에게 주라>(계 18장)

바벨론에서 나온 자들만 아브라함의 신령한 후손으로 기억될 것이다. 예수님을 유일한 남편으로 믿지 않는 모든 음녀교회와 그녀의 딸들도 함께 진노의 심판을 받을 것이다(계 18:1-8).

성도들, 사도들, 선지자들은 바벨론의 멸망에 할렐루야를 외친다.
<하늘과 성도(聖徒)들과 사도(使徒)들과 선지자(先知者)들아 그를 인하여 즐거워하라 하나님이 너희를 신원(伸冤)하시는 심판을 그에게 하셨음이라 하더라>(계 18:20)
<1 이 일 후에 내가 들으니 하늘에 허다한 무리의 큰 음성 같은 것이 있어 가로되 할렐루야 구원과 영광과 능력이 우리 하나님께 있도다 2 그의 심판은 참되고 의로운지라 음행으로 땅을 더럽게 한 큰 음녀를 심판하사 자기 종들의 피를 그의 손에 갚으셨도다 하고 3 두 번째 가로되 할렐루야 하더니 그 연기가 세세토록 올라가더라>(계 19장)

음녀의 심판 후 예수 그리스도께서 부활한 성도들과 함께 지상으로 재림하신다. 그때 예수님과 성도들의 입에서 나온 예리한 검/하나님의 말씀으로 예수님을 거절한 온 세상을 심판하실 것이다(시 2:6-12).

어린양 안에는 만왕의 왕 만주의 주님이신 하나님 아버지가 계신다(계 17:14). 어린양의 살과 피를 먹고 마시는 자 즉 예수님의 십자가를 지고 따르는 자들은 영광의 신령한 몸을 예복으로 입고 신부 단장을 한 자들이다. 그 메시야/그리스도(말씀)는 아버지께서 아들 안에서 아들의 입으로 대언케 하시는 분이므로 만왕의 왕 만주의 주님이시다(계 19:16). 이 전쟁에서 예수님을 하나님 아버지로 믿지 않는, 이 지구상의 모든 자가 진멸 당할 것이다. 천년왕국의 통치와 최후심판이 기록되었고, 마귀는 물론 죄와 사망과 음부도 영원한 심판을 받는다(계 20장).

부활한 성도들이 새창조의 주님이시고 알파와 오메가이고 아버지이신 예수님의 신부이다(계 21:1-7). 어린양과 하나님 즉 만왕의 왕 만주의 주님이신 예수님의 성함이 거듭난 성도들의 이마에 있다(계 22:4). 구약 때부터 말씀하신 선지자들의 주 하나님, 시작과 끝이며 다윗의 뿌리이자 자손, 새벽별/아들이 바로 주 예수님이시다.

아멘, 주 예수여 오시옵소서.

[참고 문헌]

1) ko.wikipedia.org/wiki/세계의 주요 종교 위키백과, 2020년 6월 29일 자료

2) 2019년 1월 문화체육관광부가 발표한 자료

3) 조선일보 1993년 2월 8일자, 23면

4) Z. Harris, Grammar of the Phoenician Language, Jewish Publication Society, 1936, p.77

5) 상세한 것은 필자의 저서 {다른 복음은 없나니} 참고

6) 창세기 26:3; 31:3; 출애굽기 3:12에서는. I will be로 번역되었음

7) 아가페 성경사전, p.1235

8) 상세한 것은 필자의 저서 {다른 이름이 없나니}를 참고 바람

9) 성서원어 구약신학사전 I권, p.423

10) H. O. Thompson, 'Yahweh,' *Anchor Bible Dictionary, IV*, p.1011.

11) 장영일 (장신대 교수/ 구약학)
http://www.cportal.co.kr/index.php?mid=data&document_srl=49890&listStyle=viewer

12) The American Journal of Semitic Languages and Literatures

13) 성서원어 구약신학사전 I. 한국성서연구원 브니엘출판사 p.168

14) 아가페 성경사전, p.1659

15) {여자의 후손} 황용현 지음, 아미출판사 개정증보판 4판 3쇄 p.44

16) ibid. p47

17)
https://ko.wikipedia.org/wiki/%ED%9E%88%EB%B8%8C%EB%A6%AC%EC%9D%B8

18) 라이프 성경사전 '만군의 여호와' (萬軍-, the Lord Almighty)

19) 정순도 지음, 예수복음선교회 출판, 2017년 06월 30일 발행

20) 상세한 것은 {다른 이름은 없나니} 참고

21) 상세한 것은 생명의 강 시리즈 제3권 {다른 이름은 없나니} 참고

22) 관주 톰슨 성경, 기독 지혜사 1984년 3월 10일 발행

23) {하나님의 유일성} 데이비드 버나드 저, 김태환 역, 진리탐구사. pp.81.84

24) ibid. pp.84-89

25) 1996년 7월 영국의 과학자들이 복제양 돌리를 탄생시킨 방법이다.

26) 원어 대조성경, 로고스출판사 1988년 12월 5일 초판 서문에서

27) 성서원어대사전 고영민 편저, 기독교문사 p.419

28) 네이버, 고대 그리스어사전 참고

29) 초실절의 성취에 대한 것은 필자의 '일곱 명절'과 '복음'에 관한 책 참고

30) {여자의 후손} 황용현 지음, 아미출판사. 2016년 4판 3쇄. p42.

31) ibid. pp.47-49.

32) ibid. p.74.

33) {두 개의 바빌론} 알렉산더 히슬롭 지음. 도서출판 안티오크, p.24

34) ibid. pp.31,32

35) ibid. pp.28,29

36) {여자의 후손} 황용현 지음, 아미출판사. 2016년 4판 3쇄. p.50

37) ibid. pp.59,60

38) {두 개의 바빌론} 알렉산더 히슬롭 지음. 도서출판 안티오크 p.19

39) ibid. p.32

40) {여자의 후손} 황용현 지음, 아미출판사. 2016년 4판 3쇄. p.60

41) {두 개의 바빌론} 알렉산더 히슬롭 지음. 도서출판 안티오크, p.19

42) ibid. p.32

43) ibid. p.33

44) {여자의 후손}' 황용현 지음, 아미출판사. 2016년 4판 3쇄. p.79

45) ibid. p.63

46) 창조과학회 홈페이지, 김성일 '한민족의 기원', 서민호 교수

47) {두 개의 바빌론} 알렉산더 히슬롭 지음. 도서출판 안티오크. p.21

48) ibid. p.22

49) ibid. p,26

50) 문화체육관광부 국립중앙박물관 홈페이지

51) https://bluemovie.tistory.com/151 동서양 문화 속의 뱀

52) Roberts and Donaldson, Against the Heresy of Noetus, 1994, Vol.5:223

53) Roberts and Donaldson, Against Praxeas 1, 1994, Vol.3:597

54) Theophilus of Antioch. 〈Book II.15〉. 《Apologia ad Autolycum》

55) Theophilus, To Autolycus, 1.7

56) Irenaeus, Demonstration of the Apostolic Preaching

57) 필자의 저서 중 생명의 강 시리즈 제6권, 교회의 발자취(근간) 참고.

58) {하나님의 유일성} 데이비드 버나드 저, 김태환 역, 진리탐구사. p.124

59) ibid. p126

60) ibid. p.127

61) ibid. p.129

62) ibid. p.132

63) The ONENESS of God, by David K. Bernard, pp.99-95.

64) ibid. p.179

65) Adv. Praxean 9,2

66) https://blog.daum.net/immanuelgrace/94

67) https://ko.wikinew.wiki/wiki/Mithraism_in_comparison_with_other_belief_systems

68) B. K. 카이퍼 저, 김해연 역, 성광문화사 {세계 기독 교회사} p.36

69) 알렉산더 히슬롭 저 {두 개의 바빌론} p.284

70) Funk & Wagnalls, The College Standard Dictionary, pp.286,1168, 각주

71) https://kmc.or.kr/archives/7774 기독교대한감리회 홈페이지, 송병구 목사

72) {가톨릭 신문} 2003년 5월 18일 기사(제2348호, 16면). 하성수 박사

73) L. Verduin, pp.136,137)

74) 윗치만니 {교회의 정통} p.38

75) 할레이 저, 박양조 역, 기독교문사 {최신 성서 핸드북} p.825

76) B. K. 카이퍼 저, 김해연 역, 성광문화사 {세계 기독 교회사} p.39

77) Michael A. Smith, 송광택 譯, {교회사핸드북} p.17

78) Tony Lane 저, 나침반社 {기독교 사상사} p.58

79) Tony Lane 저, 나침반社 {기독교 사상사} p.59

80) Tony Lane 저, 나침반社 {기독교 사상사} p.59

81) 시드니 휴튼 저, 도서출판 나침반社 {기독교 교회사} p.38, 참고 반카사 p.178

82) https://ko.wikiqube.net/wiki/Athanasius_of_Alexandria 위키피디아

83) 할레이 저, 박양조 역, 기독교문사 {최신 성서 핸드북} p.840

84) 시드니 휴튼 저, 도서출판 나침반社 {기독교 교회사} p.37

85) 에이 렌위크 저, 생명의 말씀사 {간추린 교회사} p.54

86) Nigg, Walter, {The Heretics}, Alfred A. Knopt, Inc. 1962, New York pp.126,127

87) 에이 렌위크 저, 생명의 말씀사 {간추린 교회사} p.56

88) 2015-06-25, 크리스찬타임스

89) 2021.05.16. 크리스찬투데이

90) Tony Lane 저, 나침반社 {기독교 사상사} p.63

91) 교회연합신문(2019.02.22.). 크리스찬투데이(2021.05.16.)

92) 2021.05.16., 크리스천투데이, 최덕성 교수 브니엘 신학교 총장

93) Tony Lane 저, 나침반社 {기독교 사상사} p.61

94) Tony Lane 저, 나침반社 {기독교 사상사} p.61

95) B. K. 카이퍼 저, 김해연 역, 성광문화사 {세계 기독 교회사} p.43

96) B. K. 카이퍼 저, 김해연 역, 성광문화사 {세계 기독 교회사} p.43

97) 케리그마 신학연구원, 계명대 신학과 김재진 교수(전), 연세대학교 연합신학대학원 연구교수(협동교목)(현)

98) Nigg, Walter {The Heretits}(이단자들), Alfred Knopt, Inc. 1962, New York, pp.126,127

99) Tony Lane 저, 나침반社 {기독교 사상사} p.62

100) Nigg, Walter, {The Heretics}, Alfred A. Knopt, Inc. 1962, New York pp.126,127

101) L. Duchesne, pp.292-295; G. H. William, p.656

102) 참고, G. H. Williams, pp.715-724

103) 총신대 교수 심창섭의 교회사 강의에서

104) 위키백과
https://ko.wikipedia.org/wiki/%ED%81%AC%EB%A6%AC%EC%8A%A4%ED%91%B8%EC%8A%A4

105) https://www.donga.com/news/article/all/20050408/8177660/1

106) 상세한 것은 필자의 저서 <교회의 발자취> 참고

107) 박용규의 {초대교회사} p.13

108) Alexander Hislop {두 개의 바빌론} p.232, 각주

109) 할레이 저, 박양조 역, 기독교문사 {최신 성서 핸드북} p.835

110) Tony Lane 저, 나침반社 {기독교 사상사} p.57

111) 국민일보, 2002.05.18, 10:49 [특별기고—김명혁] 기독교는 유대인의 종교인가?

112) Tony Lane 저, 나침반社 {기독교 사상사} p.61

113) B. K. 카이퍼 저, 김해연 역, 성광문화사 {세계 기독 교회사} p.44

114) 태극출판사 {대세계백과사전} 5권 p.140

115) 에이 렌위크 저, 생명의 말씀사 {간추린 교회사} p.57

116) 태극출판사 {대세계백과} 5권 p.140; Roland Bainton {Early Church} p.101

117) Nigg, Walter {The Heretits}(이단자들), Alfred Knopt, Inc. 1962, New York, pp.126,127

118) Bainton Roland의 {Early Church}, pp.68-70

119) Nigg, Walter, {The Heretics}, Alfred A. Knopt, Inc. 1962, New York pp.126,127

120) Tony Lane 저, 나침반社 {기독교 사상사} p.65

121) Tony Lane 저, 나침반社 {기독교 사상사} p.65

122) Bower's Lives of the Popes, vol. i "Damasus", pp. 180-183 inclusive

123) Tony Lane 저, 나침반社 {기독교 사상사} p.67

124) Tony Lane 저, 나침반社 {기독교 사상사} p.68

125) 에이 렌위크 저, 생명의 말씀사 {간추린 교회사} pp.54,77

126) Tony Lane 저, 나침반社 {기독교 사상사} p.66

127) Tony Lane 저, 나침반社 {기독교 사상사} p.66

128) 시드니 휴튼 저, 도서출판 나침반社 {기독교 교회사} pp.48,49

129) 에이 렌위크 저, 생명의 말씀사 {간추린 교회사} p.77

130) Tony Lane 저, 나침반社 {기독교 사상사} p.65

131) Tony Lane 저, 나침반社 {기독교 사상사} pp.71,72

132) Tony Lane 저, 나침반社 {기독교 사상사} p.72

133) Tony Lane 저, 나침반社 {기독교 사상사} pp.72,73

134) Tony Lane 저, 나침반社 {기독교 사상사} p.73

135) B. K. 카이퍼 저, 김해연 역, 성광문화사 {세계 기독 교회사} p.46

136) 시드니 휴튼 저, 도서출판 나침반社 {기독교 교회사} p.40

137) 알렉산더 히슬롭 저 {두 개의 바빌론} p.342

138) 알렉산더 히슬롭 저 {두 개의 바빌론} pp.357,360,361,363

139) 알렉산더 히슬롭 저 {두 개의 바빌론} pp.357-360

140) 알렉산더 히슬롭 저 {두 개의 바빌론} pp.400,401

141) C. Roth, p.35; E. T. Thompson, pp.38,39

142) Tony Lane 저, 나침반社 {기독교 사상사} p.71

143) Tony Lane 저, 나침반社 {기독교 사상사} p.62

144) B. K. 카이퍼 저, 김해연 역, 성광문화사 {세계 기독 교회사} p.43

145) B. K. 카이퍼 저, 김해연 역, 성광문화사 {세계 기독 교회사} p.44

146) Tony Lane 저, 나침반社 {기독교 사상사} p.50

147) Wm. Langer, p.120; H. C. Frend, p.115; J. Laux, p.116; J. H. Blunt, p.129

148) Tony Lane 저, 나침반社 {기독교 사상사} p.85

149) 할레이 저, 박양조 역, 기독교문사 {최신 성서 핸드북} p.836

150) 시드니 휴튼 저, 도서출판 나침반社 {기독교 교회사} p.75

151) 할레이 저, 박양조 역, 기독교문사 {최신 성서 핸드북} p.825

152) B. K. 카이퍼 저, 김해연 역, 성광문화사 {세계 기독 교회사} p.50

153) Tony Lane 저, 나침반社 {기독교 사상사} p.90

154) 에이 렌위크 저, 생명의 말씀사 {간추린 교회사} p.60

155) Tony Lane 저, 나침반社 {기독교 사상사} p.90

156) 시드니 휴튼 저, 도서출판 나침반社 {기독교 교회사} p.59

157) 알렉산더 히슬롭 저 {두 개의 바빌론} p.153

158) B. K. 카이퍼 저, 김해연 역, 성광문화사 {세계 기독 교회사} p.59

159) 에이 렌위크 저, 생명의 말씀사 {간추린 교회사} p.61

160) 알렉산더 히슬롭 저 {두 개의 바빌론} p.254

161) 시드니 휴튼 저, 도서출판 나침반社 {기독교 교회사} p.58

162) 한국학술지색인
https://www.kci.go.kr/kciportal/ci/sereArticleSearch/ciSereArtiView.kci?sereArticleSearchBean.artiId=ART001296605,

163) https://blog.naver.com/snifferkim/222322188066 김성수 목사의 삼위일체

164) Latourette, Kenneth, {A History of Christianity} Harper & Row, 1953, pp.143,144

165) 할레이 저, 박양조 역, 기독교문사 {최신 성서 핸드북} p.835

166) 할레이 저, 박양조 역, 기독교문사 {최신 성서 핸드북} p.835

167) Wm. Langer, p.143

168) [교황들의 성생활] 영국의 작가 나이젤 코손 저

169) B. K. 카이퍼 저, 김해연 역, 성광문화사 {세계 기독 교회사} p.64

170) L. Duchesne, p.292

171) J. Laux, p.141; {어거스틴의 고백}(Confession)에서

172) J. Van Braght, {Martyrs Mirror}, pp.256,275-297

173) N. C. Eberhardt, p.282; G. H. William, pp.715-725

174) Wm. Langer, p.145; Roland Bainton {Early Church} p.130

175) 시드니 휴튼 저, 도서출판 나침반社 {기독교 교회사} p.69

176) 에이 렌위크 저, 생명의 말씀사 {간추린 교회사} p.55

177) 박용규 저 {초대교회사} p.372

178) 박용규 저 {초대교회사} p.375

179) 박용규 저 {초대교회사} p.377

180) Tony Lane 저, 나침반社 {기독교 사상사} pp.76,99

181) 에이 렌위크 저, 생명의 말씀사 {간추린 교회사} pp.57,58

182) 박용규 저 {초대교회사} pp.376,378

183) 박용규 저 {초대교회사} p.384

184) Duchesne: Early History of Christian Church, vol, III, p.246

185) 에이 렌위크 저, 생명의 말씀사 {간추린 교회사} pp.57,58

186) Tony Lane 저, 나침반社 {기독교 사상사} p.101

187) E. Fodor, Turkey 1970, p.243

188) 박용규 저 {초대교회사} p.385

189) Loofs: {Nestorius and his place in the History of Christian Doctrine}, pp.107,126,130

190) Bethune Baker: {Nestorius and his Teaching}, pp.122,175,207

191) 랄프 우드로우 저 {바벨론의 신비 종교} 할렐루야 서원, 1993, pp.248-258

192) {아가페 성경사전} p.1053

193) 알렉산더 히슬롭 저 {두 개의 바빌론} p.107

194) 알렉산더 히슬롭 저 {두 개의 바빌론} pp.110-120

195) B. K. 카이퍼 저, 김해연 역, 성광문화사 {세계 기독 교회사} p.57

196) B. K. 카이퍼 저, 김해연 역, 성광문화사 {세계 기독 교회사} p.58

197) Bainton Roland, {Early Church} p.80

198) Samuel H. Mffett: {The Church of the East}, p.16

199) 필자의 저서 {장차 될 일을 기록하라}를 참고

200) 제럴드 브레이의 신론. p.198

201) 카리스주석, pp. 127-129.

202) https://koreacreationtheology.tistory.com/183 조덕영 교수(조직신학)

203) https://blog.naver.com/davidycho/222284014689 창조신학 연구소 조덕영 교수

204) 연합총회신학교, https://blog.daum.net/kkskjs1234/15858768

205) S.V. Kleinknecht, "The Logos in the Greek and Hellenistic Word," TDNT (1979), p.84.

206) 김정태, "믿음과 생활,"『한국신학』, 28 (2005): pp.57-59, 안유섭, '마스타 헬라어' (서울: 예찬사, 2000), 180-81.

207) Leon Morris,『요한복음 (상)』, 성경주석 뉴인터내셔널, 이상훈 역 (서울: 생명의 말씀사, 1979), p.232.

208) Rudolf Schnackenberpp.g, The Gospel according to st. John Vol. 1. Tr. Smyth, K. (Kent: Burns and Oates, 1984)

209) Nigg, Walter {The Heretits}(이단자들), Alfred Knopt, Inc. 1962, New York, pp.126,127

210) 유해무, 고려신학대학원 교의학 교수

211) 유해무, 고려신학대학원 교의학 교수

212) http://www.lawnchurch.com/1023 김명용 교수

213) https://vonex.tistory.com/713

214) http://www.deulsoritimes.co.kr/news/articleView.html?idxno=9390

215) <교회와신앙> 2001년 10월호, 김명용 교수

216) http://jtntv.kr/theology_news/35179

217) 『제자를 삼으라 下』 김기동 저. 베뢰아 간.1996. pp.56-59.

218) http://www.chptp.org/news/articleView.html?idxno=20 목회와 진리 수호

219) https://www.christiantoday.co.kr/news/172086 크리스천투데이 2006.2.08

220) http://www.andong-ch.org/intro/articles/nm0110a.htm 김명용 교수

221) https://www.standrewkim.us/documents/2018-5

222)
https://www.vaticannews.va/ko/pope/news/2021-05/papa-francesco-angelus-solennita
-ss-trinita-unita-chiesa.html

223) http://www.lawnchurch.com/2818 통합기독공보, 2011.11.16.

224) 국민일보, 2020-08-28 http://m.kmib.co.kr/view.asp?arcid=0924153486

225) https://www.hani.co.kr/arti/culture/book/942767.html 한겨레 2020.05.01

226) https://m.cafe.daum.net/kcpc2018/rE5O/298?svc=cafeapp

227) https://blog.daum.net/duclaire/9

228) 상세한 것은 필자의 저서 {내가 속히 오리라} 참고

229) http://www.aspire7.net/reference/kalvin-2.htm

230) http://www.agoragen.com/?p=7625https://blog.naver.com/kkotgilhanbok/222326206198